基本案情・裁判要旨・学理研究・结论性观点

集萃200期《月旦法学》杂志的民事法判例

# 《月旦法学》
## 民事法判例研究汇编

CASE BOOK OF YUE DAN TAIWAN
LAW REVIEW CIVIL LAW VOLUME

中国政法大学民商经济法学院
西南政法大学民商法学院　《月旦法学》杂志编委会 / 编

主　编　赵万一　郑佳宁

编　委　侯东德　易　军　汪青松　寇广萍　戴孟勇
　　　　陈　汉　魏　华　李晶晶　袁淼英　韩　东

北京大学出版社
PEKING UNIVERSITY PRESS

## 图书在版编目(CIP)数据

《月旦法学》民事法判例研究汇编/赵万一,郑佳宁主编.—北京:北京大学出版社,2016.7
ISBN 978-7-301-26625-0

Ⅰ.①月… Ⅱ.①赵… ②郑… Ⅲ.①民法—案例—中国 Ⅳ.①D923.05

中国版本图书馆CIP数据核字(2015)第297979号

简体中文版由元照出版有限公司(Taiwan)授权出版发行。

| | |
|---|---|
| 书　　　名 | 《月旦法学》民事法判例研究汇编 |
| | 《Yuedan Faxue》Minshifa Panli Yanjiu Huibian |
| 著作责任者 | 赵万一　郑佳宁　主编 |
| 策划编辑 | 陆建华 |
| 责任编辑 | 苏燕英 |
| 标准书号 | ISBN 978-7-301-26625-0 |
| 出版发行 | 北京大学出版社 |
| 地　　　址 | 北京市海淀区成府路205号　100871 |
| 网　　　址 | http://www.pup.cn　http://www.yandayuanzhao.com |
| 电子信箱 | yandayuanzhao@163.com |
| 新浪微博 | @北京大学出版社　@北大出版社燕大元照法律图书 |
| 电　　　话 | 邮购部 62752015　发行部 62750672　编辑部 62117788 |
| 印　刷　者 | 北京中科印刷有限公司 |
| 经　销　者 | 新华书店 |
| | 730毫米×1020毫米　16开本　30.5印张　794千字 |
| | 2016年7月第1版　2016年7月第1次印刷 |
| 定　　　价 | 129.00元 |

未经许可,不得以任何方式复制或抄袭本书之部分或全部内容。
**版权所有,侵权必究**
举报电话:010-62752024　电子信箱:fd@pup.pku.edu.cn
图书如有印装质量问题,请与出版部联系,电话:010-62756370

# 经由案例研究,形成"中国"民法学(代序)

## 一、案例研究与"中国"民法学

"中国"民法学如何形成?这个问题长期萦绕在我心头。

后发的中国法制领域,是各先进立法例之间的竞赛场。德国法、法国法、日本法、意大利法、瑞士法、英美法等,在中国都有代表,他们在中国法制的角斗场上翻翻滚滚地混战。热闹之余,静下心来一想,不禁有一股凉意涌上心头——如果从法条到理论,我们的民法就是一个各国民法的杂拼版,它就应当叫做德法日意等国民法学,凭什么叫"中国"民法学呢?中国民法学者的贡献在哪里?

中国民法形成的关键,在于形成一套中国的民法解释论体系。法条与理论居于上,本土案例居于下,上下两层之间的血肉联系,就是本土的法解释论。我们的法条和理论均可能源于域外,但它们之前没有被用于分析解决中国案例;再强大的外国教授,也不可能代我们去做这一上下联系的工作。我们一旦去做了,并在以本国法条为起点,再追求上有合体系性、下有个案妥当性地解决本土案例的过程中,形成一套本土的法解释论,这一工作就有了原创意义。这就是世界法学知识的增量,这就是中国民法学者的贡献。

可以说,如果缺乏本土案例研究,我们的工作就只是在搬运。有了本土案例研究,原创意义才会以这一点为源头迸发出来,犹如画龙点睛,赋予我们其余的工作以生命和意义。

## 二、判例研究与大陆法系的民法传统

重视判例研究,已是当下大陆法系的共同趋势。这一点貌似与常识有违,但却是不争的事实。

判例在英美法系是法源,受到重视理所当然。但在当下的大陆法系,判例一样受到极大重视,尤其是最高法院的判例,常被作为实质意义上的法源对待。笔者有在美国与德国长期访学经历,对以上体系深有体会。德国联邦最高法院的判例堪称当代德国民法研究中最优先的对象,新判例甫一公布,会立刻引来法学教授的争相评论,焦点一方面在于凸显和评价其创新,另一方面在于如何将其融入既有体系。代表德国民法最高水平的法典评注,就是法条、法理与判例浑然凝结形成的板块;法律人遇到问题时,就可以在其中翻检答案。

判例在成文法体系中为何重要?该问题可作如下的证成。众所周知,成文法纵有法条万千,也不足以涵盖所有待调整的社会现实,此即成文法的不周延性;成文法颁布之后,随着社会的无限发展,必定会有越来越多的新的待调整社会现实出现,此即成文法的滞后性。以上是成文法的天然局限性。从理论上说,成文法可以通过修订来弥补这些缺漏,但修订需要等待时日,且通常是积累相当多的问题之后才会进行一次修订。裁判中的法官却无法坐等,他们面对漏洞时的窘境可想而知。而一旦有了发达的判例制度,就意味着在不修订成文法的情况下,可以利用判例对法律缺漏进行定点补充或更新,这是从司法层面对成文法局限性的一个非常重要的弥补手段。

从方法论上说,法律的适用方法有三种:规则的适用方法是涵摄,原则的适用方法是权衡,而判例的适用方法是类比。以上三者完全可以在同一大陆法系立法例下统一起来,互为补充,相得益彰。

## 三、中国的案例制度与案例研究

最高人民法院在制度建设上,长期以来发展了不同形式的案例制度,如《最高人民法院公报》、最高人民法院中国应用法学研究所编辑的《人民法院案例选》等。最受关注的,当数最高人民法院指导性案例。指导性案例迄今已经公布了11批共56个,最高人民法院《关于案例指导工作的规定》第7条规定:"最高人民法院发布的指导性案例,各级人民法院审判类似案例时应当参照。"等于以司法解释的方式肯定了指导性案例的实质性法源地位。这是我国案例研究的利好。

我国案例研究的重要利空,是法院判决书的说理还很薄弱,越是基层人民法院,这种情况越突出。在我国的法院判决书中,充斥着列举事实之后"根据某法某条,判决如下"的表述,从条文到结论之间的过程尤如一个黑箱,隐匿了法官的思维和判断,使得法律适用难以控制和检验,来自学说的力量难以与司法协力,也使判决书中蕴含的本国法治资源无法积累和生长。判决书说理薄弱有各方面的原因,其中一个重要的客观因素,恐怕是当下中国法官过高的办案量。试想,当一个基层法院法官每年要办四五百个案件(平均一个工作日两件)时,法官心里恐怕就只剩下最快地应付事务和最大限度地避免风险的念头,哪里还会想到去精心构想一个判决书呢?判决书说理的薄弱,影响了学说与司法的协力和本土法解释体系的形成。而判决书说理的增强,实须在司法改革的大背景下才能合理期待。

但是,学者不能因客观方面有待完善而放弃自己的责任。应当承认,随着我国民法学研究从立法论到解释论的变迁,案例研究也逐渐得到了一定的重视,研究成果中的本土案例分析成份在明显增加,一些中青年学者也开始将案例研究作为重心。但同样不能否认的是,本土案例研究还没有被当做法学作品中不可或缺的存在,本土案例研究的代表性成果还未出现,大规模、体系化、堪为法典评注奠基的本土案例梳理还未开始。一国的法学研究,最直接的目的就是服务于妥当判决的产生,这一点不经由大量本土案例研究,根本无从实现。对此,中国民法学界责无旁贷,也有很长的路要走。

我国台湾地区已有长期的判例研究传统和积累,王泽鉴先生的"民法学说与判例研究"是不朽的丰碑。但大陆民法学界对台湾地区的民法判例研究,却常常仅限于王先生的"天龙八部",对王先生之外诸多优秀学者的优秀判例研究作品,却少有机会接触和学习,诚为遗憾。北京大学出版社蒋浩先生独具慧眼,发现了《月旦法学》杂志上刊载的诸多台湾地区优秀民事判例研究作品,并邀有能力的编者把它们集结成书,展现于广大读者面前——《〈月旦法学〉民事法判例研究汇编》。该书包括物权、债权、知识产权、婚姻家庭继承、侵权、商事法、民事程序法七部分,作者中既有前辈大家,也有新锐学者。论文普遍采取了法教义学与比较法相结合的研究方法,论述充分,说理透彻,是判例研究的精品佳作,值得大陆民法学界品读借鉴。

特别值得一提的是本书的两位主编。赵万一老师是民法学界的大家前辈,是西南政法大学民商法学科学术带头人;我作为后生晚辈,对赵老师的学术水平一向非常景仰。郑佳宁老师是民商法学界新秀,对外联系广泛,研究成果丰富,与我在同一教研室中经常交流。大家与新秀联袂,更使读者对合作成果多了一重期待。应佳宁之邀,在拜读了赵老师与佳宁主编的这部判例研究论文集后,结合自己以往的思考,谈一些感受,聊作序言,敬请大方之家指正。

希望经由本土案例研究,我们能够早日面无愧色地在民法学之前冠以"中国"之名。

中国政法大学教授、博士生导师
2016年5月

# 目 录

## 第一编 物 权

"土地与房屋不同属一人所有"不宜类推适用"民法"第四二五条之一
　　——"最高法院"2007年台上字第1359号判决在学方法论上的再思考　吴从周 …… 003
债权、物权相对化(二)
　　——"最高法院"2007年台上字第1359号判决评释　谢哲胜 ………………… 013
对信托财产的强制执行
　　——"最高法院"2000年台抗字第555号裁定评释　谢哲胜 …………………… 021
违章建筑的事实上处分权
　　——"最高法院"1954年台上字第856号判例、1978年第二次民事庭决议(一)、1980年
　　　　台上字第3726号判决、1997年台上字第2272号判决评释　谢哲胜 ………… 032

## 第二编 债 权

种类之债或选择之债？
　　——"最高法院"2008年台上字第1278号民事判决评释　吴从周 ……………… 041
一般情事变更原则于给付工程款案例之适用
　　——兼评"最高法院"2005年台上字第898号判决　姚志明 …………………… 056
承揽瑕疵损害赔偿与不完全给付于"最高法院"判决发展之轨迹　姚志明 ……… 072
预售屋广告之契约拘束力
　　——评"最高法院"2003年台上字第2694号判决及相关判决　姜炳俊 ………… 083
连带债务与不真正连带债务
　　——评"最高法院"2000年台上字第1734号民事判决　王千维 ………………… 092
继续性契约下之阻却给付迟延责任之事由
　　——评"最高法院"1998年台上字第2259号判决　陈洸岳 ……………………… 099
性质错误与动机错误
　　——评"最高法院"2000年台上字第465号判决　陈洸岳 ……………………… 105
条件与期限
　　——评"最高法院"2000年台上字第2747号判决　陈洸岳 ……………………… 111

预扣利息与金钱借贷之成立
　　——评"最高法院"1998年台上字第2244号判决　　刘春堂 …………… 117
违约金分类标准之建立暨现行法违约金相关问题之省思
　　——评"最高法院"1994年台上字第2879号判决　　林忠义 …………… 124
非对话意思表示的生效时点
　　——评"最高法院"1997年台抗字第628号民事裁定　　黄立 …………… 131
旅游广告的效力以及异常条款问题
　　——评台湾地区台北地方法院1998年重诉字第760号民事判决　　黄立 …………… 135
预售屋契约适用"消费者保护法"之时点
　　——兼论"最高法院"2001年台上字第443号民事判决　　黄立 …………… 142
板桥地方法院2000年重诉字第65号"博士的家"判决评析　　黄立 …………… 146
论违背据实说明义务之解除权与意思表示被诈欺之撤销权
　　——"最高法院"1997年台上字第2113号判例之检讨　　刘宗荣 …………… 163

## 第三编　知识产权

均等论与禁反言之"权利纠葛"
　　——评"最高法院"2007年台上字第1134号民事判决及其下级法院判决　　沈宗伦 …… 177

## 第四编　婚姻家庭、继承

论破绽主义离婚法之转折与突破
　　——兼评"最高法院"2009年台上字第1223号判决　　吕丽慧 …………… 203
台湾日据时期之养女与养媳
　　——评"最高法院"1999年台上字第1943号判决　　邓学仁 …………… 215
日据时期夫与妾收养子女之效力
　　——评"最高行政法院"2000年判字第598号判决　　邓学仁 …………… 222
虚伪出生登记之亲子关系
　　——评"最高法院"1999年台上字第2318号判决　　邓学仁 …………… 229
论否认子女之诉与真实主义
　　——评释字第587号解释　　邓学仁 …………… 235
"民法亲属编施行法"第六条之一之适用
　　——评"最高法院"1998年台上字第2316号民事判决　　郭振恭 …………… 244
确认亲子关系存否之诉与认领之无效
　　——评析"最高法院"2008年台上字第1613号判决　　郭振恭 …………… 250

离婚后酌定、改定子女监护人之准据法
　　——"最高法院"1993年台上字第1888号判决之评释　　陈荣传 …………… 257

## 第五编　侵　　权

从消费者保护之观点检讨金融卡盗领之风险分担原则
　　——以"最高法院"2001年台上字第330号判决为例　　杜怡静 ………… 269
度假村会员权纠纷与"消费者保护法"第19条无条件解约权之适用
　　——1998年简上字第91号判决评释　　杜怡静 ……………………………… 278
棒球比赛中观众遭飞球击伤的责任探讨
　　——评板桥地方法院2006年诉字第1016号判决　　邵庆平 ……………… 288
民法上的过失概念
　　——以"最高法院"2007年台上字第1649号判决为反思出发点　　游进发 …… 296
涉外亲子间法律关系判决之评析
　　——评"最高法院"1993年台上字第1835号判决　　林益山 ……………… 306
餐厅的商品与服务责任问题
　　——评台北地方法院1999年诉字第2039号及同院1999年诉字第541号民事
　　　 判决　　黄　立 ……………………………………………………………… 309

## 第六编　商　事　法

劳动能力丧失与慰抚金的调整补充机能
　　——"最高法院"2004年台上字第1489号民事裁判评释　　陈聪富 ……… 321
受雇人执行职务之行为
　　——评"最高法院"1997年台上字第1497号判决　　陈聪富 ……………… 328
脱法行为、消极信托及借名登记契约
　　——"最高法院"2005年台上字第362号民事判决评释　　陈聪富 ……… 333
消极信托和借名登记形同脱法行为
　　——实务相关判决评释　　谢哲胜 …………………………………………… 343

## 第七编　民事程序法

"民事诉讼法"第3条于涉外案件之运用
　　——"最高法院"2004年台抗字第176号裁定评析　　吴光平 …………… 357
否认子女之诉与确认亲子关系不存在之诉
　　——"最高法院"2003年台上字第1643号判决解释论之批判　　李木贵 …… 375

国际管辖权的合意
　　——评"最高法院"2003年台上字第2477号民事判决　　陈启垂 ……………… 398
法院为重整裁定前快速筛选机制之研究
　　——从台湾高等法院2002年抗字第4078号民事裁定谈起　　庄佳玮 ………… 409
申请本票裁定强制执行非讼程序上时效抗辩之审究
　　——"最高法院"2005年台抗字第308号裁定评释　　许士宦 ……………… 416
民事诉讼当事人诉讼权之保障
　　——兼评"最高法院"1940年上字第2003号判例、1952年台上字第94号判例、1969年
　　　台上字第3015号判决、1992年台上字第90号判决　　张文郁 ……………… 428
当事人变更与追加
　　——评"最高法院"2010年台抗字第393号裁定与台湾高等法院2010年抗字第1332号
　　　裁定　　刘明生 …………………………………………………………………… 444
特别法对消灭时效期间无规定时应回归原则
　　——评台中地方法院1999年诉字第561号民事判决　　黄立 ………………… 454
再论以仲裁判断强制执行之执行名义
　　——兼评台湾高等法院2001年重上字第300号民事判决　　吴光陆 ………… 459

# 第一编 物　权

# "土地与房屋不同属一人所有"不宜类推适用"民法"第四二五条之一

——"最高法院"2007年台上字第1359号判决在法学方法论上的再思考

吴从周[*]

## 基本案情

本件事实是依据第二审台湾地区高等法院之判决认定,略为:系争房屋,系于1984年由其基地之所有权人即被上诉人乙(即本件被告)之父亲林○成一人出资34万元,以被上诉人乙为起造人名义申请建造执照,委托刘○华建筑师兴建,作为林○成所营造连锁便当店之中央厨房之用,并取得使用执照,其后并以此形式缴纳税金,故"乃属赠与资金予儿女盖屋并且由儿女立即取得房屋所有权之情形"。因为类似情形亦曾发生过,亦即林○成于其长女林○净结婚前之1977年,林○成也是以林○净为起造人,于林○成所有之台中市○区○○段173之48/地号土地上,建造台中市○○路213巷10号房屋一栋,嗣于林○净结婚后房屋所有权亦归林○净所有。被上诉人乙则于2004年8月24日申办系争房屋之第一次(保存)登记。

嗣林○成于1997年病危后,却于1998年1月将系争土地赠与登记为其母谢○霞所有,谢○霞则于2005年7月将系争土地出售予上诉人甲(即本件原告),甲乃依"民法"第767条无权占有之规定,诉请系争房屋现占有人乙拆屋还地。

## 裁判要旨

### 一、高等法院判决理由

第二审台湾地区高等法院台中分院2006年重上字第130号判决采取否定见解,理由论述非常详尽,为求下文说明与讨论方便,将其分成以下两点胪列:

(1)按土地与房屋为个别之不动产,各具相当之使用及经济价值等,各得单独为交易之标的,且房屋性质上不能与土地使用权分离而存在,亦即房屋之存在及使用房屋必须使用该房屋之地基,而不容轻易变动,此为房屋基地之使用权恒定原则,为房屋与其基地使用关系之基本法理,而为近代民法权利社会化、物权相对化、债权物权化发展趋势之所在,是早在1959年,"最高法院"即以1959年台上字第1457号判例揭示"土地与房屋为个别之不动产,各得单独为交易之标的,且房屋性质上不能与土地使用权分离而存在,亦即使用房屋必须使用该房屋之地基,故土地及房屋同属一人,而将土地及房屋分开同时或先后出卖,其间虽无地上权设定,然除有特别情事,可解释为当事人之真意,限于卖屋而无基地之使用外,均应推断土地承买人默许房屋承买人继续使用土地"之法旨,嗣"民法"于1999年修正,复基此而新增第425条之1,规定:"土地及土地上之房屋同属一人所有,而仅将土地或仅将房屋所有权让与他人,或将土地及房屋同时或先后让与

---

[*] 台北大学法律学系副教授。

相异之人时,土地受让人或房屋受让人与让与人间或房屋受让人与土地受让人间,推定在房屋得使用期限内,有租赁关系。其期限不受第四百四十九条第一项规定之限制。"予以明文化,而确定上开债权物权化之大原则。

（2）又按法律无规定者,相类事实得比附援引,类推适用相类之法理,此为"民法"第1条之基本精神。揆之上开判例及"民法"新增第425条之1规定之法旨,乃基于房屋及基地之使用权关系恒定暨房屋暨得使用权（笔者按："暨"字为判决原文,似应为"既得使用权"之误）保护原则之考虑,而肯认基地使用权不因基地物权之嗣后变动而受影响之法则,是房屋所有权人对土地所有人原已取得基地利用权,嗣将土地或房屋出卖致房地异主时,虽与上开判例或"民法"新增之规定所称之"土地及房屋同属一人"情形未尽相同,惟乃与上揭基本法则相类,自可类推适用之,并据"最高法院"以2002年台上字第1919号、2003年台上字第1984号、2004年台上字第1328号判决要旨阐释甚详在案,可资遵循。是于房屋所有权人对房屋基地原已合法取得利用权者,虽其后基地物权发生变动,于房屋仍可使用之年限内,因受让而取得土地所有权者,当不得任意终止其使用关系,乃当然之结论,至该土地权利人得依租赁之法律关系请求房屋权利人给付租金,要属另一问题参照"最高法院"2004年台上字第1328号判决要旨。

### 二、"最高法院"判决之理由

"最高法院"对此作出之2007年台上字第1359号判决,基本上与第二审法院相同,但又另外单独补充一段独立论述,作为第三审判决的理由："查系争房屋之建造即为系争土地原所有人林○成实际所出资,核与系争土地及房屋同属一人所有者相类,堪认林○成于出资建造时应已认知并允许该屋于堪用之期限内继续使用其基地,且上诉人于买受系争土地时,系争房屋已存在多年,当难诿为不知,自无不许类推适用民法第425条之1规定及本院1959年台上字第1457号判例之理由,应可推断上诉人已默许被上诉人乙之系争房屋继续使用系争土地,始与诚信原则及社会正义之要求无违,此与本院1970年台上字第2490号判例所揭房地现占有人与原所有人间订有单纯使用借贷契约之事实有别。原审因以上述理由,为不利于上诉人之论断,经核于法洵无违误。"

### 学理研究

#### 一、问题之提出

本判决所涉及的事实,其实"最高法院"曾经出现过多种不同的见解,为此该院还特别召开2006年第16次民事庭会议决议,以求统一不同见解之"最高法院"判决。"最高法院"此一判决之事实,其实不脱上开决议之提案讨论对象[1],但值得注意的是,在该决议作成之后的本件判决,见解似乎依然偏离"最高法院"之统一见解。

最近,学说上对此一"最高法院"判决（含第二审高等法院台中分院判决）,从债权物权相对化的观点予以肯定与赞扬,学者见解固甚有见地[2],但如果从法学方法论的思考角度观察,则此一判决容有诸多可以进一步检讨之处,为此,本文拟从法学方法论的角度,对此一判决再作思考。

---

[1] 本判决与2006年第16次民事庭会议决议事实的差异点,只在于：前者,也就是本判决,是土地所有权人异人,后者则是房屋所有权人异人而已。关于本决议之详细评释,参见吴从周：《债权物权化、推定租赁关系与诚信原则》,载《台湾本土法学杂志》2008年第111期,第1—25页。

[2] 参见谢哲胜：《债权、物权相对化》（二）,载《月旦法学》2008年第162期,第196—206页。

本件"最高法院"与高等法院台中分院之见解,其实是一致的,这两个判决共同涉及如下疑问:

(1) 本判决作出于"最高法院"2006 年第 16 次民事庭会议决议之后,但在结论上却与该决议结论不同,逸脱"最高法院"决议统一解释适用法律之功能,是否妥适?

(2) 高等法院之判决谓"民法"第 425 条之 1 是"确定债权物权化之大原则",是否正确?

(3) "民法"第 425 条之 1 规定以"土地及房屋同属一人所有"为要件,就"土地与房屋不同属一人所有"之情形,系立法者有意排除不为规定抑或疏未规定?

(4) 本判决倘不宜将"土地与房屋不同属一人所有"之情形,类推适用"民法"第 425 条之 1 规定,有无其他解决途径?

## 二、形式上的疑问

### (一) 在 2006 年第 16 次民事庭会议决议之后

本判决所涉及之疑问,乃是"最高法院"曾经出现过的不同见解的通案案型,"最高法院"并为此于 2006 年 11 月 14 日作出 2006 年第 16 次民事庭会议决议,提出 3 种不同的看法进行讨论,分别从有无可能将使用借贷契约之债权效力物权化(甲说),在土地与其上之房屋不同属于一人时,有没有可能类推适用"民法"第 425 条之 1(乙说),以及是否宜交由具体个案情形斟酌双方当事人的损益,而委诸诚信原则与禁止权利滥用等加以控制(丙说),最后作成结论。值得强调的是,"最高法院"上开决议的结论并未采前面两种说法,而是采取第三种说法,决定交由具体个案,以诚信原则调整当事人之间的法律关系。决议结论为:"采丙说:视具体个案情形决定之。按使用借贷契约系债之关系,仅于当事人间有其效力。丙买受系争房屋,并不当然继受其前手与系争土地所有人间之使用借贷关系,原则上不得执该关系主张其有使用系争土地之权利。惟于具体个案,尚应斟酌当事人间之意思、交易情形及房屋使用土地之状态等一切情状,如认为土地所有人行使所有权,违反诚信原则或公共利益或以损害他人为主要目的,仍应驳回其请求。"

查本件台湾地区高等法院台中分院是在同年即 2006 年 12 月 12 日辩论终结,于同年 12 月 26 日作出判决宣示,已在该决议作成后将近 1 个月,却未能参考这个决议的见解,依然采取"最高法院"总会决议结论所不采纳的"类推适用民法第 425 条之 1"。第二审法院或许未及参考嗣后始公布的该决议,虽属可惜,但尚可理解。

但令人惊讶的是,宣示判决日期为 2007 年 6 月 21 日的本件"最高法院"判决,由其判决文字固然可以推测其已经考虑到上开 2006 年第 16 次民事庭决议的结论,因此谓:"应……许被上诉人乙之系争房屋继续使用系争土地,始与诚信原则及社会正义之要求无违",但却又同时认为,"系争房屋之建造既为系争土地原所有人林○成实际所出资,核与系争土地及房屋同属一人所有者相类,堪认林○成于出资建造时应已认知并允许该屋于堪用之期限内继续使用其基地,且上诉人于买受系争土地时,系争房屋已存在多年,当难诿为不知,自无不许类推适用民法 425 条之 1 规定及本院 1959 年台上字第 1457 号判例之理由",似乎又兼采上开民事庭决议所不采、"土地与房屋不同属一人"得类推适用第 425 条之 1 的乙说,令人费解。足见"最高法院"即便在作出上开决议之后,其内部见解似仍未统一,对于法律的统一适用,影响甚巨。

### (二) 四票赞成 vs. 十票反对

本判决的另一个形式上的疑问系,第二审判决提出用以支持其"土地与房屋不同属一人所有"的论据,是"最高法院"曾经作出的 2002 年台上字第 1919 号判决、2003 年台上字第 1984 号判决及2004年台上字第1328号判决,亦采相同说法。第二审法院引用"最高法院"的上开3个判决的见解,固非无据。其实,如果笔者没有遗漏,除了这3个判决以及本件"最高法院"2007年台上字第1359号判决外,应该还有一个采取相同见解的"最高法院"2006年台上字第551号判决。

在本判决之前的总共4个赞成类推适用的判决,可称为"赞成类推适用说"中理由论述最详尽、最具代表性者,堪推2002年台上字第1919号判决。笔者推测,本件第二审判决之说理应系受到此一判决相当大的影响。该判决谓:按本院1959年台上字第1457号判例谓:土地与房屋为个别之不动产,各得单独为交易之标的,且房屋性质上不能与土地使用权分离而存在,即使用房屋必须使用该房屋之地基,故土地及房屋同属于一人,而将土地及房屋分开、同时或先后出卖,其间虽无地上权设定,然除有特别情事,可解释为当事人之真意,限于卖屋而无基地之使用外,均应推断土地承买人默许房屋承买人继续使用土地。寻绎其规范之本旨,乃侧重于房屋所有权与基地利用权一体化之体现,并基于房屋既得使用权保护原则之考虑,进一步肯认基地使用权不因基地物权之嗣后变动而受影响,借以调和土地与建物之利用关系,庶符社会正义之要求。是房屋所有人对土地所有人原已取得基地利用权,嗣将土地或房屋出卖因致房地异主时,虽与上开判例所称之"土地及房屋同属一人"情形未尽相同,但就该判例规范之目的及债权物权化之趋势而言,得否依"相类事实,应为相同处理"之法理而为类推适用,即值深究。

但是,姑不论第二审判决忽略了前述其作出判决时已经存在的2006年第16次民事庭总会决议之不同结论,即便就第二审判决作出时已经存在的"最高法院"判决而言,绝大部分的判决都是采取反对"土地与房屋不同属一人所有"可以类推适用"民法"第425条之1的判决。因此,"反对类推适用说"其实才是居于多数。③ 就笔者所搜集到采反对说的判决,至少尚有:"最高法院"2008年台上字第721号判决、2007年台上字第1322号判决、2006年台上字第2717号判决、2005年台上字第551号判决、2003年台上字第968号判决、2002年台再字第30号判决、2001年台上字第1366号判决、2000年台上字第273号判决、1997年台上字第3515号判决、1995年台上字第2886号判决共10个判决,均强调:"民法"第425条之1或1959年台上字第1457号判例,系以"土地及房屋同属一人所有"为适用之前提要件。

此处可举判决理由具有相当代表性的为最近"最高法院"2007年台上字第1322号判决。该判决的第二审见解(高等法院台中分院2006年上字第245号判决)原本亦采"赞成类推适用说",认为,系争土地与系争厂房原非同属一人所有,虽无法直接适用"最高法院"1959年台上字第1457号判例及"民法"第425条之1,但被上诉人于1987年间经系争土地当时所有权人陈○长等三兄弟之同意,在系争土地上兴建系争厂房,嗣该等土地因分割、赠与辗转登记在上诉人名下,其情形既与"最高法院"1959年台上字第1457号判例及"民法"第425条之1,系基于房屋与基地之使用权关系恒定及房屋既得使用权保护原则之考虑,肯认基地使用权不因基地所有权变动而受影响之法理相类,自可类推适用上开判例及法条。故受赠取得系争土地所有权之上诉人,仍应受其前手同意被上诉人在该等土地上兴建系争厂房之拘束,亦即被上诉人得对上诉人主张其有使用系争土地之正当权源,上诉人以陈○长等三兄弟出具之土地使用同意书仅具债权之效力,而谓

---

③ 笔者在2007年4月的一篇文章《推定租赁关系:民法第四二五条之一之适用与类推适用》中,即已指出此一争论之概况,参见吴从周:《推定租赁关系:民法第四二五条之一之适用与类推适用》,载《民事法学与法学方法》(第三册),2007年10月版,第123—125页。

其不受该同意书之拘束,亦不足采。但"最高法院"以下列理由将其废弃④,改采"反对类推适用说":惟按本院1959年台上字第1457号判例推断土地承买人默许房屋承买人继续使用土地,以及"民法"第425条之1推定土地受让人或房屋受让人与让与人间或房屋受让人与土地受让人间,在房屋得使用期限内有租赁关系存在,乃以土地及其上之房屋同属一人所有为前提,而使用借贷契约既为债之关系,仅于当事人间有其效力,则原审认定被上诉人与陈○长等三兄弟间就系争土地有使用借贷关系,被上诉人嗣后在系争土地上建筑系争厂房,可否类推适用上开判例及法条,径对嗣后取得该等土地所有权之上诉人发生效力,自有再研求之余地。倘不得类推适用,则两造间就系争土地似无使用借贷或租赁关系存在,从而上诉人行使所有权,除别有违反诚信原则或公共利益或以损害他人为主要目的之情事外,其基于"民法"第767条之规定,请求被上诉人拆除系争厂房及返还系争土地,似难谓无据。

准此,实务歧见的现况应该是:"四票赞成 vs 十票反对","反对类推适用说"应该是实务通说,本判决理应跟随此说才对!当然,真理不能用表决,理论的对错,也不是以多数决为准,本件第二审判决在多数判决以及2006年第16次民事庭总会决议采"反对类推适用说"的前提下,仍然坚持采取不同的看法,在审判独立的原则上,确属难能。然而其类推适用的论述过程在法学方法论下是否正确无误,却有待进一步检验。

三、方法论上的实质检讨

(一)"土地与房屋同属一人所有"作为关键性要件

首应说明者系,"土地与其上之建筑物同属一人所有",是与"民法"第425条之1立法目的完全相同的"物权法"第876条规定之关键性要件。因为"土地及土地上之建筑物不同属一人所有"时,并无拟制法定地上权存在之必要,殆为物权法学者间之通说见解。

谢在全教授谓:"土地及其上之建筑物如本即为不同之所有人,则其间利用关系或早有安排,或应由其自行解决之,法律并无介入之必要,故必以土地与建筑物同属一人所有,始有本条之适用。"⑤姚瑞光教授谓:"苟非二者同属于一人所有,则无论仅以土地或仅以建筑物为抵押,或以土地及建筑物为抵押,于拍卖抵押物时,土地上之建筑物可继续原来利用土地之关系,无庸另行拟制已有地上权设定。"⑥郑玉波、黄宗乐教授谓:"土地及其土地上之建筑物须属于同一人之所有,若原已异其所有人时,则利用关系已定,无适用本条之余地。"⑦史尚宽教授亦谓:"抵押权设定时,土地及建筑物须属于同一人,二者属于个别之人,则利用关系已定。"⑧在物权法学者中,主要似仅见谢哲胜教授采取不同见解,认为土地及其土地上之建筑物不同属一人所有时,为了减少基地与房屋所有权人间自行协商的交易成本,避免拆屋还地的社会成本,应将第425条之1类推适用于一开始"土地及房屋就不同属于一人"的基地使用借贷的情形,以平衡当事人的权义关系。⑨

---

④ 本件废弃发回更审后,高等法院台中分院更一审判决[2007年上更(一)字第43号判决]遵照这个"最高法院"2007年台上字第1322号判决之见解,改采"反对类推适用说",当事人不服上诉,经"最高法院"2008年台上字第721号判决维持原判决驳回上诉而确定。
⑤ 谢在全:《民法物权论(中)》(修订四版),台北新学林出版股份有限公司2007年版,第569页。
⑥ 姚瑞光:《民法物权论》,1984年10月版,第245页。
⑦ 郑玉波:《民法物权》(修订十五版),黄宗乐修订,台北三民书局2008年版,第293页。
⑧ 史尚宽:《物权法论》,1987年1月版,第273页。
⑨ 参见谢哲胜,注②书,第204页。

就"民法"第425条之1规定之要件而言,研究债法的学者似乎也多采取与物权法学者相同的看法,否定"土地及房屋不同属一人所有"有类推适用的可能性。林诚二教授扼要强调:"本条规定适用上以土地及房屋同属一人所有为前提。"⑩刘春堂教授进一步指出:"本条规定之适用,须土地及其土地上之房屋同属一人所有,其非同属一人所有者,如房屋属于基地承租人或地上权人所有是,则应适用'民法'第425条、第426条之1等规定。"⑪洵属的论。⑫

综上,不论是物权法学者还是债法学者对第876条或第425条之1规定的通说见解,都一致明白区分"土地与房屋同属一人"与"土地与房屋不同属一人"所有之情节不同,只有在前者,才会涉及需要法律介入"拟制(视为)有地上权设定"或者"推定租赁关系",而创设一个新的法律关系,而在后者,则是涉及原有已存在的法律关系(例如使用借贷关系、基地租赁关系),是否"债权物权化"而被继受存在的问题,也就是要不要适用或者类推适用第425条、第426条之1等规定之问题。因此,就如同下文将要指出的:第425条之1与"债权物权化"之规定没有任何关系!

附带言之者,在比较法上,台湾地区"民法"第876条仿自《日本民法典》第388条,该条规定:"土地及土地上存在的建筑物属于同一人所有,而只以其土地或建筑物设定抵押权,又因抵押权实行致使所有权人不同时,视为已经就该建筑物设定了地上权。此时地租,根据当事人的请求,由法院确定。"⑬亦以"土地及房屋同属一人所有"为适用上重要的前提要件。

### (二)"民法"第425条之1与"债权物权化"无关

由上开论述可知,第425条之1的立法目的,是为了避免危害社会经济所设的特别规定,与第425条所谓的"买卖不破租赁",是为了保护社会经济之弱者而使得"租赁权物权化",取得某程度之物权效力而得以对抗租赁物之受让人,并不相同,因此,第425条之1之规定与债权物权化应无关涉,与第425条属于债权物权化的典型案例,应属二事。⑭

准此以解,前述第二审法院判决理由第一点中,谓:"房屋之存在及使用房屋必须使用该房屋之地基,而不容轻易变动,此为房屋基地之使用权恒定原则,为房屋与其基地使用关系之基本法理,而为近代民法权利社会化……趋势之所在",固可赞同。但随即又加上,也是"物权相对化、债权物权化发展趋势之所在,是早于1959年,'最高法院'即以1959年台上字第1457号判例揭示……(此)法旨……民法于1999年间修正,复基此而新增第425条之1规定予以明文化,而确定上开债权物权化之大原则",把第425条之1误为"债权物权化"原则之表现,则嫌误解矣!

### (三)"土地与房屋不同属一人所有"是立法者有意排除抑或疏未规定?

前述高等法院第二点理由固然正确思考了"土地与房屋不同属一人所有"与法文所称之"土地及房屋同属一人"情形未尽相同,前者已超过后者之法律"可能文义范围",无解释之可能,故属法未明文,应构成法律漏洞。因而求诸"民法"第1条之"基本精神"(按即"法理"),应类推适用相类似规定之法理,考虑应否将"土地及房屋同属一人"之规定,类推适用于法未明文的"土地

---

⑩ 林诚二:《法律推定租赁关系》,载《民法问题与实例解析》(一),瑞兴图书股份有限公司2005年版,第358页;林诚二:《民法债编各论》(上)(修订二版),瑞兴图书股份有限公司2003年版,第395页。

⑪ 刘春堂:《民法债编各论》(上),2003年版,第231页。

⑫ 其他的债法各论教科书对于本条之论述,包括邱聪智:《新订债法各论》(上),姚志明校订,元照出版有限公司2002年版,第310页,以及黄立主编:《民法债编各论》(上),元照出版有限公司2002年版,第291—292页,虽均未特别区分说明,但在论述的前后脉络上显然都以限于"土地与房屋同属一人"之要件为限。

⑬ 参见渠涛:《最新日本民法:日本民法典》,法律出版社2006年版,第81页。

⑭ 参见吴从周,注①书,第16页。

与房屋不同属一人所有"之案型。

但是，在结论上，"最高法院"似乎只是形式性的宣示："基于'房屋及基地之使用权关系恒定'暨'房屋既得使用权保护原则'之考虑，而肯认基地使用权不因基地物权之嗣后变动而受影响之法则"，因而直接认为"与上揭基本法则相类，自可类推适用之。"可惜此种推论似嫌太快。

按类推适用是一种取向于目的考虑的思考过程，固然正确。然而在此，"最高法院"似乎没有进一步清楚地区分思考："漏洞认定"与"漏洞填补"这两个同时进行但却是一体两面之"目的探究"。亦即，"漏洞认定"是"漏洞填补"的前提，在操作的过程中，认定是否有漏洞存在，同样也应该比较未规定的案型与已规定的案型间是否具有类似性，以探知及确认现行法是否不完整，而此种类似性的判断则取决于法律背后的立法目的与立法评价。⑮

换言之，高等法院第二点理由所强调的，揆诸该条立法目的，重在"房屋所有权与基地利用权之一体化"，或者说"房屋与基地使用权关系恒定原则"以及"房屋既得使用权保护原则"之考虑，故本件事实与该条规定相类似，而可类推适用等语，系重在"漏洞填补"面的论述。但一个同时要考虑的前提是：如何认定本件事实是第425条之1未规定的法律漏洞，也就是说，如何作成"漏洞认定"？

如果考察本条之立法史所沉淀的立法目的，如所周知，本条是来自实务受到"民法"第876条法定地上权规定之启发，针对利用土地之建筑物原属于同一人，土地与其上之建筑物所有人之间原本没有任何法律关系存在，嗣后因故而分属不同之人的个案，造成土地上之建筑物没有占有土地之正当权源，为避免建筑物因此无法取得对土地之利用权，危害社会经济与成本，因此仿照该条规定作成1959年台上字第1457号判例而予以法则化，以"房屋与土地同属一人为要件"，进而在1999年5月5日"民法"债编修正时，被明文化成为第425条之1，以规范土地与房屋所有人间原本不存在之法律关系。⑯

因此，对于此一重要之构成要件要素，即便考虑本条之立法目的，但在两个案型之类似性的比较上或者说"漏洞认定"上，诚如本判决事实所显示的：在"土地与房屋不同属一人"时，一开始土地与土地上之房屋就分属于不同之人，则二者本来就已经存在法律关系（例如未定期限的使用借贷关系），也就是高院判决理由第二点中所谓的"房屋所有权人对土地所有人原已取得之基地利用权"，嗣后土地与房屋之所有权人易手，自得依循该法律关系处理，此与"土地及房屋同属一人所有"，原本并没有任何法律关系存在，因此才需要法律介入为其"拟制"（"民法"第876条所采）或"推定"（"民法"第425条之1所采）而创设一个新的法律关系，二者并不相同。因此，实在难以想象立法者会将此二者等同看待，而"疏未规定"此种案型，相反，它毋宁比较接近是立法者"有意排除"或"有意省略"之案型，因而立法者才会在构成要件上特别设定"土地与房屋同属一

---

⑮ 参见吴从周：《民法上之法律漏洞、类推适用与目的性限缩》，载《民事法学与法学方法》（第1册），2007年版，第140页。

⑯ 参见吴从周，注③书，第111—115页对本条立法缘由之详细说明。第425条之1的立法理由即载明："土地及房屋为个别之不动产，各得单独为交易之标的。唯房屋性质上不能与土地分离而存在。故土地及其土地上之房屋同属一人所有，而仅将土地或仅将房屋所有权让予他人，或将土地及房屋同时或先后让予相异之人时，实务上见解（'最高法院'1959年台上字第1457号判例、1984年5月8日第5次民事庭会议决议参照）认为除有特别约定外，应推断土地受让人默许房屋受让人继续使用土地，但应支付相当代价，故其法律关系之性质，当属租赁。为杜争议，并期明确，爰将其明文化。又为兼顾房屋受让人及社会经济利益，明定当事人间在房屋使用期限内，除有反证外，推定有租赁关系，其期限不受第449条第一项20年之限制。爰增订第一项。"（本条之立法理由及本文所提及之判决例，参见陈忠五主编：《新学林出版有限公司分科六法——民法》，台北新学林出版有限公司2008—2009年版，第B491页以下多有收录，足供参考。）

人所有"作为区隔之要件,否则立法者大可不必列出此一法定要件。所以,在"漏定的认定"上,透过立法目的之探究,反而应该根本否定有这样的法律漏洞存在。

准此以解,前述"最高法院"多数判决,都认为第425条之1须以"土地与房屋同属于一人所有"为适用前提,"土地与房屋不同属于一人所有"时无类推适用之余地,应可赞同。本件高等法院第二点理由仅以本条之立法目的(立法意旨)在"保护房屋既得使用权",就一律认为在"房屋所有权人对土地所有人原已取得之基地利用权"之外,也应该类推适用第425条之1,再创设或"推定"出另外一个(租赁)法律关系,反而将破坏当事人间原本基于其意思已经存在的原有法律关系,应不足采。也就是说,在"土地及房屋不同属一人所有"之情形,其所需要思考的毋宁是:该原有的债之法律关系是否以及如何继续存在于新的房屋或土地受让人间之问题,并不需要借助本条规定再拟制或推定其法律效果。

## 四、类推适用以外的解决途径

准上所述,结论上"最高法院"如果认为已经存在于土地上之房屋应该受到保护,不应随意因为土地的转让而被请求拆屋还地,则在上开类推适用第425条之1以外,其实应该还有如下两个途径可以尝试解决:

### (一) 直接将本案事实认定为"土地与房屋同属一人所有"

如果依照本件高等法院的事实认定所载:"系争房屋系于1984年,由其基地之所有权人林○成斥资34万元,以被上诉人乙为起造人名义……作为林○成所营营连锁便当店之中央厨房之用……兴建系争房屋之资金乃由林○成一人所出";及"最高法院"维持该事实认定之基础谓:"系争房屋之建造系争土地原所有人林○成实际所出资","乃属赠与资金予儿女盖屋并且由儿女立即取得房屋所有权之情形……可知,系争房屋乃于1984年间经原地主林○成之同意而在系争土地上建造……足见原地主于房屋兴建之初,乃至其后十余年间,已明白显示该房屋有继续使用其基地之意思",则系争房屋虽然"形式上"登记为其子即被上诉人乙所有,但"实质上"与同属于土地所有人林○成一人所有,其实并无相异之处。也就是将本案事实就认定或者解为"土地与房屋同属一人所有"。

换言之,此时可以探究本条之立法目的而扩张解释本条文,将"土地与其土地上之房屋'同属一人所有'"中"同属一人所有"之概念,扩张解释为不限于"形式上"登记为同一人所有,也包括"实质上"为同一人所有之情形。例如土地所有人为父亲,出资在该土地上兴建房屋,虽以借名登记或信托登记之方式将房屋形式上登记为子女所有,但实际上父亲仍为管理使用者。此时,土地与房屋所有人之间必然不会有土地使用关系之明白约定,一旦土地所有人将土地所有权转让他人,或者形式名义登记之房屋所有人将房屋转让他人,即有由法律介入拟制或者推定当事人间法律关系之必要。

诚如姚瑞光教授针对"民法"第876条早已指出者:"亲子或夫妇间,就土地及其上之建筑物,名义上非同属一人所有,但实际上土地上之建筑物利用该土地,并无明显之法律关系存在,依一般社会观念,常被认为同属一人所有……如依条文文义严格解释,既非同属一人所有,则因仅以土地或仅以建筑物,或以土地或建筑物为抵押之结果,土地与建筑物之拍定人各异时,自均无该条各项之适用。但为顾全社会经济利益,避免拆屋起见,均有视为已有地上权之设定之必要"⑰,在仿抄自该条的"民法"第425条之1的情形,也应该有其适用。申言之,此时不应拘泥于

---

⑰ 姚瑞光,注⑥书,第245页。

文义作严格解释,相反,应该扩张解释为"实质上"同属一人所有。此时,因为并未破坏"同属一人所有"之"最大可能文义范围",因此并未进到类推适用的法官造法层次,而仍在法律解释的文义范围内。

### (二) 以"占有"作为债权物权化之基础

如果不愿采用上述方法,仍然坚持房屋一开始兴建时就是被告乙所有,土地则为其父亲林○成所有,二者非同属一人所有。此时,二者之间已有第二审判决书所说的"原地主于房屋兴建之初,乃至其后十余年间,已明白显示该房屋有继续使用其基地之意思",或者第三审判决书所说的"林○成于出资建造时应已认知并容许该屋于堪用之期限内继续使用其基地"之"未定期限的使用借贷关系"存在。则另外一种方式可能考虑的解决途径,则是笔者所曾经呼吁的,由"最高法院"考虑以系争房屋已经有"占有"之外观事实,作为将原有仅具有债之关系效力的使用借贷关系赋予"债权物权化"之效力,而创设一个债权物权化的基础原则。⑱

在本案中,要考虑的应该是能否类推适用"民法"第425条或者第426条之1规定而取得其债权物权化之依据,而非类推适用第425条之1。也就是说,"最高法院"应该认真考虑是否以"占有"(例如"民法"第425条规定)或者"登记"(例如"土地法"第79条之1预告登记)之公示外观的存在与否,作为将使用借贷契约物权化之依据,而非仅以租赁与使用借贷是有偿或者无偿的差异,而否定使用借贷有类推适用租赁契约而物权化之可能性。本件"最高法院"谓本案"与本院1970年台上字第2490号判例⑲所揭房地现占有人与原所有人间订有单纯使用借贷契约之事实有别",如果是用来强调本案土地与房屋所有人间的"使用借贷契约"有债权物权化的可能,而突破该判例向来的否定见解,在论理上则将更有价值。

如果肯定这点,则原告即上诉人甲于买受时是否"知悉"系争房屋存在多年,就不再重要;而且也不必再加上"默许被上诉人乙之系争房屋继续使用系争土地,始与诚信原则及社会正义之要求无违",而诉诸抽象的法律原则作为论证依据了。

### 结论性观点

本件"最高法院"一开始似乎考虑想将实际出资建造房屋的土地所有人,认定为与房屋所有人是"同属一人",但又碍于登记制度本身"形式上"土地与房屋分别属于不同人,因此只好作罢而强调"系争房屋之建造既为系争土地原所有人……实际所出资,核与系争土地及房屋同属一人所有相类",其实,"最高法院"如果直接依本文所建议的,将本件认定为"实质上"土地与房屋同属一人所有,并作成一个宣示性的解释:第425条之1包括"实质上"土地与房屋同属一人所有之情形,即不必发生在说理上背离"最高法院"本身之2006年第16次民事庭会议决议的结果。

既然选择了认定"土地与房屋不同属一人所有",却又必须让土地与房屋不同属一人时原本已经存在的使用(借贷)关系,可以继续存在于房屋所有人与土地受让人,并且突破"最高法院"1970年台上字第2490号判决所树立的"使用借贷不得类推适用第425条租赁契约"之原则限制,则"最高法院"只好转而求诸第425条之1类推适用的可能,因此,得出本判决的结论,背离上开"最高法院"的决议,采取"赞成类推适用说"似乎就属于不得不然的结局了。

---

⑱ 关于"占有"等公示外观作为债权物权化之基础理论,参见吴从周,注①书,第4页以下之详细讨论。
⑲ 该判例要旨谓:"使用借贷,非如租赁之有民法第425条之规定,纵令上诉人之前手将房屋及空地,概皆允许被上诉人等使用,被上诉人等要不得以上诉人之前手,与其订有使用借贷契约,主张对现在之房地所有人即上诉人有使用该房地之权利。"

既然如此"赞成类推适用说",则房屋所有人就已经有使用土地的正当权源,"最高法院"理由最后再加上一句:如此"始与诚信原则及社会正义之要求无违",只不过再求其安心而已。

殊不知,"最高法院"如此作为的结果是造成了如下的矛盾:当事人之间原本已经存在的"未定期限的使用借贷关系",不知不觉地被"推定租赁关系"的新诞生而取代,或者说莫名其妙地消失无踪!

诚如笔者所曾经指出的,根本的难题还在于,"最高法院"何时能够面对使用借贷的债权契约在承认一定的公示要件下("占有"或者"登记"),有被物权化的效力!不解决此问题,相信"最高法院"为求符合个案的"诚信原则及社会正义"而背离自己已经作出的2006年第16次民事庭会议决议之判决,一定还会再出现。笔者相信,本件"最高法院"2007年台上字第1359号判决,不会是最后一个!

# 债权、物权相对化(二)

——"最高法院"2007年台上字第1359号判决评释

谢哲胜*

## 基本案情

本件上诉人是系争土地所有人,主张被上诉人乙和其前手的前手就系争土地成立使用借贷关系,被上诉人乙不得对上诉人主张有使用系争土地之权利,系争房屋占用系争土地为无权占有,上诉人自得依"民法"第767条规定,请求乙拆屋交地。

系争房屋,于1984年由其基地所有权人林○成斥资34万元,以被上诉人乙为起造人名义,委托刘○华建筑师兴建,作为林○成所营造连锁便当店之中央厨房之用。乙于1987年结婚时,林○成并无将系争土地赠与登记为其所有,且林○成于1997年病危后,于1998年赠与登记为谢○霞所有。乙于1994年为系争房屋之权利归属与其母谢○霞发生争执,二次委任律师发函明载"系争房屋系经原地主林○成之同意建造,且于1984年11月24日已取得使用执照在案"等语,且其于2004年8月24日申办系争房屋之第一次(保存)登记,亦基于1984年中工建使字第2585号使用执照而为之,并非以1987年受赠与为原因。林○成于1984年斥资34万元,以乙之名义申请建造执照建造系争房屋,并取得使用执照,其后并以此形式缴纳税金,乙于其后自为系争房屋之第一次登记。系争房屋于1984年经原地主林○成之同意而在系争土地上建造,而于乙结婚后,土地所有权仍属林○成所有期间,系争房屋之租赁所得,亦归乙报税。系争土地于1998年及2005年间依序由谢○霞(赠与)及上诉人(买卖)因受让辗转取得权利,上诉人请求乙拆除系争房屋并交还系争土地,并请求因乙出租同意其使用系争房屋之丙、丁迁让房屋。

## 裁判要旨

本判决要旨:上诉人于买受系争土地时,系争房屋已存在多年,当难诿为不知,自无不许类推适用"民法"第425条之1规定及本院1959年台上字第1457号判例之理由,应可推断上诉人已默许被上诉人之系争房屋继续使用系争土地,始与诚信原则及社会正义之要求无违。

台湾高等法院台中分院2006年重上字第130号民事判决:按土地与房屋为个别之不动产,各具相当之使用及经济价值等各得单独为交易之标的,且房屋性质上不能与土地使用权分离而存在,亦即房屋之存在及使用房屋必须使用该房屋之地基,而不容轻易变动,此为房屋基地之使用权恒定原则,为房屋与其基地使用关系之基本法理,而为近代民法权利社会化、物权相对化、债权物权化发展趋势之所在,是早于1959年,"最高法院"即以1959年台上字第1457号判例揭"土地与房屋为个别之不动产,各得单独为交易之标的,且房屋性质上不能与土地使用权分离而存在,亦即使用房屋必须使用该房屋之地基,故土地及房屋同属一人,而将土地及房屋分开同时或先后出卖,其间虽无地上权设定,然除有特别情况,可解释为当事人之真意,限于卖屋而无基地之

---

\* 中正大学法律学系教授兼系主任。

使用外,均应推断土地承买人默许房屋承买人继续使用土地。"之法旨,嗣"民法"于1999年修正,复基此而新增第425条之1,规定:"土地及土地上之房屋同属一人所有,而仅将土地或仅将房屋所有权让与他人,或将土地及房屋同时或先后让与相异之人时,土地受让人或房屋受让人与让与人间或房屋受让人与土地受让人间,推定在房屋得使用期限内,有租赁关系。其期限不受第四四九条第一项规定之限制。"予以明文化,而确定上开债权物权化之大原则。又按法律无规定者,相类事实得比附援引,类推适用相类之法理,此为"民法"第1条之基本精神。揆之上开判例及"民法"新增第425条之1规定之法旨,乃基于房屋及基地之使用权关系恒定暨房屋既得使用权保护原则之考虑,而肯认基地使用权不因基地物权之嗣后变动而受影响之法则,是房屋所有权人对土地所有人原已取得基地利用权,嗣将土地或房屋出卖,致房地异主时,虽与上开判例或"民法"新增之规定所称之"土地及房屋同属一人"情形未尽相同,惟乃与上揭基本法则相类,自可类推适用之,并据"最高法院"以2002年台上字第1919号、2003年台上字第1984号、2004年台上字第1328号判决要旨阐释甚详在案,可资遵循。是于房屋所有权人对房屋基地原已合法取得利用权者,虽其后基地物权发生变动,于房屋仍可使用之年限内,因受让而取得土地所有权者,当不得任意终止其使用关系,乃当然之结论,至该土地权利人得依租赁之法律关系请求房屋权利人给付租金,要属另一问题("最高法院"2004年台上字第1328号判决要旨参照),先此叙明。

### 学理研究

一、债权和物权的区分不是绝对的

本件上诉人主张被上诉人乙和其前手的前手就系争土地成立使用借贷关系,因使用借贷关系是债权关系,不得对第三人主张,因而被上诉人乙不得对上诉人主张有使用系争土地的权利,系争房屋占用系争土地为无权占有,上诉人自得依"民法"第767条规定,请求乙拆屋交地。此一论述是以债权和物权严格区分为立论基础,然而,债权和物权严格区分并非普遍适用的法理,因为物权法定主义违反私法自治原则,物权法定主义禁不起现实的检验,区分债权和物权不如区分对人和对物效力,论述如下:

**(一)物权法定主义违反私法自治原则**

以下先介绍物权法定主义的意涵和私法自治原则,然后说明物权法定主义违反私法自治原则。

1. 物权法定主义的意涵

"民法"第757条规定:"物权除依法体或习惯外,不得创设。"通称为物权法定主义,又称为物权法定原则,许多教科书对物权法定原则的阐述为:物权种类和内容必须依照法律规定,创设新种类和新内容物权,不能有物权效力[1],采债权物权区分绝对理论。[2] 依此原则排斥行政机关以行政命令和司法机关以判决承认新种类和新内容的物权,更禁止当事人自由创设新种类和新内容的物权。[3]

2. 私法自治原则

私法就是最广义的民法,而民法规范人民一般生活事项的法律,与公权力的行使原则上无

---

[1] 参见谢在全:《民法物权论》(上),(修订3版),2004年版,第56—61页。
[2] 参见史尚宽:《债法总论》,1983年版,第2—3页。
[3] 参见谢哲胜:《民法物权》,台北三民书局2007年版,第40页。

关,在私法的领域,原则上尊重当事人意思自治,不以公权力加以干涉。

私法上的权利称为私权,在私法自治的原则下,当事人原则上可以自由创设私权的内容,而人民的私权也是宪法所保护人民的基本权利,限制人民的私权必须符合宪法保护人民的意旨。

3. 物权法定主义违反私法自治原则

物权法是民法的一部分,当然是私法,物权法定主义限制当事人创设新种类和新内容物权的自由,等于在物权法的领域,不允许当事人自治,违反私法自治原则。

当然也会有学者表示民法不乏强行规定,所以强行规定的物权法定主义,不当然违反私法自治原则。然而民法的强行规定,基本上是对于人民私权的限制,而人民的私权也是宪法所保障的基本权利,因此先不论学者间对私法自治范围的认知差异,但至少不得违反宪法保障人民基本权利的意旨。

以下即检验物权法定主义的合宪性④,佐证物权法定主义违反私法自治原则⑤:

人民的基本权利,不管是以法律或行政命令加以限制,都应受到"宪法"第23条规定的限制。"宪法"对于财产权保障规定于第二章人民之权利义务第15条,财产权是基本权的一种,财产权人的权利即受到基本权的保障,并有"宪法"第23条的适用。关于"宪法"第15条和第23条的宪法解释,都一再强调,财产权自由为原则,限制财产权应符合"宪法"第23条的规范意旨。而财产权自由原则即是私法自治原则的内涵之一。

"宪法"解释的效力形同"宪法",则违反"宪法"解释形同"违宪",而"宪法"第23条也明订限制人民自由权利的"合宪"界线,都适合作为物权法定主义"合宪性"的检验标准。

(1) 依有效的"宪法"解释加以检验

1939年院字第1919号解释明确阐释,仅在保护交易安全的必要限度内才能剥夺真正权利,则物权法定主义,超过保护交易安全的必要限度(减少交易成本,避免第三人受到不测损害),剥夺真正权利(不承认当事人创设新种类和新内容的物权),当然违反1939年院字第1919号解释。

释字第349号解释认为,在第三人明知或可得而知的情形下,债权可以对第三人发生效力,即物权效力,因为债权可以自由创设,形同原则上可以自由创设物权效力的权利,则物权法定主义显然也违反释字第349号解释。

物权法定主义违反1939年院字第1919号解释和释字第349号解释,违反宪法解释形同"违宪",则物权法定主义已构成"违宪"。

(2) 依"宪法"第23条加以检验

依"宪法"第23条加以检验,则必须检验正当性、必要性,如不符合其中一项要件,即违反该条规定而构成"违宪",分别检验如下:

① 正当性。物权法定主义,限制物权自由创设,使物权种类特定,内容也已特定,使从事物权交易的当事人只需概括地就欲交易的物权加以协商即可,而不必就双方形成的每一项权利义务关系详细为协商,可以减少协商的成本,因而减少交易成本。又因为物权种类特定,欲从事交易的第三人,也仅需搜寻特定种类的物权是否存在于交易相对人拟交易的标的物上,搜寻范围较

---

④ 参见苏永钦:《物权法定主义松动下的民事财产权体系——再探大陆民法典的可能性》,载《月旦民商法杂志》2005年第8期,116—129页。该文认为:"……仅从权利的定分(绝对)性质,还不能导出法定的必要,很多论点只是似是而非。因此要维持物权法定的立法政策,还需提出更积极的公共利益的理由。"依此见解,其实已否定物权法定的必要,又因该文认为缺乏物权法定的公共利益,已倾向认为物权法定违宪。

⑤ 参见谢哲胜:《物权的自由与限制——兼评民法物权编修正草案通则章》,两岸物权法学术研讨会,辅仁大学法律学院暨法律学系主办,2008年5月版,第25—26页;另见谢哲胜,注④书,第43页。

少,交易成本较低。

因此,物权法定主义确可减少交易成本,而保护交易安全,保护交易安全即是促进公共利益,具有正当性。

② 必要性。为了保护交易安全,只要避免交易第三人受到不测损害即可。交易第三人如支出些微信息搜集的成本,即可避免不测损害,就已符合减少交易成本保护交易安全的目的。因此,使交易第三人无法明知或可得而知的权利瑕疵或物上负担,不能对交易第三人主张,交易第三人即无不测损害可言。

物权法定主义,不采"使交易第三人无法明知或可得而知的权利瑕疵或物上负担不能对交易第三人主张"的保护交易安全的必要方法,而采超过必要限度的"剥夺当事人创设新种类新内容的自由"的保护交易安全的方法,因此缺乏必要性。⑥

物权法定主义,既不符合"宪法"第23条的必要性,依"宪法"第23条的意旨,已违反"宪法"第15条财产权保障的精神。⑦

## (二) 物权法定主义禁不起现实的检验

"民法"第757条虽然明文规定物权法定主义,但司法实务上在2007年3月5日担保物权修正增订最高限额抵押前,承认最高限额抵押、公用地役权、让与担保等新种类和新内容的物权,释字第349号解释也认为,并非法定物权才有对抗第三人的效力(即物权效力)。显然条文虽然明文规定,但物权法定主义并未被严格遵守。⑧⑨

近年来,"最高法院"更出现完全无视物权法定原则的判决,在1997年台再字第97号判决,"最高法院"认为:"物权之新种类或新内容,倘未违反物权之直接支配与保护绝对性,并能以公示方法确保交易安全者,即可认为与物权法定主义存在之宗旨无违。"

此判决意旨,可以解释为新种类和新内容的物权必须符合两大要件:一是不能违反物权的直接支配与保护绝对性;二是具有公示方法确保交易安全。就前者而言,物权的本质是支配权,当事人要创设物权,则权利性质当然是支配权,而非请求权;就后者而言,公示方法并不限于法律所规定,只要事实上有公示方法,可以保护交易安全即可。因此,该号判决要旨简单地说,即是如能确保交易安全就可以创设物权的新种类或新内容。⑩

## (三) 区分债权和物权不如区分对人和对物的效力

如依债权物权二分法及物权法定主义,加上借贷契约规定在债编各论,则很容易将基地借贷契约认为是债权契约,然而依释字第349号解释与物上负担的概念⑪,即使将基地借贷契约认为

---

⑥ 参见谢哲胜:《以法律经济分析突破概念法学的困境——兼评熊秉元教授的几个观点》,载《财产法专题研究》(五),翰芦图书出版有限公司2006年版,第18页。

⑦ 参见谢哲胜:《中华人民共和国物权法综合评析》,载《上海交通大学学报》(哲学社会科学版)2007年第3期,第6页。

⑧ 朱柏松教授认为,现行"民法"第757条规定无存在的意义,参见《民法物权编研究修正实录抵押权章》(上),2006年4月版,第65页。

⑨ 参见蔡明诚:《习惯与物权法定原则》,载《私法学之传统与现代(下)——林诚二教授六秩华诞祝寿论文集》,台北新学林出版有限公司2004年版,第344页;蔡明诚:《物权编的发展与展望》,载《"民法"七十年之回顾与展望纪念论文集(三):物权、亲属编》,元照出版有限公司2004年版第87页,认为可删除"民法"第757条。

⑩ 参见谢哲胜:《台湾物权法制发展》,注⑦书,第95页。

⑪ 参见释字第579号解释。

是债权契约,也不当然可以认为此一契约当然对继受人不发生效力,因此定性基地借贷契约是否为债权契约,对于解释关于基地借贷契约的法律关系是否对第三人发生效力,并无太大帮助。况且,基地租赁一般学者也认为是债权契约,然而却都承认租赁物权化,使基地租赁具有物权的效力[12],因此解释此一法律事实,显然不适宜采债权物权二分法加以解决。

债权和物权的区分是技术规定而非法理,既非法理就非一成不变[13],重要的是某权利具有何种效力,否则就无法理解释字第349号解释"具有物权效力(对第三人发生效力)的债权"的概念。债权和物权的区分既非一成不变,则定性为债的权利,可能可以对物主张权利(如释字第349号意旨),定性为物权的权利,可能仅能对人主张权利(例如被征收人补偿金请求权、所有物被善意受让后所有人的权利)。

## 二、非法定的物权也可以对第三人发生效力

本件上诉人主张被上诉人乙和其前手的前手就系争土地成立使用借贷关系,因使用借贷关系是债权关系,不得对第三人主张,此一论述是以非法定物权(债权)不得对第三人发生效力为立论基础,然而此种说法是典型概念法学的思路,因为规范不动产使用的法律关系形成一个完整的法律关系,不应切割解释适用,况且不动产使用的法律关系,即使不是法定,也是本质上的物权关系,论述如下:

### (一) 规范不动产使用的法律关系形成一个完整的法律关系

任何法律关系都是一种事实,有法律意义的事实称为法律事实,经由解释适用法律的结果后,定义某一事实为某种法律关系。同理,不动产使用的事实经由解释适用法律的结果,定义某一不动产使用的事实为某种法律关系。

房屋坐落于基地是一个法律事实,对一个法律事实解释适用法律,当然要观察整体事实而为解释适用,除非确认法律规范意旨有意分开解释适用。然而,房屋既然不能没有基地,则如分开解释适用的结果,发生无法达到资源有效率利用的结果,显然违反财产法的规范意旨。因此必须就此一完整的法律关系通盘考虑而为解释适用。

即使将房屋和基地分开为两个事实,这两个事实在现实上也无法分开,因而即使是两个事实,也是具有密切关系不可分离的两个事实。对于有密切关系且不可分离的两个事实,解释适用法律时也要注意对个别事实产生的结果,而不能将二者截然划分为解释适用,况且,房屋和基地是人类赖以生存的物质基础,当然也要符合资源有效率利用的财产法规范意旨。

规范不动产使用的法律关系,形成一个完整的法律关系,不应切割解释适用。因此房屋和基地对于个别所有人,都是物权的法律关系,而此房屋的所有权又难以离开土地而存在,则显然是物的归属利用关系而非人的关系,因而衔接这两个物权人的法律关系,显然也要就该整体法律事实合并解释适用,而将整体都从规范物的归属利用关系的法律加以思考。而不能一部分以物的归属利用关系加以思考,一部分却以人与人之间的请求关系加以思考。

### (二) 不动产使用的法律关系是本质上的物权关系

不动产使用的法律事实,既然应整体上从物的归属利用关系加以思考,因物的归属利用关系

---

[12] 此即债权与物权相对化,参见王泽鉴:《民法物权(第一册):通则.所有权(修订版)》,台北三民书局2006年版,第33页。

[13] 债权与物权相对化的理论已确立,参见谢哲胜:《宪法解释对物权与土地法制发展的影响》,载《"司法院大法官"2005年度学术研讨会》(上册),2005年版,第22—24页。

所适用的法律就是物权法，所以应从物权法加以思考。况且理论上，只要事实上符合物权定义"直接支配特定物而享有其利益的权利"的权利，或归属性权利，即是本质上的物权，不管它有无法律规定或经过登记。⑭ 本质上是物权的权利，因当事人创设此权利时，就是要创设物权的权利（真正的权利是物权），如果将它解释为债权，必然违反当事人的意思，也必然影响投资的期待，进而影响资源的有效使用。因此，除非是为了保护交易安全所必要，否则无须变更当事人的真意，非法定的物权，在保护交易安全的必要限度内才否定其为物权，否则仍肯认其为物权。⑮

房屋起造人在建筑房屋时，如果双方没有明示反对的意思，参考房屋的使用年限，基地所有人必然给予房屋所有人在合理年限内使用基地的期待，这也符合整体社会的利益。因而解释房地异主的法律事实，当然不能违反房屋所有人的合理期待，否则将违反整体社会的利益。房屋对土地使用的事实，是物的归属利用的事实，是本质上的物权，即使不是法定，也应有物权效力，即非法定的物权也可以对第三人发生效力。如此解释才符合释字第 349 号解释与"最高法院"1997 年台再字第 97 号判决意旨。

### 三、"最高法院"2007 年台上字第 1359 号判决评释

针对本号判决，依据前述债权和物权的区分不是绝对的与非法定的物权也可以对第三人发生效力的论述，评释该判决。

#### （一）房屋所有人与基地所有人的法律关系是对物的法律关系

"民法"第 425 条之 1 规定："土地及其土地上之房屋同属一人所有，而仅将土地或仅将房屋所有权让与他人，或将土地及房屋同时或先后让与相异之人时，土地受让人或房屋受让人与让与人间或房屋受让人与土地受让人间，推定在房屋得使用期限内，有租赁关系。其期限不受第四百四十九条第一项规定之限制。前项情形，其租金数额当事人不能协议时，得请求法院定之。"立法意旨主要在解决原有权占有的房屋，因为基地或房屋所有权变动，而产生基地使用权是否存续的问题，此一规定可以减少自行协商的交易成本，并可避免拆屋还地的社会成本，立法意旨及其功能与第 876 条的法定地上权其实是相同的。⑯

虽然因为"民法"第 425 条之 1 规定的文义，不包括基地借贷的情形，而无法直接适用，但基于其立法意旨主要在解决原有权占有的房屋，因为基地或房屋所有权变动，而产生基地使用权是否存续的问题，此一立法意旨涵盖基地借贷的基地或房屋所有权变动的情形，为了减少自行协商的交易成本，并避免拆屋还地的社会成本，因此，"民法"第 425 条之 1 应可类推适用。⑰ "民法"第 425 条之 1 类推适用于基地借贷，可避免原先房地间的有权占有关系，因基地或房屋所有权移转而可能变成无权占有，使受让后房地法律关系当事人间的权利义务得到衡平。

"民法"第 425 条之 1 类推适用于基地借贷的基地或房屋所有权变动的情形，并非让房屋所有人可以主张与基地所有人间有基地借贷关系，而可以无偿使用基地，只是在衡平双方的权利义务下，让房屋维持有权占有，避免拆屋还地的后果。原基地所有人愿意让原房屋所有人无偿使用，是基于双方间特殊的关系，并不能推定在所有人变更后，基地所有人仍同意无偿的法律关系。因此，应认为，除当事人间另行合意约定外，否则土地所有人和房屋所有人之间，在房屋得使用期

---

⑭ 参见谢哲胜：《物权的公示》，载《月旦民商法杂志》2003 年第 2 期，第 4—16 页。
⑮ 以上参见谢哲胜，注⑤书，第 81 页。
⑯ 参见谢哲胜，注⑦书，第 205—207 页。
⑰ 参见谢哲胜，注⑦书，第 217 页。

限内,有租赁关系。本文认为,在房屋所有人为基地借用人的情形,仍可类推适用"民法"第425条之1,类推适用的结果,并非使房屋所有人可以继续借用基地,而是使房屋所有人可以主张与基地所有人间有推定租赁关系(或法定地上权)。[18]

况且,房屋所有人与基地所有人间的法律关系是对物的法律关系,对第三人效力的解释与债权和物权的区分无关。对于此种存在于土地上的法律关系或权利,必须以随不动产所有权移转的契约的法理加以解决,因而在符合四个要件下:即① 书面契约;② 具备契约将随不动产所有权移转的真意;③ 契约必须与不动产相关;④ 有财产上的相互关系,原则上对受让人发生效力,除非原契约有不符合均衡正义的情形,由一方主张无效,或情事变更因而不符合均衡正义或不符合不动产的使用效率,则可由一方主张终止契约,使其失效。[19] 但一方当事人主张无效或终止契约而恢复原状,如违反诚信原则,则只能请求法院变更契约内容。

### (二)对物的法律关系的权利当然可能对第三人发生效力

如果依概念法学的思维,将房屋所有人对于基地的权利定性为债权,认为房屋所有人就基地的权利,当然对继受人不发生效力,即违反释字第349号解释,违反"宪法"解释的思维所为的推论结果将构成"违宪",而当然不能采用。

物权是直接支配特定物并享有其利益的权利,或归属性的权利,符合此一定义的权利,都是对物的法律关系的权利,不论是否规定在民法物权编,都是本质上物权的权利。本质上是物权的权利如经公示,当然可以对任何第三人发生效力,但如未经公示,仅是使其不得妨碍交易安全,第三人明知或可得而知既然不会妨碍交易安全,所以,未经公示的本质上物权,可以对明知或可得而知的第三人发生效力,而符合释字第349号的解释意旨。[20]

### (三)"最高法院"实事求是的法学睿智值得赞扬

王道本乎人情,法律所追求的公平正义也必须在个案中实践,因此解释法律者要比立法者聪明外,法官应以当事人的心情,运用法学睿智,实事求是地在个案中实现公平正义。

"最高法院"本号判决,超越概念法学,超越法条文义,让合法兴建的房屋,不致受到因循苟且或故步自封的概念法学思维的羁绊,而能符合起造人的期待、社会经济的期待,合法地继续使用土地,既具有道德勇气,更具有法学睿智,值得赞扬。

### 结论性观点

"最高法院"有些判决因循苟且,被学者批评,但也有些判决深具道德勇气和法学睿智,而令人激赏,本判决即属后者。

因为物权法定主义违反私法自治原则,物权法定主义也禁不起现实的检验,区分债权和物权不如区分对人和对物的效力,可见,债权和物权严格区分并非普遍适用的法理,债权和物权的区分也不是绝对的。在本判决"最高法院"即是超越"债权和物权的区分"而为判决。

规范不动产使用的法律关系形成一个完整的法律关系,不应切割解释适用,况且不动产使用的法律关系,即使不是法定,也是本质上的物权关系,因此,非法定物权(债权)也可以对第三人发

---

[18] 参见谢哲胜,注⑦书,第216—217页。
[19] 参见谢哲胜:《相邻关系与随不动产所有权移转的契约》,载《财产法专题研究》(三),元照出版有限公司2002年版,第165页。
[20] 以上参见谢哲胜;注⑤书,第81—82页。

生效力。在本判决"最高法院"即是遵照1939年院字第1919号解释和释字第349号解释意旨，超越"法定物权才能对第三人发生效力"而为判决。

房屋所有人与基地所有人的法律关系形成一个完整的法律关系，不应切割解释适用，而且是对物的法律关系，对第三人效力的解释，与债权和物权的区分无关。对物的法律关系的权利，不论是否规定在民法物权编，都是本质上物权的权利，当然可能对第三人发生效力。"最高法院"在本号判决，超越概念法学，超越法条文义，让合法兴建的房屋，不致受到因循苟且或故步自封的概念法学思维的羁绊，而能符合起造人的期待、社会经济的期待，合法地继续使用土地，既具有道德勇气，更具有法学睿智，值得赞扬。

# 对信托财产的强制执行

——"最高法院"2000年台抗字第555号裁定评释

谢哲胜*

> **基本案情**
>
> 本件再抗告人以相对人甲前提供如台湾板桥地方法院(下称"板桥地方法院")裁定附表所示之不动产,为债务人乙对伊所负债务之担保,设定本金最高限额新台币(以下同)3亿元之抵押权,已依法登记在案,因债务人所负2亿元债务届期未清偿,乃申请拍卖前开抵押物,并提出抵押权设定契约书、他项权利证明书、土地及建筑改良物登记簿誊本、不动产抵押借款契约书等件为证,板桥地方法院裁定准予拍卖,相对人不服,提起抗告,原法院以该抵押物系委托人A企业有限公司信托与相对人之财产,已为信托登记,依"信托法"第12条第1项规定,再抗告人不得申请拍卖为由,将板桥地方法院之裁定废弃,驳回再抗告人在板桥地方法院之申请,依首揭说明,即有未合。再抗告意旨,声明废弃,非无理由。爰将原裁定废弃,并由本院自为裁定,将相对人在原法院之抗告驳回,以期适法。

> **裁判要旨**
>
> 申请拍卖抵押物,属非讼事件,只须其抵押权已经登记,且债权已届清偿期而未受清偿,法院即应为准许拍卖之裁定。"信托法"第12条第1项虽规定对信托财产不得强制执行,惟同项但书规定"但基于信托前存在于该财产之权利、因处理信托事务所生之权利或其他法律另有规定者,不在此限",同条第2项复规定"违反前项规定者,委托人、受益人或受托人得于强制执行程序终结前,向执行法院对债权人提起异议之诉",同法第35条第1项亦规定,受托人于一定情形下,得于信托财产设定权利,可见信托财产非绝对不得受强制执行,而受托人以信托财产设定抵押权者,亦非当然无效。故受托人如以信托财产设定抵押权,并经依法登记者,债权人于债权届期而未受清偿时,即得申请法院拍卖抵押物。至于该抵押权之设定有无瑕疵,债权人能否为强制执行,应由委托人、受益人或受托人于强制执行程序终结前,提起异议之诉以资解决,法院不得因该抵押物业经为信托登记,即依"信托法"第12条第1项规定裁定驳回债权人之申请。

> **学理研究**
>
> 信托财产(trust property)指信托的标的物[1],信托财产具有实质的法律主体性,可以作为享受权利、负担义务的主体,但其主体性不完全[2],也须受托人为机关而代表为法律行为。[3] 信托的成

---

\* 中正大学法律学系教授。

[1] 参见 Black's Law Dictionary 1515(1990)。

[2] 信托本身究竟是受托人的债务,还是独立的法律实体,美国法上目前倾向于后者。参见 Restatement (Third) of Trusts 2 comment a (Tentative Draft No.1,1996)。

[3] 参见陈春山:《信托及信托业法专论》,1999年版,第71页。

立须有信托财产,信托财产是信托的要件,信托财产包括原本(principal)和收益(income),在设定信托情形④,原本是委托人移转的财产,收益是受托人处理信托事务所得的财产,二者加起来构成信托财产的全体。

"信托法"第6条规定,对信托财产不得强制执行,条文用语容易产生误解,该条文是指受托人的债权人原则上不得对信托财产强制执行,但条文缺少主体的结果,使人容易误会只要是信托财产均不得强制执行,让有意诈害债权人的人觉得有法律漏洞可钻。然而,信托制度虽缘起于脱法行为,但历经数百年演变,信托法理早已去芜存菁,不容许任何诈害债权人的行为有得逞的机会,如果利用信托制度事实上是为了诈害债权人的目的,终将徒劳无功。

为了确保信托本旨的实现,不致因为受托人处理信托以外事务所生的债权人追索的影响,信托财产具有独立性,有别于受托人的自有财产和其他信托的信托财产。此目的是在受托人自有财产与信托财产间建立一道防火墙,防止信托财产因受托人无资力或破产,而受到受托人债权人的追索,导致信托本旨无法实现;然而,信托财产虽独立存在,且有主体性,仍须有人处理信托事务,信托本旨才会实现,而且,在信托财产未承认其为法人前,信托财产仍须有形式上的归属主体,受托人即是。受托人既处理信托事务即会和第三人发生债权债务关系,如何保护债权人的权利,关系交易安全的保护,因此,对信托财产不得强制执行只是原则,例外情形仍得对信托财产强制执行。此外,对信托财产原则上不得强制执行,并不能排除对信托受益权强制执行的可能性,符合一定要件下,债权人对受益权仍得强制执行。

以下即针对上述三方面详细探讨:

### 一、目的是为了确保合法信托本旨的实现

信托财产形式上归属于受托人(但与其自有财产分离),受托人如有债权人,其债权届清偿期未受清偿时,即可对受托人的财产强制执行,如无特别规定,债权人极可能对归属于受托人的信托财产强制执行,信托财产存在的目的是用来作为处理信托事务所需的财产,如信托财产因被强制执行而丧失,信托本旨即无从或难以实现,对信托财产不得强制执行是为了避免信托财产被强制执行,使得信托本旨无法实现。

依"司法院"1939年院字第1919号解释揭橥的财产法的两大价值——真正权利和交易安全的保护来看,确保合法信托本旨的实现即是为了保护真正的权利,保护受益人的权利不受外在因素的影响,可以确保合法信托本旨的实现,也等于确保委托人的意思得以实现,委托人的意思受到尊重,委托人才会乐于提供财产成立信托,信托的特殊功能才能发挥,有助于社会经济。

然而,如有人成立信托的目的是为了诈害债权人,依"信托法"第5条,信托行为无效,信托财产归属的真正权利人的债权人,仍得对该财产强制执行。另外,如信托的受托人无积极管理信托财产的义务,只是一种消极信托,消极信托的受托人既然不负有积极的义务,信托制度所欲促进的专业经营效率的目的即无法达成,既无积极的功能,又可能造成交易成本的提高,此种信托并不被承认为有效,依信托法理,消极信托无效。因此,不合法的信托本旨并不在信托法保护之列。

### 二、只是原则仍有例外

对信托财产不得强制执行固然可以避免信托财产被强制执行,确保信托本旨的实现,然而,

---

④ 信托成立方式有多种,包括"信托法"第1条的设定信托、第2条的遗嘱信托、第71条的宣言信托、投资信托所属的商业信托以及法律所拟制的信托等,不应误以为信托成立的方式即是"信托法"第1条和第2条所规定的方式。

因为对形式上归属于受托人的信托财产不得强制执行,如造成与受托人交易的债权人无法受完全清偿,将迫使交易相对人增加信息搜集,因而提高其交易成本,其结果将有碍于交易安全。

为求债权确保和对信托财产不得强制执行的平衡,必须要在保护交易安全的必要限度以内剥夺真正的权利,在此即放弃对受益权的保护和信托本旨的实现,优先保护债权人,准许债权人对信托财产得强制执行,而为对信托财产不得强制执行的例外。在何种情形对信托财产得强制执行,将于本文第四部分详细探讨。

### 三、符合一定要件对受益权仍得强制执行

对信托财产不得强制执行固然可能造成受托人的债权人无法受清偿的结果,然而,受益人的债权人不必然因为受益人名下无财产而无法受清偿,因为受益权是一种财产权,符合一定要件对受益权仍得强制执行,所以,如果委托人以自己为受益人成立信托,只是为了逃避债权人的追索,将徒劳无功,因为委托人的债权人可以查封拍卖委托人的受益权,受让受益权的人即可选择让信托继续有效,或终止信托,使信托财产归属于自己,与购买信托财产的结果相同。

当委托人为受益人,受益权都可以强制执行,但是当委托人并非受益人时,为了平衡委托人意思的实现和交易安全的保护,受益人的债权人是否可以针对受益权强制执行,适用上就较为复杂,以下先介绍美国法,然后再推论依"信托法"应如何解释适用。

(一)美国关于受益权是否受债权人追索的信托法理[5]

依美国信托法理,受益权是否受债权人追索,有以下的法则:

1. 节省信托

限制受益权移转的信托称为节省信托(spendthrift trust),节省信托的受益权是否受债权人追索,依其为原本受益权和收益受益权而有不同:

(1)原本受益权。除非是委托人为受益人或特殊债权人的债权的情形,假如依信托条款,受益人未来有权利主张将信托原本财产移转给他,则限制信托原本财产的受益权的移转,是有效的;然而,假如受益人有权利主张立即将信托原本财产移转给他,则限制信托原本财产的受益权的移转,是无效的;假如信托原本财产在受益人终身期限内不移转给他,则限制信托原本财产的受益权的移转,也是无效的。[6] 因为限制受益权的移转在用来保护受益人的限度内为有效,如此种限制只是用来预防受益人以遗嘱处分其遗产,则是无效的,此时,受益人的债权人在受益人生存时即可主张对信托原本财产受益权强制执行。

(2)收益受益权。除非是委托人为受益人或特殊债权人的债权的情形,假如依信托条款受益人有权利享受信托收益终身或一定期限,则在受益人终身期限内,信托条款限制信托收益受益权的转让或限制债权人对信托收益受益权的追索,是有效的。[7]

2. 扶助信托

在扶助信托(trusts for support)的情形,除非是委托人为受益人或特殊债权人的债权的情形,假如依信托条款,受托人只能给付信托财产的收益或原本给受益人供教育或生活所需,则受益人不得移转受益权,债权人也不得向受益权追索。[8]

---

[5] 以下参见谢哲胜,注③书,第231页。
[6] Restatement,Trusts 2d,§153.
[7] Restatement,Trusts 2d,§152.
[8] Restatement,Trusts 2d,§154.

### 3. 自由裁量信托

在自由裁量信托(discretionary trusts)的情形,除非是委托人为受益人的情形,假如依信托条款,受托人给付信托财产的收益或原本给受益人的金额,完全由受托人自由裁量如何为适当,则受益权的受让人和受益人的债权人均不得强制受托人给付信托财产的收益和原本。⑨

### 4. 特殊债权人的债权

即使是节省信托或扶助信托,特殊债权人的债权,仍得就受益权强制执行。这些可以对节省信托或扶助信托的受益权强制执行的债权,包括受益人的子女扶养费或离婚妻子的赡养费,提供受益人生活必需物品或服务的债权,保存受益权和使受益权获益所提供的服务或物品的债权,联邦或州的税捐。⑩

### (二)"信托法"关于受益权是否受债权人追索的解释

信托法是英美信托法理的移植,当代信托法又以美国为代表,美国信托法理是充分理性平衡真正权利的保护与交易安全保护的⑪,在受益权是否受债权人追索的上述信托法理,充分权衡尊重委托人的意思和债权人的保护两大价值,值得引进信托法的我们所采取。在"信托法"的条文中,并无明示或默示否认节省信托、扶助信托、自由裁量信托的有效性,基于此三种信托均有其特殊的功能,在兼顾保护交易安全的前提下均应承认其效力,因此,"信托法"关于受益权是否受债权人追索,可为以下解释:

### 1. 节省信托

依信托法,应可以创设节省信托,节省信托是为了避免受益人挥霍,限制受益权的转让,然而,如委托人为受益人时,委托人避免受益人挥霍其实等于避免自己挥霍,委托人避免自己挥霍的意思与委托人债权人保护相冲突时,应保护债权人以确保交易安全,因此,不应承认委托人限制其所享有受益权移转的效力。如委托人并非受益人,其避免受益人挥霍的目的是创设信托的诱因,避免受益人挥霍可以使财产为有效率的使用,具有正面功能,因而应肯定其限制移转的效力。因为限制受益权的移转在用来保护受益人的限度内有效,超过此部分则不须承认其效力,而限制受益权的移转又可区分为限制原本受益权和收益受益权两种不同的情形:

(1) 原本受益权。原本受益权是关于信托财产的原本归属的权利,在信托财产的原本和收益为不同受益人享有时,即有必要区分原本受益权和收益受益权,而且收益受益权也是独立的权利,为了不影响收益受益权,原本受益权往往是在信托终止时才可行使,等于是附期限的权利,而为期待权;如果原本受益权立即可行使,即受益人有权利主张立即将信托财产的原本移转给他,则此一权利并非期待权而为既得权。

原本受益权如为期待权,受益人尚不得行使其权利,可以达到禁止挥霍的目的,因而限制其移转也是合法的方法,受益人既然不得行使其权利,也不得移转,其债权人也不得强制其移转,因此,不得强制执行。然而,原本受益权如为既得权,受益人已可行使其权利,将信托财产的原本归属于自己,然后拿去挥霍,并无法达到禁止挥霍的目的,因而限制其移转即不具意义,受益人既然可以行使其权利,将信托财产的原本归属于自己,其债权人即可对属于受益人的财产强制执行,使债权人强制执行受益权效果相同,因此,在此情形,对原本受益权得强制执行。

---

⑨ Restatement, Trusts 2d, §155.
⑩ Restatement, Trusts 2d, §157.
⑪ 参见谢哲胜,注③书,第223—224页。

另外情形,如受益人享有收益和收益受益权,而原本必须等到受益人死亡时才移转给他,则限制原本受益权的移转是无效的,因为限制受益权的移转在用来保护受益人的限度内为有效,而此种限制只是用来预防原本受益人以遗嘱处分其遗产,并不具有保护受益人的目的,此时,原本受益人的债权人在受益人生存时即可主张对信托财产的原本受益权强制执行。

在特殊债权人债权的情形,因为保护的必要性,即使是上述有效的限制移转,则仍得对信托财产的原本受益权强制执行。原本受益权如经强制执行,其受让人如非收益受益权人,则其权利的行使仍受到收益受益权的限制。

(2) 收益受益权。收益受益权是享有信托财产的收入或收益的权利,有别于对信托财产原本的享有,假如依信托条款,受益人有权利享受信托收益终身或一定期限,也限制收益受益权的转让,或限制债权人对信托收益受益权的追索,此种限制就避免受益人挥霍是有必要的,否则,受益人只要转让收益受益权,即可提前取得将来才可享有的收益,而有进行挥霍的可能;因而在受益人终身期限内,即受益人可享有收益受益权的期限内,信托条款限制信托收益受益权的转让或限制债权人对信托收益受益权的追索,是有效的。

在特殊债权人债权的情形,因为保护的必要性,即使是上述有效的限制移转,则仍得对信托财产的收益受益权强制执行。收益受益权如经强制执行,其受让人如非原本受益权人,则其权利的行使不受原本受益权的影响。

2. 扶助信托

假如依信托条款,受托人只能给付信托财产的收益或原本给受益人提供教育或生活所需,则此依信托设立的目的是为了受益人供教育或生活所需,允许受益人移转受益权将违反信托本旨,因而受益人不得移转受益权,允许债权人强制执行受益权也将违反信托本旨,因而债权人也不得向受益权强制执行。

在特殊债权人债权的情形,因为保护的必要性,即使是扶助信托,仍得对信托财产的受益权强制执行。

3. 自由裁量信托

假如依信托条款,受托人给付信托财产的收益或原本给受益人的金额,完全由受托人自由裁量如何为适当,则受益人享有的受益权是一种没有请求权的权利,只有受领权,受益人既无请求权,则受益权的受让人和受益人的债权人均不得强制受托人给付信托财产的收益和本金。

4. 特殊债权人的债权

在某些情形,虽然不得对节省信托或扶助信托的受益权强制执行,以免违反信托本旨,然而,在信托本旨的尊重和某些特殊债权人债权的保护冲突时,则选择保护特殊债权人债权,因此即使是节省信托或扶助信托,某些特殊债权人的债权,仍得就受益权强制执行。

这些可以排除对节省信托或扶助信托受益权强制执行限制的债权,包括以下债权:

(1) 受益人的子女抚养费或离婚妻子的赡养费。限制对受益权强制执行是为了受益人的利益,但是受益人的未成年子女和离婚妻子的生活也须受保护,而后者相对于受益人是更为弱势,因此,应优先受保护,所以,此种债权可以对受益权强制执行。

(2) 提供受益人生活必需物品或服务的债权。限制对受益权强制执行是为了受益人的利益,但是提供受益人生活必需物品或服务的债权,则已非挥霍的考虑范围,也符合对受益人扶助的本旨,如此种债权不得受到清偿,则恐无人愿意提供受益人生活必需物品或服务,因此,此种债权亦应优先受保护,所以,此种债权可以对受益权强制执行。

(3) 保存受益权和使受益权获益所提供的服务或物品的债权。如有人对受益权提起诉讼,受益人委任律师所生的费用,即是保存受益权所提供服务的债权,如受益人雇工修缮属于信托财产的建筑物,即因而增加信托财产的价值,则受益人的受益权也因而增加了价值,此种债权优先保护,将会对保存受益权和使受益权获益所提供的服务或物品的债权人有重大诱因,符合受益人的利益。

(4) 税捐。受益人应纳的各种税捐,不论是上级或地方政府核课,都关系着租税公平和公共事务的推动,事关公益,无理由让受益人有租税未纳而仍保有受益权,因此,税捐债权不受信托本旨的限制,对于节省信托或扶助信托受益权仍得强制执行。

## 四、信托财产得强制执行的类型

信托财产具有独立性,指信托财产独立于委托人、受托人和受益人的财产而存在,为委托人、受托人和受益人的债权人追及范围之外[12],但这只是原则,仍有例外,信托财产在符合一定的要件下,仍然可以强制执行,只是如欲对信托财产强制执行须受到相当的限制。

以下即分别说明对信托财产可以强制执行的类型:

### (一) 存在于信托财产的权利

关于存在于信托财产的权利,可以分为信托前与信托后发生的权利,其法律关系的义务人不同,法律关系也有不同。

1. 信托前

信托前存在于信托财产的权利,可以分为委托人设定的权利,和第三人设定的权利,两种情形并不相同。

(1) 委托人设定的权利。委托人在信托的重要性,在于其移转信托原本财产并设立信托,并就信托财产科以受托人对受益人负忠实义务,然而,在设立信托的意思表示和移转信托原本财产后,委托人就和财产的前所有人一样。[13] 在信托原本财产由委托人移转给受托人的情形,委托人原是信托原本财产的所有人,在其权利存续期间,可以有效地设定抵押权,或其他权利,而成为信托原本财产的物上负担。除非原始取得,物上负担不受所有人的变更影响,随着信托原本财产的移转而移转,因此,委托人于信托前就信托原本财产所设定的抵押权或其他权利,在信托原本财产移转给受托人后,权利人仍得行使其权利,此时该债权人例外可以对信托财产强制执行,但这是因为该权利系对物权的效力,而与该债权人是否为委托人的债权人无关,即使该对物的权利人是第三人的债权人亦同。

(2) 第三人设定的权利。信托财产除了原本外,尚包括信托后取得的财产,此种财产可能是受托人从第三人购得,受托人仍然继受前手的物上负担,如前手在该财产设定抵押权,或其他物上负担,因为该权利系对物权的效力,此时该权利人也可以对信托财产强制执行。

2. 信托后

因为受托人直接管理信托财产,信托成立后才存在于信托财产的权利,原则上为受托人设定的权利,但受托人就信托财产设定权利给他人,又可分为权限内的行为和权限外的行为,两种情

---

[12] 参见方嘉麟:《信托法之理论与实务》,1994 年版,第 44—45 页。

[13] Robert L. Mennell, Wills and Trusts 204 (1994).

形法律效果并不相同。

(1) 权限内行为。受托人就信托财产设定权利给他人,如果符合信托本旨,则是权限内的行为,完全有效。就此而言,该权利人也可以对信托财产强制执行。

然而,受托人不等于所有权人,因此,其权限范围有别于所有权人[14],例如未经信托条款明示或默示授权,受托人原则上不得就信托财产设定担保物权,与所有人得自由处分其所有物不同。

(2) 权限外行为。受托人就信托财产设定权利给他人,如果违反信托本旨,则是权限外的行为,是有瑕疵的法律行为。台湾不动产登记采权利登记制,且采实质审查的原则下,对受托人的此种行为,地政机关应不准其登记,负实质把关的责任,然而,地政机关的人员并非法律专业人员,是否有能力把关仍有疑问,因此,法院终将面对许多受托人权限外的行为,而地政机关仍准予登记的案件。

受托人违反信托本旨处分信托财产,如设定担保物权,依"信托法"第 18 条的规定,是得撤销的行为,并非无权处分效力未定,在未行使撤销权前,权利人仍得行使其对信托财产的权利。因此,即使受托人违反信托本旨于信托财产设定抵押权,而地政机关也准其登记,则受益人固然可以申请法院撤销抵押权设定的行为,进而涂销抵押权的登记,但在受益人未为此一主张前,抵押权人仍得行使其权利,而查封拍卖属于信托财产的抵押物。

**二、处理信托事务所生的权利**

受托人的自有财产与信托财产分离,信托事务的处理发生的债务和自己事务的处理发生的债务,原则上分别由信托财产和自有财产担保债务的清偿。因此,受托人处理自己事务而产生的债权人,原则上不得向信托财产主张清偿责任,例外情形,因信托财产未公示,而受托人的债权人并非明知或重大过失而不知该财产为信托财产,为保护交易安全,可以让受托人的债权人对信托财产主张清偿责任。至于受托人因处理信托事务所生的债权人,从信托财产主体性而言,似乎可视为信托财产的债权人,然而,受托人处理信托事务,原则上仍是以本人名义为法律行为,受托人原则上仍须就其自有财产负责,虽然符合一定要件受托人可以向信托财产求偿。[15]

既然债权人可以向受托人请求履行,如果也得到清偿,似乎就不必再允许其向信托财产求偿,所以,依美国的普通法,即使是受托人合法处理信托事务所生的债务,债权人也不得向信托财产求偿,只有在特定情形,可以依衡平法向信托财产求偿。[16]

以下即参考美国衡平法的法理,解释就处理信托事务所生的权利,可以包括数种类型:

(1) 合法处理事务所生的权利,而且无法从受托人得到清偿。依美国法,受托人因处理信托事务所生的债务,该债权人无法从受托人得到清偿,而受托人就该债务可以向信托财产求偿,则该债权人可以向信托财产求偿。[17] 另外,如受托人于契约中明示免除其个人责任,契约由信托财产负责,则该债权人可以直接向信托财产求偿。[18]

参考美国信托法理可知,受托人合法处理事务所生的债务,受托人清偿后可以向信托财产求

---

[14] 有关于受托人的权限,参见谢哲胜:《信托业管理信托财产的权限》,载《月旦法学》2002 年第 90 期,第 65—76 页。
[15] 参见谢哲胜,注③书,第 230 页。
[16] Restatement, Trusts 2d, §266-§267.
[17] Restatement, Trusts 2d, §268.
[18] Restatement, Trusts 2d, §271.

偿,如该债权人无法从受托人的自有财产得到清偿,则可以向信托财产求偿;而受托人合法处理信托事务与他人为交易,如受托人于契约中明示免除其个人责任,约定该契约由信托财产负责,因债权人也无法向受托人求偿,则该债权人可以直接向信托财产求偿。

(2)信托财产得到利益,又无法从受托人得到清偿。依美国法,债权人提供信托财产利益,又无法从受托人的自有财产得到清偿,在信托财产受益的范围内,债权人可以向信托财产求偿,除非依客观情形准许此一救济是不符合衡平法的。[19]

参考美国信托法理可知,债权人依据与受托人的法律关系,提供信托财产利益,又无法从受托人的自有财产得到清偿,在信托财产受益的范围内,债权人即可以向信托财产求偿。如允许某人此一权利,有违诚实信用原则,例如,强迫信托财产得利,则不允许其主张不当得利的返还。

(3)信托条款明定。依美国法,受托人因处理信托事务所生的债务,如委托人于信托条款明示授予债权人直接向信托财产求偿的权利,则该债权人可以向信托财产求偿。[20]

参考美国信托法理可知,委托人如明示某些债权的债权人可以直接向信托财产求偿,因不违反委托人的意思和信托本旨的实现,所以,此种债权人可以直接向信托财产求偿。

(4)其他符合诚实信用原则的情形。依美国法,虽然不符合前述三种情形,受托人合法处理事务所生的债务,如符合衡平的情形仍可以向信托财产求偿。[21]

美国的衡平法用来调整权利义务关系,如同台湾法的诚实信用原则,参考美国信托法理可知,虽然不符合前述三种情形,受托人合法处理事务所生的债务,如符合诚实信用原则的情形仍可以向信托财产求偿。

### (三)其他法律另有规定

对信托财产不得强制执行,虽有助于委托人意思和信托本旨的实现,但却有害于受托人债权人的债权受清偿,因此,立法上可以针对某些应特别保护的受托人的债权人,就其债权,不限于前述两种情形,仍可对信托财产强制执行。

## 五、"最高法院"2000年台抗字第555号裁定评释

针对"最高法院"2000年台抗字第555号裁定,对照前述对信托财产得强制执行的类型,以下就信托财产并非绝对不得强制执行和受托人以信托财产设定抵押权的效力两方面,评析该裁定。

### (一)信托财产并非绝对不得强制执行

该裁定理由提及"信托财产非绝对不得强制执行",此见解非常正确,虽然该裁定仅举条文但书为依据,并未阐释何种债权可以对信托财产强制执行,本文第四部分所探讨的信托法理,应可作为将来对信托相关案例为裁判的依据。

---

[19] Restatement, Trusts 2d, § 269.
[20] Restatement, Trusts 2d, § 270.
[21] Restatement, Trusts 2d, § 271A.

### (二)"信托法"第35条第1项是限制自己交易,与本案无直接关系

受托人处理信托事务,负有忠实义务[22],原则上不得自己交易[23],"信托法"第35条第1项即是为了此一目的,与本案受托人将信托财产设定抵押权给第三人无关,只有当受托人就信托财产设定权利给自己,才是本条项规范的范围。就此而言,本案事实显然并非由受托人取得抵押权,因而裁定要旨所称"同法第35条第1项亦规定受托人于一定情形下,得于信托财产设定权利",即与本案裁定理由的构成无直接关系。

### (三)受托人以信托财产设定抵押权的效力

本案不动产系相对人甲受让委托人的信托财产,并已为信托登记,则本案相对人甲将该不动产设定抵押权给再抗告人,因为是担保受托人以外的债务人乙,等于受托人甲就信托财产设定抵押权给第三人。

受托人原则上不得就信托财产设定抵押权,例外情形才允许。未经信托条款明示或默示授权,受托人不得就信托财产设定担保物权,包括为借款而设定抵押权或质权,或就受托人处理信托事务而发生的债务提供担保。[24]

就本案言,乍看之下似乎应先确定信托条款是否有授权,如有授权,则受托人设定抵押权的行为完全有效,如无授权,则是违反信托本旨的行为,依"信托法"第18条,受益人得主张撤销之。然而,再对照受托人的忠实义务,受托人应为了受益人的利益处理信托事务,则设定抵押权给第三人,显然违反受益人的利益,当然违反信托本旨。受托人如欲就信托财产设定担保借款,除了得到授权外,也只能为了信托财产借款而设定担保,不得为了自己或第三人的借款而设定担保,本案为信托财产以外的债务人的债务设定抵押权,显然是权限外的行为,又对受益人不利,当然违反忠实义务,就托人此种行为应负民、刑事责任。民事上受托人应负损害赔偿责任、被解任、丧失报酬、在美国法尚有惩罚性赔偿金的适用,刑事上构成背信,应科刑罚。

本案受托人行为应受制裁固无疑问,但是就受托人以信托财产设定抵押权,因为必须权衡受益人真正权利的保护和交易安全的保护,并不因而当然无效,在本案因为受托人的行为违反受益人的利益,应视为当然违反信托本旨的行为,依"信托法"第18条,受益人得主张撤销之,在受益人未申请撤销前,抵押权人仍得对信托财产强制执行。

### (四)地政机关对登记被撤销应否负损害赔偿责任

台湾土地登记制度采权利登记制,并采实质审查[25],因而理论上已经信托登记为信托财产的不动产,如受托人处分违反信托本旨,地政机关本不应准其登记,如不准其登记,受益人也无须再申请法院撤销。如地政机关未准许抵押权的设定登记,债权人也不会信赖设定抵押权为有效,而贷款给债务人,则当抵押权被撤销时,债权人变成无担保债权人,势必受到损害。

"土地法"第68条规定了因登记错误的损害赔偿,依"最高法院"1987年第五次民事庭决议

---

[22] 关于忠实义务,参见谢哲胜:《忠实关系与忠实义务》,载《财产法专题研究》(三),2002年3月版,第155页。
[23] 有关于受托人自己交易的禁止与例外,参见谢哲胜:《信托业管理信托财产的权限》,载《月旦法学》2003年第90期,第72页以下。
[24] Restatement, Trusts 2d, §191.
[25] 参见温丰文:《土地法》,2001年版,第149页;并请参见"土地登记规则"第57条。

见解㉖,可以请求损害赔偿情形不限于"土地登记规则"第 13 条的情形,因此,如审查时可查知不应准许登记,如因承办人员的过失而准予登记,应可请求地政机关损害赔偿,如审查时无法查知不应准许登记,则承办人员似乎可以视为无过失,地政机关即可免责。

现行"土地登记规则"第九章的土地权利信托登记对于受托人可以为哪些处分,并未提供登记机关遵循的依据,因信托财产除了在所有权或他项权利部载信托登记外,仍将受托人登记为所有权人,地政机关不免仍视受托人为真正的所有人,而可以行使所有人全部的权利,就此而言,就地政机关不知受托人的权限受到一定限制,如无法从信托专簿看出,似乎可以视为无过失。

然而,以地政机关尚无法判断受托人可以行使哪些权限,因而免除其准许受托人权限外行为登记的责任,只能作为暂时的权宜之计,就长远考虑,为了确保登记的公信力,应就已为信托登记的信托财产的登记就受托人有无此权限为特别的审查,这必须承办人员具有信托法的专业知识,如有疑问,应申请上级机关解释后再行登记。另外一种解决的方式,则是将信托财产有关的登记仅采形式审查,登记机关不担保实质权利有无瑕疵,因此,就信托财产设定抵押权的权利人即须自行察看信托相关文件,以确保其权利不致遭到撤销。

## 结论性观点

"信托法"虽然于 1996 年即已施行,但在"最高法院"之前裁判的信托与"信托法"的信托概念不同的情形下,有关于"信托法"的信托相关的裁判,对全体民事庭法官是一项全新的挑战,所幸近年来法官们学养日有精进,能不拘泥于文义表面的意思,颇能深入法律的精髓,作出符合公平正义的判决。信托是能达成各种特殊功能的法律制度,妥为运用必能造福社会经济,然而,目前却出现许多以信托为名行诈害债权人之实的行为,将有劳法院秉持信托法理,作出妥适的裁判。

---

㉖ 参见 1987 年 3 月 10 日"最高法院"1987 年第五次民事庭会议决议,载《"最高法院"民刑事庭会议决议汇编》(上册),第 232、245、922 页。
决议:采甲说。
提案。民三庭提案:某地政事务所漏未将土地重测前已登记某甲之抵押权转载于重测后新设之土地登记簿。某乙不知情,就同一土地设定抵押权,向该地政事务所办理登记。嗣经该地政事务所发现该土地上原已登记有某甲之抵押权,乃更正某乙之抵押权为第二顺位。其后土地拍卖结果,因有第一顺位抵押权之故,某乙仅分得一部分价金而受损害。兹某乙依"土地法"第 68 条规定请求某地政事务所赔偿损害,应否准许,有甲、乙两说:
甲说:"土地法"第 68 条规定因登记错误遗漏或虚伪致受损害者,由该地政机关负损害赔偿责任。兹该地政事务所既未将重测前已登记之抵押转载于重测后新设之土地登记簿,自属登记有遗漏,某乙不知其情,致其嗣后设定之抵押权未获全部清偿,自得请求该地政事务所赔偿损害。"土地登记规则"第 12 条(现行条文第 13 条)所指情形,乃属例示,不能以此而谓因土地重测而发生之错误遗漏之情形,不包括在"土地法"第 68 条之内。"土地法"第 68 条之立法精神,旨在保护土地权利人,土地之登记准确与否,影响人民之权益至巨,地政机关所负责任亦重。不应就"土地登记规则"第 12 条作狭义解释,致与土地法之立法精神不符。
乙说:"土地登记规则"第 12 条规定,"土地法"第 68 条及第 69 条所称登记错误或遗漏,系指登记之事项与登记原因证明文件所载之内容不符而言。某地政事务所就某乙设定抵押权所为之登记,与登记原因证明文件并无不符。虽某地政事务所漏未将土地重测前已登记某甲之抵押权转载于新设之登簿,亦仅违背"土地登记规则"第 101 条第 1 项第 4 款之规定,非"土地法"第 68 条规定之情形。某乙不得依此法条请求某地政事务所赔偿其损害。另一说某乙信赖重测后土地登记簿之记载,而为设定抵押权之登记,应受"土地法"第 43 条之保护,享有无抵押权登记在前之抵押权,(即非第二顺位抵押权)地政事务所不得更正其为第二顺位抵押权,地政事务所纵予更正,某乙已取得之权利亦不受其影响,其未受分配之一部卖得价金,可向某甲依不当得利请求返还,故某乙并未受有损害,不能向地政事务所请求赔偿,其结论与前说相同。

本裁定案例事实,是由受托人将信托财产为第三债务人设定抵押权,此一行为不利受益人显然超过受托人的权限,如信托条款竟准许此种行为,则此一信托恐怕也是脱法行为,而不应承认其效力。本文借由对本裁定的评析,阐述对信托财产不得强制执行的真正意涵,其目的是为了确保合法信托本旨的实现,只是一种原则,例外情形对信托财产仍得强制执行,而且符合一定要件,对受益权仍得强制执行,因此,想借由自益信托以诈害债权人将徒劳无功。

对信托财产得强制执行的情形,本文将其区分为各种类型,在尚缺乏相关文献时,将可作为对信托强制执行的参考准则。对于本裁定所揭橥的信托财产并非绝对不得强制执行的概念,本文表示赞成和肯定,但是裁定理由所提到"信托法"第35条第1项的部分,则与本案无直接关系,本文有必要澄清。受托人以信托财产设定抵押权的效力应从"信托法"第18条区分其效力,并非完全有效,原裁定理由未论及,本文有必要补充。至于地政机关对登记被撤销应否负损害赔偿责任,则是虑及将来受托人的行为遭撤销时,将面对如何保护交易的相对人的课题,本文认为,如为了确保登记的公信力,则应须对受托人权限为审查,否则,须让当事人明了就信托财产取得的权利,如违反信托本旨,受益人可申请法院撤销,以避免其受到不测的损害。

# 违章建筑的事实上处分权

——"最高法院"1954年台上字第856号判例、1978年第二次民事庭决议（一）、1980年台上字第3726号判决、1997年台上字第2272号判决评释

谢哲胜 *

## 基本案情

### 一、1954年台上字第856号判例事实部分

本件上诉人对于台北地方法院民事执行处因被上诉人甲申请执行被上诉人乙清偿债务确定判决事件，就坐落台北市成都路64号木造平房店屋两间，面积25.5坪，所为之查封拍卖命令提起异议之诉，……以此项房屋曾经被上诉人乙于1953年1月17日，连同其右侧62号楼房经市政府登记有案者一并出卖于上诉人，有买卖契约及移转租地契约可凭，为其原因事实……系争房屋系属违章建筑，并未为所有权移转登记，……为上诉人在历审所自认，而台北市为已施行不动产登记法规之区域，……上诉人提出系争房屋买卖契约等书证，……主张对于系争房屋已生取得所有权之效力。此外系争房屋与其右侧之62号楼房彼此各自独立，并无主从关系，……并非……62号楼房之从物……原审本于上述见解，认为上诉人对于系争房屋并无足以排除强制执行之权利存在，其提起本件之诉，自为"强制执行法"第15条所不许，因而维持第一审驳回上诉人之诉之判决……

### 二、1980年台上字第3726号判决事实部分

本件上诉人起诉主张，系争坐落高雄县大寮乡山子顶段3238之16号地上建物即大寮乡明德路四巷三号二层楼房屋一栋，系伊于1980年1月11日向诉外人丙购买，业经法院公证，并办毕变更纳税义务人名义为上诉人，讵被上诉人竟以其对丙之债权，申请第一审法院假扣押该房屋侵害上诉人权利，应依"强制执行法"第15条规定，提起第三人异议之诉，请求为撤销该查封强制执行程序之判决。被上诉人则以上诉人尚非系争房屋之所有权人，无从排除强制执行等语，资为抗辩。原审审理结果……爰维持第一审所为不利于上诉人之判决，驳回其上诉……

### 三、1997年台上字第2272号判决事实部分

本件被上诉人主张：门牌号码为台北县中和市自立路99巷36弄17、19、21及23号之房屋系六层楼之集合住宅，伊为其中19号五楼房屋之所有人，讵上诉人未经全体住户同意，擅自在上开集合住宅屋顶平台加盖如第一审判决附图黄色部分所示面积共76.19平方公尺之建物，侵害全体住户之权利等情，依"民法"第767条、第821条及第184条第1项之规定，求为命上诉人将系争建物拆除，及将该屋顶平台交还伊与全体共有人之判决。上诉人则以：伊之女丁为台北县中和市自立路99巷36弄23号六楼房屋之所有人，对于该六楼房屋之屋顶平台有专用权，

---

\* 中正大学法律学系教授。

伊于该平台加盖系争建物赠与丁,无侵害其他住户之权利可言。况被上诉人并非23号房屋顶平台之共有人,亦无权为本件之请求等语,资为抗辩。原审维持第一审所为上诉人败诉之判决,驳回其上诉,系以:被上诉人就其主张之事实,业据提出所有权状、建物登记簿誊本及复丈成果图为证。上诉人虽以前揭情词置辩。然查大楼之屋顶平台为大楼之共同构成部分,依"民法"第799条规定,应推定属于大楼各区分所有人共有。上开集合住宅,为4栋结合在一起之六层楼建物,各栋房屋之屋顶平台均相通,并无隔间,该平台自为4栋房屋全体住户所共有。被上诉人为4栋房屋中19号五楼房屋之所有人,就上开平台有共有权。上诉人辩谓:被上诉人非系争平台之共有人等语,为无足取。次查上诉人提出之屋顶加盖同意书仅能证明23号房屋一至五楼所有人同意丁在其所有六楼房屋为加盖,不能证明彼等亦同意上诉人加盖,上诉人加盖系争房屋之行为,系属无权占有,其抗辩:伊未侵害其他住户之权利等语,亦无足采。上诉人既侵害上开集合住宅全体住户之权利,被上诉人依"民法"第767条、第821条及第184条规定,请求上诉人将系争建物拆除,及将该屋顶平台交还被上诉人与其余共有人,即有理由,应予准许等词,为其判断之基础。……上诉人加盖之系争建物似为违章建筑,果尔,上诉人抗辩:伊加盖之系争建物,已赠与丁等语,倘非虚妄,其是否仍有拆除之权限,即非无疑。原审对此未加审认,遽命上诉人拆除系争建物并交还该屋顶平台,尚嫌率断。上诉论旨,指摘原判决不当,求予废弃,非无理由。据上论结,本件上诉为有理由……

## 裁判要旨

**一、1954年台上字第856号裁判要旨**

"民法"物权编关于登记之规定,限于在未能依同编施行法第3条所称之法律登记前,始在不适用之列,系争房屋既因违章建筑而未能登记,显与前开法条所定之情形有间,上诉人自不得执是,而为不适用"民法"物权编关于登记之规定之论据。

**二、1978年第二次民事庭决议(一)**

违章建筑之让与,虽因不能为移转登记而不能为不动产所有权之让与,但受让人与让与人间如无相反之约定,应认为让与人已将该违章建筑之事实上处分权让与受让人

**三、1980年台上字第3726号裁判要旨**

提起第三人异议之诉,须第三人就执行标的物有所有权等足以排除强制执行之权利者,始得为之,观"强制执行法"第15条规定自明。本件上诉人向诉外人丙购买系争房屋,固有公证买卖契约等件为证,但查不动产物权依法律行为而取得者,非经登记不生效力。本件系争房屋尚未办理保存登记(建物所有权第一次登记),上诉人自无从取得所有权,即无排除强制执行之权利。

**四、1997年台上字第2272号裁判要旨**

违章建筑之让与,虽因不能为移转登记而不能为不动产所有权之让与,但受让人与让与人间如无相反之约定,应认为让与人已将该违章建筑之事实上处分权让与受让人,又房屋之拆除为一种事实上之处分行为,须有事实上之处分权者,始有拆除之权限。

### 学理研究

一、违章建筑所有权的发生和移转

**（一）违章建筑所有权的发生**

违章建筑也是建筑物，建筑物只要符合"非土地之成分，继续附着于土地，而达到一定经济上目的，不易移动其所在"①，即是土地的定着物，也就是不动产。违章建筑只要建筑物符合定着物（不动产）定义的阶段，即发生违章建筑所有权，因为此所有权是创造出来的，所以是原始取得，原始取得人就是创造此一所有权人，也就是违章建筑的起造人。

**（二）违章建筑所有权的移转**

违章建筑所有权的享有并无问题，所有人可以占有、使用、收益、事实上处分、排除他人干涉，但是遇到让与所有权（法律上处分）时，即需面对所有权如何移转的问题。

在违章建筑让与时，双方所签立的契约文字，和当事人的真意，都是让与所有权，遵照契约自由原则，此一意思应受尊重。然而公示的要件是否具备，也会影响当事人的意思能否贯彻，即法律一方面尊重契约自由，但另一方面，为了某些政策考虑，可以将有些法律行为效力的强弱系于某些要式的要件是否预备。② 物权具有对抗第三人的效力，一般规定有公示的要件。依"民法"第758条规定："不动产物权，依法律行为而取得、设定、丧失及变更者，非经登记，不生效力。"依该条文义，似乎违章建筑的所有权因法律行为而变动，也需践行登记的手续，才发生效力。但是违章建筑是未能依现行不动产登记法令予以登记的不动产，又如何践行登记手续，使所有权发生变动？在此是法律上不允许其登记，使其无法依登记而发生所有权变动，除非否认违章建筑为交易的客体，否则当事人的意思应加以尊重，这是为了保护真正的权利所必要，仅配合保护交易安全即可③，为保护交易安全，仅需避免善意无过失的第三人遭受不测的损害，也就是使交易对善意无过失的第三人不发生效力即可，而无须完全否定交易相对人所欲发生的效力。交易相对人所欲让与的标的是所有权，就应该在不危及交易安全保护的前提下，承认违章建筑所有权让与的效力。

关于未能登记的不动产物权的变动，其实"民法"物权编施行法第3条第2项已有规定："物权于未能依前项法律登记前，不适用民法物权编关于登记之规定。"依"民法"物权编施行法第3条第2项的文义，可以解释为，"民法"物权编关于登记的规定，只适用于可以依现行登记法令予以登记的物权，例如现行可以办理登记的不动产物权，至于无法依现行登记法令予以登记的物权，例如违章建筑的物权，则不适用"民法"物权编关于登记的规定。依此解释，违章建筑的所有权因法律行为而发生变动，即不待登记即生效力。

违章建筑的所有权因法律行为而发生变动，虽然不待登记即生效力，然而为了保护交易安全，物权的变动仍以践行公示的手续为必要，违章建筑既然无法登记，则公示的方法可以占有移转的方式来代替，即以交付作为违章建筑的所有权变动的公示方法。实务见解虽有认为在未依土地法办理登记的区域，或如买卖时地方沦陷无合法的登记机关，致不能为登记，则于买卖契约

---

① 参见释字第93号解释理由书。
② 参见谢哲胜：《赠与的生效要件》，载《财产法专题研究》（二），元照出版有限公司1999年版，第138—139页。
③ 参见谢哲胜：《信托法总论》，元照出版有限公司2003年版，第113—116页。

书面成立时,即发生物权移转的效力④,然而,买卖契约的书面并无使第三人得知的方法,而且,买卖契约成立并不等于出卖人已完成履行移转不动产物权的行为,因此,仍以出卖人履行买卖契约交付不动产给买受人,作为违章建筑的所有权移转的公示方法,也就是违章建筑的所有权变动的要件。

## 二、事实上处分权的内容及性质的争议

### (一) 事实上处分权的内容的争议

"最高法院"创设了事实上处分权此一名词,但并未对此名词的内容作任何说明,仅在相关的判决中阐释了事实上处分权的效力,如违章建筑出卖人不得以违章建筑不得登记为理由诉请确认其所有权⑤、违章建筑的受让人可以依侵权行为法则请求加害人赔偿损害⑥、受让占有的违章建筑的买受人可以对第三买受人主张权利。⑦ 本段就试着从"最高法院"的判决中探求该名词的内容。

已让与事实上处分权的违章建筑的所有人无受确认判决的法律上利益,表示违章建筑的所有人的权利已成空,而违章建筑的受让人可以依侵权行为法则请求加害人赔偿损害,表示违章建筑的事实上处分权是支配权性质,受让占有的违章建筑的买受人可以对第三买受人主张权利,也表示违章建筑的买受人,在受让占有后具有物权的效力。如从以上判决的推论,事实上处分权是物权,因此可以排除第三买受人,并可以作为侵权行为的客体,事实上处分权的让与使所有权人的所有权变成空的,则所有权人是让与其全部的所有权,就此而言,事实上处分权似乎就是所有权。

然而,一方面,"最高法院"认为受让事实上处分权的买受人,并未取得所有权,不得提起第三人异议之诉⑧,明白地否定了事实上处分权为所有权;另一方面又认为,拆除违章建筑的权限在事实上处分权人,因此,必须诉请事实上处分权人拆除而非原所有权人。事实上,处分权人不是所有人,但却有权利拆除违章建筑,"最高法院"等于承认有一种权利可以排除所有权,却又不承认此权利可以作为第三人异议之诉的权利,对照前述事实上处分权又似乎就是所有权,理论上显有矛盾。

"最高法院"既无法周延地解决此一困境,下级法院就出现了以建造人为债务人而拍卖违章建筑,系拍卖无事实上处分权负担的所有权的见解⑨,等于宣告违章建筑买受人一遇到建造人的债权人申请法院拍卖,其事实上处分权就自动丧失(欠缺物权的追及效力)。另一方面,却又认为违章建筑的买受人为债务人而拍卖违章建筑,所拍卖的标的是建物的所有权。⑩ 一再不被承认为所有权,而且不得主张物权的追及效力的事实上处分权,在法院作为拍卖标的时,却又突然变成所有权,法院实务对违章建筑的事实上处分权的解释适用,可说是身陷泥沼,不可自拔。

---

④ 参见"最高法院"1948年上字第6728号、1953年台上字第180号判例。
⑤ 参见"最高法院"1959年台上字第1812号、1961年台上字第1236号判例。
⑥ 参见"最高法院"1983年台上字第1453号判决。
⑦ 参见"司法院"(1992)厅民一字第18571号。
⑧ 参见"最高法院"1980年台上字第3726号判决。
⑨ 参见台湾高等法院暨所属法院1995年法律座谈会民事执行类第1号。
⑩ 参见台湾高等法院暨所属法院1966年法律座谈会民事执行类第46号。

## （二）事实上处分权的性质的争议

依物权法定主义，事实上处分权如果是物权，等于"最高法院"创设了一个物权的类型，是否违反物权法定主义，是第一个必须探讨的问题，但如同作者所一贯主张的与其区分物权与债权，不如探讨某一权利具有哪些权能（法律效力）来得重要。⑪ 因此，探讨事实上处分权有哪些权能才是重要的，至于就其权能为剖析后，是否再将其定性，则是其次。

然而，如前所述，实务上所创设的事实上处分权，在买受人为债务人被查封拍卖时是所有权，其他情形就不承认是所有权，在建造人为债务人被查封拍卖时，不但不能行使物权的追及效力，也不能提起第三人异议之诉，理论上互相矛盾，因此，如欲从实务的见解探究事实上处分权的性质，将自寻烦恼。

抛开实务见解，观察违章建筑所有权买卖，如前所述，当事人就是买卖所有权，而且也履行了交付的义务，登记的义务是法律不能，可以视为不可归责于债务人的事由致给付不能，免给付义务，所以当事人所让与的就是所有权，因而事实上的处分权就是所有权，也就是物权。

此种因法律规定而无法依法定方式公示的物权，是一种事实上物权，相对于已依法定方式公示的法律上物权⑫，都是财产权，法律都应加以保护。只是在物权法定原则下，非法律规定的物权和未依法律所规定方式公示的物权，有些学者就将他纳入债权的范畴，因此，才有释字第349号解释理由书所称"如其事实为第三人明知或可得而知，纵为债权契约，其契约内容仍非不得对第三人发生法律上之效力"的说法。必须注意的是，单纯的（债权）契约，绝对不会只因第三人明知或可得而知就对他发生效力，会对第三人发生效力的契约，必然是当事人即欲发生物权的效力，而且也让相对人进入支配权利标的的状态，才会发生物权的效力。违章建筑买卖的当事人都具有使所有权发生变动的意思，如果出卖人也已移转占有给买受人，除非第三人并非明知或可得而知，否则都应对他发生效力。

## 三、"最高法院"上述判例、判决、决议评释

### （一）"最高法院"不当地限制"民法"物权编施行法第3条第2项的适用范围

从以上的分析可知，如果1954年台上字第856号判例不将"民法"物权编施行法第3条第2项的未能登记，解释为仅指不动产所在地无合法办理登记机关，不包括建筑物本身无法办理登记的情形，则违章建筑解释为可以适用该条的规定，即可在当事人让与合意加上交付时（不待登记）即发生物权变动的效力。违章建筑所有权如果可以借此方式而移转，"最高法院"即不必创设事实上处分权的概念。违章建筑的事实上处分权不仅理论矛盾，实务上会也形成不公平的结果⑬，因此，"最高法院"1954年台上字第856号判例限制"民法"物权编施行法第3条第2项的适用范围显然不当。

### （二）事实上的处分权其实就是所有权

违章建筑的让与，当事人间都有让与和受让所有权的意思，只是受限于非经登记不生效力的

---

⑪ 参见谢哲胜：《土地使用协议之性质及其法律效力》，载《财产法专题研究》，台北三民书局1995年5月版，第182—183页。

⑫ 参见孙宪忠、常鹏翱：《论法律物权和事实物权的区分》，载《台湾法学研究》2001年第5期，第81页以下。

⑬ 参见"最高法院"1980年台上字第3726号判决，违章建筑买受人不得就建造人的债权人申请对违章建筑强制执行时，提起第三人异议之诉，等于以买受人的财产担保出卖人的债务，显然对买受人不公。

规定,因而 1978 年第二次民事庭决议(一)才创设了事实上处分权的概念。违章建筑的让与,让与人和受让人是将违章建筑所属的权利完全让与,又是让与对物的权利,因而是物权,且为完全物权,所以是所有权。因此,1978 年第二次民事庭决议(一)所称的事实上处分权其实就是所有权,该决议创设此概念,可说是多此一举,毫无意义。

### (三) 事实上的物权不以履行法定公示要件为必要

此种当事人具有移转物权的意思且已履行,但无法依法定方式公示的物权,就是事实上物权,事实上物权不以履行法定公示要件为必要,也会发生物权变动的效力。[14] "最高法院"1954 年台上字第 856 号判例和 1980 年台上字第 3726 号判决,认为违章建筑无法移转所有权的见解,显然抵触事实上物权的概念,即使依释字第 349 号的见解,债权如为第三人明知或可得而知,也并非不得对其发生效力,买卖违章建筑既已交付,第三人如非明知也是可得而知,对第三人发生效力并未使第三人遭受不测损害,不影响交易安全。所以,"最高法院"1954 年台上字第 856 号判例和 1980 年台上字第 3726 号判决,认为违章建筑的受让人并未取得所有权的见解,都应变更。

违章建筑的所有权既已移转,则拆除的义务人当然是受让人,因此,"最高法院"1997 年台上字第 2272 号判决结论可以赞同,但是,事实上处分权的概念既无存在的价值,则基于此一概念为基础所衍生的判决,也无援用的价值。

### (四) 有关违章建筑的事实上处分权的判例、判决、决议都应停止援用

综上所述,违章建筑的事实上处分权的概念,不仅理论矛盾,又造成不公平的结果(如 1954 年台上字第 856 号判例和 1980 年台上字第 3726 号判决),即使有的判决(如"最高法院"1997 年台上字第 2272 号判决)结论值得赞同,但也并非必须基于事实上处分权的概念才能获得此种结论。事实上,违章建筑所有权既已移转,拆除义务人当然是现行所有权人而非前所有权人。事实上处分权的概念既然无存在的价值,有关违章建筑的事实上处分权的判例、判决、决议即无继续援用的价值,因此,都应停止援用。

### 结论性观点

违章建筑所有权的让与争议,困扰实务数十年,"最高法院"虽然创设了事实上处分权的概念,但可谓自找麻烦,不仅未能解决争议,反而陷入理论矛盾的困境,"最高法院"除非改弦易辙,才能拯救自身于争议的泥沼中。

违章建筑的所有权在建筑至符合不动产的要件时,所有权即由建造人取得,因为违章建筑无法办理登记,所以,只要有移转所有权的意思表示一致,加上移转占有,即发生所有权变动的效力,此符合"民法"物权编施行法第 3 条第 2 项的规范意旨。"最高法院"不采此种见解,自创了事实上处分权的概念,但实务运作的结果,造成事实上处分权的内容及性质均无法为妥当地解释,不同的判决理论互相矛盾,令人无法恭维。

本文将违章建筑相关的判例、判决、决议及座谈会意见整理分析结果,认为"最高法院"限制"民法"物权编施行法第 3 条第 2 项的适用范围显然不当,事实上处分权其实就是所有权,此种无法依法定方式公示的物权可以称为事实上物权,事实上的物权不以履行法定公示要件为必要,因此,有关违章建筑的事实上处分权的判例、判决、决议都应停止援用。

---

[14] 早有学者主张:违章建筑以移转占有为权利移转的公示方法,而能办理登记的不动产,则以办理移转登记为权利移转的公示方法。参阅陈荣宗:《强制执行法》,台北三民书局 1991 年 12 月版,第 206 页。

# 第二编 债　　权

# 种类之债或选择之债？

——"最高法院"2008年台上字第1278号民事判决评释

吴从周*

## 基本案情

### 一、基本事实（兄弟分家切结书案）

本件两造之兄弟，原于1964年由长辈见证析分家产。惟被告（切结书之乙方）质疑原告（切结书之甲方）多受分配，双方乃于1991年8月18日签订系争切结书①，约定分家当时所有土地分成二等份，以各得1/2，以地政事务所测量为准，溢分土地者应将溢分部分土地归还他方。另因原告代偿被告之债务，并约定被告应将溢分部分土地归还原告，经计算结果，原告分配土地不足110.65平方米，故原告诉请被告给付上开坪数土地中之110平方米，并主张其性质为选择之债，应由被告将分产所得数宗土地中上开坪数给付原告，标的未特定，必须选择其一，选择权原属于被告所有，惟原告于2002年10月22日请求（催告）被告行使选择权，被告并未行使，因此依"民法"第2100条规定，选择权宜属原告，原告乃选择以地号238之A地（下称"系争甲案"）为被告给付之内容，并经原地方法院及高等法院判准②。

惟更一审改认定本件切结书约定为种类之债③，故此时应依种类之债的规定而特定，"种类之债的特定，即系将不特定之债，变更为特定之债，是以经债权人之同意指定其应交付之物时，其物即为特定给付物（参照民法第200条第2项规定），此即指债权人同意债务人有指定权，并依债务人之指定而决定应交付之物而言"，故被告须将多出之任何一部分土地归还移转登

---

\* 台湾大学法律学院系助理教授。

① 依本件地方法院（台湾地区新竹地方法院2004年诉字第75号）判决书记载，系争切结书内容为：兹因：甲○○（甲方）、乙○○（乙方），二人土地分割原以分家当时所有土地分成二等份，其中甲方分1/2，乙方也其分1/2（甲乙双方各半）。两方面（甲、乙双方）家长与其负担其责任包含陈荣元、陈文杰二人。注：土地以地政事务所之测量为准，其所有费用应以土地多出坪数持有人负责，而且多出之土地应该归还持少的另一方，双方因充分配合，于合情合理之。因口说无凭，而立此切结书。再注：乙方给甲方五厘六分土地，作为甲方代乙方债务之偿还。此项土地转移发生于甲乙双方分家后。

② 原告此种主张为本件第一审台湾新竹地方法院2004年诉字第75号判决、台湾地区高等法院2004年度上字第314号判决所采，并判决原告胜诉。但上诉至"最高法院"后，"最高法院"2006年台上字第683号判决以"选择之债，……其数宗给付相互间，具有不同内容而有个别的特性，为当事人所重视，故须经选定而后特定。两造依系争切结书之约定所平分之土地为何？该等土地之内容如何？是否个别而各有特性，并为当事人所重视？原审未调查明晰，遽谓其属选择之债，自有可议。"质疑此为选择之债，而废弃原判决发回高院更审。

③ 更一审台湾地区高等法院2006年上更（一）字第72号判决则改认定：切结书之当事人并不在意土地之位置及其价值，故为种类之债，理由谓："查依系争切结书上开记载内容以观，为多分土地之上诉人应补给短少土地之被上诉人，上诉人应给付之债务并未特定，亦未特定其种类，即上诉人仅须返还多分之土地即可，被上诉人并不在意多出之土地位置何在，且对于应返还土地之利用价值如何，亦未特加在意，上诉人仅须将多出应归还之土地移转登记予被上诉人，即符合债务本旨，是系争切结书之约定应属种类之债，与上述选择之债之性质，尚属有间。"

记予原告,其"指定权"既属被告,且被告"系同意即指定(按指定权之行使以意思表示为之)将如原判决系争一案之地号239之B及地号23814之C地土地移转登记及交付予原告",但本件非选择之债,被告仅有返还溢分土地之债务,其指定权应属被告而非原告,故被告指定一案虽未获无指定权之上诉人同意,仍不得由原告选择或指定。④

更二审之高等法院判决及本件评论之最后确定的"最高法院"判决,则再度恢复认定:本件两造约定之分配家产基准系以面积为计算基准,应属种类之债而非选择之债,应依"民法"第200条之规定特定。此二判决为本案之关键,其判决内容录如下述;又本件案件上诉至"最高法院"后,经多次发回更审,其各审级情形请参见图一。

兹略图解其审级情形及各判决结论如下。

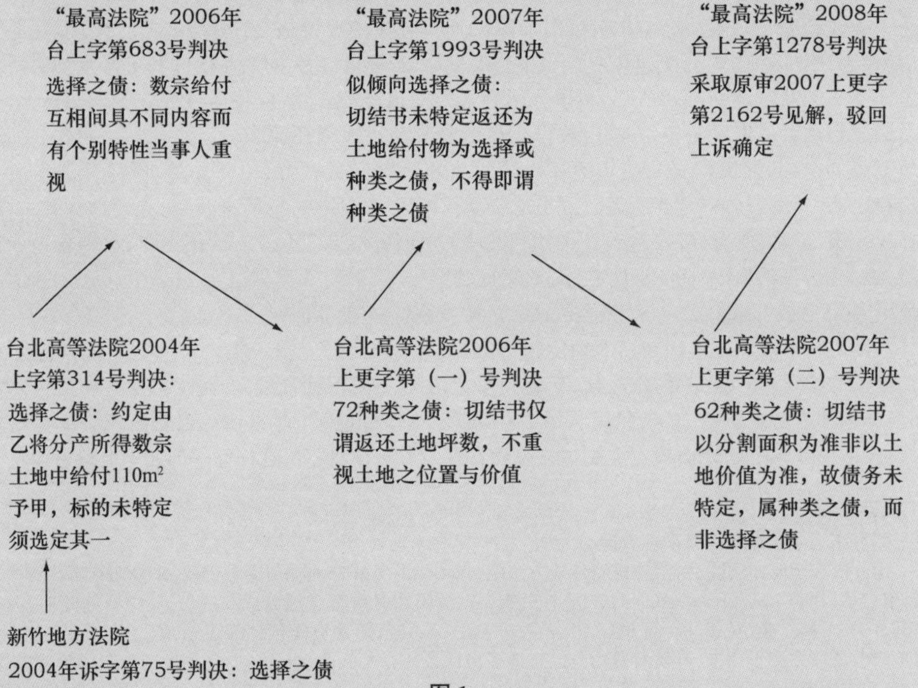

"最高法院"2006年
台上字第683号判决
选择之债:数宗给付
互相间具不同内容而
有个别特性当事人重视

"最高法院"2007年
台上字第1993号判决
似倾向选择之债:
切结书未特定返还为
土地给付物为选择或
种类之债,不得即谓
种类之债

"最高法院"2008年
台上字第1278号判决
采取原审2007上更字
第2162号见解,驳回
上诉确定

台北高等法院2004年
上字第314号判决:
选择之债:约定由
乙将分产所得数宗
土地中给付110m²
予甲,标的未特定
须选定其一

台北高等法院2006年
上更字第(一)号判决
72种类之债:切结书仅
谓返还土地坪数,不重
视土地之位置与价值

台北高等法院2007年
上更字第(二)号判决
62种类之债:切结书
以分割面积为准非以
地价值为准,故债务未
特定,属种类之债,而
非选择之债

新竹地方法院
2004年诉字第75号判决:选择之债

图1

---

④ 经上诉后,"最高法院"2007年台上字第1933号判决似又倾向认定系争切结书为选择之债,而以下列理由要求高院再查明系争切结书之性质,再度废弃发回更审:查原判决依系争切结书文义,虽认定两造间仅约定溢分土地者应将溢分土地返还他方,就应返还之土地标的则未加特定。惟系争切结书未为应返还土地特定范围约定之缘由何在?究系两造于切结约定之初,只着重确认两造1964年平均分产原则,未虑及返还细节所致?或应返还土地范围因非属切结事项,当然应延续原分产原则?或待双方另行协议?以确定各笔土地位置及利用价差之特性,并保留应返还土地之一方,指定返还标的之权?均有未明。对此攸关被上诉人(即本件之被告)返还土地给付物是否特定?果未特定,未特定之债务性质究属上诉人(即本件之原告)所主张之选择之债?或被上诉人抗辩之种类之债?或其他等等法律上判断之事项,自有详加研求之必要。

## 二、主要争议点

本件主要涉及的争议点有三：

第一，本件给付之约定，究竟是种类之债或选择之债？此在理论上涉及二者之区别标准，但在本案则同时涉及"契约之解释"方法；

第二，如果认为是种类之债，则给付之标的"如何"特定以及"何时"被（何人）特定？

第三，种类之债在特定之后，能否加以变更？即所谓之"变更权"为何？又何人有变更权？债权人或债务人？

### 裁判要旨

（一）台湾地区高等法院更二审[2007年上更（二）字第162号]判决之见解

台湾地区高等法院更二审认为："审视系争切结书之内容，两造并未以文字载明究竟以何基准平分家产，惟系争切结书既载'……其所有费用应以土地多出坪数持有人负责，而且多出之土地应该归还给持少另一方'，可见土地坪数多出者负有返还给少的一方之义务，而非分得土地价值高者应返还给少的一方。再分割土地家产虽有不同之基准，但以面积多寡作为分割基准，为最简便亦为最普通之方式。又被上诉人按即原告所以可多取得五厘六分之土地，系因其代上诉人按即被告偿还债务，若两造以土地计算出公告现值金额分配，则被上诉人代替上诉人清偿之债务部分，仅须将偿还债务金额写明即可，当不须将金额换算成土地面积五厘六分。是就该切结书之内容及当时之其他客观环境观之，两造约定分配家产之基准应以面积为计算基准。又依系争切结书之约定，被上诉人所取得之土地短少110.65平方米。而上诉人于第二审复自认应给被上诉人110平方米差额土地，则被上诉人依系争切结书之约定，请求上诉人给付该110平方米之短少面积土地，即非无据。次查，系争切结书所以未为应返还土地特定范围约定之原因，系因在书立时两造尚未会算，因皆不知何造溢得土地，须返还对方，以致乃未特定返还土地之范围及位置。但上诉人应就其原分得之多笔地号土地中，分割出110平方米归还被上诉人。足见上诉人应给付之债务并未特定，即上诉人仅须从遗产土地中移转登记返还多分得之土地予被上诉人，即符合债务本旨，是系争切结书之约定应属种类之债，与选择之债之性质，尚属有间。……（笔者略）上诉人既始终未完结交付其物之必要行为，则依'民法'第200条第2项规定，应以经债权人之同意指定其应交付之物时，其物方为特定给付物。足见非经债权人同意，债务人并无指定权。……（笔者略）况依'民法'第200条第1项规定，给付物仅以种类指示者，依法律行为之性质或当事人之意思不能定其质量时，债务人应给以中等品质之物。上述地号239所示B部分按即系争乙案之B地面积57平方米土地，系属道路，已经政府编为道路用地，又设定新台币156万元之最高限额抵押权予新竹市农会，而地号238之4所示C部分【按即系争乙案之C地】面积53平方米土地，则系属停车场用地，均非可为通常使用之土地，如将之给予被上诉人，显非符合诚信及债之本旨。惟因种类之债经特定后，债务人或债权人原则上固不得变更其给付物，惟该特定物如系代替物，得以同种类、同数量之物代替之者，纵经陷于给付不能，而依其情节显然系因债务人违反诚信原则所致者，应认为债权人有变更权。本件被上诉人原指定请求上诉人分割移转系争地段238土地如第一审判决附图甲案（下称'系争甲案'）所示A地，面积110平方米土地所有权登记，经第一审及更审前第二审判决被上诉人胜诉，上诉人为图脱产，竟于提起第三审上诉之2005年10月3日将该笔土地，以赠与为原因，移转登记予其配偶陈王明，致使该地号土地陷于给付不能，显然违反诚信原则,应认为被上诉人有变更权。经审酌系争切结书订立时,上诉人在原始分割线侧之土地仅有系争地段地号 246 及地号 247 按此可称系争丙案土地,较适合分割归还被上诉人。被上诉人基于情事变更而声明变更请求上诉人归还该两笔土地,符合系争切结书 约定双方合情合理充分配合之意旨。从而,被上诉人变更指定请求上诉人将系争地段地号 247 土地,面积 7 平方米,及同段地号 246 土地分割出如附图所示 246 之 A 部分,面积 103 平方米后,将各该土地移转登记及交付于被上诉人,洵属正当,应予准许。"

(二)"最高法院"2008 年台上字第 1278 号判决

"最高法院"虽然判决结论与高院相同,理由也大同小异,但自己则另辟一段说明"最高法院"之见解为:"查本件依两造订立之系争切结书约定之计算,上诉人(按即债务人被告)应给予被上诉人【按即债权人原告】前述面积之土地,系属种类之债,为原审所认定,则依民法第 200 条第 1 项规定,上诉人本应给付适于为通常使用之中等质量之土地,始符债之本旨。而上诉人主张给予系争乙案之土地,既非得为通常之使用,自难认属中等质量之土地。又被上诉人原指定请求上诉人应给予之土地,经一、二审判决胜诉后,上诉人故将被上诉人原所指定之土地(系争甲案所示地号 238A 部分)赠与并移转所有权登记予其妻陈○明……,致陷于给付不能,又于诉讼中将其主张愿交付之土地(系争乙案所示地号 238 之 4),亦以赠与为原因移转所有权登记予其妻……依其情节显违诚信原则,而上诉人既仍有上述土地可供代替给付,应认被上诉人得变更指定其他土地之给付,而不能强命其仅得行使损害赔偿请求权,以符种类之债之本旨。又因两造均陈明除上述争执之土地外,已无其他土地可供给付……纵令被上诉人变更指定之土地上现有上诉人之子之砖造铁厝平房,亦系上诉人自己先行违反诚信原则所造成,难认被上诉人系以损害上诉人为主要目的,或有何违反诚信原则可言。原审因以上述理由,为不利于上诉人之论断,经核于法洵无违误。"

**四、针对三个争议点的判决基本见解**

如果对照上开三个争议点,上开高等法院更二审判决及"最高法院"综合认为:

(一)本件为种类之债,盖就该切结书之内容及当时之其他客观环境观之,两造约定分配家产之基准应以面积为计算基准,故被告仅须从遗产土地中移转登记返还多分得之土地予原告,即符合债务本旨,是系争切结书之约定应属种类之债,与选择之债之性质,尚属有间;

(二)债务人即被告应给付债权人即原告之土地,因原告之"指定"而特定;

(三)种类之债特定后,债务人或债权人原则上固不得变更其给付物,唯该特定物如系代替物,得以同种类、同数量之物代替之者,纵经债务人将已特定之土地赠与并移转土地于他人,致限于给付不能,依其情节显然系因债务人违诚信原则所致,故应认债权人有变更权,得"变更指定其他土地之给付,而不能强命债权人仅得行使损害赔偿请求权"。

### 学理研究

**一、种类之债或选择之债?**

(一)概说

给付之标的物依其个别之特性具体加以确定者(die geschuldete Sache ist nach individuellen Merkmalen konkret bestimmt),该约定给付之物称为特定之债(或特定物之债)(Stückschuld od. Speziesschuld)。特定之债的债务人之给付义务,仅限于该具体而特定之物。当事人在缔约时已经决定:债务人只能提出该特定物以履行其给付义务。特定之债是《德国民法》规定的通常形态

(Regelfall),整个民法规定,特别是债务不履行法,都以特定之债为规范对象。⑤ 例如约定买卖特定之 A 车,交付前被烧毁,即构成给付不能。

相对于此,当事人约定之给付,不是具体特定之物,不依个别的特性,而是依其一般普遍的特性(die geschuldete Leistung ist nach generellen, allgemeinen Merkmalen bestimmt)加以确定,例如依其品种、重量、产地及类型等加以确定者则为种类之债(Gattungsschuld)。⑥ 种类之债在经济生活中扮演重要角色,但相应于特定之债,种类之债则是以例外型态(Sonderfall)在民法上出现,需由法律特别规定。⑦

选择之债则规定在《德国民法》第 262 条(两宗以上之给付,只需履行其一者,有疑问时,选择权归债务人),与种类之债不同,选择之债不是以种类定其物,而是一开始就涉及数宗不同的给付,只须履行其中一宗。种类之债是涉及多数同种类给付的可能性,选择之债则是从个别的、不同种的给付物中选择其一作为给付之内容。例如,甲负有给付热门偶像团体 F4 或飞轮海的照片一张给乙之义务,此为选择之债。虽然选择之债与种类之债都是从多数之物中,负有给付其一之义务。但选择之债的重点在于:从多数不同种类之物中选择其一而为给付,且由双方当事人之一选择。⑧ 至于何人行使选择权,则视当事人约定,如果没有约定,有疑问时选择权归债务人,但也有人认为原则上选择权应该归债权人。⑨ 不同于第 243 条的种类之债,选择权人的选择权并不受限制,他不必依中等种类与质量作选择,他可以自由决定要选择其一的任何一宗。⑩

(二) 如何区别?

从上述对种类之债与选择之债的说明可知,学说上认为二者之区别标准主要为⑪:

1. 种类之债,仅以种类指示其给付之范围,并不注重给付物之个别特性,而无须个别确定;选择之债,则限定选择之范围,而自数宗给付中择一给付,因而注重数宗给付物之个别特性,故须个别确定。

2. 种类之债之给付物,为同种类之物;选择之债之数宗给付,则为个别之物。

3. 种类之债,不生因给付不能而特定之问题;选择之债,则可能因给付不能而特定(参照"民法"第 211 条)。

4. 种类之债之特定(指定权之行使),自特定时起,成为特定之债,无溯及效力;选择之债之选择(选择权之行使),则有溯及效力(参照"民法"第 212 条)。

应说明者系,学说有在此处特别强调:选择之债之特定,须经选择,故选择权之归属与行使,

---

⑤ Looschelders, SchuldR AT4. Aufl., Rn. 281.

⑥ "种类"(Gattung)这个词,本来指的就是一群透过共同的特征(包括规格、品牌、类型、品种、系列等等)所标示之标的物,并且以之与其他的标的物相区别。例如订购一辆某类型的新车、某品种的茶或米 100 斤、某产地或品牌的红酒一打、10000 片长宽各多少公分的桧木版等,均属种类之债。

⑦ Looschelders, a. a. O., Rn. 281.

⑧ J. Joussen, Schuld R I AT2008, Rn. 189-190.

⑨ Soergel/Wolf, BGB, § 262, Rn. 26; Looschelders, a. a. O., Rn. 300.

⑩ 依德国通说之见解,选择之债在"日常生活中"虽然不少有这样约定者,但在"德国民法中根本没有出现过实际案件",因此在德国有以"所谓的选择之债在德国民法一般规定中的无用性"称之者(参见 Ziegler, AcP 171, 194; Medicus, SchuldR, Rn. 185)。此外,也有人批评,相当于"民法"第 208 条的《德国民法》第 262 条,规定在有疑问时,选择权人归债务人,也与实际不符,因为大部分都是约定债权人有选择权(Ziegler, AcP 171, 197 ff.)。

⑪ 参见史尚宽:《债法总论》,1990 年版,第 257 页;郑玉波、陈荣隆:《民法债编总论》(修订二版),台北三民书局 2002 年版,第 285—286 页。

至关重要,"民法"第208至210条乃设有详细规定;至于种类之债,虽也需确定,但选择一事不具何等意义,故"民法"仅在第200条规定其确定方法。⑫ 不过此种说法,似乎太过轻看种类之债之"特定"方法,如下文将要述及的,选择之债须经"选择"而"特定",同样,种类之债也须经"指定"(或选取)而"特定",二者均为形成权的行使,且债务人均非经此一程序,无从履行债之内容。此外,种类之债的"特定"方法,虽仅规定在"民法"第200条,但其复杂程度其实并不亚于先后规定在第208至210条的选择之债的特定方法,此由本件案件"最高法院"最后针对种类之债如何"特定",竟生误解,即可为证。

### (三) 本件契约之解释

在本件判决中,究竟此一"切结书"约定给付的客体即110平方米的土地,是属于种类之债或选择之债?问题在于:此一约定是否重视"给付物之个别特性"?此则又涉及本件"切结书"如何解释之问题,也就是涉及"契约解释"之问题。其关键点,当然也就在于,该土地的给付是否重视给付物(土地)之性质?

按"民法"第98条的规定:"解释意思表示,应探求当事人之真意,不得拘泥于所用之辞句。"《德国民法》第157条规定(契约之解释):"解释契约应该依诚信原则及交易习惯为之。"(Verträge sind so auszulegen, wie Treu und Glauben mit Rücksicht auf die Verkehrsitte es fordern.)同法第133条又规定(法律行为之解释):"解释意思表示应探求当事人之真意,不得拘泥于所用之词句。"(Bei der Auslegung einer Willenserklärung ist der wirkliche Wille zu erforschen und nicht an dem buchstäblichen Sinne des Ausdrucks zu haften.)均乃有关意思表示之内容不清或缺漏如何解释之基本规定,意思表示究竟应该如何解释,意即"法律行为之解释"或"契约之解释"之基本问题。⑬

在实务上,对法律行为解释之操作过程一向不甚明确,"最高法院"在法律行为之解释上常被引用的1999年台上字第1671号判决为例(暂称为"巴里岛小区案"),该案之事实可简化为:原告甲主张其与被告乙公司签订土地及房屋预定买卖契约,承购"巴里岛小区"B区五栋九楼之房屋及其基地土地(简称"ABC地")之应有部分,其中《土地预定买卖契约书》第10条约定:"本契约土地如与邻地(D地)合并为完整街廓时,甲同意变更增建为十五、十六层,且有关房屋所持份之土地则依现有建筑基地与上开地号土地之面积总和计算分配之。"第12条约定:"如乙违反本契约不能交付时,乙除按照甲已缴付价款退还甲外,并应另付甲前开已缴款金额作为违约金及损害赔偿。"嗣乙将原建物上所坐落之ABD土地与D土地合并,乙却在该D地上另建十层楼之建筑一栋,并对外销售,且因D地上建物亦可分配ABC土地,致甲土地之应有部分比例较原订契约减少,依土地及房屋预定买卖契约书第12条约定,乙除应退还甲已缴付之价款外,并应另给付甲同金额之违约金或损害赔偿金,乃诉请被告乙给付。乙则抗辩其已于D土地与原有建筑基地ABC合并后,按其面积总和计算,将甲所应分配之土地应有部分移转登记予甲,并无违约情事。

两造之争点集中在对土地预定买卖契约书第10条之解释上。甲主张:该条约定系指当邻地即D土地并入本契约土地即原ABC土地成为完整街廓时,"巴里岛小区"之楼房可变更增建为十五、十六层,斯时该D土地应归属ABC三栋之承购户共同持有使用,乙就该D土地不得再为任何

---

⑫ 参见郑玉波、陈荣隆:《民法债编总论》(修订二版),第286页。

⑬ 数十年来,台湾民法学界对于"法律行为之解释"或"契约之解释"内涵,似乎一直只停留在教科书的介绍与说明上,欠缺一篇兼顾理论与实务见解之专文讨论,已具有相当深度的教科书说明,可参见王泽鉴:《民法总则》,2009年版,第432—448页;最近文献,参见王文宇:《契约定性、填补漏洞与任意规定:以一则工程契约终止的判决为例》,载《台大法学论丛》2009年第2期,第131—187页。

处分,包括建屋出售等语;上诉人则称:D 土地与契约所订之 ABC 土地合并成完整街廓时,伊并未放弃或丧失该 D 土地之所有权,自得在 D 土地上加建房屋。问题在于:本件当事人之真意为何?本契约之目的为何? 契约第 10 条中之"有关房屋"系指 ABC 地上之房屋,抑或 D 地上之房屋?

对此,"最高法院"强调:"按解释意思表示应探求当事人之真意,不得拘泥于所用之词句,民法第 98 条定有明文。意思表示不明确,使之明确,属意思表示之解释;意思表示不完备,使之完备,属意思表示之补充。前者可减少争议,后者可使意思表示之无效减至最低程度。意思表示解释之客体,为依表示行为所表示于外部之意思,而非其内心之意思。当事人为意思表示时,格于表达力之不足及差异,恒须加以阐释,至其内心之意思,既未形之于外,尚无从加以揣摩。故在解释有对话人之意思表示时,应以在对话人得了解之情事为范围,表意人所为表示行为之言语、文字或举动,如无特别情事,应以交易上应有之意义而为解释,如以与交易惯行不同之意思为解释时,限于对话人知其情事或可得而知,否则仍不能逸出交易惯行的意义。解释意思表示端在探求表意人为意思表示之目的性及法律行为之和谐性,解释契约尤须斟酌交易上之习惯及经济目的,依诚信原则而为之。关于法律行为之解释方法,应以当事人所欲达到之目的、习惯、任意法规及诚信原则为标准,合理解释之,其中应将目的列为最先,习惯次之,任意法规又次之,诚信原则始终介于其间以修正或补足之。准此以观,本件应认定两造之真意系甲同意当邻地 D 土地与原 ABC 土地合并时,因乙规划为完整街廓,可变更增建该三栋楼房为十五、十六层,而使甲获有增建一、二层房屋得以出售之利益,但乙应提供 D 土地与 ABC 土地合并计算总面积后,分配与各该 ABC 三栋有关房屋之客户,不得有何减损其取得基地应有部分之行为,方符契约当事人之目的解释,并与诚信原则不悖。乃乙于'巴里岛小区'楼房变更建筑为十五、十六层之同时,竟在 D 土地上兴建十层建筑物,致甲分配之房屋基地面积减少,显已违反前开土地预定买卖契约第 10 条之约定。至上开条文所称'有关房屋'之意义,按诸两造之契约乃上诉人与 ABC 栋购买户订立之定型化附和契约,解释上,自应作有利于为经济上弱者之承买人之诠释,亦即乙与某甲订立者,应指某甲买受之房屋,与某乙订立者,则指某乙买受之房屋。因之,于本件情形下,该条所谓'有关房屋'应系指(甲承购之)B 区第五栋第九层房屋甚明。乙执该条后段之约定,抗辩其已依约将原有建筑基地与 D 土地合并,并将 ABCD 地上'有关房屋',按全部土地面积总和计算,将甲所应得之土地办理移转登记,并无违约云云,显系误解契约之文义。"

从这个判决的涵摄操作过程可以发现,"最高法院"并没有清楚地说明其所使用的解释方法究竟为何? 只看到"最高法院"先罗列于堆积了四种所谓解释的"标准":分别是契约目的、交易习惯、任意法规与诚信原则,作为"大前提",然后随即看不出步骤地得出对事实"应如此认定",始符合当事人真意与当事人契约之目的解释之小前提与结论。看不出法律行为之解释何以以此四者为限? 法律行为解释之"标准"究竟为何? 解释法律行为有无一定的步骤?

一般认为,意思表示的功能在于作为实现私人意思(意志 Wille)的方法,而解释意思表示,则是要通过解释确定该意思。因此,意思表示之解释主要在于探求意思表示在法律上的重要意义,亦即确定模糊的与有缺漏的意思表示之内容。[14] 德国有关法律行为之解释的相关文献,基本上将法律行为之解释方法分为三种:① 自然的解释方法(natürliche Auslegung)。在没有特别需要保护的第三人存在时,一般使用此种方法;② 如果有值得信赖保护的第三人存在,则须通过阐释性的解释方法(erläuternde Auslegung),探求当事人可能的意思;③ 如果针对某一个问题,当事人的意思有欠缺,则需要根据"假设的当事人意思"对该漏洞进行补充的解释(ergänzende Auslegung)。

---

[14] PWW/Ahrens,BGB,4. Aufl.,Köln 2009,§133 Rn.1.

后两者又被统称为"规范的解释方法"(normative Auslegung),此时已经不再问为意思表示之人事实上所意欲表示者为何,而是通过法律评价的观察方法,从受领意思表示之人的角度,对该意思表示为正当之理解。⑮

至于解释之过程,在德国文献上,一般认为包括下列阶段:① 确认解释之对象。解释的对象不是表意人的"意思"(Wille des Erklärenden),而是"意思表示之事实"(Erklärungswille),也就是具有法律行为上之意义的人类行为;② 字义(Wortlaut)。以字义作为法律解释的出发点;③ 探求当事人事实上的真意(tatsächliche Parterwille)。亦即,在自然而公正的观察方式之下,从意思表示的字义所得出的,是否为当事人事实上的真意所在? ④ 对于意思表示的解释而言重要的、外在于表示的客观而具体之状态(ausserhalb der Erklärung liegende Umstände)为何? 以进一步得知从一个客观的观察者角度来理解该意思表示时,其是否认知到对意思表示之受领者而言所有重要的状况;⑤ 法律行为之解释本身是否有一定的规则可循? 包括成文法中或不成文法中发展出的规则。例如当事人契约目的具有特别重要性、避免对法律行为作无效之解释等相应于此点,"最高法院"曾在2006年台上字第2256号判决谓:"按解释契约,应探求当事人立约时之真意,而探求当事人之真意,又应以过去事实及其他一切证据数据为断定之标准,不能拘泥文字致失真意,即解释契约,应斟酌订立契约当时及过去之事实暨交易上之习惯,依诚信原则,从契约之主要目的,及经济价值作全盘之观察。"

在该判决中,"最高法院"指出解释契约之标准包括:① 文义解释(以契约文义为出发点);② 体系解释(通观契约全文);③ 历史解释(斟酌订约时之事实及历史数据,包括磋商过程、往来文件与契约草案等);④ 目的解释(考虑契约目的及经济价值);⑤ 交易惯例;⑥ 以诚信原则为指导原则,有疑义时,兼顾双方当事人利益,使其成为符合诚信之法律交易。⑯

例如在"最高法院"1997年台上字第1843号判决一案中,两造离婚协议书上所载之"男方其名下房屋一幢过户给女方",是否包括"房屋坐落之基地"的契约解释上,"最高法院"即强调"按解释意思表示,应探求当事人之真意,不得拘泥于所用之词句,民法第98条定有明文。系争离婚协议书第5条虽仅记载'男方其名下坐落于台北市○○○路○段148巷1号房屋一幢过户给女方',惟两造均非专习法律之人,其用字遣词自难与法律所规定完全一致,参酌两造系约定'房屋一幢过户'及社会一般人之通念,应认为两造约定赠与者,除系争房屋外,尚包括该房屋坐落之基地。上诉人辩谓:伊并无赠与系争土地予被上诉人之意思等语,为无足取。"学说上亦肯定"最高法院"见解,强调"最高法院"此种解释方式为"阐释性的解释方法","房屋一幢过户"在文义上难以包括基地在内,但在方法论上应考虑离婚协议之目的及保护相对人,依诚实信用原则及社会一般人的通念,对房屋过户契约为补充解释,而肯定赠与"房屋一幢过户"之约定应及于该屋坐落之基地。⑰

本件究应如何解释约定给付之110平方米土地,某程度而言固然涉及事实认定之问题,但如依据上开法律行为或契约之解释方法,从系争切结书的文义或字义解释出发,切结书内容仅载明:"兹因:甲○○(甲方)、乙○○(乙方),二人土地分割原以分家当时所有土地分成二等份,其中甲方分二分之一,乙方也分二分之一(甲乙双方各半)。……注:土地以地政事务所之测量为准,其所有费用应以土地多出坪数持有人负责,而且多出之土地应该归还给持少的另一方,双方

---

⑮ Vgl. R. Bork, BGB AT, Tübingen 2001, Rn. 511—539.
⑯ 参见王泽鉴:《债法原理(第一册)债之发生》,2002年版,第219—220页。
⑰ 参见王泽鉴:《民法概要》,2007年版,第120页;并参见同作者,同注⑬,第441页。

因充分配合,于合情合理之。因口说无凭,而立此切结书。"⑱均未提及特定土地,或者应返还土地之位置或价值,仅提及应返还之面积或数量。从契约之目的加以解释,切结书主要也在于返还应均分而多出之土地,并且由多分得土地坪数之一方(即债务人被告)决定,由分产所得之数宗土地中之任何一部分土地,显见系争返还之标的虽为土地,但并不注重给付物之个别特性。

特别是本件历审判决中之"最高法院"2007 年台上字第 1933 号判决,曾提出下列事实问题,而将原判决废弃发回更审:"系争切结书未为应返还土地特定范围约定之缘由何在? 究系两造于切结约定之初,只着重确认两造 1964 年平均分产原则,未虑及返还细节所致? 或应返还土地范围因非属切结事项,当然应延续原分产原则? 或须待双方另行协议? 以确定各笔土地位置及利用价差之特性,并保留应返还土地之一方,指定返还标的之权?"而此等事实,业经原审更二审 2007 年上更(二)字第 162 号判决中查明谓:"系争切结书所以未为应返还土地特定范围约定之原因,系因在书立时两造尚未会算,因皆不知何造溢得土地,须返还对方,以致乃未特定返还土地之范围及位置。但上诉人应就其原分得之多笔地号土地中,分割出 110 平方米归还被上诉人。足见上诉人应给付之债务并未特定,即上诉人仅须从遗产土地中移转登记返还多分得之土地予被上诉人,即符合债务本旨",益证本件之切结书约定之契约目的只在确认返还数量,不在确定返还特定范围之土地。

此外,又查无现行法有何不同之习惯或者任意法规足以补充上开约定之不足,而此等约定复无有何违反诚信原则之情事,则解释上系争切结书应可解为系种类之债,而非注重数宗给付物之个别特性的选择之债。

## 二、种类之债之特定

(一) 特定之要件

1. 指定之标准

种类之债之特定(Konkretisierung,或称集中 Konzentration⑲),是一种"指定权"(Auswahlrecht⑳,或可译为"选取权")的行使,依"民法"第 200 条第 1 项规定:"给付物仅以种类指示者……债务人应给以中等质量之物",债务人有自种类中选取给付物之权利,因此,指定权(或选取权)原则上应属于债务人。此种指定权性质上是一种形成权,依单方之意思表示为之。㉑《德国民法》第 243 条规定:"(第 1 项)依种类而定物之给付者,应给付中等品质之物(eine Sache von mittlerer Art und Güte)。(第 2 项)债务人已为交付其物之必要行为完结时,债之关系仅限于该物。"与"民法"第 200 条规定类似。

债务人应依何种标准来具体指定给付物(Auswahlkriterien),原则上应当事人之约定(视契约内容约定物之用途或买卖价金之高低等而定,如果当事人约定最高等级之物,则给付中等质量之物,即不足够)㉒,或依法律行为之性质(例如依"民法"第 388 条之货样约定买卖者,应给付与货样买卖质量相同之物㉓,或者如法律行为为"民法"第 474 条之消费借贷或第 602 条之消费寄托,则以同种类、质量、数量之物返还㉔),如不能据此而定给付之标准时,则依上开规定,应根据此等

---

⑱ 参见同注①。
⑲ 参见梅仲协:《民法要义》,1970 年版,第 151 页。
⑳ Looschelders, a. a. O. , Rn. 285.
㉑ 参见史尚宽,注⑪书,第 234 页。
㉒ Looschelders, a. a. O. , Rn. 285.
㉓ 参见郑玉波、陈荣隆,同注⑪,第 261 页。
㉔ 参见邱聪智:《新订民法债编通则》(上),2003 年版,第 314 页。

种类之物的"平均质量"(durchschnittliche Beschaffenheit),亦即"中等品质"之物而定。"从种类物中选取与分离中等质量之物,可以理解为是下述特定行为之基本前提。"㉕

2. 特定之方法

不过,只有选取或指定中等质量之物还不够,债务人接着还要进一步关注的是,债权人是否取得该物。也就是说,债务人在选取或指定之外,还应为何种行为? 这也就是接下来法律规定的交付其物之必要行为完结等特定种类物的方法。

种类之债应如何特定,依同法第 200 条第 2 项规定,其方法有二:

(1) 债务人交付其物之必要行为完结后

此处所谓交付"其物"之必要行为,指的是符合第 1 项规定要求之品质的种类物。至于所谓"交付之必要行为完结",则视当事人如何约定其清偿地而定,此可分为下列三种债务之种类:

① 赴偿债务(Bringschuld)。因清偿地在债权人住所地,此时债务人应将该物自种类中"分离"(aussondern),"送往"债权人处所(bringen es zum Gläubiger),使其事实上"受领"或处于"得受领"之状态。

② 往取债务(Holschuld)。因为清偿地在债务人住所地,此时债权人应前往债务人处所领取,故债务人只要"分离"该物,并且"通知"(Benachrichtigung)债权人"可前往其住所地领取",即为完结该必要行为。㉖

③ 送赴债务(Schickschuld)。因为清偿地在债权人及债务人住所地以外之第三地,此时债务人只要将该物"分离",并以足够之方式"交付运送之人"(an eine bestimmte Transportperson aushändigen),即为已足。㉗

(2) 经债权人同意债务人指定其应交付之物

"民法"第 200 条第 2 项后段的此一规定,为《德国民法》所无,应系仿自《日本民法》第 401 条 2 项后段之规定。㉘ 本条所谓"经债权人同意指定",究何所指,学说上有不同之见解㉙:第一说是指债权人"事前同意"债务人有指定权,并依债务人之指定而决定交付之物而言,但不包括事后同意之情形,若事后同意,则是两造事后另行成立指定给付物之契约。㉚ 第二说是指债务人指定其应交付之物,而债权人同意,"事前或事后同意"均可;亦即,此处债务人之指定是以债权人之同意为生效条件。㉛ 第三说则认为,由"债权人同意并进而指定"应交付之标的而言。㉜ 在日本,亦有争论,但日本通说则解为是指债权人赋予债务人指定权,使债务人得将该物自种类中加以分

---

㉕ Joussen,a. a. O.,Rn. 183.

㉖ Looschelders,a. a. O.,Rn. 291. 如当事人定有往取之期限,则于期限经过后始生交付行为完结之特定效果。

㉗ Looschelders,a. a. O.,Rn. 292. "民法"第 200 条之立法理由亦谓:"……本法以债务人为给付其物所必要之行为完结后(如债务人将其物托诸运送之行为完结时),或经债权人同意指定其应交付之物时,使其代替物之债务,成为特定物之债务,此第 2 项所由设也。"

㉘ 《日本民法》第 401 条之规定与"民法"第 200 条之规定,几乎完全相同,条文内容可参见郑玉波、陈荣隆,同注⑪,第 260 页。

㉙ 主要可参见杨芳贤:《赴偿、往取与送赴之债之意义以及种类之债之特定》,载《台大法学论丛》第 28 卷第 3 期,第 328—331 页之整理。

㉚ 采此说者为孙森焱:《新版民法债编总论》(上册修订版),2008 年版,第 379—380 页;邱聪智,同注㉔,似亦采此说(兹之同意,系指债权人同意债务人有指定权,并由债务人指定其应交付之物而言)。

㉛ 采此说有郑玉波、陈荣隆,注⑪书,第 262 页;黄立:《民法债编总论》(修正 3 版),2006 年版,第 354 页。

㉜ 参见杨芳贤,注㉙书,第 331 页。

离之行为㉝，似较接近台湾第一说（事前同意说）。另从本条项之文义为"债务人……经债权人之同意指定其应交付之物"，也应该是指事前由债权人同意债务人指定给付物，以取代债务人交付其物之必要行为，而生特定之效果。准此，应以第一说为可采。

（二）特定后之效果

种类物一旦特定后，则种类之债自特定时起成为特定之债，并无溯及效力（与选择之债有溯及效力者不同），亦非债之消灭原因。其最主要会发生之效果为：债务人给付之危险负担（给付之危险），转移债权人承担；换言之，如果特定之物发生给付不能之情事，则债务人免给付义务，而依"民法"第225或226条而定债务人是否负对待给付之义务（价金之危险）。

至于特定后，债务人有无给付物之变更权问题，则另参见下文三之论述。

（三）本件当事人应给付之物如何特定？

本件经法院定性为种类之债后，接下来的最大的问题是：本件应给付之110平方米土地，如何特定？何时特定？

如果对照前揭台湾地区高等法院更二审决以及本件"最高法院"判决以参，"最高法院"判决先强调本件土地并未经选取为符合中等质量之物而特定，判决谓：本件系属种类之债……则依"民法"第200条第1项规定，上诉人（即债务人被告）本应给付适于为通常使用之中等质量之土地，始符债之本质，但债务人被告主张给付之系争乙案之B地及C地，或为道路用地或停车场用地，均非可为通常使用之土地，自难认为属于中等质量之土地。

接下来理应检讨的是，债务人被告应给付之土地是否因"民法"第200条第2项之情形而特定。对此，高等法院更二审判决谓：上诉人既始终未完结交付其物之必要行为，则依"民法"第200条第2项规定，应以经债权人之同意指定其应交付之物时，其物方为特定给付物。则见非经债权人同意，债务人并无指定权，高等法院至此为止的思考顺序，固属正确。但接下来的高等法院更二审判决突然即谓：因种类之债经特定后……本件被上诉人（即债权人原告）原指定上诉人（即被告）分割移转……系争甲案所示A地，面积110平方米土地……上诉人为图脱产，竟于提起第三审上诉2005年10月3日将该笔土地以赠与为原因，移转登记予其配偶……本件"最高法院"判决也相应谓："被上诉人原指定请求上诉人应给予之土地，经一、二审判决胜诉后，上诉人故将被上诉人原所指定之土地（系争甲案所示……A地）赠与并移转所有权登记予其妻……"似乎均认为本件系争应给付之土地，并非"因上诉人（即债务人被告）完结交付其物之必要行为"而特定，而是"经债权人指定而特定"！㉞

倘若果真如此，则接下来的问题便是：本件判决事实所认定种类之债的特定是"经债权人指定而特定？"是否符合"民法"第200条第2项"经债权人之同意债务人指定"其应交付之物而特定之规定？按如前所述，"民法"第209条第2项所谓"经债权人之同意"，除第三说是由债权人同意并指定外，其余多数说均指应由债务人指定，只不过须经债权人事前或事后同意而已。准此以

---

㉝ 参见〔日〕我妻荣：《我妻荣民法讲义Ⅳ（新订债权总论）》，王焱译，中国法制出版社2008年版，第29页，边码40。

㉞ 此种解释结果，与前揭注③所引本案更一审判决之见解谓"民法"第200条第2项系指债权人同意债务人有指定权，并依债务人之指定而决定应交付之物而言，故被告须将多出之一部分土地归还移转登记予原告，其"指定权"既属被告，且被告"系同意即指定（按指定权之行使以意思表示为之）将如原判决系争乙案之B及C地土地移转登记及交付予原告，但本件非选择之债，被告仅有返还溢分土地之债务，其指定权应属被告而非原告，故被告指定乙案虽未获无指定权之上诉人同意，仍不得由原告选择或指定"，亦显然南辕北辙。

解,除非"最高法院"采取上开学说争论之第三说,否则本件纵认系种类之债,给付之标的亦未曾经特定也!本件"最高法院"2008年台上字第1278号判决认为,债权人得请求债务人给付"债权人(被上诉人)原所指定之土地"等,则似与上开"民法"规定种类之债"经债权人之同意债务人指定"之特定方法,多数学说上之解释未合,容有再思考余地。

**三、特定后之变更权**

关于种类之债的债务人依该条第2项规定特定标的物后,能否撤销该特定行为?亦即债务人有无变更权?所谓债务人有无变更权指的是,种类之物经特定(Konkretisierung)后,是否成为债务人之负担,而不得再变更给付之内容?亦即债务人是否受到特定给付之拘束,因此,即使该特定之物灭失,也不能从种类中选取其他物作为给付?(特定后之变更权问题,也就是特定行为的拘束力问题)例如,A出卖给B酒10瓶,约定B往取,A选取中等品质之酒,将其分离后,置于酒架上,并通知B于10日内来取,在B往取前,因A之职员的过失,致酒摔落。在德国学说实务上没有争论的是:B不得再请求履行,因为债务已经限制在酒架上的10瓶酒,给付之危险已经移转予B,而A在酒灭失后则基于《德国民法》第275条第1项规定("给付对债务人或其他任何第三人均不能者,给付请求权消灭。"相当于"民法"第226条第1项,因可归责于债务人之事由致给付不能者,债务人免给付义务),给付10瓶酒之义务免除。

但有争论的则是:如果债务人A想要如前一样地履行,可否给付其他的10瓶酒?因为若不如此,B可能会依《德国民法》第280条第1项、第2项,第283条(相当于"民法"第226条第2项规定)请求替补赔偿。

关于此点,肯定见解(少数说)认为,债务人虽免给付义务,但其仍保有给付替代物之义务。[35]种类之债特定后,是对债务人有利,并非因此拘束债务人。换言之,第243条第2项是一个对债务人有利的保护规定(Schutzvorschrift)[36],因此,债务人A一直到提出给付之前,都可以单方面地撤销该特定行为(Rückgängigmachung der Konkretisierung),嗣后再给付债权人B其他酒。因为如果债权人可以取得相同质量的其他标的物,他对于前揭已经分离之物,就没有值得保护的利益可言。[37]

但德国通说[38]及实务则持反对见解,认为如果种类之债已经特定而限于给付特定物,若因而灭失,则属于前述《德国民法》第275条第1项法律效果适用之范围,没有任何例外,不可能再为不能之给付。种类之债之特定,原则上仍拘束债务人,因为"债务人不应该损及债权人而为投机行为"(der Schuldner soll nicht auf Kosten des Gläubigers spekulieren können),因此,债务人原则上

---

[35] 代表人物为Medicus,JuS 1966,297;ders,SchuldR AT,Rn. 184;ders.,BR,Rn. 262;此外,Fikentscher,SchuldR,8. Aufl.,1992,Rn. 206亦同("比较好的解释,是把第243条仅看做是一个对债务人有利的保护规定,也就是说,特定后的种类之债与特定之债在本质上并不完全相同。把第243条限制解释为是一个单纯保护债务人的规定,在特定后之给付物因不可归责于债务人而在债务人处灭失时,有其效用。因为在此种情形下,完全依据第275条之规定免除债务人之给付义务,同时也使其丧失请求对待给付之权利,并不绝对符合债务人之利益。相反,应该让债务人自由决定,是否他要从种类中提供相同价值的其他物,代替该灭失之特定物的给付,以确保他的买卖利益");Vollkommer,in:Jauernig,§243 Rn. 11(种类之债特定后的效果,是为债务人的利益,而非拘束债务人)。

[36] Joussen,a. a. O.,Rn. 187.

[37] Hütte-Helbron,SchuldR AT,5. Aufl.,2008,Rn. 105.

[38] Joussen,a. a. O.,Rn. 187.;Köhler-Lorenz,SchulR I,AT,20. Aufl.,2006,S. 205. 相应于通说,称为前揭少数说为"有力说"(eine vordringende Meinung)。

没有权利再给付特定给付物以外之其他物。不过,如果在具体个案中,基于诚信原则,当债权人可以经由代替物,获得跟原先已经特定之物一样的满足时,则债权人例外地也负有义务受领替代物或重新订立同一内容之契约,特别是此时对债务人并没有造成额外的负担,而且可以避免债权人对其过度的要求。㊴

关于此一问题,台湾学者也有采与德国少数说同见解者。黄立教授谓:其实第 200 条是对债务人是一种保障,换言之,经特定的种类之债,与特定之债在本质上仍非相同。经特定之标的,如因非可归责于债务人之事由灭失时,依第 266 条规定债务人之给付义务固因此而免除,然其亦同时丧失相对给付之请求权,未必符合债务人之利益,此时应任由债务人决定,是否替代灭失之物以同种类同价值之其他之物交付,以取得销售之利润㊵,堪为代表。

台湾通说与德国通说同,史尚宽先生的说法可为代表:种类之债经特定后,债权人惟得请求其特定之标的物。债务人惟负给付其物之义务。债务人原则上不得变更其标的物……然依诚信原则,债权人坚持请求给付其已特定之物,可认为有悖于诚实信用者,应认为债务人有变更权。……尤其债权人就已特定之物之保有,无特别之利益时,对于有完全同一价值之他物,不得拒绝。㊶ 郑玉波教授亦谓:给付物特定后,债务人有无变更权(Jus Variandi)?原则上没有,即债务人不得再以同种类之他物,代替原所特定之给付物而为给付。不过若其代替给付,于债权人无任何损害,而债权人拒绝受领时,则可发生权利滥用之问题("民法"第 148 条)。此外,因情事变更之结果,若强使债务人为特定物之给付显失公平者,应与债务人以变更权。㊷ 由此可知,变更权指的是"债务人"在种类之债特定后,有"变更给付内容"之权利。

在本案中发生的疑问是:(1)所谓种类之债特定后之"变更权"所指为何?系指债权人"变更指定权",抑或债务人"变更给付之内容"?(2)何人有变更权?究系债权人或债务人?

本件最后驳回上诉至本案确定的"最高法院"2008 年台上字第 1278 号判决,维持高等法院 2007 年上更(二)字第 162 号判决里所引用的一段孙森焱教授的代表作《民法债编总论》中的一段话,并注明其出处,作为其判决之理论依据,这在"最高法院"的判决书中,相当罕见,值得注意。该段引文谓:"查种类之债经特定后,债务人或债权人原则上固不得变更其给付物,惟该特定物如系代替物,得以同种类、同数量之物代替之者,纵经陷于给付不能,而依其情节显然系债务人违反诚信原则者,应认债权人有变更权。"[判决中引用之出处参见孙森焱:《民法债编总论》(上册),第 387 页]因而这两个判决最后都得出"债权人"有变更权的结论。㊸

---

㊴ BGH NJW 1982,873;OLG Köln NJW 1995,3128;Grothe, in: Bamberger/Roth, § 243 Rn. 18.;Palandt/Heinrichs, § 243 Rn. 7;MünchKomm/Emmerich, § 243 Rn. 33 ff.

㊵ 参见黄立,注㉛书,第 355 页。

㊶ 参见史尚宽,注⑪书,第 235 页。

㊷ 参见郑玉波、陈荣隆,注⑫书,第 263 页;另第 332 页引用现行法第 227 条之 2 第 1 项规定,强调:"种类之债特定后,其给付物即成为特定物,债务人原则上无变更权,但因情事变更之结果,如强使给付该特定物,则显失公平时,自应予债务人以变更之权。"邱聪智,注㉔书,第 318 页["种类之债经特定后,其给付物有毁损、灭失,固生给付不能之效力,如债务人仍愿给付或债权人仍请求同种类、同质量、同数量之给付物,理论上债权人或债务人固均得拒绝。惟贯彻此一法律逻辑,对双方当事人及社会经济难免均非有利。愚意以为,于此情形,如债权人或债务人之拒绝,有悖诚信原则(148Ⅱ)者,应承认债务人有变更权"];王伯琦:《民法债篇总论》,正常书局 1985 年版,第 119 页("兹之所应注意者,种类之债一经特定,其给付标的即为特定之给付物。债权人固不得请求给付他物,债务人亦不得另以他物给付。是为第 200 条第 2 项中心意义之所在。至于债之行使债之履行不得违反诚实信用原则,如债务人另以相同之他物给付,并无害于债权人之利益,债权人不应拒绝,乃属另一问题")。

㊸ 请特别参见高等法院 2007 年上更(二)字第 162 号判决"事实及理由"、乙、六、(四)。

不过，经笔者详查孙森焱教授前揭大作的原文，应该是："种类之债经特定后，债务人或债权人即不得变更其给付物，是为原则。倘若债权人坚持请求给付其特定之给付物，依其情节显然违反诚信原则者，应认债务人有变更权。特定物如系代替物，得以同种类、同质量、同数量之物代之者，纵经陷于给付不能，亦同。"㊹

对照前揭"最高法院"及高等法院判决中所引用，应补充说明者系：

（1）细绎孙森焱教授此项见解，应与前述之台湾地区及德国通说见解并无二致，亦即，均采：原则上，种类之债经特定后，债务人不得再变更给付物，债权人亦仅得请求债务人给付特定之标的物，惟倘若该特定后之物陷于给付不能，而债权人坚持请求给付其特定之给付物，依其情节显然违反诚信原则者，应例外承认"债务人"有变更权之见解，孙森焱教授的大作中似并未提及"债权人"享有变更权之可能，高等法院上开判决之引文，应属误解。㊺

（2）如前所述，种类之债特定后之"变更权"，指的是"债务人有变更给付内容"之权利，亦即，系指在该特定之物因灭失而给付不能时，债务人得从同种类之物中选取其他物作为给付而言。"最高法院"上开判决指称：原告请求被告应给付之甲案土地，赠与并移转所有权登记予其妻，至陷于给付不能，"依其情节显违诚信原则"，而被告既仍有其他土地可供代替给付，"应认被上诉人（即本件原告＝债权人）得变更指定其他土地之给付"等，显将"变更权"误解为"债权人之变更指定权"，似不足采。

### 结论性观点

在债法的学习上，向来轻忽有关种类之债或选择之债的内涵与区别。本判决历经三次"最高法院"之判决，争点却集中在当事人之系争切结书约定，究应认定为系种类之债或选择之债，且高院及"最高法院"前后之见解均不相同，系争"最高法院"2008年台上字第1278号判决之说理，更是与通说见解完全不同，且说理多有误解之处，显见种类之债与选择之债之区别、种类之债如何特定、特定后能否变更等问题，均有进一步讨论之必要。

本文在评析本件"最高法院"2008年台上字第1278号判决之基础上，提出以下结论供参考：

（1）种类之债不注重给付物之个别特性，选择之债则注重数宗给付物之个别特性，当事人之约定究属何者有争论时，则应借助法律行为或契约之解释方法，通过契约之文义解释、对契约全文之体系解释、订约时历史数据之参酌以及契约目的之考虑与解释，并审酌交易习惯与诚信原则而综合解释。本件"最高法院"似并未习惯运用此种方法，得出定性系争切结书为种类之债或选择之债的结论，致徒劳往返更审多次，殊属可惜。

（2）种类之债与选择之债均有"特定"之必要。"民法"第208至第210条规定选择权行使之方法；但"民法"第200条则规定其"指定"（或选取）之方法，其方法有二：

① 视债务之种类为"赴偿之债""往取之债"或"送赴之债"，而决定债务人是否完成"交付其物之必要行为"。

② 所谓"经债权人同意债务人指定其应交付之物"，学说上固有争论，但多数说认为仍应由

---

㊹　孙森焱，注㉚书，第381页。

㊺　其实，遍查文献对种类之债特定后之变更权的论述，接近"最高法院"此种思考的，反而似乎只有梅仲协先生的陈述。氏曾谓：债务人应将选定之标的物，交付予债权人，并不得复行更改，易以他物，即所谓选择之除斥（德 Ausschluss des ius variandi）是。但在债权人方面，如因债务人之行为行使选择权，有悖诚信原则，或滥用权利，致其对所选定之给付物，不能享受利益者，自得请求债务人另易以适当之物，债务人不得拒绝。

债务人指定,但需经债权人事前或事后同意,仅少数说承认可由债权人同意并进而指定,本件"最高法院"径认为,"经债权人指定"而特定债务人应给付之土地,似与法条文义及通说未尽相符,有再斟酌之必要。

(3) 种类之物经特定后,原则上债务人不得再变更其给付之标的物,但"基于诚信原则,当债权人可以经由代替物,获得跟原先已经特定之物一样的满足时",则例外允许债务人有"变更权",债权人若因此拒绝受领,则可认权利滥用,但未见有承认"债权人有变更指定权"者,盖种类之债之指定权均在债务人,实无由"债权人变更指定"之可能也。本件"最高法院"竟误解"债权人有变更指定权",亦与通说见解与理论不符。

# 一般情事变更原则于给付工程款案例之适用

——兼评"最高法院"2005年台上字第898号判决

姚志明*

## 基本案情

"最高法院"民事判决2005年台上字第898号：上诉人为友○营造有限公司十三号。法定代理人为蔡○初；诉讼代理人为洪○儒律师、许○彬律师、萧○甫律师。上诉人为经济部水利署；法定代理人为陈○贤；诉讼代理人为刘○沧律师。

上列当事人间请求给付工程款事件，两造对于2003年10月21日台湾地区高等法院台中分院第二审判决(2003年重上字第38号判决)，各自提起上诉，本院判决如下：

主文：

原判决除假执行部分外废弃，发回台湾地区高等法院台中分院。

理由：

本件上诉人"经济部水利署"(下称"水利署")之法定代理人业由黄金山变更为陈伸贤，有"行政院"令可稽，陈伸贤声明承受诉讼，核无不合，应予准许，合先叙明。

次查上诉人友○营造有限公司(下称"友○公司")主张：伊于1999年5月10日与台湾省北区水资源局(下称"水资源局"，精省后其业务由"经济部"水利处承接，再由对造上诉人"水利署"承接)订立工程契约，承揽该局发包之"基隆河治理工程初期实施计划汐止段第三工区工程"，约定由伊开挖河道，并将弃土运至合法之弃土场。1999年6月中旬，因北部地区所有合法弃土场均遭有心人士把持垄断，水资源局与伊乃约定弃土得改运至非合法之台北县中和市勤○企业有限公司(下称"勤○公司")之弃土场。嗣伊将弃土12 750立方米运至勤○公司之弃土场，其挖方及弃方之费用为新台币(下同)4 832 250元，差额运费为1 608 106.5元，共计6 440 356.5元，水资源局竟借口拒付等情，依承揽契约求为命水利署如数给付并加给法定迟延利息之判决。嗣于原审以"水利署"未依约付款，自受有弃土已运出工地之利益等情，追加依不当得利之法律关系为相同之请求。

上诉人"水利署"则以：系争工程契约约定弃土应运至合法之弃土场，否则予以扣账不予估验，友○公司将弃土运至非法之勤○公司弃土场，自不得请求报酬。又友○公司运至勤○公司弃土场之弃土仅11 662立方米。再友○公司纵得请求承揽报酬，亦应扣除差额运费等语，资为抗辩。

## 裁判要旨

原审以：友○公司主张其于1999年5月10日与水资源局订立系争工程契约，承揽"基隆河治理工程初期实施计划汐止段第三工区工程"，约定由其开挖河道，并将弃土运至合法之弃土场，嗣其将部分弃土运至非法之勤○公司弃土场之事实，为两造所不争执，并有工程契约在卷可稽，

---

\* 高雄大学财经法律学系教授。

堪信为真实。关于运至勤○公司弃土场弃土之数量,友○公司主张共计 12 750 立方米,并提出勤○公司出具之切结书及证明书为证。"水利署"则抗辩仅有 11 662 立方米。查弃土之数量应以水资源局查验核可之数量为准,该局查验核可之数量为 11 662 立方米,有计算表在卷可稽,且友○公司于"行政院"公共工程委员会(下称"工程会")调解时亦同意以 11 662 立方米计算其报酬,应认该数量为真。勤○公司为第三人,其出具之证明书等尚不足为友○公司有利之证明。系争工程契约施工补充说明书第 22 则工程剩余土石方处理说明书第 4 条约定,剩余土石方违规弃置者,予以扣账不予估验。友○公司系将上开弃土 11 662 立方米运至非法之勤○公司弃土场,显属违约,水资源局不予估验,难谓无据,友○公司不得依承揽契约请求给付报酬。友○公司虽主张其与水资源局约定弃土得改运至勤○公司弃土场等语。但查水资源局未与友○公司约定弃土得运至勤○公司弃土场,业据证人陈肇成、郑澄男证述属实,友○公司此项主张,为无足采。次查友○公司有依承揽契约运送弃土之义务,水资源局系依约享受弃土运走之利益,其无受有不当利益情事。友○公司依不当利益之法律关系请求水利署给付,亦无理由。但按契约成立后,情事变更,非当时所得预料,而依其原有效果显失公平者,当事人得申请法院增、减其给付或变更其他原有之效果,"民法"第 227 条之 2 定有明文。系争工程施工中,北部地区所有合法弃土场均遭有心人士把持垄断,弃土证明运作失序,有工程会 1999 年 7 月 6 日会议记录在卷可稽,此项情事非友○公司订约时所能预料,友○公司请求依情事变更原则为裁判,难谓无据,应将水资源局依约得不予估验,变更其法律效果为"水利署"应予估验,给付部分之挖方及弃方费用。友○公司运至勤○公司弃土场之弃土共计 11 662 立方米,每立方米之挖方及弃方费用为 379 元,为两造所不争执,其费用共计 4 419 898 元。然查友○公司未依债之本旨完成承揽工作,倘其得请求全部之挖方及弃方费用,有鼓励契约当事人违约之嫌,应酌减其得请求之报酬为上开金额之七成,即 3 093 929 元。又友○公司系自行将弃土运至路程较远之勤○公司弃土场,其超出系争工程合约所定运送里程数之运费 1 608 106.5 元,依约不得请求给付,且法院系基于情事变更原则命"水利署"给付挖方及弃方费用之七成,友○公司不得于违约情形下,更要求契约以外之金钱,其此部分之请求,难谓有据。故友○公司请求"水利署"给付 3 093 929 元及自 2002 年 10 月 10 日起至清偿日止按年息 5% 计算之利息,为有理由,应予准许,超过上开金额部分,为无理由,不应准许。爰将第一审所为友○公司败诉之判决,一部予以废弃,改判命"水利署"给付友○公司上开金额及其利息,一部分予以维持,驳回友○公司其余上诉。

查"民法"第 227 条之 2 所称情事变更,系指债之关系成立后,其成立当时之环境或基础有所变动而言。系争工程契约订立后,是否原已存在合理运程内之合法弃土场嗣均已不存在,订约当时之环境或基础已有变动情事,攸关有无情事变更原则之适用。原审就此未调查审认,徒以系争工程施工中,北部地区所有合法弃土场均遭有心人士垄断,弃土证明运作失序,即认为本件得适用情事变更原则,尚嫌速断。次查因情事变更而增、减其给付或变更其他原有之效果,应斟酌当事人因情事变更,一方所受不相当之损失,他方所得不预期之利益,及其他实际情形,为公平之裁量。本件倘有情事变更原则之适用,其变更既非当时所得预料,而依其原有效果显失公平,则友○公司将弃土运至勤○公司弃土场所需之挖方、弃方费用及差额运费,如确属必须之费用,自应就其全部依上开情形为公平之裁量。原审疏未注意及此,而以友○公司未依债之本旨完成承揽工作,倘其得请求全部之挖方及弃方费用,有鼓励契约当事人违约之嫌;及友○公司系自行将弃土运至路程较远之勤○公司弃土场,其超出系争工程合约所定运送里程数之运费,非契约约定之费用,即认为友○公司仅得请求挖方及弃方费用之七成,且不得请求差额运费,亦有未合。又友○公司系将弃土运至勤○公司弃土场,勤○公司复出具切结书及证明书证明弃土之数量为 12 750

立方米(见士林地方法院卷第 20、21 页),原审未查明该切结书及证明书所载是否不实,遽认弃土数量应以水资源局查验核可者为准,并有疏略。两造上诉论旨,各自指摘原判决于其不利部分违背法令,求予废弃,均非无理由。

据上论结,本件两造上诉均有理由。依"民事诉讼法"第 477 条第 1 项、第 478 条第 2 项,判决如主文。

### 学理研究

#### 一、本判决之裁判重点——一般情事变更原则之成立与效力

从案例事实及裁判理由观之,本判决所涉及之问题,乃为工程契约适用情事变更原则之问题。且从"最高法院"于裁判理由可知,本判决之裁判重点有二:① 本件是否有情事变更原则之适用;② 于适用情事变更原则下,应如何为公平裁量。

因本案例乃与情事变更原则有关,以下先就一般情事变更原则于民法典之明文化与意义,加以阐述,以便就一般情事变更原则之基本概念有所了解。

#### (一) 一般情事变更原则于民法典之明文化

1. "民法"第 227 条之 2 之增订与"民事诉讼法"之修正

如同"民法"第 227 条之 2 之立法理由所指出,情事变更原则为私法上之一大原则,此为台湾地区、日本及德国等大陆法系国家或地区所公认。不过,施行于 1930 年 5 月 5 日之"民法"债编,对于情事变更原则之一般规定并无具体条文。因而,于 2000 年 5 月 5 日施行之债编修正条文中①,考虑"民法"除有个别具体之规定,并无一般性之原则规定,适用上易生困扰。虽然实务上依"民事诉讼法"第 397 条,为增、减给付或变更原有效果之判决。但不如明定具体条文为宜,得以便利适用②,故增订"民法"第 227 条之 2 第 1 项规定:"契约成立后,情事变更,非当时所得预料,而依其原有效果显失公平者,当事人得申请法院增、减其给付或变更其他原有之效果。"且情事变更原则非因契约所发生之债,例如无因管理,不当得利等,亦宜准用,故增订第 2 项规定:"前项规定,于非因契约所发生之债,准用之。"

于"民法"第 227 条之 2 立法前,实务上就实体法上之问题,所引用之一般情事变更原则规范有三:

(1) 1941 年 7 月 1 日公布之"非常时期民事诉讼补充条例"第 20 条第 2 项规定:"如该法律关系,因战争致情事剧变,非当时所得预料而依其原有关系发生效力,效果显失公平者,法院得斟酌社会经济情形,当事人生活状况及因战争所受损害之程度,为增减给付、延期给付或分期给付之裁判。"本条例因施行期满而失效。③

② 1945 年 12 月 18 日公布之"复员后办理民事诉讼补充条例"第 12 条:"法律行为成立后,

---

① 1929 年 11 月 22 日制定公布"民法"债编全文 604 条,并自 1930 年 5 月 5 日施行。而因社会经济之变迁,"司法行政部"("法务部"之前身)为修正"民法",乃于 1974 年 8 月,邀请专家学者组成"民法"修正研讨会,而于同年 8 月 23 日举行首次会议,开始研修"民法"债编,"民法"债编之修正草案,共计召开 707 次会议。"立法院"于 1999 年 4 月 2 日三读通过"民法"债编修正案,并于同月 21 日公布,而于 2000 年 5 月 5 日正式施行。"民法"债编修正相关问题,参见杨与龄:《民法债编修正经过及其修正要旨》,载《法学丛刊》1999 年第 175 期,第 1 页以下。

② 参见"民法"第 227 条之 2 之增订理由。

③ 参见林诚二:《情事变更原则之再探讨》,载《台湾本土法学杂志》2000 年第 12 期,第 66 页。

因不可归责于当事人之事由,致情事变更,非当时所得预料,而依其原有效果显失公平者,法院应公平裁量,为增减其给付或变更其原有效果之判决。"④本条例因施行期满而失效。⑤

③ 1968 年 2 月 1 日施行之(旧)"民事诉讼法"第 397 条。该条文第 1 项规定:"法律行为成立后,因不可归责于当事人之事由,致情事变更非当时所得预料,而依其原有效果显失公平者,法院应依职权公平裁量,为增减给付或变更其他原有效果之判决。"第 2 项规定:"前项规定,于非因法律行为发生之法律关系准用之。"不过,终究将属于解决实体法争议问题之一般情事变更原则规定,规定于"民事诉讼法"中,体制上显有不合。因而,2003 年 2 月 7 日"民事诉讼法"修正时则将第 397 条之内容加以修正。⑥ 修正后之内容如下:"民事诉讼法"第 397 条第 1 项规定:"确定民事判决之内容如尚未实现,而因言词辩论终结后之情事变更,依其情形显失公平者,当事人得更行起诉,请求变更原判决之给付或其他原有效果。但以不得依其他法定程序请求救济者为限。"第 2 项规定:"前项规定,于和解、调解或其他与确定判决有同一效力者准用之。"从新法内容观之,属于实体法性质之情事变更原则之规定已被移除,而回归于"民法"第 227 条之 2 了。

2.《德国民法》第 313 条之增订

情事变更原则乃源于中世纪后期意大利注释学派所提出"契约缔结时之情事存续时,该契约之效力方为有效之原则而来(clausula rebus sic stantibus)。"⑦而于 19 世纪末,德国学者 Winscheid 提倡所谓前提理论(Voraussetzungslehre)。依此说,所谓前提系介于条件与动机之中间位置。前提乃指当事人为意思表示之际,被假设作为某种状态存在或继续存在之状态,但当事人并未将之纳入契约之内容,其乃为意思表示之约款,但尚未达为条件之程度者。动机亦非意思表示之内容,其乃为契约当事人为缔约行为所追求之目的。而合意之条件则为意思表示之内容,以一定情况之发生或不发生作为该意思表示之效力发生或消灭之要件。⑧ 而由于此说所谓之"前提"与

---

④ 参见"最高法院"1949 年穗上字第 73 号民事判例:"复员后办理民事诉讼补充条例第 12 条之规定,系为当事人因情事变更之一方受不相当之损失,他方得不预期之利益者所设之补救办法。故法院认为当事人争议之法律关系具备该条所定之要件,而为增加给付之判决,应以当事人成立之法律关系,因情事变更一方所受上项损失,他方所得上项利益,其实际情形及彼此间之关系如何,为其公平裁量增加给付数额应予斟酌之重要事项。"

⑤ 参见林诚二,注③文,第 66 页。

⑥ "民事诉讼法"第 397 条之修正理由如下:(1) 原条文适用情形有二:一为法律行为成立后或非因法律行为发生之法律关系成立后,事实审最后言词辩论终结前发生情事变更;二为确定判决之事实审最后言词辩论终结后发生情事变更(院第 2759 号、院解第 3829 号解释参照)。前者所适用之情事变更原则,乃诚信原则在实体法上内容具体化之个别法则之一,将其规定于本法,体制上有所不合,且"民法"第 227 条之 2 已增订此项内容,本法无重复规定之必要。至于后者则涉及判决确定后更行起诉之问题,仍宜于本法加以规定。因情事变更而更行起诉,涉及确定判决之安定性,适用范围不宜过于扩大,故如判决内容业已实现者,即不得再以情事变更为由,更行起诉。此外,如当事人得提起异议之诉或依其他法定程序请求救济者,亦无许其更行起诉之必要,爰修正第 1 项规定。又当事人依本项起诉,系基于最后言词辩论终结后变更之事实更行起诉,原判决所确定之法律关系及其他未变更之事实,仍为此诉讼之基础事实,法院不得再行斟酌而为不同之认定,乃属当然。(2) 确定判决之内容如系有关非因法律行为发生之法律关系者,当然适用第 1 项之规定,第 2 项原条文已无规定之必要。又和解、调解或其他与确定判决有同一效力者,亦可能发生情事变更情形,爰于第 2 项设准用规定。

⑦ 〔日〕潮见佳男:《债权总论Ⅰ》,信山社 2003 年第 2 版,第 200 页;〔日〕五十岚清:《新版注释民法第 13 卷债权 4》,2003 年 7 月版,第 63 页。

⑧ 参见黄茂荣:《债法总论》(第二册),2002 年版,第 412、413 页;史尚宽:《债法总论》,1990 年版,第 429 页;〔日〕潮见佳男,注⑦书,第 200—201 页。

"动机"界定上之困难,德国1900年之民法典最后并未将情事变更原则之一般规定明文化。⑨ 而第一次世界大战德国战败后,造成了经济混乱,通货膨胀严重,所谓因经济的给付困难之理由构成经济上不能⑩,德国帝国法院认为,其成为不可归责于债务人之给付不能事由,并自1923年之判决中(RG 103,332),首次采用德国学者Oertmann教授所提出的行为基础(Geschäftsgrundlage)变更理论,作为给付与对待给付关系因基础丧失作为给付义务消灭或增加给付等之裁判依据。从此以后,德国实务便以行为基础理论为理论架构,作为行为基础变更(常被使用者,乃是行为基础丧失,Wegfall der Ge-schäftsgrundlage)时,调整法律效果之依据。⑪

1900年施行之《德国民法》中并无情事变更原则之一般规定,德国实务及学理论及法律行为基础丧失等(台湾所称之情事变更)时,则以第242条——诚信原则之一般条款作为法律依据,亦即学说及实务多数见解认为情事变更乃源自诚信原则而来。⑫ 而于2002年1月1日施行之《德国民法》债编修正(号称债法现代化),为符合时代趋势,增订第313条(学说上称本规定为行为基础障碍,Störung der Geschäftsgrundlage)⑬,将情事变更原则之一般规定明文化。而现行《德国民法》第313条第1项规定之内容为嗣后行为基础丧失(Wegfall der Geschäftsgrundlage),而第2项则规定自始行为基础欠缺(Fehlen der Geschäftsgrundlage)之内容。⑭

(二) 一般情事变更原则之意义

从以上之论述可知,台湾地区情事变更(日本称之为事情变更)原则之一般规定发展,历经了1941年7月1日公布之"非常时期民事诉讼补充条例"第20条第2项、1945年12月18日公布之"复员后办理民事诉讼补充条例"第12条、1968年2月1日施行之(旧)"民事诉讼法"第397条及2000年5月5日施行之"民法"第227条之2等四阶段之四种规范。历经这四种法规演变,就一般情事变更之意义,可定义如下:

(1) 参照"非常时期民事诉讼补充条例"第20条第2项,所谓情事变更,系指如该法律关系因战争致情事剧变,非当时所得预料而依其原有关系发生效力,效果显失公平者,法院得斟酌社会经济情形,当事人生活状况及因战争所受损害之程度,为增减给付、延期给付或分期给付之裁判。

(2) 参照"复员后办理民事诉讼补充条例"第12条,情事变更乃指法律行为成立后,因不可归责于当事人之事由,致情事变更,非当时所得预料,而依其原有效果显失公平者,法院应公平裁量,为增减给付或变更其原有效果之判决。

(3) 参照旧"民事诉讼法"第397条,所谓情事变更者,乃谓法律关系成立后,因不可归责于当事人之事由,致情事变更非当时所得预料,而依其原有之效果显失公平者,法院应依职权公平

---

⑨ 参见[日]潮见佳男,注⑦书,第201页。

⑩ 有关经济上不能之相关概念,参见姚志明:《债务不履行之研究》(一),元照出版有限公司2003年版,第81页、116页以下。

⑪ Vgl. Palandt/Heinrichs, Bürgerliches Gesetzbuch, Kommentar (zit. BGB), 58. Aufl., 1999, §242 Rn. 112;黄茂荣,注⑧书,第414页。

⑫ Vgl. Palandt/Heinrichs, BGB, 58. Aufl., 1999, §242 Rn. 110 ff. m. w. N.; Bamberger/Roth/Grüneberg, Kommentar zum Bürgerlichen Gesetzbuch (zit. BGB), 2003, §313 Rn. 1;《德国民法》第242条诚信原则所发展出之其他原则,参见姚志明:《诚信原则与附随义务之研究》,元照出版有限公司2003年版,第22页。

⑬ Vgl. Erman/G. Hohloch, Bürgerliches Gesetzbuch, Handkommentar (zit. BGB), 11. Aufl., 2004, Band I, §313 Rn. 2; Jauernig/Vollkommer, Bürgerliches Gesetzbuch, Kommentar (zit. BGB), 10. Aufl., 2003, §313 Rn. 1.

⑭ Jauernig/Vollkommer, BGB, 10. Aufl., 2003, §313 Rn. 3.

裁量为增、减、给付或变更其他原有效果之判决。⑮

（4）参照"民法"第 227 条之 2，所谓情事变更，系指法律关系成立后，情事变更，非当时所得预料，而依其原有效果显失公平者，当事人得申请法院增、减其给付或变更其他原有之效果。

## 二、评析

### （一）问题之争点一：情事变更原则要件是否成立？

1. "最高法院"之见解

"最高法院"认为，工程契约订立后，是否原已存在合理运程内之合法弃土场嗣均已不存在，订约当时之环境或基础已有变动情事乃与情事变更要件是否成立有关，而高等法院台中分院对此未调查审认，而仅以系争工程施工中，北部地区所有合法弃土场均遭有心人士垄断，弃土证明运作失序，即认本件得适用情事变更原则，乃为速断。最后废弃高等法院台中分院之判决，而发回之。

2. 一般情事变更原则成立要件之分析

如前所述，"民法"第 227 条之 2 乃为情事变更原则之一般规定。而该条第 1 项规定："契约成立后，情事变更，非当时所得预料，而依其原有效果显失公平者，当事人得申请法院增、减其给付或变更其他原有之效果。"第 2 项规定："前项规定，于非因契约所发生之债，准用之。"综合规定，一般情事变更原则之成立要件如下⑯：

（1）须法律关系成立后，法律关系消灭前，发生情事变更

① 情事变更之发生

A. 情事之意义

"民法"第 227 条之 2 所规定之情事变更中，所指之情事（环境或基础），仅系指客观之事实，而不及于当事人之主观之情事。⑰ 然而，须注意的是此处所为之环境或基础⑱，须为法律关系存在之基础。如何判断何种情事方为法律关系之存在基础，应就法律关系之目的及性质断定之。⑲ 须注意的是，该基础须未构成为契约之内容者。⑳ 换言之，该基础之状况，须当事人所明知，或当事人确信该基础之相关情况，仍将会继续发生或将发生，因而未于契约中明定，或者是一方当事人主张基础欠缺之事实，为相对人所承认。㉑ 当事人主观上于行为时，若已认识到事实之存在，或是明示该事实之续存为法律行为之生效要件时，则此时应是条件问题，而与情事变更无关。

B. 变更之界定

所谓情事变更之"变更"，乃指法律关系存在基础之情事发生变动，而此变动系指客观之事实而言，至于当事人主观认为有变动，则尚不足以谓之有变动之发生。㉒ 变动，其得为经济的或是非经济的、人或物、自然或人为、永久或暂时、一般或是局部的，如物价飙涨、货币贬值、暴动、经济

---

⑮ 参见"最高法院"1997 年台上字第 1354 号民事判决。
⑯ 参见邱聪智：《新订民法债编通则》（下），2001 年版，第 410 页。
⑰ 参见林诚二，注③文，第 62 页。
⑱ 依学者林诚二教授之见解，所谓基础，例如购车时，为最新型之事实。环境者，如经济环境。参见林诚二：《民法债编总论》（下），瑞兴图书股份有限公司 2001 年版，第 20 页。
⑲ 参见史尚宽，注⑧书，第 433 页。
⑳ Jauernig/Vollkommer, BGB, 10. Aufl., 2003, § 313 Rn. 8.
㉑ 参见黄立：《民法债编总论》，2000 年版，第 89 页。
㉒ 参见史尚宽，注⑧书，第 433 页；邱聪智，注⑯书，第 410 页。林诚二，注③文，第 62 页。

危机、货币剧烈贬值、地震之发生或政变。㉓ 德国学理上认为,并非所有之关系改变即有《德国民法》第313条之情事变更原则适用,而是基础关系改变须为是一个重大变更(Schwerwiegende Änderung)或称为明显变更(Wesentliche Änderung)。㉔ "民法"第227条之2之情事变更亦应采相同解释。所谓变更系属重大的,就契约而言,最无疑义的,乃是一方当事人如对于该改变有所认识时,即不愿订立该契约或是只愿订立其他内容之契约。㉕ 此外,法律变更、判例变更或上级之干预均可构成情事变更,因为此时构成等价关系之障碍。㉖ 不过,若是税法之变更者,由于其系属于经常变更之法规,因而原则上税法之变更并不构成情事变更。㉗ 并且,并非所有之通货膨胀即构成情事变更,例如事先预知之通货膨胀程度并未逾越一定之界线时,通货膨胀之危险应由金钱债权人承担之,并无情事变更之适用。㉘

② 情事变更须发生于法律关系成立后及消灭前

A. 法律关系之范围

此处所称之法律关系,乃包括"民法"第227条之2第1项所指之契约,与第227条之2第2项所规范之非因契约所发生之债(亦即指单独行为与法定之债)。亦即第227条之2之一般情事变更原则适用之范围,包括契约之债(第1项)、单独行为与法定之债(第2项)。不过,实务上适用情事变更者㉙,仍以契约为主。故一般论述情事变更原则者,多以契约为例。

B. 情事变更发生之时间点

情事变更之发生,须是在法律关系成立后及消灭前。盖情事变更之功能,乃在于影响法律效果,因而若是法律关系未发生前,当无法律效力之变更问题。此外,多数说认为,法律关系消灭后,当事人之间之法律效力亦不生公平与否之问题。㉚ 本文认为,情事变应更限于法律关系消灭前之见解,原则上应肯定之。不过,若是法院基于"民法"第218条之规定,顾及损害赔偿义务人因其赔偿致其生计有重大影响时,而减轻其赔偿金额后,债务人之经济状况好转时,本文认为债权人应可主张第227条之2之情事变更原则,而请求增加给付,或较为公平。㉛ 例如法院依第218条之规定酌减债务人之损害赔偿额度后,债务人中了大乐透而成为亿万富翁,此时应有第227条之2之适用。

(2) 该情事之变更,须非当时所得预料

① 非当时所得预料之界定

非当时所得预料,系指法律关系成立时,依客观之事实状态观之,乃为无法预料该情事变更事实会发生,亦即该情事变更须在客观上无预见可能性(keine Voraussehbarkeit)。㉜ 若该未预料

---

㉓ 参见史尚宽,注⑧书,第433页。
㉔ Vgl. Palandt/Heinrichs, BGB, 66. Aufl., 2007, § 313 Rn. 18.
㉕ Bamberger/Roth/Grüneberg, BGB, § 313 Rn. 25; Palandt/Heinrichs, BGB, 66. Aufl., 2007, § 313 Rn. 18.
㉖ Paladnt/Heinrichs, BGB, 66. Aufl., 2007, § 313 Rn. 41.
㉗ Paladnt/Heinrichs, BGB, 66. Aufl., 2007, § 313 Rn. 41.
㉘ Jauernig/Vollkommer, BGB, 10. Aufl., 2003, § 313 Rn. 31.
㉙ 参见邱聪智,注⑯书,第410页。
㉚ 参见林诚二,注⑱书,第20页;同氏著,注③文,第62页;黄茂荣,注⑧书,第424页;实务之见解,参见"最高法院"1966年台上字第1005号民事判决、"最高法院"1982年台抗字第166号民事裁定。
㉛ 参见邱聪智:《新订民法债编通则》(上),2000年版,第370页。
㉜ 参见邱聪智,注⑯书,第410页;林诚二,注③文,第62页;vgl. Jauernig/Vollkommer, BGB, 10. Aufl., 2003, § 313 Rn. 24.

之事实,在主观上有符合错误之规定时,则此时则为错误之问题,而与情事变更无关。[33] 如当事人于行为时所知或是可得而预见该情事时,则不存在所谓不可预料之情事。因为,此时当事人于行为已明知该不利之情事,而仍以之为法律行为之内容,此时系为纯属当事人之意愿,法律并无保护之必要。[34] 于法律行为成立时,即预见情事将有变更,双方对之应如何调整给付,有所约定者,自无情事变更规定之适用。[35] 例如于工程契约付款办法如业已约定:"物价指数调整:工程进行期间,如遇物价波动时不予调整。"此时,"最高法院"认为,当事人缔约时已预见缔约后工程进行期间物价可能发生之变动,同意于物价波动时不调整工程款,自无情事变更原则之适用。[36] 又例如契约当事人所订立工程合约条款中有约定:"施工期间如物价发生变动时,应参照本合约所附'估验计价按物价指数'调整工程费计算方式办理。"又其所附该计算方式第 2 条规定:上开物价指数系指"行政院"主计处公布之"台湾地区物价统计月报"资料中之"台湾地区趸售物价分类指数之营建业投入物价指数之总指数"。此时,"最高法院"亦认为,两造于订立本件工程合约时,已预见于订约后情事将有变更,并约定应按行政院主计处所公布当时可资适用之前述物价指数作为调整给付之依据,当事人自不得再依情事变更请求增加给付。[37] 对此,本文亦赞同"最高法院"之见解。

② 风险分配无情事变更之适用

此外,当契约之目的本即为追求经济风险之利益时,例如期货、证券、远期外汇等交易,亦无情事变更之适用。[38] 换言之,若是契约关系之变更系属于风险阶段之问题,契约当事人亦不得主张调整契约关系。至于一个契约关系变更系为契约基础关系变更问题,或是为风险考虑问题,应从契约内容、契约目的或法律规定等评断之。[39] 德国学说认为,依 casum sentit dominus 理论,风险应由给付受领人承担之。[40] 在具体之评估时,契约基础之变更或是风险之考虑的界线,又可分为三种类型区别评估之:

A. 契约之风险承担(Vertragliche Risikoübernahme)。若是当事人一方依契约之内容必须承担特定风险时,则于该风险之范围内,不得请求调整契约关系。[41]

B. 过失(Verschulden)。若是当事人之一方,对于决定性关系之变更系有过失时,其对于因此所致之契约障碍不能主张情事变更。[42]

C. 预见可能性(Voraussehbarkeit)。契约关系之变更可预见的,则不构成情事变更,因为此乃是风险评估与承担该风险之问题。[43]

---

[33] 参见史尚宽,注⑧书,第 435 页。
[34] 参见林诚二,注③文,第 62 页;Bamberger/Roth/Grüneberg,BGB,§ 313 Rn. 30.
[35] 参见"最高法院"1991 年台上字第 524 号民事判决。
[36] 参见"最高法院"2007 年台上字第 2237 号民事判决。
[37] 参见"最高法院"1995 年台上字第 760 号民事判决。
[38] 参见"最高法院"1995 年台上字第 760 号民事判决。
[39] Vgl. BGHZ 74,370(373);Bamberger/Roth/Grüneberg,BGB,§ 313 Rn. 27;Lorenz/Riehm,Lehrbuch zum neuen Schuldrecht,2002,§ 9 Rn. 393.
[40] Bamberger/Roth/Grüneberg,BGB,§ 313 Rn. 27.
[41] Bamberger/Roth/Grüneberg,BGB,§ 313 Rn. 28;Paladnt/Heinrichs,BGB,66. Aufl. ,2007,§ 313 Rn. 20;BGHZ 74,370(373f. )
[42] Paladnt/Heinrichs,BGB,66. Auflage,2007,§ 313 Rn. 22.
[43] Bamberger/Roth/Grüneberg,BGB,§ 313 Rn. 30;Paladnt/Heinrichs,BGB,66. Aufl. ,2007,§ 313 Rn. 23.

（3）须情事变更乃不可归责于当事人之事由

① 不可归责于当事人，为情事变更成立要件之一

"民法"第227条之2立法前，实务就一般情事变更原则之适用，以旧"民事诉讼法"第397条为法律依据时，由于该规定即明文规定须不可归责于当事人之事由为情事变更成立之要件。而实务上，亦经常于裁判理由中论及此要件。㊹ 然而，现行"民法"第227条之2并无明文规定，情事变更之成立须不可归责于当事人。不过，学说认为，立法者之真意应并非舍弃此要件，而是情事变更乃系客观事实，理论上当非由于可归责当事人事由所产生，故未将"因不可归责于当事人之事由致"列入条文中。㊺ 因而不可归责于当事人，亦应为情事变更成立之要件，而地震、水灾、台风、战争、政变等所谓不可抗力所引起之情事变更（学说称之为绝对事变），当然属于不可归责于当事人之事由，由此等原因造成之事变，则有情事变更原则之适用。

至于可归责于第三人所生之状态（学说或有称为相对事变）㊻，是否有情事变更原则之适用？本文认为，情事变更应仅适用于绝对事变，因为法律上已无其他救济途径，不适用情事变更原则，将会产生不公平之结果。至于相对事变，则生当事人与第三人侵权行为之法律问题，故应不适用情事变更原则。例如买卖标的物为第三人所窃或毁损时，当事人得否主张情事变更？此时，所产生之问题是当事人与第三人之权利主张问题，例如出卖人得向第三人主张侵权行为，应无一般情事变更原则之适用。㊼

② 于可归责于债务人之给付迟延后，无情事变更之适用

第231条第1项规定："债务人迟延者，债权人得请求其赔偿因迟延而生之损害。"第2项规定："前项债务人，在迟延中，对于因不可抗力而生之损害，亦应负责。但债务人证明纵不迟延给付，而仍不免发生损害者，不在此限。"因而，于迟延中，因不可抗力所生之损害，除有第2项但书之情形，债务人纵因不可抗力所生之损害亦应负责。不过，有争议的是，债务人陷于给付迟延中，发生情事变更时，得否主张情事变更原则？亦即一般情事变更原则是否优先"民法"第231条第2项规定之适用？实务上及学界或有采肯定说，认为应有适用情事变更之规定者。㊽ 实务上，亦有采否定说之见解者。㊾ 本文认为，于此问题上，应采否定说。盖"民法"第231条第2项规定，于可归责于给付迟延中，因不可抗力所生之损害，债务人亦须负责。该规定系以危险负担归属于债务人之规范为目的。相反，情事变更则系一种危险公平分担原则为目的之规范。本文认为，情事变更原则乃具补充意思表示瑕疵、瑕疵担保责任或债务不履行规范之地位，于意思表示瑕疵、

---

㊹ 参见"最高法院"1957年台上字第47号民事判例："法律行为成立后，因不可归责于当事人之事由致情事变更，非当时所得预料，而依其原有效果显失公平者，法院固得裁量为增加给付之民事判决，然若物价略有变动，当事人无不相当受之影响，而斟酌其他情形，尚未达于显失公平之程度者，仍不得遽准债权人之请求，命债务人增加给付。"同意旨者，尚有"最高法院"1992年台上字第2154号民事判决、"最高法院"1998年台上字第1549号民事判决。

㊺ 参见邱聪智，注⑯书，第410页；林诚二，注③文，68页。

㊻ 参见史尚宽，注⑧书，第436页。

㊼ 参见史尚宽，注⑧书，第437页。

㊽ 参见史尚宽，注⑧书，第434页；"最高法院"1952年台上字第1406号民事判例要旨："'复员后办理民事诉讼补充条例'第12条所称不可归责于当事人由致情事变更者，系指其情事变更非因不可归责、当事人之事由所致而言，与原有债务人之迟延履延行为是否可归责于债务人无涉。故互负对待给付之一方迟延履行，而他方终止契约时，对于他方固应赔偿因契约不履行所生之损害，然他方之对待给付，亦应依情事变更之法则，公平裁量增、减数额，以扣算一方实际所受之损害。"同见解者，尚有"最高法院"1980年台上字第3860号民事判决、1996年台上字第1892号民事判决。

㊾ 参见"最高法院"1980年台上字第2743号民事判决。

瑕疵担保责任及债务不履行责任等相关规定有适用时,本原则应即不适用之。因而,于可归责于给付迟延中,应优先适用"民法"第231条第2项,应无情事变更原则之适用㊾,否则只要发生不可抗力事件即有情事变更之适用,第231条第2项即会成为具文。

(4) 须依原定之法律效果显失公平

"民法"第227条之2所谓显失公平,系指显著之不公平,其应须依具体案例定之。而评断原定之法律效果是否显失之时间点,乃以债务人应清偿时之时间点为断。所谓显著之不公平者,系指依诚信原则观之,对于当事人而言,依原有法律关系来履行债务或受领债权已无期待可能性(Unzumutbarkeit)。㊿ 详言之,例如就契约而言,一方当事人(或双方当事人)对于缔结契约时状态改变有所认识时,即不愿订立该契约或是只愿订立其他内容之契约,即构成显失公平。而此时判断之前提,乃为当事人遵守原有契约之约定,将构成不符合法与公平(Recht und Gerechtigkeit)之结果。㉜ 而在客观衡量标准上,学理上认为应有下列原则㉝:

① 有交易安全危害之虞者,亦即对于通常之利害关系发生巨大之变动。
② 仅相对人未预料利益之除去。情事变更原则,其目的在于免去不当之损害,但不得因此使相对人蒙受不当损害之结果。
③ 公平之事实须存在发生法律关系之相对人之双方或一方。
④ 情事变更与显失公平间,须有相当因果关系。

而就实务案中,如从发生情事变更之原因观之,显失公平之类型,较重要者又分为下列三种㉞:

① 经济上不能。所谓经济上不能(wirtschaftliche Unmöglichkeit),系指当给付虽然实际尚可行,但对于债务人而言,若其欲给付之,须花费一笔可观之费用(erhebliche Aufwendung),在依诚信原则考虑下,此时,债务人应为之给付可称之"超出债务可期待之困难"(überobligationsmäßigen Schwierigkeiten),对任何人而言,均为超出牺牲之界线(Opfergrenz)之外。故债务人之为给付,依诚信原则成为欠缺期待可能性,此时称为经济上不能。㉟ 属于此类者,例如,由于发生战争或大灾害,使契约当事人之一方履行其契约显著有困难者之场合尤其明确。日本学说及判例均认为,是否构成经济上不能,应依社会通念观之,并作弹性之理解,因为给付不能与情事变更原则之关系并非十分鲜明。㊱ 例如原所签订之原油买卖契约,因中东战争、波斯湾战争之缘故,原油价格急速攀升,价格应调高相当高之价格状态。㊲

---

㊾ 德国学说亦认为,《德国民法》第313条之情事变更原则之适用,以不可归责于当事人为要件。于债务人可归责之迟延中,符合《德国民法》第287条第2句(如同"民法"第231条第2项)时,则优先适用该条,《德国民法》第313条则不适用之。Vgl. Bamberger/Roth/Grüneberg, BGB, §313 Rn. 29; Paladnt/Heinrichs, BGB, 66. Aufl., 2007, §313 Rn. 22.

㊿ Das neue Schuldrecht/Medicus, 2002, 3. Kapital Rn. 177; Lorenz/Riehm, Lehrbuch zum neuen Schuldrecht, §9 Rn. 395; Paladnt/Heinrichs, BGB, 66. Aufl., 2007, §313 Rn. 24.

㉜ Paladnt/Heinrichs, BGB, 66. Aufl., 2007, §313 Rn. 24; Bamberger/Roth/Grüneberg, BGB, §313 Rn. 33; BGHZ 84, 1(9); 121, 378 (393); 133, 316 (321).

㉝ 参见史尚宽,注⑧书,第437页。

㉞ 参见[日]五十岚清,注⑦书,第71页以下。

㉟ 参见姚志明,注⑩书,第116、117页;[日]潮见佳男,注⑦书,第225、226页;Erman/Holoch, BGB, §313 Rn. 35.

㊱ 参见[日]五十岚清,注⑦书,第71页。

㊲ 参见[日]潮见佳男,注⑦书,第226页。

② 等价关系破坏（Äquivalen-zstörung）。双方当事人互负对价关系债务之双务契约，乃建立在契约双方当事人所负之债务，有两足相偿，彼此互为对价之基础上，此可称为具等价关系。若是于双务契约中，给付与对待给付之等价关系因情事变更而显著被破坏时，契约当事人之一方无意履行之情形。[58] 例如不动产买卖契约成立后，履行期前，因通货膨胀导致土地价格高涨，对于出卖人而言，以当初约定之买卖价金缔结契约之目的不能被达成之场合。此种情形乃为日本二次世界大战后，情事变更原则适用之通常案例。[59]

③ 契约目的不能达到：当事人缔结契约之时，各自有欲达成之一定目的。契约成立后，由于情事之变更，导致当事人当初之目的不能达成之场合。[60] 而契约目的不能达到之案例多发生于买卖契约、租赁契约或承揽契约为多。[61]

3. 分析检讨

（1）法律审界线之超越？

就"最高法院"对于本案中，以工程契约订立后，是否原已存在合理运程内之合法弃土场嗣均已不存在，对此未调查审认为由，而发回"高等法院"，本文认为似乎有待商榷。第三审为法律审，而上诉人提起上诉时，依"民事诉讼法"第467条规定，限第二审判决违背法令为其不服之理由。而在依"民事诉讼法"第476条第1项之规定，第三审法院，应以原判决确定之事实为判决基础。某一事实是否存在乃是事实之问题，至于该事实有无法律上一定价值则为法律上评断之问题。[62] 第三审法院不得再就原审所认定之事实存在与否再加以审理，因为事实判断之问题系属于事实审法院之审理权限范围内，第三审法院仅得就法律适用之问题审判。[63] 本案中，高等法院台中分院于判决中已载明"系争工程施工中，北部地区所有合法弃土场均遭有心人士把持垄断，弃土证明运作失序，有工程会1999年7月6日会议记录在卷可稽"，应可认定高等法院台中分院已就工程契约订立后，是否原已存在合理运程内之合法弃土场嗣均已不存在，已为事实调查认定，亦即于判决中确定"系争工程施工中，北部地区所有合法弃土场均遭有心人士把持垄断"之事实。而"最高法院"尚就有无存在"工程契约订立后，是否原已存在合理运程内之合法弃土场嗣均已不存在"之事实，认为高等法院台中分院对此未调查审认，其见解显有待商榷。

（2）一般情事变更原则成立要件之欠缺

此外，就一般情事变更原则成立与否之认定而言，"最高法院"似乎认为，工程契约订立后，若原已存在合理运程内之合法弃土场嗣均已不存在，因订约当时之环境或基础已有变动情事，故情事变更要件即为成立。本文则认为，友〇公司与水资源局成立契约，由友〇公司负责清运废土至合法弃土场，从此契约内容观之，运废土至合法弃土场乃为本法律关系存在基础，当无疑问。友〇公司乃于1999年5月10日与台湾省北区水资源局订立工程契约，承揽该局发包之"基隆河治理工程初期实施计划汐止段第三工区工程"，约定由伊开挖河道，并将弃土运至合法之弃土场。而于1999年6月中旬发生北部地区所有合法弃土场均遭有心人士把持垄断，可谓客观之法律关系存在基础状态之情事已发生变动，理论上已发生情事变更之状态，并且变更状态之发生系于契

---

[58] Vgl. Erman/Holoch, BGB, § 313 Rn. 29; Paladnt/Heinrichs, BGB, 66. Aufl., 2007, § 313 Rn. 25.

[59] 参见〔日〕五十岚清，注⑦书，第72页。

[60] 参见〔日〕五十岚清，注⑦书，第72、73页；〔日〕潮见佳男，注⑦书，第227页；Erman/Holoch, BGB, § 313 Rn. 36.

[61] 参见〔日〕五十岚清，注⑦书，第73页。

[62] 陈荣宗、林庆苗：《民事诉讼法》（下），台北三民书局2004年版，第722、723页。

[63] 陈荣宗、林庆苗，注[62]书，第722页。

约成立后,契约关系结束前。

然而,此情事变更之状态乃由于非法垄断合法弃土场之第三人所致。依常理,友○公司乃于1999年5月10日与台湾省北区水资源局订立工程契约,而于1999年6月中旬发生北部地区所有合法弃土场均遭有心人士把持垄断,友○公司应于北部地区所有合法弃土场均遭有心人士把持垄断之前,已与北部之合法弃土场于本有订立契约,友○公司得将弃土运至该弃土场时,如今因该第三人之行为致使友○公司无法运送弃土至原订之弃土场,此乃明显得由友○公司向该第三人请求侵权行为之损害赔偿,应无一般情事变更原则之适用。[64]

(二) 问题二:一般情事变更之法律效果

1. "最高法院"之见解

次查因情事变更而增、减其给付或变更其他原有之效果,应斟酌当事人因情事变更,一方所受不相当之损失,他方所得不预期之利益,及其他实际情形,为公平之裁量。本件倘有情事变更原则之适用,其变更既非当时所得预料,而依其原有效果显失公平,则友○公司将弃土运至勤○公司弃土场所需之挖方、弃方费用及差额运费,如确属必须之费用,自应就其全部依上开情形为公平之裁量。原审疏未注意及此,而以友○公司未依债之本旨完成承揽工作,倘其得请求全部之挖方及弃方费用,有鼓励契约当事人违约之嫌;及友○公司系自行将弃土运至路程较远之勤○公司弃土场,其超出系争工程合约所定运送里程数之运费,非契约约定之费用,即认友○公司仅得请求挖方及弃方费用之七成,且不得请求差额运费,亦有未合。又友○公司系将弃土运至勤○公司弃土场,勤○公司复出具切结书及证明书证明弃土之数量为12 750立方米(见台湾士林地方法院卷第20、21页),原审未查明该切结书及证明书所载是否不实,遽认弃土数量应以水资源局查验核可者为准,并有疏略。

2. 一般情事变更原则法律效果之分析

(1) "民法"第227条之2之适用——当事人主张或法院依职权直接适用之

情事变更原则之适用,是否须当事人主张之,或是法院得依职权为之?本文认为,此应分两个阶段观之。2000年5月5日"民法"第227条之2施行前,依旧"民事诉讼法"第397条之规定,法院得依职权为情事变更原则之适用。不过,第227条之2施行后,第1项明定:"……当事人得申请法院增、减其给付或变更其他原有之效果。"从而可知,依现行"民法"第227条之2规定,情事变更原则之适用以当事人主张为必要。

(2) "民法"第227条之2与其他法规之关系

① 特别情事变更原则规定优先"民法"第227条之2之适用:第227条之2为一般情事变更原则之规范,而"民法"尚有个别情事变更原则之特别规定者,如第65、252、265、418、424、442条、第472条第1款、第489条、第549条第2项、第561、594条、第589条第2项、第674、750条等。于具体案例中,若有个别情事变更原则之适用时,则各该个别规定优先于第227条之2之适用。[65]

② 瑕疵担保责任规定排除"民法"第227条之2之适用:于瑕疵担保责任(例如"民法"第359

---

[64] 史尚宽教授称此为相对事变,并不适用情事变更原则。参见史尚宽,注⑧书,第437页。
[65] 德国学理亦认为,《德国民法》第313条为情事变更原则之一般条款,情事变更原则之个别规定(例如§311a、§321、§434 I S. Nr. 1、§489、§490、§519、§527、§528、§530、§593、§594e、§610、§650、§651j、§723、§775 I Nr. 1 u. Nr. 2、§779 usw.)亦应优先于第313条适用。Vgl. Erman/Holoch, BGB, §313 Rn. 32.

条以下);适用之范围内,第 227 条之 2——一般情事变更原则之适用被排除之。[66]
③ 不可归责于债务人之给付不能不适用第 227 条之 2,但经济上不能则适用情事变更。[67]
④ 意思表示错误撤销优先于情事变更原则之适用。[68]

(3) 法律效果之内容

情事变更要件成立时,当事人间原有之法律关系效力应如何调整,学理上分为两种情形:第一次效力:情事变更原则之建立,乃以排除已成立之法律关系因情事变更所生之不公平状态为目的,因而调整当事人间之法律关系应以维持原有之法律关系而变更其效力之内容为第一优先目标。学者称此为情事变更之第一次效力。第二次效力:若是此努力方向,仍不能达到排除不公平之结果者,则应使其法律关系消灭。此被学者称之为,情事变更之第二次效力。[69] 换言之,第一次效力为第二次效力之前提要件,亦即须第一次亦无法达到公平之结果时,方得以第二次效力解决当事人之法律关系。[70]

① 第一次效力(或称首要效力)

当情事变更之要件成立时,首先应被考虑的是,因情事变更后,应如何调整债务人之给付,亦即须调整契约之内容。[71] 经由契约调整(Vertragsanpassung),应使不利益一方之不利益获得平衡,但不得超越所签订契约之范围内而使他方负荷过重。[72] 契约调整,被德国学说称为情事变更之首要(primär)效力。[73] 情事变更成立后,就调整原有之法律关系而言,具体有下列几种类型[74]:

A. 增减给付。增减给付乃为实务上常被主张之一种情事变更效力之内容,而增减给付者,乃指增加或减少给付之数量而言。[75] 实务认为,增减给付,应斟酌社会经济变更情形,当事人因情事变更所受损害或所得之利益,物价指数及其他与给付公平有关情事定之,不得以物价指数为唯一标准。[76]

B. 延期或分期给付。学说认为,延期或分期给付("民法"第 318 条称为分期给付或缓期清

---

[66] 此亦为德国通说之见解, vgl. Erman/Holoch, BGB, §313 Rn. 39;Bamberger/Roth/Grüneberg, BGB, §313 Rn. 20ff.;Lorenz/Riehm, Lehrbuch zum neuen Schuldrecht, §9 Rn. 407 ff.;BGHZ 60,321;BGHZ 98,103;类似之见解,参见黄茂荣,注⑧书,第410页;德国学者 Vollkommer 教授则明确指出,情事变更乃作为一般契约法(尤其是债务不履行)与意思表示瑕疵之补充规定, vgl. Jauernig/Vollkommer, Bürgerliches Gesetzbuch, Kommentar (zit. BGB),7. Aufl.,1994,§242 V 1 a.

[67] Vgl. Das neue Schuldrecht/Medicus,2002,3. Kapital Rn. 184 f.;Paladnt/Heinrichs, BGB,66. Aufl.,2007,§313 Rn. 13.

[68] Vgl. Bamberger/Roth/Grüneberg, BGB, §313 Rn. 20 ff.;Lorenz/Riehm, Lehrbuch zum neuen Schuldrecht,§9 Rn. 407 ff.;类似之见解,参见黄茂荣,注⑧书,第410页。

[69] 参见林诚二,注⑱书,第22页以下;史尚宽,注⑧书,第438页以下。

[70] 林诚二,注③文,65页;Lorenz/Riehm, Lehrbuch zum neuen Schuldrecht, §9 Rn. 397 u. 400.

[71] 此亦为德国实务上一向采取之见解, Vgl. BGHZ,109,229;120,26;133,296;135,339.

[72] Jauernig/Vollkommer, BGB,10. Aufl.,2003,§313 Rn. 28.

[73] Jauernig/Vollkommer, BGB,10. Aufl.,2003,§313 Rn. 28.

[74] Jauernig/Vollkommer, BGB,10. Aufl.,2003,§313 Rn. 28

[75] 参见林诚二,注③文,第64页;史尚宽,注⑧书,第440页;Vgl. auch BGHZ 132,332 ff..

[76] "最高法院"1981 年台上字第2607 号民事判决:……且查法院依"民事诉讼法"第397条规定为增减给付,应斟酌社会经济变更情形,当事人因情事变更所受损害或所得之利益,物价指数及其他与给付公平有关情事定之,不得以物价指数为唯一标准(参照"司法院"1943 年院字第2497 号解释,本院1958 年台上字第1771 号判例),原民事判决以趸售物价总指数为其唯一标准,遽予提高,亦嫌疏略……

偿)乃变更程度最小之一种类型,盖此仅为履行期之变更,而债之目的尚可达成。[77] 本文认为,第318条对于延期或分期给付本有明文规定,并得经由法院依职权判决之,并不须符合第227条之2一般情事变更要件时,方得由当事人申请法院为情事变更之判决。因而,严格而言之,延期或分期给付并非情事变更之独有效力,当然当事人亦可申请法院为此延期或分期给付之判决。

C. 同种给付之变更。种类之债如依"民法"第200条第2项之特定程序后,即构成特定给付之债。如发生情事变更时,除应许债务人有变更权[78],债权人亦应有变更权。

D. 拒绝先为给付。学说一般认为,契约当事人,应向他方先为给付者,因情事变更,致如他方之财产,于订约后显形减少,有难于对待给付之虞时,参照第265条(不安抗辩权)之规定,如他方未为对待给付或提出担保前,得拒绝自己之给付。[79] 本文认为,不安抗辩权之主张既已规定于"民法"第265条,且该规定并非以情事变更为独有之适用范围,而是只要他方之财产,于订约后显形减少,有难于对待给付之虞时,有先为给付义务之当事人均得主张拒绝先为给付。因而,第265条不安抗辩权之主张如同第318条一样,非情事变更之独有效力,当然当事人亦可申请法院为裁判之。

E. 德国实务并认为,情事变更尚可产生承认受损害之一方当事人有衡平请求权[80],以及于符合危险分配改变下,对于成为丧失目的给付之费用赔偿请求权。[81]

② 第二次效力(或称次要效力)

如前所述,当第一次效力之努力亦无法排除不公平之结果时,则应采取第二次效力,亦即使法律关系消灭,例如解除契约或终止继续性契约之措施。[82] 德国学说亦认为,于契约关系发生情事变更时,此效力系为辅助性的(subsidiar),因为通常当事人不乐见法律关系消灭之结果,而以调整法律关系为其所期待之结果。[83]

(4) 仲裁判断得否引用情事变更原则

2000年5月5日债编修订条文施行前,普通法院之民事判决实务上,已采用情事变更一般原则作为裁判依据,而所引用之条文,于1968年"民事诉讼法"第397条之情事变更一般原则立法后,则以该条文为基础。[84] 而债编修订条文施行后,民事法院则以新增订之"民法"第227条之2明文规定之情事变更原则作为裁判基础。至于,工程契约之纠纷常以仲裁方式解决纷争,仲裁判断是否须如同"仲裁法"第31条之规定:当事人明示之合意,方得以情事变更原则作为仲裁判断之基础? 对此问题,于1999年12月之高等法院暨所属法院民事法律问题座谈中,研讨之结论认为,仲裁庭适用情事变更原则为判断,是适用"私法上之原则"为判断,仍属一种"法律仲裁",不属于"衡平仲裁"范畴,故无"仲裁法"第31条之问题。此外,关于实务对于仲裁得否适用情事

---

[77] 参见史尚宽,注⑧书,第440页;德国学说亦认为,情事变更之效力包括债务之延期付款变更,vgl. Jauernig/Vollkommer, BGB, 10. Aufl., 2003, § 313 Rn. 28。

[78] 参见林诚二,注③文,第64页;史尚宽,注⑧书,第440页。

[79] 参见林诚二,注③文,第64、65页;史尚宽,注⑧书,第441页。

[80] BGHZ 77, 305.

[81] BGHZ 109, 229.

[82] 参见林诚二,注③文,第65页;史尚宽,注⑧书,第441页;Lorenz/Riehm, Lehrbuch zum neuen Schuldrecht, § 9 Rn. 400.

[83] Das neue Schuldrecht/Medicus, 2002, 3. Kapital Rn. 179.

[84] 参见"最高法院"1980年台上字第3860号民事判决、1981年台上字第2607号民事判决、1981年台上字第524号民事判决、1993年台上字第2154号民事判决、1994年台上字第798号民事判决、1996年台上字第1892号民事判决、1999年台上字第2693号民事判决、2000年台上字第786号民事判决。

变更之见解,乃采肯定之见解,认为仲裁庭无须当事人约定而得直接适用情事变更原则,以下兹胪列"民法"第227条之2增订前及增订后之实务判决观察之。

① "民法"第227条之2增订前

A. "最高法院"2000年台上字第967号民事判决:仲裁契约,系基于私法上契约自由原则,由双方当事人将其纷争交付第三人即仲裁人为判断之合致意思表示。仲裁人基于其得为仲裁判断之法律上地位,于解决当事人间之实体法律争议事项,判断其法律上之效果时,原即有适用法律之职权,而无待于当事人之约定,亦不受当事人所述法律见解之拘束。职是仲裁人于为仲裁判断时,依情事变更原则,以解决当事人间之争议,解释上自为法之所许,并不以事先取得两造之同意为必要。

B. "最高法院"1992年台上字第2196号民事判决要旨:查情事变更原则为私法上之原则,此项原则之适用,旨在对于当事人不可预见之情事变更予以救济,乃有关法律效力之问题,自不能以明文规定在民事诉讼法中,谓谓此项原则之适用,专属法院之职权。因此仲裁人于仲裁判断时,依情事变更原则解决当事人之争议,应非法所不许。

C. "最高法院"1998年台抗字第46号民事裁定要旨:仲裁契约,系基于私法上契约自由原则,由双方当事人将其纷争交付第三人即仲裁人为判断之合致意思表示。仲裁人基于其得为仲裁判断之法律上地位,于解决当事人间之实体法律争议事项,判断其法律上之效果时,参照本院1937年渝上字第350号、1954年台上字第607号等判例意旨,原即有适用法律之职权,而无待于当事人之约定,亦不受当事人所述法律见解之拘束。故仲裁人于为仲裁判断时,依情事变更原则,以解决当事人间之争议,解释上似难谓为法之所不许。

② "民法"第227条之2增订后

A. "最高法院"2004年台上字第1893号民事判决要旨:"仲裁法"第31条规定,仲裁庭经当事人明示合意者,得适用衡平法则为判断。当事人如未有明示之合意,仲裁判断径依衡平法则为判断时,固逾越仲裁协议之范围。惟现行法律因衡平理念已融入法律,经由"抽象衡平"具体化为法律之一部分,形成法律之基本原则。如诚实信用原则、情事变更原则、公益违反禁止原则、权利滥用禁止原则等,不再属于衡平法则所谓"具体衡平"之范畴,自不以经当事人明示合意为必要。

B. "最高法院"2003年台上字第1689号民事判决要旨:1998年6月24日修正公布之"仲裁法"第31条,固引进联合国国际贸易法委员会"国际商务仲裁模范法"第28条第3项之规定,增设"法律仲裁"外之"衡平仲裁"制度,惟该条所称之'衡平仲裁',系指仲裁庭如发现适用法律之严格规定,将产生不公平之结果者,得经由当事人之明示合意授权,基于公平、合理之考虑,摒除法律之严格规定,改适用衡平原则为判断而言,若当事人间之契约内容或约定不明者,仲裁庭仅依"民法"第1条、第148条及第227条之2规定之"法理""诚实信用原则"或"情事变更原则"进一步探究、解释而为判断,并未将法律之严格规定加以摒弃,自仍属"法律仲裁"判断之范畴,不生上述经当事人明示合意始得(衡平仲裁)之问题。

③ 分析检讨

就法律效果而言,若是情事变更要件成立时,"最高法院"认为因情事变更而增、减其给付或变更其他原有之效果,应斟酌当事人因情事变更,一方所受不相当之损失,他方所得不预期之利益,及其他实际情形,为公平之裁量。其并认为,本件倘有情事变更原则之适用,其变更既非当时所得预料,而依其原有效果显失公平,则友○公司将弃土运至勤○公司弃土场所须之挖方、弃方费用及差额运费,如确属必需之费用,自应就其全部依上开情为公平之裁量。

本文认为,纵使情事变更成立要件具备时,并非免除当事人之一切应为之义务。如本例中,友○公司乃于1999年5月10日与台湾省北区水资源局订立工程契约,承揽该局发包之"基隆河治理工程初期实施计划汐止段第三工区工程",约定由伊开挖河道,并将弃土运至合法之弃土场。虽然,于1999年6月中旬发生北部地区所有合法弃土场均遭有心人士把持垄断,友○公司无法将弃土运送至合法弃土场,但并非意味着友○公司可将之弃置非法之弃土场。本例中,当北部地区所有合法弃土场均遭有心人士把持垄断,友○公司无法将弃土运送至合法弃土场时,如认定情事变更要件成立时,友○公司应请求与水资源局就弃土问题协商,如认为友○公司就原有契约约定之义务之履行已无期待可能性时,则应赋予本文前所述之之第二效力,让友○公司取得解除权,其得行使该权利而使该契约丧失效力。而因此所受之损害,友○公司得请求水资源局分担之。然友○公司弃此合法途径,竟将弃土弃之于非法弃土场,其显然未依债之本旨完成承揽工作,并且违反环保法规,应不得将之纳入情事变更原则之效果中考虑之。并且,双方当事人所签订之工程契约施工补充说明书第22则工程剩余土石方处理说明书第4条约定,剩余土石方违规弃置者,予以扣账不予估验。显然当事人间,对于弃土违规弃置之效果于契约中已明定,其已成为契约之一部,更无情事变更原则之适用。

### 结论性观点

综上所述,本文认为本案例中之法律关系如下:

**一、情事变更原则成立要件部分**

(1)"最高法院"超越法律审之界线,未以应以原判决确定之事实为判决基础。对原已存在合理运程内之合法弃土场嗣是否均已不存在之调查,乃为事实审法院(本例中乃为高等法院台中分院)之职权,而高等法院台中分院乃以工程会1999年7月6日会议记录作为判断"系争工程施工中,北部地区所有合法弃土场均遭有心人士把持垄断"之事实存在。"最高法院"就此不察,仍谓"系争工程契约订立后,是否原已存在合理运程内之合法弃土场嗣均已不存在,订约当时之环境或基础已有变动情事,攸关有无情事变更原则之适用。原审就此未调查审认,徒以系争工程施工中,北部地区所有合法弃土场均遭有心人士垄断,弃土证明运作失序,即认本件得适用情事变更原则,尚嫌速断"。显然,"最高法院"之见解有待商榷。

(2)可归责于第三人,乃为相对事变,不构成情事变更。因地震、水灾、台风、战争、政变等所谓不可抗力所引起之情事变更(学说称之为绝对事变),方有情事变更原则之适用。可归责于第三人所生之状态(学说或有称为相对事变),则生当事人与第三人侵权行为之法律问题,并不适用情事变更原则。本案例中,情事变更之状态乃由于非法垄断合法弃土场之第三人所致,友○公司得向该第三人请求侵权行为之损害赔偿,并无一般情事变更原则之适用。

**二、法律效果部分**

(1)契约之再协商、契约解除权及损害赔偿请求权。纵使认定本例情事变更要件成立,当北部地区所有合法弃土场均遭有心人士把持垄断,友○公司无法将弃土运送至合法弃土场时,友○公司应请求与水资源局就弃土问题协商原契约内容,如认为友○公司就原有契约约定之义务之履行已无期待可能性时,则应赋予本文前所述之之第二效力,让友○公司取得解除权,其得行使该权利而使该契约丧失效力。而就因此所受之损害,友○公司得请求水资源局分担之。

(2)禁止弃土违规弃置为契约之内容:纵使认定本例情事变更要件成立,友○公司不寻合法途径向法院主张情事变更,而先行将弃土弃之于非法弃土场,其乃为未依债之本旨完成承揽工作。双方当事人所签订之工程契约中,已约定,剩余土石方违规弃置者,予以扣账不予估验,此已成为契约之一部分,故无情事变更原则之适用。

# 承揽瑕疵损害赔偿与不完全给付于"最高法院"判决发展之轨迹

姚志明*

### 基本案情

买卖①与承揽瑕疵担保责任堪称民法瑕疵担保责任之最重要范畴,其二者间之问题向来备受重视。在历年来"最高法院"之见解中,可作为承揽瑕疵担保责任与买卖瑕疵担保责任最具代表性及最重要之见解者,在买卖瑕疵担保责任中者为"最高法院"1988年第七次民事庭会议决议(一)②,承揽瑕疵担保责任者则为"最高法院"2007年第八次民事庭会议决议③,两次决议具有之共同代表性意义,乃为点出瑕疵担保责任与不完全给付之关系。前者之决议,"最高法院"表明:"买卖标的物瑕疵系于契约成立后始发生,出卖人之物之瑕疵担保责任与债务不履行责任中之不完全给付得并存。"而后者之"最高法院"则认为:"民法"第495条所规定之损害赔偿仅及于瑕疵给付损害之范围,并"民法"第514条第1项之短期时效,应优先适用。本决议作成后,"最高法院"日后之判决统一其见解,并认为可归责于承揽人之事由致工作物有瑕疵时,定作人虽亦得依"民法"第227条第1项不完全给付之损害赔偿,主张该请求权,但时效则应从原有之15年减为1年。④ 然而两决议虽统一了实务之见解,但在学理上亦引起广泛之讨

---

\* 辅仁大学法学学系教授。

① 不过,学理上就买卖之瑕疵担保责任问题,已有相当丰富之论述。相关文献之引述,参见姚志明:《民事法理论与判决研究》(一),2009年版,第1页以下;其他之论述者,则如林诚二:《因买卖标的物瑕疵所生权利之时效起算点》,载《月旦法学教室》2011年第102期,第10—11页;林信和:《标的物交付前之瑕疵担保》,载《月旦法学教室》2008年第69期,第12—13页;郭致远:《论物之买卖瑕疵担保责任及买受人之客观选择诉之合并》,载《高大法学论丛》2010年第6卷第1期,第165—204页;蔡志扬:《论买卖瑕疵屋之法律纷争》(上),载《营建知讯》2008年第305期,第63—71页;蔡晶莹:《物之瑕疵的概念在买卖法上之适用》,载《中原财经法学》2005年第15期,第175—224页;约翰逊林:《不完全给付与物之瑕疵担保之实务发展》,载《台大法学论丛》2010年第39卷第3期,第69—107页。

② "最高法院"1988年第七次民事庭会议决议(一):出卖人就其交付之买卖标的物有应负担保责任之瑕疵,而其瑕疵系于契约成立后始发生,且因可归责于出卖人之事由所致者,则出卖人除负物之瑕疵担保责任外,同时构成不完全给付之债务不履行责任。买受人如主张:(1)出卖人应负物之瑕疵担保责任,依"民法"第360条规定请求不履行之损害赔偿;或依同法第364条规定请求另行交付无瑕疵之物,则在出卖人为各该给付以前,买受人非不得行使同时履行抗辩权。(2)出卖人应负不完全给付之债务不履行责任者,买受人得类推适用"民法"第226条第2项规定请求损害赔偿;或类推适用给付迟延之法则,请求补正或赔偿损害,并有"民法"第264条规定之适用。又种类之债在特定时,即存有瑕疵者,出卖人除应负物之瑕疵担保责任外,并应负不完全给付之债务不履行责任。

③ "最高法院"2007年第八次民事庭会议决议:(1)"民法"第495条所规定之损害赔偿不包括加害给付之损害。(2)承揽工作物因可归责于承揽人之事由,致工作发生瑕疵,定作人之损害赔偿请求权,其行使期间,"民法"债编各论基于承揽之性质及法律安定性,于第514条第1项既已定有短期时效,自应优先适用。

④ 参见"最高法院"2008年台上字第2111号民事判决。

论与争议。此外,"最高法院"对于承揽瑕疵担保责任尚有其他深具意义及值得深思之判决,本文试着归纳相关判决,并以"民法"第495条第1项损害赔偿相关判决为核心,最后提出个人之见解,探究承揽瑕疵损害赔偿之相关问题。由于本文对于"民法"第495条第1项损害赔偿之性质有与实务不同之见解,因而本文对该条之请求权称之为承揽瑕疵损害赔偿请求权,而不称承揽瑕疵担保责任损害赔偿情求权,于此先行叙明。

## 裁判要旨

### 一、"民法"第495条第1项承揽瑕疵损害赔偿责任性质之争议

依通说之见解,所谓承揽瑕疵担保责任,系指承揽人对于其完成之工作,应担保其无瑕疵之一种法定责任。⑤ "民法"承揽一节,仅见物之瑕疵担保责任规定("民法"第492条),未似买卖契约有权利瑕疵("民法"第350、351条)及物之瑕疵("民法"第354条)之规定。《日本民法》则无"民法"第492条之类似规定,而于《日本民法》第634条以下有瑕疵担保责任之规定,并偏向物之瑕疵担保责任之规定。⑥ 德国于2002年之号称债法现代化修法中,于第633条第1项明文规定,承揽人有完成无物之瑕疵或权利瑕疵工作之义务。就民法瑕疵担保责任之体系而言,从《德国民法》修正之趋势,未来或有讨论之必要。

于"民法"承揽一节之规定中,承揽人完成之工作有瑕疵时,定作人得主张之权利如下:瑕疵修补请求权("民法"第493条第1项)、自行修补权及修补费用偿还请求权("民法"第493条第2项)、报酬减少请求权或契约解除权("民法"第494条)及损害赔偿请求权或契约解除权("民法"第495条)。承揽工作有瑕疵时,定作人得主张之上述权利中,最具争议的是,则为"民法"第495条第1项所规定之损害赔偿请求权之性质究竟为何?由于该损害赔偿请求权之定性,亦影响"最高法院"历年来相关之判决,本文便以此为论述重心。

2000年5月5日,"民法"债编修正实行前之第495条仅规范定作人之损害赔偿请求权,其内容如下:"因可归责于承揽人之事由,致工作发生瑕疵者,定作人除依前二条之规定,请求修补或解除契约或请求减少报酬外,并得请求损害赔偿。"修正后之"民法"第495条则增列第2项之契约解除权。至于现行之"民法"第495条第1项与修法前第495条之内容并无差异。

承揽瑕疵担保责任效力之规范中,第493条及第494条所规定之工作物瑕疵担保效力,均采无过失责任之模式,亦即承揽人须负无过失责任,此亦为瑕疵担保责任之特性。⑦ 然而"民法"第495条第1项之损害赔偿责任则采过失责任之立法模式,过失责任本为债务不履行之责任基本模式,因而该规定之性质(尤其与债务不履行中之不完全给付间之关系)为何则滋生许多争议。"最高法院"对于"民法"第495条第1项之性质(究竟为为债务不履行之一种或是法定责任),历年来之见解,语意不详,而未直接点明第495条第1项之性质者,如"最高法院"1988年台上字第2399号民事判决:"承揽人完成之工作不合规格,亦属不完全给付之一种,而承揽人之工作瑕疵担保责任与不完全给付,原则上得为并存,因此承揽人完成之工作如有瑕疵,定作人除得请求承揽人负瑕疵担保责任外,并得以不完全给付为理由,依债务不履行原则,请求承揽人损害赔偿。"

---

⑤ 参见邱聪智:《新订债法各论》(中),2002年版,第72页;刘春堂:《民法债编各论》(中),2007年版,第42页;郑玉波:《民法债编各论》(上),(十七版),1997年版,第364页。

⑥ 参见〔日〕水辺芳郎:《债权各论》,三省堂2006年版,第219页以下。

⑦ 参见"最高法院"2000年台上字第412号民事判决。

可供参考。然而从"最高法院"之其他判决中,尚可归纳下列三种类型:

(一) 给付迟延说

"最高法院"判决中,或有认为"民法"第495条规定,因可归责于承揽人之事由,致工作发生瑕疵者,请求赔偿之损害,系指因修补致工作完成迟延所生之损害而言,性质上属因迟延给付所生之损害。采此看法者,"最高法院"1992年台上字第2966号民事判决:"民法"第495条规定,因可归责于承揽人之事由,致工作发生瑕疵者,定作人依同法第493条及第494条规定请求修补或解除契约,或请求减少报酬外,并得请求损害赔偿。准此,定作人一方面请求修补,一方面请求赔偿之损害,系指因修补致工作完成迟延所生之损害而言,性质上属因迟延给付所生之损害("民法"第231条)。定作人因工作瑕疵而解除契约者,得请求赔偿之损害,为因解除契约所生之损害(看本院1952年台上字第104号判例)。足供参考之。

(二) 不完全给付说

不同于前之见解,"最高法院"或有人以为承揽人之瑕疵担保责任系无过失责任,不以承揽人具有过失为必要。因可归责于承揽人之事由,致工作发生瑕疵,则亦发生不完全给付之问题,此时定作人除得请求修补或解除契约或请求减少报酬外,并得请求损害赔偿("民法"第495条)。采此见解之"最高法院"判决,显然认为瑕疵担保责任为无过失责任,第495条(债编修法前,现今之第495条第1项)为过失责任,故其为不完全给付之规定。于此,"最高法院"1994年台上字第900号民事判决:承揽人完成之工作,应使其具备约定之质量,及无减少或灭失其价值,或不适于通常或约定使用之瑕疵,第492条定有明文。此项承揽人之瑕疵担保责任系无过失责任,不以承揽人具有过失为必要,亦不因定作人另委有监工之人,而得减轻或免除其责任。若因可归责于承揽人之事由,致工作发生瑕疵,则亦发生不完全给付问题,此时定作人除请求修补或解除契约或请求减少报酬外,并得请求损害赔偿(第495条),且不以承揽契约经解除为要件(本院1981年台上字第2699号判例参照)。可资参考之。⑧

(三) 瑕疵担保责任(法定责任)说

坚守瑕疵损害责任为瑕疵担保责任者,则认为第495条第1项规定,因可归责于承揽人之事由,致工作发生瑕疵者,定作人除依同法第493条及第494条规定请求修补或解除契约,或请求减少报酬外,并得请求损害赔偿。此之损害赔偿请求权,系指本于承揽瑕疵担保责任所生之请求权,与因债务之不完全给付而生之损害赔偿请求权,系不同之诉讼标的。此种论述虽未直接言明就此第495条第1项系法定责任,不过"最高法院"已表明该损害赔偿请求权与不完全给付系两个分别的独立请求权。于民法债编修正前,持此种见解者,则如"最高法院"1998年台上字第1289号民事判决:惟查:(1)依"民法"第495条规定,因可归责于承揽人之事由,致工作发生瑕疵者,定作人除依同法第493条及第494条规定请求修补或解除契约,或请求减少报酬外,并得请求损害赔偿。此之损害赔偿请求权,系指本于承揽瑕疵担保责任所生之请求权,与因债务之不完全给付而生之损害赔偿请求权,系不同之诉讼标的。本件上诉人依承揽瑕疵担保责任及不完全给付,请求被上诉人赔偿损害,系请求权之竞合,各有其时效之规定。不完全给付损害赔偿请求权应适用第125条一般请求权15年时效之规定,承揽人之瑕疵担保责任,依第498条至第501条、第514条之规定,有瑕疵发现期间及权利行使期间。原判决竟认为上诉人主张损害赔偿请求权,不论系依承揽关系抑或依债务不履行,均应优先适用第499条之时效规定,其法律上之见解,

---

⑧ 同意旨者,尚有"最高法院"1998年台上字第261号、第2835号民事判决、"最高法院"2000年台上字第2097号民事判决等。

即有可议。(2) 定作人依"民法"第 495 条规定请求损害赔偿,以瑕疵因可归责于承揽人之事由而生者为限,此系承揽人对定作人之瑕疵担保责任内容之一。而瑕疵担保责任乃法定责任,不以承揽人有故意或过失为必要,亦即承揽人应负无过失责任。可供参考之。⑨ 此外,"最高法院"2000 年台上字第 2286 号民事判决表示:"又按承揽人瑕疵担保责任者,承揽人对于其完成之工作,不问其有无过失,负担保其无瑕疵之法定责任,且无过失者,原则上不构成不完全给付,不负债务不履行之责任,而瑕疵存在为瑕疵担保责任成立要件。"其亦表明瑕疵担保责任为法定责任之特色。

"民法"债编修正后,持上述相同见解者,如"最高法院"2009 年台上字第 721 号民事判决:按承揽人具有专业知识,修缮能力较强,且较定作人接近生产程序,更易于判断瑕疵可否修补,故由原承揽人先行修补瑕疵较能实现以最低成本获取最大收益之经济目的。是以第 495 条虽规定,因可归责于承揽人之事由,致工作发生瑕疵者,定作人除依同法第 493 条及第 494 条规定请求修补或解除契约,或请求减少报酬外,并得请求损害赔偿。惟定作人依此规定请求承揽人赔偿损害仍应依同法第 493 条规定先行定期催告承揽人修补瑕疵,始得为之,尚不得径行请求承揽人赔偿损害,庶免可修缮之工作物流于无用,浪费社会资源。第 495 条第 1 项所定之损害赔偿请求权与不完全给付而生之损害赔偿请求权系不同之诉讼标的,即定作人于一请求权不存在时,非不得另依他请求权请求承揽人赔偿损害。本件上诉人系依承揽瑕疵担保责任及不完全给付之法律关系为请求,乃请求权之竞合。上诉人虽因其未定期催告不得依第 495 条第 1 项规定为请求,然如有可归责于被上诉人(即承揽人)之事由而致工作物有瑕疵,上诉人尚得依不完全给付之法律关系请求被上诉人赔偿损害。可资参考之。本判决虽肯定第 495 条第 1 项与不完全给付各自独立之损害赔偿法律关系,应属请求权竞合关系,然究竟系为请求权自由竞合或系相互影响关系,则未见明确表明。⑩

**二、承揽瑕疵损害赔偿请求权之行使**

(一) 承揽瑕疵损害赔偿请求权行使之时间点——工作完成前得否主张?

承揽人就工作之瑕疵,应负担保责任者,本以工作完成时存在为限⑪("民法"第 492 条),然"最高法院"认为,于承揽之工作为建筑物或其他土地上之工作物者,当定作人如发现承揽人施作完成部分之工作已有瑕疵足以影响建筑物或工作物之结构或安全时,得及时行使瑕疵担保权利。就此,"最高法院"2003 年台上字第 2741 号民事判决:"民法"第 493 条至第 495 条有关承揽人瑕疵担保责任之规定,原则上固于工作完成后始有其适用,惟承揽之工作为建筑物或其他土地上之工作物者,定作人如发现承揽人施作完成部分之工作已有瑕疵足以影响建筑物或工作物之结构或安全时,非不得及时依上开规定行使权利,否则坐待工作全部完成,瑕疵或损害已趋于扩大,始谓定作人得请求承揽人负瑕疵担保责任,要非立法本旨。足供参考之。

(二) 承揽瑕疵损害赔偿请求权行使之顺序——须先行使修补请求权?

第 495 条第 1 项规定:"因可归责于承揽人之事由,致工作发生瑕疵者,定作人除依前二条之规定,请求修补或解除契约,或请求减少报酬外,并得请求损害赔偿。"从第 495 条第 1 项所定"并

---

⑨ 同意旨者,尚有"最高法院"1998 年台上字第 1289 号、第 1480 号民事判决等。
⑩ 同意旨者,尚有"最高法院"2009 年台上字第 721 号民事判决、"最高法院"2010 年台上字第 170 号民事判决。
⑪ 参见刘春堂,注⑤书,第 44 页。

得请求损害赔偿"之文义观之,定作人应得直接请求损害赔偿[12],并无须先主张修补请求权之理。早期"最高法院"亦同此见解,例如"最高法院"1987年台上字第1954号民事判决:因可归责于承揽人之事由,致工作发生瑕疵者,定作人除依"民法"第493条或第494条之规定,请求修补,或解除契约,或请求减少报酬外,并得请求损害赔偿,第495条定有明文。准此规定,因可归责于承揽人之事由,致工作发生瑕疵,定作人除得依第493条或第494条规定,请求修补或解除契约或请求减少报酬外,并得舍此径行请求损害赔偿,或与修补、解约、减酬并行请求,为此损害赔偿之请求时,原无须践行第493条第1项所定定期请求修补之程序,此观该条项所定工作有瑕疵不以承揽人有过失为要件,而第495条限于因可归责于承揽人之事由致工作发生瑕疵者,始有其适用之法意自明,且依第495条所定"并得请求损害赔偿"之文义观之,亦应为相同之解释。可供参考。学者邱聪智教授并认为,学理认为,此损害赔偿请求权与上述权利(修补请求权、减少报酬请求权及契约解除权)间乃为权利竞合之关系。[13]

不过,近年"最高法院"则认为,承揽人具有专业知识,修缮能力较强,且较定作人接近生产程序,更易于判断瑕疵可否修补,故由原承揽人先行修补瑕疵较能实现以最低成本获取最大收益之经济目的。[14] 因而,因可归责于承揽人之事由,致工作发生瑕疵者,定作人依第495条第1项请求承揽人赔偿损害仍应依同法第493条规定先行定期催告承揽人修补瑕疵,始得为之,尚不得径行请求承揽人赔偿损害。就此,"最高法院"2008年台上字第256号民事判决:承揽人之工作有瑕疵,须定作人定相当期限请求承揽人修补,承揽人如不于期限内修补时,定作人始得自行修补,并请求承揽人偿还修补必要费用,或解除契约或请求减少报酬,此观之第493条、第494条之规定自明。又因可归责于承揽人之事由,致工作发生瑕疵,承揽人依第493条第1项之规定,本有修补瑕疵以获取报酬之权利,不因其瑕疵系可归责于承揽人而加以剥夺,以故,定作人依第495条之规定,就工作瑕疵所受损害,请求承揽人损害赔偿,仍须先行定期催告承揽人修补瑕疵,承揽人未于期限内修补时,始得为之。足供参考之。[15]

(三)承揽瑕疵损害赔偿请求权之时效

第495条第1项定作人之损害赔偿请求权,原条文无适用第514条第1项短期时效之规定,易滋疑义;为期明确,爰于第1项增列定作人之损害赔偿请求权,亦因瑕疵发现后1年间不行使而消灭。[16] 因而,有关承揽瑕疵请求权时效便以2000年5月5日"民法"债编修正施行前后为分水岭。不过,须注意的是,"民法"承揽一节规定中,定作人请求承揽人负瑕疵担保责任之期间,分为瑕疵发现期间及权利行使期间。前者谓定作人非于其期间内发现瑕疵,不得主张其有瑕疵担保权利之期间,第498—501条之规定属之;后者指担保责任发生后,定作人之权利应于一定期间内行使,否则归于消灭之期间,"民法"第514条之规定属之。[17]

---

[12] 参见邱聪智,注⑤书,第88页;此外,黄茂荣教授亦认为,定作人依第495条第1项请求损害赔偿时,无须先行定期催告承揽人修补瑕疵,而是得与请求修补并同行使之。参见黄茂荣:《承揽》(三),载《植根杂志》2009年第25卷第3期,第97页。

[13] 参见邱聪智,注⑤书,第84页。

[14] 参见"最高法院"2009年台上字第721号民事判决意旨。

[15] 同意旨者,请另行参见"最高法院"2007年台上字第2070号、2274号民事判决,"最高法院"2009年台上字第721号民事判决;学理上亦有同上述判决之见解者,如刘春堂,注⑤书,第72页;黄立、杨芳贤:《民法债编各论》(下),2002年版,第618页。

[16] 参见1999年4月21日"民法"第514条之立法理由。("民法"债编2000年之修正,乃系1999年4月21日修正公布,但是于2000年5月5日施行。)

[17] 参见"最高法院"2003年台上字第611号民事判决、"最高法院"2010年台上字第1349号民事判决。

1. 2000 年 5 月 5 日"民法"债编修正施行前——15 年

2000 年 5 月 5 日,"民法"债编修正施行前,"民法"承揽编一节第 495 条之损害赔偿权,并无时效之特别规定,故其时效乃回归"民法"第 125 条为 15 年。就此,"最高法院"1998 年台上字第 2835 号民事判决谓:按承揽人之瑕疵担保责任,依'民法'第 498 条至第 501 条、第 514 条第 1 项之规定,有瑕疵发现期间及权利行使期间(定作人之瑕疵修补请求权、修补费用偿还请求权、减少报酬请求权或契约解除权,均因瑕疵发现后 1 年间不行使而消灭)。关于因可归责于承揽人之事由,致工作发生瑕疵,发生不完全给付之情事,定作人依同法第 495 条规定行使损害赔偿请求权之行使期间,并未特别规定,自应与不完全给付损害赔偿请求权同样适用'民法'第 125 条一般请求权 15 年时效之规定。可资参考。

2. 2000 年 5 月 5 日民法债编修正施行后——1 年

第 495 条第 1 项定作人之损害赔偿请求权,原条文无适用第 514 条第 1 项短期时效之规定,易滋疑义;为期明确,2000 年 5 月 5 日,"民法"债编修正施行后,已于第 1 项增列定作人之损害赔偿请求权亦因瑕疵发现后一年间不行使而消灭。就此,"最高法院"2008 年台上字第 2111 号民事判决谓:而工作物因可归责于承揽人之事由,致工作物发生瑕疵,定作人之损害赔偿请求权,其行使期间,"民法"债编各论基于承揽之性质及法律安定性,于第 574 条第 1 项既已定有短期时效,自应优先适用,定作人于该条项所定 1 年期间经过后,自不得另依同法第 227 条第 1 项规定,请求承揽人赔偿损害,此为本院最近之见解(2007 年 11 月 27 日本院第八次民事庭会议决议)。关于中华工程公司依第 495 条第 1 项规定请求赔偿部分,中兴航空公司已为时效之抗辩;倘中华工程公司行使定作人之损害赔偿请求权已逾第 514 条第 1 项规定之 1 年期间,依上说明,即不得再基于不完全给付规定请求赔偿。"可资参考。

(四)承揽瑕疵损害赔偿请求权行使与同时履行抗辩权

"最高法院"就承揽工作有瑕疵,而可归责于承揽人事由时,定作人得否行使同时履行抗辩权,似乎见解尚待观察。⑱ 不过,"最高法院"或有隐含得行使同时履行抗辩权者,如"最高法院"1992 年台上字第 2196 号民事判决谓:不论为买卖或承揽,倘上诉人系主张买卖标的物之瑕疵损害赔偿或不完全给付之损害赔偿,或工作瑕疵之损害赔价,自非不得就其应给付被上诉人之价金或报酬行使同时履行之抗辩。原审以上诉人既已占有使用被上诉人所承建之加油站营业,即不得借口加油站有瑕疵未经验收,而拒绝给付价款云云,尚非の论。

### 学理研究

一、承揽瑕疵之不完全给付损害赔偿

#### (一)承揽不完全给付损害赔偿责任之成立时点——须以瑕疵系于契约成立后或标的交付后始发生

"最高法院"之判决,就承揽工作瑕疵所生不完全给付责任("民法"第 227 条),未若于"最高法院"1988 年第七次民事庭决议明确指出买卖不完全给付之债务不履行责任,乃以契约成立后始发生,且因可归责于出卖人之事由所致者为要件。不过,学说或有以为,"最高法院"于承揽法

---

⑱ 就此之评析,参见约翰逊林:《承揽瑕疵担保责任重要实务问题》,载《月旦法学》2006 年第 129 期,第 11 页。

律关系中,于实质内容有类推适用上述决议者⑲,例如"最高法院"2000年台上字第412号民事判决谓:承揽人完成之工作,应使其具备约定之质量,及无减少或灭失其价值,或不适于通常或约定使用之瑕疵,"民法"第492条定有明文。此项承揽人之瑕疵担保责任系无过失责任,固不以承揽人具有过失为必要;惟若交付之工作物,有可归责于承揽人之事由致生之瑕疵,则亦发生不完全给付之债务不履行问题。倘承揽人应负不完全给付之债务不履行责任者,自非不能类推适用给付迟延之法则,请求补正或赔偿损害,并有"民法"第264条规定之适用。可资参考。

### (二) 承揽瑕疵不完全给付损害赔偿请求权行使与同时履行抗辩权

如前所述,"最高法院"多数判决认为,承揽工作瑕疵时,如系可归责于承揽人事由者,"民法"第495条与不完全给付之损害赔偿请求权系并存关系。此时,如定作人主张不完全给付者,"最高法院"认为有"民法"第264条之同时履行抗辩权之适用。就此,例如"最高法院"2000年台上字第412号民事判决谓:承揽人完成之工作,应使其具备约定之质量,及无减少或灭失其价值,或不适于通常或约定使用之瑕疵,"民法"第492条定有明文。此项承揽人之瑕疵担保责任系无过失责任,固不以承揽人具有过失为必要;惟若交付之工作物,有可归责于承揽人之事由致生之瑕疵,则亦发生不完全给付之债务不履行问题。倘承揽人应负不完全给付之债务不履行责任者,自非不能类推适用给付迟延之法则,请求补正或赔偿损害,并有"民法"第264条规定之适用。可供参考之。

### (三) 承揽瑕疵不完全给付损害赔偿请求权时效

1. 时效为15年

2000年5月5日"民法"债编修正施行前,因第514条第1项尚未就瑕疵损害有1年短期时效之规定,故"最高法院"认为,第495条瑕疵损害赔偿为不完全给付规定者,由于第495条规定行使损害赔偿请求权之行使期间,并未特别规定,故其应适用第125条一般请求权十五年时效之规定。就此,参阅"最高法院"1998年台上字第2835号民事判决:按承揽人之瑕疵担保责任,依"民法"第498条至第50条、第514条第1项之规定,有瑕疵发现期间及权利行使期间(定作人之瑕疵修补请求权、修补费用偿还请求权、减少报酬请求权或契约解除权,均因瑕疵发现后1年间不行使而消灭)。关于因可归责于承揽人之事由,致工作发生瑕疵,发生不完全给付之情事,定作人依同法第495条规定行使损害赔偿请求权之行使期间,并未特别规定,自应与不完全给付损害赔偿请求权同样适用"民法"第125条一般请求权15年时效之规定。可资参考。

2. 瑕疵给付——时效为1年

于"最高法院"2007年民事庭会议决议后,"最高法院"认为承揽瑕疵不完全给付第227条第1项(瑕疵给付)损害赔偿请求权时效受第514条第1项之1年短期时效之影响,缩短成1年。就此,"最高法院"2008年台上字第2111号民事判决谓:而工作物因可归责于承揽人之事由,致工作物发生瑕疵,定作人之损害赔偿请求权,其行使期间,"民法"债编各论基于承揽之性质及法律安定性,于第514条第1项既已定有短期时效,自应优先适用,定作人于该条项所定1年期间经过后,自不得另依同法第227条第1项规定,请求承揽人赔偿损害,此为本院最近之见解(参见2007年11月27日本院第八次民事庭会议决议)。关于中华工程公司依第495条第1项规定请求赔偿部分,中兴航空公司已为时效之抗辩;倘中华工程公司行使定作人之损害赔偿请求权已逾第514条第1项规定之1年期间,依上说明,即不得再基于不完全给付规定请求赔偿。可

---

⑲ 参见约翰逊林,注①书,第83页。

供参考之。

## 二、承揽瑕疵损害赔偿与承揽瑕疵不完全给付损害赔偿之关系

### (一) 从见解分歧走向统———请求权相互影响说?

"最高法院"历年就承揽瑕疵损害赔偿责任("民法"第495第1项)之性质所持之见解不一,有采给付迟延说者(如前所述之"最高法院"1992年台上字第2966号民事判决),亦有偏向不完全给付说者(如前所述之"最高法院"1994年台上字第900号民事判决)及法定责任说(即承认第495条第1项并非债务不履行之一种,而是独立之损害赔偿一种),就此,如前所述之"最高法院"2009年台上字第721号民事判决。不过,"最高法院"持法定责任见解者,并就第495条与第227条之关系有明确表明自由竞合说与相互影响说之意思见解者亦有之。采自由竞合之见解者,如"最高法院"1998年台上字第524号民事判决:依"民法"第495条规定,因可归责于承揽人之事由,致工作发生瑕疵者,定作人除依同法第493条及第494条规定请求修补或解除契约,或请求减少报酬外,并得请求损害赔偿。此之损害赔偿请求权,系指本于承揽瑕疵担保责任所生之请求权,此与因债务之不完全给付而类推适用给付迟延或给付不能所生之损害赔偿请求权,系不同之诉讼标的。上诉人依承揽瑕疵担保责任及债务不履行,请求被上诉人赔偿损害,系请求权之竞合,各有其时效之规定,且"民法"499条系瑕疵发现期间,非时效期间之规定。原审竟认为应优先适用第499条之时效规定,其法律上之见解,即有可议。可供参考之。[20] 亦有采相互影响说者,则如"最高法院"2008年台上字第2111号民事判决。采相互影响说之判决者,则显然受到"最高法院"2007年第八次民事庭会议决议之结果。

### (二) 承揽瑕疵损害赔偿请求权短期时效影响承揽瑕疵不完全给付瑕疵损害请求权时效

自"最高法院"2007年第八次民事庭会议决议作成后,"最高法院"之立场似乎偏向"承揽瑕疵损害赔偿请求权短期时效影响承揽瑕疵不完全给付瑕疵损害请求权时效"之见解,其具体之看法有二:

(1) 时效影响之方向。承揽瑕疵之损害赔偿1年短期时效影响不完全给付之15年时效。

(2) 时效影响之范围。承揽瑕疵之损害赔偿仅与不完全给付之瑕疵损害("民法"第227条第1项)影响。

换言之,由于"最高法院"2007年第八次民事庭决议所生之结论,第495条第1项之损害赔偿规范之范围仅及于瑕疵给付所生之瑕疵损害,而不及于加害给付而生之瑕疵结果损害。因而,因承揽工作物瑕疵所生之瑕疵损害有第514条第1项1年短期时效之适用。此时,则可能发生瑕疵担保损害赔偿责任之瑕疵给付("民法"第495条第1项)与不完全给付责任之瑕疵给付(第227条第1项)请求权竞合,且基于请求权相互影响所生之结论,不完全给付责任之瑕疵给付时效应适用第514条第1项1年短期时效。就此,"最高法院"2008年台上字第2111号民事判决:而工作物因可归责于承揽人之事由,致工作物发生瑕疵,定作人之损害赔偿请求权,其行使期间,"民法"债编各论基于承揽之性质及法律安定性,于第514条第1项既已定有短期时效,自应优先适用,定作人于该条项所定1年期间经过后,自不得另依同法227条第1项规定,请求承揽人赔偿损害,此为本院最近之见解(参见2007年11月27日本院第八次民事庭会议决议)。关于中华工程公司依第495条第1项规定请求赔偿部分,中兴航空公司已为时效之抗辩;倘中华工程公

---

[20] 同意旨者,尚有"最高法院"1998年台上字第1289号、第1480号民事判决。

司行使定作人之损害赔偿请求权已逾第514条第1项规定之1年期间,依上说明,即不得再基于不完全给付规定请求赔偿。可供参考之。至于不完全给付责任之加害给付(第227条第2项)则仍有15年时效之适用,但如有人格权受侵害时,则依"民法"第227条之1准用第197条之结果,该损害赔偿请求权时效则为2年或10年。[21]

### 三、评析

就上述"最高法院"对于第495条第1项之相关问题所持之部分见解,本文认为有再详加探究之必要,而核心之问题乃为第495条第1项性质之定位,兹分述如下:

#### (一)"最高法院"之立场

从上述之判决中可知,"最高法院"对于"民法"第495条第1项之性质,曾出现不同之见解。不过,近年来,尤其是"最高法院"2007年第八次民事庭决议后,多数之见解已将之界定为承揽瑕疵担保责任之特有损害赔偿责任,其与第227条之不完全给付而生之损害赔偿请求权系不同之诉讼标的,即基于承揽瑕疵担保责任及不完全给付之法律关系为请求,乃请求权之竞合之关系。并且工作物因可归责于承揽人之事由,致工作物发生瑕疵,定作人之损害赔偿请求权,其行使期间,"民法"债编各论基于承揽之性质及法律安定性,于第514条第1项既已定有短期时效,自应优先适用,定作人于该条项所定1年期间经过后,自不得另依同法第227条第1项规定,请求承揽人赔偿损害。并且从"最高法院"之见解可知,第495条第1项之损害赔偿乃为承揽瑕疵担保责任之特别规范,其与不完全给付系并存关系,而其与不完全给付规范之第227条第1项乃为请求权相互影响之关系(即第495条第1项之损害赔偿范围仅及于履行利益赔偿)。此外,第495条第1项之损害赔偿不及于固有利益损害赔偿,故与第227条第2项之加害给付所生之瑕疵结果损害不相关(固有利益损害赔偿)。

#### (二)分析比较

第495条第1项是否应解为瑕疵担保责任损害赔偿责任制度,亦即为一种法定责任制度,实值得深思。本文以为,第495条第1项应走向不完全给付之特别规定者,或为较理想之路。本文所持之理由分述如下:

(1)特质之差异:近年来多数"最高法院"将第495条第1项认定为系与债务不履行(尤其是不完全给付)并存之损害赔偿请求权之一种,其显然忽略瑕疵担保责任之无过失责任特质[22],盖第495条第1项损害赔偿请求权之成立,乃以工作瑕疵之存在系可归责承揽人为要件,并非无过失责任。

(2)法制史之探讨:"民法"深受德、日民法之影响。旧《德国民法》第635条规定:"工作之瑕疵,基于可归责于承揽人之事由者,定作人得代替解除或与减少报酬,而请求不履行之损害赔偿。"该规定与"民法"修正前之第495条及修正后之第49条第1项相似,均以"可归责于承揽人之事由"作为承揽人损害赔偿责任成立之要件。而《日本民法》第634条第2项虽规定承揽人瑕

---

[21] 同意旨者,如"最高法院"2008年台上字第18325号民事判决、"最高法院"2010年台上字第1794号民事判决;较详尽之分析说明,参见姚志明:《承揽瑕疵担保损害赔偿请求权》,载《月旦裁判时报》2010年第4期,第49页。

[22] 无过失责任为瑕疵担保责任之特征,乃为通说之见解,参见刘春堂,注⑤书,第66—67页;日本多数说亦认为,瑕疵担保责任为无过失责任,有关承揽契约瑕疵担保责任之相关说明,参见〔日〕加藤雅信:《契约法》,有斐阁,2008年,第393页以下;至于买卖瑕疵担保责任之相关说明,参见姚志明,注①书,第325页。

疵担保损害赔偿任,但其立法例乃为无过失责任。㉓ 相形之下,第495条第1项之立法模式偏向德国旧民法之立法模式。㉔ 然2002年德国债法修正后,承揽瑕疵损害赔偿之立法乃为债务不履行之体系,此值得就"民法"第495条第1项之解释或可为借鉴。㉕

(3) 德国法之发展。如前所述,"民法"第495条之立法模式系采德国之立法例。不过,德国2002年债法现代化中对于买卖及承揽等有关损害赔偿及瑕疵担保责任之修法中,最主要之修法重点之一则就瑕疵担保责任之议题,采履行说之见解,亦即出卖人或承揽人负有给付无权利或物之瑕疵义务。此外,出卖人或是承揽人应负损害赔偿责任者,仅限于过失责任,并且该损害赔偿责任为民法债务不履行之规范,而损害赔偿责任则回归债编通则性之规范。亦即,德国债法修正后,取代旧《德国民法》第635条者,乃为修正后第634条:"工作有瑕疵时,在符合下列之要件下,且无其他之规定时,定作人有下列之权利:(一) 依第634条请求继续履行;(二) 依第637条自行除去瑕疵及请求必要费用之赔偿;(三) 依第636条、第323条及第326条第5款之规定解除契约,或依第638条规定减少报酬;(四) 依第636条、第280条、第281条、第283条和第311a条请求损害赔偿或依第284条请求补偿支出之费用。"换言之,现行德国民法不会存在承揽瑕疵担保损害赔偿责任与债务不履行损害赔偿责任竞合之问题。此外,依《德国民法》第634条第4款之规定,可归责于承揽人之工作瑕疵,定作人(Besteller)之损害赔偿请求权包含瑕疵损害及瑕疵结果损害。㉖ 依德国发展趋势而言,是否应如"最高法院"近来之见解,而将第495条第1项之适用范围限缩于瑕疵给付呢?

(4) 台湾地区学说之见解:"民法"第495条第1项之性质为何,有力之学说认为其应为不完全给付之特别规定。例如,邱聪智教授认为第495条所称损害赔偿,意指因不完全给付所生损害之赔偿。此外,本条涵盖瑕疵损害经补正之迟延损害,及未经补正之替代赔偿,以及加害给付之固有利益赔偿。㉗ 刘春堂教授亦认为,第495条第1项所称损害赔偿,系承揽人为不完全给付时所生损害之赔偿,其类型有瑕疵给付与加害给付。此外,由于在2000年债编修正时于第227条将不完全给付明文规定,因而在现今"民法"规范之意义上,第495应解释为注意规定,并非在排除第227条之规定。㉘ 黄茂荣教授亦认为,第495条之损害赔偿请求权得包括信赖利益、履行利益及固有利益,其堪称为"民法"债编中关于积极侵害债权之明文规定。㉙ 学者杨芳贤教授认为,第495条第1项乃为债编通则不完全给付之规定,其损害赔偿请求之范围,包括工作瑕疵损害及因工作瑕疵所生之其他损害。㉚ 上述学者多数说之见解,乃有肯认第495条第1项为不完全给付之特别规定之趋势。

(5) 小结。综合上述,第495条第1项或应认为其乃为不完全给付之特别规定,其包含瑕疵

---

㉓ 《日本民法》第634条第2项规定:"定作人得代替瑕疵修补或瑕疵修补同时,请求损害赔偿,此时准用第533条之规定(同时履行抗辩)。"

㉔ 参见史尚宽:《债法各论》,1981年版,第321页。

㉕ 有关德国承揽工作瑕疵所生之损害赔偿问题,详见姚志明,注①书,第142页以下。

㉖ Fikentscher/Heinemann, Schuldrecht, 10. Auflage, 2006, Rn. 1211;姚志明,注①书,第142页以下。

㉗ 参见邱聪智,注⑤书,第85页。

㉘ 参见刘春堂,注⑤书,第66页以下;不过,学说或有以为第495条第1项之损害赔偿范围仅及于瑕疵损害(瑕疵给付所生之损害)而不及瑕疵结果损害(加害给付所生之损害)。参见林诚二:《因承揽瑕疵所生损害赔偿请求权消灭时效之适用问题》,载《月旦法学教室》2008年第66期,第10页。

㉙ 参见黄茂荣,注⑫书,第97—98页。黄教授所称之积极侵害债权之规定者,于民法体系应系指"民法"第227条。

㉚ 参见黄立、杨芳贤,注⑮书,第620—621页。

给付与加害给付。然而该损害赔偿请求时效则有详加探究之必要。于定作人之承揽瑕疵损害赔偿请求权之行使,依第498—501条、第514条第1项之规定,有瑕疵发现期间及权利行使期间。而依第514条第1项之规定,定作人之损害赔偿请求权,因瑕疵发现后1年间不行使而消灭。此1年之期间,一般认为系消灭时效规定。然须注意的是,如依本文之见解,如认为第495条第1项为不完全给付之特别规定时,无论瑕疵给付与加害给付所生损害之请求权时效均有第514条第1项之1年短期时效之适用。学说上认为,此种存续期间之规范,其目的乃在促使定作人从速行使权利,使当事人间之权利义务状态,得以早日确定。[31] 然如因承揽工作瑕疵所生之加害给付,如致使定作人有人格权受侵害时(如工作物倒塌而压伤定作人),本依第227条之1准用第197条之规定,损害赔偿请求权之时效为2年,但因第514条第1项之1年时效为特别规定,此时应优先适用第514条第1项之1年短期时效。[32]

### 结论性观点

如本文前所述,探讨承揽工作所生之瑕疵损害赔偿之相关课题,其关键乃在于"民法"第495条第1项之定位,亦即其是否为债务不履行之不完全给付之特别规定?"最高法院"多数之见解认为第495条第1项与不完全给付乃为并存竞合之关系,而"最高法院"于2007年第八次民事庭会议决议后,"最高法院"之见解更是明确指出第495条第1项之1年短期时效(第514条第1项)影响第227条第1项之15年时效。上述近年来"最高法院"之见解,显然与学界通说之见解有所不同,本文认为或有再行商讨之余地。

---

[31] 参见刘春堂,注⑤书,第73页。
[32] 不过,学理或有认为,人格权侵害之情形,仍应优先适用第227条之1准用第197条之2年短期时效之规定。参见黄立、杨芳贤,注⑮书,第621—622页。

# 预售屋广告之契约拘束力

——评"最高法院"2003年台上字第2694号判决及相关判决

姜炳俊*

## 基本案情

### 一、事实摘要及诉讼经过

原告甲向被告建设公司预购一户预售屋房地,并已依约预付买卖价金,嗣后发现被告广告图说资料中所规划之休闲设施未施作或已变更设计,原告认为被告之给付不符债之本旨,且瑕疵重大无法补正,主张解除系争房地买卖契约,请求被告返还其所受领价金本息。

第一审及第二审法院均判决原告胜诉,受不利判决之被告上诉第三审,"最高法院"认为上诉有理由,将原判决废弃,发回高等法院。

### 二、两造当事人之主张

本件被上诉人(即第一审原告)主张:上诉人于预售其在台北县汐止市所拟兴建之"东帝士白云山庄"(下称"白云山庄")时,曾出示该山庄将提供小区巴士、高尔夫果岭、奥运规格室内温水游泳池、男女三温暖等七千坪休闲俱乐部设施(下称"系争休闲设施")之相关资料图说。伊因见其所提供之休闲设施完善,有别于一般集合式住宅,符合全家所需,乃于1996年1月16日以4 555 700万元之价格,向上诉人预购白云山庄C栋二楼、C栋二楼房屋及其坐落之土地(下称"系争房地"),并已依约交付价金共205万元。嗣白云山庄虽已兴建完成、领得使用执照,然大部分系争休闲设施迄未施作,已施作部分亦与原设计不符,显见上诉人之给付不符债之本旨,属于不完全给付;又系争休闲设施绝大部分未完成施作,其瑕疵重大且无法补正,伊均得类推适用"民法"第256条及依同法第359条之规定,解除系争房地买卖契约。另因上诉人违法于地下层擅自拆除墙壁扩大使用面积,迄未改善,复未提出安全鉴定,有违债之本旨而为给付不能,伊亦得据以解除该契约。伊既已于2000年6月20日向上诉人为解除系争房地买卖契约之意思表示,爰依"民法"第259条第1、2款之规定,求为命上诉人返还其所受领价金205万元及自起诉状缮本送达翌日(2000年9月8日)起加付法定迟延利息之判决。

上诉人(即第一审被告)则称:系争休闲设施中之俱乐部部分,系伊优惠被上诉人免交入会费、年费及月费者,属附赠性质,与系争房地买卖契约各自独立,非属原契约之一部分,被上诉人自不得据此主张伊有违反买卖契约之情事。况该俱乐部设施已完成大部分项目,其余项目之兴建仍持续进行中,被上诉人谓伊未施作该设施,与事实不符。至法定空地上之游憩设施部分,伊依系争买卖契约书第13条第2项约定,原有主导规划、变更设计之权。伊已尽量依原始设计施作,所为之变更设计,均有利于全体住户,花费之建筑成本更远高于原始设计,即见伊所履行之义务高于广告内容,自无影响系争房地价值及供居住效用之瑕疵,难认伊有违约行为,被上诉人解除契约,亦属无理。又白云山庄经台湾土木技师公会、台北县政府工务局于"九·二一"地震后鉴定、履勘结果,仍认为建物结构安全无虞,被上诉人认为伊已给付不能而解除契约,尤有未合等语,资为抗辩。

---

\* 台北大学法学系助理教授。

## 裁判要旨

### 一、台湾地区高等法院判决理由

上诉人预售白云山庄房地时之广告,确曾载明:"五千坪中庭绿地七千坪休闲俱乐部设施。白云山庄提供:小区巴士、高尔夫果岭、儿童主题馆、健身房、保龄球馆、男女三温暖、托儿中心、韵律教室、柔道馆、五星级中西餐厅、奥运规格室内温水游泳池、冰宫、回力球场、户外网球场、视听中心、咖啡厅交谊中心、撞球室……等二十余项七千坪休闲俱乐部设施",有该广告可稽,且为两造所不争执,自堪认为真实。依"消费者保护法"(下称"消保法")第 22 条及"消费者保护法施行细则"(下称"消保法施行细则")第 23 条之规定可知,企业经营者刊登之广告,属于"要约"之性质,而非"要约引诱",该广告已成为两造房地买卖契约内容之一部分,系争休闲设施之提供,尚非上诉人所辩称属于附赠性质之独立契约。是白云山庄既经完工数年,而系争休闲设施迄未全部完成,参酌上诉人一再辩称该休闲设施系另一独立契约,其保有修正权利等情,亦见上诉人已拒绝继续完成广告之内容。应认为上诉人之给付不符两造约定之债务本旨,且该瑕疵已难补正,为兼顾被上诉人之利益,避免其损失发生或扩大,依 1999 年 4 月 21 日修正前"民法"第 227 条之规定,应允许被上诉人提前主张不完全给付之法律效果,并类推适用修正前"民法"第 256 条之规定,得解除系争房地买卖契约。其于解除系争房地买卖契约后,依"民法"第 259 条第 1、2 款之规定,请求上诉人返还已给付之价金 205 万元本息,为有理由,应予准许。

### 二、"最高法院"发回理由

按"消保法"第 22 条规定:"企业经营者应确保广告内容之真实,其对消费者所负之义务不得低于广告之内容。"并未明定"广告为要约"或"广告必为契约内容之一部分",故消费者如信赖广告内容,依企业经营者提供之广告信息与之洽谈而签订契约,于契约中虽未就广告内容再为约定,企业经营者所应负之契约责任,仍及于该广告内容,该广告固应视为契约之一部分。惟签订契约时倘双方已就广告内容另为斟酌、约定,或企业经营者并未再据原属"要约引诱"之广告为订约之说明、洽谈,使之成为具体之"要约",纵其广告之内容不实,应受"消保法"或"公平交易法"(下称"公平法")之规范,仍难径谓该广告为要约或已当然成为契约之一部分。本件上诉人一再抗辩其未与被上诉人达成将系争休闲设施广告作为系争房地买卖契约内容一部分之意思表示合致等语,观之系争"房地买卖契约"第 20 条,已另就契约"附件"之内容详为约定,上诉人之抗辩似非全无依据。原审法院未先究明被上诉人是否因信赖上诉人提供之广告而与之洽谈订约?或上诉人于订约时有无再以广告之内容为说明、洽谈,使之成为系争房地买卖契约内容之一部分?甚或已将之排除于契约内容之外?竟径依"消保法""消保法施行细则"之规定,认定上诉人就系争休闲设施之广告为"要约",且为两造系争房地买卖契约内容之一部分,揆诸首揭说明,即嫌速断,并有适用法规不当之违法。上诉论旨,指摘原判决不当,求予废弃,非无理由。

## 学理研究

### 一、问题之提出

"最高法院"判决理由主要可归纳有三:

1. "消保法"第 22 条规定,广告尚非具体之"要约",而仅为"要约之引诱"。
2. 广告是否作为契约内容之一部分,应视双方缔约时是否引据广告内容为订约之说明、洽谈。

3. 当事人订约时得另就契约"附件"详为约定,将广告排除于契约内容之外。

本件原告主张广告已成为契约内容一部分,目的是要主张被告未"依约"施作广告上所宣称之休闲设施,被告应负不完全给付("民法"第227条、256条)及买卖契约物之瑕疵担保责任("民法"第359条)①,从而原告得解除契约,请求返还已给付之价金本息。"最高法院"判决理由主要都在说明"前缘问题",亦即,广告内容是否具备契约拘束力? 本文的讨论也是以此为中心。

在预售屋之买卖,消费者不欲再受契约之拘束,除了主张建设公司应负不完全给付及买卖契约物之瑕疵担保责任外,通常也会主张建设公司广告不实,足以使消费者陷于错误而订约,依"民法"第92条规定撤销意思表示。本件原告虽未主张受诈欺而撤销意思表示,"最高法院"于另一件判决,被告与本件被告同一,系争预售屋销售案也是同一,该案原告一并主张受诈欺而撤销意思表示,作为诉讼攻防方法。该判决要旨摘录于后,供问题说明与讨论。

"最高法院"2003年台上字第2240号判决:查被诈欺而为意思表示者,依"民法"第92条第1项之规定,表意人固得撤销其意思表示,惟主张被诈欺而为表示之当事人,应就此项事实负举证责任(参照本院1955年台上字第75号判例)。所谓诈欺,系指欲使相对人陷于错误,故意示以不实之事,令其因错误而为意思表示者而言(参照本院1967年台上字第3380号判例)。本件上诉人有制作虚伪不实之广告,被上诉人与之签有系争房地买卖契约,虽为原审所认定之事实,然该不实之广告,是否即足以使被上诉人陷于"错误"? 而得据以推论上诉人应负诈欺之责? 原审未进一步为调查,于未命被上诉人举证证明之前,遽以被上诉人撤销所签订之系争契约为有理由而判命上诉人给付,自属可议。其次,观之系争契约第20条,似已就契约"附件"之内容详为约定。果尔,上诉人制作之实景海报、白云山庄简介等广告,倘非属双方意思合致之"附件",纵其广告之内容不实,应受"消保法"或"公平法"之规范,但能否以之即谓该广告已当然成为系争契约之一部分? 亦待澄清。

## 二、广告与契约成立要件

### 一、学说见解

契约因当事人互相意思表示一致成立("民法"第153条参照),以成立契约为目的,而有相对人之意思表示为要约。要约与要约之引诱有别。要约人有受要约拘束而缔约之意思,若欠缺受契约拘束之意思,仅在引诱相对人对自己为要约,乃要约之引诱。

广告为何种性质? 向来民法上之解释认为,依一般交易观念,对不特定多数人所为之广告,仅为要约之引诱。② 但于"消保法"公布施行后,有学者认为"消保法"第22、23条之"广告"不同于一般商业广告,性质上应解释为"要约",而非"要约之引诱"。③ 从而消费者依据广告之内容向刊登广告之企业经营者表示缔结契约之意思时,该表示行为即为承诺,契约因而成立。依据此项观点,广告之法律性质既然是一种"要约",则其内容在消费者依该广告为承诺表示后,即成为契约内容之一部分,有拘束契约当事人之效力。

---

① 预售屋交易契约是否定性买卖契约,适用买卖契约物之瑕疵担保责任规定,容有疑问。参见杨淑文:《预售屋交易契约之法律性质及其相关法律问题之研究》,载《政大法学评论》1997年第57期,第139页以下。

② 参见郑玉波:《民法债编总论》,1962年版,第43页;孙森焱:《民法债编总论》(上),2000年版,第34、35页;黄立:《民法债编总论》,2000年版,第59页。

③ 参见林益山:《消费者保护法》,1994年版,第427页。

本文仍认为,广告仅为"要约之引诱",因为如果解释为要约,任何人对广告内容表示同意,即为承诺,成立契约。企业可能无预期地获得超出其履约能力的订单,反而使自己负担债务不履行的损害赔偿责任。一般交易情形,广告企业主并无意负担此一不可预见之风险,不应将广告解为要约。

### (二)"最高法院"见解

"最高法院"的判决在消保法实施后所表明的立场,有采要约说,有采要约之引诱者,兹分别摘录其要旨如下:

(一)广告为要约

"最高法院"2000年台上字第746号判决:预售屋之购屋人与建商订定不动产买卖契约时,既无任何成品可供实际之检视,以决定是否购屋,自当信赖广告上所载,预售屋之建商以广告内容诱发客户预购房屋之动机,且以广告内容与购屋人洽谈该屋之性质,该广告之说明及样品屋示范应成为契约内容之一部分。准此,企业经营者刊登广告为"要约"之性质,并非"要约引诱"。

(二)广告为要约之引诱

"最高法院"2003年台上字第906号判决:查出卖人将广告平面图放置于售屋现场供人取阅,固属契约之引诱,然买受人受此要约引诱后,进而与出卖人之使用人洽谈买卖;出卖人之使用人并依据该平面图向买受人解说,表示买卖房屋之空间、格局按该平面图所示,买受人因该平面图所示之空间、格局而决定签约订购,即足认定该平面图所示房屋之空间、格局等项,确已成为买卖双方合致之意思表示,该平面图自属契约之一部分。

### (三)评释

审判实务上把广告性质究为要约或要约之引诱的问题当成"入口争点",其实是要探究"广告是否成为契约内容"的问题。这个盲点应先予澄清,"契约成立"与"广告成为契约内容"是两个不同层次的问题④,尤其,"广告性质上仅为要约之引诱而非要约",尚不得过早论断"广告不构成契约内容之一部分"。广告是否构成契约内容,仍要进一步讨论"消保法"第22条后段规定之解释与适用。

## 三、广告如何成为契约内容

### (一)基于当事人合意或是基于法律规定?

1. 学说见解

"消保法"第22条规定:"企业经营者应确保广告内容之真实,其对消费者所负之义务不得低于广告之内容。"学说上颇倾向该规定效果拟制广告的内容成为契约的一部分。林诚二教授认为,该条后段是法律拟制契约的内容,似非前段确保广告内容真实义务违反之直接效果。无论广告内容是否真实,企业经营者的义务必不低于其表示,所以广告成为契约内容乃出于法律拟制。⑤

陈忠五教授认为,"消保法"第22条之规定,系诚实信用原则在消费者与企业经营者间契约关系上具体化之规定,该条后段规定企业经营者对消费者所负之义务不得低于广告之内容,乃依据诚实信用原则对契约之内容所作解释之结果,其立法意旨在于使任何足以影响消费者形成消

---

④ 参见朱柏松:《论广告媒体业者之损害赔偿责任》,载《月旦法学》2002年第91期,第20页;王泽鉴:《民法总则在实务上的最新发展》(二),载《台湾本土法学杂志》2003年第53期,第78页。

⑤ 参见林诚二:《消费信息之规范》,载《消费者保护研究》(第三辑),1997年版,第70页。

费动机、决定订立契约之广告宣传内容,均成为契约内容之一部分,使其成为对消费者之最低限度保障。因而该条后段规定之适用,与企业经营者是否有意使广告内容成为契约内容一部分之主观意思无关,与消费者是否知悉了解广告之内容亦无关,更与当事人双方有无使广告内容成为契约内容一部分之合意无关,即使未经当事人间之特别合意或表示将广告内容纳入契约书中或作为契约书附件之一,亦不影响该条后段规定之适用。换言之,广告内容之所以成为契约内容之一部分,系基于"法律之规定",而非基于"当事人之约定"。⑥ 并进一步认为该条后段规定系属"禁止规定",而认为广告内容当然构成契约内容之一部分。⑦

王泽鉴教授也认为,该条后段规范功能在使广告内容成为契约内容,当事人明示或默示将广告内容纳入契约者,该广告之内容当然具有拘束契约当事人之效力;其未约定者,广告内容仍依"消保法"第22条之规定成为契约内容之一部分,当事人未合意将广告内容纳入其契约之原因如何,买受人是否知此规定存在?均在所不问。⑧

2. "最高法院"见解

当事人双方约定广告将成为契约内容之一部分者,该广告之内容当然具有拘束契约当事人之效力。"最高法院"2002年台上字第1387号判决谓:按"消保法"第22条明定企业经营者应确保广告内容之真实,其对于消费者所负之义务不得低于广告内容。是企业经营者与消费者间所订定之契约,虽未就广告内容而为约定,惟消费者如信赖该广告内容,并依企业经营者提供之信息进而与之签订契约时,企业经营者所负之契约责任自应及于该广告内容。可见,经企业经营者与消费者个别磋商,广告便可成为契约内容。

当事人间未有特约,广告成为契约内容,究竟是基于当事人合意或是基于法律规定?"最高法院"在"消保法"公布施行后之判决似意见分歧。

部分"最高法院"判决强调探求当事人缔约时究竟有无以广告内容作为契约内容一部分之"真意"。例如,买卖契约书是否以销售广告之平面图作为契约之附件?("最高法院"2003年台上字第906号判决);又例如,双方缔约时是否引据广告内容为订约之说明、洽谈,使广告成为契约具体之内容?("最高法院"2003年台上字第2694号判决)

但亦有"最高法院"见解隐含有依法律规定使广告成为契约内容,例如,"最高法院"2001年台上字第1404号判决谓:"广告乃企业经营者为招徕买主,尤其建筑商之广告海报载明各楼层之面积、使用建材及周围环境,一般房屋买卖商场上交易习惯,以之与顾客洽谈买卖事宜,自应确保广告内容之真实,虽双方未将广告列为契约内容,惟应视为买卖契约之一部分,为符合公平正义原则,企业经营者所负之义务不得低于广告之内容,此为必要之解释。"

3. 评释

"消保法"第22条规定之立法本意,是为了加重企业经营者的责任,使其对消费者所负义务不得低于广告之内容。⑨ 为了确保规范效果,拟制广告的内容成为契约的一部分。所以"消保

---

⑥ 参见陈忠五:《不诚实广告与夹层屋买卖契约——实务上相关判决之综合评释》(下),载《台湾本土法学杂志》1999年第3期,第76页。

⑦ 参见陈忠五,注⑥文,第78页。

⑧ 参见王泽鉴,注④文,第79页。

⑨ 参见"立法院"公报,院会记录,1993年第82卷第73期,"消保法"第22条原提案("立委"赵少康等人提案)文字为:"企业经营者应确保广告内容之真实,其依契约对消费者所负之义务,不得低于广告之内容",明确表达企业经营者依本条规定所负之义务为契约义务。原提案说明为"为避免企业经营者以不实之广告致侵害消费者权益,本法扩张其契约责任及于广告之内容"。

法"第22条后段所称"对消费者所负之义务不得低于广告内容",指的是把广告的内容提升为契约内容。契约部分内容既是法律拟制的,消费者为要约时是否知悉了解广告之内容⑩,或是当事人双方有无使广告内容成为契约内容一部分之合意? 均在所不问。

### (二) 交易上可容许的吹嘘或夸张

不过,基于广告的商业传播本质,广告内容成为契约内容之一部分,仍有加以合理限制之必要。从广告之内容观察,如广告系属"交易上可容许的吹嘘或夸张"时,广告内容并不当然在交易上成为契约内容之一部分。⑪ 申言之,广告内容是否为消费者所合理期待,是否属于交易上重要事项,是否为消费者缔约前无法判断而予以信赖者? 均应综合加以判断。例如广告标榜"帝王居""总统居",一般消费者都可以认知不可能每个人都是"帝王"和"总统",并非消费者可合理期待之契约内容。⑫

### (三) "仅供参考"条款之效力

预售屋销售商试图排除其广告之拘束力通常有两种方式,第一是在广告上声明"本广告仅供参考",或为类似之注记。第二则是在契约条款上载明"广告(说明、图示、海报等)拘束力排除条款"。在广告上声明或注记"本广告仅供参考",并不会因为广告内容依"消保法"第22条后段成为契约内容一部分,而使得该声明或注记成为定型化契约条款。第22条后段"企业经营者对于消费者所负之义务不得低于广告内容",规范意旨是为消费者之利益,对消费者不利益之广告内容并不会拟制为契约内容。更何况,广告上指明仅供参考,与广告内容的宣传、说服目的正好自相矛盾,基于商业交易之诚信原则考虑,自亦不容该声明或注记发生排除广告拘束力之效果。⑬

若企业经营者在契约书或其他契约附属文件上,记载"广告拘束力排除条款",其效力如何? 契约上"广告拘束力排除条款"可能出于当事人个别约定,也可能出于企业经营者提出之定型化契约条款。因此首先应讨论,第22条规定是任意性规定或是强行性规定,得否以特约排除适用? 其次再讨论定型化契约条款规范之适用。

"最高法院"2001年台上字第475号判决谓:查企业经营者应确保广告内容之真实,其对消费者所负之义务不得低于广告之内容,为"消保法"第22条所明定。本件两造签订之"预定房地买卖契约书"第19条后段约定:本屋销售期间所使用之说明书、广告、海报等数据,仅作为参考之用一节,因与前开规定相悖,应属无效。考其理由,是将第22条规定解为强行规定。此一见解是否妥适,有说明之必要。

预售屋交易属于耐久财产的消费,通常消费者在意思决定之前必然会与销售人员洽谈,商议主观有利的交易条件,若消费者本着自主意思决定,同意排除广告拘束力之全部或一部分,衡诸私法自治原则,应无禁止之必要。⑭ "消保法"第22条规定不应解为强行规定,否则保护消费者

---

⑩ 参见"民法"第164条法理,第1项规定:"以广告声明对完成一定行为之人给与报酬者,为悬赏广告。广告人对于完成该行为之人,负给付报酬之义务。"第4项又规定:"前三项规定,于不知有广告而完成广告所定行为之人,准用之。"参见黄立:《消保法有关广告之规定——在实务上之适用与评析》,1999年消保法施行五周年学术研讨会,第6页。

⑪ 参见陈忠五,注⑥文,第74页。

⑫ 参见叶大殷、约翰逊林发言:《消费者保护法第二十二条之检讨》,载《月旦法学》1998年第39期,第82、84页。

⑬ 参见陈忠五,注⑥文,第74页。

⑭ 参见王泽鉴,注④文,第80页。

太过,不顾市场交易机能,反而会使消费者个别商议能力低落。因此,"广告拘束力排除条款"出于个别约定者,系属有效。

企业经营者所提出之定型化契约条款载明排除广告拘束力者,应适用定型化契约条款规范,以判断该条款是否构成契约内容。包括有无合理审阅期间("消保法"第11条之1)及广告拘束力排除条款是否违反诚信原则,对消费者显失公平("消保法"第12条)。在预售屋销售的情形,于订约时并无完工之实体供消费者选购,消费者所凭之判断依据仅为广告、图样、图册、模型、样品屋及销售人员之解说作为订约与否之资料,销售商以广告刺激、吸引消费者购买意愿于先,嗣后又在正式契约书中以"销售期间所使用之说明书、广告、海报等数据,仅作为参考用"排除广告拘束力,不但有违诚信原则,将日后工程与管控的风险转嫁消费者负担,增加消费者的购屋风险,也违反平等互惠原则,显失公平,因此有学者认为,应依"消保法"第12条第2项规定,认定"广告拘束力排除条款"无效。[15]

本文则认为,企业经营者在契约书或其他契约附属文件上,记载广告拘束力排除之定型化契约条款,依其情形难以符合消费者之合理期待,依正常情形为消费者所不能预见,应判断为"异常条款"[16],适用"消保法"第14条规定:"定型化契约条款未经记载于定型化契约中而依正常情形显非消费者所得预见者,该条款不构成契约之内容。"换言之,异常条款并不构成契约内容,从而不生排除广告拘束力之效果。

四、预售屋不实广告与诈欺

预售屋买受人信赖广告内容而缔约,嗣后发现建筑实品与广告内容有重大出入,不欲再为契约所拘束,经常主张建设公司广告不实,足以使消费者陷于错误而订约,依"民法"第92条第1项规定撤销意思表示。预售屋买受人行使撤销权后,该法律行为视为自始无效"民法"第114条I),相对人即不得请求价金,已受领之给付则应返还。买受人得否行使撤销权,端视第92条第1项要件是否合致。

第92条第1项之规定保护表意人意思决定之自由,在该规定适用范围内几乎等于是将"动机"提升为意思表示之要素,也因为所涉及的是包含例外得撤销的"动机错误"[17],而规定有严格的成立要件:① 诈欺行为;② 意思表示与诈欺行为间要有因果关系;③ 诈欺故意。

首先,预售屋不实广告是否构成诈欺行为,实务上常以是否违反"公平法"第21条第1项规定作为依据。例如,"最高法院"2001年台上字第475号判决谓:其就系争"天母新宿"房地所为之前述销售广告,亦因同一理由,经"行政院"公平会认为该广告有违"公平法"第21条第1项之规定,处以应立即停止就建筑物销售广告上兴建夹层事项,为虚伪不实或引人错误之表示或表征之处分,有该委员会处分书可稽,且为上诉人所不争,堪认上诉人有诈欺之行为无讹。

有关不实广告之规范分别在"消保法"第23条与"公平法"第21条订有明文,但各有其规范目的。"消保法"第23条第1项规定:"刊登或报导广告之媒体经营者明知或可得而知广告内容与事实不符者,就消费者因信赖该广告所受之损害与企业经营者负连带责任。"是保护消费者信赖内容不实的广告受有损害之赔偿责任。[18]"公平法"第21条第1项规定:"事业不得在商品或其广告上,或以其他使公众得知之方法,对于商品之价格、数量、质量、内容、制造方法、制造日期、

---

[15] 参见陈忠五,注⑥文,第80页;王泽鉴,注④文,第80页。
[16] 参见约翰逊林发言,注⑫文,第84页;黄立,注⑩文,第89页。
[17] 参见 Medicus, Dieter: Allgemeiner Teil des BGB, 8. Aufl., 2002, Rn. 787。
[18] 参见朱柏松,注④文,第8页以下。

有效期限、使用方法、用途、原产地、制造者、制造地、加工者、加工地等,为虚伪不实或引人错误之表示或表征"是禁止以虚伪不实引人错误之广告作为不当竞争之手段。[19]

然而,"公平法"第 21 条第 1 项与"民法"第 92 条规范功能各异,受公平处分之不实广告行为并不当然等同于诈欺行为。判断企业经营者之不实广告是否构成诈欺行为,应从交易相对人立场,以其是否因广告之不实内容而"陷于错误"加以判断。在具体个案中,须综合缔约过程中商议之方式与内容、缔约之目的及预售屋交易惯例等因素,判断表意人是否于交易上重要事项陷于错误。[20] 不得将预售屋不实广告一概论以"民法"第 92 条第 1 项之诈欺行为。

其次,就因果关系而言,实务上要求诈欺行为与相对人陷于错误之间,以及错误与意思表示之间,均须存在因果关系。例如"最高法院"2002 年台上字第 524 号判决:本件原审认定上诉人于销售广告上就建筑物之视野景观、栋距为虚伪不实及引人错误之表示,足以影响被上诉人之认知及判断,固非无见,惟观之被上诉人据以主张其被诈欺之上诉人刊登于"中国时报"之"研究苑"纯别墅预售屋广告,并无刊登之日期,且被上诉人主张该广告内容曾经工地售屋小姐确认无误一节,亦未见其举证以实其说,则此广告究于被上诉人为买受系争房地意思表示之前抑后刊登,即有疑义。倘前揭广告于被上诉人为买受系争房地意思表示之后,始行刊登,则难认为被上诉人系因该广告而决定买受系争房地,遑论其因被诈欺而为买受该房地之意思表示。况按"民法"第 92 条第 1 项规定得撤销之意思表示,在意思表示因被诈欺而为之情形,须表意人因诈欺行为而陷于错误所为,始足当之。是被上诉人若未阅读广告内容,则其自无因上诉人刊登广告之行为陷于错误,而为买受系争房地之意思表示。查被上诉人提出上开广告及"行政院"公平会处分书,或能证明上诉人有刊登该广告之行为,但被上诉人并未举证证明其在决定买受系争房地前有阅读广告内容,则能否谓其因陷于错误,而为买受该房地之意思表示,亦有再推求之余地。

最后,为不实广告之预售屋销售商必须具备诈欺故意(包括未必故意),"民法"第 92 条第 1 项并不包括过失诈欺。[21]

"民法"第 92 条第 1 项撤销权之行使,对消费者保护而言并不周到,① 除斥期间,第 93 条规定,诈欺而撤销意思表示,应于发现诈欺终止后,1 年内为之。② 消费者要举证因不实广告陷于错误而订立契约[22],甚为困难,仍须配合"民诉法"第 277 条但书规定,转换或减轻消费者举证责任。[23]

### 结论性观点

"最高法院"在本件判决中表示,"消保法"实施后,广告之性质仍仅为"要约之引诱",并非要约,自属正确。惟应予澄清者,"广告性质上仅为要约之引诱而非要约",并不当然导入"广告不构成契约内容一部分"之结论。

---

[19] 有关公平法不实广告规范之法院实务评析,参见刘华美:《"最高行政法院"有关不实广告之裁判评析》,载《台北大学法学论丛》2002 年第 51 期,第 1 页以下。

[20] 参见陈忠五:《不诚实广告与夹层屋买卖契约——实务上相关判决之综合评释》(上),载《台湾本土法学杂志》,1999 年第 2 期,第 84 页。

[21] 有关过失诈欺之契约法上救济,参见 Lorenz, Stephan: Der Schutz vor dem unerwünschten Vertrag, 1997, S. 392 ff.

[22] "最高法院"1955 年台上字第 75 号判例:被诈欺而为意思表示者,依"民法"第 92 条第 1 项之规定,表意人固得撤销其意思表示,惟主张被诈欺而为表示之当事人,应就此项事实负举证责任。

[23] 有关"民诉法"第 277 条但书之规范功能,参见姜世明:《新民事证据法论》2004 年版,第 197 页以下。

"最高法院"在判决中表示:"签订契约时倘双方已就广告内容另为斟酌、约定,或企业经营者并未再据原属'要约引诱'之广告为订约之说明、洽谈,使之成为具体之'要约',纵其广告之内容不实,应受消保法或公平法之规范,仍难径谓该广告为要约或已当然成为契约之一部。"其见解有斟酌之必要,依照本文之分析,"消保法"第22条后段规定,拟制广告的内容成为契约的一部分,契约部分内容既是法律拟制的,消费者为要约时是否知悉了解广告之内容,或是当事人双方有无使广告内容成为契约内容一部分之合意,均在所不问。因此,广告成为契约内容,与"企业经营者是否再据原属'要约引诱'之广告为订约之说明、洽谈"无关。

签订契约时倘双方就广告内容另为斟酌、约定,乃出于当事人个别约定,自可发生排除广告拘束力的效果。而"最高法院"判决指出:"观之系争房地买卖契约第20条,已另就契约'附件'之内容详为约定,上诉人之抗辩(作者按:广告非契约内容之一部分)似乎全无依据。"似乎肯认系争《房地买卖契约》第20条的一般条款效力。本文认为,该条款约定若为定型化契约条款,有违"消保法"第14条规定,属于"异常条款",该条款并不构成契约内容,不能排除广告之契约拘束力。因为契约之"附件"并不在正式的"本约"之中,建设公司以广告图说资料诱发消费者洽购预售屋的动机与兴趣,而在正式订约时,将广告排除于定型化契约条款列举的契约附件之外,"卖点所在"之广告不属契约附件难以符合消费者之合理期待,依正常情形为消费者所不能预见,应判断为异常条款无疑。

于此有疑问的是,"消保法"第14条规定有"定型化契约条款未经记载于定型化契约中……"之文字,从条文文义上可能会认为,定型化契约条款经记载于定型化契约中,所记载之"异常条款"仍构成定型化契约内容。如斯解释实有违立法意旨,无法贯彻"消保法"第14条规定之立法目的。排除"异常条款"成为契约内容,乃基于一项经验事实,亦即消费者对于订入契约的定型化契约条款通常不会去阅读,或虽经阅读仍不能理解条款内涵意义及效果。因此,定型化契约条款所得课以消费者的义务或负担,必须以消费者在正常情形下所得预见者为限。不符消费者之合理期待,依正常情形为消费者所不能预见之定型化契约条款,即为"异常条款",应排除于契约内容之外,不问是否经记载于定型化契约中或记载于其他契约附件中。[24] 本件系争《房地买卖契约》第20条,就契约"附件"之内容详为约定,没有将销售广告列为契约附件之一,虽是记载于定型化契约中,在正常情形下并非消费者所得预见者,仍属"消保法"第14条规定之"异常条款",不具有定型化契约条款之效力。从而,仍应认为销售广告成为契约内容之一部分,并未为当事人间之定型化契约条款所排除。

最后附带一提者,本文在问题提出时指出,"最高法院"在另一件2003年台上字第2240号判决,就同一被告,同一预售屋销售案,类似的纠纷为审理。两案原告主张之攻防方法不尽相同,在民事诉讼处分权主义与辩论主义主导的审理模式下,可能导致类似的纠纷,审理结果有所矛盾歧异,特别是本文以上指出"最高法院"在若干问题仍有歧见,更增加裁判结果歧异之可能。若能妥善运用"消保法"第50条团体诉讼制度、第54条公告晓示选定当事人制度,甚至"民诉法"第44条之1、之二扩大选定当事人制度解决集团性纷争,不但可以避免类似纷争审理上结果之歧异,本文所指出有关消费者对于因不实广告陷于错误而订约之事实负举证责任之窘境,或亦可通过消费者类似纠纷之聚集,减轻证据之证明度要求。

---

[24] 参见冯震宇等:《消费者保护法解读》,元照出版有限公司2002年版,第110页。

# 连带债务与不真正连带债务

——评"最高法院"2000年台上字第1734号民事判决

王千维*

### 基本案情

甲系乙开设之托儿所收托之幼童,未满5岁,所以尚未具备对自己之利益维护照顾之能力,生活上随时需要他人辅导、保护与照顾。因乙未设守卫门房管制出入,亦未实施导护确保幼童出入安全,复因乙所雇用之保育员丙违反注意义务,对甲疏于照顾,以致甲在教室内见先行放学同学所遗忘之水壶,经向丙报告后,在无丙或其他托儿所人员照顾随同前往下,即径携该水壶单独离开教室,外出至托儿所前之道路上,欲递交该水壶与该先前离去之同学。不料,却于托儿所大门前遭丁所驾之小客车超速撞击,成为重度肢、视、智多重残疾。经查,丁之过失比例为十分之四,而乙与丙之过失比例则为十分之六。此外,被害人甲所得请求赔偿之金额,包含慰抚金,总计新台币(下同)14 300 604元。

### 裁判要旨

针对上开案例事实,法院认为乙、丙、丁等三人各自对被害人甲成立侵权行为损害赔偿责任。并且,基于"全部补偿原则"(Grundsatz der Totalreparation),乙、丙、丁等三人分别对甲负担上开14 300 604元全部之损害赔偿债务。同时,依据"民法"第188条第1项之规定,雇用人乙与受雇人丙构成连带债务之关系。至于,乙与丁间则成立不真正连带债务之关系。

在此,因丁已与甲成立和解契约,并由丁给付甲1 505 000元,甲同时抛弃对丁其余部分之请求。首先,法院即依据"民法"第274条之规定,在上开1 505 000元之限度内,乙亦因此同免责任。并且,甲既已抛弃对丁其余部分之请求,即系意味着甲免除丁其余部分之债务,依据"民法"第276条第1项之反面解释,在丁内部分担额之限度内,乙亦因此同免责任。更确切地说,法院首先即以上开14 300 604元之损害赔偿总额扣除丁给付予甲之1 505 000元,得出乙与丁之连带债务数额变更为12 795 604元。再以此之12 795 604元乘以前述丁十分之四之过失比例,得出丁之连带债务内部分担额为5 118 241.6元。亦即若依据法院之见解,在上开5 118 241.6元之限度内,乙亦因此依据"民法"第276条第1项之反面解释而同免责任。进而,乙对甲之损害赔偿债务数额至此由前述之12 795 604元缩减为7 677 362.4元。

---

\* 政治大学法律学系副教授。

## 学理研究

### 一、通说见解与本案判决之冲突

台湾实务①与学说②因囿于"民法"第 272 条之文字用语,咸认为连带债务唯有依当事人明示之意思或法律之明文规定始得成立。从而,本案中乙与丁虽分别对被害人甲各负担全部之损害赔偿债务,惟因欠缺当事人之明示以及法律之明文规定,所以若依循前述实务与通说之见解,即无法成立连带债务,仅有构成不真正连带债务之可能性。又,所谓"不真正连带债务",若依据实务③与学说④之见解,系指数债务人为满足债权人同一给付利益,本于个别独立之债之关系,对债权人各负全部给付之义务,惟债权人仅得受领一份给付之债务。并且,实务⑤与学说⑥又认为,不真正连带债务与连带债务在性质上并不相同,"民法"上有关连带债务之规定,多不适用于不真正连带债务。尤其是不真正连带债务不生"民法"第 280 条以下意义范围内有关连带债务人内部相互间求偿关系之问题⑦,在此,既不生连带债务人内部相互间求偿关系之问题,自无所谓内部应分担部分之可言,从而,即无"民法"第 276 条第 1 项适用之余地。

然而,在本案中,"最高法院"2000 年台上字第 1734 号判决,一方面认为乙与丁成立不真正连带债务,另一方面针对乙与丁间不真正连带债务之法律关系,却又肯定有"民法"第 276 条第 1 项之适用,进而与前述一般通说以及"最高法院"历年来其他判决之见解互有冲突。至此,即不禁令人怀疑,当事人明示以及法律明文规定,是否适于作为区别连带债务与不真正连带债务之判断基准?此外,"民法"第 276 条第 1 项之规范意旨又为何?针对上开两点,在此即有加以深究之必要。

---

① 参见"最高法院"1996 年台上字第 975 号判决;1997 年台上字第 2656 号判决;1999 年台上字第 1769 号判决;2000 年台上字第 1285 号判决。
② 参见史尚宽:《债法总论》,中国政法大学 1990 年版,第 617—619 页;孙森焱:《民法债编总论》(下),台北三民书局,2006 年修订版,第 886—888 页;郑玉波:《民法债编总论》,台北三民书局 1983 年版,第 414 页;王伯琦:《民法债篇总论》,1993 年版,第 234—235 页。
③ 参见"最高法院"1977 年台上字第 3470 号判例;1989 年台上字第 200 号判决;1990 年台上字第 1617 号判决;1992 年台上字第 1257 号判决;1993 年台上字第 2994 号判决;1993 年台上字第 3000 号判决;1994 年台上字第 2341 号判决;1996 年台上字第 975 号判决;1996 年台上字第 1344 号判决;1997 年台上字第 581 号判决;1997 年台上字第 2650 号判决;1997 年台上字第 2656 号判决;1997 年台上字第 3128 号判决;1998 年台上字第 826 号判决;1998 年台上字第 1479 号判决;1998 年台上字第 1537 号判决;1998 年台抗字第 623 号裁定;1999 年台上字第 263 号判决;1999 年台上字第 448 号判决;1999 年台上字第 747 号判决;1999 年台上字第 1769 号判决;1999 年台上字第 3271 号判决;2000 年台上字第 1285 号判决;2000 年台上字第 1734 号判决;2000 年台上字第 2240 号判决;2000 年台上字第 2749 号判决;2001 年台上字第 189 号判决;2001 年台上字第 796 号判决;2001 年台上字第 1311 号裁定;2001 年台抗字第 246 号裁定。
④ 参见史尚宽,注②书,第 642、645 页;孙森焱,注②书,第 914、915 页;郑玉波,注②书,第 456、458 页;王伯琦,注②书,第 235、244—245 页。
⑤ 参见"最高法院"1993 年台上字第 3000 号判决;1996 年台上字第 975 号判决;1997 年台上字第 2656 号判决;1998 年台上字第 373 号裁定;2000 年台上字第 2240 号判决;2001 年台抗字第 246 号裁定。
⑥ 参见史尚宽,注②书,第 643、644—646 页;郑玉波,注②书,第 457—458 页;孙森焱,注②书,第 917、918 页;王伯琦,注②书,第 245 页。
⑦ 参见"最高法院"1996 年台上字第 975 号判决;1997 年台上字第 2656 号判决;2003 年台上字第 1540 号判决;1998 年台上字第 373 号裁定;2001 年台抗字第 246 号裁定。杨淑文:《论连带保证与连带债务》,载《台湾本土法学杂志》,2001 年 8 月,第 25 期,第 35 页;vgl. Medicus, Bürgerliches Recht, 18. Aufl., 1999, S. 675.

## 二、连带债务与不真正连带债务之区别

前述台湾地区实务与学说所认定之不真正连带债务之四项要件,亦即① 数债务人为满足债权人同一给付利益;② 个别独立之债之关系;③ 数债务人各负全部给付义务;以及④ 债权人仅得受领一份给付等,并非不真正连带债务所独有,实际上连带债务亦具备此等四项要件。更确切地说,在此参酌"民法"第272条第1项项文上所谓"数人负同一债务",系指数债务人为满足债权人同一给付利益而言。[8] 此外,自"民法"第279条所揭橥相对效力之原则,可以得知,连带债务必以债之关系多数为前提[9],亦即债权人与此等多数债务人间个别存在一独立的债之关系。[10] 再者,自"民法"第272条第1项之文义以及"民法"第273条第1项之规定观之,债权人既得同时向各个连带债务人请求全部之给付,则不难发现,构成连带债务之各债务,均以全部之给付为其本来之内容。[11] 并且,自"民法"第274条之规定可以得知,在连带债务下,各债务人虽个别对债权人皆单独负担全部之给付义务,但债权人却仅能受领一份之给付。[12] 至此,上开四项要件即成为连带债务与不真正连带债务之共同特征。[13] 进而,连带债务与不真正连带债务之区别标准何在?即引发学说之争议,计有"同一之法律原因说""主观的目的共同体说""客观的目的共同体说""居于相同层次的债之关系说",以及"限于有当事人间之特约或法律特别规定之情形始得成立连带债务说"等[14],不一而足。

然而,若仔细详察上开四项连带债务与不真正连带债务之共同特征,则不难发现,在每个独立的债务人,为满足债权人同一给付利益,因而分别负担全部之给付义务,同时债权人却仅得受领一份给付之情形下,各债务人内部相互间即应有一个合理分配其负担之机制,否则将导致因债权人偶然的选择,即足以决定由哪一债务人终局承担给付责任之不合理结论,从而,不论系连带

---

⑧ 王千维:《论可分债务、连带债务与不真正连带债务》(上),载《中正大学法学集刊》,2002年4月,7期,第150页。

⑨ 有关连带债务,在德国普通法(gemeines Recht)时代本有"共同连带"(Korrealität)与"单纯连带"(Solidarität)之争议,前者乃系自罗马法以降,一债之关系下若有数债务人,则该债之关系有随债务人之人数而为独立分割原则(nomina sunt ipso iure divisa)之例外,亦即单一债之关系并不随债务人之人数而分割为数独立债之关系,从而各该债务人即例外地对债权人各负全部给付之义务[Selb, Mehrheiten vonGläubigern und Schuldnern, 1984, S. 30; Winter, Teilschuld, Gesamtschuld und unechte Gesamtschuld, (Diss.) 1985, S. 30 f. (31);郑玉波,注②书,第412页];后者乃谓各债务人与债权人间分别存在着个别独立的债之关系,而各债务人亦各对债权人负担全部给付义务,并且此等数个个别独立之债之关系,因债权人同一给付利益以及债权人仅得受领一份给付而结合(Selb, Mehrheiten von Gläubigern und Schuldnern, S. 30; Winter, aaO., S. 31, 33 f.;郑玉波,注②书,第412页)。在此由"民法"第279条之规定观之,民法上连带债务之制度系以多数个别独立之债之关系为前提,显系以"单纯连带"之理念为基础。

⑩ 孙森焱,注②书,第899页;史尚宽,注②书,第614页;郑玉波,注②书,第412、413页;Medicus, SchuldRI, 12. Aufl. , 2000, S. 391; Staudinger-Noack, 13. Aufl. , 1999, § 421 Rn. 4; Winter, Teilschuld, Gesamtschuld und unechte Gesamtschuld, (Diss.), 1985, S. 33 ff. (33), 185;王千维,注⑧文,第186、187页。

⑪ 史尚宽,注②书,第615页;黄立:《民法债编总论》,(二版),元照出版有限公司1999年版,第560、584页;孙森焱,注②书,第885页;杨淑文:《损害赔偿法上的求偿关系》,第1984年,第90页;王千维,注⑩文,第188、189页。

⑫ Staudinger—Noack, § 421 Rn. 34; Wolf/Niedenführ, JA 1985, 369, 373;王千维,注⑩文,第192、193页。

⑬ Winter, Teilschuld, Gesamtschuld und unechte Gesamtschuld, (Diss.), S. 177 f. (178), 185;王千维:《论可分债务、连带债务与不真正连带债务》(下),载《中正大学法学集刊》,2002年7月第8期,第24、25页。

⑭ 王千维,注⑬文,第25—28页。

债务或不真正连带债务随即隐含着一个有关各债务人相互间求偿途径的问题有待解决。[15] 并且，如前所述，不真正连带债务不生"民法"第 280 条以下意义范围内有关连带债务人内部相互间求偿关系问题，从而，在此即可以债务人相互间求偿途径之不同，作为连带债务与不真正连带债务之区别标准。

首先，"民法"第 280 条以下意义范围内连带债务人内部相互间之求偿关系，原则上乃系一可分债务之性质。[16] 既系一可分债务，则不啻意味着该数债务人即无先后顺位之可言，而处于同一阶层之关系，进而按各自之分担额负担终局之责任。

其次，除连带债务人内部相互间之求偿关系外，存在于私法上另一数债务人相互间之求偿形态，乃系"民法"第 218 条之 1 意义范围内之让与请求权，"票据法"第 85 条以下意义范围内之追索权抑或"保险法"第 53 条意义范围内之代位权等。上开让与请求权、追索权或代位权之名称虽互有不同，然而却均以同一结构为其基础，亦即该数债务人虽系为满足债权人同一给付利益，而分别各对债权人负担全部给付义务，惟该数债务人相互间却有不同顺位上之差别，而处于不同阶层之关系。换句话说，若最终债务人（或第一顺位之债务人）先履行其债务，则该最终债务人（或第一顺位之债务人）对债权人之债务，依据"民法"第 309 条第 1 项之规定，即因清偿而消灭，同时暂时债务人（或第二顺位之债务人）之债务亦因此失其存在之理由而终局地消灭。[17] 但是，相反，若暂时债务人（或第二顺位之债务人）先履行其债务，该暂时债务人（或第二顺位之债务人）对债权人之债务依据"民法"第 309 条第 1 项之规定，固因清偿而消灭，但最终债务人（或第一顺位之债务人）并不因此而终局免责，债权人对最终债务人（或第一顺位之债务人）之债权，因请求（"民法"第 218 条之 1）或依法（"票据法"2007Ⅳ或"保险法"1964）移转给暂时债务人（或第二顺位之债务人）。[18] 在此，参酌"票据法"第 96 条第 1 项之规定以及"最高法院"2001 年台上字第 153 号判决要旨，即不难发现，不真正连带债务人相互间即处于不同顺位之关系，盖数票据债务人亦系为满足债权人（亦即执票人）同一给付利益，而分别各对债权人（亦即执票人）负担全部给付义务，同时债权人（亦即执票人）却仅得受领一份给付，因而该当前述连带债务与不真正连带债务共同特征之四项要件，惟"最高法院"2001 年台上字第 153 号判决却认为，"票据法"第 96 条第 1 项意义范围内之连带负责，并非民法上之连带债务。既非民法上之连带债务，却又该当前述连带债务与不真正连带债务共同特征之四项要件者，显而易见，即属于不真正连带债务。至此，数票据债务人与债权人（亦即执票人）间之关系即属于不真正连带债务之关系。并且，数票据债务人间所存在前手与后手之关系又反映了不同顺位债务人间之关系。再者，参酌"票据法"第 96 条

---

[15] Fikentscher, SchuldR, 9. Aufl., 1997, S. 392; Selb, Mehrheiten von Gläubigern und Schuldnern, S. 177; Winter, Teilschuld, Gesamtschuld und unechte Gesamtschuld, (Diss.), S. 187. 杨淑文，注⑦文，第 28、30 页；王千维，注⑬文，第 46、47 页。

[16] 参见杨淑文，注⑪书，第 101 页；Fikentscher, SchuldR, S. 386、391; Hartung, VersR 1979, 97; Münchener Kommentar-Selb, 3. Aufl., 1994, § 426 Rn. 12; Selb, Mehrheiten von Gläubigern und Schuldnern, S. 100 f.; 王千维：《环境损害中多数污染源之组合形式及其在侵权行为法上责任归属之基本原则》，载《政大法学评论》，1990 年第 63 期，第 235、236 页。

[17] 参见黄立，注⑪书，第 561 页；王泽鉴：《民法学说与判例研究》（三），第 306、315 页；杨淑文，注⑦书，第 31—32 页；Larenz, SchuldRI, 14. Aufl., 1987, S. 634; Selb, Mehrheiten von Gläubigern und Schuldnern, S. 41, 175。

[18] 参见黄立，注⑪书，第 561 页；王泽鉴，注⑰书，第 306、315 页；杨淑文，注⑦文，第 31、32、35 页；Larenz, SchuldRI, S. 535 f.、634 f.、645; Medicus, JuS 1971, 497, 501; Selb, Mehrheiten von Gläubigern und Schuldnern, S. 41; 王千维，注⑧文，第 193—194 页；注⑬文，第 15—22 页。

4项之规定,可以得知,票据债务人对其前手之追索权性质上即属于一种法定承受权。从而,由此可见,不真正连带债务相异于连带债务者,即在于不真正连带债务乃系由数个不同阶层(或顺位)之债务人所构架之多数债务人之组合形态,其相互间之求偿途径主要乃系借由让与请求权或法定承受权之形式加以处理。⑲

抑有进者,上开"最高法院"2001年台上字第153号判决否定"票据法"第96条第1项条文上所谓"连带负责"即系民法上之连带债务,则不啻意味着法律明文规定不适于作为区别连带债务与不真正连带债务之判断基准。相反,不问当事人有无明示以及法律有无明文规定,数债务人是否属于同一阶层(或顺位),及其因此所衍生之相互间求偿途径之不同,始足以作为区别连带债务与不真正连带债务之判断基准。

在本案中,乙、丙、丁等三人既对被害人甲之全部损害,皆分别单独具有可归责的完全因果关系,如前所述,依据"全部补偿原则",分别对甲各负担全部之损害赔偿义务,进而成为并行的侵权行为人之类型。⑳并且,乙、丙、丁等三人既构成并行的侵权行为人,即属于同一阶层,纵无当事人之明示以及法律之明文规定,综上所述,仍得成立连带债务,自有"民法"第276条第1项适用之可能性。关于此点,"最高法院"2000年台上字第1734号判决之见解可资赞同。

### 三、"民法"第276条第1项之规范意旨

依据"民法"第276条第1项之文义,有关债权人免除债务之意思表示应分别两种情形论之:

(1) 免除全部连带债务人债务之意思表示

如前所述,在连带债务下,债权人与各个连带债务人间,个别存在着一独立的债之关系,从而若债权人有免除全部连带债务人债务之意思表示者,债权人与各该连带债务人间个别独立之债之关系,依据"民法"第343条之规定即因而全部消灭,同时债权人此等免除全部连带债务人债务之意思表示,依据"民法"第276条第1项之规定,仅须向连带债务人中之一人为之,毋庸向全体连带债务人为之㉑,究其原因,乃系基于连带债务下之债权人仅能受领一份给付并且各债务皆属相同阶层之同一法律理由所致。㉒

(2) 仅免除受领意思表示之连带债务人之债务

如前所述,在连带债务下,债权人与该等多数连带债务人间个别存在着一独立的债之关系,债权人若仅免除连带债务人中一人之债务,而未免除全体连带债务人之债务者,该被免除债务之连带债务人与债权人间债之关系固然依据"民法"第343条之规定而消灭,然而其他连带债务人与债权人间个别独立之债之关系仍然存续,此时债权人若仍得对其他之连带债务人请求全部之给付,而其他之连带债务人对债权人为给付后,再依循"民法"第281条第1项所规定内部求偿关

---

⑲ 至于"民法"第281条第2项求偿权人之承受权之规定,乃系纯为强化连带债务人间之内部求偿关系而设。参见孙森焱,注②书,第913页;Larenz, SchuldRI, S. 634, 649; Thiele, JuS 1968, 149, 150;王千维:《论可分债务、连带债务与不真正连带债务》(上),载《中正大学法学集刊》2002年第7期,第194页。盖"民法"第281条第2项意义范围内之承受权仅限于求偿权人在其求偿范围内始得主张,亦即以连带债务人内部相互间之求偿关系为前提,并非如前述在不真正连带债务下,已履行其债务之暂时债务人,单纯直接全额承受债权人对终局债务人之债权,参见黄立,注⑪书,第561页。

⑳ 有关并行的侵权行为人,参见王千维,注⑯文,第210—218页。

㉑ 参见黄立,注⑪书,第568页;孙森焱,注②书,第895页;Larenz, SchuldRI, a. a. O. (Fn. 22), S. 638 f.; Medicus, SchuldRI, S. 392.

㉒ Medicus, SchuldRI, S. 392;孙森焱,注②书,第895页。

系之途径,向该被免除债务之连带债务人请求偿还其应分担之部分者[23],如此一来,该被免除债务之连带债务人实际上仍未被终局地免除,相反,债权人却未因其免除之意思表示而丧失任何利益,因此为达债权人免除债务之客观意旨[24],"民法"第276条第1项亦赋予了此等债权人免除连带债务人中一人之债务之意思表示一定之绝对效力,亦即此时就该被免除债务之连带债务人在内部关系上应分担之部分,其他之连带债务人亦同免责任,换句话说,其他之连带债务人仅就剩余之部分对债权人负担债务,同时除有"民法"第282条第2项规定之情形外,其他之连带债务人与该被免除债务之连带债务人间例外亦不发生内部求偿关系之问题[25],简言之,最后即由债权人承担其免除债务之意思表示所产生之损失。[26] 从另一个角度而言,债权人对于其他连带债务人之债权,既系就该被免除债务之连带债务人内部关系上应分担之部分而受到删减,在此可视之为连带债务人内部相互间关系之内容发生对外效力之例外。[27]

此外,若连带债务人中之一人向债权人为给付者,此时依据"民法"第274条之规定,其他连带债务人固在该给付额之限度内对债权人亦同免责任,惟依据"民法"第28条第1项之规定,该为给付之连带债务人却得因此向其他连带债务人请求偿还其各自分担之部分。然而,反观在本案中"最高法院"2000年台上字第1734号判决,却将连带债务人丁向债权人甲所给付之1 505 000元自全体连带债务之数额中加以扣除,而仅就其余额,亦即12 795 604元加以计算各连带债务人之内部分担额,因而遗漏上开丁已向甲所给付之1 505 000元之数额,其结果为该1 505 000元即由丁单独终局负责,无法向其他连带债务人请求偿还其各自分担之部分,明显违反前述"民法"第281条第1项之规定,对丁不平孰甚。

在此,依据"民法"第737条之规定,和解契约得发生免除债务人债务之效力,亦即若债权人与连带债务人中之一人成立和解契约者,则有发生债权人免除该连带债务人债务之可能性,因而有前述"民法"第276条第1项规定适用之余地。此时,参酌前述"民法"第276条第1项之规范意旨,为使债权人终局承担其免除债务之意思表示所生之损失,全体连带债务之数额即按该被免除之数额而遭扣减,惟受限于该被免除债务之连带债务人之内部分担额。更确切地说,若被免除之数额超过该连带债务人之内部分担额者,则全体连带债务之数额即按该连带债务人之内部分担额而遭扣减;相反,若被免除之数额在该连带债务人内部分担额之范围内者,则全体连带债务之数额即依该被免除之数额而遭扣减。

若以本案为例,首先即以全部之损害赔偿总额,亦即14 300 604元为基础计算丁之内部分担

---

[23] Larenz,SchuldRI,a. a. O.(Fn.22),S.639;杨淑文,注⑦文,第33页;连带债务人内部相互间之求偿关系乃系连带债务关系本质上所应然,并且此等求偿关系并非迟至连带债务人中之一人向债权人为给付时始行发生,乃系于各连带债务人成立连带债务之关系时即已存在,同时原则上并不受债权人与连带债务人间对外关系变动之影响。

[24] 参见孙森焱,注②书,第896页;"民法"第276条之立法理由。

[25] 参见孙森焱,注[24]文;黄立:《民法债编总论》,第568、569页;Larenz,SchuldRI,a. a. O.(Fn.22),S.639;Münchener Kommentar-Selb,3. Aufl.,1994,§423 Rn.2.

[26] Medicus,SchuldRI,S.395.

[27] Vgl. Medicus,SchuldRI,S.395.

额。在此有关连带债务人内部相互间分担额之计算,即得类推适用"民法"第 217 条之规定㉘,从而,上开之 14 300 604 元乘以丁十分之四之过失比例,得出丁原本之内部分担额应为 5 720 241.6 元。惟基于丁与甲间之和解契约,除丁所给付之 1 505 000 元外,甲则抛弃对丁其余部分之请求,所以,即不啻意味着甲免除丁 12 795 604 元之债务。此一数额显然已超过前述丁之内部分担额,因此,依据"民法"第 276 条第 1 项之规定,乙、丙、丁等 3 人全体连带债务之数额即应由上开之 14 300 604 元扣除丁内部分担额之数额 5 720 241.6 元,而为 8 580 362.4 元。亦即由被害人(或债权人)甲终局承担该 5 720 241.6 元之损失。并且,此时丁之内部分担额即缩减为零。

至于丁先前既已给付予甲之 1 505 000 元即得依据"民法"第 281 条第 1 项所规定连带债务人内部相互间之求偿关系向乙、丙等二人请求全额偿还。在此,依循"最高法院"2000 年台上字第 1734 号判决之意旨,似乎认为乙与丙系构成"一体责任"(Haftungseinheit)㉙,因此,纵于连带债务人内部相互间之求偿关系上,乙与丙此时仍就其共同之内部分担额,对丁例外地连带负责,而非负担可分债务。

### 结论性观点

"民法"第 276 条第 1 项之规范意旨,简言之,乃在于令债权人终局承担其免除债务之意思表示所生之损失,因此,若债权人仅免除连带债务人中一人之债务者,则至多在该连带债务人内部分担额之限度内,其他连带债务人对债权人亦因此同免责任。从而,"民法"第 276 条第 1 项即可视之为连带债务人内部相互间关系之内容发生对外效力之例外。并且,既系以连带债务人内部相互间关系之内容为前提,则"民法"第 276 条第 1 项应仅适用于连带债务,于不真正连带债务之情形,既无连带债务人内部相互间之求偿关系,所以亦无"民法"第 276 条第 1 项适用之余地。因此,"最高法院"2000 年台上字第 1734 号判决于本案中援引"民法"第 276 条第 1 项之规定,则不啻反映连带债务与不真正连带债务之区别不应囿于"民法"第 272 条之文字用语,以当事人有无明示之意思以及法律有无明文规定为其判断之基准;相反,应以数债务人是否属于同一阶层(或顺位),及其因此所衍生之相互间求偿途径之不同,作为区别连带债务与不真正连带债务之判断基准。

---

㉘ 参见王泽鉴:《民法学说与判例研究》(第一册),第 60、61 页;杨淑文,注⑪书,第 71、111、116—118、121、137 页;Bälz, JZ 1992, 57, 61; Bodewig, AcP 185 (1985), 505, 522 f. (Fn. 87); Dunz, NJW 1964, 2133; ders., NJW 1968, 679, 681; Engelhardt, NJW 1959, 2059; Erman-H. P. Westermann, 9. Aufl., 1993, §426 Rn. 1; Fikentscher, SchuldR, S. 391; Larenz, SchuldRI, S. 643; Medicus, SchuldRI, S. 393; ders., JuS 1971, 497, 498; Münchner Kommentar-Mertens, 3. Aufl., 1997, §840 Rn. 22; Prölss, JuS 1966, 400, 401, 402; Schimikowski, Haftung für Umweltrisiken, 1. Aufl., 1991, Rn. 58, S. 42; Jochen Schröder, BB 1976, 63, 68; Selb, Mehrheiten von Gläubigern und Schuldnern, S. 99 f., 102, 104; Soergel-Reimer Schmidt, 10. Aufl., 1967, §254 Rn. 20; Soergel-Mertens, 12. Aufl., 1990, §254 Rn. 10; Soergel-Wolf, 12. Aufl., 1990, §426 Rn. 31; Wochner, Einheitliche Schadensteilungsnorm im Haftpflichtrecht, (Diss.), 1972, S. 147; 黄立,注⑪书,第 303 页; 孙森焱:《民法债编总论》(上), 台北三民书局 2005 年版,第 306 页; 王千维,注⑧文,第 218—220 页。

㉙ 参见黄立,注⑪书,第 287 页。

# 继续性契约下之阻却给付迟延责任之事由

——评"最高法院"1998年台上字第2259号判决①

陈洸岳*

## 基本案情

原告X与被告Y间缔结于日本交付雨伞之买卖契约,X先后给付两笔约定之标的物后,Y并未给付价款,且Y之负责人A称因X所交付之相关文件及标的物与约定不符,致无法提领货物,另需款打通关节与支付仓租,由X处受领所称之必要款项。X除请求Y支付价金外,并依侵权行为及不当得利请求Y、A连带赔偿由X支付予Y之前述款项(对A之赔偿请求部分已判决确定)。对于X之主张,Y辩称:因X迟延交付前述两笔货物且迄未交付另笔货物,依约应支付违约金,并就违约金与前述买卖价金部分主张抵消。X就Y之主张称:未交付另笔货品并非可归责于自身之事由所致,而系因Y迟未开立信用状,又未依约确认样品质量,故无迟延责任可言;且本件买卖契约为继续性契约,Y拒绝支付价金之行为已影响双方之信赖关系,X自得终止契约,无继续交付其他标的物之义务。又,X主张就价金及损害赔偿中以美金支付之金额,Y应折算成新台币支付。

## 裁判要旨

原审以A称需款打通关节及支付仓租之行为,并非执行职务之行为,故Y无需依"民法"第28条与A负连带赔偿责任,且无不当得利可言。至于货款之请求部分,则以信用状应于货物装运前开立仅限于国际贸易、双方并未约定信用状之交付时期,亦未约定确认样品质量之通知期限等为由,认定X应负迟延责任,维持Y为保障其请求违约金之权利而拒付价金,并主张抵消为有理由之第一审判决。至于给付之货币种类的请求部分,原审以双方约定以美金支付价金,且"民法"第202条前段规定之选择权应归属债务人;又损害赔偿以恢复原状为原则,则因受诈欺而支付美金者,亦应请求归还美金。故X之请求无理由。

对不服原审判决而提起上诉之X的请求中,关于给付货币之种类的部分,"最高法院"维持原审判决,至于其他部分,"最高法院"基于以下理由废弃原判决并发回重审:就A之诈称行为是否为执行职务之行为,原审未深入推敲事证,又未叙明理由,有速断之嫌。至于信用状之交付应先于货物之装运,并不因其系岛内或国际交易而有异,且双方即未约定确认样品质量之通知期限,债权人仍应依一般社会观念,于合理期限内完成确认通知之协力行为,原审未详查相关事证,仅以双方未约定确认通知之期限即遽断X应负迟延责任,不无可议。另"按于继续性之买卖契约,买受人于收受出卖人所交付之标的物后,无正当理由而不给付价金者,出卖人以买受人已不足信赖,其有不能受对待给付之虞,为维护自身之利益而拒绝嗣后各笔货物之交付者,衡诸诚实

---

\* 政治大学法律学系助理教授。

① 本文载《台湾本土法学杂志》创刊号,第137页。判决全文请查"司法院"网站"司法院法学数据全文检索系统"。

信用原则及民法不安抗辩权之立法意旨,尚难谓为不当",故如标的物之交付期在系争价金之后,债务人得拒为给付。

### 学理研究

由上述之事实及判决要旨可析出本案之主要争点为②:① 阻却迟延给付责任之事由的判断基准为何;② 于继续性买卖契约之情形,尚未获已交付标的物之对价的出卖人是否得拒绝交付依约应交付之其他货物,并免除自身之迟延责任。

#### 一、"民法"第 230 条之阻却成立事由

（一）不可归责事由之判断要素

依"民法"第 230 条的规定:"因不可归责于债务人之事由,致未为给付者,债务人不负迟延责任。"反之,如因可归责于债务人之事由致迟延给付,债务人即应依约定或法律规定("民法"第 231 条)负损害赔偿责任。债权人并得于满足第 254 条之要件时解除契约。因此,于给付迟延之情形,债务人是否有可归责事由,攸关当事人之权益。而依学说之见解,有无所谓之"归责事由",原则上系指债务人是否有故意或过失③,以第 230 条而言,如重病、无过失不知债权人所在,或不知债务存在,或不知债权人为何人,或不知给付期已届至、履行期届至时债务人之人身自由遭侵害、债权人未适当地履行其先行义务等情形④,被列为非可归责于债务人事由之例证。至于实务上,则有于共同出租人未通知承租人各自应得租金额之计算标准⑤、修护对象之标的物已灭失⑥、债权人怠未协力致债务人无从制作约定之商品⑦等情形时,债务人不负迟延责任之案例。而对引发给付迟延之归责事由的不存在,则需由债务人主张并举证。⑧

按给付迟延系因债之关系未依正常程序进行,致契约目的之实现遭到阻碍的状态,而就造成该状态之当事人的因素而言,债务人本身在控制可能之生活行动领域内的行为态度固为认定之基础,但如给付义务之履行系需依存于债权人之一定的先行行为,则相对人是否已完成该行为当然亦系判断债务人之归责事由存否的要素。本案即是以相对人未适时完成确认样品之先行行为作为否定债务人应负迟延责任之一依据。

唯就当事人之行为态度进行判断时需注意者,并非债权人一有可归责事由,债务人即可完全不负迟延责任,而是应就当事人之归责事由,比较其影响给付迟延之程度或各自之归责事由与迟延给付之因果关系。亦即,如债权人之有责事由对于给付之迟延具有决定性之影响,且债务人懈怠其具体行为义务(如为进行给付之必要的准备行为)系属轻微或非造成给付迟延之直接原因,

---

② 本案中关于货币之债及法人与其有代表权人之连带赔偿责任部分之争点,限于篇幅,从略。就阻却迟延给付其他事由部分,另有如因第三人(履行辅助人)有可归责事由、不可抗力及留置权成立时之情形等问题,因非本案争点,从略。

③ 参见史尚宽:《债法总论》,1954 年版,第 341 页以下;郑玉波:《民法债总论》,1975 年版,第 266 页;孙森焱:《民法债编总论》,1990 年版,第 347 页;邱聪智:《民法债编通则》,1993 年版,第 247 页;黄立:《民法债编总论》,1996 年版,第 430 页。

④ 请参见史尚宽,注③书,第 386 页;邱聪智,注③书,第 268 页;胡长清:《民法债编总论》,1977 年版,第 306 页。

⑤ 参见 1980 年台上字第 758 号判决。

⑥ 参见 1991 年台上字第 2786 号判决。

⑦ 参见 1994 年台上字第 2410 号判决,载《"最高法院"民事裁判书汇编》第 17 期,第 223 页。

⑧ 参见"最高法院"1932 年上字第 1956 号判例。

则可解为给付迟延非可归责于债务人;债务人对此必须负举证责任。反之,如债权人之有责性较债务人懈怠具体行为义务之程度显属轻微,或并非造成给付迟延之直接原因,则债务人仍应负责。至于介于前两种情形之中间状态,可适用过失相抵之法理解决算定损害赔偿额之问题。⑨

依本案所认定之事实,原告有提出样品供被告确认后再进行给付之义务固毋庸置疑,然诚如本判决所指,即使当事人未约定确认期限,债权人仍应于合理期限内完成协力行为。至于其是否已完成,则应如上述,区别双方之情形为综合判断。

(二) 对继续性契约之考虑

以上之考虑因素为解决关于归责事由之一般性原则,但是,在所谓的继续性契约,负先为给付义务之卖方如未依约于履行期为给付,则该部分之履行即陷入履行迟延之状态;但如其系因买方单方地从事背信行为影响双方之信赖关系所致时,在其非属买方未为协力行为,亦非后述因对价之支付或财产状况恶化而生拒绝给付抗辩权之适用范围的情形下,卖方之停止出货或停止交易行为是否发生给付迟延责任将成问题。此类事由虽非本案争议之焦点,但因其所引发之问题为继续性契约当事人发生纷争的根源,以下简要举例说明外国法上之案例类型作为防范未然与裁判上之参考。⑩ 依买方所为之行为可大致区分为两个类型:

(1) 买方有违反契约之行为。例如在因买方将卖方制品上之标签贴附于第三人之制品,遭卖方终止交易关系后,买方请求损害赔偿之案例中,判决以买方之行为乃对卖方之重大背信行为,驳回其请求。⑪ 另如因汽油小卖业者未遵守应以标准贩卖价格贩卖之义务,判决认为大盘业者停止汽油供应系属正当。⑫

(2) 难以期待契约持续之情事。于卖方要求买方停止无间断地由他处购入较卖方制品便宜之同种制品,买方却不为任何有诚意之改善措施的案例中,判决肯定卖方停止出货之行为。⑬ 另于特约店契约中,判旨以除非代理店有明显之不信行为或贩卖成绩不良等难以期待契约持续之特别情事,否则卖方不得停止供货商品,并应负不履行责任。⑭

由于在继续性契约关系中,停止出货往往对相对人造成致命之打击,而由以上案例可知,决定买方是否有足以破坏当事人间之信赖关系的背信行为等时,需慎重且严格地认定。

## 二、拒绝给付与给付迟延责任

(一) 拒绝给付之效果

相对于第230条以归责事由为规范对象之规定,"民法"另于第264条、第265条规定于一定情形下债务人可为拒绝给付之抗辩。此等抗辩权与给付迟延之关系如何,学说上有不同的见解。⑮ 主张存在效果说(或称停止条件说)者认为,抗辩权固须待当事人于诉讼上援用始能发动,但因其具形成权之性质,只要其存在即应生一定之法律效果,因此,在他方未为对待给付前,此方之债务纵届清偿期而未清偿,亦享有拒绝给付之权利,不负迟延责任;换言之,即抗辩权之存在具

---

⑨ 参见〔日〕奥田昌道编集:《注释民法》(十),1987年版,第404、417页(北川善太郎执笔部分)。
⑩ 同前注,第358页。
⑪ 参见东京地判1980年9月26日判决(载《判例时报》第437号,第19页)。
⑫ 参见东京高判1967年5月25日判决(载《判例时报》第490号,第51页)。
⑬ 参见东京地判1980年7月14日判决(载《判例时报》第433号,第111页)。
⑭ 参见东京地判1981年5月26日判决(载《判例时报》第1020号,第64页)。
⑮ 虽学说上之争论系以同时履行抗辩权为重点,但其他暂时性之不安抗辩权、先诉抗辩权与留置权等亦存在相同之问题,应为相同之解释。

有阻却给付迟延责任之效果。[16] 而主张行使效果说(或称解除条件说)者则谓,抗辩权之行使全然属于债务人之自由,仅有抗辩权之存在并不具任何机能,当然即无从阻却给付迟延之责任,因此,除非债务人提出抗辩,否则他方即得以迟延给付为由,径依第254条进行催告并解除契约;换言之,在抗辩权未被行使前,未为给付之一方即应负迟延责任,必待其行使后,始溯及地免除该责任。[17] 后者就给付迟延与契约解除权之关系说明抗辩权之效果确有其独到之处,因依存在效果说,必须于一方提出给付消灭他方之抗辩权后,始有适用第254条之可能。但是,如依行使效果说,将会发生一方可置己身之债务的履行于不顾的同时,却可立即非难相对人之不履行的结果,如此岂非有失公平?[18]

不论理论上之争议如何,可确定的是只要一方行使抗辩权,即可生阻却或免除迟延给付责任之效果。而本案即系以第265条之不安抗辩权为债务人得拒绝给付,达到免予负担迟延给付责任之根据[19],但与以往之案例不同者在于,因本件系有关于继续性供给契约之案例,此契约形态与抗辩权之关系如何殊值探讨。

(二) 基于不安抗辩权之拒绝给付

与以往适用不安抗辩权之案例比较可知,就行使主体限于应先为给付义务之人[20],其应由债务人主张并举证[21],且需系订约后发生之状况始有适用[22]之点,本案并未脱离往例之范围。惟关于他方之财产是否明显减少致有难为对待给付之虞的要件,案例之见解则不一致,例如承揽契约之相对人即有难为合于通常使用之对待给付之虞,仍难谓得为拒绝给付工程款之依据[23];但是如他方当事人订约后旅居国外则似有适用之余地[24];而学说对于引发负先为给付义务者之不安的情形,则认如相对人有难为其所负之劳务性对待给付之虞时,亦可类推适用不安抗辩权之规定。[25] 至于本案认为于继续性之买卖契约,如相对人已受领一部分标的物后,无正当理由而不给付价金,且卖方之后续给付期后于买方对先前给付应支付价金之时期,则其为第265条之规范对象。

对于判断相对人之信用状态是否发生危机,一般皆认为应以客观之情形决定。[26] 因此如相对人因经营不善有破产之可能、经营状况持续恶化者为适当之例;甚至即使当事人间约定卖方于"买方有无法支付价金之虞"时可拒绝给付,仍应将其解释为,必须在客观判断下有难以期待买方进行支付之合理的可能性始可拒绝给付。[27] 而观本案之事实,被告拒绝给付价金,的确为造成原告不安之原因,但其与财产状态或经营状况是否恶化之关系并不明确,如被告在客观上并无资产

---

[16] 参见史尚宽,注③书,第385页;郑玉波,注③书,第380页;王泽鉴:《同时履行抗辩权:民法第二六四条规定之适用、准用及类推适用》,载《民法学说与判例研究》(第六册),1998年版,第171页。

[17] 参见胡长清,注④书,第306页;孙森焱,注③书,第394页以下。实务上亦采此见解,见"最高法院"1961年台上字第1550号判例。

[18] 参见〔日〕星野英一:《民法概论Ⅳ》,1975年版,第43页。

[19] 同旨之先例,参见1986年台上字第2204、2560号判决。

[20] 参见1996年台上字第1378号判决。

[21] 参见1986年台上字第2560号、1997年台上字第3608号判决。

[22] 参见1991年台上字第2758号、1994年台上字第804号判决。

[23] 参见1997年台上字第3818号判决。

[24] 参见1991年台上字第2758号判决。

[25] 参见史尚宽,注③书,第565页;孙森焱,注③书,第580页;邱聪智,注③书,第389页。

[26] 参见黄立,注③书,第558页;邱聪智,注③书,第389页;孙森焱,注③书,第580页。

[27] 参见东京高判1981年2月26日判决(载《判例时报》1000号,第87页)。

信用危机,则本案判旨之理论架构是否妥适,不无疑问。再者,关于不安抗辩权之规定,其乃负先为给付义务人对后履行义务人之信用授予遭到违背时之救济方法,且系为维持双务契约中当事人公平之同时履行抗辩权的例外规定[28],因此,如原告拒绝给付系针对被告尚未支付之价金所为之抗辩,则首应检讨二者是否处于对价债务关系,而非扩张例外规定之适用范围,否则有使原则规定空洞化之虞。

(三) 对继续性契约之考虑

按于契约内容因双方之一次给付即得实现之所谓的"一时契约"下,如一方有先为给付义务,则不生同时履行抗辩权之问题,仅在特殊情况下发生不安抗辩权之问题。而所谓的继续性买卖契约,系指由当事人决定给付范围与时间,并持续地加以实现其内容之单一契约,其交易形态大多系由卖方接受买方之订货并为给付,而买方则于受领标的物后始支付价金。[29] 在此交易形态下,虽卖方负有先为给付义务,但如卖方于给付商品后,买方届期未支付价金时,买方得拒绝给付之依据为何即成问题。依学说之见解,继续性供给契约存续中,一方之个别给付的不履行,除为该给付部分之全部的不履行外,乃整体契约之一部分不履行,因此如买方迟延支付价金,则卖方得拒绝提供后续之给付,且不负给付迟延责任。[30] 如此之构成,可对相对人造成心理压迫,达到确保负先为给付义务之卖方回收价金之目的,且合于当事人就各期给付进行清算之意思,符合交易之公平原则。[31] 至于其理论根据,或谓债务相互间是否对价上之意义,应就契约之整体掌握当事人之债务间的关系,故一方之请求交付之部分与他方依同时履行抗辩权拒绝给付之部分非必有相互对应并具对价意义之必要;或谓继续性契约之各当事人之债务乃贯穿全契约期间,在整体上具有对价关系,前期之价金未支付意味着买方债务中之一部分不履行,其与相当于卖方债务中之一部分不履行的本期债务处于同时履行之对立关系。[32]

就以上之观点可知,本案之情形应以适用同时履行抗辩权解决为宜,但并非因此即谓继续性买卖契约无适用不安抗辩权之余地。因此例如在买方支付价金期前,卖方负有先为一次或数次给付义务者,如有合于第265条之情形发生,卖方即可拒绝给付。换言之,就继续性买卖契约而言,在买方支付价金期届至而未为支付时,卖方得以同时履行抗辩权拒绝为后续给付;而不安抗辩权则适用于虽买方支付价金期限未至,但因其信用状态发生问题使负先行给付义务之卖方心生疑虑时之情形。

本案考虑继续性契约之特性,寻求以不安抗辩权之规定解决就因买方之行为态度造成卖方不安之问题的构成,可谓用心良苦。但如本文所述,在继续性契约中,造成卖方不安之原因不一而足,故必须确立各相关规定之适用范围分别处理。而因"民法"对非可归因于债务人之事由致给付迟延设有第230条之概括规定,应可针对各种状况加以灵活运用。至于如系为确保给付之对价者,亦应以活用同时履行抗辩权之规定加以解决为妥;毕竟以不安抗辩权之规定文义及法规

---

[28] 参见黄立,注③书,第558页。盖先给付义务之生成,在本质上系以后履行义务人之财产的给付可能性为前提,而授予信用后履行义务人,如双方之信赖关系基础丧失,则双方又恢复至同时交换之状态,由此可见不安抗辩权之例外性。

[29] 参见王泽鉴:《一时的契约与继续性契约》,载《民法债编总论》(第一册),1998年版,第108页以下;曾隆兴:《现代非典型契约论》,1986年版,第204页。

[30] 参见王泽鉴,注⑯文,第153页;曾隆兴:《民法债编总论》,1994年版,第468页;邱聪智,注③书,第386页。

[31] 参见〔日〕奥田昌道编集,注⑨书,第357页。

[32] 参见〔日〕谷口知平编集:《注释民法》(十三),1966年版,第253页(泽井裕执笔)。

之定位来看,不宜为过度开放之解释。

### 结论性观点

继续性契约在其存续过程中所呈现之流动状态明显地高于一时契约,因此当事人间之债之关系濒临危机时,其权利义务关系如何,应适当地运用相关法规反映其流动的过程进行判断。本案判旨以买方是否于合理期间内尽其先行义务,并相对掌握买方对价金之支付与卖方之后续给付的关系,以为决定卖方是否应负迟延责任之结论可资赞同,惟在解决后者问题时之理论构成有再斟酌的必要。

# 性质错误与动机错误

——评"最高法院"2000年台上字第465号判决

陈洸岳*

### 基本案情

X(原告)与Y(被告)交涉买卖系争土地之过程中,由Y之子A偕同前往现场勘查并指界确认后缔约。嗣于当事人间收受一部分价金后,依约申请地政机关进行实地鉴界丈量时,X始知指界与鉴界之范围有异,乃依"民法"第88条及第92条撤销该土地买卖契约。一审判决Y胜诉,二审改判X胜诉。针对Y之上诉,X主张经鉴界丈量始知买卖之系争土地仅系当初指界之一部分,且在道路内侧成狭长形,因此其缔约之意思表示乃受诈欺,且意思表示之内容显有错误,并已以存证信函撤销契约,故请求判决Y返还已支付价金及利息。Y则主张其于缔约前已提供土地登记簿誊本及地籍图供X阅览,且已于事前告知该土地位置及面积,足见系争土地之范围明确,再者,X曾有多次买卖土地之经验,其未详阅前述数据内容,X之错误乃基于本身之过失所致。

### 裁判要旨

"最高法院"以"土地之形状、坐落位置及对外之联络道路等因素,均足以影响土地之开发、利用及价值之判断,继而影响购买者之意愿。此等因素,无论在主观上及客观上均足以影响交易上之判断,当事人对上开因素如有错误之情形,于交易上自难谓非重要,自得视为意思表示之内容有错误",而就本件土地之形状、位置及联络道路而言,经指界部分与标的物之实际情形差异甚大,故X因A之指界错误而为购买之意思表示,即为内容有错误;且系争土地并无明显界址,地形复杂难以于现场估计土地之面积,复依证据显示,即A尚且不知详细位置,故即有买卖土地经验之X已知悉买卖之土地的面积,并先取得相关资料,仍难谓X就其错误之意思表示有任何过失。维持原审以X因信赖A之指界而为承买系争土地之意思表示构成错误之判断。

### 学理研究

#### 一、本判决之意义

"民法"第88条第2项中关于物之性质的错误为错误理论中最频繁发生,却又最难以判断之问题,其与所谓之动机错误的关系如何,该项与同条第1项之关系如何等问题,向为实务与学说上议论的课题。本判决针对有关土地买卖之案型,提出足以构成"交易上认为重要者"之性质错误的判断要素,同时将其与同条第1项中关于表意人之过失的要件结合,并提示判断之标准。

#### 二、问题之所在

依一般之说明,所谓之错误乃指表意人不知或误认为其内心的效果意思与表示不一致之情

---

\* 政治大学法律学系助理教授。

形,故于表示之错误(例如打算以千元购买而误写为万元)与内容之错误(例如误租赁为借贷)之情形,因内心的效果意思(缔结租赁契约之意思)与表示(缔结了买卖契约)不一致,故其符合前述之错误的定义。但表意人之所以形成效果意思,乃基于其一定之意图(动机),如该意图与效果意思不一致并造成效果意思与表示不一致时,其是否亦构成错误之意思表示而得撤销?此问题与基于错误而得撤销之法律行为,需满足如何之要件有关,并与学说对动机之内涵的认知有关。

### 三、实务与学说之见解

#### (一) 实务上之见解

针对第88条之规定,判例谓该规定"系指意思表示之内容或表示行为有错误者而言,与为意思表示之动机有错误之情形有别"①;而就同条第1项之内涵,则解为"系指表意人对其表示行为欠缺认识而言,易言之,表意人客观的曾为表示行为,使一般人得依其行为可解其所表示之意思,但主观上,则表意人并无效果意思,且不知其所为行为,已构成意思表示"②;而同项中段之"表意人若知其情事,即不为意思表示",系指"表意人虽表示行为之客观意义,但于行为时,误用其表示方法之谓。亦即表示方法有所错误,以致与其内心之效果意思不一致,如欲写公斤,误为台斤是"。③ 至于"系争土地既不能供建筑之用,而被上诉人根据土地登记簿誊本上地目为'建'之记载,误认以为可供建筑之用而予买受,自系对于买卖标的物之性质(用途与价值)发生误认。又自主观而言,若被上诉人购地之初,知悉该地不能供建屋之用,必不致支付上述高价购买,应可断言。再从客观而言,上诉人提出之土地登记簿誊本既记载地目为建,且上开土地周围复已盖满建物,而上诉人又以建地之价格出售,自足造成被上诉人对于上开土地产生无任何建筑限制之确信,以此,凡一般人若处于被上诉人之表意人地位,亦易为相同错误之意思表示,兹系争土地之性质,在交易上确属重要",故被上诉人得依第88条第2项规定撤销错误之意思表示。④

就以上见解加以整理可知,实务上将错误区分为内容错误、表示错误及性质错误,而内容错误系指第88条第1项前段与同条第2项之情形,同条第1项中段则为规范表示错误,至于动机错误则非得撤销之错误。如此分类确实简单明了,但是否确如其所言动机之错误不应加以考虑并非全无疑问。在本案中,X有购买系争土地之效果意思且与表示并无不一致,但其发生购入该土地之效果意思则系因A之指界所导致,换言之,A所指界之范围为X形成购入系争土地之动机,其直接影响了购买之效果意思的形成。本件判决虽适用"性质错误"的规定解决,但由判旨并无法推测其赋予第88条第2项如何之意义。因此仍须观察学说之见解。

#### (二) 学说之见解

关于错误之规定系置于心中保留与通谋虚伪之后,其为规范于表意人误认或不知其效果意思与表示之不一致一点上并无异论。⑤ 且关于第88条第1项前段之内容的错误,其具体内容包含法律行为错误、当事人错误、标的物错误、标的物数量价格履行地或履行期错误等情形,学说亦

---

① 1962年台上字第3311号判例。
② 1970年台上字第3080号判决。
③ 1992年台上字第322号判决。
④ 参见1993年台上字第215号判决。
⑤ 参见史尚宽:《民法总论》,1974年版,第355页;胡长清:《民法总论》,1976年版,第270页;郑玉波:《民法总则》,1982年版,第251页;施启扬:《民法总则》,1984年版,第249页;洪逊欣:《民法总则》,1989年版,第384页;刘得宽:《民法总则》,1996年版,第248页;李模:《民法总则之理论与实用》,1998年版,第186页。

无甚大差异⑥;至于同项中段,有将其解为系指表示行为之错误者⑦,有将其解为系指"不知"(即对表示之效力全然欠缺认识)者⑧,但无论何种见解,因在其适用之要件与效果上并无不同,故其仅为学理上的分类。⑨

如上所述可知,学说于分类方法上固有微妙之差异,但对于第 88 条第 1 项乃规范表意人不知或误认致效果意思与表示不一致者并无二致。但对于同条第 2 项之规定意义如何,则呈现不同之见解,而其系受到对于动机之错误所采见解之影响。

1. 内容错误拟制说

主张此说者认第 88 条第 2 项系就本质上原属于动机错误中之性质错误,于性质为交易上重要属性者,将其提升至与内容之错误为同一之处理的规定。亦即,在保护交易安全的必要性下,原则上将错误限定于欠缺意思效果之情形,但因欠缺效果意思之错误与动机错误不易区别,且一律将动机错误排除在外,亦未必符合交易上之要求,所以将一般被归类为动机错误之性质错误,于该性质在交易观念上属重要者,亦将其划入欠缺效果意思之范畴;虽然性质错误中之主要情形在心理层面上,仍不脱其为表意人之动机错误的本质,但在立法上采取了放弃对心理层面之探求,而将性质错误与内容的错误为同一之处理,并以"交易上认为重要者"限定其适用范围,以免危害交易安全过巨。⑩

但即将有关性质之动机错误例外地与内容之错误为同一处理,在适用上该动机是否需被明示或默示地表示于外部,学说间有不同的看法。肯定说者认为,人或物与其所具性质为不可分之一体,表意人于意思表示时所想象之存在于该人或物之性质,不仅影响意思之形成,且又可能成为法律行为上之意思的客体,但如表意人未将其表示于外部,则其所表示者与欲表示者之间并无不一致,则仍属单纯之动机错误,不应加以考虑;惟其表示除明示者外,亦包含默示在内。⑪ 相对地否定说者认为,动机经表示者即当然为意思表示之内容,但纵未经表示,如其程度已达"交易上

---

⑥ 参见李模,注⑤书,第 186 页;施启扬,注⑤书,第 250 页;胡长清,注⑤书,第 270 页以下;洪逊欣,注⑤书,第 387 页以下(但对于履行其履行地之错误,则以属交易上认为重要者为限);史尚宽,注⑤书,第 360 页以下;郑玉波,注⑤书,第 253 页。

⑦ 参见洪逊欣,注⑤书,第 388 页;施启扬,注⑤书,第 252 页。

⑧ 参见郑玉波,注⑤书,第 252 页;李模,注⑤书,第 191 页;胡长清,注⑤书,第 272 页。

⑨ 实务上虽将错误与不知为概念上之区别,但又将同项中段称为表示行为之错误。1994 年上字第 2960 号判决谓:错误与不知二者在观念上有别,不知谓正当认识之全不存在,而错误则不特无正当认识,且有积极之谬误之认识;但全无正当认识之不知,如表意人知其事情即不为意思表示者,其效力与错误同,均得为意思表示撤销之原因……被上诉人因误信政府更正前土地公告现值,就买卖标的物即系争土地之价格为错误之意思表示,系属"民法"第 88 条第 1 项本文上段意思表示内容之错误,并非同条项本文下段表示行为之错误。另参见黄茂荣:《民法判解之理论体系(民法总则)》,1997 年版,第 303 页以下,质疑如立法者欲以该段规定规范表示行为之错误,则在条文上直接规定"或表示行为有错误者"即可,立法者既不为如是规定则应另有所指,即"若知其事情"应系指"所以促成为意思表示或其内容之决定的基础"(主观之法律行为或契约的基础),如该主观的基础成为契约内容,则与其有关的错误亦属内容之错误。针对如此之解释,有论者称法律行为基础论并非德国民法传统错误之范围,将其导继受德国民法错误规定之"民法"中似有不妥。参见周占春:《表示行为错误与动机错误》,载杨与龄主编:《民法总则争议问题研究》,1998 年版,第 261、269 页。

⑩ 参见洪逊欣,注⑤书,第 389 页;施玉波,注⑤书,第 251 页;史尚宽,注⑤书,第 364 页以下;黄茂荣,注⑨书,第 311 页以下;王泽鉴:《民法实例研习》,1998 年版,第 315 页。

⑪ 参见黄茂荣,注⑨书,第 310 页以下;洪逊欣,注⑤书,第 390 页。至于动机错误为相对人明知且付诸不问并致表意人加强错误之程度的情形,洪逊欣主张以诈欺处理,但亦有认应以权利滥用或违反缔约上过失之先告知义务解决者。(参见陈自强:《意思表示错误之基本问题》,载《政大法学评论》1994 年第 52 期,第 311、335 页)。

认为重要"者,亦构成撤销之原因。⑫

但在第 88 条第 1 项中之错误,要件上并未要求表意人需有足以推测其是否有错误之表示存在,而是以客观解释之方法决定错误是否存在⑬,故在将性质错误"视为"内容错误时,在要件上应无为不同处理之必然性。或谓如此将使相对人完全不受保护,但第 88 条要求表意人发生错误以无过失为必要,已设下一道障碍,同时,依据第 88 条为客观判断的结果,如因撤销而造成相对人发生损害,另以第 91 条赋予相对人寻求救济手段,因此应无对性质错误设下较内容错误更严格之要件的必要。

2. 内容错误说

主张此说者将性质错误的规定完全与动机错误分离,将其直接列入内容错误的项下说明⑭,并重于解释"性质"的内涵与"交易上认为重要"之程度。此类见解认为,动机存于人心之内部,非他人所得而知,即为同一类之法律行为亦因人而异,如一律加以考虑,将危害交易安全,故仅于例外之情形,亦即被表示之动机成为契约之内容时,始得视为内容错误。⑮

此说虽求以客观方法判断是否为性质错误,但其并未明确指出何以性质错误与动机错误有别。由学说对动机所举之例来看,其皆属表意人之主观的意图⑯,从保护交易安全角度而言,其结论乃属当然,但由学说针对性质错误所举之例,其是否全非属动机并非全无疑问。例如,于误以赝品为真品之情形,表意人系为收藏或赠与友人(且购入时不知其友人已死亡)乃其主观之理由,原即不必顾虑⑰,但认系真品一事亦同时为影响其做出购买该物之意思的因素,就心里之层面而言,其与主观之理由相同,仍属表意人之动机,而因该动机之错误所涉事项,如符合第 88 条第 2 项之要件,表意人即得撤销。换言之,关于性质错误的规定基本上仍应是以规范动机错误为出发点。⑱ 又,主张此说者谓主观的动机成为契约之内容,且为交易上重要者,亦视为内容错误亦非全无疑问。盖表意人之主观理由仅为自身活动范围内之偶发事件,其属表意人自身应负担之危险的领域,并不因其被表示而改变其本质。⑲

## 四、检讨

如上所述,原以欠缺效果意思为出发点之错误的制度,实际上却因发生争执者多为有关性质的问题,故对于第 88 条第 2 项之定位,学说上以性质错误之规定究为动机错误之例外,抑性质本身即可为表示之内容有不同见解。此问题看来虽与学说对该同条第 1 项中段之定位的论争类似,但其所隐藏之问题则更为复杂。盖因其立论基础之不同并非如该条第 1 项中段仅停留于概念之认知上的差异,而是影响到形成效果意思之动机是否应被考虑的效果问题。

(一) 以类型决定性质之见解

关于排除动机之见解,其必然需以客观之判断标准决定发生争议之性质是否属于交易上重

---

⑫ 参见史尚宽,注⑤书,第 366 页。
⑬ 参见陈自强,注⑪文,第 331 页。
⑭ 参见郑玉波,注⑤书,第 253 页;刘得宽,注⑤书,第 251 页;李模,注⑤书,第 188 页;黄茂荣,注⑨书第 280 页。
⑮ 参见刘得宽,注⑤书,第 252 页;郑玉波,注⑤书,第 253 页;黄茂荣,注⑨书第 291 页。
⑯ 如误认为某物行将跌价而急售其物、误信铁路铺设预定地而高价购买、为取悦友人而购入之香水的香味为友人无法忍受者。
⑰ 但即为主观之理由,如当事人将其列为契约之条件,则成为契约内容之解释的问题。
⑱ 参见周占春,注⑨书,第 276 页以下。
⑲ 表意人以欲获取利益而购入股票之动机,或不知友人已解除婚约而购入之赠品,并不因其被表示而得撤销。前者所定契约原属投机范围,后者之动机非交易上认为重要之性质。

要者,其有使无法预见一定性质之相对人却需承担错误之后果的危险;且如不严格限定"性质"之概念,其将存在着难以与属动机层次之性质区分的可能性。同样的危险亦会发生于将性质错误列为动机错误之一形态的见解,尤其是在相对人全无预见性质错误之情形,如容许表意人得撤销之,其危害交易安全之程度并不亚于前者。[20] 故有学说主张,第 88 条第 2 项之要件应以法律行为本身决定是否为交易上重要者。亦即"性质错误得撤销之理由并非基于认识之错误,而系标的物或当事人不符合依法律行为所应具有之性质",至于"何为依各该法律行为所应有之性质,不仅取决于当事人明示之约定,更应考虑法律行为之类型",如当事人未约定,亦无从由法律行为之类型求其性质,则表意人之误认为动机错误,不得主张撤销。因此例如买卖契约,当事人若无特别约定,于标的物符合"民法"第 354 条第 1 项之性质时,即不生瑕疵担保责任与性质错误的问题。[21]

以上之见解乃欲以当事人之合意解决因适用客观标准决定"交易上认为重要者"所引发之有害交易安全的危险,但在无约定时,判断标的物应具如何之性质,不仅依客观情形决定,亦应依当事人之主观目的定之[22],依此判断标的物有无瑕疵,将仍难与动机完全脱离;而如完全以客观标准决定是否具有一定性质,则其与排除错误之主张在方法上并无不同。

又,所谓依法律行为类型求其性质之做法是否对所有契约类型具有普遍性,仍有更进一步探讨之必要。例如误认为已有其他连带债务人而缔结保证契约,但实际上并无其他连带保证人,或是以为离婚时之财产分配非课税对象,但实际上分配到土地者却被课以巨额之增值税的情形[23],其虽非属物之性质或人之资格的问题,但其为各该行为之重要前提则不容置疑。以对契约内容之重要争点发生错误亦得撤销者,并非全无他例之情形来看("民法"第 738 条),可知于非属性质错误之情形仍有发生错误之可能,因此对于解决该类争执,采取类推适用性质错误之规定有其必要性。果尔,则依前述以法律行为类型决定其性质的方法,将造成排除对前二事例中之前提情事的考虑,盖其属动机之故也。如此之结论是否妥当,并非全无再加检讨之余地。

(二)动机与效果意思的连续性

依上述学说之见解,因在动机错误的情形,表意人之表示与内心的效果意思并无不一致,故动机错误非得撤销之理由。的确,于意思表示的情形,问题的重点在于表意人"要什么",而非"为什么要什么"[24],但不容否认的是,动机与效果意思具有连续性,亦即动机可为影响效果意思形成之远因或近因,二者亦有可能是处于直接或间接的关系,而其中如一定之动机为"决定双方达成合意之决定性理由"[25],却仅因其属动机的层次,即完全不加考虑而剥夺表意人脱离契约之拘束之手段,则有与内容错误失去均衡之虞。至于无区分动机错误与其他错误之必要的实质理由而言,首先于危害交易安全上,动机错误与其他错误并无不同,将二者为同样处理有调和交易安全之效果;实务上易发生问题者以动机错误之情形为多,有必要于理论上发展一单纯之错误理

---

[20] 参见陈自强,注⑪书,第 337 页。
[21] 参见陈自强,注⑪书,第 338、339 页。
[22] 参见 1984 年台上字第 1173 号判例;郑玉波:《民法债编法各论》(上册),1977 年版,第 43 页;邱聪智:《债法各论》(上册),1994 年版,第 113 页。
[23] 两个例子系分别取材自最判 1957 年 12 月 19 日判例《民法判例百选》(第四版,Ⅰ第十九事件)、东京高判 1991 年 3 月 14 日判决,载《判例时报》第 1387 号第 62 页。
[24] 黄茂荣,注⑨书,第 291 页。
[25] 学说上于处理动机错误之问题时,多仅漠然地为概念的操作,但如将表意人"决定达成合意之决定性理由"以"原因"称之,其与表意人之单纯的主观动机的差异较明确。参见〔日〕森田宏树:《民法九五条(动机・错误・中心)》,载广中俊雄等编:《民法典百年Ⅱ》,1998 年版,第 141 页。但为易于理解,以下仍用一般用语。

论,以免头小尾大。㉖ 在此前提下,重要的是以因动机误判性质之错误而撤销意思表示,需满足如何之要件,其关键即在于是否符合"交易上认为重要者"。㉗

以客观标准判断该要件之内容有危害交易安全之虞已如前述㉘,而依传统之见解,错误之所以将"意思表示之内容"列为要件,其目的即在将得撤销之情形限定于相对人或交易社会得预见之一定范围内,但因在认定时不仅存在着何者得被解为意思表示之内容的问题,更有甚者,于实非关于意思表示之内容的错误,唯有通过以默示之意思表示的解释方法将其拟制为意思表示之内容。换言之,在错误之对象应被包含于意思表示之内容的前提下,除非相对人就未被包含于意思表示之内容的所有事项——确认表意人是否有错误,否则即无信赖该意思表示之效果的基础,从而表意人即不得撤销。但如此之构成,却又可能因借默示之意思表示的操作而过度拟制了相对人得信赖之对象。为兼顾当事人间之平衡,采取以相对人对表意人之情事是否有发生信赖之可能为较可行之法。除解释当事人间之实质表示内容之外,依各该契约之具体状况,如相对人明知或可得而知表意人就一定事项发生错误之判断或抱持错误之认知,且其系以该判断或认知决定表达其效果意思,则该意思表示之"基础条件"亦为判断是否得撤销之要件,依此一方面可防止过度拟制之弊,另一方面亦得以避免相对人负担未能预期之危险。此要件非在内容之错误属必须,即在动机之错误亦然。㉙ 就后者而言,其乃判断是否属于交易上为重要者之要件,亦即该要件并非"社会一般之交易上认为重要者",而是"当事人间之交易上认为重要者",其内涵则为相对人是否得预见表意人之基础条件。

(三) 本件判决之检讨

查本件判决,以系争土地之因素在客观上及主观上均足影响购买人之意愿与交易上之判断,而认其为交易上重要之性质错误。然所谓影响购买人之意愿与判断是否即指其形成效果意思之动机而言,其与性质错误之规定的关系如何等,虽本判决并未加以说明,但依本文之立场,无论其采直接适用说或类推适用说,本判决于判断 X 对性质之动机的错误是否属于交易上重要者时,仍难脱离以客观标准进行判断之迷思,故对土地出售人是否有预见该性质错误之可能性完全未加考虑,以本案而言,出售人是否有预见可能性,当事人间约定之价金应属重要判断要素。亦即,如价金与系争土地之市价并无特别差异,则 Y 当无预见 X 有错误之可能,反之,如二者差距甚大,即应更进一步检讨其与 Y 之预见可能性的关系。㉚ 基于上述立场,本判决应仍有可进行更详细论证之空间。

### 结论性观点

关于性质错误的检讨,动机的错误是否应被考虑为一重要课题。一般虽将动机解为系形成效果意思之前阶段的内心意思,但其内涵并不明确。以动机与效果意思之关系而言,其有直接间接之区分,亦有远因近因之差别,如动机为决定双方达成合意之决定性理由,且其为相对人明知或可得而知者,则其属"交易上认为重要者",得为撤销之基础。

---

㉖ 参见〔日〕野村丰弘:《动机·错误》(民法判例百选Ⅰ),1982 年版,第 52 页。
㉗ 在将性质错误定位为动机错误之一形态的见解固然需判断是否满足该要件,即在将动机错误排除于性质错误之规定的立场者,亦应有类推适用性质错误规定之余地。
㉘ 参见陈自强,注⑪书,第 337 页。
㉙ 参见〔日〕川岛武宜:《民法总则》,1965 年版,第 289 页以下。
㉚ 前揭注④所引用之判决,虽非以相对人之预见可能性为要件,但其以价金为判断要素之一的说明足供参考。

# 条件与期限

——评"最高法院"2000年台上字第2747号判决

陈洸岳*

> **基本案情**
>
> 原告X与被告Y缔结甲、乙两种类货物买卖契约,并约定Y先支付甲商品部分货款,其余货款则俟复由Y购得该等商品之诉外人A付款予Y后再行支付。惟因系争货物有所瑕疵,A拒付货款。针对X诉请支付货款之请求,Y以因A拒绝付款,原约定条件尚未成就,故尚不生给付义务,资为抗辩。第一审判决X胜诉。第二审则以"约定之真意,究为系争货款之清偿期,抑系其所附停止条件,应斟酌立约当时之情形及契约文字以探求之",依约定内容及证据显示,当事人间约定之"待客户付款后再开票支付",为给付余款之停止条件,A以货物有瑕疵而拒付货款,即付款条件尚未成就,Y自无须给付。

> **裁判要旨**
>
> 针对X之上诉,"最高法院"以"当事人就既已存在之债务,约定于预期之不确定事实发生时履行,而非将债务之发生或消灭系于该不确定事实之发生,系对债务之清偿约定不确定期限,而非附以条件",X、Y间之货款债务既已确定发生,则除非两造之真意系以商品有瑕疵而遭拒付货款时,Y即无须给付余款,否则约定应系以货物无瑕疵、A之付款事实之发生为既已存在货款债务之清偿期,而非以之为付款之条件。至于不确定期限之清偿期的届至时,应以"该不确定事实发生时,或非因债权人以不正当行为致其发生已不能时"为准。原审之认定有所不合与疏略,发回更审。

> **学理研究**
>
> 本案主要问题点在于,当事人间约定之"待客户付款后再开票支付"究系条件或期限。

## 一、条件与期限之区别

由于条件与期限在内容与效果上并不相同,故二者虽同为当事人以其意思表示限制该法律行为效力之发生或消灭的附款,但在认定上仍须严加区别。亦即,条件乃使法律行为效力之发生或消灭系于将来之不确定事实的成否[1],在结果上,其影响法律行为本身之效力;而期限乃使法律行为之效力的发生、消灭或债务之履行系于将来必会发生之确定的事实[2],在结果上,法律行为之效力的发生或消灭系自始确定,但其发生、消灭或债务之履行受到事实发生时期之影响。[3]就本案而言,如将付款内容理解为期限,则Y已无法取得A之付款的事实,意味着其对X之债务

---

\* 政治大学法律学系助理教授。

[1] 参见洪逊欣:《中国民法总则》(修订版),1988年版,第415页;施启扬:《民法总则》(增订第六版),1994年版,第265页;黄立:《民法总则》,2001年版,第350页。

[2] 参见洪逊欣,注[1]书,第435页;施启扬,注[1]书,第275页。

[3] 参见黄立,注[1]书,第367至368页。

清偿期之到来。反之,如将其理解为条件,则意味着条件尚未成就,X 将无法行使其请求权。原审法院与"最高法院"对两造约定内容有不同之认定结果,实即基于二者在效果上之差异所致。由于二者分别是以将来不确定是否发生与将来确定发生之事实为内容,故在原则上应不难区别。亦即,时期(事实)确定但是否发生并不确定、事实与是否发生皆不确定的情形,是为条件。时期与到来皆确定、时期不确定但到来确定(所谓之"不确定期限"),是为期限。④ 在此原则下,将明确之附款内容加以比对原即可判别,但正如本案所显示,附款究属条件或期限往往并不明确。尤其是不确定期限虽在到来时期不确定之点上,与条件在性质上相同,而在是否到来一点上与条件有别,但在当事人以一定事实之发生为条件或期限时,由于该将来之事实在外观上并无不同,依一般交易观念或有认其为确定到来者,或有认其为不确定到来者,此认知上之不确定性即影响到将附款理解为条件或期限之结果。⑤ 由上可知,虽在概念上区别条件与期限乃属可能,但如何区别条件与不确定期限仍有进一步检讨之必要。

### 二、学说与实务

基于前述学说对条件与期限定义之说明可知,即为不确定期限,作为附款事实之必然到来,乃与以附款事实是否到来并不确定之条件区别之基准。以学说对于不确定期限多以举"死亡"为例⑥,其在讲学上的确明白易解,而在实际事案中,亦有除死亡之外,因事实本身符合该基准,而可得出相同结论者。

案例1:X 与 Y 间,就因故停工之公共工程中已施作部分之材料与安全维护,缔结租赁与承揽契约,并约定该契约之效力至"工程重新招标后新承揽商完成新约之日止"。俟因 Y 以新得标厂商迟未能办理签约,认已无再继续其与 X 间之契约的必要而终止该约,X 乃诉请确认契约关系之存在。针对前述附款究为期限或条件,判旨称,该公共工程客观上必有新承揽商得标继续施工,且依约定,当事人已将兴建工程之政策是否变更一事排除在外,其属将来可得确定之事实。故"本附款之性质系属以将来确定到来,而其到来时期未定之事实发生与否,决定契约效力之存续期间,换言之,本件契约应为不确定期限之定期租赁与承揽之混合契约"。虽 Y 终止契约有违"民法"第 450 条第 1 项规定,但因 X 已与 A 完成新约,期限届至。⑦

案例2:就请求判决分割土地之案例,Y 等虽主张其与 X 有"应将系争土地与其他土地合并办理分割,不得单就其中一笔或数笔土地为分割"之约定,其系属"民法"第 823 条第 1 项但书之"不分割之期限"。"最高法院"则认为此约定之性质似应属于条件而非期限。⑧

案例3:当事人间之提供土地合建房屋契约书中,对分得房屋坪数如有出入,由当事人互相补贴,且"该补贴款于兴建房屋完成每层灌浆时平均补贴"。X 依此约定请求补贴款及其迟延利息。Y 则抗辩称,房屋完成每层灌浆系客观上不确定事实,属于条件而非期限,固因条件成就负支付补贴款义务,但因该给付债务并无确定期限,X 亦从未请求给付,故无迟延利息之发生可言。"最高法院"称:"兴建房屋,各层楼版等灌浆(水泥),为确定到来(发生)之事实,其为期限甚明。"⑨

---

④ 参见黄立,注①书,第369页。
⑤ 参见黄立,注①书,同页注,即谓:虽1958 年 11 月 10 日民刑庭总会决议:甲乙二人订立房屋租赁契约,其内容须以特定条件始能终止契约,系定有不确定期限之租赁契约,即以特定条件为其租赁期限届满之时,但若法院并不确信特定条件必然到来,当然会认为此一约定系属条件。
⑥ 参见洪逊欣,注①书,第 435 页;施启扬,注①书,第 276 页;黄立,注①书,第 369 页。
⑦ 参见宜兰地方法院1996 年简上字第 24 号判决。
⑧ 参见"最高法院"1996 年台上字第 1202 号判决。
⑨ "最高法院"1997 年台上字第 3119 号判决。

就上述案例而言,法院在推论过程上,系以各该约款分别为将来确定之事实或不确定之事实为前提而决定其为条件或期限,但不容否认的是,其所得出之结论系受到事实关系之影响。亦即,将附款理解为期限之案例一、三乃因当初所约定之事实(签订新约与实施灌浆)已确实发生,故得以此结果反推当初之附款内容为一确定之事实。实际上,即将该等附款认定为不确定事实(条件),亦将因事实之发生而使条件成就,在结果上并无不同。⑩换言之,在附款成立之当时,除非客观上足认其即为一必然发生之事实,否则以在嗣后确定发生之事实决定该事实当初之性质,仍有其不明确之处。而此问题在约定之附款事实如确定的"不发生"时,如何正当化其为条件或期限,将使问题更为复杂。

### 三、不确定期限

案例4:Y等之建物无权占用已遭征收并由X管理之土地,经协调结果,双方达成:(1)"由A提供(于一定条件下及期限内得撤销原被征收之)三笔土地予Y等,Y等则于分得A提供土地分配所有权后1个月内,将占用土地上之建物交X拆除";(2)"X于取得处理工作圆满完成报告后,根据A提出担保切结书后,应办理撤销征收"之协议。惟因补偿问题协调两年余未成,致A等被征收土地恢复为校用土地。X乃以与Y协议之内容已无从实现,请求拆屋还地。针对第一审有利于X之判决结果,Y提起上诉主张,依前述(1)之协议内容,X之请求权乃附有停止条件与期限,条件既未成就,则X之请求无理由。X则抗辩,协调补偿未成致A等土地维持变更为校地,其已符合"民事诉讼法"第397条之"情事变更",且造成如此结果系因Y拒不配合,使原协议无从实现,爰依"民法"第767条请求拆屋还地。二审法院采纳Y之主张谓,X之请求权应俟协议内容之条件成就期限届至始生效力,且Y未能取得前开土地所有权,并无可归责事由,亦无Y以不正当行为阻止条件成就之证明,X之请求无理由。

针对X之上诉,"最高法院"以"民法所谓条件,系当事人以将来客观上不确定事实之成就或不成就,决定法律行为效力之发生或消灭之一种附款。使法律行为效力发生或消灭,为附条件法律行为之本质,如以已发生权利之行使系于条件之方法设定权利,则非附条件之法律行为。苟当事人非以法律行为效力之发生,而仅以其履行系于不确定之事实者……此约款并非条件,应解释为于其事实发生时,为权利行使期限之届至。在此情形,若该事实之到来确定不发生,应认为其期限已届至……两造系于X对Y有物上请求权之后,再达成协议,约定X应于何时拆除系争房屋而已。得否以此径认系停止条件?X是否得以'协议土地'恢复为学校用地,Y确定已无法取得A之土地为由,请求拆屋还地?即非无研求之余地"⑪为由,废弃原判决并发回更审。

以本案例而言,是否得取得第三人之土地,因其牵涉到当事人间主观上之因素,将来是否必然发生并不确定。因此如依传统之图式归类,其应属条件无疑(二审之见解)。但判旨对以不确定事实限制原已存在权利之行使及义务之履行的情形,将其认定为不确定期限,且该期限于事实不发生时到来。诚如事实关系所示,X之物上请求权原即存在,如将附款解为条件,且因其不发生致条件永远无法成就,则X将无法回收土地,结果上显然欠缺妥当性。惟因本案例所涉者系物上请求权,是否有必要将本案所确立之法理设限,乃判旨所引发之另一问题。而由本文开头所引案例可知,关于一般之债权债务,如当事人将其履行维系于不确定之事实(第三人是否付款本身,

---

⑩ 此处所谓之"并无不同"系指因事实之发生使条件成就或期限届至之形式效果,至于条件成就与期限届至后之实质效果,则仍有所不同(例如:案例1之附款如为条件,则因条件成就而使契约消灭,无待终止,而案例3即牵涉到是否发生迟延利息的问题)。

⑪ "最高法院"1998年台上字第129号判决。

因涉及该第三人之主观因素与资力,属于不确定事项),则上开"最高法院"之认定基准仍被沿袭适用。亦即,权利之种类并非影响附款性质之因素。

此类案例已明显地脱离传统学说对区别条件与期限所设之图式。亦即,依传统见解,期限如为必定到来之事实,则以是否到来并不确定,且已确定不到来之事实为附款,在结果上应无将其认定为期限之可能。但尽管如此,判旨似以不确定事实之不到来作为权利之行使与债务之履行的始期。其主要理由在于,因条件之本质在于使法律行为效力发生或消灭,如当事人之权利或债务原即存在,且将相对人之履行系于不确定事实者,其即非条件而系期限。如此之说明是否完整仍有检讨余地。的确,条件乃使法律行为效力发生或消灭之附款,但须注意的是,因法律行为而生之权利于该法律行为成立当时已然存在,只是权利之行使须待一定事实之发生,就此而言,其与以期限限制原已存在之权利的行使并无不同;且权利之行使与义务(债务)之履行,乃一体之两面,实难谓因事关履行,即得将未来不确定发生之事实解为期限,并因其确定不发生,即生期限到来之效果。由此看来,决定不确定事实不发生时之效果,传统见解之图式有其极限,而实务之理论架构亦并不周延,最终唯有依当事人之效果意思判断之。

**四、效果意思之解释**

如上反复言及,条件与期限乃法律行为之当事人以其意思表示限制该法律行为效力之发生或消灭的附款,因其系以当事人之意思表示使法律行为发生不完全之效力,故有异于基于法律规定而使法律行为发生不完全效力之无效或得撤销的情形;又因其附加于法律行为之约款,其内容与效力与其他附有约款之法律行为(如免责约款、买回约款、所有权保留约款等)并无差异,且因条件与期限系当事人之效果意思构成一体之内容而被附加于该法律行为,并非该法律行为发生效力之不可或缺的要件,故可谓系"附随于主效果意思之从效果意思"⑫,其具体内容与效果乃属意思表示解释问题之一环。因此,在进行解释时,附款事实固为重要之依据,但其仍须配合当事人之附款意思共同检讨。

以解释之方法而言,早有学者提出"当事人之意思,在于欲使法律行为之效力,将来必行发生或消灭,而由于此意思,预定某事实将来必有一日实现,以该事实为附款者,该附款应解为系不确定期限,否则为条件"。⑬亦即,于解释当事人之效果意思时,其重点并非在于探求当事人是否确信作为附款之事实必会发生的真意,而是在于应探求当该不确定事实确定发生或不发生时,当事人之真意系欲以该结果使其原预定法律效果发生或消灭,并以当事人之意思作为决定附款性质之基准。其在实际上之运用,有下列之事例可供参考。

当事人于缔结金钱借贷契约时约定"于借款人结婚时返还借款",但借款人却未结婚即死亡,贷与人乃向借款人之继承人请求返还借款,继承人主张因被继承人事实上已不可能结婚,故该债务已消灭。法院判决理由称"于约定债务履行时期时,如约定以债务人之婚嫁时为履行期,其为就债务之履行约定不确定期限,不得谓将债务之消灭系于条件。盖……约定以债务人之婚嫁时为债务履行之情形,当事人之真意应解为债务人发生未婚嫁之事实而死亡时,以其死亡时为履行其之到来,不应将其解为未发生婚嫁事实时使债务消灭之意思"。⑭以婚嫁时为债务履行期,其为一将来是否发生并不确定之事实乃毋庸置疑,而判旨不以形式上之图式判断,而以当事人真意为基础作出实质上之判断,符合意思表示解释之原则。而其他学说对于不同之事例亦提出类

---

⑫ 〔日〕川岛武宜:《民法总则》,第245页。
⑬ 洪逊欣,注①书,第416页。
⑭ 日本大审院1915年(1914年)2月19日判决(民录二一辑,第163页)。

似之看法,亦即,于当事人约定于借款人功成名就时为返还期限之情形,学说主张"如其为未功成名就时即不必偿还之意,因其为关于请求权之成否,故为条件。反之,如其为迟早须偿还,当事人仅将其延缓至功成名就时,因其与请求权之成否无关,而系仅关履行期,故为期限……此种情形之附款内容,其意为在有功成名就可能性之期间内,延缓其清偿期,如该可能性消灭即不再延缓,从而在结果上,其约定为'功成名就时或功成名就确定不能时'。基此,其可谓为必然实现之事实"。⑮

学说之主张与前述判决理由最大之不同点在于,学说虽亦以探求当事人真意为出发点,但其最终则以其为基础,导出当事人实际上仍系以一确定到来之事实为期限之约款,以维持区别条件与期限之图式。如此之解释,对当事人间系处于双务有偿契约关系者确有其妥当性。亦即,在双方当事人互负债务之情形,如将附款解为条件,并以其不发生或无发生可能性而使债务消灭,其显然系对"有偿"之世界强制适用"无偿"之原理(亦即实质上成为赠与),在结论上显然不妥。⑯故透过当事人真意之解释,可避免不当之结论。但如为无偿契约(如亲子间之借贷),除非当事人确有前述之真意,否则仍应以将当事人真意解为事实未发生时亦继续延缓其清偿期,应较符合一般社会观念。⑰前述学说虽欲以当事人真意合理化其附款仍为一确定发生之事实,但显然未能通盘地作为解释法律行为当时已存在债务之附款的基准。

无论为条件或期限,附款本身乃基于法律行为自由原则而成立之任意约定,"民法"中之相关规定无非系就条件或期限之共通性质,定其一般的解释标准而已,附款之内容及其效力如何,于有疑义时,仍应以意思表示解释之一般理论定之。⑱换言之,传统之判例与学说所确立之图式固为决定附款性质之重要指标,但必须注意者,对于无法单纯地以事实是否必然发生而定其性质之情形,仍须通过解释当事人真意,以决定附款究为条件或期限。

### 五、期限事实之不到来

在附条件或期限之法律行为,其先须决定附款本身为条件或期限,已如前述,而无论何者,当条件成就或期限届至时,即生当事人预期之效果。但在不确定期限之情形,除附款事实确定发生外,另有可能为该事实迟不发生或确定不发生,该等情况之实现是否发生期限届至之效果、其理由为何,皆为一另须探讨之问题。

(一)确定不发生

在当事人之效果意思系以将来之不确定事实为附款时,该事实之发生即生期限到来效果固不待言,即其确定不发生,如依附款可推知当事人具有以其不发生为期限到来之意思,亦因此而生期限到来之效果。换言之,其为意思解释之当然结果,并非不确定期限特有之问题。因此,前述以"婚嫁时"为偿还期限之事例,在得认为当事人之意思亦同时以事实之不到来为附款事实之实现时,则借用人之死亡致婚嫁未能实现时,即为履行期之届至时。⑲

---

⑮ 〔日〕我妻荣:《新订民法总则》,1965年版,第407—408页;〔日〕四宫和夫、能见善久:《民法总则》,1994年版,第314页。

⑯ 参见〔日〕川村泰启:《条件·期限》,载柚木馨等编集:《判例演习(民法总则)》,1963年,第228、231页。

⑰ 参见〔日〕于保不二雄编集:《注释民法》(四),1967年,第317页,金山正信执笔。依其见解,此种附款乃一既非条件,亦非期限之特殊约款。

⑱ 参见洪逊欣,注①书,第414页。

⑲ 另如X与Y约定以Y经营餐饮店所获盈余偿还债务,却因Y结束营业致未能依协议方法清偿之情形,法院认定该不确定期限于Y结束营业时届至(东京地判1959年10月27日判决,载《判例时报》第207号,第30页)。其应亦系基于相同之解释。

通过探求当事人真意,将未来是否发生并不确定之事实的附款解为不确定期限时,如因囿于期限本身必然到来之性质,而以该事实确定不能发生使原债务成为无期限,其显然有违当事人设定期限之本意。尤其是在双务有偿契约,当事人之附款意思必然着重于债务之履行期;因事实不发生所生与期限概念之本质上之矛盾,并非当事人所关心之事。换言之,以不确定事实之发生为期限时,期限之到来时实系一体不可分地包含了事实发生时与确定发生不能时。[20] 然如此之结论仍须有所保留,亦即,如附款系从属于如前述所述之无偿契约,则因其乃当事人间之特殊约款,故不得为相同之处理。[21]

(二) 期限事实迟不发生

在不确定事实已确定不发生之情形,如其为因事态之自然进行所致,则其与事实已确定发生相同,该期限届至。但在该情形之外,因附款本身为一不确定事实,如其迟未确定是否发生,或当事人为避免因期限届至之效果而以不正当行为促其发生或不发生,其应如何解决仍为问题。

以后者之情形而言,"民法"虽并未就期限设下如第101条拟制条件成就或不成就之规定,但学说认为以不正当行为促成不确定事实提早到来之情形,应可类推适用"民法"第101条之规定。[22] 而如上述,在当事人以不确定事实为附款,且其真意系为延缓清偿期之情形,该事实之确定不发生既与事实之发生同生期限届至之效果,则当事人以不正当行为延阻其发生(即以不正当行为使其不发生)时,亦应为同样之解释,使期限届至。然在类推适用时须注意者,虽一般认为适用第101条时,须以当事人之主观上之故意为要件,但最终仍应以当事人之主观上之恶性的程度,配合诚信原则判断之。[23]

相对于上述之情形,如当事人并未以不正当行为促使期限拟制届至,则仍唯有通过当事人意思之解释,并运用诚信原则,决定迟不发生时之期限的届至时。

### 结论性观点

附款事实是否发生为一不确定之状态时,决定该附款之性质究为条件或期限,并非以当事人间原是否存在着债权债务关系判断为已足,而是应探求当事人真意,究明该附款乃为使债务消灭或仅为延缓权利行使之时期。以本案而言,其为双务有偿契约,除非有特别之情事,否则依一般当事人之意思,其应系以附款延缓债务人之清偿期限。判旨确立以当事人真意为区别条件或期限之基准,对于解决类似情形之纷争,具有重大意义。至于债务清偿期之届至时,以本案而言,如A付款则期限届至固无疑问,而判旨所称"非因债权人以不正当行为致其发生不能",应系指非X故意以给付瑕疵货品致A拒绝付款,换言之,在无判旨所举之例外情形时,A拒绝付款确定时亦为Y应对X清偿债务之期限届至时。判旨之结论确属正确,惟以作为对不确定事实之"发生不能"提出具体判断基准,且深具指标性作用之先例判决的意义而言,在该部分之理由说明似有所不足,其发展仍有待今后之观察。

---

[20] 对此问题,学说亦有以因当事人之约定系以该不确定事实必然到来为前提,此前提既确定不到来,附款乃失去效力,原债务恢复为未定期限之单纯债务,债权人即得请求。其在结论上并无不同(参见注[17]书,第397页)。

[21] 详见注[17]书及前注所引文献。

[22] 参见黄立,注①书,第371—372页。

[23] 参见陈洸岳:《附停止条件权利之不可侵性》,载《月旦法学》2000年第67期,第12页。具体例如,在以"功成名就时为清偿期"为附款之情形,如债务人丝毫不努力地过着怠惰的生活,客观上无有所成就之可能,则应类推适用第101条,使清偿期限届至(参见注[17]书,第399页)。

# 预扣利息与金钱借贷之成立

——评"最高法院"1998年台上字第2244号判决

刘春堂*

### 基本案情

本件上诉人主张:伊于1994年12月29日,为担保诉外人甲向被上诉人借款新台币(下同)50万元,同意提供伊所有如原判决附表所示之房地设定抵押权予被上诉人。讵被上诉人于办理抵押权设定登记时,擅将抵押权担保债权额登载为204万元;且其实际仅交付借款44.5万元,嗣并经甲清偿107 600元,系争抵押债权仅存337 400元。乃被上诉人于1996年8月12日竟以伊积欠抵押债务195万元未偿为由,申请法院裁定许可拍卖抵押物,进而申请强制执行,伊之权利有受侵害之虞等情形,求为确认系争抵押权所担保之债权超过337 400元部分不存在之判决。

被上诉人则以:上诉人于1994年12月29日与甲向伊借款50万元,连同上诉人前陆续向伊借用之金额,双方会算,共计欠伊170万元,经上诉人同意,设定系争抵押权予伊,以供担保。上开借款加计自1994年12月29日起至1995年12月29日止之利息,扣除已清偿部分,上诉人尚欠伊1 973 000元,伊以195万元申请法院强制执行,并无不合等语,资为抗辩。

### 裁判要旨

本件诉讼当事人所争执者,涉及多笔借款是否存在暨其数额为多少之问题,其中一笔为上诉人与甲向被上诉人借款50万元,被上诉人系预扣3个月利息5.5万元,实际仅交付借款44.5元,嗣并经甲清偿107600元。双方当事人就上开事实并无争执,惟对于该笔借款之本金,究应为50万元抑或为44.5万元,则不无疑义,本文拟仅就此部分加以评析。

关于此部分,"最高法院"于本判决中谓:"按金钱借贷之贷与人自贷与金额中预扣利息,该部分既未实际交付借用人,自不成立消费借贷,其贷与之本金额应以利息预扣后实际交付借用人之金额为准。"查上诉人一再主张:伊与蔡建德于1994年12月29日向被上诉人借款50万元,被上诉人预扣3个月利息5.5万元,实际交付借款44.5万元,嗣由甲清偿107600元,被上诉人之债权应仅存337400元,上诉人此项主张是否毫无足采,即待推求,原审就此未详加调查审认,遽为上诉人不利之认定,殊嫌速断。因而废弃原判决,发回原审台湾地区高等法院高雄分院。

### 学理研究

**一、金钱借贷之意义及成立**

(一)金钱借贷之意义

"民法"第474条第1项规定:"称消费借贷者,谓当事人一方移转金钱或其他代替物之所有

---

\* 辅仁大学法律学系教授。

权于他方,而约定他方以种类、质量、数量相同之物返还之契约。"由于以金钱为标的物之借贷(金钱借贷),除少数之特例(如借用金钱供展示之用,展示完毕即以原钞返还)外,通常系由一方当事人移转其所有权于他方当事人,并约定由他方当事人返还相同种类、数量之金钱,故属于消费借贷之一种。此项契约之当事人为贷与人及借用人,该贷出金钱而移转金钱所有权于他方之一方当事人,称为贷与人;该借入金钱而约定返还相同种类、数量金钱于一方之他方当事人,称为借用人。

以金钱借贷之借用人是否须支付利息为区别标准?金钱借贷可分为附利息之金钱借贷与未附利息之金钱借贷,借用人须支付利息者,为附利息之金钱借贷,属于一种有偿契约;借用人无须支付利息者,为未附利息之金钱借贷,属于一种无偿契约。关于金钱借贷之借用人是否须支付利息,由当事人自由约定之,利息之支付并非金钱借贷之成立要件。就今日信用制度发达之金融交易观之,现时之金钱借贷,原则上莫不附有利息,因而附利息之金钱借贷乃成为最普遍之形态。

就本件案例观之,其借贷之标的物为金钱,一方已移转金钱之所有权予他方,且未有应返还原借用金钱(即返还原物)之特殊情形,故属于一种消费借贷。又当事人有支付利息之约定,并已预扣利息,故应属于附利息之金钱借贷,而为有偿契约。

(二)金钱借贷之成立

关于金钱借贷之成立,依"民法"第474条之规定,其情形有二:要物的金钱借贷与合意的金钱借贷。简述如下:

1. 要物的金钱借贷

所谓要物的金钱借贷,系指以当事人之合意及金钱所有权之移转为成立要件之金钱借贷。换言之,所谓要物的金钱借贷,系指除由当事人双方,就一方移转金钱之所有权于他方,他方以种类、数量相同之金钱返还,业经互相表示意思而趋于一致(合意)外,尚须一方交付金钱以移转其所有权予他方,始能成立("民法"第474条第1项),系一种要物契约。① "民法"上之金钱借贷,原则上为要物的金钱借贷。

如上所述,要物的金钱借贷,其成立以移转金钱之所有权予借用人为要件,此之移转金钱所有权,通常系以交付金钱(即金钱之授受)之方式为之。惟为缓和金钱借贷之要物契约性,以避免扞格发生,并能切合社会交易实态及需要,因而学说判例认为不以此为限,即以交付金钱以外之其他替代方式为之,只要其经济之价值相当于金钱之授受,而归属于借用人者,亦无不可。②

2. 合意的金钱借贷

所谓合意的金钱借贷,系指因金钱借贷以外之原因而负有金钱之给付义务时,当事人约定以该应给付之金钱作为金钱借贷之标的,因而所成立之金钱借贷(第474条第2款)。例如甲出卖汽车予乙,价金100万元,买卖价金尚未支付,而由出卖人甲与买受人乙合意,将该100万元之价金债务转换为100万元之借款债务,即甲与乙合意,以甲为贷与人,乙为借用人,该尚未支付之100万元价金为金钱借贷之标的,因而在甲乙间成立100万元之金钱借贷是。此种仅因当事人之约定而转换成立之金钱借贷,并不以当事人间实际上有金钱之授受为要件,与前述要物的金钱借贷不同,其立法目的,亦在缓和金钱借贷之要物性。③

就本件案例观之,上诉人(借用人)并非因对被上诉人(贷与人)负有金钱之给付义务,由双

---

① 参见刘春堂:《民法债编各论》(上),2003年版,第454页以下。
② 参见刘春堂,注①书,第456页以下。
③ 参见刘春堂,注①书,第469页以下。

方当事人约定以该应给付之金钱作为金钱借贷之标的,因而所成立之金钱借贷,自非成立合意的金钱借贷。换言之,即本件案例当事人间所成立之金钱借贷,系属要物的金钱借贷,而非合意的金钱借贷。

## 二、预扣利息与巧取利益

### (一) 利息之支付时期

第477条规定:"利息或其他报偿,应于契约所定期限支付之。未定期限者,应于借贷关系终止时支付之。但其借贷期限逾一年者,应于每年终支付之。"故关于利息之支付时期,自得由当事人约定之,至于此项支付期限,应如何约定,法无限制,因而约定由借用人预付利息者,亦无不可④,但不得借此巧取利息(益)。从而当事人就利息之支付时期,有约定者,借用人自应依约定期限支付之;未为约定者,则采息后付主义,即借用人应于借贷关系终止时支付之,但其借贷期限逾1年者,应于每年终支付之。

### (二) 最高利率之限制及巧取利益之禁止

关于金钱借贷,固得由当事人约定应支付利息,惟贷与人不得重利盘剥,借图暴利。故"民法"关于利息,除设有限制最高利率之规定外,即第205条规定:"约定利率,超过周年百分之二十者,债权人对于超过部分之利息,无请求权。"另设有禁止巧取利益之规定,即"民法"第206条规定:"债权人除前条限定之利息外,不得以折扣或其他方法,巧取利益。"巧取利益之方法甚多,首推折扣,例如借款10万元,照8折扣算,实收8万元,然后再以8万元作为10万元,依年利率10%计算利息。⑤ 其他如另用礼金名义,向债务人收取礼金,或贷与一定之金额而使债务人负支付年金之义务,或将利息暗算于汇票票面金额等均属之。

如上所述,当事人固得约定由借用人预付利息,惟因当事人约定于金钱借贷成立时,即为付息期,而由贷与人(债权人)于其所贷出之金额中,预扣借用人所应预付之利息(预扣利息或利息预扣),将其余额交付借用人者,与前述之"折扣",有异曲同工之妙,贷与人不免以为手段,而巧取利益。职是之故,关于贷与人之预扣利息,自亦应解为属于一种巧取利益之方法⑥,其超过法定最高利率(周年利率20%)之限制者,该超过部分即属巧取利益,而有第206条规定之适用。

### (三) 巧取利益之效力

贷与人(债权人)巧取利益者,固为第206条规定所禁止,惟贷与人(债权人)所巧取之利益,须超过法定最高利率(周年利率20%)之限制者,其超过部分始为巧取利益,而有该条规定之适用。换言之,即贷与人(债权人)纵有以折扣或其他方法,收取利益,若未超过法定最高利率之限制者,则除所用之方法有背公序良俗,应属于无效者外(参见"民法"第72条),仍非巧取利益,而无第206条规定之适用。至于贷与人(债权人)违反民法第206条规定而巧取利益者,关于巧取

---

④ 参见郑玉波:《民法债编各论》(上册),1971年版,第330页。
⑤ "最高法院"1940年上字第1306号判例谓:据上诉人称,借字上所载1200元之数额,实照八折扣算,只收到960元云云。如果属实,自系"民法"第206条所谓以折扣方法巧取利益,关于折扣之240元,被上诉人既未实行交付,即不发生返还请求权。
⑥ "民法"第206条之立法理由(说明)为:谨按所谓债权人以折扣或其他方法巧取利益者,如借债时约定九五实收或预扣1年利息等情形是也。此种方法,殊有扰乱社会经济及破坏善良风俗之嫌,自为法所不许,故本条特设禁止之规定。

利益(即超过法定最高利率限制)之部分,并非无效⑦,仅贷与人(债权人)对之无请求权。⑧ 盖因第 206 条系紧接第 205 条所设之一种补充规定,违反该条规定之法律效果,应与违反第 205 条规定相同,而违反第 205 条规定者,并非无效,仅贷与人(债权人)关于该超过法定最高利率限制之利息,无请求权而已。

如上所述,当事人所约定之利息若有超过法定最高限额,或有巧取利益之情形者,并非无效,仅贷与人(债权人)对之无请求权。职是之故,若借用人(债务人)已就超过限制部分之利息或巧取利益,为任意给付时,自不得主张贷与人(债权人)系不当得利而请求返还。⑨ 惟此处所称任意给付,应为限缩解释,系指借用人(债务人)已任意为现实支付而言,从而于预扣利息之情形,自难谓系借用人(债务人)任意给付。故贷与人(债权人)所预扣之利息,若已超过法定最高限额或属于巧取利益者,就其超过限额或巧取利益部分,自得请求贷与人(债权人)返还;或不请求返还,而以该超过限额或巧取利益部分,抵付次期利息。

就本件案例观之,上诉人(借用人)向被上诉人所借人之金额为 50 万元,依周年最高利率 20% 计算,其周年最高利息总限额为 10 万元,每 1 个月最高利息限额为 8 333 元(尾数四舍五入),3 个月之最高利息总限额为 24 999 元。惟本件被上诉人系预扣 3 个月利息计 5.5 万元,每 1 个月利息为 18 333 元(尾数四舍五入),显然已超过每 1 个月最高利息限额(其限额为 8 333 元),即每 1 个月超过 1 万元,总共超过 3 万元,此部分当属巧取利益,而应有第 206 条规定之适用。

**三、预扣利息与要物的金钱借贷之成立**

(一)问题说明

由于要物的金钱借贷,系以当事人之合意及金钱所有权之移转为成立要件,从而于贷与人(债权人)预先扣除利息仅交付其余额者,例如乙向甲借款 10 万元,期限 1 年,约定年利率 20%,预扣 1 年利息 2 万元,甲仅交付其余额 8 万元予乙,即乙实际上受领金钱 8 万元,于此种情形,究系以其全额 10 万元成立金钱借贷,抑或仅以其实际交付额 8 万元成立金钱借贷? 不无问题。

(二)日本之学说及判例

日本学者关于此项问题,基本上有三种不同见解,分述如下⑩:

第一说:此说系着眼于金钱借贷之要物性,认为就预先扣除部分不成立金钱借贷,应以实际交付金额成立金钱借贷,故此说可称为实际交付金额成立说。其立论基础为金钱借贷系要物契约,以金钱之交付为成立要件,其预先扣除部分既未交付,就该未交付部分应不成立金钱借贷。

---

⑦ 关于此项问题,台湾学者有不同见解,有人认为,巧取利益之行为应属无效,参阅王伯琦:《民法债编总论》,正中书局 1962 年版,第 127 页;郑玉波:《民法债编总论》,台北三民书局 1993 年版,第 228 页。有认为其巧取利益之部分应属无效者,参见邱聪智:《民法债编通则》(上),2000 年版,第 331 页;孙森焱:《民法债编总论》(上),1999 年版,第 403 页。

"最高法院"1955 年台上字第 1165 号判例谓:被上诉人提出之借用证书,所载借用金额,既包含"民法"第 206 条所谓以其他方法巧取之利益在内,则关于巧取利益部分,系属违反禁止规定,被上诉人自不得请求上诉人给付。

⑧ 参见洪文澜:《民法债编通则释义》,文光图书 1959 年版,第 188—189 页;胡长清:《中国民法债编总论》,商务印书馆 1964 年版,第 229 页;郑玉波:《民法实用(债之通则)》,1970 年 2 月再版,第 88 页;郑玉波,注⑦书,第 228 页认为,巧取利益之行为应属无效。

⑨ 参见"最高法院"1990 年台上字第 1306 号(见注⑤)、1944 年上字第 746 号判例;"司法院"1945 年院字第 2826 号、1946 年院解字第 3162 号解释。

⑩ 参见郑玉波,注⑧书,第 90—91 页;刘春堂,注①书,第 460 页以下;[日]我妻荣:《债权总论》,岩波书店 1978 年版,第 55 页;[日]水本浩:《契约法》,有斐阁 1995 年版,第 183 页。

依照此说,以前例言之,则仅就实际交付之 8 万元成立金钱借贷,借用人应返还 8 万元,利 1.6 万元,和为 9.6 万元。

第二说:此说系着眼于利息先付之合法性,认为预先扣除利息系利息之先付,从而仍应就包含预先扣除部分之全额成立金钱借贷,故此说可称为全额成立说。其立论基础为利息之支付期限,得由当事人约定之,其约定由借用人(债务人)先行支付利息者,乃债务人(借用人)抛弃期限利益,依契约自由原则,应属有效;而利息先付,通常系由贷与人(债权人)于交付贷与金额时扣除之,即预先扣除利息系利息之先付,在实质上已给予借用人(债务人)与现金交付同一之经济利益。依照此说,以前例言之,即仍就原约定之 10 万元成立金钱借贷,借用人应返还(本)10 万元。

第三说:此说系着眼于利息先付之合法性及暴利性,认为依利息先付之合法性,故应就包含预先扣除部分之全额成立金钱借贷,惟基于利息先付之暴利性,因而该预先扣除额中超过法定利息限制部分,应以之抵偿原本,换言之,即以实际交付数额为准,依周年 20% 利率计算其最高利息限制额,预先扣除之利息,其数额如超过此项限制额时,则以其超过部分抵偿原本,借用人只须返还余额,故此说可称为超过法定最高利息限制部分抵偿原本说。依照此说,以前例言之,应以全额 10 万元成立金钱借贷,惟因乙实际受领之金额为 8 万元,依最高年利率 20% 计算,其 1 年之最高利息限额为 1.6 万元,所预扣 1 年利息 2 万元,已超过最高利息限额 0.4 万元,应以此超过最高利息限额之 0.4 万元抵偿原本,借用人只需返还(本)9.6 万元。

综据上述,可知于预扣利息而超过最高利息限额之情形,第一说与第三说,其结果虽然相同,但理论基础不同。第一说系以利息预扣属于要物性问题为理论基础,基于金钱借贷之要物契约性,认为预先扣除部分不成立金钱借贷;第三说系以利息预扣属于暴利性问题为理论基础,认为此系利息先付问题,预先扣除部分并非不具备金钱借贷之要物契约性,利息先付之约定应属有效,惟为防止贷与人(债权人)规避有关利息限制之规定而巧取利益,应依超过最高利息限制之有关规定及法理,决定其法律效果。⑪

关于上开问题,日本之判例原有不同见解⑫,判例最后系采第三说。⑬ 此项判例之见解,嗣后并为其利息限制法⑭所采,即《日本利息限制法》第 2 条规定:"利息经预扣者,其预扣额如超过以债务人之受领额为原本,而依前条第一项规定利率所算出之金额时,其超过部分视为已抵偿原本。"

(三) 台湾地区学说及判例

就台湾地区学说观之,有采前述之第三说者⑮,有采前述之第一说者⑯;法院实务上之见解,则系采前述之第一说。"最高法院"1974 年第六次民庭庭推总会决议(三):本院 1940 年上字第 1306 号判例所示见解,自贷与金额中预扣利息,该部分既未实际交付借用人,不能认为贷与之本金额之一部分(该判例虽系就折扣交付贷与金额而言,但不问为折扣交付或预扣利息,均属"民

---

⑪ 参见〔日〕我妻荣,注⑩书,第 55 页。
⑫ 参见〔日〕我妻荣,注⑩书,第 55—56 页;〔日〕来栖三郎:《契约法》,有斐阁 1982 年 2 月,第 280 页以下;前田耕造:《利息の制限》,载《契约法大系刊行委员会编,契约法大系Ⅲ赁贷借 — 消费贷借》,有斐阁 1972 年 8 月,第 395 页以下;〔日〕于保不二雄:《利息制限法》,载《判例演习债权法》1975 年 1 月,第 17 页以下。
⑬ 参见日本最判 1954 年 4 月 13 日,民集第 8 卷第 4 号,第 840 页。
⑭ 1954 年 5 月 15 日法律第 100 号公布(日文名称为《利息制限法》)。
⑮ 参见史尚宽:《债法总论》,1972 年版,第 248 页;郑玉波,注⑧书,第 91 页。
⑯ 参见邱聪智,注⑦书,第 331 页;黄立:《民法债编总论》,1999 年版,第 351 页。

法"第206条所谓之巧取利益,见该条立法理由)。依学者主张,利息先扣之消费借贷,如约定偿还之数额未超过实支数额及依实支数额按法定最高限额利率计算利息之总和,固尚非法所不许(参看史尚宽著《债法总论》第248页)但其据以计算利息之本金,亦系以实支数为准,而非以虚数(即约定之偿还额)为准,故利息先扣之消费借贷,其贷与之本金额应以利息预扣后实际交付借用人之金额为准。至于银行业之贴现,乃受让未到期之票据债权而于价金中扣除期前利息(中间利息),与此之利息先扣之消费借贷,性质根本不同。可供参考。[17]

本案判决谓:"按金钱借贷之贷与人自贷与金额中预扣利息,该部分既未实际交付借用人,自不成立消费借贷,其贷与之本金额应以利息预扣后实际交付借用人之金额为准。"其系采前述第一说之见解,应无疑义。依"最高法院"此项见解,则本案当事人所约定之金钱借贷本金虽为50万元,惟因贷与人已先预扣3个月利息5.5万元,因而本案贷与之本金额,应为44.5元,即仅以贷与人实际交付额44.5元,成立金钱借贷。

**四、预扣利息之实质——利息先付之合法性及暴利性问题**

消费借贷之要物契约性,主要系基于罗马法以来之沿革,而与无偿契约有所关联,具有保护当事人之目的,认为在借用物交付予借用人之前,以当事人不应受拘束为宜。惟时至今日,消费借贷,尤其是金钱借贷,大多为有偿,且其所欲以借用物(金钱)之交付而保护当事人之机能,不仅没有达成,甚至在金融交易实务上,因而产生许多扦格难行或不便之问题[18],故其要物契约性,实已失其存在之价值。[19] 为免窒碍难行,方便金融交易之圆满顺利进行,因而除有合意的消费借贷("民法"第474条第2项)[20]、消费借贷预约("民法"第475条)[21]、诺成的消费借贷[22]等缓和其要物契约性之制度外,学说判例亦有种种缓和其要物契约性之解释及处理方法。[23] 职是之故,关于预扣利息之问题,自不宜再以金钱借贷之要物性为立论基础,以决定其法律效果。

纵令认为金钱借贷系要物契约,而预扣利息与折扣均系巧取利益,故关于预扣利息之问题,仍应考虑及其要物性。惟因超过法定最高限额之利息,并非无效,仅债权人无请求权而已("民法"第205条),违反"民法"第206条而巧取利益者,亦应为相同解释,即关于巧取利益之部分,并非无效,仅债权人无请求权而已,已如前述。又利息之支付期限得由当事人自由约定之(第477条),法律并未禁止利息先付,预扣利息与折扣固均可认为巧取利益,然于预扣利息之情形,借用人最后仍享有与金钱交付相同之经济的价值,于折扣之情形,借用人则无法享有与金钱交付相同之经济的价值,就此而言,两者实难以相提并论,因而在是否具备要物性之认定上,自应有所不同。

综据上述,可知于预扣利息之情形,应加以考虑者,系借用人(债务人)有无因而受高利贷之苦,若其所预扣之金额,并未超过法定最高限额或构成巧取利益,自无加以限制或禁止之必要;若其所预扣之金额,超过法定最高限额或构成巧取利益,始有加以限制或禁止并予以调整之必要。

由于第一说系以消费借贷之要物性为立论基础,不问其所预扣之利息,是否已超过法定最高

---

[17] "最高法院"1940年上字第1306号判例(见注⑤)。
[18] 参见刘春堂,注①书,第465页以下。
[19] 关于使用借贷或消费借贷要物性,学者有对之为严厉之批判者,参见邱聪智:《新订债法各论》(上),2002年版,第491页以下、515页以下。另请参见黄茂荣:《债法各论》(第一册)2003年版,第159页以下。
[20] 参见刘春堂,注①书,第469页以下。
[21] 参见刘春堂,注①书,第479页以下。
[22] 参见刘春堂,注①书,第485页以下。
[23] 参见刘春堂,注①书,第456页以下。

限额或构成巧取利益,均为相同之处理,认为预先扣除部分不成立金钱借贷,实质上使当事人得为利息先付(预付利息)之规定,成为具文,显非妥适。

第三说系以利息预付之合法性及暴利性为立论基础,认为此系利息先付问题,利息先付之约定应属有效,利息预先扣除部分,并非不具备金钱借贷之要物契约性,惟为防止贷与人(债权人)规避有关利息限制之规定而巧取利益,故仅以超过法定最高利息限额或构成巧取利益者,为其调整对象,并依超过最高利息限制之有关规定及法理,以决定其法律效果,其结果虽与第一说相同,惟在理论上较为圆融,能兼顾交易实态并避免借用人受高利贷之苦,自较为可采。

### 结论性观点

金钱借贷之贷与人(债权人)从所贷出之金额中,预先扣除利息而仅交付其余额予借用人,"最高法院"实务上之见解,系以预扣利息属于要物性问题为理论基础,基于金钱借贷之要物契约性,认为预先扣除部分不成立金钱借贷,其贷与之本金额,应以利息预扣后实际交付借用人之金额为准。惟因预扣利息之实质,系利息先付及贷与人(债权人)重利盘剥而借图暴利之问题,故应以预扣利息属于暴利性问题为理论基础,基于超过最高利息限制之有关规定及法理,以决定其法律效果较妥。

# 违约金分类标准之建立暨现行法违约金相关问题之省思

——评"最高法院"1994年台上字第2879号判决

林忠义*

### 基本案情

本件太山工业股份有限公司(简称太山公司)于第一审提起反诉主张:呈铨橡胶工业股份有限公司(简称呈铨公司)于1988年4月10日及同年6月10日向伊承租坐落桃园市春日路1434巷42号内之厂房、餐厅及宿舍,惟在租用期间未尽保管义务,致租赁之厂房受损,自应负恢复原状之责,经催告其恢复原状未果,爰请求呈铨公司以金钱赔偿伊所受之损害共为新台币3 682 913元……另呈铨公司违约,应给付违约金600万元,扣除已付200万元,尚应给付400万元,求为命呈铨公司如数给付……呈铨公司则以:伊并未违约,太山公司不得请求违约金。且两造所定违约金系损害赔偿总额预定性质,太山公司已请求违约金,自不得另请求恢复原状之赔偿……

### 裁判要旨

"最高法院"1994年台上字第2879号判决理由①:

原审将第一审所为命呈铨公司给付金额1 084 213元本息,除自1991年5月18日起至1992年10月16日止之利息予以废弃,其余本息判予维持。另判命呈铨公司再给付太山公司2 829 164元本息,并驳回两造其余上诉,无非以:呈铨公司向太山公司承租厂房、宿舍及餐厅后,曾出具保证书及承诺书予太山公司,载明:……如立承诺书人有违反前开七件契约中之任一约定者,太山公司有权立即没入保证金,合计200万元整。……立承诺书人另签发未填到期日之面额400万元之保证本票一纸,交予太山公司,如立承诺书人有任何违反前开七件契约中之任一约定者,太山公司有权填上日期,行使票据权利。立承诺书人保证于租约届满或终止时,将工厂登记证地址迁移或注销,水电费亦应全部缴清,水电设备若不迁移,应将产权过户给太山公司,否则太山公司有权没收保证金200万,及授权太山公司填入保证本票到期日,行使保证本票权利,立承诺书人绝无异议。有两造所不争执之保证书及承诺书在卷可凭……而两造约定之违约金,从其文义不能谓系惩罚性违约金,自应认系损害赔偿总额预定性违约金,太山公司主张系惩罚性违约金自不足取,则太山公司仅能请求违约金,不得更请求呈铨公司赔偿恢复原状费用3 682 913元……

按"民法"第250条就违约金之性质,区分为损害赔偿预定性质之违约金,及惩罚性违约金,前者乃将债务不履行债务人应赔偿之数额予以约定,亦即一旦有债务不履行情事发生,债权人即不待举证证明其所受之损害系因债务不履行所致及损害额之多寡,均得按约定违约金请求债务人支付,此种违约金于债权人无损害时不能请求。后者之违约金系以强制债务之履行为目的,确保债权之效力所定之强制罚,故如债务人未依债之关系所定之债务履行时,债权人无论损害有

---

\* 台中地方法院学习司法官。
① 载《"最高法院"民事裁判书汇编》1995年第18期,第178—185页。

无,皆得请求,且如有损害时,除惩罚性违约金,更得请求其他损害赔偿。依呈铨公司所出具之承诺及保证书所载,该承诺书所约定600万之保证金,系为强制呈铨公司依两造所定之7份契约及承诺书所定之义务履行之违约罚,与"民法"第250条第2项之规定相当。本件违约金似属惩罚性违约金,原判决认定两造违约金之性质为损害赔偿总额预定性违约金,太山公司仅能请求违约金,不得更请求恢复原状之费用云云,尚嫌率断。

### 学理研究

#### 一、前言

首先,现行实务将违约金分成惩罚性违约金及损害赔偿额预定性违约金两大类,然对于判断实际案件中当事人所约定之违约金究属于何种类型之违约金,常仅有结论,却无法在说理上使人信服,故有必要就判断标准再加研究。其次,现行法违约金最主要之规定——"民法"第250条——在解释上仍存有些许争议,亦有厘清之必要,而法务部债编研究修正小组对第250条之修正,乃立法之最新趋势,本文一并对该修正得失提出个人之看法。

#### 二、违约金之类型

学者通说及实务之见解率将违约金分为两种类型,即惩罚性违约金、损害赔偿总额预定性违约金。② 固然学者提到当事人得约定违约金之内容,惟似乎认为契约当事人的违约金约定亦分为此两种类型而未进一步加以阐述,然基于契约自由原则,当事人应可约定超越一般承认之类型,而为另外类型之约定,此观之"民法"第250条之规定可得而知。爰将违约金略分为三种类型:

**(一) 惩罚性违约金**

即以强制债务之履行为目的,确保债权效力之强制罚。于债务不履行时,债务人除须支付违约金外,关于其因债之关系所应负之一切责任均不因而受影响。③ 亦即在实际上有别于所发生损害之赔偿,属于单纯之制裁。

有关惩罚性违约金支付与否仍应视当事人间具体约定内容,故应分别在给付不能或拒绝给付、给付迟延、不完全给付等债务不履行之类型下探讨,细节兹不赘述。④

惩罚性违约金又称为"违约罚"(Penalty),就这种形态之违约金是否承认其存在,立法例上有不同之规定。英美法系之违约罚指的是:"不当性过大之违约金",原则上该约定被认为无效。⑤ 至于大陆法系例如日本、德国及瑞士和台湾地区等国家或地区都未排斥当事人为违约罚

---

② 学者几乎都将违约金分成惩罚性与损害赔偿预定性两类,参见史尚宽:《债法总论》,1990年版,台北三民书局1988年版第497页;王伯琦:《民法债编总论》,编译馆1990年版,第204页—第205页;何孝元:《民法债编总论》第197页;郑玉波《民法债编总论》,台北三民书局1990年版,第34页;孙森焱:《民法债编总论》,1987年版,第505—506页;邱聪智:《民法债编通则》,1989年版,第357页;曾隆兴:《民法债编总论》,1994年版,第430—431页;另参见"最高法院"1973年台上字第1394号判例:"违约金有属于惩罚之性质者,有属于损害赔偿约定之性质者……"

③ 参见郑玉波,注②书,第341页;孙森焱,注②书,第505页。

④ 违约金支付与否应分别在不同之债务不履行类型下来探讨,详细讨论,参见孙森焱,注②书,第512—514页;钱国成:《违约金与违约定金》,载《法令月刊》第42卷第10期,第406页。

⑤ Steven H. Gifis "Law Dictionary" at 347 (Barron Educational Series, Inc. 1991).

之约定。⑥

**(二) 损害赔偿总额预定性违约金**

即以违约金为债务不履行所发生损害之总额,经当事人于损害发生前预先约定者。亦即一旦有债务不履行之情事发生时,债权人即不待举证证明其有无损害、损害额之多寡及损害与债务不履行之间是否有相当因果关系,均得按约定之违约金请求债务人支付。⑦

损害赔偿总额预定性违约金与原债之关系所约定给付或因不履行所应负之损害赔偿间之关系应在不同的债务不履行类型下探讨,亦即应依当事人间之具体约定,兹不复赘。⑧

损害赔偿总额预定性违约金又称为"赔偿额之预定(liquidated damages)",不管英美法系或是大陆法系皆承认其存在,为的是要避免在债务不履行时要举证损害之困难及预防纷争,使损害赔偿之请求简单化,并且确保债务之履行为目的。在英美契约法上虽是承认损害赔偿额的预定,惟假使约定之金额比起预料之实际损害来得不当性过大之时,就不认为属于损害赔偿额之预定而属违约罚之约定,被认为无效。⑨ 另外,日本有些特别法为了要保护经济上之弱者,禁止或限制损害额预定之约定,例如《劳动基准法》第16条、《利息限制法》第4条、《船员法》第33条等,值得参考。

**(三) 当事人其他类型之约定**

当事人固有可能约定违约金为损害赔偿总额预定性违约金或是惩罚性违约金,然亦可为其他之约定,例如规定损害赔偿之最小限额、损害赔偿之最大限额,或是约定因不可归责于债务人之事由致债务不履行的情形,可以不用支付违约金之意旨等。⑩

## 三、本件两造当事人所约定者属何种类型违约金

高等法院以本件两造当事人所约定之违约金,从其文义不能谓系惩罚性违约金,自应认为系损害赔偿总额预定性违约金,而"最高法院"在论述了违约金分为两种类型之后,紧接着曰:依呈铨公司所出具之承诺及保证书所载,该承诺书所约定600万元之保证金,系为强制呈铨公司依两造所定之7份契约及承诺书所定之义务履行之违约罚,与"民法"第250条第2项之规定相当。对于何以认为是惩罚性违约金并未叙明理由。

上述两者,究以何种见解较为可采?吾人以下列之理由认为,本件应属于损害赔偿总额预定性违约金。

根据"民法"第250条第2项本文之规定,首应审究者为当事人是否另有订定。当然依"民法"第98条规定,解释意思表示,应探求当事人之真意,不得拘泥于所用之词句,所以纵然当事人

---

⑥ 参见郑玉波,注②书,第340页。

⑦ 台湾地区及日本学者皆是如此对损害赔偿总额预定性违约金下定义,详见孙森焱,注②书,第505—506页;郑玉波,注②书,第341—342页;邱聪智,注②书,第357页;曾隆兴,注②书,第431页;〔日〕我妻荣:《债权总论》(民法讲义Ⅳ)第131—134页;〔日〕河野弘矩:《债权总论讲义》第141—143页;〔日〕于保不二雄:《债权总论》,有斐阁1983年,第152—154页;远藤等:《要论债权总论》,青林书院1993年版,第98—99页。

⑧ 参见孙森焱,注②书,第508—512页;钱国成,注②文,第406页;〔日〕我妻荣,注②书,第134页;〔日〕河野,注②书,第142—143页;〔日〕于保不二雄,注②书,第155页。

⑨ Steven supra note 5 at 280.

⑩ 当事人可能约定之违约金类型,参见〔日〕筱家昭次编:《判例—(民法Ⅱ)》源文件也有这个空白,是不是有日语字,无法显示?请确认三省堂1981年版第368页;河野前揭书第143页。

仅约定"违约金"3个字,而未明示属于何种违约金,但仍应该继续探究当事人的真意究竟约定的是何种类型之违约金。

自罗马法以来,至近世各国或地区之立法,多规定违约金以损害赔偿额预定为原则,毕竟民事法不同于刑事法,民事法是以损害之填补原则,少涉及制裁、惩罚之问题。⑪"民法"第250条第2项,本文乃本于此种历史的沿革,沿袭瑞士、日本之立法例,除当事人另有约定外,视为损害赔偿总额之预定,其立意旨系为避免在债务不履行时,债权人要主张权利时所必须面临对于损害存在与否、数额多寡及因果关系等证明之艰难及预防纷争,使损害赔偿之请求简单化,并且确保债务之履行。以这样的立法意旨为导向,在解释上似乎应该采取这样的一个观点:当事人间倘若未明确约定违约金是惩罚性质即应视之为赔偿额预定性质。⑫换句话说,第250条第2项本文所谓当事人"另有订定",应解释为当事人间必须有特别而明确之约定——"明示"。

这样的见解可以达到原来第250条第2项本文采取以损害赔偿总额之预定为原则之立法目的,且保护债务人,符合民法对于损害加以填补而非惩罚之理念,也能达成法院裁判形成政策之机能⑬,使当事人以后若想约定违约金,便会明确的订明是何种违约金,如此一来,岂不是可以防杜纷争?

而从判决书所载保证书及承诺书之片段内容来看的话,……如立承诺书人有违反前开7件契约中之任一约定者,太山公司有权立即没入保证金,合计200万元整。……立承诺书人另签发未填到期日之面额400万元之保证本票一纸,交与太山公司,如立承诺书人有任何违反前开7件契约中之任一约定者,太山公司有权填上日期,行使于票据权利。立承诺书人保证于租约届满或终止时,将工厂登记证地址移转或注销,水电费亦应全部缴清,水电设备若不迁移,应将产权过户给太山公司,否则太山公司有权没收保证金200万元,及授权太山公司填入保证本票到期日,行使保证本票权利,立承诺书人绝无异议。从中并不能窥知当事人间契约中有特别指明此违约金之约定属于惩罚性,是以吾人赞同法院的意见,将本件之约定解释为损害额预定性违约金。

## 四、损害赔偿总额预定性违约金于债权人无损害时可否请求

本件"最高法院"认为,在当事人约定损害赔偿预定性质违约金之情形,一旦有债务不履行之情事发生,债权人即不待举证证明其所受损害系因债务不履行所致及损害额之多寡,均得按约定违约金请求债务人支付,但此种违约金于债权人无损害时,不能请求,另认为,于惩罚性违约金之情形,债务不履行时,债权人无论损害之有无,皆得请求。推究"最高法院"采此见解之理由可能是:在损害赔偿预定性质违约金之情形,该违约金之约定既是属于损害赔偿之替代,自然必须存在有损害,盖无损害当然无赔偿,无赔偿岂有代替损害赔偿之违约金?而惩罚性违约金既是对于债务不履行之制裁,则一有不履行之情况即得请求,不管有无损害,且如有损害时,除惩罚性违约金之外,更得请求其他损害赔偿。

---

⑪ 参见钱国成,注②文,第406页;邱聪智,注②书,第357—358页。

⑫ 参见1982年台上字第2063号判决:违约金除当事人另有订定外,视为因不履行而生损害之赔偿总额,"民法"第250条第2项前段定有明文。本件土地买卖预约书第7条所定违约金,两造既未订定为惩罚性违约金,依前开规定,自应视为因不履行而生损害之赔偿总额。引自《"最高法院"民刑事裁判选辑》第3卷第2期,第79页;邱聪智,注②书。

⑬ 参见邱联恭:《司法现代化与程序法》1992年版,第11—13页。

此见解似乎承袭自学者史尚宽先生,固然有其一面之理,不过仍有值得商榷之处。[14] 实际上,不管是惩罚性违约金或赔偿额预定性违约金,都有防止债务人债务不履行之作用,两者之差别只不过是惩罚性违约金在违约时,除支付违约金之外,尚应对实际发生之损害负赔偿之责,故具有"积极攻击性";赔偿额预定性违约金在违约时,仅能请求违约金,不能再就实际损害请求赔偿,故具有"消极防守性"。

预先的为赔偿额预定性违约金之约定,其目的系为避免在债务不履行时,债权人要主张权利时所必须面临对于损害存在与否、数额多寡及因果关系等证明之艰难及预防纷争,使损害赔偿之请求简单化,并且确保债务之履行。既然如此,则应该认为债权人无损害时,仍得请求违约金,否则债权人岂不是要证明自己受有损害,方得请求,然而违约金之约定正是为防止损害之有无及多寡等举证之困难而设,采"最高法院"之见解,显将破坏损害赔偿额预定性违约金之功能。

并且"最高法院"一面认为债权人毋庸举证证明损害额之多寡,一面认为无损害不得请求,在实际运作上会产生不当之现象,盖有损害是继续探究损害额多寡之前提,实质上有无损害等于有无损害额,何以损害额之有无要举证,而损害额之多寡不用举证,毕竟两者在举证上皆有困难,也皆是约定此种类型违约金所要避免。固然"民法"第250条第2项本文规定:"违约金,除当事人另有订定外,视为因不履行而生损害之赔偿总额。"从法条文义上来看,违约金似乎仅是损害赔偿"总额"之预定,属于数额多寡之预定,不包括有无损害,但为贯彻立法意旨,避免当事人间争执损害之有无,"损害发生之本体"应亦包括在预定之内。假使债务人真能举证证明债权人未受有任何损害,法院尚能依"民法"第252条之规定酌减违约金至相当之金额,亦不致产生弊害。[15]

五、"民法"第250条第2项所规定者是否为违约罚

本件"最高法院"认为,"民法"第250条第2项所规定者为违约罚,实有再加探讨之必要。第250条第2项规定:"违约金,除当事人另有订定外,视为因不履行而生损害之赔偿总额。但约定如债务人不于适当时期,或不依适当方法履行债务时,即须支付违约金者,债权人于债务人不履行时,除违约金外,得请求履行或不履行之损害赔偿。"本项所规定者并非指违约罚。第2项本文的部分包括当事人所特别约定、损害赔偿额预定两大违约金类型,至于但书之规定则有所争议,亦即对于该规定究系指违约罚或是损害赔偿之预定有不同见解。[16]

吾人以为,该规定还是指赔偿额之预定,盖此之违约金乃是不适当履行(给付迟延与不完全给付)所生损害之赔偿,易言之,如果当事人约定在给付迟延或不完全给付时应支付违约金,则此时若当事人未明确的界定该违约金之性质,则法律将其视为属于损害额之预定,来配合本文之原则,而此之违约金既是针对迟延或是不完全给付而约定,当只是取代这部分损害,变成就这部分仅能主张违约金,而不能再主张所受之损害,然应不影响原先契约所约定之给付,亦即该项违约

---

[14] 史尚宽先生主张:"民法未分别为规定,除当事人另有约定无过失责任外,以因可归责于债务人之事由不为债务履行时,即于债务人给付迟延或因其他可归责于债务人之事由而致给付不能时,债权人始得请求违约金。然有惩罚性违约金,非为损害赔偿,故为违约金债权之发生,以有债务不履行为已足,不以损害之发生为必要。"从此段叙述看来,史尚宽先生似乎认为损害赔偿总额预定性违约金,要实际发生损害方得请求。

[15] 台湾地区与日本学者通说皆认为,当事人间约定损害额预定性违约金时,只要有债务不履行之事实,实际上是否发生损害在所不问,参考前注⑦。

[16] 主张惩罚性者:曾隆兴,注②书,第432页;邱聪智,注②书,第357页。主张赔偿额预定性者,参见孙森焱,注②书,第508页;史尚宽,注②书,第501页;王伯琦,注②书,第205页;何孝元,注②书,第198页;钱国成,注②文。"最高法院"1991年台上字第229号判决,载《民事裁判发回更审要旨选辑(六)》"司法院"民事厅编1995年版,第157页。

金非为原先契约不履行时之赔偿,所以才有必要规定债权人仍得请求履行或不履行之损害赔偿。倘若解释成惩罚性违约金,则将产生倘若当事人就债务不履行中两大类型:给付迟延、不完全给付有违约金之约定,将一律视为惩罚性违约金,如此一来,将架空第 2 项本文违约金以损害赔偿总额预定之原则,严重腐蚀第 2 项之立法精神。当然在当事人有特别明确约定在各该情形之下要支付惩罚性违约金也是可以的。

## 结论性观点

### 六、代结论——论"民法"债编修正草案第 250 条第 2 项修正条文

"民法"债编修正委员会针对"民法"第 250 条作了如下之修正:

第 250 条规定:"当事人得约定债务人于债务不履行时,应支付违约金。违约金,除当事人另有订定外,视为因不履行而生损害之赔偿总额。但约定如债务人不于适当时期或不依适当方法履行债务时,即须支付违约金者,债权人除得请求履行债务外,违约金视为因不于适当时期或不依适当方法履行债务所生损害之赔偿总额。"修正理由如下:

1. 原条文第 1 项"不履行债务",系指债务违反之情形,包括给付不能、给付迟延及不完全给付。而上述情形,法规上用语应为"债务不履行",为统一用语计,爰将"不履行债务"修正为"债务不履行"。

2. 原条文第 2 项前段"不履行"究指给付不能、给付迟延、不完全给付各种情形,抑或指给付不能及迟延后之给付于债权人无利益之情形而言? 又但书规定之违约金究指惩罚性违约金,抑或指损害赔偿额之预定? 众说纷纭,莫衷一是。通说以为,第 2 项前段之"不履行"系指债务人根本不履行债务之情形,至于给付迟延及不完全给付应不包括在内。而第 2 项但书所谓"债务不履行",则指不于适当时期或不依适当方法履行债务及给付迟延或不完全给付之情形。如谓但书规定之违约金系违约罚性质,则何以仅对给付迟延及不完全给付之情形加以规定,而未规定给付不能之情形? 法理上有欠周延,故此处所规定之违约金应不具违约罚之性质,而系债务不履行中之给付迟延及不完全给付所生损害赔偿之预定。为避免疑义并期明确,爰将"但"字修正为"其"字。又将违约金,明白规定为"不于适当时期或不依适当方法履行债务所生损害之赔偿总额"。至于给付迟延后,因可归责于债务人之事由致给付不能或迟延后之给付于债权人无利益者,债权人除违约金外,尚得请求不履行之损害赔偿,此乃当然之效果,毋庸订定爰予删除。⑰

草案第 250 条第 1 项之修正无可批驳,值得赞同,不过第 2 项之修正就值得商榷,兹分两点述之如下:

(一)"不履行"三字之含义

修正理由提到原条文第 2 项前段"不履行"通说以为系指债务人根本不履行债务之情形,并不包括给付迟延及不完全给付在内,而第 2 项但书之所谓"债务不履行",才是指给付迟延及不完全给付。本人以下几点理由觉得此项主张有检讨余地。

首先,就体系上加以观察,"民法"第 250 条第 1 项及第 2 项本文皆有"不履行"之概念,此之所谓不履行当系指债务不履行,就一般之了解债务不履行包含有给付不能、给付迟延及不完全给付三种不同之类型,修正理由亦认为第 1 项之不履行乃债务不履行,则在同一条文第二项再次出

---

⑰ 以上所列修正内容,引自"法务部"民法债编修正委员会,民法债编修正条文草案定稿送"行政院"版。

现的不履行,却将其形态限制在给付不能及迟延后之给付于债权人无利益之情形,产生体系上解释不一致之现象。

其次,当事人得约定债务人不履行债务时应支付违约金,则基于契约自由原则,本应尊重当事人之约定,不过考虑到民事法以损害之填补为原则,本质上不带有惩罚色彩,因此方有第250条第2项本文:"违约金除当事人另有订定外,视为因不履行而生损害赔偿之总额。"如果采取这样的观点,则当事人约定于任何类型之债务不履行下应支付违约金,应一体有250条第2项本文之适用,以贯彻立法意旨,实无排除给付迟延或不完全给付此两种债务不履行适用本规定之理。

另外,所谓"学者通说主张不包括给付迟延及不完全给付"之说法,亦值得怀疑。事实上,台湾论述本项规定之教科书,常常不区分债务不履行之类别或者直接就本项区分在给付不能、给付迟延及不完全给付三种类型下适用之情形加以论述,故上述见解称之为通说似乏根据。⑱

或许作这样解释是为迁就将第2项但书解释成亦属于损害赔偿总额预定性违约金,属于不得已之做法,盖若第2项本文之"不履行"解释成一般了解之债务不履行,则但书之规定容易被看成属于惩罚性违约金。这样的顾虑不无道理,毕竟乍看之下,第2项本文既然规定损害赔偿总额预定性违约金,而但书既是本文之例外规定,当然应该解释成惩罚性违约金,实际上确有学者将但书解释成惩罚性违约金,为避免此一困境,修正委员会才会将第2项本文解释成指给付不能及迟延后之给付于债权人无利益之情形。惟征诸实际,第2项但书之规定应属赘文,其功能仅能说是具有提醒的作用,即提醒适用本条时,当事人若是约定在给付迟延或不完全给付应支付违约金,则除可请求违约金之外,原来债之关系所约定之给付仍可请求。只不过这样规定容易引起误解罢了!解决之道不是曲解本文"不履行"此一固定之概念,而是删除但书之规定。

(二) 但书规定之删除

修正理由主张第250条但书所规定之违约金应不具违约罚之性质,而系债务不履行中之给付迟延及不完全给付所生损害赔偿额之预定,为避免疑义并期明确,但书修正为:"但约定如债务人不于适当时期或不依适当方法履行债务时,即须支付违约金者,债权人除得请求履行债务外,违约金视为因不于适当时期或不依适当方法履行债务所生损害之赔偿总额。"

如上所述,本人赞成将第250条但书所规定之违约金解释为损害赔偿总额预定性质。然而立法上似乎不是马上想到要在法律文字定明其属于损害赔偿总额预定性质之违约金,而应该思考但书规定之解释既然造成争议,是否直接删除会比较适当。本人以为,但书之规定一开始就属画蛇添足之举,盖立法政策上既然采取违约金之约定以损害赔偿总额预定性为原则,但书之规定假使解释成惩罚性,亦会产生严重腐蚀本文原则规定之后果,实无足采;又如认为属于赔偿额预定性之规定,岂不是早在主文规定涵盖的范围内,则此规定诚属多余且容易发生歧见,故修正委员会为免误解发生,想明确规定该违约金之性质为赔偿额预定性,立意良善,但既然从本文之原则规定就可以推导出但书之结论,为防止条文过于冗长起见,以删除但书之规定为宜。

最后,值得附带一提的是,将第2项规定为"视为"有点奇怪,毕竟按照原先民法上用语所谓"视为"是不能举反证加以推翻的,可是既然违约金允许当事人自由约定其种类,当事人就可能约定成惩罚性违约金或是其他种类,换句话说,当事人得举证证明约定的是别种类型之违约金,如此一来,岂不是与"视为"之含义相反?本文以为,不如参照《日本民法》第420条第3项之规定,将"除当事人另有订定外"删除,而规定为"违约金,推定为因债务不履行而生损害之赔偿总额"还来得恰如其分。

---

⑱ 参见孙森焱,注②书,第509页以下;邱聪智,注②书,第358页;曾隆兴,注②书,第431页;钱国成,注②文,第406页。

# 非对话意思表示的生效时点

——评"最高法院"1997 年台抗字第 628 号民事裁定

黄 立*

### 基本案情

本案涉及的是相对简单的事实。抗告人 X 定 20 日以上之期间催告受担保利益人即相对人 Y 等人行使权利之存证挂号信,部分经邮局双挂号回执记载收件人拒收。部分经邮局双挂号回执记载"招领逾期"。原法院未予调查说明,遽认该催告信未合法送达相对人,不生催告效力,因而裁定驳回抗告人返还担保金之申请,"最高法院"认为此点并不妥当。

此外,"最高法院"也认为,"民事诉讼法"第 149 条第 1 项第 1 款所谓"应为送达之处所不明者",系指"已用相当之方法探查,仍不知其应为送达之处所而言"。抗告人 X 催告相对人 Y 等行使权利之存证挂号信,部分经记载"收件人在某处"或"收件人在日本"等而退回者,是否收件人已行踪不明,经用相当之方法探查,仍不知其应为送达之处所？原法院未经详查审究,遽认为此部分不合公示送达之要件,而为不利于抗告人之裁定,亦有未合。由于此一部分并无疑义,不纳入本文讨论的范围。

### 裁判要旨

"最高法院"1997 年台抗字第 628 号裁定要旨:"非对话而为意思表示者,其意思表示以通知达到相对人时,发生效力,'民法'第 95 条第 1 项定有明文。所谓达到,系指意思表示达到相对人之支配范围,置于相对人随时可了解其内容之客观状态而言(本院 1969 年台上字第 715 号判例参照)。若表意人以书信为意思表示(或意思通知),该书信达到相对人,相对人无正当理由而拒绝接收,或相对人已受邮局通知往取书信(邮件),该书信既已达到相对人之支配范围内,相对人随时可以了解其内容,依上说明,应认为已达到而发生效力。"

### 学理研究

一、非对话人间意思表示生效的体系①

(一) 非对话人间之意思表示采到达主义

立法者于考虑双方利益时,客观的依风险之范围作依据,因此自不容意思表示在发送前生效(不采表示主义)。因为意思于发送后,始脱离发送人之支配范围(Machtbereich),但传递之风险仍应由发送人负担,因为表示在旅途中,相对人对表示并无任何影响机会(故不采发信主义)。反之,如表示进入相对人的支配范围,危险应移转予相对人。假设对表示之生效,尚以相对人之了

---

\* 政治大学法律学系教授。
① 本段引自黄立:《民法总则》,元照出版有限公司 1999 年版,第 236 页以下。

解为条件，必将使发送人承受不公平的负担。因为生效将因相对人之任意，或发送人无法支配的因素而定（故不采了解主义）。因此，"民法"第 95 条第 1 项规定："非对话而为意思表示者，其意思表示以通知达到相对人时发生效力"，采到达主义，"所谓到达，系指意思表示达到相对人之支配范围，置于相对人随时可了解其内容之客观之状态而言"②，相对人在通常情况下可得知其内容，而依交易上之习惯可以期待其知悉者。如表意人故意选择其明知，与相对人知悉能力不相符合之表示传达方法，应认为违反诚信原则。

本条规定之风险分配甚为公平，接收人仅就其支配范围内之风险负责，如其秘书将所收之信扣不呈阅，或其子女将其信箱的信函点火焚毁时，意思表示仍生效力。又"依'民法'第 440 条得终止契约之出租人，于诉状表示其终止之意思者，依'民法'第 263 条、第 258 条第 1 项、第 95 条规定，自其诉状送达于承租人时，契约即为终止，并非至其所受胜诉判决确定之时，始生终止之效力"（1934 年上字第 3867 号判例）。

### （二）使者之介入

具体化的意思表示，如果交给使者（传达人或传达机关），若该使者系相对人之使者，于意思表示交付给使者时，即为送达。又在非对话人间如以口头为意思表示，只有可能经由使者为之，表意人对收受人的使者完成表示时意思表示即为送达，然而此时仍以该使者有转达能力为前提。③ 公寓大厦的管理员系属收受人的支配范围，经其签收之意思表示应视为已送达。如果使者并非由相对人所指定，应推定系表意人之使者。非对话人间可以通过中间人而为非具体化（口头）意思表示之送达，此中间人可以是表意人委任之表示使者（Erklaerungsbote）。若此使者口头传送表示，按情形可视为对话人间之表示。他方面相对人亦可让使者介入非具体化之意思表示，即所谓之受信使者（Empfangsbote）。此使者不以有行为能力为必要，只需有能力作有效之传达即可。聘用受信使者之人，就其转达之错误后果自行负责，但如表意人必然可以看出受信使者无法收受时，其表示不视为有效到达。受信使者收到表示时即为到达。至于使者何时将表示向真正的收受人转达无关紧要。如传达人并非相对人聘用，应视为表示使者，其行为应属于表意人之风险范围。

### （三）到达主义之例外

对于非对话人间之意思表示，法律另有特别规定者，自应从其规定。如总会之召集，依第 51 条，股份有限公司股东常会之召集通知，依"公司法"第 172 条第 1 项规定，均采发信主义。因为此时如不采发信主义，可能由于通知无法寄达少数社员或股东，而使会议永远无法合法召集。

## 二、裁定评析

本裁定所涉及的问题，在于表意人以书信为意思表示（或意思通知）：① 裁定使用"该书信'达到'相对人"用语，范围为何？② 相对人无正当理由而拒绝接收，或相对人已受邮局通知往取书信（邮件），是不是等值的要件？③ 相对人已受邮局通知往取书信（邮件），是否该书信就"已达

---

② 1969 年台上字第 715 号判例。

③ 当然前提是该收受意思表示之人系代理人或有收受代理权者，并无争议，若非如此，则其只能被视为使者或无权代理人，此时不无争议。不过若认为尚未送达，则此时意思表示就仍可以撤回。德国 OLG Stuttgart, DRZ 1950, 470 一案，甲公司将契约之承诺交给乙公司负责该契约谈判的职员丙，丙却于当日已离职，丙将该承诺携回并邮寄给乙公司。丙并非代理人也非有权收受的使者，但丙仍忠实履行了其使者职务，Flume 认为，此时应视为丙收受时，该承诺业已及时送达。参见 a.a.O. 14/3, 注㊹。

到相对人之支配范围内,相对人随时可以了解其内容"? 从而④ 该书信可否认为"已达到"而发生效力?

## (一) 相对人无正当理由而拒绝接收

若表意人以书信为意思表示,该书信达到相对人(在相对人可得接收的状态),相对人无正当理由而拒绝接收时,理论上该书信既已达到相对人之支配范围内,相对人随时可了解其内容,应认为已达到而发生效力。④ 裁定表示:"若表意人以书信为意思表示(或意思通知),该书信达到相对人,相对人无正当理由而拒绝接收",关于此点并无任何争议,应先叙明。但"该书信'达到'相对人"之文句,在解读上应该只和"相对人无正当理由而拒绝接收"相关,不涉及"相对人已受邮局通知往取书信(邮件)",因为在意思表示达到相对人支配范围前,并无"达到"可言。在相对人已受邮局通知往取书信(邮件),意思表示尚未进入相对人的支配范围(详后述之)。

## 二、相对人已受邮局通知往取书信(邮件)

本裁定涉及的两个选择性要件之一,相对人无正当理由而拒绝接收,如前所述并无争议。有争议的是裁定所指出的第二个要件:"或相对人已受邮局通知往取书信(邮件)"。裁定特别引据了"最高法院"1969 年台上字第 715 号判例。

1. 判例要旨

其要旨指出:"非对话而为意思表示者,其意思表示以通知达到相对人时,发生效力,'民法'第 95 条第 1 项定有明文,所谓达到,系指意思表示达到相对人之支配范围,置于相对人随时可了解其内容之客观状态而言。"由于要旨部分只撷取了抽象原则部分,并无太大的问题。

2. 判例理由

由"最高法院"1969 年台上字第 715 号判例理由观察,该判例指出:殊不知非对话而为意思表示者,其意思表示以通知达到相对人时,发生效力,"民法"第 95 条第 1 项定有明文,所谓达到,系指意思表示达到相对人之支配范围,置于相对人随时可了解其内容之客观的状态而言,上诉人送达之催告书中,其挂号邮件收件回执,盖有被上诉人租用之台南市邮局第 107 号信箱之戳记部分,即属可谓意思表示之达到固无论矣,其经交付于被上诉人之工人王金水收受部分,虽该王金水并非专管收发,但既将原件连同以租用信箱收受部分全部送交杨恒瑞转交渔市场,足见被上诉人租用之信箱,经常系由该王金水开启,从而邮局将上诉人之催告书径行交付该王金水,亦难谓为并未达到。再台南市渔市场系被上诉人渔会之一部分,渔市场业务人员为渔会职员,应受渔会总干事之指挥监督,有卷附被上诉人《渔会章程》第 27 条、第 28 条可据,则台南市渔市场仍属被上诉人之支配范围,况查被上诉人每月向上诉人检送市场及各拍卖场所鱼货供销月报表,亦称"本会渔市场"有卷附月报表可稽,上诉人在催告书载明收件人台南市渔市场而为之送达,是否不能谓为已具备催告之效力,即有再行斟酌之余地。可以讨论的有三个部分:

(1)"上诉人送达之催告书中,其挂号邮件收件回执,盖有被上诉人租用之台南市邮局第 107 号信箱之戳记部分,即属可谓意思表示之达到固无论矣。"这个部分虽然将被上诉人可控制范围,作了扩张解释,但并无不妥之处,因为邮政信箱是由被上诉人所租用,并告知对造供其作为意思表示送达地址之用,此种对意思表示达到之举证责任分配,应属公道。

---

④ 参见"最高法院"1969 年台上字第 715 号判例及 1986 年台抗字第 255 号裁定,德国通说不采用此种拟制,认为意思表示被拒绝接受者,并未送达。应重新送达,不过未能送达之障碍系可归责于相对人时,仍视为及时送达。

(2)"其经交付于被上诉人之工人王金水收受部分,虽该王金水并非专管收发,但既将原件连同以租用信箱收受部分全部送交杨恒瑞转交渔市场,足见被上诉人租用之信箱,经常系由该王金水开启,从而邮局将上诉人之催告书径行交付该王金水,亦难谓为并未达到。再台南市渔市场系被上诉人渔会之一部分,渔市场业务人员为渔会职员,应受渔会总干事之指挥监督,有卷附被上诉人《渔会章程》第 27 条、第 28 条可据,则台南市渔市场仍属被上诉人之支配范围,况查被上诉人每月向上诉人检送市场及各拍卖场所鱼货供销月报表,亦称'本会渔市场'有卷附月报表可稽,上诉人在催告书载明收件人台南市渔市场而为之送达,是否不能谓为已具备催告之效力,即有再行斟酌之余地。"明显地采取了实质送达的观念,并未拘泥于形式。

(3)如果我们再看另一个裁判:"最高法院"1992 年台上字第 1594 号裁判:巨东公司售出上诉人原租于他人之该房地后,因上诉人常年旅居日本,乃以其留存为联络处所之伊姐 A 在台北市瑞安街,寄交通知签订买卖契约之存证信函,并经邮局招领逾期退回,该通知即达于上诉人可随时了解内容之客观状态,依"民法"第 95 条第 1 项规定及"最高法院"1969 年台上字第 715 号判例,应认已发生通知之效力,上诉人谓其迄未收受售出房地之通知,显系卸责之词。这个案例中的情况,与本案又有不同。因为此一通讯处所是由上诉人所提供的,因此以存证信函寄往该址,若无人受领,属可归责于上诉人之事由。"最高法院"作出"应认为已发生通知之效力"裁判,尚属可以接受的范围。

以"租用的邮政信箱收件戳记"证明意思表示达到相对人之支配范围,置于相对人随时可了解其内容之客观的状态,原本无可厚非。经过将本判例理由抽象化的结果,也没有产生问题。一直到了"最高法院"1997 年台抗字第 628 号裁定引据本判例诠释邮局招领通知的效果时,才发生了问题。因为判例所述的两种送达的情形与本案之"相对人已受邮局通知往取书信(邮件)"间,并无任何相同之处。一般而言,"邮局招领通知"并非意思表示受领人所可能的预期,接到"邮局招领通知"也不知道该待招领之信函内容为何,来自何人。邮局也绝非意思表示受领人的传达人,或其可以控制的范围。在今日社会中,出门旅游、出差或因为其他原因离开住所,是日常生活的一部分。若是住所有管理人员,当然可以代收,也不会发生此处所产生的问题,因为管理人员代为签收,属于意思表示受领人可得控制的范围,视为意思表示的达到,也没有问题。如果离家较久,而住所又无管理人员代收,招领单也不能确保信件长期留在邮局不被退回,就拟制让意思表示视为达到,对于意思表示受领人并非公道。

### 结论性观点

总结言之,我们确认挂号信应以事实上之交付为准,邮局招领挂号信函通知单的交付,不能视为到达。⑤

---

⑤ 德国联邦劳工法院判决 BAG NJW 1963,554 同此。

# 旅游广告的效力以及异常条款问题

——评台湾地区台北地方法院1998年重诉字第760号民事判决

黄 立*

### 基本案情

原告甲等主张,彼等各人之亲属乙等参加被告华航公司所举办峇里岛精致旅游行程,于1998年2月16日搭乘华航班机返回时,在桃园坠机死亡,被告于售价表中表明,参加本次旅游者,被告除提供空中运送外,尚受托代办安排饭店、游览及代办旅游平安保险,此部分应属"民法"有偿委任关系,讵被告违反善良管理人之注意义务,为上开罹难者投保之旅游平安保险,仅自目的地下机后,至回程上机前之地面定点旅游期间,而将飞航期间排除在外,致上开罹难者因坠机死亡而无法受有保险金之给付,原告为各该罹难者之法定继承人,自得继承被继承人对被告之不完全给付损害赔偿请求权,爰请被告赔偿各罹难者每人相当保险金之损害200万元,并由原告继承之等情;被告则以其交付参加精致旅游旅客之票券中,已注明有关各项旅游产品之详细规定,请参阅简介及手册,而相关简介中已明定"旅客购买精致旅游相关票券视为同意本旅游作业及责任条款等有关规定","包括地面定点旅游期间最高赔偿限额为每成人新台币200万元,儿童60万元之旅游平安保险,保险有效期间系保障参加精致旅游旅客自目的地下机后,至回程上机前之地面定点旅游期间之保险利益",又被告于旅客购买精致旅游产品时,均提供旅客一置物包,其中有一海外紧急救援服务卡,背面亦有文字表明"保障参加精致旅游之旅客自目的地下机后,至回程上机前之地面定点旅游期间内之保险利益",是被告受任为参加精致旅游旅客代办旅游平安保险之事务系依契约本旨而为,并无不完全给付,况被告已依"民用航空法"规定,就航空部分投保机身及人员之责任险,上开排除飞航期间之旅游平安险之约定,应无违公序良俗等语,资为抗辩。

### 裁判要旨

(一)本件被告提供给原告被继承人之"华航精致旅游售价表"(1997年4月1日至1998年3月31日止)上记载:"峇里岛+金塔马尼:基本售价(4天3夜),服务项目:往返机票、旅馆4天3夜住宿(皆可续住)、每日精美早餐、机场至饭店接送机服务、半日市区观光及金塔马尼全日游(含午餐)、旅游平安保险",有该售价表一份附卷足稽,原告主张彼等之被继承人系本于被告提供之上开售价表内容而与被告订约一节,被告并不争执,则上开售价表所示之服务内容即成为被告与原告被继承人间契约内容之一部分,况纵认为上开售价表仅系一页广告,惟依"消费者保护法"(以下简称"消保法")第22条之规定,其上所载之服务项目亦应成为被告契约义务之一部分。是购买被告此项精致旅游者,除由被告提供航空运送外,尚委托被告代为安排住宿、观光旅游及代办旅游平安保险,核其上开契约内容,应属无名契约之性质。其中被告为参加旅游者代办旅行平安保险一节与"民法"有偿委任之性质类似,应可类推适用之。

---

* 政治大学法律学系教授。

（二）本件被告与原告被继承人间就上开由被告代办旅游平安保险之事务，虽未明文约定其保险期间为何，然窥诸上开售价广告内容为被告单方所拟定，为与不特定多数之消费者订约之用，具有定型化契约之性质，应为有利于消费者之解释。且被告提供本件精致旅游商品，期间包括往返之航空运送暨至峇里岛、金塔马尼之定点旅游，则其代旅客办理投保旅行平安保险之保险期间，亦应包括往返之航空运送期间暨至峇里岛、金塔马尼之定点旅游期间，始符合诚实信用原则并合乎一般消费者客观上之合理期待。

（三）被告虽抗辩，其所交付参加精致旅游旅客之票券中，已注明有关各项旅游产品之详细规定，请参阅简介及手册，而相关简介中已明定"保险有效期间系保障参加精致旅游旅客自目的地下机后，至回程上机前之地面定点旅游期间之保险利益"，又被告于旅客购买精致旅游产品时均提供旅客一置物包，其中有一海外紧急救援服务卡，背面亦有文字表明"保障参加精致旅游之旅客自目的地下机后，至回程上机前之地面定点旅游期间内之保险利益"，是被告受任为参加精致旅游旅客代办旅行平安保险事务，并不含飞航期间云云，并提出简介、海外紧急救援服务卡为证。惟按，契约之一般条款未经记载于定型化契约中者，企业经营者应向消费者明示其内容，明示其内容显有困难者，应以显著之方式，公告其内容，并经消费者同意受其拘束者，该条款即为契约之内容；契约之一般条款未经记载于定型化契约中而依正常情形，显非消费者所得预见者，该条款不构成契约之内容，"消保法"第13条、第14条分别定有明文。本件原告已否认彼等之被继承人有收到上开简介一节，而被告系于消费者购买本件精致旅游商品后，始交付消费者一置物包，内含票券、行李吊牌、识别牌、旅客意见调查表、海外紧急救援服务卡等物，此有置物包一份附卷足稽，并为被告所不争，观其内容物并无简介。又被告所举证人即代销本件精致旅游之业务员A则到庭证称"通常简介是放在柜台"，是不足证该简介上所示"旅客购买精致旅游相关票券视为同意本旅游作业及责任条款等有关规定"，"包括地面定点旅游期间最高赔偿限额为每成人新台币200万元，儿童60万元之旅游平安保险，保险有效期间系保障参加精致旅游旅客自目的地下机后，至回程上机前之地面定点旅游期间之保险利益"之一般条款，已经由被告明示或经显著之方法公告，更遑论得原告被继承人之同意受拘束而成为契约之内容。至置物包中之海外紧急救援服务卡，其背面固有文字表明"保险期间：保障参加精致旅游之旅客自目的地下机后，至回程上机前之地面定点旅游期间内之保险利益"，然该置物包系于消费者购买商品后始行交付，业据证人B证述属实，契约于此之前已经成立，是纵认该紧急救援卡确已交付原告之各被继承人，惟该条款系于契约成立后，始由被告单方为排除或限制自己契约义务之意思表示，在未获原告之被继承人同意前，仍不生效力。该条款既未记载于契约成立时之定型化契约中，且依正常情形显非一般消费者所得预见，依据前开规定，自不构成契约之内容。至被告辩称，本件旅游为半自助式，消费者未阅读简介，根本无法进行旅游，是原告之被继承人应已取得并阅读简介云云，尚属推论，其迄未举证证明之，应不可采。

## 学理研究

### 一、定型化契约概说

（一）企业使用定型化契约条款的原因

企业经常订立许多契约，这些契约的内容又非常相近，基于以下理由每采用定型化契约条款：

（1）使营业过程及会计作业简化（所有与顾客的营业，均以相同的方式处理）。

（2）适应"民法"中的规定（选择性的适用或排除）。

(3) 免除或限制因营业行为所生的责任,如免责条款 Freizeichnungsklausel(将买卖或承揽
(4) 契约的瑕疵担保责任排除,或附以最高金额的限制)。

(4) 其他对其重要的条款(如所有权保留,法院的管辖,付款或交货条件及期限等)。

(二) 管理定型化契约条款的必要

虽然定型化契约条款须经顾客的同意始能适用,但对顾客而言,却潜伏着一系列的危机,尤其是:

(1) 滥用经济力量。如其欲与企业者订立契约,只能选择完全接受其条款,或者舍弃订定契约的机会,因为要约人于个案中,很难同意消费者要求而作条款的修正。寻求缔约者常因之被迫接受不公平的规则,尤其当顾客对某物或劳务极其需要,而只有一个企业可提供此物或劳务,或所有企业均以相同的定型化契约条款从事交易时为然。

(2) 定型化契约条款对顾客的过度要求。往往许多顾客无法律经验,不知此种经过深思熟虑,精心制定的定型化契约条款的威力 Tragweite。对于以抽象概括模式订立的定型化契约条款①,其适用常有待于进一步解释,一般人甚至法律专业人员都有可能忽略其可能涵括之范围。

(三) 定型化契约及一般契约条款之定义

"消保法"第 2 条第 7 款规定:"定型化契约:指企业经营者为与不特定多数人订立契约之用而单方预先拟定之契约条款。"也就是,只要有引据一般契约条款之情形,即应有本法之适用,而可被称为定型化契约。与契约中所含一般契约条款之比例无关。在"消费者保护法"中,一般契约条款亦被称为"定型化约款"或"一般条款",与之相对的是非一般条款,也被称为"个别磋商条款"。"民法"修正条文第 247 条之 1 立法理由将"定型化契约"称为"附合契约",其定义依该条规定为:"依照当事人一方预定用于同类契约之条款而订定之契约。"不论是名称或者定义,均不若消费者保护法精确。不过消保法对定型化契约之规范,基本上在两方面受到限制:

(1) 个别磋商订定之契约条款,原则上无消保法之适用,例外为其中含有定型化约款时,依第 15 条规定:"定型化契约中之一般条款抵触非一般条款之约定者,其抵触部分无效。"至于非消费关系中的契约,适用"民法"第 247 条之 1 时,应该作相同的解读。②

(2) "消保法"第 2 条第 3 款规定:"消费关系:指消费者与企业经营者间就商品或服务所发生之法律关系。"依"消保法"第 1 条规定,为保护消费者权益,促进消费生活安全,提升消费生活质量,特制定本法。有关消费者之保护,依本法之规定,本法未规定者,适用其他法律。因此与消费关系无关者,如雇佣契约,既非消费关系,就排除了消保法的适用,只能适用"民法"第 247 条之 1 的规范。

"消保法"第二章第 2 节对一般契约条款,未加以定义。而在"消费者保护法施行细则"第 9 条(以下简称"施行细则")规定:"本法所称定型化契约条款不限于书面,其以放映字幕、张贴、牌示或其他方法表示者,亦属之。"及"施行细则"第 10 条:"本法所称一般条款,指企业经营者为与不特定多数人订立契约之用,而单方预先拟定之契约条款。本法第 15 条所称非一般条款,指契约当事人个别磋商而合意之契约条款。"③这种一般契约条款在订定时,非以具体的契约关系为

---

① 关于法条的模式,参见黄立:《民法总则》第一篇第二章之说明,元照出版有限公司 2001 年版。
② "民法"修正条文并无类似"消保法"第 15 条之规定,但是纵未有规定,作相同解释仍是必然。
③ 德国一般契约条款法 Gesetz zur Regelung des Recht der Allgemeinen Geschaefts-bedingungen [AGB-Gesetz( v. 9. Dez. 1976, BGB l. I, S. 3317)]第 1 条规定:"(1) 一般契约条款系所有就多数契约预行拟订之契约条款,而为一方契约当事人(条款使用人)对他方契约当事人在缔结契约时所提出者。不论其规定是否为外在上系契约之分离部分,或被纳入契约文件本身;其有何范围;以何种文体书写,或契约有何形式,均所不问。(2) 如在契约当事人间之契约条款系个别商订者,则无一般契约条款之存在。"

对象,也无特定的相对人,故其条款均系抽象概括的模式,其目的非用于作为谈判基础,和个别的契约相对人逐条逐点商谈并敲定,而是企业只愿意随时依此条款订约,然而常常排除了顾客对有待订立契约内容,要求磋商的可能性。顾客只能选择依要约的定型化契约条款,订立或不订立契约。在契约实务上,条款使用人虽就对其重要之点,与个别顾客个别商订,就其余部分则径行引据一般契约条款。在此方式下所订定之契约,由两个部分构成,一部分是逐点磋商订定之协议(非一般契约条款),另一部分则为以整体引据方式,且未经逐点商订之一般契约条款。

本案原告主张彼等各人之亲属乙、丙、丁、戊、己、庚参加被告公司所举办峇里岛精致旅游行程,于1998年2月16日搭乘华航班机返回时,在桃园坠机死亡,被告于售价表中表明参加本次旅游者,被告除提供空中运送外,尚受托代办安排饭店、游览、及代办旅游平安保险,此点双方并无争议。因此双方有消费关系,而有消保法之适用。双方也同意有定型化契约的存在,仅就其内容有所争议。

### 二、旅游广告之效力

依据"交通部"1995年6月24日交路发字第8432号令修正发布的"旅游契约书"第2条规定,甲乙双方关于本旅游之权利义务,依本契约条款之约定定之;本契约中未约定者,适用有关法令规定。附件、广告,亦为本契约之一部分。依据"发展观光条例"第2条第8款的规定:旅行业,指为旅客代办手续或安排观光旅客旅游、食宿及提供有关服务而收取报酬之事业。只不过看起来此法只能约束旅行社,无法约束航空公司。观光局在执法时,似乎未将航空公司纳入旅行业的范围。但是广告的效力,在消保法上就有强制的规范,因此本判决理由指出:"按企业经营者应确保广告之真实,其对消费者所负之义务不得低于广告之内容,"消保法"第22条定有明文。查本件被告提供予原告被继承人之'华航精致旅游售价表'(1997年4月1日至1998年3月31日止)其上记载:'峇里岛+金塔马尼:基本售价,(4天3夜)服务项目:往返机票、旅馆4天3夜住宿(皆可续住)、每日精美早餐、机场至饭店接送机服务、半日市区观光及金塔马尼全日游(含午餐)、旅游平安保险',有该售价表一份附卷足稽,原告主张彼等之被继承人系本于被告提供之上开售价表内容而与被告订约一节,被告并不争执,则上开售价表所示之服务内容即成为被告与原告被继承人间契约内容之一部分,况纵认为上开售价表仅系一页广告,惟依消保法第22条之规定,其上所载之服务项目亦应成为被告契约义务之一部分。是购买被告此项精致旅游者,除由被告提供航空运送外,尚委托被告代为安排住宿、观光旅游及代办旅游平安保险,核其上开契约内容,应属于无名契约之性质。其中被告为参加旅游者代办旅行平安保险一节与民法有偿委任之性质类似,应可类推适用之。"按其契约内容相当于"民法"第514条之1的旅游契约,该条规定:"称旅游营业人者,谓以提供旅客旅游服务为营业而收取旅游费用之人。前项旅游服务,系指安排旅程及提供交通、膳宿、导游或其他有关之服务。"不过依据"民法"债编施行法第29条的规定:"'民法'债编修正施行前成立之旅游,其未终了部分自修正施行之日起,适用修正之'民法'债编关于旅游之规定。"本案并无旅游相关条文之适用。本判决类推适用民法有偿委任之规定,应属正确。

### 三、一般契约条款成为契约内容的前提

企业经营者对于他人,并没有单方创设契约的权利,定型化契约条款所以生效的理由,和契约一样,也以当事人的合意为前提,一方提出,另一方接受。相对人并没有接受要约(或提出要

约)的义务。④

一般契约条款可以被纳入契约文件本身⑤,但也可以于外在上与契约分离。不过此种分离的条款要成为契约之内容,依"消保法"第13条规定其前提为:"契约之一般条款未经记载于定型化契约中者,企业经营者应向消费者明示其内容;明示其内容显有困难者,应以显著之方式,公告其内容,并经消费者同意受其拘束者,该条款即为契约之内容。前项情形,企业经营者经消费者请求,应给与契约一般条款之复印件或将该复印件附为该契约之附件。"

(一) 明示其内容

明示其内容指,这些一般契约条款可被一般水平的顾客,纵在概略阅览下亦可以得知,而不可能忽视者。此一明示应在缔约时而非缔约后为之,并应符合"施行细则"第12条的规定:"契约之一般条款不论是否记载于定型化契约,如因字体、印刷或其他情事,致难以注意其存在或辨识者,该条款不构成契约之内容。但消费者得主张该条款仍构成契约之内容。"如若条款的记载不够明显清晰,该条款是否能成为契约的内容,就要视消费者的意愿决定。此外,此一明示之契约条款应为企业经营者所提要约或者其承诺之成分,在当事人间即使有经常之业务往来,在早先契约中引据一般契约条款,原则上并非自动可对其后的契约适用。在有生意往来后继续订约时,仍需有明文的引据,但先前有架构契约⑥之签订时不在此限。事后的片面引据一般契约条款,例如事后在送货单、账单、到货通知单等的引据,已无法使其成为契约的成分,或修正原已签订的契约。

(二) 以显著方式公告内容并经同意受约束

如果明示其内容显有困难,企业经营者应以显著之方式公告其内容,并经消费者同意受其约束者,该条款即为契约之内容("消保法"第13条第1项后半部分)。此为明示原则之例外,限于在依契约缔结之方式,明示一般契约条款内容,显有困难之时。其判断准据为,在企业经营者与相对人间是否欠缺面对面的接触机会,例如自动收费停车场、由自动贩卖机购买入场券或车票、月台票等;或者明示契约条款,可能妨碍大量交易往来的快速进行的情况,如火车、汽车、电影院等车票或入场券。⑦ 在此要件下要求:

1. 企业经营者应以显著之方式公告其内容

例如在缔约地以显著之位置张贴布告。其张贴方式需达于使一般水平的顾客,不可能疏忽的情形,至于每一顾客是否真正会阅读公告的内容,在所不问。例如在车票或入场券上印刷少数的一般契约条款,而就其余条款则以引据方式(指示在缔约处之公告栏的一般契约条款)处理。

2. 须消费者同意受其约束

除前一要件外,尚须经消费者同意受其约束,该条款才能成为契约之内容。此一规定之文字显然并不合理,因为在此情形,企业经营者必须能证明其所张贴之布告,不但已为相对人所阅读、了解,更"同意受其约束"(企业经营者就相对人同意受约束有举证责任),否则就无法成为契约之部分,如此一来反不如明示其内容省事。反观《德国一般契约条款法》第2条第1项第2款规定之另一要件"使他方有机会,以可期待之方式得知其内容"。也就是要证明此一客观上以可期待之方式得知其内容之机会,则不太困难,其规范之适当性远胜台湾地区法律规定。当然此一规定方式,系对于"民法"有关要约承诺原则之修正,从法律性质来看,似乎拟制了相对人对一般条

---

④ 参见 Bydlinski,Privatautonomie,S. 209ff.
⑤ 即使将一般契约条款纳入契约文件本身,仍应依据"施行细则"第12条之规定,明显标示。
⑥ 参见黄立:《民法债编总论》,元照出版有限公司2001年版。
⑦ 参见德国一般契约条款法立法理由,BT-Drucks .7/3919,18.

款的承诺接受。在台湾地区应该也要将"须消费者同意受其约束",作相同解释,以解决实务上的困难。

(三) 本案平安保险的内容

本判决理由指出:"查本件被告与原告被继承人间就上开由被告代办旅游平安保险之事务,虽未明文约定其保险期间为何,然窥诸上开售价广告内容为被告单方所拟定,为与不特定多数之消费者订约之用,具有定型化契约之性质,应为有利于消费者之解释。且被告提供本件精致旅游商品,期间包括往返之航空运送暨至峇里岛、金塔马尼之定点旅游,则其代旅客办理投保旅行平安保险之保险期间,亦应包括往返之航空运送期间暨至峇里岛、金塔马尼之定点旅游期间,始符合诚实信用原则并合乎一般消费者客观上之合理期待。"作此推论的理由,是因为广告内容的过于简略,无法令客观第三者得知其内容上的限制,因此法官依据诚信原则认定其应有之内涵。"本件原告已否认彼等之被继承人有收到上开简介一节,而被告系于消费者购买本件精致旅游商品后,始交付消费者一置物包,内含票券、行李吊牌、识别牌、旅客意见调查表、海外紧急救援服务卡等物,此有置物包一份附卷足稽,并为被告所不争,观其内容物并无简介。又被告所举证人即代销本件精致旅游之业务员 A 到庭证称:'通常简介是放在柜台',是不足证该简介上所示'旅客购买精致旅游相关票券视为同意本旅游作业及责任条款等有关规定','包括地面定点旅游期间最高赔偿限额为每成人新台币 200 万元,儿童 60 万元之旅游平安保险,保险有效期间系保障参加精致旅游旅客自目的地下机后,至回程上机前之地面定点旅游期间之保险利益'之一般条款,已经由被告明示或经显著之方法公告,更遑论得原告被继承人之同意。……契约于此之前已经成立,是纵认该紧急救援卡确已交付原告之各被继承人,惟该条款系于契约成立后,始由被告单方为排除或限制自己契约义务之意思表示,在未获原告被继承人同意前,仍不生效力。"因此,法官认定,契约已经依据原先的广告构成契约的部分,内容则依据一般消费者客观上之合理期待,事后对于广告的限制,已经无法修改已经成立的契约。

**四、一般条款之解释**

如企业经营者在契约中使用模糊之字眼时,依"消保法"第11条第2项规定:"定型化契约条款如有疑义时,应为有利于消费者之解释。"[8]不过本项之适用,主要系指如特定契约条款之文义,有多重意义之情形。当然如企业经营者故意对特定事项,数次或多次重复规定,却将关键词句隐藏在契约条款中时,亦应适用。例如甲建筑公司在其预售屋之宣传广告及契约中,均提及"本小区公共设施完善,建有游泳池"作为诉求吸引顾客之卖点。事实上,甲并未能就游泳池之兴建取得建筑执照。因此又在契约中另一条款中载明:"本契约第××条所称游泳池系指'景观'游泳池"而主张景观游泳池系仅供观赏之用(由于无法取得建照建造真正之游泳池,系属客观自始不能)。此处尚有本法第22条及"公平交易法"第21条不实广告的问题。

**五、意外条款**

意外条款亦称为异常条款,"消保法"第14条规定:"契约之一般条款未经记载于定型化契约中,而依正常情形显非消费者所能预见者,该条款不构成契约之内容。"

《德国一般契约条款法》第3条规定:"在一般契约条款中之规定,依情况,尤其依据契约之外在形态,极不寻常,而为企业经营者之相对人非必然可以预见者,不构成契约之部分。"可见德国法之规定,不以"一般条款未经记载于定型化契约中"者为限,对消费者之保护,较为周延。台湾

---

[8] 参见《奥地利民法》第915条,及《德国一般契约条款法》第5条立法例。

地区法规宜作相同的解读。所谓依正常情形显非消费者所能预见者,例如甲公司以销售语言学习教材为业,有顾客乙前往了解其教材内容,甲公司之业务员丙取出一张没有标示"合约书"字样且下端藏有本票的单子,要乙填写个人基本资料,并一边解说甲公司的活动。乙以为只是填写基本数据,就填写了那张单子的上半部,丙即拿出会员了解信很快的一边念一边打勾,念完后要乙在了解信下端签名,又念藏有本票的约定条款,念完后要乙在中间及下端本票上签名。⑨ 甲公司的契约与本票,都是消费者依正常情形,显然无法预见者。

### 结论性观点

本案法官认为:"该条款既未记载于契约成立时之定型化契约中,且依正常情形显非一般消费者所得预见,依据前开规定,自不构成契约之内容。至被告辩称,本件旅游为半自助式,消费者未阅读简介,根本无法进行旅游,是原告之被继承人应已取得并阅读简介云云,尚属推论,其迄未举证证明之,应不可采。"被告若真要提醒旅客注意此种平安保险的特殊内容,原本就可以在缔约前咨商时提供相关资料。但是被告明显没有特别提醒旅客,此种异于常态的平安保险的内容。从另一个角度观察,业者为了降低成本,选择一种非常态的保险服务,所节省的费用有限,广告时偷偷摸摸不敢告知旅客真相,发生事故更造成自身商誉与财物的损失,其实是得不偿失。

本判决对于"消保法"的适用与诠释,十分完整而周延,足见法官的用心,这份判决是一份值得赞美的判决。

---

⑨ 参见"行政院"公平交易委员会(八三)公处字第003号处分书。

# 预售屋契约适用"消费者保护法"之时点

——兼论"最高法院"2001年台上字第443号民事判决

黄 立*

## 基本案情

本件被上诉人主张：伊受广告吸引，以为可得"合法"利用夹层空间，遂于1993年5月向上诉人订购坐落台北县汐止镇智兴段265地号等11笔土地上由上诉人所建之汇普世贸名人广场大厦24楼C10户房屋（下称系争房屋），已按期交款计新台币（下同）239万元。惟上诉人系以楼板挑空方式兴建系争房屋，并未于建造执照内为夹层之申请，其后亦未曾申请变更，如于交屋后以二次施工方式加盖夹层，即属违章建筑。且上诉人于广告宣称楼高3.8米，但完工后仅约3.55米，纵得兴建合法夹层，亦与广告之内容不符。伊遂于1996年5月31日以存证信函向上诉人为撤销买卖契约之意思表示，依"民法"第179条规定，请求上诉人返还已缴价金。又上诉人兴建之房屋无法达到兴建合法夹层之预定效用，即无法依债务本旨给付，除应负物之瑕疵担保责任外，并构成不完全给付之债务不履行责任，此等瑕疵重大且无法补正，伊亦得依"民法"第359条、第227条类推适用第256条规定，以起诉状缮本之送达为解除契约之意思表示，并依第259条第2款规定，请求上诉人返还已付价金等情，求为命上诉人给付伊239万元及加计法定迟延利息之判决。

上诉人则以广告仅系要约之引诱，两造契约并未约定提供夹层，亦未将夹层坪数一并销售计价，而系房屋完工后由客户自行决定是否雇工施作，伊并无提供夹层之契约义务，自不构成瑕疵或不完全给付；又订约当时，双方均不知如此施作要属违法，而法律上、契约上或交易习惯上亦未规定伊负有告知客户二次施工将遭拆除之义务，系争房屋依竣工图所示，楼高确为3.8米，并无楼高不足亦无诈欺情事，被上诉人解除或撤销系争买卖契约，于法未合等语，资为抗辩。

## 裁判要旨

原审将第一审所为被上诉人败诉之判决废弃，改判如其声明，无非以被上诉人主张向上诉人订购系争房屋一户，已付价金239万元之事实，为上诉人所不争，并提出房屋预定买卖契约书及土地预定买卖契约书为证，堪信为真实。两造间之系争房屋买卖契约系"消费者保护法"（简称"消保法"）公布前之1993年5月17日订立，依法律不溯及既往原则，尚不得援用消保法之规定。而依民法规定，商品推销之广告，其意思表示并未具体表示契约之内容，而系吸引消费者前往为要约之意思表示，是广告乃要约之引诱，除非契约当事人将广告内容列为契约之一部，否则将不受广告之拘束。系争房屋销售广告内容仅属要约之引诱，于两造合意列入契约之一部分前，尚不能以广告之内容拘束上诉人。虽两造订立之房屋预定买卖契约书并无上诉人应提供夹层之约定，且订约后上诉人亦依约按照建管机关核准之建筑图说施工，并取得使用执照。惟系争房屋之

---

\* 政治大学法律学系教授。

销售广告除载有"创意空间""一房变二房,楼上楼下都住得下180公分大汉""创意空间,买一层送一层"等字样外,销售人员甲亦承认置于销售现场之"室内装潢配置图",绘有上、下层房屋设计,其上层配置图虽未载明包括系争房屋之形式在内,但下层配置图有上下楼梯之设计;另由样品屋照片显示,室内亦有上、下层之利用;再,上诉人亦自承:样品屋之展示即表示客户至少可依样品屋之式样作空间利用等情,足以证明上诉人虽未承诺为被上诉人施作夹层,但两造买卖合意确有以系争房屋可为样品屋般之空间利用,作为契约内容之意甚明。虽此种空间利用,"内政部"营建署有意修正"室内装修管理办法",使符合一定条件者合法化,但上诉人迄未能证明确已通过修法,则系争房屋即不能合法依两造契约内容为如样品屋般之空间利用。被上诉人主张:系争房屋如作样品屋般之空间利用,将遭拆除,已无法达到契约预定之效用,应构成瑕疵,且该瑕疵无法补正,即非无据。按物之出卖人应担保其物于交付时无瑕疵存在,若瑕疵于清偿期届至而尚未交付以前确已存在者,买受人当非不得请求出卖人负担瑕疵担保责任。系争房屋虽尚未交付,但有如上述之瑕疵,且该瑕疵无法补正,被上诉人依"民法"第359条规定,主张上诉人应负物之瑕疵担保责任,并以起诉状缮本之送达为解除契约之意思表示,核无不合。从而,被上诉人依第259条规定请求上诉人返还已付之价金,并加计法定迟延利息,应予准许等词,为其判断之基础。

惟查,原审既认为系争房屋之销售广告,仅属于要约之引诱,除该广告内容经双方合意成为契约内容之一部分外,上诉人不受广告内容之拘束。则系争房屋买卖契约自应以其内容所载者为准。系争房屋买卖契约有无将载有"创意空间,买一层送一层"之广告,绘有上、下层设计之"室内装潢配置图"及样品屋展示,室内可为有上、下层之利用等使用夹层空间之文字作为买卖契约内容之一部分,原审并未明确审认,遽以系争房屋可为样品屋般之空间利用,作为契约内容之合意等含混之词,据为上诉人败诉之判决,尚嫌率断。次查,上诉人于原审否认交付被上诉人前开上、下层设计之室内装潢配置图,并辩称纵系其所交付,亦仅供参考等语;且证人甲于原审证称"我们有向客户建议可以做成像样品屋一样""有告诉客户均作参考用"。倘样品屋仅系上诉人提供建议或供客户参考之用,能否谓两造有以样品屋之空间利用,作为契约内容之合意,非无研求余地,实情如何,犹待详查审认。又查,上诉人辩称:系争房屋在室内兴建"隔层","内政部"营建署修订"室内装修管理办法",将使符合一定条件者合法化等语,系争房屋如作样品屋般之空间利用,是否必遭拆除,仍非无疑。原审未向主管机关查证并加以审认,遽为上诉人不利之论断,亦有判决不备理由之违法。上诉论旨,指摘原判决不当,求予废弃,非无理由。

### 学理研究

#### 一、"消保法"适用之时点

"最高法院"2001年台上字第443号民事判决谓:原审将第一审所为被上诉人败诉之判决废弃,改判如其声明,无非以:被上诉人主张向上诉人订购系争房屋一户,已付价金239万元之事实,为上诉人所不争,并提出房屋预定买卖契约书及土地预定买卖契约书为证,堪信为真实。两造间之系争房屋买卖契约系"消保法"公布前之1993年5月17日订立,依法律不溯及既往原则,尚不得援用"消保法"之规定。"最高法院"将本件发回台湾高等法院时,并未对此一观点表示意见。惟按"消保法施行细则"第42条规定:"本法对本法施行前已流通进入市场之商品或已提供之服务不适用之。""消保法"系于1994年1月11日公布,就商品而言,要排除"消保法"的适用,必须"商品在本法施行前已流通进入市场",然而就预售屋而言,因为双方在签约时,并无商品的存在,而是就未来之物所签订的契约,并没有流通进入市场的可能性。而且依据"平均地权条例"第81条的规定:"土地买卖未办竣权利移转登记,承买人再行出售该土地者,处应纳登记费二十倍以下之罚锾。"也不容许其在未过户前流通。预售屋在其取得使用执照后,才能依据"土地登记规则"第28条规定办理建物所有权第一次登记(保存登记)。在建商办理保存登记后才能过户给顾客,此时才成为"流通进入市场"之状况,因此预售屋销售是否适用消保法之时点,应该以交屋时为基准较为合理。"行政院"消保委员会亦曾于2001年5月31日台2001年消保法字第00580号函指出:"来函所询预售屋系在消保法施行后始建造完成,消费者因该房屋之使用而受损害,应属产品责任问题,若其交付确在消保法施行后,自有消保法之适用。"

**二、增建请领建照应以建筑法为依据**

依据"建筑法"第9条第2款的规定:"增建:于原建筑物增加其面积或高度者。但以过廊与原建筑物连接者,应视为新建。"同法第28条第1款规定:"建筑执照分左列四种:一、建造执照:建筑物之新建、增建、改建及修建,应请领建造执照。"也就是说,判决中所指:"系争房屋之销售广告除载有'创意空间';'一房变二房,楼上楼下都住得下一百八十公分大汉';'创意空间,买一层送一层'等字样外,销售人员甲亦承认置于销售现场之'室内装潢配置图',绘有上、下层房屋设计,其上层配置图虽未载明包括系争房屋之形式在内,但下层配置图有上下楼梯之设计;另由样品屋照片显示,室内亦有上、下层之利用;再,上诉人亦自承:样品屋之展示即表示客户至少可依样品屋之式样作空间利用等情,足证上诉人虽未承诺为被上诉人施作夹层,但两造买卖合意确有以系争房屋可为样品屋般之空间利用,作为契约内容之意甚明。"很明显的双方有增加面积之合意,依据"建筑法"第28条第1款规定,应该请领建照执照。并非依据"建筑物室内装修管理办法"这种非法律层级的法规命令所能解决。何况本案系争买卖契约签订于1993年5月,"建筑物室内装修管理办法"则于1996年5月29日才发布,内容上也不涉及建筑法自行规范之事项,要以此种法规命令来使法律上不能之标的"合法化",根本是缘木求鱼。"最高法院"认为,又查,上诉人辩称:系争房屋在室内兴建"隔层","内政部营建署"修订"室内装修管理办法",将使符合一定条件者合法化等语,系争房屋如作样品屋般之空间利用,是否必遭拆除,仍非无疑。原审未向主管机关查证并加以审认。好像并无意义。

**三、广告之效力**

原审法院认为:"而依民法规定,商品推销之广告,其意思表示并未具体表示契约之内容,而系吸引消费者前往为要约之意思表示,是广告乃要约之引诱,除非契约当事人将广告内容列为契约之一部分,否则将不受广告之拘束。系争房屋销售广告内容仅属要约之引诱,于两造合意列入契约之一部分前,尚不能执广告之内容拘束上诉人。虽两造订立之房屋预定买卖契约书并无上诉人应提供夹层之约定,且订约后上诉人亦依约按照建管机关核准之建筑图说施工,并取得使用执照。"本案如果交屋时点确实在"消保法"施行后,则依前所述,企业经营者之广告依据"消保法"第22条之规定,就有其适用。则建商之责任在于不低于广告内容,广告当然构成契约的部分。就不必再探求当事人间对于广告事项是否确有将其纳为契约成分之合意。"最高法院"的看法就没有意义了。建商既然未能履行其契约义务,就构成债务不履行。依据"民法"第227条的规定:"因可归责于债务人之事由,致为不完全给付者,债权人得依关于给付迟延或给付不能之规定行使其权利。因不完全给付而生前项以外之损害者,债权人并得请求赔偿。"消费者当然可以解除契约并请求损害赔偿("民法"第226条及第256条)。

**四、证言之取舍系事实审的权限**

"最高法院"发回理由认为:原审既认为系争房屋之销售广告,仅属于要约之引诱,除该广告内容经双方合意成为契约内容之一部分外,上诉人不受广告内容之拘束,则系争房屋买卖契约自应以其内容所载者为准。系争房屋买卖契约有无将载有"创意空间,买一层送一层"之广告、绘有上、下层设计之"室内装潢配置图"及样品屋展示室内可为有上、下层之利用等使用夹层空间之文字作为买卖契约内容之一部分,原审并未明确审认,遽以系争房屋可为样品屋般之空间利用,作为契约内容之合意等含混之词,据为上诉人败诉之判决,尚嫌率断。次查,上诉人于原审否认交付被上诉人前开上、下层设计之室内装潢配置图,并辩称纵系其所交付,亦仅供参考等语;且证人甲于原审证称:"我们有向客户建议可以做成像样品屋一样","有告诉客户均作参考用"。倘样品屋仅系上诉人提供建议或供客户参考之用,能否谓两造有以样品屋般之空间利用,作为契约内容之合意,非无研求余地,实情如何,犹待详查审认。从所引之证言:"证人甲于原审证称'我们有向客户建议可以做成像样品屋一样','有告诉客户均作参考用'"看来,证人甲明显的是上诉人的受雇人,"最高法院"1937年上字第940号判例指出:民事诉讼法第314条第2项第2款仅规定以当事人之受雇人为证人者,得不令其具结,并未规定当事人之受雇人不得为证人,此项证人之证言可否采用,自应依事实审法院之自由心证决之。事实审既然已经以自由心证决定不采此一证言,"最高法院"如可以引据此一证言作为发回之依据?有无侵害下级审之职掌范围,不无疑义。① 事实审确认,建商以广告、图说及样品屋一再强调夹层的利用。"系争房屋之销售广告除载有'创意空间','一房变二房,楼上楼下都住得下一百八十公分大汉','创意空间,买一层送一层'等字样外,销售人员甲亦承认置于销售现场之'室内装潢配置图',绘有上、下层房屋设计,其上层配置图虽未载明包括系争房屋之样式在内,但下层配置图有上下楼梯之设计;另由样品屋照片显示,室内亦有上、下层之利用;再,上诉人亦自承:样品屋之展示即表示客户至少可依样品屋之式样做空间利用等情。"可以明显地看出,双方在从事签约谈判时,必然以该屋可以建夹层屋为基础,如果建商事先以此为饵,诱骗消费者上当,事后又作相反的主张,其作为明显的违反诚信原则中的禁反言原则②,其主张应不予采纳。

**五、口头约定的效力**

事实审确认:"上诉人亦自承:样品屋之展示,即表示客户至少可依样品屋之式样做空间利用等情。"应该可以视为纳入契约的承诺。这个问题也牵涉到在双方签订定型化契约下,所为口头约定之效力的问题。基于口头约定必然是个别磋商的条款,其效力依据"消保法"第15条规定:"定型化契约中之一般条款抵触非一般条款之约定者,其抵触部分无效。"只要双方对此约定并无争议,其为契约成分且有优先效力就没有问题。③ 此一"消保法"的原则对于非消费关系,应该也可以类推适用。口头约定要推翻一般条款,通常遭遇的难题是举证问题,在本案中,既然双方并无争议,结果就很清楚了。

---

① 也许"最高法院"认为,事实审不采甲的说法,应该要在理由中指明原审判决心证不备理由。
② 参见黄立:《民法总则》,元照出版有限公司2001年版,第493页:禁反言原则也就是"不得为与自己行为相反的主张"venire contra factum proprium,或者禁止为与自己行为相矛盾之权利行使(参见第180条)。例如:"出租人基于'土地法'第100条第3款承租人欠租之事由,并依'民法'第440条第1项规定,对于支付租金迟延之承租人定相当期限,催告其支付,承租人于其期限内不为支付者,固得终止契约,惟承租人曾于出租人所定之期限内,依债务本旨提出支付之租金,而因出租人或其他有代为受领权限之人拒绝受领,致未能如期完成时,尚难谓与上开条项所定之情形相当。依'民法'第219条关于行使债权,应依诚实信用方法之规定,出租人自不得执是为终止契约之理由。"("最高法院"1954年台上字第1143号判例)。
③ 参见黄立:《民法总则》,第349页,约定形式要件的取消或舍弃。

# 板桥地方法院 2000 年重诉字第 65 号"博士的家"判决评析

黄 立*

## 基本案情

原告主张被告和昌公司与被告刘炳贵、刘炳信合作兴建系争商品即"博士的家"大楼,违法借牌兴建,并雇用甫出校门非建筑相关科系毕业、毫无经验之人分任工地主任及监工;被告嘉信公司实际上未承揽营造"博士的家"大楼,竟将其营造厂执照出租予被告和昌公司,由被告和昌公司自行鸠工兴建;被告张阿漳承包系争大楼捆绑钢筋工程,于施作时,有柱主筋搭接位置不良、柱箍筋弯钩不良、柱箍筋间距不良、梁箍筋间距不良、钢筋外露、无保护层、铁丝绑扎不实等缺失;被告蔡丰吉承包系争大楼水泥灌浆工程,因施工质量欠佳,于主结构材发现有蜂巢情形,且混凝土加水,灌浆不足,部分混凝土保护层甚至完全没有;被告连志谦为系争商品之设计人及监造人,惟未善尽监造之责,致系争大楼有上开各项不合理危险存在等情。原告另主张被告新杰公司、华莘公司所供应之混凝土抗压强度严重偏低,仅有 1257—2737PSI 间不等,不及规定之 3000PSI。原告主张本件"博士的家"于"九·二一"地震后即遭管制不得进入,对于财物损害无法一一证明,本诸公平原则,请求将受灾户每户物品之损害额依"行政院"主计处 2001 年 10 月 15 日台 2001 年处仁二字第 07878 号函之附件,"九·二一"地震每户因震灾家用耐久财之损害额新台币 34.4 万元为标准计算其损害额等语;惟为被告等所否认。案件事实是根据判决内容总结的。

## 裁判要旨

### 一、判决书摘要

被告和昌建设股份有限公司、刘炳信、刘炳贵、嘉信营造股份有限公司、蔡丰吉、连志谦、张阿漳应连带给付原告新台币 870 659 864 元,及自 2001 年 7 月 21 日起至清偿日止,按年息 5% 计算之利息;被告新杰实业股份有限公司、华莘实业股份有限公司就上开金额在新台币 219 914 966 元之范围内,应与前揭被告连带给付原告。

被告林义信、林明堂应连带给付原告新台币 219 914 966 元,及自 2000 年 3 月 15 日起至清偿日止,按年息 5% 计算之利息。

原告其余之诉驳回。

诉讼费用由被告和昌建设股份有限公司、刘炳信、刘炳贵、嘉信营造股份有限公司、蔡丰吉、连志谦、张阿漳连带负担 50%;被告新杰实业股份有限公司、华莘实业股份有限公司连带负担 15%;被告林义信、林明堂连带负担 15%,余由原告负担。

本判决第一项得假执行;但被告和昌建设股份有限公司、刘炳信、刘炳贵、嘉信营造股份有限公司、蔡丰吉、连志谦、张阿漳于假执行程序实施前以新台币 870 659 864 元;被告新杰

---

* 政治大学法律学系教授。

实业股份有限公司、华荦实业股份有限公司以新台币 219 914 966 元为原告预供担保,得免为假执行。

原告其余假执行之申请驳回。

## 二、理由摘要

......

（4）结论

① 依"中央气象局"强震数据显示,"九·二一"大地震在本标的物附近之测站——新庄昌隆小学,所测得之地表水平加速度,最大仅 110 gal,故鉴定标的物在本次地震作用下,若按建筑技术规则耐震规范设计施工,C 栋不应发生坍塌情事。

② 鉴定标的物 A、B 栋由于混凝土抗压强度严重偏低,且部分结构裂损严重,安全堪虞,故应予拆除。

③ 鉴定标的物 C 栋因建筑配置与结构系统规划不佳,加上混凝土强度及钢筋配置未符设计图说及规范规定,致整体耐震力降低,在本次"九·二一"地震之地震力作用下,标的物一楼柱之混凝土压碎爆裂,柱扎筋被撑开、主筋挫屈,因而造成标的物之瞬间倒塌毁损。

......

9. 原告主张之上开系争商品之设计、制造过程未具有通常可合理期待之安全性之事实,业据提出台湾省结构工程技师公会、台湾省土木技师公会、台湾省建筑师公会联合制作之"博士之家"等建筑物结构安全鉴定案之鉴定报告书复印件一件为证,被告对该鉴定报告书之真正亦不争执,又系争商品被预期到达消费者时并未有与出卖时重大改变之情况,自堪认为项商品于离开被告和昌公司控制时已存在有下列不合理之危险:

(1) 制造瑕疵

① 混凝土强度不足;

② 钢筋质量不稳定;

③ 柱主筋搭接位置不良;

④ 柱箍筋弯钩不良;

⑤ 柱箍筋间距不良;

⑥ 梁箍筋间距不良;

⑦ 钢筋外露,无保护层;

⑧ 铁丝绑扎不实。

(2) 设计瑕疵

① 平面不规则,仅四周有独立柱,中间以楼梯间钢筋混凝土狭长墙为柱,构架不完整,由立面来看,一楼挑高无墙,属立面劲度不规则形状,标的物之结构,系统抗震性不佳。

② 未按建筑技术规则耐震规范设计。

③ 建筑配置与结构系统规划不佳,致整体耐震力降低。

10. 被告等复无法举证证明渠等就系争商品之设计、制造过程无前揭所述之过失及系争商品有于流通进入市场,或服务予其提供时,已符合当时科技或专业水平之事实,是被告等所辩其无过失及系争商品已符合当时科技或专业水平云云,均不足取。

......

（七）综上所述,被告和昌公司、刘炳贵、刘炳信、连志谦、嘉信公司、新杰公司、华荦公司、蔡丰吉与被告张阿漳均应依"消费者保护法"（简称"消保法"）第 7 条第 3 项前段之规定,负连带赔偿责任。

（八）原告另主张商品责任上所称损害,应包括商品本身之损害在内,惟为被告等所否认,是应再审究者为商品责任之损害是否包括商品本身之损害？

1. "消保法"第7条对于损害赔偿之范围,既未明定,其本质上又系侵权责任,自应依"民法"第216条之规定,以填补债权人所受损害及所失利益,解释上,当包括商品本身之损害。

2. 限制消费者仅能依契约不履行,向其直接契约当事人请求,再由受请求者层层转向制造者请求,不仅于消费者权益之保护,未见贯彻,而且徒增讼累。

3. 综上,本院认为,商品责任上所称之损害,当包含商品本身之损害在内,是以被告前开所辩,亦不可采。

（九）原告另主张本件之请求权让与人均得依"消保法"第51条前段之规定,请求损害额三倍之惩罚性赔偿金,惟为被告等所否认,兹应再审酌者为如附表所示之让与人是否均得请求"消保法"第51条所规定之惩罚性赔偿金？又是否均可请求损害额三倍之惩罚性赔偿金？

1. 按依本法所提之诉讼,因企业经营者之故意所致之损害,消费者得请求损害额3倍以下之惩罚性赔偿金；但因过失所致之损害,得请求损害额1倍以下之惩罚性赔偿金,"消保法"第51条定有明文。

2. 商品责任之目的为促使商品制造人更加注意于其商品设计与制造之安全,及对消费者因商品不合理之危险所造成之损害给予赔偿。此外,"消保法"有别于传统侵权行为法之损害填补原则,而采取与"公平交易法"第32条类似之立法,引进惩罚性损害赔偿制度,甚至较"公平交易法"有更进一步保护消费者之规定,即就有过失之商品制造人亦得请求损害额一倍以下之惩罚性赔偿金。

3. "消保法"第51条之之立法理由为促使企业经营者重视商品及服务质量,维护消费者利益,惩罚恶性之企业经营者,并吓阻其他企业经营者仿效,亦即惩罚性赔偿金制度系：

（1）对凶暴行为之惩罚,因商品制造人之恶意或其鲁莽无视于他人之权利,于衡量惩罚性损害赔偿,法院得适当地考虑该制造人行为之恶性或鲁莽之程度予以惩罚。

（2）惩罚性与吓阻性乃为惩罚性损害赔偿之基础。

（3）商品制造人既有恶意为设计与制造其商品并将之置于市场流通,而足以危害消费者之身体与生命安全,自应课以惩罚性赔偿金,以惩其不法恶意,并吓阻其未来为相同行为或其他企业经营者之仿效。

（4）加重消费者之举证责任——应举证证明企业经营者有故意或过失。

4. "消保法"第51条所称之故意应包括下列各项在内

（1）鲁莽或有意无视。有意不顾消费者人身安全可能因商品而受危害。

（2）鲁莽不顾公共安全。明知或有意造成非必要之危险。

（3）恶意。有意无视对消费大众造成伤害可能性之行为。

（4）拒绝采取措施以减低危险至可接受程度。

5. "消保法"第51条所称之过失应包括

（1）怠于善尽合理注意以采用安全计划或设计。

（2）行为所生危险性超越其行为所生效益者。

（3）怠于警告。

6. "消保法"第51条虽仅规定惩罚性赔偿金之请求权人为消费者,惟参照同法第7条第3项之规定,企业经营者于违反同条第1、2项之规定致生损害于消费者或第三人时,该企业经营者对第三人亦应负连带赔偿责任,且惩罚性赔偿金制度既在惩罚及吓阻,自无将因企业经营者之鲁莽不顾公共安全致受有损害之第三人排除其请求惩罚性赔偿金之理,是本院认非因使用商品而受有损害且为企业经营者可得合理预见受损害之第三人亦得类推适用本条之规定请求惩罚性赔偿金,较符立法目的。

7. 兹审酌

(1)原告主张被告和昌公司与被告刘炳贵、刘炳信合作兴建系争商品即"博士的家"大楼,违法借牌兴建,并雇用甫出校门非建筑相关科系毕业、毫无经验之人分任工地主任及监工;被告嘉信公司实际上未承揽营造"博士的家"大楼,竟将其营造厂执照出租予被告和昌公司,由被告和昌公司自行鸠工兴建;被告张阿漳承包系争大楼捆绑钢筋工程,于施作时有柱主筋搭接位置不良、柱箍筋弯钩不良、柱箍筋间距不良、梁箍筋间距不良、钢筋外露,无保护层、铁丝绑扎不实等缺失;被告蔡丰吉承包系争大楼水泥灌浆工程,因施工质量欠佳,于主结构材发现有蜂巢情形,且混凝土加水,灌浆不足,部分混凝土保护层甚至完全没有;被告连志谦为系争商品之设计人及监造人,惟未善尽监造之责,致系争大楼有上开各项不合理危险存在等情,业据其提出前揭鉴定报告书及本院1999年诉字第1779号刑事判决复印件各一件为证,且为被告等就上开鉴定报告书之真正均未加争执。被告和昌公司、刘炳信、刘炳贵、嘉信公司、蔡丰吉、张阿漳、连志谦等兴建系争商品即"博士的家"大楼,其设计、制造过程显系鲁莽并有意无视消费者之人身安全、草菅人命、不顾公共安全至极,揆诸前揭说明,原告主张依"消保法"第51条前段之规定,对被告和昌公司、刘炳贵、刘炳信、嘉信公司、蔡丰吉、张阿漳等请求损害额3倍之惩罚性赔偿金,于法并无不合。

(2)至原告另主张被告新杰公司、华莘公司所供应之混凝土抗压强度严重偏低,仅有1257—2737PSI间不等,不及规定之3000PSI,被告新杰、华莘公司亦应依"消保法"第51条之规定给付惩罚性赔偿金等情,固据其提出上揭鉴定报告书复印件一件为证,惟为被告新杰公司、华莘公司所否认,经查:

① 被告等依和昌公司订货之要求,将预拌混凝土送抵工地,并依财团法人中华顾问工程司识体报告作为请款之依据,并已请领货款在案,有被告提出之发票复印件第28号纸为证,原告对该发票之真正亦未加争执,堪信为真实。

② 被告等供应之混凝土虽有抗压强度不足之情形,惟尚无证据证明被告等系有意无视该瑕疵之存在仍为供应之行为,或有前揭过失之情节,此外,原告复未能举证证明被告新杰公司、华莘公司有何前揭所述之故意或过失,是原告主张依"消保法"第51条规定,对被告新杰公司、华莘公司请求损害额3倍之惩罚性赔偿金,尚属无据。

(十)原告所得请求之损害额及惩罚性赔偿金各分述如左:

(1)原告主张本件"博士的家"于"九·二一"地震后即遭管制不得进入,对于财物损害无法一一证明,本着公平原则,请求将受灾户每户物品之损害额依"行政院"主计处2001年10月15日台2001年处仁二字第07878号函之附件,"九·二一"地震每户因震灾家用耐久财之损害额新台币344000元为标准计算其损害额等语;惟为被告等所否认,查:

① 按当事人主张有利于己之事实者,就其事实有举证之责任。但法律另有规定,或依其情形显失公平者,不在此限;又当事人已证明受有损害而不能证明其数额或证明显有重大困难者,法院应审酌一切情况,依所得心证定其数额,"民事诉讼法"第277条、第222条第2项

分别定有明文。

②系争"博士的家"大楼经"九·二一"地震后受损之情形分别为：

Ⅰ．A、B、C 栋 B2F、B1F、1F 版梁柱塌陷。

Ⅱ．A、B、C 栋 B2F 梁弯曲折裂。

Ⅲ．A、B、C 栋 B1F 版梁折裂。

Ⅳ．A、B、C 栋 B1F 版崩落，并经火燃烧熏烟。

Ⅴ．A 栋楼梯间墙瓷砖剥落；1F 外墙剪力裂缝、外柱剪力挫裂、室外版裂断折拱、警卫室墙裂；2F 电梯墙裂穿、外墙裂断；3F 墙裂穿、墙 45°剪力裂缝；4F 墙裂穿；5F 电梯间墙裂断、墙裂缝；6F 墙 45°剪力裂缝、墙裂缝；7F 墙裂缝、门角隅裂缝；8F 门角隅裂缝；9F 墙裂缝；10F 墙裂缝；11F 墙裂缝；12F 墙裂缝、梯间墙裂缝。

Ⅵ．B 栋 BF 倒塌损坏；1F 柱损坏、梁损坏、墙损坏；3F 电梯间柱损坏。

Ⅶ．C 栋倾倒、屋突撞毁民安路 290 巷 8 号、10 号两栋五层楼 RC 构造公寓民房、屋顶层楼板弯折断裂。

③"博士的家"于 1999 年 9 月 21 日地震后，现场曾进行管制，由台北县警察局新庄分局负责周边人员进出与交通管制，救难现场由台北县政府统一指挥，管制期间无住户进入搬出物品，管制结束后，建物已拆除为平地，住户未进入搬出物品等情，有台北县警察局新庄分局 2001 年 8 月 2 日新警三刑字第 18846 号函在卷可稽，又"博士的家"大楼及遭 C 栋倾倒、屋突撞毁之民安路 290 巷 8 号、10 号两栋建物于震灾后各有如前述重大损坏，嗣又均遭拆除等情，业经本院于 2001 年 10 月 9 日至现场履勘属实，制有勘验笔录在卷可稽，而证人即"博士的家"灾后重建推动委员会会长李国民亦到庭证称："(有无管制？何时拆？受灾户搬何物？)当时有管制，约在管制期间拆除，确实日期忘了，那时还有余震，不可能搬运重的物品，我看到的受灾户他们拿走的东西都是可手提的物品。"等语，足认各请求权让与人确因商品存在不合理之危险而受有损害，及系争商品及第三人(附表编号 5—9、13—18 号)所有遭系争商品中之 C 栋建物撞毁之民安路 290 巷 8、10 号两栋五层楼建物，其屋内之物品如大型家电用品、家具等，因建物倒塌不及搬出亦受有损害。又依"行政院"主计处国富调查平均每户家庭耐久财为 34.4 万元，此有"行政院"主计处 2001 年 10 月 15 日台 2001 年处仁二字第 07878 号函在卷可佐，是原告主张受灾户每户物品之损害额为 34.4 万元，自属有据。

（2）损害额及惩罚性赔偿金之请求是否有据，兹审酌如下(以下略)。

## 二、公司负责人业务上之侵权行为责任部分

（一）原告起诉另主张被告林义信、林明堂、徐瑞琴为被告和昌公司董事，执行职务竟违背法令租用被告嘉信公司之牌照，自行鸠工兴筑，被告陈月梅为被告嘉信公司负责人，而被告廖嘉辉、何溪泉为被告嘉信公司实际负责人，被告陈明森为被告新杰公司负责人，被告詹吉夫为被告华苹公司负责人之事实，固据提出公司设立或变更登记事项卡及前揭刑事判决书等复印件为证，惟查：

……

（二）按公司负责人对于公司业务之执行，如有违反法令致他人受有损害时，对他人应与公司连带负赔偿之责；又法人对于其董事或其他有代表权之人因执行职务所加于他人之损害，与该行为人连带负赔偿之责任，"公司法"第 23 条及"民法"第 28 条固有明文。惟查：

1. "民法"第 28 条所加于法人之连带赔偿责任，以该法人之董事或其他有代表权之人，因执行职务所加于他人之损害者为限，若法人之董事或其他有代表权之人因个人之犯罪行

为而害及他人之权利者,即与该条规定之责任要件不符,该他人殊无据以请求连带赔偿之余地,"最高法院"1959年台上字第1501号判例可资参照。

2. 本件被告林义信为和昌公司之负责人,与林明堂分别因共同实施经营该公司登记范围以外之建筑营造业务,违反"公司法"第15条第1项之规定等情,此有原告提出前揭刑事判决书复印件在卷可稽,是被告林义信、林明堂所执行之业务既非被告和昌公司之业务,仅系被告林义信、林明堂之个人之犯罪行为,揆诸前开说明,原告依前揭规定诉请被告林义信、林明堂与被告和昌公司连带负赔偿责任,于法不合。

3. 又被告嘉信公司系以承揽土木建筑工程业务及有关国内外厂商工程产品之代理投标报价及买卖为营业,并非以"借牌"为营业,此有该公司之变更登记表复印件在卷可凭,被告陈月梅虽系被告嘉信公司之负责人,惟其与被告廖嘉辉、何溪泉系共同非法租牌予被告和昌公司兴建"博士的家"大楼,此亦有前揭判决书可参,是被告陈月梅、廖嘉辉、何溪泉等所执行之业务亦非被告嘉信公司之业务,仅系被告陈月梅、廖嘉辉、何溪泉之个人犯罪行为,揆诸上揭说明,原告依上开规定诉请被告陈月梅、廖嘉辉、何溪泉与被告嘉信公司连带负赔偿责任,尚非有据。

4. 此外,原告并未举证证明被告徐瑞琴、陈明森、詹吉夫等对于公司业务之执行有违反法令之事实,是原告依首揭规定,诉请被告徐瑞琴、陈明森、詹吉等应与所代表之公司连带负赔偿责任,亦非适法。

### 三、共同侵权行为责任部分

(一)原告起诉另主张被告和昌公司、刘炳贵、刘炳信、连志谦、嘉信公司、新杰公司、华莘公司、韩辉、蔡丰吉与被告张阿漳,分别或共同侵害被害人即本件让与请求权人之权利或利益,亦应依"民法"第184、185条之规定,负连带损害赔偿责任之部分,因与前揭商品责任部分属于请求权竞合之关系,又商品责任系特别侵权行为责任,且原告已得依商品责任之规定诉请上开被告负连带赔偿责任,已如前述,故本院自毋庸再就此项普通侵权行为责任重复审究。

(二)原告另主张被告林义信、林明堂为被告和昌公司之董事,亦有共同侵权行为之事实,业据其提出前揭刑事判决书复印件为证,且为被告等所不争执,自堪信为真实。是原告依"民法"第185条第1项之规定,诉请被告林义信、林明堂连带负损害赔偿责任,于法并无不合。

(三)至原告另主张被告徐瑞琴为被告和昌公司之董事,亦有共同侵害之行为,亦应依"民法"第185条负责之事实,并未举证证明,自非有据。

### 四、综上所述,原告据以提起本诉,请求:

(一)被告和昌公司、刘炳信、刘炳贵、嘉信公司、蔡丰吉、连志谦、张阿漳应连带给付原告870 659 864元,被告新杰公司、华莘公司就上开金额在219 914 966元之范围内,应与前揭被告等连带给付,及自起诉状缮本最后送达被告翌日(即2001年7月21日)起至清偿日止,按年息5%计算利息。

(二)被告林义信、林明堂应连带给付原告219 914 966元,及自起诉状缮本最后送达被告翌日(2000年3月15日)起至清偿日止,按年息5%计算之利息,并无不合,应予准许,逾此之请求,尚非有理,应予驳回。

（三）假执行之宣告

1. 本判决主文第 1 项系依消保法之规定为企业经营者败诉之判决，爰依"消保法"第 48 条第 2 项之规定，准原告免供担保得假执行；至本判决主文第 2 项部分，原告虽申请本院依职权宣告假执行，惟于法尚属无据，又原告败诉部分，其假执行之请已失附丽，均应驳回。

2. 被告等均陈明愿供担保，申请免为假执行，核无不合，爰分别酌定相当担保金额准许之。

（四）结论：原告之诉为一部分有理由、一部分无理由，依"民事诉讼法"第 79 条但书、第 85 条第 1 项、第 2 项、第 392 条，"消保法"第 48 条第 2 项，判决如主文。

### 学理研究

#### 一、程序部分

（一）消费团体诉讼可否包括受害第三人

"消费者保护法"第 50 条第 1 项规定："消费者保护团体对于同一之原因事件，致使众多消费者受害时，得受让二十人以上消费者损害赔偿请求权后，以自己之名义，提起诉讼。消费者得于言词辩论终结前，终止让与损害赔偿请求权，并通知法院。"条文原文仅提及消费者，未提及第三人，应该是起草及立法院审议时之疏漏，依据立法之目的观察，应该认为此一消费者应该可包括第三人在内。① 因此法官认为：

......

3. 企业经营者违反"消保法"第 7 条第 1、2 项之规定，除消费者外，尚应对第三人之损害负连带赔偿责任，基于扩大诉讼制度解决纷争之功能，并参照"消保法"第 50 条之立法理由：① 为期诉讼经济，并发挥消费者保护团体之功能而有本条之规定。为免除本条与民法非财产损害受让规定之冲突，特规定受让之请求权包括"民法"第 194 条、第 195 条之非财产之损害。原告受让 165 名消费者及 18 名第三人之损害赔偿请求权，以自己之名义提起本诉，并无不合。

法官也指出：

......

6. 本件让与请求权人，其中非因使用系争商品而受有损害者，即附表一编号 1—18 号杨雪娥等 18 人，固非"消保法"所称之消费者，惟上开让与人所让与原告之请求权其基础事实同一，于被告之防御无甚碍，为期诉讼经济，应类推适用前揭规定，准许各该第三人将其损害赔偿请求权及

---

① 以华航大园空难为例，当时受害的除了飞机上的乘客（消费者）之外，受害的尚有飞机坠落现场的房屋住户及一部出租车的司机与其乘客。所有受害者均因为同一事件受害，若不许其有相同之待遇，可能不是本法的初衷。若未将第三人纳入，(1) 依据"消保法"第 52 条："消费者保护团体以自己之名义提起第 50 条诉讼，其标的价额超过新台币 60 万元者，超过部分免缴裁判费。"也就是不论主张的诉讼标的多少，只要缴纳 6000 元诉讼费用。如消费者不包括第三人，另外两栋的受灾户，就不能享受诉讼费用的优待。当然在本案由于均可适用"九二一震灾重建暂行条例"第 72 条规定，暂免缴纳裁判费。(2) 为不得提起团体诉讼，"消保法"第 50 条第 4 项："消费者保护团体就第一项诉讼，不得向消费者请求报酬。"(3) 不能适用适用"消保法"第 48 条第 2 项："法院为企业经营者败诉之判决时，得依职权宣告为减免担保之假执行。"但依据"九二一震灾重建暂行条例"第 72 条的规定，申请假扣押者，请求及假扣押之原因经释明后，于必要范围内，免供担保，不受"民事诉讼法"第 526 条第 2 项及第 3 项规定之限制。(4) 不能适用"消保法"第 51 条："依本法所提之诉讼，因企业经营者之故意所致之损害，消费者得请求损害额三倍以下之惩罚性赔偿金；但因过失所致之损害，得请求损害额一倍以下之惩罚性赔偿金。"就本案言，真正有影响的其实只有团体诉讼与惩罚性赔偿。

诉讼实施权为信托让与消费者保护团体即原告，俾扩大诉讼制度解决纷争之功能。

至于被告主张部分权利转让人与其无买卖关系，因此没有消费关系一节，明显不了解"消费者保护法"第2条第3款规定："三、消费关系：指消费者与企业经营者间就商品或服务所发生之法律关系。"并不以买卖关系或所有关系为前提要件。任何人只要损害发生当时，居住于"博士的家"，就有消费关系，就是消费者。因此本案法官也在综合考虑各种理由后，确认：

"……

3. 综上，以消费为目的之商品承租人、受让人、使用者均应认系消保法所称之消费者。"

（二）20人门槛之认定时点

法官认为，本件已依"消保法"第49条取得消保官同意书，只需起诉时有20人以上之消费者或第三人让与其损害赔偿请求权予原告，即符合"消保法"第50条之规定，不论消保官同意时让与损害赔偿请求权之消费者是否逾20人，或消保官同意后让与损害赔偿请求权是否增减，只要起诉时逾20人以上，本件诉讼即符合"消保法"规定之起诉要件。

（三）团体诉讼是否限于"消费者保护法"第7条之权利

法官认为："消保法"第50条之"团体诉讼"以消保团体名义提出，基于诉讼经济、程序从新，只要同一原因事件所生之任何损害赔偿请求权，均得让与消保团体，俾一次纷争一次解决，是"消保法"第50条第1项所称"损害赔偿请求权"自不限于"消保法"第7条之权利，只要同一原因事件所生之任何损害赔偿请求权，本于诉讼经济原则，均得转让予原告并据以起诉，符合诉讼经济之立法意旨。

（四）让与请求权之范围

法官认定，……7. 依前揭让与人所立请求权让与书之记载："本人因'博士的家'建筑商、营造商、建筑师等业者投资兴建、设计、施工、监造等有问题，使本人于1999年9月21日受有损害（详如附表），谨将本人全部损害赔偿请求权（包括惩罚性赔偿金）让与财团法人消费者文教基金会，以便提起团体诉讼。"

是各该让与人所让与原告之请求权仅为：（1）全部损害赔偿请求权②；及（2）惩罚性赔偿金，并不及于"民法"有关不完全给付之契约上之请求权，则原告依"民法"不完全给付之规定或法理诉请被告和昌公司应给付如原告声明所示之金额部分，即欠缺诉讼实施权，原告对此诉讼标的之法律关系并无处分权能，其当事人为不适格，自应驳回此部分之诉。此一部分明白的属于当初授权书撰写之疏忽。

（五）团体诉讼诉之声明的撰写方式

法官认定，……8. 本件团体诉讼并非单纯程序之担当诉讼，与"民事诉讼法"选定当事人纯为程序之担当有间，而为诉讼实施权之信托让与。依"消保法"第50条规定，消费者须让与实体之损害赔偿请求权予原告，原告以自己名义起诉，消费者得于言词辩论终结前，终止让与损害赔偿请求权，并通知法院，此与选定当事人制度只是担当程序，无实体权利之让与不同，再"消保法"第50条第4项规定，消费者保护团体受让第2项请求权后，应将诉讼结果所得之赔偿，扣除必要

---

② 第227条（不完全给付之效果）："因可归责于债务人之事由，致为不完全给付者，债权人得依关于给付迟延或给付不能之规定行使其权利。因不完全给付而生前项以外之损害者，债权人并得请求赔偿。"第226条（给付不能之效力——损害赔偿与一部分履行之拒绝）："因可归责于债务人之事由，致给付不能者，债权人得请求赔偿损害。前项情形，给付一部不能者，若其他部分之履行，于债权人无利益时，债权人得拒绝该部分之给付，请求全部不履行之损害赔偿。"其实也是损害赔偿请求权的一种。

费用后,交付该让与请求权之消费者。足见原告于获得胜诉确定判决后,对被告依判决所为之给付有受领权,仅原告于受领后须将所受领之金额扣除必要费用交付予让与人,因此原告起诉状上应受判决事项之声明,若仅载明被告概括给付原告若干金额亦无不可,至原告如何分配给让与人,为原告与让与人间之内部问题。

关于消保团体诉讼诉之声明之表示方式,学说上不无争议。民诉研讨会有一次讨论涉及这个问题,题目为《消保团体为消费者提起损害赔偿诉讼在诉讼实务上之运作》,报告人是杨建华教授,参与讨论者有陈荣宗、王泽鉴、张特生、陈石狮、骆永家、曹鸿兰、范光群、雷万来、许士宦、吕太郎、曾华松、邱联恭以及王甲乙等学者。③

要解决诉之声明的问题会涉及消保团体诉讼性质的定位。由于对"消保法"第50条第1项规定解读方式的不同,民诉学者对于消保团体诉讼诉讼性质的定位亦产生了争议。

杨教授在报告中提到,"消保法"第50条前后段之规定无法完全配合,为了解释"消保法"第50条第1项后段"终止"之规定,故将前段"受让损害赔偿请求权"之规定定位为"债权的信托让与",系以收取债权为目的,含有让与人委任受让人为其收取债权之意。受让人以自己名义收取债权乃为他人处理事务,故类推委任之规定,而委任契约为继续性契约,故得依法终止。如果认为属于一般债权让与,其性质为准物权契约,一经让与即发生准物权效力,无终止问题。又债权信托让与为实体法上关系,消保团体基此实体法上之关系得以自己名义提起诉讼,故在诉讼法上为诉讼担当。而在诉之声明方面,由于"消保法"是个别消费者分别让与损害赔偿请求权与消保团体,而非将损害赔偿请求权统合成为一个集团性之权利,请求权仍归个人,故诉之声明应个别为之。

然而杨教授这样的主张,并未获得学者们的普遍认同。范光群教授说,如果将消保团体诉讼定位为债权信托让与,因消保团体为权利受让人,亦即为法律上对外的实质权利人,故诉之声明及法院的判决主文皆无须分开列明,至于消保团体与被害人间关系如何解决则是另一个问题。如果将消保团体诉讼定位为任意诉讼担当则有可能会有诉之声明是否须分别列明的问题。但范教授亦指出,分别列明各个被害人的损害额虽然会使事后分配较为容易,然而消保团体既有权为被害人起诉,法院并无须过问受让的内部关系如何,消保团体与被害人间要如何分配是实体上当事人要解决的问题,法院无须过问。骆永家教授在讨论会中亦提及,就诉讼法概念而言,诉讼担当应该是一种诉讼实施权授予的制度,是为他人实施诉讼。亦即在此情形,实体当事人与形式上当事人分离。如果说杨建华教授将"消保法"第50条第1项前段规定解读为"债权之信托让与",则当事人实体权利已经移转,受让人是基于自己权利、以自己名义起诉,如此一来即与诉讼担当的概念不合。

政大法律系杨淑文教授指出,消保团体为被害人起诉时,其诉之声明可以概括为之。至于消保团体与被害人间应如何划分其赔偿额,则是内部的问题。政大法律系沈冠伶教授表示,消保团体起诉时可以概括声明一个总额,但是各个被害人的损害额则应以附表为之。

关于这个问题不能单论诉讼法上的理论。实体法上既然设有规定,不论对其立法评价如何,皆应回归实体法——消保法——的相关规定。虽然"消保法"第50条第1项后段"终止让与损害赔偿请求权"规定之真意为何,尚有讨论空间。但是前段规定已经很明确地表示:"受让损害赔偿请求权"、以"自己"名义起诉,应该是整个权利的移转才是。故消保团体诉讼在诉讼法上非属诉

---

③ 参见杨建华:《消保团体为消费者提起损害赔偿诉讼在诉讼实务上运作之研究》,载《民事诉讼法之研讨》(五),第245—250页以下。

讼担当,消保团体乃是基于自己权利起诉,其诉之声明可以只表示一个总额,无须列明各个被害人的损害额,消保团体与被害人间要如何分配赔偿额是其内部的问题,法院并无介入的必要。④

(六) 震灾居民免纳裁判费

"九·二一震灾重建暂行条例"第 72 条规定:灾区居民因震灾致建筑物毁损而受损害,提起民事诉讼者,暂免缴纳裁判费。前项债权人申请假扣押者,请求及假扣押之原因经释明后,于必要范围内,免供担保,不受"民事诉讼法"第 526 条第 2 项及第 3 项规定之限制。第 1 项债权人、申请强制执行者,免缴执行费。此一规定比起"消费者保护法"第 52 条之规定:"消费者保护团体以自己之名义提起第 50 条诉讼,其标的价额超过新台币 60 万元者,超过部分免缴裁判费。"对于消费者更为有利。

本案法官认为,……(五) 按灾区居民因震灾致建筑物毁损而受损害,提起民事诉讼者,暂免缴纳裁判费;又灾区指因震灾受创之地区;震灾指 1999 年 9 月 21 日于台湾中部地区发生之强烈地震,及其后各次余震所造成之灾害,"九·二一震灾重建暂行条例"第 72 条第 1 项、第 4 条第 2、3 款分别定有明文。查原告受让如附表一所列各灾区居民之损害赔偿请求权后,合并依"消保法"第 7 条、第 51 条,"民法"第 28 条、第 184 条、第 185 条,"公司法"第 22 条等提起本诉,为重迭诉之合并,除依"消保法"第 7 条、第 51 条规定提起之诉,已依同法第 52 条规定之计算标准缴纳裁判费外,其余依"民法"第 28 条、第 184 条、第 185 条、"公司法"第 23 条之诉均未据缴纳裁判费,本应裁定先命原告补缴裁判费,惟原告既系受让如附表一所列各灾区居民之损害赔偿请求权后提起本诉,揆诸前揭规定,本件上开未缴纳裁判费之诉仍应以暂免缴纳裁判费为适当,并此叙明。因此,可以确认消费者团体受让灾民之请求权,仍有"九·二一震灾重建暂行条例"第 72 条之适用。

(七) 消费者团体受让请求权提起诉讼之门槛

"消费者保护法"第 47 条规定,"消费者保护团体许可设立 3 年以上,经申请消费者保护委员会评定优良,置有消费者保护专门人员,且合于下列要件之一,并经消费者保护官同意者,得以自己之名义,提起第 50 条消费者损害赔偿诉讼或第 53 条不作为诉讼:

1. 社员人数 500 人以上之法社团法人。
2. 登记财产总额新台币 1 千万元以上之财团法人。

消费者保护团体依前项规定提起诉讼者,应委任律师代理诉讼。受委任之律师,就该诉讼,不得请求报酬,但得请求偿还必要之费用。

消费者保护团体关于其提起之第 1 项诉讼,有不法行为者,许可设立之主管机关得撤销其许可。

消费者保护团体评定办法,由消费者保护委员会另定之。"

设置门槛条件,其实是为了防止有不肖之徒假借名义,从事诈骗行为。然而本案原告为"为许可设立 3 年以上之财团法人,登记财产总额为 1200 万元,经'行政院'消费者保护委员会评定为优良消保团体,置有消费者保护专门人员,本件原告由消费者及第三人共 183 人让与损害赔偿请求权及惩罚性赔偿请求权,并经台北县政府消费者保护官同意等情,业据其提出法人登记证书、优良消保团体证书、让与书、消保官同意函等复印件"。"原告《捐助章程》第 2 条规定:本会以推广消费者教育,增进消费者地位及保障消费者权益为宗旨。第 6 条第 6 款规定:协助并办理

---

④ 本段文字由政大法律系研究生陈竹君协助整理。

消费诉讼之进行。基此,本件诉讼属原告之目的事业。"

**二、实体部分**

(一) 本案有无消费者保护法的适用争议

本案被告主张:

"被告刘炳信以系争商品属预售房屋,共计137户,客户与被告和昌公司签订预定房屋买卖契约书,另与地主林庆辉、刘炳贵及伊等签订预定土地买卖契约书,其签约日期在1994年1月13日'消保法'公布施行以前者,计有105户,揆诸同法'施行细则'第52条之规定及相关消保会函释,上开105户预售屋部分自无消保法之适用。""被告刘炳信以系争商品属预售房屋,共计137户,客户与被告和昌公司签订预定房屋买卖契约书,另与地主林庆辉、刘炳贵及伊等签订预定土地买卖契约书,其签约日期在1994年1月13日'消保法'公布施行以前者,计有105户,揆诸同法'施行细则'第42条之规定及相关消保会函释,上开105户预售屋部分自无消保法之适用。"

本案法官认为:

"……(三) 原告主张系争商品即'博士的家'大楼为预售屋,惟交屋日期均在'消保法'施行后之事实,为两造所不争执,兹应先审究者为本件有无'消保法'之适用?经查:(1) 按消费系指为其个人、家人或家庭之目的而取得或被招揽以取得一项商品或服务而言。(2) 复按'消保法施行细则'第42条规定,本法对本法施行前已流通进入市场之商品或已提供之服务不适用之;又'消保法'第7条所称之商品,指交易客体之不动产或动产,包括最终产品、半成品、原料或零组件,同细则第4条亦定有明文。(3) 系争商品之取得即交屋日期既均在消保法施行后,为两造所不争执,已如前述,则依'消保法施行细则'第42条之反面解释,本件自有消保法之适用。(4) 被告等辩称本件无'消保法'之适用云云,自不可采。"诚属说论。

按"最高法院"2001年台上字第443号民事判决:"原审将第一审所为被上诉人败诉之判决废弃,改判如其声明,无非以:被上诉人主张向上诉人订购系争房屋一户,已付价金239万元之事实,为上诉人所不争,并提出房屋预定买卖契约书及土地预定买卖契约书为证,堪信为真实。两造间之系争房屋买卖契约系'消保法'公布前之1993年5月17日订立,依法律不溯及既往原则,尚不得援用'消保法'之规定。"将本件发回台湾高等法院时,"最高法院"并未对此一观点表示意见。惟按"消费者保护法施行细则"第42条规定:"本法对本法施行前已流通进入市场之商品或已提供之服务不适用之。""消保法"系于1994年1月11日公布,就商品而言,要排除"消费者保护法"的适用,必须"商品在本法施行前已流通进入市场",然而就预售屋而言,因为双方在签约时,并无商品的存在,而是就未来之物所签订的契约,并没有流通进入市场的可能性。而且依据"平均地权条例"第81条的规定:土地买卖未办妥权利移转登记,承买人再行出售该土地者,处应纳登记费20倍以下之罚款。也不容许其在未过户前流通。预售屋在其取得使用执照后,才能依据"土地登记规则"第28条规定办理建物所有权第一次登记(保存登记)。在建商办理保存登记后才能过户给顾客,此时才成为"流通进入市场"之状况,因此预售屋销售是否适用"消费者保护法"之时点,应该以交屋时为基准较为合理。"行政院"消费者保护委员会亦曾于2001年5月31日台2001年消保法字第00580号函指出:"来函所询预售屋系在消保法施行后始建造完成,消费者因该房屋之使用而受损害,应属产品责任问题,若其交付确在消保法施行后,自有消保法之适用。"

## (二) 被告是否消保法上之企业经营者

法院确认：

(1) 被告刘炳贵、刘炳信既均为系争商品之合作兴建人，自属"消保法"第7条所称之从事制造商品之企业经营者。

(2) 被告连志谦为系争商品之设计人、监造人，且为危险造成原因……亦属"消保法"第7条之从事设计商品之企业经营者。⑤

(3) 被告嘉信公司为系争商品之营造厂商，自属"消保法"第7条之从事制造商品之企业经营者；又纵认被告嘉信公司仅系借牌（即将甲级营造厂执照租予和昌公司）兴建系争商品，非实际从事制造系争商品之企业经营者，惟被告既在使用执照上之营造厂名称栏内表示其为系争商品之营造厂，则从与系争商品之制造形态观之，得以认为其已为实质的制造业者之姓名之表示者，……被告嘉信公司亦属"消保法"第7条之从事制造商品之企业经营者。

(4) 被告新杰公司、华莘公司供应水泥予和昌公司建造系争商品，为替制造者提供生产原料之原料制造业者，且为危险造成原因（详如后述），……自属"消保法"第7条之从事制造商品之企业经营者。

(5) 被告张阿漳为系争商品之绑扎钢筋业者、被告蔡丰吉为系争商品之水泥灌浆业者，为使商品混合或附合业者，且为危险造成原因（详如后述），……亦属"消保法"第7条之从事制造商品之企业经营者。

法官认为，"被告韩辉就系争商品之设计、生产、制造或提供服务既未为从事、经营之行为，自非'消保法'第7条所称之企业经营者。"应该也可以接受。因为"消保法"的目的，只是要使应该负责的人负责，并不是要找更多的人负责。不过本案判决认为："韩辉、蔡丰吉与被告张阿漳，分别或共同侵害被害人，即本件让与请求权人之权利或利益，亦应依'民法'第184、185条之规定，负连带损害赔偿责任之部分，因与前揭商品责任部分属于请求权竞合之关系，又商品责任系特别侵权行为责任，且原告已得依商品责任之规定诉请上开被告负连带赔偿责任，已如前述，故本院自毋庸再就此项普通侵权行为责任重复审究。"被告韩辉虽为土木技师，讵其并未亲自执行职务，而将技师牌照出租予被告嘉信公司，其行为该当"民法"第184条第1项前段应无疑义。判决虽确认了韩辉无消费者保护法上之责任，但请求权竞合之关系并非确认无此关系时，民法上的责任也随之排除。争点应该在于韩辉的责任，在非惩罚性损害范围内，与其他被告有连带赔偿责任而已。判决的论点并不周延。

## (三) "博士的家"是瑕疵商品

本案法官总结指出：

……

(4) 结论：

① 依"中央气象局"强震数据显示，"九·二一"大地震在本标的物附近之测站——新庄昌隆"国小"，所测得之地表水平加速度，最大仅110gal，故鉴定标的物在本次地震作用下，若按建筑技术规则耐震规范设计施工，C栋不应发生坍塌情事。

② 鉴定标的物A、B栋由于混凝土抗压强度严重偏低，且部分结构裂损严重，安全堪虞，

---

⑤ 建筑师的责任其实与医师或律师不同，因为建筑师所提供的服务并非独立的服务，而是商品制造过程的一环。因此建筑师之责任是商品责任，并非服务责任。

故应予拆除。

③鉴定标的物C栋因建筑配置与结构系统规划不佳,加上混凝土强度及钢筋配置未符设计图说及规范规定,致整体耐震力降低,在本次"九·二一"地震之地震力作用下,标的物一楼柱之混凝土压碎爆裂,柱扎筋被撑开、主筋挫屈,因而造成标的物之瞬间倒塌毁损。
……

9. 原告主张之上开系争商品之设计、制造过程未具有通常可合理期待之安全性之事实,业据提出台湾省结构工程技师公会、台湾省土木技师公会、台湾省建筑师公会联合制作之"博士之家"等建筑物结构安全鉴定案之鉴定报告书复印件一件为证,被告对该鉴定报告书之真正亦不争执,又系争商品被预期到达消费者时并未有与出卖时重大改变之情况,自堪认是项商品于离开被告和昌公司控制时已存在有下列不合理之危险:

(1) 制造瑕疵——

① 混凝土强度不足;
② 钢筋质量不稳定;
③ 柱主筋搭接位置不良;
④ 柱箍筋弯钩不良;
⑤ 柱箍筋间距不良;
⑥ 梁箍筋间距不良;
⑦ 钢筋外露,无保护层;
⑧ 铁丝绑扎不实。

(2) 设计瑕疵——

① 平面不规则,仅四周有独立柱,中间以楼梯间钢筋混凝土狭长墙为柱,构架不完整,由立面来看,一楼挑高无墙,属于立面劲度不规则形状,标的物之结构,系统抗震性不佳。
② 未按建筑技术规则耐震规范设计。
③ 建筑配置与结构系统规划不佳,致整体耐震力降低。

10. 被告等复无法举证证明渠等就系争商品之设计、制造过程无前揭所述之过失及系争商品有于流通进入市场,或服务于其提供时,已符合当时科技或专业水平之事实,是被告等所辩其无过失及系争商品已符合当时科技或专业水平云云,均不足取。
……

(七) 综上所述,被告和昌公司、刘炳贵、刘炳信、连志谦、嘉信公司、新杰公司、华莘公司、蔡丰吉与被告张阿漳均应依"消保法"第7条第3项前段之规定,负连带赔偿责任。

(四) 业者不得以"九·二一"地震主张科技抗辩

"1999年9月21日凌晨1时47分许,南投县集集镇发生规模7.3级地震,台北县新庄市虽仅为5级地震规模,而依该震动程度,通常仅发生墙壁龟裂、牌坊烟囱倾倒、驾驶汽车者可感地动、重家具可能翻倒、设计不良之建筑物有相当损坏、大多数人因惊吓而感不安等情形,有卷附'交通部中央气象局'1999年11月16日中象参字第8805424号函及所附附件可参。"⑥然而此5级地震却使博士的家,"……C栋大楼首先由西北主梁、柱结构无法承受而破坏下沉,因而产生倾斜之趋势而对建筑物之另一面产生拉拔支应力,此时又由于受拉拔之钢筋混凝土构件处一、二楼支柱握裹抵抗力不足,以致柱钢筋被齐头拔出,形成瞬间断柱现象,进而致整栋大楼倾倒,梁柱受

---

⑥ 引自板桥地方法院1999年诉字第1779号刑事判决。

力发生强力挤压且随之引起火灾。因而致住户王柏动等 43 人死亡,此外尚有约 130 名住户受有轻重伤。"⑦因此加害人不得以科技或专业水平抗辩免责。⑧

(五)"消保法"的无过失责任不是保证人(保险人)责任或严格责任

本案的法官认为,"……(3) 综上,课以商品制造人以严格责任之目的为:确保因瑕疵商品所造成伤害,应由将该商品置于市场上之制造人负担,而非由毫无力量保护自己之受害人负担。且受伤害消费者之救济,不应系决定于复杂之买卖法则及契约条款。商品责任无异于课以商品制造人保险人责任或保证人责任"。认定"消保法"的责任是严格责任,可能有所误解。严格责任是美国法发展出来的责任,与"消保法"的无过失责任并非相同之制度。从另外的角度来说,由于"消保法施行细则"第 5 条规定:"商品于其流通进入市场,或服务于其提供时,未具通常可合理期待之安全性者,为本法第 7 条第 1 项所称安全或卫生上之危险。但商品或服务已符合当时科技或专业水平者,不在此限。前项所称未具通常可合理期待之安全性者,应就下列情事认定之:① 商品或服务之标示说明。② 商品或服务可期待之合理使用或接受。③ 商品或服务流通进入市场或提供之时期。商品或服务不得仅因其后有较佳之商品或服务,而被视为有安全或卫生上之危险。""通常可合理期待之安全性"或者"商品或服务已符合当时科技或专业水平"均为有利于企业经营之主张,因此其举证责任在企业经营者。企业经营者只要能证明,其所提供之产品或服务,符合"通常可合理期待之安全性"或者"商品或服务于提供时已符合当时科技或专业水平",就可以免责。因此"消保法"的无过失责任不是结果责任,也不等同于保证人(保险人)责任。

(六)消保法上的损害包括商品本身之损害

德国法的规定与消保法不同:

1.《德国产品责任法》⑨第 1 条第 1 项规定:"如因产品之瑕疵致人于死、伤害或其身体或健康、或物之损害时,产品之制造人有义务,赔偿受害人因此所生损害。于物之损害,仅于瑕疵产品以外之物受损害,而此其他物依其种类,通常系供私人消费并主要系由受害人使用者,始适用之。"其与德判例法发展架构之不同在于,德判例法由《德国民法》第 823 条演绎而来,以过失责任为基础之制造人责任,以终端消费者之生命,身体或健康,及所有权及与制造人有直接契约关系之工业买主之法益,为保护对象;《德国产品责任法》以保护私人消费者为主要保护目标。《德国产品责任法》第 1 条第 1 款第 1 句建立了所有肇因于瑕疵产品之生命,身体或健康损害之无过失责任,第 1 条第 1 项第 2 句则仅涵盖了对私人终端消费者所生物之损害,但以该瑕疵产品以外之物的毁损⑩,依其性质系供使用或消费之用者为限,换言之,如果因瑕疵产品致生生命,身体或健康之损害,不论此损害发生于工商业买主、终端消费者或第三人,均属相同⑪;反之,瑕疵产品以

---

⑦ 引自板桥地方法院检察署 1999 年度侦字第 21524、21550、21843、21844、21845、21846、21847、22277、22278、22279、22700、21750、23123、23453 号起诉书。另外,值得注意的是,本案尚有一些人失踪,由于"民法"第 8 条第 3 项规定:"失踪人为遭遇特别灾难者,得于特别灾难终了满一年后,为死亡之宣告。"因此在死亡宣告前,属于不确定状态,无法同时提起诉讼,十分不公道。

⑧ 在 7.3 级地震区域倒塌建物之责任问题:(1) 本案发生于 5 级地震之区域,建商不可能引据科技或专业水平之抗辩而免责。(2) 在 7.3 级地震带上之建物倒塌者,原则上企业经营者可以防震设计只要求到 6.9 级,而主张科技或专业水平之抗辩。(3) 倒塌之建物若显示有柱钢筋在同一断面断裂,箍筋未有 135°角内弯等问题者,消费者仍可依据"民法"第 184 条侵权行为求偿。因为此条无专业水平抗辩的问题。

⑨ 1989 年 12 月 15 日(BGBII S. 2198)。
⑩ 瑕疵物本身的责任仍依据民法上对于物之瑕疵担保的规定处理。
⑪ 德国产品责任法的适用并未以消费关系为前提。

外之物的损害赔偿仅限于消费者。

2. 物之目的规定：瑕疵产品以外所生物之损害，是否符合《德国产品责任法》第1条第1款第2句"于物之损害，仅于瑕疵产品以外之物受损害，而此其他物依其种类，通常系供私人使用消费，并主要系由受害人使用者，始适用之"。之要件，视其他受毁损物之通常目的而定，判别标准系当时之交易上看法，其结果为不论发生损害当时，受害人是否将物于通常目的范围内使用，或不论以何理由将物为目的外之使用，均无关紧要。面对不计其数之产品，自汽车至个人计算机，由其通常目的观察，不仅私人、自由业或工商业均可使用，这些产品到底属于第1条第1款第2句之保护范围，或属《德国民法》第823条过失责任之领域，应纯从事实观察，视个别产品主要用于私人、职业上或工商业之目的而定。只要主要供私人使用就落入本条保护范围，不以事件发生当时系由受害人使用为必要。不含括物之本身的瑕疵：瑕疵产品本身所生损害，非第1条第1款第2句保护条款之标的，就此种情形，仍适用原德国联邦法院判例 BGH NJW 1977, 379 等所发展之原则，其与《德国民法》第459条（"民法"第354条）、《德国民法》第633条（"民法"第492、493条）之瑕疵担保规定，最大之不同在于，所生损害与肇因瑕疵间是否有"同构型"Stoffgleichheit，只要主张之损害与瑕疵所生之减值相符，即可加以肯定，由实务观点，仍然采取了原先德国联邦法院的观点。⑫

3. 《德国产品责任法》第1条第1款第2句规定的无过失责任，以瑕疵产品自身以外之物为限。对于将有瑕疵之零组件组合为成品时，此成品是否均为其他物？应如何判定责任？不无疑义。《德国产品责任法》之立法理由，不以交易观点无准据，认为零组件是否可分，对于判定责任问题并不重要。⑬ 因为组合后之物纵非可分物不变更原瑕疵零组件引起损害之责任。德国联邦法院判例 BGH NJW 1983, 810 加油踏板 Gaszug 案⑭，就产品自身引起之瑕疵，于欠缺同构型时，依《德国民法》第823条课以制造人责任（一种侵权行为责任），非但不适用《德国民法》第93条，亦不以交易观点为尺度，而以评价观点代替之。不过《德国产品责任法》第1条第1款第2句的明文规定，阻断在新法架构下扩大损害赔偿责任的可能。个别瑕疵产品以外之物，因扩大之损害而自行摧毁或受损害时，可否继续使用德国联邦法院判例之区分标准，是否有协调之必要及以何方式为之问题，可由《德国产品责任法》第1条第1款第2句清楚的获得解答。如购买一替换零

---

⑫ 参见 v. Westphalen, Das neue Produkthaftungsgesetz, NJW 1990, Heft 2, S.84。

⑬ 交易观点之尺度，系直接与《德国民法》第93条（重要成分）之规定相连，该条决定组合物之部分，系否物之重要成分，其结果不能以当事人之协议变更之。

⑭ 本案系德国联邦法院于1983年1月18日，在民事第6庭所作判决，其事实如下：有福斯汽车经销商甲出售 Passat 轿车一辆给乙，其加油踏板自始失灵，于甲换装一其自行制造之加油踏板后，乙发生初次追撞他人事件，汽车经修理后，换装全新之原厂加油踏板，又再发生追撞事件，原因仍为其加油踏板卡住，乙乃控诉与其无契约关系之福斯公司，要求赔偿因制造瑕疵对其汽车所生损害，上诉法院（布隆许外格高院 OLG Braunschweig）采取德国联邦法院判例 BGH NJW1977, 379 浮动开关 Schwimmerschalter 建立之原则，认为就产品自身之损害，仅于其系因功能上独立之零件所引起时，始可请求赔偿，加油踏板卡住之情形并非如此，而将诉驳回；德国联邦法院判例则肯定有所有权之侵害，认为制造人之往来义务，原则上亦可用于被制造物自身之维持（所有人之整体利益 Integritaetsinteresse des Eigentuemers），但并不适用于买受人期待自无瑕疵产品所获得之价值与用益机会，对于对价利益 Aequivalenzinteresse 之保护，纯系契约法之任务。不同之保护领域，宜予厘清。如所主张之损害，与买卖标的物于取得时原有瑕疵致生价值减少 Unwert 相同，则仅溯源于令人失望之契约期待，自无适用侵权行为法之余地；反之，损害与物因瑕疵导致对价与用益值之减损无"同构型"时，则其损害亦系对所有人或占有人整体利益之侵害，制造人对此利益之保护，视情形负有义务，此时纵有买卖法之瑕疵担保规则，无碍侵权行为请求权之行使，瑕疵担保规则应增强侵权行为法之保护，而非加以限制。参见 v. Westphalen/Foerste, Produkthaftungshandbuch, bd. I, Rz. 19 zu 21。

件 Ersatzteil 进而装配于早先取得之整体物内，而损害系由此替换零件之瑕疵所引起，自应肯定替换零件制造人之产品责任。但如购买一部汽车，其煞车自始有瑕疵，汽车为第 1 条第 1 款第 2 句之其他物似有争论，然而产品责任法立法理由认为，原则上完整之终端产品系单一物，因此欠缺了第 1 条第 1 款第 2 句之其他要件，不属于其他物被毁损的范围。寻求第 1 条第 1 款第 2 句与德国联邦法院判例规则间的协调，也应该记取产品责任法之规定系依据欧体准则，其法律基础为《欧洲共同体条约》第 100 条，因此应避免个别国家之分歧解释，寻求不同会员国间对制造人因瑕疵产品责任相关规定之协调化。其直接影响为，《德国产品责任法》第 1 条第 1 项第 2 句之适用领域，应独立解释判定，是否系"其他物"，而非"瑕疵产品自身"。如德国联邦法院判例确守"同构型准则"，则《德国民法》第 823 条第 1 项之请求权，依《德国产品责任法》第 15 条第 2 项规定，在《德国产品责任法》生效后，仍系独立存在之过失责任请求权；其与《德国民法》第 459 条，第 633 条之买卖担保规定所生请求权竞合，亦可继续存在。对于购买汽车而其中煞车失灵的说明，仍须澄清零件供货商的责任。依《德国产品责任法》第 4 条第 1 项第 1 句："本法称制造人 'Hersteller' 指终端产品，原料或半成品之制造人。"零件供货商供应有瑕疵之零件，而导致整体物之损毁时，就汽车供货商此一物之毁损系瑕疵产品自身，但是就零件供货商而言，仅该瑕疵零件才是瑕疵产品自身，其他部分仍系其他物。

由于"消费者保护法"第 7 条并未如《德国产品责任法》规定："于物之损害，仅于瑕疵产品以外之物受损害，而此其他物依其种类，通常系供私人消费并主要系由受害人使用者，始适用之"，因此判决指出：

"（八）原告另主张商品责任上所称损害，应包括商品本身之损害在内，惟为被告等所否认，是应再审究者为商品责任之损害是否包括商品本身之损害？（1）'消保法'第 7 条对于损害赔偿之范围，既未明定，其本质上又系侵权责任（？），自应依'民法'第 216 条之规定，以填补债权人所受损害及所失利益，解释上，当包括商品本身之损害。（2）限制消费者仅能依契约不履行，向其直接契约当事人请求，再由受请求者层层转向制造者请求，不仅于消费者权益之保护，未见贯彻，而且徒增讼累。（3）综上，本院认商品责任上所称之损害，当包含商品本身之损害在内，是以被告前开所辩，亦不可采。"此一见解十分合理，除了此一责任并非侵权责任外，值得赞同。

（七）惩罚性损害赔偿的问题

判决也指出：

6."'消保法'第 51 条虽仅规定惩罚性赔偿金之请求权人为消费者，惟参照同法第 7 条第 3 项之规定，企业经营者于违反同条第 1、2 项之规定致生损害于消费者或第三人时，该企业经营者对第三人亦应负连带赔偿责任，且惩罚性赔偿金制度既在惩罚及吓阻，自无将因企业经营者之鲁莽不顾公共安全致受有损害之第三人排除其请求惩罚性赔偿金之理，是本院认非因使用商品而受有损害且为企业经营者可得合理预见受害之第三人亦得类推适用本条之规定请求惩罚性赔偿金，较符立法目的。"

7. 兹审酌

（1）原告主张被告和昌公司与被告刘炳贵、刘炳信合作兴建系争商品即"博士的家"大楼，违法借牌兴建，并雇用甫出校门非建筑相关科系毕业、毫无经验之人分任工地主任及监工；被告嘉信公司实际上未承揽营造"博士的家"大楼，竟将其营造厂执照出租予被告和昌公司，由被告和昌公司自行鸠工兴建；被告张阿漳承包系争大楼捆绑钢筋工程，于施作时有柱主筋搭接位置不良，柱箍筋弯钩不良，柱箍筋间距不良，梁箍筋间距不良，钢筋外露，无保护层，铁丝绑扎不实等缺失；被告蔡丰吉承包系争大楼水泥灌浆工程，因施工质量欠佳，于主结构材发现有蜂巢情形,且混凝土加水,灌浆不足,部分混凝土保护层甚至完全没有;被告连志谦为系争商品之设计人及监造人,惟未善尽监造之责,致系争大楼有上开各项不合理危险存在等情,业据其提出前揭鉴定报告书及本院 1999 年度诉字第 1779 号刑事判决复印件各一件为证,且为被告等就上开鉴定报告书之真正均未加争执。被告和昌公司、刘炳信、刘炳贵、嘉信公司、蔡丰吉、张阿漳、连志谦等兴建系争商品即"博士的家"大楼,其设计、制造过程显系鲁莽并有意无视消费者之人身安全、草菅人命、不顾公共安全至极,揆诸前揭说明,原告主张依"消保法"第 51 条前段之规定,对被告和昌公司、刘炳贵、刘炳信、嘉信公司、蔡丰吉、张阿漳等请求损害额三倍之惩罚性赔偿金,于法并无不合。

此一观点值得赞同。
判决第 7 点(2)也指出:

(2)至原告另主张被告新杰公司、华莘公司所供应之混凝土抗压强度严重偏低,仅有 1257 至 2737PSI 间不等,不及规定之 3000PSI,被告新杰、华莘公司亦应依'消保法'第 51 条之规定给付惩罚性赔偿金等情,固据其提出上揭鉴定报告书复印件一件为证,惟为被告新杰公司、华莘公司所否认,经查:

① 被告等依和昌公司订货之要求,将预拌混凝土送抵工地,并依财团法人中华顾问工程司识体报告作为请款之依据,并已请领货款在案,有被告提出之发票复印件二八纸为证,原告对该发票之真正亦未加争执,堪信为真实。

② 被告等供应之混凝土虽有抗压强度不足之情形,惟尚无证据证明被告等系有意无视该瑕疵之存在仍为供应之行为,或有前揭过失之情节,此外,原告复未能举证证明被告新杰公司、华莘公司有何前揭所述之故意或过失,是原告主张依'消保法'第 51 条规定,对被告新杰公司、华莘公司请求损害额三倍之惩罚性赔偿金,尚属无据。"在无法厘清被告新杰公司、华莘公司与和昌公司间之责任情况下,依据"民法"第 185 条之规定,使其连带负责,本属合理。

不过此时证明此二公司有故意、过失,确实有其困难度,此一认定也可以接受。

### 结论性观点

1. 本案的判决,对"消费者保护法"而言,具有指标性的意义,本案系自"消费者保护法"施行以来,第一个团体诉讼的案件,因此,此系先导性案件。

2. 在程序方面

(1)"消费者保护法"第 50 条提起团体诉讼之权利让与人,是否以受害人为限或亦扩及受害人之问题,因本获得澄清。

(2)对于 20 人门槛之认定,也确定以起诉时为唯一之标准。

(3)对于团体诉讼诉之声明之撰写方式,亦作了澄清与说明。

3. 本案在实体方面,澄清了消费者保护法施行上之疑点,诸如:

(1)"消费者保护法"第 51 条文字上亦仅提及消费者,适用上亦有第三人依"消费者保护法"第 7 条提起诉讼时,得否依据本条之规定,提起惩罚型损害赔偿之疑虑,亦因本判决而得到肯定的答复。

(2)有关于预售屋买卖适用消费者保护法之时点,也经本判决之确认,应以交屋时为准,而与订约之时点无关。

(3)依据"消费者保护法"第 7 条求偿之范围确认,不受德国同质说之影响,而可及于损害之全部。

# 论违背据实说明义务之解除权与意思表示被诈欺之撤销权

——"最高法院"1997 年台上字第 2113 号判例之检讨

刘宗荣*

## 基本案情

一、S 与 B 订立 D/A 买卖契约;于 1993 年 7 月 19 日向 I 投保输出保险。
二、B 承兑之后,取得包括贷证券在内之文件,并提领货物。
三、S 向 T 借款,以保单等设质。
四、B 于到期日(1993 年 11 月 30 日)拒绝付款。
五、由于 B 无多余财产,缺乏诉讼实益,S 经 I 同意授权 T 与 B 和解,并抛弃其余债权。
六、T 向 I 请求,I 以本案货物之质量未厘清是否归责于 S 前,暂不理赔(对保险人之保险给付请求权时效尚未开始进行)。
七、于确定 S 对货物质量并无责任后,T 向 I 诉请保险给付,并于 2001 年 2 月 22 日胜诉确定。
八、嗣 I 查知 S 与 B 有相互投资关系,S 于投保时不但违背据实说明义务,亦涉及诈欺。
九、I 欲依"保险法"第 64 条解除契约,但除斥期间早已届满。

争点:
本案保险人若得依"民法"第 92 条之规定行使撤销权将可撤销其被诈欺而为之意思表示,使其权益获得救济,否则本案就此确定。因此厘清"保险法"第 64 条之解除权与"民法"第 92 条之撤销权究竟是优先关系还是并存关系,是解决本问题的关键。

## 裁判要旨

法院见解的分歧及判例的形成。

### 一、见解的分歧

(一)优先说

优先说主张,"保险法"第 64 条系"民法"第 92 条的特别规定,"保险法"第 64 条应优先适用,而且只能适用"保险法"第 64 条。

案例:"最高法院"1997 年台上字第 2113 号判决

---

\* 台湾大学法律学院教授。

事实及理由：

1. A 与 I 于 1992 年 10 月 30 日订立防癌保险契约。
2. A 对要保申请书之问题均填"无"，即无癌症。
3. A 于 1994 年 11 月 15 日死亡。
4. 经查医院于 1992 年 10 月 5 日已通知 A，其已罹患胃癌。
5. 1995 年 1 月 1 日，依"保险法"第 64 条规定发函解除契约，但已逾除斥期间。
6. I 依"民法"第 92 条撤销因被诈欺而为之意思表示，但法院以"'保险法'第 64 条之规定，乃保险契约中关于因诈欺而为意思表示之特例规定，应有排除'民法'第 92 条规定"为由，予以驳回。

其他例如 1997 年"最高法院"台再字第 102 号判决①、1997 年保险上字第 41 号判决②、1998 年保险上字第 2 号判决③、1999 年台上字第 1411 号判决④，均采优先说。

(二) 并存说

并存说主张，"民法"第 92 条的撤销权与"保险法"第 64 条的解除权所规定的目的并不相同，"保险法"第 64 条并不是"民法"第 92 条的特别规定，二者是并存关系，保险人可以选择其一行使。

案例：1997 年台上字第 2161 号判决

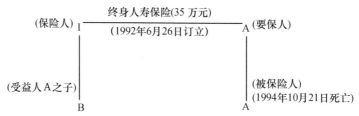

事实及理由：

1. A 以自己为保险人，于 1992 年 6 月 26 日与 I 订立终身寿险，保险金额为 35 万元。

---

① 1997 年台再字第 102 号判决理由略以：……同法（指"保险法"）第 64 条为"民法"第 92 条之特别规定，故伊不得将系争保险契约撤销……

② 1997 年保险上字第 41 号判决理由略以：……"保险法"第 64 条规定系为求兼顾要保人与保险人双方之权益，避免保险人于承保时不为相当之调查，未发生保险事故则坐享收取保险费之利益，俟保险事故发生，动辄指摘要保人未尽告知义务而援引"民法"第 92 条之规定任意解约契约，故特设 2 年短期除斥期间，实为"民法"第 93 条规定之特别规定至明。否则倘任保险人对于已逾"保险法"第 64 条第 3 项解除权除斥期间之保险契约，仍得于订约后 10 年内再依"民法"第 92 条规定主张撤销意思表示，不仅有违"保险法"第 64 条规定之立法精神，并将使该条除斥期间之规定形同具文……

③ 1998 年保险上字第 2 号判决理由略以：……要保人故意隐匿或为不实之说明，致保险人无法正确估计危险而订保险契约者，要保人之行为本属诈欺性质，而保险法系民法之特别法，于保险法有规范之情形下，就同一事由无适用"民法"之余地，则"保险法"第 64 条既已针对要保人之诈欺订约行为规定其法律效果，自应排除适用"民法"第 92 条规定，否则将使"保险法"第 64 条第 3 项对契约解除权行使之限制规定，形同具文……

④ 1999 年台上字第 1411 号判决并未直接讨论"民法"第 92 条与"保险法"第 64 条之关系，该判决避开第 92 条不论，在判决理由中申论"保险法"64 条之除斥期间。其要旨略以依"保险法"第 64 条第 3 项之规定，该条第 2 项所定保险人之解除契约权，自保险人知有解除之原因后，经过 1 个月不行使而消灭。该项法定期间为除斥期间，其时间经过时，其解除权即告消灭。此项除斥期间有无经过，纵未经当事人主张或抗辩，法院亦应先为调查认定，以为判断之依据。

2. A 于 1994 年 10 月 21 日,因乳癌死亡。

3. B 向 I 请求保险给付。I 以 A 违反告知义务,带病投保,构成诈欺,依"民法"第 92 条之规定,撤销因被诈欺而为之意思表示,拒绝给付,B 起诉。

4. 地方法院判决原告胜诉,高等法院亦判原告胜诉。"最高法院"判决被告胜诉,理由是:"保险法"第 64 条与"民法"第 92 条之立法目的、法律要件及法律效果均不相同,"保险法"第 64 条并非"民法"第 92 条的特别规定,保险人得撤销因被诈欺而为之意思表示。

### 二、判例的形成

(一)"最高法院"1997 年第九次民事庭会议(1997 年 11 月 5 日)

院长提议:"保险法"第 64 条第 1 项规定,订立契约时,要保人对于保险人之书面询问,应据实说明。如要保人有同条第 2 项故意隐匿,或因过失遗漏,或为不实之说明,足以变更或减少保险人对于危险之估计之情形者,保险人固得于同条第 3 项所定期限内解除契约。惟保险人逾此期限,而未为解除契约者,得否又依"民法"第 92 条规定以其系被诈欺而为意思表示为由,撤销其意思表示?有下列二说:

(1)甲说:"保险法"第 64 条之规定,乃保险契约中关于保险人因被诈欺而为意思表示之特别规定,应排除"民法"第 92 条规定之适用。否则,将使"保险法"第 64 条第 3 项对契约解除权行使之限制规定,形同具文。

(2)乙说:"保险法"第 64 条之规定,其目的在保护保险人,其立法依据亦非基于保险契约之意思表示有瑕疵。此与"民法"第 92 条规定,被诈欺而为意思表示,表意人得撤销其意思表示。旨在保护表意人之意思自由者,其立法目的、法律要件及效果均有不同。故"保险法"第 64 条之规定解释上不应排除"民法"第 92 条规定之适用。

决议:采甲说。

(二)2000 年 8 月 8 日第八次民事庭会议决议通过 1997 年台上字第 2113 号判例,于 2000 年 9 月 8 日以(2000)台资字第 00505 号公告。

### 三、优先说与并存说之理由

(一)优先说之理由

1. "保险法"为"民法"之特别法(1997 年台再字第 102 号)。

2. 避免保险人不为相当调查,动辄解约,引发纠纷[1997 年 3 月 13 日"财政部"台保司(六)字第 862392681 号函]。

避免"保险法"第 64 条形同具文(1997 年台上字第 2113 号,前揭"财政部"函)。

促使保险人行使权利,以利权益及早确定(1998 年保险上字第 2 号)。

(二)并存说之理由

"保险法"第 64 条与"民法"第 92 条之立法目的、构成要件以及法律效果均不同,因此"保险法"第 64 条不能构成"民法"第 92 条之特别规定(1997 年台上字第 2161 号)。

**学理研究**

### 一、问题说明

"民法"第 92 条规定:"因被诈欺或被胁迫,而为意思表示者,表意人得撤销其意思表示,……"第 93 条规定:"前条之撤销,应于发现诈欺或胁迫终止后,一年内为之。但自意思表示后,经过十年,不得撤销。""保险法"第64条规定:"订立契约时,要保人对于保险人之书面询问,应据实说明。""要保人故意隐匿,或因过失遗漏,或为不实之说明,足以变更或减少保险人对于危险之估计者,保险人得解除契约,其危险发生后亦同。但要保人证明危险之发生未基于其说明或未说明之事实时,不在此限。""前项解除契约权,自保险人知有解除之原因后,经过1个月不行使而消灭;或契约订立后经过2年,即有可以解除之原因,亦不得解除契约。"以上规定,可以下图一、图二表示。

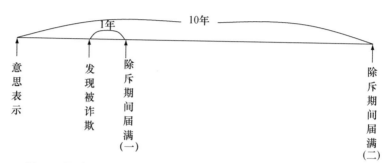

**图1** "民法"第92、93条——表意人撤销因被诈欺而为之意思表示

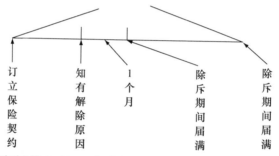

**图2** "保险法"第64条——保险人因要保人违背据实证明义务而解除契约

由图显示,要保人违背据实说明义务同时构成诈欺时,若行使"保险法"第64条之契约解除权,其除斥期间较短,机会稍纵即逝;若行使"民法"第92条的意思表示撤销权,其除斥期间较长,保险人行使撤销权,时间较为充裕。

问题是要保人违背据实说明义务又同时以诈欺而使保险人为承保之意思表示时,究竟保险人只可以行使"保险法"第64条之契约解除权,抑或亦可以行使"民法"第92条的撤销意思表示之权利? 历来"最高法院"之裁判有不同见解,何者为是,莫衷一是。现在"最高法院"的判例见解亦与德国之立法例不同,事关保险人、被保险人之权益至巨,有探讨的价值。试以以下案例,加以说明(本例是依实际案例修改部分情节而成,旨在凸显本论文之重点)。(见下图3)

二、对优先说的批评

(1)只有特别法的特别规定相对于普通法的规定才具有优先性,并非特别法的一切规定对普通法的规定均具有优先性。"保险法"第64条虽规定于"保险法",但不论从立法目的、构成要件、法律效果比较,均不是"民法"第92条的特别规定。

(2)以往保险业于保险事故后解除契约的依据,绝大多数是依"保险法"第64条,只有极少

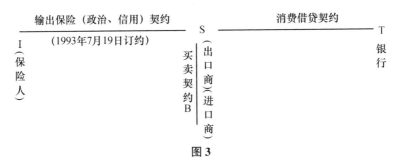

图 3

数是依"民法"第 92 条,承认保险人得依"民法"第 92 条之规定行使撤销权,不必然"动辄解约,引发纠纷"。

由于缺乏各级法院关于依特定法条裁判的完整统计资料,本论文无法提出依"保险法"第 64 条、"民法"第 92 条为裁判之案件的确实数据,但台北市产物保险商业同业公会、台北市人寿保险商业同业公会自行向各保险公司广泛搜集有关保险之裁判,分别编成产物保险理赔判例判决汇编、人身保险判决汇编,由于在编辑过程并未进行筛选,因此特别具有样本的统计意义,按产物保险判例判决汇编并无"保险法"第 64 条、"民法"第 92 条之案例,而《人身保险判决汇编》第一册(上、下册)至第五册(共六册)则不乏保险公司引用"保险法"第 64 条解除契约的案例,间只有极少数引用"民法"第 92 条规定行使撤销权。兹表一如下:

表一

| 条 文<br>册 别 | 全部案件数 | "保险法"第 64 条案件数 | "民法"第 92 条案件数 |
| --- | --- | --- | --- |
| 一册上 | 226 | 88 | 2<br>(1997 年保险上字第 41 号、<br>1998 年保险上字第 2 号) |
| 一册下 | | | |
| 二册 | 64 | 15 | |
| 三册 | 43 | 11 | |
| 四册 | 36 | 8 | |
| 五册 | 47 | 15 | |
| 合计 | 416 | 137<br>137/418 = 32.93% | 2<br>2/416 = 0.48% |

由上表可知,违背据实说明义务涉及诈欺,依"保险法"第 64 条行使解除权及依"民法"第 92 条行使撤销权,基本上均发生在人身保险,而人身保险的案件中保险人引用"保险法"第 64 条之规定解除契约的案件,占全部案件的 30% 以上,引用"民法"第 92 条撤销意思表示者,只占 0.48%。又仔细阅读这些引用"民法"第 92 条撤销的案件,要保人于要保时诈欺的事实都十分明确,采用优先说不允许保险人行使撤销权,只有助长要保人诈欺投保之风,难谓保护经济弱者,主持社会正义。

承认保险人亦得行使"民法"第 92 条之撤销权,诚然提供保险人在逾越"保险法"第 64 条所订解除权之除斥期间后,另一个救济机会,但不会造成最高法院"动辄解约,引发纠纷"的疑虑。

因为前揭表列的统计数字证明在"保险法"第64条所定解除权除斥期间内,撤销权与解除权若可以选择行使,保险人绝对多数会选择行使"保险法"第64条所订的解除权,而不会选择行使"民法"第92条的撤销权。"保险法"第64条所定除斥期间后,虽肯定保险人亦得行使"民法"第92条之撤销权,也不至于使保险人得"动辄解约",主要原因是诈欺的举证责任十分困难。按被诈欺而为意思表示者依"民法"第92条第1项之规定,表意人固得撤销其意思表示,惟主张被诈欺而为表示之当事人,就此项事实须负举证责任⑤表意人(保险人)必须举证之范围包括:

(1) 相对人(要保人)有欲使相对人(保险人)陷于错误之故意。
(2) 相对人有故意示以不实事实之行为。⑥
(3) "相对人故意示以不实之事实"与"表意人陷于错误"有因果关系。
(4) 表意人基于错误而为一定表示。

以上四者,(1)(2)两点涉及相对人(诈欺人)的主观心理状态。举证责任十分困难。(3)(4)两点涉及表意人从效果意思到表示意思、从表示意思到表示行为内部的思维过程举证责任亦非容易。由于主观意思的举证,性质上本非容易,加上订约之后,历经岁月,保险人要举证证明要保人有诈欺之事实,更加困难。因此,承认保险人有行使"保险法"第92条之撤销权并不当然导致"动辄解约、引发纠纷"。

退一步言,承认保险人行使"民法"第92条之撤销权会产生撤销契约的案件,但其数目一定远较其依"保险法"第64条行使解除权之数目为少,因为保险人依"保险法"第64条解除契约所负之举证责任较为容易。按保险人对"保险法"第64条之举证责任有二:

(1) 须证明要保人对保险人之书面询问事项,以故意隐匿、过失遗漏或为不实之说明之方法,违背据实说明义务。
(2) 须证明要保人违背据实说明义务,达到"足以变更或减少保险人对危险之估计"的程度。

保险人举证证明以上两点事实,均有客观数据可以证明。保险人可以查核要保人的书面说明是否与客观事实相符合。⑦ 以证明要保人有无说明不实。

保险人也可以内部营业规章或以往承保事例证明要保人之说明不实是否达到保险人拒绝承保或必须适用较高保险费率之程度,以证明说明不实是否影响危险之估计。

(三)"保险法"第64条之解除权与"民法"第92条之撤销权并存,不但不会导致"保险法"第64条"形同具文",而且符合"民法""撤销权"与"解除权",可以并存之体例。

1. 不会导致"保险法"第64条"形同具文"

承认"保险法"第64条之解除权与"民法"第92条撤销权并存,并不会使"保险法"第64条"形同具文"理由如下:

(1) "过失遗漏"可以构成"违背据实说明义务",但由于诈欺以故意为要件,因此因过失遗漏而违反据实说明义务与"民法"第92条的诈欺并无交集,承认"民法"第92条的撤销权,丝毫不会影响"保险法"第64条对因过失遗漏而违反据实说明义务的规范功能。

(2) 要保人为不实说明,有时因欠缺诈欺故意,尚不构成诈欺。

要保人为不实说明,有时是出自于对定型化书面询问事项的误解,例如:要保申请书问:"有

---

⑤ 参见1955年台上字第75号判例。
⑥ 参见1929年上字第371号判例。
⑦ Southcombe v. Merriman (1842) Car. & M. 286.

无心绞痛?"(按:未注明"过去"及"现在")要保人回答"无"(指现在)。保险人意思是问"过去"及"现在",此时可能构成"说明不实",但尚不能构成"诈欺"。

又是否违背据实说明义务是事实问题(a question of fact)而非要保人的意见(insured's opinion)。[8] 因此要保人的回答若与客观事实不相符合,可以构成违背据实说明义务,但因其主观的意见相符,欠缺诈欺的故意,不能构成诈欺,例如:要保申请书询问:"你饮酒习惯是不是温和的(temper-ate)?"要保人回答:"是",若事实上要保人是常常逾量饮酒,此时要保人在要保申请书上的回答与客观事实不相符合,构成违反据实说明义务,保险人得解除契约。但是由于要保人客观上虽然纵酒,主观上却自认为酒品温和,其在要保申请书上的填写内容与其主观上的认知相符,难谓其有诈欺之故意,不能构成"民法"上之诈欺。

(3)由于保险人举证证明要保人违背据实说明义务较为容易,举证证明要保人诈欺行为较为困难,因此从举证责任的观点,即令在得行使两种权利之除斥期间内,保险人将会选择行使"保险法"第64条之解除权。

(4)由于保险人因要保人违背据实说明义务而行使"保险法"第64条之解除权,不负返还保险费义务("保险法"第25条),而因要保人诈欺而保险人为承保之意思表示,保险人从撤销其意思表示,仍须依不当得利返还已收之保险费。从避免负返还保险费之观点言,在二者之除斥期间,保险人应该会选择行使"保险法"第64条之解除权。

2. 符合"民法""撤销权"与"解除权"并存之体例

出卖人明知买卖标的物有瑕疵而诈欺买受人,使买受人应买时,买受人可以选择行使"民法"第359条"买卖因物有瑕疵,而出卖人依前五条之规定,应负担保之责者,买受人得解除其契约。……"之解除权,亦可行使"民法"第92条之撤销权。采"保险法"第64条之"解除权"与"民法"第92条之"撤销权"并存,可以符合民法的体例。

(四)限制行使"民法"第92条之"撤销权",即令确使"权益及早确定",亦只是变相保障诈欺投保人的利益,并使"及早确定之权利"建立在实质不公平的基础上。

经阅读诸多裁判显示,保险人引用"保险法"第64条解除保险契约之时机,多在保险事故发生,受益人或被保险人请求给付保险金之后,造成此一现象的原因并非保险人早已明知有解除契约之权利而怠不行使权利,而多是于订约之际,对要保人所填写之要保申请书,未彻底查核,待保险事故发生,被请求保险给付时,经确实查核,才发现要保人所填不实,乃解除契约,返还保险费。事例一多,引发物议,纠正之道,应从落实核保着手,而非从杜绝保险人行使撤销权着手。采优先说,在保险人逾"保险法"第64条所订之除斥期间经过后,即不得行使"民法"第92条之撤销权,虽然可以杜绝部分案源,并达到"权益及早确定"之目的,但此一权益之确定无异于变相保障诈欺投保人之利益,该权益之确定并非建立在公平的基础上,而是建立在"阻绝诉讼,杜绝请求"的不公平基础上,特别是保险人于"保险法"第64条所规定之除斥期间经过之后,才发现其承保之意思表示有被诈欺之情事时,尤难令人甘服,此种情况,为数不尟。

---

[8] Thomson v. Weems (1884) 9 H. L. 671 House of Lords.

## 三、支持并存说的理由

**(一)"保险法"第 64 条的据实说明义务与"民法"第 92 条意思表示自由之保护的立法沿革不同**

"保险法"上的据实说明义务英文叫做肯定担保(affirmative warranty),是从担保(war - ranty)的概念发展而来。按担保一词在英国原被用于多种不同的目的,例如:在土地法,担保一词被用做封建地主保证其土地承租人取得土地占有,且可对抗第三人之用;又如在买卖法,担保一词用于缓和买受人"顾客留心,既售不换"(the qeneral rule of caveat emptor in sales of goods)的过度效果,使买受人可以依出卖人的担保提起诉讼;在保险法,担保一词则用于缓和保险人承担的风险,担保是作为一种对抗责任的盾,而非一种加诸责任的矛(Warranty in insurance law is used as a shield against liality rather than a sward to impose liallity)。

英国长期以来并未区分肯定担保与承诺担保(promissory warranty),但是将担保当做前提条件(conditional precedent)。践行担保是保险人负责的前提,必须严格承诺之文义,保险人才负保险责任;conditional precedent,要保人或被保险人若有违背担保之情事,保险人依自动免责原则(the rule of automatic discharge)立即免负保险人责任。

《美国保险法》对担保的概念初期受英国影响甚深,也采取严守文义原则(literal compliance rule),后来美国保险法学者 professor Vance 及 professor Patterson 对英国的制度严厉批评,并将担保制分为"肯定担保"及"承诺担保",肯定担保是对某些事实存在的说明,承诺担保是关于现在以及将来履行某些行为的承诺,此种分类方法广为美国法院所采纳,违反担保的法律效果有时只是保险人承保责任的暂时停止(suspend coverage),在被保险人修正弥补之后,保险的效力可以恢复,有时可以使保险契约无效或保险人免责。其效果视保险人的主张而定。⑨

因此从制度发展的沿革而言,据实说明义务是作为保险人了解及掌握风险因素,对抗要保人的防护抗辩,显然有异于"民法"有关"表意人被诈欺而为意思表示时得行使撤销权"的立法缘由,民法是基本私法,是建立在意思自由的基础上,任何人心智成熟达到一定程度,基于自由意思而愿意享受权利负担义务时,只要不违背公共秩序善良风俗,不违背法律的强制禁止规定,"民法"对此种基于自由意思所欲发生的法律效果常肯定其效力,但是假若"意思自由"被破坏,法律必须赋予表意人救济的方法,"民法"第 92 条的撤销权即是其适例。

**(二)"保险法"第 64 条不构成"民法"第 92 条的特别规定**

按特别规定只有在法条竞合时才有之,而法条是否竞合,可以从"立法目的""构成要件"及"法律效果"来判断,若同一法律事实,符合数个法律条文构成的要件,而其中一个法条构成的要件的一切特征刚好为其他法条所涵盖,就会形成法条竞合。

比较"保险法"第 64 条与"民法"第 92 条的前揭因素,无法认定"保险法"第 64 条为"民法"第 92 条之特别规定。⑩ 因此宜采并存说为当。

---

⑨ Thomas J. Schoenbaum, Warranty in the Law of Marine Insurance-Some Suggestion for Reform of English and American Law, The Maritime Lawyer, spring, 1999. 3. 23, pp267.

⑩ 参见江朝国:《保险法上解除权与民法权上之撤销竞合》,载《月旦法学》1997 年第 30 期,第 18、19 页。

表二

| 项目 \ 法条 | "保险法"第64条 | "民法"第92条 |
|---|---|---|
| 立法目的 | 保障保险人测定危险因素数据之正确 只保护保险人一人 | 保护意思表示形成出于自由意思保护所有表意人 |
| 构成要件 | 1. 违背据实说明义务之时间:订立契约时(按德国扩及于保险为承诺承保之前,VVG §29A)。 | 1. 诈欺之时间:不限,即令于动机形成阶段亦可。 |
| | 2. 内容范围:限于保险人书面询问事项为要保人所知悉者。 | 2. 内容范围:不限 |
| | 3. 主观状态:故意或过失 | 3. 主观状态:故意 |
| | 4. 方法: (1)故意隐匿。 (2)过失遗漏。 (3)为不实之说明。 | 4. 方法:不限 |
| | 5. 程度: 足以减少保险或减少保险人对危险之估计。 1. 保险人得解除契约(第64条)解险权之行使,必须违反说明义务之事项与保险事故之发生有因果关系。 2. 解除权解除后无须返还保险费(第25条)。 | 5. 程度: 使表意人发生错误而为意思表示。 (1) 表意人撤销其意思表示(第92条)。撤销权之行使只要使相对人(及保险人)陷于错误并因错误而为意思表示为已足,至于要保人所欺之事项是否与保险事故之发生有因果关系,则非所问。 (2) 保险人依不当得利负返还义务(第179条),但得依"民法"第113及第114条向要保人请求损害赔偿。 |

#### (三) 避免要保人与保险人之私法权利义务失去平衡

要保人与保险人间,不论理论上或实务上均有互相诈欺之案例。在要保人诈欺保险人情形,例如:要保人明知自己罹患肝癌,但以诈欺之意思在要保申请书上为无病之记载,致使保险人陷于错误而为愿意承保之表示是;在保险人诈欺要保人之情形,例如:保险人以仿造的零件替代原厂零件进行修缮而为保险给付。⑪ 基于私法平等原则,保险人与要保人的权利义务应立于平等

---

⑪ 例如在1999年,美国State Farm Mutual Automobile Insurance在为保险给付时,以台湾地区制造的仿制零件替代福特公司原厂零件为被保险人的野马牌轿车修缮,经被保险人举发,又因事涉保公司长期以来对广大投保户之诈欺,由消费者保护团体提起集体诉讼,经法院判决七亿三千万美元惩罚性赔偿,并应赔偿被保险人之损害,Mike France Andrew Osterland, State Farm: What's Happening to the Good Neighbor? *Business Week* Nov. 8 1999.

地位,应受同等之保护,只有采并存说才能够符合此一原则,不论保险人诈欺要保人或是要保人诈欺保险人均应适用"民法"第 92 条。优先说将导致要保人违背据实说明义务而为诈欺时,适用"保险法"第 64 条短期除斥期间;而保险人诈欺要保人时,则适用"民法"第 92 条长期除斥期间。保险人显然处于相对不利之地位。

**(四)避免保险人被诈欺而为意思表示时,因"诈欺之方式"不同而救济基础歧异**

依优先说,将发生要保人就"保险人书面询问事项"违背据实说明义务而构成诈欺时——例如:在要保申请书上就询问之疾病有无为虚伪说明——保险人只能依"保险法"第 64 条,行使解险权,解险权之行使受到短期除斥期间之限制;反之,要保人就"保险人书面询问事项以外之事项"——例如:2001 年 9 月纳莉台风使大量私人轿车泡水,不少汽车所有人投保窃盗险,在回答保险公司之口头询问时,都声称被保险之汽车并未泡水,保险公司高价承保之后,投保户故意制造保险事故,声称遗失,保险公司因无法举证证明保险事故系因要保人或被保险人故意所致,只得理赔为诈欺时,仍适用"民法"第 92 条之撤销权,使保险人行使撤销权的法律基础呈现双轨的分裂状态。

**(五)避免保险人被诈欺而为意思表示时因"要保人"或因"与保险无关的其他人而不同"**

依优先说,若保险人受"与保险无关的其他人"之诈欺而为意思表示,其救济之法律基础是"民法"第 92 条之撤销权;反之,若保险人受要保人之诈欺而为意思表示其救济之法律基础可能为"民法"第 92 条之撤销权,也可能为"保险法"第 64 条之解除权(参考前揭四之论述)。同样是保险人被诈欺而为意思表示,但其救济之法律基础因诈欺人之不同而有异,殊欠妥适。

**(六)避免法律逻辑轻重倒置**

保险人要保申请书的"书面询问事项"有可能比"书面询问事项以外之事项"更重要,也有可能比"书面询问事项以外之事项"不重要,但一般言之,书面询问事项既然是保险人是否愿意承保以及以何种条件承保的判断基础,因此书面询问事项通常属于较为重要之事项,果然如此,若要保人通过书面询问事项而为诈欺,保险人只可于"保险法"第 64 条之短期除斥期间内行使解除权;反之,要保人就"书面询问事项以外之其他事项"为诈欺时,保险人反而得以依"民法"第 92 条之长期除斥期间之规定行使撤销权,此种情形,将导致要保人违反重要事项而为诈欺时保险人行使救济的限制较为严格,而要保人违反不重要事项为诈欺时,保险人行使救济的限制较为宽松,法律逻辑呈现宽严倒置的不合理现象。

**(七)立法例采并行制**

台湾地区法属于大陆法系,若对照"民法"及"保险法"(1929 年公布)与《德国民法》《德国保险契约法》条文,有足够理由相信,二者之间有浓厚的承继关系。"民法"第 92 条承继自《德国民法》第 123 条"因受恶意之诈欺或不法之胁迫而为意思表示者,得撤销其意思表示";1929 年公布之"保险法"第 16 条(现行"保险法"第 64 条之前身),则相当程度改写自《德国保险契约法》第 16 条—第 21 条,只是在承继过程中,为顾及实际情况,将据实说明义务之范围限于"保险人书面询问事项",此点有较大差异。

"保险法"第64条,系1929年公布"保险法"第16条⑫,历经26年(修正为第27条⑬)、1963年(修正为第64条⑭)、1992年2月⑮、1992年4月计四度修正,内容虽然有变化,但法律效果之基本结构却是完全一样——亦即要保人违背据实说明义务时,保险人得解险契约。因此现行"保险法"第64条,直接可以溯至1929年的"保险法"第16条,间接可以渊源到《德国保险契约法》第16条至第21条。果尔,则德国因应《德国民法》《德国保险契约法》之相互关系而订定之《德国保险契约法》第22条"保险人基于有关危险情事之诈欺所生之撤销权不受影响"(Das Recht des Versicherers, den Vertrag wegen ar-glistiger Tauschung uber Gefahrum-stande anzufech-ten, bleibt un-beruhrt.)"之立法例,亦即要保人以与危险有关之情事为诈欺时,保险人除行使保险法上之解除权外,其基于民法上之撤销权仍得行使,不受"保险法"上得行使解除权规定之影响之立法例可以作为支持"民法"第92条之撤销权与"保险法"第64条之解除权并存的论证。

(八)违背据实说明义务并构成诈欺时,同时侵害保险人信息正确之权利以及自由形成意思表示之权利,宜有不同的救济方法,在肯定保险人信息正确之权利被侵害的救济措施时,其因自由形成意思表示之权利被侵害而应有之救济措施,应不受影响。

### 结论性观点

由于优先说的主要论据不论从立法理由、构成要件或法律效果分析,均难成立法条竞合,而其所指称并存将导致"滥用撤销权"之顾虑,又嫌薄弱,优先说虽然被采为判例,仍然有加以检讨,并变更之必要。

并存说的理由包括:

1. "保险法"第64条的据实说明义务与"民法"第92条意思表示自由之保护的立法沿革不同。
2. "保险法"第64条不构成"民法"第92条的特别规定。
3. 避免要保人与保险人之私法权利义务失去平衡。
4. 避免保险人被诈欺而为意思表示时,因"诈欺之方式"不同而救济基础歧异。
5. 避免保险人被诈欺而为意思表示时,因"诈欺人系第三人或要保人"而救济基础不同。
6. 避免法律逻辑轻重倒置。

---

⑫ 订立契约时,要保人对于保险人以书面所为之询问,应据实声明。要保人故意或因重大过失遗漏或为不实之声明时,如其遗漏或为不实之声明足以变更或减少保险人对于危险之估计者,保险人得解除其契约。纵其危险已发生后亦然。前项解除权,自保险人知有解除之原因后经过1个月不行使而消灭。自契约订立后经过两年者亦同。契约解除时,保险应须返还其已受领之保险费。

⑬ 订立契约时,要保人对于保险人之书面询问,应为声明。要保人故意或因过失遗漏或为不实之声明时,其遗漏或不实之声明足以变更或减少保险人对于危险之估计者,保险得解除契约,其危险发生后亦同。

⑭ 订立契约时,要保人对于保险人之书面询问,应据实说明。要保人故意隐匿,或因过失遗漏,或为不实之说明时,其隐匿遗漏或不实之说明,足以变更或减少保险人对于危险之估计者,保险人得解除契约,其危险发生后亦同。前项解除契约权,自保险人知有解除之原因后,经过1个月不行使而消灭;或契约订立后经过2年,即有可以解除之原因,亦不得解除契约。

⑮ 订立契约时,要保人及被保险人对于保险人之书面询问,应据实说明。要保人及被保险人对于保险人之书面询问有不实之说明或故意隐匿,其不实之说明或故意隐匿达保险人拒保程度者,保险得解除契约,其危险发生后亦同。但保险人知其事实或因过失不知者,不在此限。前项解除契约权,自保险人知有解除之原因后,经过1个月不行使而消灭;或契约订立后经过2年,即使有解除之原因,亦不得解除契约。

7. 立法例采并行制。

8. 违背据实说明义务并构成诈欺时,同时侵害保险人信息正确之权利以及自由形成意思表示之权利,宜有不同的救济方法,在肯定保险人信息正确之权利被侵害的救济措施时,其因自由形成意思表示之权利被侵害而应有之救济措施,应不受影响,以上8点立论持平,周至可行,因此宜采并存说。

要保人违背据实说明义务,甚至于诈欺投保,保险人又未能于订立契约时彻底核保,直到保险事故发生,发现事有蹊跷,加以查证,才发现要保人违背据实说明义务,因而解除契约,退还保险费,时间一长,事例一多,常予以保险公司"在危险事故不发生时,则收取保险费;在危险事故发生时,则解除契约,退还保险费了事"的不良印象,"最高法院"1997年台上字第2113号判例某种程度正是这种印象的反弹,但是"法者,天下之平""正义是不能生气的",法律的解释应回归法律体系的基本原则,亦即应该采并存说,赋保险人与要保人以相同的保护。另外,为减少保险事故发生后才解险契约,避免误导错误观象,亦应该强化核保程序,提升保险业的社会形象,使保险业更健全地发展。

# 第三编 知识产权

# 均等论与禁反言之"权利纠葛"

——评"最高法院"2007年台上字第1134号民事判决及其下级法院判决

沈宗伦*

> **基本案情**

### 一、台中地方法院2003年智字第23号民事判决

原告X拥有"架桥式计算机按键开关"之新型专利(简称"系争专利"),专利期间为1995年1月1日起至2006年3月27日。被告Y曾于1996年10月18日与X签订系争新型专利之授权书,后因Y未依约缴付授权金而经X催告无效,X于同年12月5日解除授权契约。授权契约解除后,Y仍依系争专利内容仿制两个键盘开关(型号分别为K/B950405CUS及K/B950528AUS),再依其键盘开关合成三类键盘(于本案简称"9505键盘""9605键盘"及"9504键盘")(统称"系争对象")销售予计算机公司供其组装于笔记本电脑产品上。本案最初由台中地方法院检察官提起公诉,诉讼期间,Y曾多次利用数引证案针对系争专利提出6次举发案,其中一件经"最高行政法院"驳回确定,其余均为举发不成立。另外,X于1999年4月30日提起本案附带民事诉讼。原告以系争新型专利之侵害提起民事诉讼,依2003年修正前"专利法"(简称旧"专利法")第89条第1项及第105条之规定,本于中兴大学研究发展处授权中心之鉴定,请求Y赔偿贩卖系争对象所获取的利益新台币117 809 477元。又依旧"专利法"第89及108条之规定,请求Y将本案判决书刊登于各大报以恢复其人格权。并依旧"专利法"第88条第3项及第105条之规定,销毁检察官于1997年3月28日及同年8月5日所搜索查扣后因专利法除罪后发还给Y之仿品。同时,X亦依旧"专利法"第89条第3项及第105条之规定请求法院酌定损害赔偿额2倍以内惩罚性赔偿。

被告Y则辩称,系争专利不具新颖性及进步性等专利保护要件,并称检察官第一次搜索扣押之仿品为大陆制造,基于"专利属地主义",在大陆所制造之仿品并未侵害系争专利。另外,Y主张其与X之间约由X按时寄发缴款单据由Y凭单付款,但自1996年11月迄今未见付款凭单,故无给付权利金之义务,进而无违约情事,X解除契约显属违法。再者,Y同时主张其所制造之系争对象并未在系争专利之范围内,故不构成专利侵害。关于损害赔偿数额方面,被告Y亦表示,X于侵害期间界定不明且侵害事实亦举证不明确,纵使有专利侵害之情事,亦仅限于检察官两次搜索查扣之仿品所表征之事实,且损害赔偿之计算标准过于宽松,又未扣除9504键盘部分(未侵害系争专利)致使损害赔偿额并不合理。

本案地方法院认定,9504键盘不构成专利侵害,于9605键盘并未提损害赔偿请求,判决被告Y与其法定代理人就本案专利侵害应连带赔偿新台币13 723 044元(包括一倍惩罚性损害赔偿)及自1996年5月1日至清偿日之利息,且在仿品销毁部分仅限于9505键盘。其余之诉均驳回。

---

\* 中正大学财经法律学系助理教授。

## 二、台湾高等法院2004年智上字第13号民事判决

本案原告X及被告Y均向高等法院提起上诉。X于上诉中请求废弃原判决,并主张Y及其法定代理人应赔偿新台币104 086 437元,且请求准许销毁检察官两次搜索查扣关于9504键盘及9505键盘之仿品。

Y则请求法院废弃原判决对其不利之部分。Y于上诉中主要提出的理由仍以其在第一审诉讼中不被法院采信的诸般见解,例如系争专利完全为习知技术之集合,不具新颖性及进步性等专利保护要件;所制造仿品之技术内容与专利内容不同,不构成侵害;仿品的制造地在大陆,因此仿品的制造在"专利法"下并不构成侵害;X的解除契约不具效力等。另外,Y就9504键盘之技术内容在专利侵害均等论之适用下涵括于系争专利,提出"禁反言原则"以阻却均等论之适用。同时,Y亦主张,1996年12月5日起至1997年4月29日止,该期间专利侵害之损害赔偿请求权已罹消灭时效,且Y依然认为X对于专利侵害事实举证不明确,以及损害赔偿额之计算不合理。

本案高等法院虽以均等论推翻地方法院对于9504键盘之制造不构成专利侵害之认定,但却不采信Y所提之"禁反言原则"之抗辩。在另一方面,高等法院亦采信Y所为之时效抗辩。最后高等法院在其损害赔偿之计算基础下将原地方法院判决关于损害赔偿额部分予以废弃,改判Y与其法定代理人应连带赔偿X新台币34 012 201元(原地方法院之判决额度加上新台币20 289 157元)(包括一倍惩罚性损害赔偿),并加计利息。至于原审关于仿品销毁之部分亦遭废弃。

## 三、"最高法院"2007年台上字第1134号民事判决

Y于高等法院之判决后续行上诉至"最高法院",其上诉理由与上诉高等法院之事由相当,并将其于高等法院所提限制均等论适用之"禁反言原则"一并诉请"最高法院"审究。"最高法院"于各该议题的立场与高等法院并无不同,但认为损害赔偿之计算不应包括本专利侵害事件另案所请求之损害赔偿,另外在查扣销毁仿品部分在数量的清点确认上有所瑕疵,故将高等法院之判决予以废弃。

### 裁判要旨

## 一、台中地方法院2003年智字第23号民事判决

本案地方法院就诸多争议点的立场,兹分别整理如下:

(1)在原告X是否违法解除契约部分,地方法院认为,被告确有违约未给付权利金之事实,且契约内亦未明定以请款单据之寄发为交付权利金之条件。故地方法院认为此一抗辩并不可采。

(2)在系争专利是否为习知技术之集合而不具备专利保护要件部分,地方法院认为,基于行政法院终局判决之既判力及智慧财产局行政处分(举发不成立)之拘束力,该等抗辩无所依凭。

(3)在专利文义侵害部分,地方法院认为,9504键盘、9505键盘及9605键盘之技术内容与系争专利内容不尽相同,不构成系争专利之文义侵害。

(4)在专利侵害均等论之适用部分,地方法院认为,9504键盘之技术内容与系争专利内容非实质相同,不构成专利侵害。但9505键盘及9605键盘则在均等论之适用下构成侵害。

（5）在专利侵害之损害赔偿计算方面，法院认为，以专利侵害期间之键盘销售总收入乘以9505键盘所占总销售之比率11.2%（9605键盘虽构成专利侵害但无赔偿请求），再乘以利润率3%以计算损害赔偿额。地方法院同时准许一倍的惩罚性之损害赔偿。

### 二、台湾高等法院2004年智上字第13号民事判决

（1）高等法院在X是否违法解除契约以及系争专利是否不具备专利保护要件部分，维持地方法院之见解。

（2）在专利文义侵害部分，高等法院之见解与地方法院并无不同。在均等论之适用上，高等法院就9504键盘之专利侵害部分推翻了地方法院之立场，认为9504键盘之技术内容与系争专利内容实质相同，构成专利侵害。另外，Y主张9504键盘及9505键盘采用封闭式滑槽而系争专利则采用开放式滑槽，因X于专利举发答辩中已主张前述两种滑槽并不相同，因此不得于本案借由均等论之适用而主张9504键盘及9505键盘之贩卖构成专利侵害，此为"禁反言原则"。高等法院未采信此一抗辩，其理由为无论是封闭式或开放式滑道并不影响滑槽或滑道之功能，无由以之限制专利范围而排除均等论之适用。

（3）在专利损害赔偿之计算方面，高等法院是以侵权期间Y销售笔记本电脑键盘之销货收入乘以9504键盘及9505键盘占全部笔记本电脑键盘之比例92.6%，再乘以2%的利润率。

### 三、"最高法院"2007年台上字第1134号民事判决

（1）"最高法院"肯定了高等法院有关解除契约是否违法、系争专利是否具专利保护要件、均等论之认定及禁反言原则等争议之立场。

（2）关于专利损害赔偿之计算，"最高法院"认为，损害赔偿之计算不应包括本专利侵害事件另案所请求之损害赔偿。

### 学理研究

#### 一、本文立场

本文评释重心在于本案有关专利侵害均等论及具有限制均等论适用效力之禁反言原则。在均等论之评释方面，虽然高等法院（"最高法院"肯认其立场）与地方法院对于9504键盘之制造及贩卖在均等论下是否构成专利侵害存在不同见解，本文无意表达究竟何者立场属于正确，本文真正关注的重点在于本案之各级法院是否对均等论之法理基础、解释适用及法律效果秉持得宜的认知，此攸关未来专利侵害案件法院适用均等论定义专利侵害之精确程度，以及均等论在台湾专利法体系下可能发挥之专利权利范围界定效果，殊为重要。由于本案地方法院在判决中有提及逆均等论之问题，虽然逆均等论并非本案争议点（当事人并未主张逆均等论之适用），但就笔者之观察，本案法院对于逆均等论之属性不无误解之处，以致将逆均等论与均等论相提并论，故本文在评释均等论的同时，亦针对逆均等论之本质作一澄清。

本文另一个评释重点在于禁反言原则。本案被告曾于高等法院上诉中提出禁反言之抗辩以限制均等论之适用，该禁反言之抗辩基于原告于专利举发程序所为之答辩陈述，虽然高等法院及"最高法院"最终未能接受此一抗辩，其理由在于原告答辩陈述所区别之封闭式或开放式滑槽在功能上无不同，无须引用禁反言以为抗辩，由此可知，本案法院以默示呈现其对于专利举发程序所为答辩陈述，足以引发禁反言抗辩之肯定立场。笔者对于前述本案法院对于专利侵害案件禁反言抗辩之立场及其拒绝被告提起禁反言抗辩之理由，抱持着怀疑的态度，笔者私揣乃法院对于

禁反言原则本身未能有周全的理解所致,因此笔者于本文从专利侵害之禁反言抗辩在"专利法"体系下的定位出发,论及禁反言原则之适用及法律效果,一方面借以检视本案法院对于禁反言原则适用之立场,并探究其不当之处,另一方面希望通过禁反言原则之厘清,供未来专利侵害审理之参考。

**二、过去类似判决之见解**

判决实务在专利侵害案件均等论之适用,向来有依循智慧财产局"专利侵害鉴定要点"及专家之"专利侵害鉴定报告"之惯例,因此在均等论及其适用限制在判决实务上体系之建立及论理之检讨均嫌不足,就笔者之观察,过往判决经验以致目前之审判现况,似尚未摆脱前述惯例之窠臼,因此笔者希望借由本文之评释,能够带给现今司法实务关于均等论及禁反言原则之解释适用一些另类的观点,让审判实务除能着眼于专利侵害认定之高技术性之面向外,亦能重视相关的论理及体系之建立。此为本文最由衷的目的所在。

**三、本案之判决评释**

(一)均等论部分之评释

1. 均等论之法理基础

专利侵害均等论又称为相当性原则①,其于专利法下之功能乃专利侵害与否之判断。均等论在专利侵害之判断有别于专利文义侵害(literal infringement)②,纵使第三人于修改原专利请求内容(claims)后始以之制造产品,只要在法律的评价上(或谓事实的认定),该修改被视为无重大意义,亦即修改后之专利请求内容与原专利请求内容间无重大或实质之差异,在此种情形下,依修改后之专利请求内容所为之制造行为仍构成专利侵害。③ 就本质而论,均等论具有扩张专利请求内容所表彰之权利范围之机能,与专利法以专利请求内容为中心向大众公示的基本原则相

---

① 均等论(the Doctrine of Equivalents)其实是美国专利法所惯用的法律名词,各国专利法虽有相类似的法理,但未必以"均等论"名之。德国学界有将之称为"相当性原则"者,请参见谢铭洋:《论专利权之范围,兼述德国相关之理论与实务》,载《知识产权之制度与实务》,1995 年 5 月版,第 151 页。另外,英国专利法并无刻意区分专利权范围之文义解释及均等论之适用,其解释原则将之合而为一,请参见 William Cornish & David Llewelyn,Intellectual Property:Patents,Copyrights,Trade Marks and Allied Rights § 6-01-03 (5th ed. 2003). 若要寻求与美国法均等论之对等原则,似应为英国专利法之"精髓原则"(Pit and Marrow Doctrine),请参见 Kirin-Amgen v. Hoechst Marion Roussel,[2004] UKHL 46,[2005] 1 All ER 667,[2005] RPC 9,at ?36。

② 专利之文义侵害之判断,主要是针对专利请求内容(claims)(按:专利请求内容即为"专利法"第 26 条所称之申请专利范围)与特定对象本身或制程之技术内容,依各对应组件逐一比较,以确定是否各个经比较的相对应组件在解释上完全相同,若为肯定,则该对象之制造或其制成方法之实施构成专利之文义侵害,请参见 HERBERT F. SCHWARTZ,PATENT LAW AND PRACTICE 167-169 (2006)。

③ Id. at 169-170;Robert L. Harmon,Patents and The Federal Circuit 384-385 (6th ed. 2003);CORNISH & LLEWELYN,supra note 1,at §6-03-04;参见蔡明诚:《发明专利法研究》,2000 年版,第 195—196 页;谢铭洋,注①书,第 151 页。

抵触④,专利权人得以均等论之适用,在不更动对大众公示的专利请求内容下,扩张专利请求内容之文义以追究他人之专利侵害⑤,颇有使专利权人不当获致专利法下超额利益之嫌。因此,均等论之创设及适用在专利法下必有其正当化之法理基础,该法理基础所衍生的利益衡量及价值判断自当有一定之强度,足使专利法能容忍均等论适用下,可能使原本专利法下利益平衡之天平面临利益偏颇之危险,以追求或确保专利制度之公益。虽然现今大部分国家或地区并未针对专利侵害均等论给予直接的法制化,但由司法判决肯认均等论之存在而观之⑥,显然将均等论视专利法下当然之法理。

一般而言,均等论之法理基础有三种不同之见解:

第一种可能的见解认为,均等论之创设及适用乃基于专利权保护之公平及适切而立论。⑦若专利法无均等论之存在,第三人只要耗费相对于研发较低之成本,就专利请求内容特定组件予以置换或修改,即可利用他人受专利保护之研究发明成果且得以躲避专利文义侵害之责任,如此一来,不仅与专利法鼓励产业创新研发之立法宗旨相违背,鼓励他人舍弃高成本之研发而选择低成本之模仿,对于专利权人之发明成果之保护有欠公平;另一方面,任由第三人借由对专利请求内容所为之不具重要性之修改,并将修改后之专利请求内容实现于产品之制造,使之与受专利保护之产品竞争,此种无须授权之竞争,无形中剥夺了专利权人利用其专属权安排市场资源的机会,有类于使专利保护之期限提前结束⑧,就专利的保护而言,欠缺适切性,无力确保研究者未来继续研发之诱因。

第二种可能的见解认为,均等论之目的在给予专利请求内容起草者文字救济机会。⑨ 由于发明之作成乃为一抽象概念,而专利请求内容则是将抽象的发明概念予具体化及明确化,使之得

---

④ 传统上,专利权范围的解释可大别两大体系:一是以英美专利法为中心的"周边界定主义"(peripheral definition theory)以及以德国专利法为中心的"中心界定主义"(central definition theory)。"周边界定主义"侧重专利权利范围之明确性及公示性,专利权利范围是以专利请求内容为其边界,对于任何未载于专利请求内容之技术内容,不得加以扩张保护,此反映 1870 年后之美国专利法及英国专利法向来对于专利权利范围所采取的"界桩解释法"(fence-post approach)。另外,"中心界定主义"则在确定专利权利范围上,不要求专利申请者记载专利请求内容,而是借由发明的实施例、图示及说明书内容建构权利范围,专利权利范围外延之程度非经司法解释不易探知,较缺乏明确性及公示性。由现今专利法发展趋势观之,传统的"中心界定主义"已往"周边界定主义"修正,有谓其为"折中主义",亦即以专利请求内容为专利权利范围之界限,但发明之其他说明及图式仍得作为辅助探求权利范围之工具,此由欧洲专利公约(the European Patent Convention)第 69 条及其解释议定书(Protocol on the Interpretation of Article 69)可得知此一趋势,"专利法"第 56 条第 3 项似与欧洲专利公约所呈现出的"折中主义"相近,参见蔡明诚,注③书,第 186 页;谢铭洋,注①书,第 139—140 页;曾陈明汝,《两岸暨欧美专利法》,2004 年版,第 116—118 页。至于早期德国法在"中心界定主义"下司法实务对于专利权利范围之解释立场(三分法),亦请参见谢铭洋,注①书,第 141—145 页;蔡明诚,注③书,第 198 页。

⑤ 参见 Are Stenvik, *Protection of Equivalents under Patent Law—Theories and Practice*, 32 IIC 1, 7 (2001)。

⑥ 蔡明诚,注③书,第 203 页; Stenvik, *id.* at 3-7。

⑦ See *Graver Tank v. Linde Air Prods. Co.*, 339 U. S. 605, 607-608 (1950); Michael J. Meurer & Graig Allen Nard, *The Doctrine of Equivalents: Invention, Refinement and Patent Claim Scope: A New Perspective on the Doctrine of Equivalents*, 93 GEO. L. J. 1947, 1960-67 (2005)。

⑧ See Cristopher A. Cotropia, *"After-Arising" Technology and Tailoring Patent Scope*, 61 N. Y. U. ANN. SURV. AM. L. 151, 171-173 (2005)。

⑨ See Martin J. Adelman & Gary L. Francione, *The Dotrine of Equivalents in Patent Law: Questions that Pennwalt Did Not Answer*, 137 U. PA. L. REV. 673, 711-12 (1989)(作者表示,美国专利实务界常有以均等论作为其修正专利请求内容起草错误的方法之一); Doug Lichtman, *The Doctrine of Equivalents: Substitutes for the Doctrine of Equivalents: A Response to Meurer amd Nard*, 93 GEO. L. J. 2013, 2015-18 (2005)。

由相同领域之一般专家操作研究成果,一方面是基于专利权利范围对外公示之必要,另一方面此具体化及明确化作为,方能使发明本身得以贡献产业。但毕竟以人类表达有限的语言及文字追逐富有无限想象空间的抽象发明,对专利请求内容起草者而言,是件既耗费高成本且难以周全之事,亦即专利请求内容起草者于专利申请时,针对特定发明所为之描述难免有理解错误或受限于文字无法适度表达之情形,因此均等论之创设及适用,即在给予专利请求内容起草者修正或润饰的机会,以免专利请求内容起草者于专利申请时负担过高的成本,影响其继续发明的意愿。

第三种可能的见解认为,均等论之功能具有情事变更之权利范围调节功能。[10]由于科技进展一日千里,专利权人往往就特定发明申请而取得专利时,就该发明所涉及之科技可能又有一定程度之进展,若原发明部分内容之进展为专利申请时所不可预测,且假使当时得以预测即会反映于专利请求内容中,显然专利请求内容无法包含该部分内容乃科技上之情事变更,非可归责于专利权人,此时强将此部分内容排除于专利权利范围之外,将使专利权人之期待落空,另外,将此部分内容归于其他专利申请中,亦涉及较高之成本,故均等论之创设及适用即在借由权利范围之扩张,解决此类因科技情事变更所衍生之利益不衡平现象。

笔者认为,第一种见解较能适切地反映均等论在专利法上之法理基础,其余两种见解均有其盲点存在。

第二种见解认为均等论是弥补专利请求内容起草上文字之限制,关于此点,笔者抱持怀疑的态度,专利权之授予乃基于明确且可实施之专利请求内容,将抽象之发明转换为具体的请求内容本是专利申请人必要之务[11],"专利法"一方面借由此发明具体化,要求确定该发明未来对于相关产业有其效用及贡献,另一方面则确保相关领域具有通常知识之专家,能够在正常的操作下即能实现该发明。再者,各国或地区专利法,包括专利法立法,通常对于专利请求内容,无论审查期间或专利授予后均有修正之规定[12],此修正之规定即在缓和专利请求内容起草上文字限制之效果。因此,若认为均等论之法理为弥补专利请求内容起草上文字之限制,很显然将架空专利法下专利请求内容修改相关规定之适用,甚至给予专利权人机会,使其躲避专利请求内容修改相关规定严格的时机及要件[13],另外,此种论点同时亦与专利法下要求专利之明确性及可实施性之意旨相背离,因为均等论之适用,无异于鼓励专利权人于专利申请时无须尽其力使其抽象发明明确化,仅须符合法律的基本要求即可,均等论之适用,可使一切于专利申请时隐含未揭露于专利请求内容

---

[10] 关于在专利申请时不可预测之新兴科技内容得否借由均等论之适用导入专利权利范围,《美国专利法》虽未明文肯认,但美国司法实务上肯认均等论的判断时点为专利侵害时(time of infringement),且允许以不可预测的新科技为由排除禁反言原则对于均等论之限制,由此观之,美国法似采肯定的立场,参见 *Warner-Jenkison Co. v. Hilton Davis Chemical Co.*,520 U.S.17,37(1997);*Festo Corp. v. Shoketsu Kinzoku Kogyo Kabushiki Co.*,535 U.S.722,740-41(2002)。英国法及德国法亦采相似的立场,see Niels Hölder, *Exogenous Equals Endogenous? Claim Construction after the Amgen Decision*,37 IIC 662,667(2006)。至于学说上则呈分歧之象,有人以确保专利权人未来发明诱因而采肯定说者,See Lichtman,*supra* note 9,at 2026-27;亦有人以经济分析的方法认为,将不可预测之新兴科技内容纳入专利权利范围。势必造成资源过度集中发明改良方面而采否定说者,*see* Meurer & Nard,*supra* note 7,at 1996-98;亦有人认为,应区别产业而给予不同解释者,在科技累积性较高的半导体产业(the semiconductor industry)应采肯定的立场,反之,科技累积性较低的生技制药产业(bio-pharmaceutical industry)则采否定的立场,*see* Cotropia,*supra* note 8 at 192-201。

[11] 参见"专利法"第26条。

[12] 参见"专利法"第29、49及64条;美国法关于"国内优先权"(continuation)及专利再授予(reissuing)等规定亦同旨趣,参见35 U.S.C. §120,251(2008)。

[13] See Adelman & Francione,*supra* note 9,at 717-20.

之部分组件,于专利侵害之追究下全数反映到权利范围中,此现象对于专利本身信息的揭露有其负面影响,不利于专利之产业利用性。⑭

第三种见解认为均等论得以缓和专利权人于情事变更下之不利效果,使部分于专利申请时无法预知的科技内容,得借由均等论进入权利范围。其实,值得厘清的是,虽然均等论之适用不可避免地会将部分于专利申请时不可预知之新科技纳入专利权利范围,但不代表均等论之法理即在使专利权人能收纳不可预知的新科技于权利范围中,因为均等论之适用得否能将不可预知新科技纳入权利范围,在专利法上是富有争议的议题。此种见解有违专利法之本旨。专利法之立法目的在于借由授予特定限制市场之排他权利,以换取专利权人揭露发明内容而贡献于相关产业,该产业之其他竞争者得以由该所揭露之发明内容,为更进一步改良或突破性产生新发明。因此,为确保发明确实对相关产业有所实质贡献,专利之新颖性及进步性要求便为确保专利实质贡献之必要条件,以企建立专利授予与产业贡献间之利益平衡,不致使专利权人获致法律上超额利益。若认为均等论之法理在于收纳不可预见之新科技进入权利范围,在某种程度上便认为专利权人得以均等论将部分未经专利新颖性及进步性审查的新科技,直接归于权利范围内,对于前述专利法利益平衡,存在着颠覆的危险,并与专利法本旨有直接冲突,由此而论,此种关于均等论法理基础之见解,有其先天的矛盾及谬误存在。

2. 均等论之适用

专利侵害均等论在适用上有五个重要层面须加以检讨:第一部分是关于均等论之适用时机;第二部分是均等论之构成要件;第三部分是均等论之判断标准;第四部分是均等论之判断时机;最后一部分是均等论之属性。

在第一部分方面,均等论之适用时机,限于当专利权人无法以专利文义侵害追究潜在之专利侵害者时,亦即均等论之适用与专利文义侵害之主张是互斥而不能并存的,在认定专利侵害方面,均等论实立于专利文义侵害认定之补充地位⑮,关于此点,本案承审法院及上诉法院之立场应属正确⑯,但判决中似以"全要件原则"为认定专利文义侵害之准据⑰,遣词用句上易使大众误认"全要件原则"仅用于专利文义侵害之认定,甚为不妥,因为"全要件原则"仅为专利文义侵害认定之特征,不代表"全要件原则"不得用其他侵害认定,特此一提。⑱

在第二部分均等论之构成要件方面,就均等论之法理而论,一方面为确保专利保护之公平及适切,允许专利权人借由均等论扩张专利请求内容,以追究潜在专利侵害者之专利侵害责任;另

---

⑭ 参见"专利法"第 22 条第 1 项第 1 句。

⑮ See HARMON, *supra* note 3, at 384-85;"行政院经济部智慧财产局"2000 年 4 月 13 日(90)智专字第 09023000190 号函释。

⑯ 参见台中地方法院 2003 年智字第 23 号判决[丙、六(二)];台湾高等法院 2004 年智上字第 13 号判决(三、二),"最高法院"亦肯认此立场。

⑰ 例如本案地方法院于判决内曾谓:"……解析申请专利范围及被控对象之构成后,应用全要件原则判断有无侵害专利。依据有无符合全要件原则,可区分二流程:(1) 如被控侵权对象依据全要件原则不构成侵害,则应适用均等论再为判断。……"参见台中地方法院 2003 年智字第 23 号判决[丙、六(二)]。

⑱ 虽然专利文义侵害之认定是以专利请求内容之组件与存在于可能侵害之技术内容中之相对应组件,逐一比对以确定是否构成专利文义侵害。但在均等论之适用上,亦有人认为要采全要件比对方式以确定专利侵害,此为美国专利法之通说,果尔,"全要件原则"之适用不仅在于专利文义侵害之认定,甚至可能包含均等论下专利侵害之认定,是故,本案法院于判决用语上有令大众误认"全要件原则"乃专利文义侵害专属方法,有欠妥当,本文建议法院于未来之专利侵害案件上应特别说明"全要件原则"下之全要件比对,乃专利文义侵害认定之本质,但其却非专利文义侵害认定所独有。

一方面在均等论之启动上,只限于潜在专利侵害者对于原专利请求内容所为在发明的评价上属于"非重大之修改",而实现修改后之专利请求内容⑲,否则将使专利权人得以不通过专利审查而将部分先进的技术直接纳入权利范围,不仅使专利权人获致超额利益,亦使第三人从事累积创新的活动受到某一种程度的阻滞,与专利制度之宗旨相背离。本案地方法院诠释前述专利请求内容之"非重大修改",认为当修改后之内容与原先专利请求内容乃"以实质同一方式、手段或方法,发挥实质上同一作用或机能,而产生同效能或结果"时,该"非重大修改"成就。则"非重大修改"成就时,专利侵害均等论即启动,并称"非重大修改"下原专利请求内容之特定组件与置换该特定组件之替代组件具有"等效置换性"。⑳此类见解似受美国法下专利侵害均等论之影响,虽无可厚非,但须注意的是,并非所有专利之请求内容均为"功能"导向,特别是着重于物质分子结

---

⑲ See HARMON, *supra* note 3, at 387; CORNISH & LLEWELYN, *supra* note 1, at §6-03. 在比较法的观察上,美国联邦最高法院 *Graver Tank* 案确认早期联邦最高法院的"三重同一性测试"(the triple identity test)以适用均等论,即经修改或置换部分组件之专利内容若与原专利请求内容相较下实质上(substantially)是在执行同一功能(function)下以同一方法(way)达到同一结果(result),则此修改或置换在发明评价下为非重大之变动,故而均等论启动,在另一件著名的美国联邦最高法院判决 *Warner-Jenkinson* 案则将前述之"非重大变动"以原专利请求内容与经置换后之技术内容间产生"非重大差异"(insubstantial difference)称之,亦谓被置换之原专利内容之组件与用于置换之组件间具有"可置换性"(interchangeability),参见 *Graver Tank*, *supra* note 7, at 608; Warner-Jenkinson, *supra* note 10, at 39-40. 另外,英国法的发展亦有相同旨趣,英国高等法官 Hoffmann 于 Improver v. Remington, [1990] F. S. R. 181 一案,有系统地解释了大法官 Diplock claim. 参见 If yes, the third question was whether the reader skilled in the art nevertheless would have understood from the language of the claim that the patentee intended that strict compliance with the primary meaning was an essential requirement of the invention, in other words, whether he would have understood that the patentee intended to confine his claim to the primary meaning of a helical spring. If yes, the variant was outside the claim. 在最高法院 Catnic v. Hill & Smith, [1981] FSR 60, [1982] R. P. C. 183 一案提出专利请求内容之"专利目的解释原则"(purposive construction),以"三命题连续测试法"认定是否构成专利侵害,其中第一个命题便是关于修改或置换是否就原专利之发明评价下为重大之变动,若为肯定的答案,则实施修改或置换后之技术内容不构成专利侵害。法官 Hoffmann 对于其提出"三命题连续测试法"论述如下:

First, whether the variant had a material effect upon the way the invention worked. If yes, the variant was outside the claim. If no, the second question was whether the fact that the variant had no material effect would have been obvious at the date of publication of the patent to a reader skilled in the art. If no, the variant was outside the claim. If yes, the third question was whether the reader skilled in the art nevertheless would have understood from the language of the claim that the patentee intended that strict compliance with the primary meaning was an essential requirement of the invention, in other words, whether he would have understood that the patentee intended to confine his claim to the primary meaning of a helical spring. If yes, the variant was outside the claim.

德国法则以修改或置换后之技术内容是否与原专利请求内容具有相同功效(the same technical effect)为断而认定是否成就均等论下之专利侵害,其意旨与美国法及英国法相仿,请参见 Hölder, *supra* note 10, at 662, 665("The modified features have the same effect as the features in the claim.")[原文(i)为笔者省略];Mario Franzosi, *Equivalent in Europe*, E. I. P. R., 2003, 25(6), 238 ("the alleged infringement should have the same technical effect."); Stenvikm, *supra* note 5, at 12—13;谢铭洋,注①书,152—153 页。关于日本法之立场,请参见 *T. H. K. Co. Ltd. v. Tsubakimoto Seiko Co. Ltd.*, Case No. Heisei 6(o) 10831, Case No. Heisei 6(o) 1083, Supreme Court of Japan (Saikou Saibansho), February 24, 1998, in PAUL GOLDSTEIN, INTERNATIONAL INTELLECTUAL PROPERTY LAW—CASES AND MATERIALS 413 (2001) (Toshiko Takenaka trans.).

本案高等法院对于前述"在发明评价下为非重大之变动"的论述如下:"……其差异仅属于非关键内容,并不影响整体实施之功能及预期之效果为该技术领域中具有通常知识者所能轻易完成者……"(台湾高等法院 2004 年智上字第 13 号,三、四及五),虽有语病,仍值得参考。

⑳ 参见台中地方法院 2003 年智字第 23 号判决[丙、六(二)及七(三)]。

构之生物科技、化学或药品等专利,是否仍能以"在功能、方法及结果实质同一"下,直接认定专利请求内容之"非重大修改"而决定均等论是否启动,颇有进一步探究之余地。㉑ "等效置换性"中之"等效"二字运用是否得宜,同理,亦会招致相当程度之质疑。因此,笔者建议在未来的相关判决上,在判断专利请求内容是否具有"非重大修改"而决定均等论之启动时,法院在说理上似应强调原专利请求内容与修改置换后之内容是否构成"非重大差异"(insubstantial difference)㉒,而将前述"功能、方法及结果"测试法列为"非重大差异"测试法之下位概念,当遭遇非功能性导向之专利时,直接以"非重大之差异"测试法判定均等论是否启动,以避免于非功能性导向之专利下,适用"功能、方法及结果"测试法所生格格不入之窘境,当然,"等效置换性"宜改为"可置换性"(interchangeability)为妥。㉓

关于均等论适用之第三部分,须检讨的是均等论之判断标准,亦即前述专利请求内容修改或置换前后之"非重大差异"或组件"可置换性"之判定,在法律上究竟是以何人之标准为基准? 通说认为是依法律所拟制的同一技术领域具有一般学能之专家标准以判定。㉔ 本案地方法院虽所采的认定标准尚称正确㉕,但其认定标准似与专利"进步性"之判定相混淆,必须要澄清的是,均等论下专利请求内容之"非重大之差异"或组件"可置换性"之判定,着重于法律所拟制之专家依其专业及经验是否能轻易获知,并不在于是否能轻易完成,就此,地方法院之论述似有修正的空间。㉖

均等论适用第四部分所关注者在于以何时点判断均等论是否启动,亦即法院于专利侵害案件探求均等论启动的要件时(前述"功能、方法及结果"测试或"非重大差异"测试),是以专利申请时之法律所拟制之专家为测试基准,抑或是以专利侵害时之专家为基准? 其实,均等论启动之时点隐含着专利法之价值判断,主张以专利侵害时为判断时点者,有将于专利申请时不可预测之新兴科技借由均等论纳入专利权利范围之意涵,承前所论述,此一意涵存在着专利权人规避专利要件而获致超额利益之危险,是否妥适值得探究。㉗ 本案各级法院并未特别讨论或指明均等论启动之时点,虽然以专利侵害为判断时点乃国家或地区间之通说㉘,但未来法院在专利侵害案件

---

㉑ Charles W. Adams, The Doctrine of Equivalents: Becoming a Derelit on the Waters of Patent Law, 84 NEB. L. REV. 1113, 1126 (2006). 关于生技、化学及制药等产业在专利法下所应考究的特殊性,请参见 Dan L. Burk & Mark A. Lemley, *Policy Levers in Patent Law*, 89 VA. L. REV. 1575, 1676-87 (2003). 另外,美国专利实务亦有在生物科技之专利申请上因仅强调发明之功效而忽略相对应结构之揭露,而被审定不予专利者,请参见 Dan L. Burk & Mark A. Lemley, Biotechnology's Uncertainty Principle, 54 CASE W. RES. 691, 695-705 (2004)。

㉒ 参见注⑲关于美国法之发展。

㉓ 同前注。

㉔ *See Graver Tank*, *supra* note 7, at 609 (An important factor is whether persons reasonably skilled in the art would have known of the interchangeability of an ingredient not contained in the patent with one that was.); Hölder, *supra* note 10, at 665; Franzosi, *supra* note 19, at 238; 谢铭洋,注①书,152 页。另外,英国法可由法官 Hoffmann 所提出"三命题连续测试法"之第二命题观之,相同旨趣(参见注⑲文)。

㉕ 本案地方法院于判决内曾谓:"……或者,两者中有等置换性,而为熟习该技术者所能轻易完成时,两者系均等物。……"参见台中地方法院 2003 年智字第 23 号判决[丙、七(三)]。

㉖ 请比较"专利法"第 22 条第 4 项。

㉗ 参见注⑩及其所附属之本文。

㉘ 参见注⑩。

上，应充分斟酌不可预测之新兴科技所带来的利益状态，而择定以专利申请时或专利侵害时为均等论之判断时点。

最后，在均等论适用之第五部分，需要讨论的是，均等论之启动及适用在认定上究竟是法律问题或事实问题？一般而言，专利请求内容之文义解释乃涉及法律价值判断，其为法院审理之法律问题，至于均等论的认定，是以专利请求内容之原组件及被置换后之组件间，是否就整体发明而言立于相同的"功能、方法及结果"，或具有"非重大之差异"，就此而言，均等论的认定属于事实问题。[29] 本案三级法院就鉴定报告内容认定原组件与被置换后组件间是否具"可置换性"，并无重大违误。但均等论之认定毕竟由专利请求内容文义出发向外扩张解释，仍会涉及专利请求内容文义解释之法律价值判断，另外，法院如何从专利申请或侵害之时点，以法律所拟制专家角度以从事"功能、方法及结果"测试或"非重大之差异"测试，此乃法院于充分利益衡量后所决定之专利权利范围，由此而言，此一认定应为法律问题。

综上而论，依笔者之见解，均等论之认定实同时混杂着事实问题及法律问题，因此法院于诉讼当事人请求专门机构鉴定专利请求内容原组件与被置换后组件间是否具"可置换性"时，应阐明"功能、方法及结果"测试或"非重大之差异"测试之时点及法律所拟制之专家标准，供鉴定机关有所依循[30]，当然，就鉴定结果，法院仍有最终采纳及评价之空间，如此方能顾及均等论同时具有事实及法律之混合属性。

3. 均等论之法律效果及限制

专利侵害均等论适用的法律效果，乃在将不构成专利文义侵害的技术内容纳入专利权利范围内，以致当前述内容具体实现时，在法律上即评价为专利权之侵害。本案虽对均等论之法律效果未特别说明，但以专利侵害均等论作为认定专利权侵害之法原则，立场尚属正确。值得注意的是，关于均等论适用上之限制，本案各级法院受限于当事人所提抗辩及鉴定报告之内容，除对禁反言原则外，未特别提及其他均等论适用上之限制。首先要提出的问题是，究竟均等论之适用是否采取类似专利文义侵害认定般，就专利请求内容之组件与第三人实现之技术内容，依相互对应的组件，逐项比较以确定均等论之成就与否，不得以整体发明（as a whole）判断之？亦即均等论之适用是否要依"全要件原则"（the All Elements Rule）为之？若答案为肯定者，则第三人就原专利请求内容移除某特定组件以实现技术内容时，纵使移除后之技术内容与原专利请求内容在法律评价上（或谓事实的认定上）构成"非重大差异"，但基于"全要件原则"，因组件移除后形成组件

---

[29] 美国司法实务上肯认专利请求内容之解释为法律问题，参见 Markman v. Westviews Instruments, 517 U. S. 370 (1996)（本案确立专利权利范围之解释为法律问题，对于美国专利法而言具有划时代之意义。）；关于均等论之认定属于事实问题，请参见 HARMON, supra note 3, at 385, 此由司法对于均等论之认定常需依凭鉴定，可得知一二。

[30] 参见"民事诉讼法"第 199 条第 2 项；参见 Adams, supra note 21, at 1150-51。

不对等,均等论无法适用,第三人之行为不致构成专利侵害。[31]

虽然本案于原专利请求内容与被告所制造键盘之技术内容无组件不对等现象,或许法院因此未特别就上述议题表达立场,但鉴于专利侵害形态的多样化,未来在专利侵害案件之审理上,均等论之适用是否须以"全要件原则"为其必要,法院所表达之立场及说理至关紧要。另外,在专利实务上曾见专利权人为避免专利适格之不遂,而将专利请求内容中特定组件移至专利说明书之其他内容予以记载,在此情形下,美国法将该未在专利请求内容记载却揭露于专利说明书其他内容之组件,排除于均等论之适用,此为"均等公开抛弃原则"(the Public Dedication Doctrine)[32],虽然本案并未涉及上述情形,但法院仍须留心未来专利侵害讼争中是否会有人提起类似的抗辩?若有此抗辩时,法院就"均等公开抛弃原则"之法体系定位及立场究竟为何?[33] 最后,笔者就本案要提出一点澄清,即专利请求内容含有先前技术,不代表专利权人因之不得主张均等论。若专利请求内容含有先前技术影响专利适格,应从举发程序及相关行政救济程序予以解决,与均等论之主张并无直接关联。[34] 其实,均等论之适用与先前技术有直接关联的部分,是关于通过均等论所纳入权利范围之组件,该组件纳入原专利请求内容后形成之技术组合,若就原专利申请时之标

---

[31] 全要件原则在美国专利法是均等论适用之限制,其发展从著名的美国联邦巡回上诉法院(the Court of Appeals for the Federal Circuit)的 Pennwalt Corp. v. Durand-Wayland, Inc., 833 F. 2d 931 (Fed. Cir. 1987)[本案被告制造的水果分类排列设备因欠缺原告专利请求之"位置指示装置"(position indicating means)而不构成专利侵害],以致 Corning Glass Works v. Sumitomo Electric USA, Inc., 868 F. 2d 1251 (Fed. Cir. 1989)[被告所制造的光纤电缆乃通过杂质添加(doping)的方式使得电缆表层(cladding)产生较低的折射角度(refraction index),与原告专利请求范围所用之技术不相同(原告是以提高电缆核心部分的折射角度为之),在"全要件原则"之适用下,被告之行为仍构成专利侵害。][本案适度放宽对"要件"(element)的解释],并经联邦最高法院的肯认,参见 Warner-Jenkinson, supra note 10, at 28-30。虽全要件原则乃美国专利法之通说,但仍招致学界的批评,认为全要件将使均等论之适用受到不当的阻滞,影响均等论在专利法下法理及政策意义,且原专利请求内容之"要件"难以界定,滋生困扰。笔者认为,均等论之启动及适用与否,端视原专利内容是否业已经历就发明评价而言之重大修改,而非对等要件之有无,否则纵使经修改之技术内容与原专利请求内容在法律评价上(或谓事实认定上)无"重大差异",竟因二者间之技术间之不对等,专利权人竟尔丧失均等论适用之机会,此无异是对于专利法下均等论之法理给予一定程度的扭曲。关于美国均等论之"全要件原则"在司法实务之展望及批评,参见 John R. Thomas, Discharging the Canons of Claim Construction: Exercise in Interpretation at United States Court of Appeals for the Federal Circuits, in US INTELLECTUAL PROPERTY LAW AND POLICY 142-46 (Huge Hansen ed., 2006);学者对均等论之"全要件原则"亦有采取质疑的立场者,请比较陈志杰、刘尚志:《论均等论之比对方式——逐项测试法之优缺点探讨》,载《科技法学评论》2004 年第 1 卷第 2 期,第 405—413 页[该作者经论证得出整体观察法在专利侵害的认定上较逐项测试法(全要件原则)能获致正确的结论];刘孔中、倪万銮:《均等论在实务应用上所生问题之检讨》,载《知识产权月刊》2002 年第 40 期,第 65 页(该作者反对绝对性地适用全要件原则)。欧洲大部分国家不采"全要件原则"[例外:英国、挪威(Norway)、丹麦(Denmark)],请参见 Stenvik, supra note 5, at 16。

[32] 参见 Johnson & Johnston Associates, Inc. v. R. E. Service Co., Inc., 285 F. 3d 1046 (Fed. Cir. 2002)[本案原告拥有印刷电路板(printed circuit board)相关专利,在其专利请求范围仅载明电路板的底盘是以铝所制成,但却在其他的专利说明上揭露底盘得以金属材质制成,金属材质得为铝、钢或镍。虽被告以不锈钢作为印刷电路板之底盘而制造与原告专利电路板类似的印刷电路板,但因"均等公开抛弃原则"之适用,排挤专利侵害均等论,被告之行为遂不构成专利侵害]。

[33] 有学者认为,此一原则归类于"禁反言"之概念,参见冯震宇:《影响专利侵害认定的判决:从 Festo 判决看均等论的未来,知识产权发展趋势与重要问题研究》,元照出版有限公司 2004 年版,第 88—90 页。

[34] 本案地方法院有云:"……既然系争新型专利业经主管机关核发专利证书,并登载于专利公报而充分揭露在案,其未经智慧财产局或法院依法变更或撤销或宣告无效前,任何人均不得否定其效力。……"参见台中地方法院 2003 年智字第 23 号判决[丙、五(五)]。

准,其专利适格性显然会被先前技术所阻却,则前述组件仍得借由均等论纳入权利范围便有所争议,因为若法律上仍允许此类组件纳入权利范围,无异使先前无法获得专利之技术内容依循均等论而重新复活。㉟ 本案有利于被告之鉴定报告曾表示原专利请求内容含有先前技术,因而权利范围应行缩减,不得主张均等论,显然对均等论之限制有所误解,本案各级法院未就其中关节予以澄清,反以行政诉讼的终局既判力及智慧财产局之效力为由予以驳斥,诚属遗憾。㊱

(二) 逆均等论部分之评释

本案地方法院于论述均等论时,将"逆均等论"(the Reverse Doctrine of Equivalents)㊲归于同类予以论述,并称因当事人未主张"逆均等论",故并未审究,且于论述中意指"均等论"及"逆均等论"均有"逆转"专利文义侵害所主张权利范围之功能。㊳ 笔者对于地方法院就当事人未主张之"逆均等论"不予审究之立场表达肯定,但对于地方法院将"均等论"及"逆均等论"归为同论,并认为该二原则均有影响专利请求内容之权利范围之功能,笔者则以为有再探究之余地。均等论是基于专利保护公平性及适切性,借由扩张专利请求内容以追究专利侵害,以避免第三人针对专利请求内容,以就发明而言不重要之修改而实现技术内容,不当逃避专利侵害之归责。均等论适用下之专利侵害形态乃于专利文义侵害外法律所特别创设,就专利文义侵害而言,均等论下之专利侵害与专利文义侵害乃不兼容,但在追究专利侵害责任上,均等论下之专利侵害有补充专利文义侵害之功能。反观"逆均等论",其本质上是属于专利文义侵害之限制,并非创设出另一种权利形态而对专利请求内容之权利范围有所影响,只是依衡平的观点,就专利文义之侵害,若第三人能另行证明其侵害行为与原专利请求内容之实现是以实质上不同的方法(way)成就相同或相似的功能(function),于此种情形下因对专利权人无直接利益上之冲击,且基于就既有技术鼓励

---

㉟ 依据美国法的"先前技术排除原则"(prior art limitations),此等技术组件不得再经均等论进入专利权利范围,以避免专利权人挤压公众使用公共领域(public domain)内技术的机会,著名判决请参见 *Wilson Sporting Goods Co v. David Geoffrey & Associates*, 904 F. 2d 677, 684-85 (Fed. Cir. 1990)。

㊱ 本案地方法院于论述均等论之法理时曾提及"然被控对象存在既有技术之范围,则不适用均等论",笔者无法推知竟承审法官所指者乃与前述美国法"先前技术排除原则"相当的概念,或其误以为专利请求内容若存有先前习知技术即不得适用均等论。若是后者固值检讨,但若为前者,法院更应对于原告及其所据之专利侵害鉴定报告(经研院鉴定报告、电子检验中心鉴定报告及"中国机械工程学会"鉴定报告)所称系争专利含先前习知技术故而不构成专利侵害之论点,予以阐明或驳斥。本案地方法院仅以行政法就系争专利之专利保护适格之既判力及智慧财产局对于系争专利作成举发不成立之行政处分效力(公定力、存续力、拘束力),驳斥被告主张系争专利含先前习知技术,似乎模糊了先前习知技术于均等论适用上之定位及争议。参见台中地方法院2003年智字第23号判决[丙、五(三)及(四)];台湾高等法院2004年智上字第13号民事判决(丙、五),本案"最高法院"亦无异见。最后,笔者私揣被告为何借由专利鉴定报告主张系争专利具先前习知技术而无专利保护适格以为抗辩,部分的原因可能在新型专利现行法采取"形式审查"制度,被告想要利用此抗辩寻求举证责任上之优势(某种程度上加重原告举证维护其专利保护适格之负担)。

㊲ 此为美国专利法所发展出之法原则,虽联邦最高法院于 Graver Tank 一案曾肯认此法原则,但在司法实务上之运用仍属有限。请参见 Graver Tank, *supra* note 7, at 608(Thus, where a device is so far changed in principle from a patented article that it performs the same or a similar function in a substantially different way, but nevertheless falls within the literal words of the claim, the doctrine of equivalents may be used to restrict the claim and defeat the patentee's action for infringement.)。另外,较著名的案例为 SRI Int'l v. Matsushita Elec. Corp., 775 F. 2d 1107 (Fed. Cir. 1985)。

㊳ 参见台中地方法院2003年智字第23号判决[丙、七(三)]。

创新的立场,给予第三人免责的效果。㊴ 就前所论述,"均等论"及"逆均等论"之属性并不一致,"均等论"创设出新的专利侵害类型以达专利公平及适切的保护,"逆均等论"则是从衡平的角度限缩专利文义侵害的效果,并无创设权利变动状态,因此本案地方法院将"均等论"及"逆均等论"归于同类且肯认二者有影响专利权利范围之功能,依笔者之见解有其值得斟酌之处。另外,"均等论"乃大多数国家或地区所能承认之专利法法理,至于"逆均等论"是否为专利法上必然之原则,则有讨论之余地,"逆均等论"在台湾地区法体定位及法理尚未趋于明确之际,将"均等论"及"逆均等论"相提并论亦有未臻周延之处。

(三)禁反言部分之评释

1. 禁反言之意义及在台湾的私法定位

禁反言原则是英美衡平法(equity)概念下之产物,其主要目的乃基于他人的信赖而禁止权利人就权利之主张有出尔反尔之行为,致使权利主张有滥用之情形,亦即禁止权利人主张与其行为表征及意涵相抵触之权利内容,以避免有不义之事发生。㊵ 禁反言原则虽非直接于法体系内有其定位,但在解释上似应为"民法"第148条第2项所揭示之诚实信用原则之一支㊶,更精确而言,禁反言原则究为诚实信用原则所规范的何种类型? 就学说及司法实务发展而言,禁反言原则在解释及适用上较接近"权利失效"的法概念,"权利失效"是指权利人于一定期间不行使其权利,致使债务人或第三人有正当理由信赖权利人不再对其主张权利,一旦权利人复行主张权利,行为将与债务人或第三人之信赖发生矛盾,在诚实信用原则之驱导下,在与信赖相矛盾的范围内,禁止权利人行使权利。㊷ 其实,与英美法之禁反言原则相较,"权利失效"概念之适用范围似较为狭窄,"权利失效"概念能否全然概括禁反言原则所能适用的类型,颇值得怀疑,但诚实信用原则乃属不确定概念,在个案之原则具体化上有其解释适用之弹性,加之其在法体系上扮演着法律与社会价值间利益调节之门户㊸,"权利失效"未来在诚实信用原则之灵活运用下适度扩大其适用范围,将特定英美禁反言原则之适用类型囊括其内,并非无可能。

基于以上论述,本案"最高法院"及其下级法院于专利侵害判决中直接引用禁反言原则,颇有再讨论空间。前已论及,禁反言原则非台湾地区法体系下之法原则,能否不经由法学方法之转

---

㊴ 参见 SCHWARTZ, *supra* note 2, at 178; ROGER SCHECHTER & JOHN THOMAS, PRINCIPLES OF PATENT LAW 326-27 (2004); 蔡明诚, 注①书, 第 191 页; Julie E. Cohen & Mark A. Lemley, *Patent Scope and Innovation in the Software Industry*, 89 CALIF. L. REV. 1,54 (2001)。

㊵ 美国著名的《布莱克法律辞典》(BLACK'S LAW DICTIONARY)对于"禁反言"(estoppel)下的定义包括三类,第一类为 "A bar that prevents one from asserting a claim or right that contradicts what one has said or done before or what has been legally established as true"; 第二类为 "A bar that prevents the relitigation of is-sues."; 第三类为 "An affirmative defense alleging good-faith reliance on a misleading representation and an injury or detrimental change in position resulting from that reliance.", 参见 BLACK'S LAW DICTIONARY 570 (7th ed. 1999)。

㊶ 参见林诚二:《再论诚实信用原则与权利滥用禁止原则之机能》,载《台湾本土法学杂志》2001年第22期,第57页;黄立:《民法总则》,元照出版有限公司1999年版,第491—493页;林诚二:《民法总则讲义》(下),瑞兴图书1995年版,第434页;林诚二:《论诚实信用原则与权利滥用禁止之机能》,载《民法理论与问题研究》,瑞兴图书1991年版,第15—16页。

㊷ 参见王泽鉴:《民法总则》,同前注,第597页;王泽鉴:《权利失效——一项重要法律原则之创设》,载《民法学说与判例研究》(第一册),三民书局1996年10月版,第337—340页。

㊸ 参见王泽鉴:《民法总则》,同前注,第597页;王泽鉴:《诚信原则仅适用于债之关系?》,载《民法学说与判例研究(第一册)》,三民书局1996年10月版,第331页。

介，即将之植入法体系并运用于专利侵害案件上，并非无疑㊹，再者，纵使"最高法院"及其下级法院于本案乃将英美法之禁反言原则视为"法理"㊺而运用，但并未见其以比较法之观点，论述英美法之禁反言原则在专利侵害案件之来由及现况，亦未见其说明，台湾地区法何以得将禁反言原则作为法理而适用于专利侵害案件上，甚至连"法理"二字均未提及。再退步而论，若认为禁反言原则虽源自英美法，但在司法实务本于诚实信用原则已通过创法肯认该原则，在此命题下亦有疑问，即为何本案之"最高法院"及其下级法院对此立场不作说明，且亦未解释专利侵害案件为何有禁反言原则之适用，仅提及禁反言原则乃均等论之例外。㊻ 综上而论，"最高法院"及其下级法院于本案中引用禁反言原则略嫌唐突，如此一来，不仅易造成禁反言原则在法体系上的混淆，使其适用之正当性受到质疑，另一方面，更会使人误会禁反言原则乃专利侵害案件所独有，值得特别注意。

2. 禁反言在专利侵害之解释

由比较法之立场观之，美国专利法在专利侵害均等论下，将禁反言作为均等论主张之抗辩㊼，就某一层面而言，禁反言为均等论适用之限制。美国专利法专利侵害均等论之禁反言，一般称为"专利审查协商禁反言"（Prosecution History Estoppel）或"专利审查档案禁反言"（File Wrapper Estoppel），亦即专利权人为专利适格（patentability）之确保。于专利审查期间（during prosecution），或因专利审查协商之建议㊽，或因自愿性之判断结果，修改专利请求内容㊾，该修改经载于专利审查档案内，基于公众对于修改后之请求内容之信赖，未来专利权人不得就该专利侵害主张均等论，其权利内容在专利侵害的认定上，仅限于修改后请求内容之文义。㊿ 德国法及日

---

㊹ 本案"最高法院"及其下级法院均直接言及"禁反言原则"，并未探讨其于"专利法"体系下之定位，参见台中地方法院2003年智字第23号民事判决[丙、七（五）]；台湾高等法院2004年智上字第13号民事判决（三、四），"最高法院"2007年台上字第1134号民事判决。

㊺ "民法"第1条规定："民事，法律所未规定者，依习惯；无习惯者，依法理。"外国的立法例通常在不与台湾地区法体系相冲突之情况下，得以比较之法学方法，将之以"法理"为适用基础进入台湾法体系。参见王泽鉴：《民法总则》，注㊷书，第67页；王泽鉴：《比较法及法律之解释适用》，载《民法学说与判例研究》（第二册），三民书局1996年10月版，第17—19页。

㊻ 例如本案地方法院曾谓：……（3）型号9605键盘，亦因无系争新型专利取得之原始记录数据，其无须借由禁反言原则进行鉴定，以排除均等论之适用……参见台中地方法院2003年智字第23号民事判决[丙、七（五）、2]。

㊼ 此禁反言须由专利侵害之被告提起，非由原告证明其主张均等论不具备禁反言，或由法院自动审酌，质言之，禁反言乃法律之抗辩，非均等论本质上之限制，参见HARMON, supra note 3, at 421。

㊽ 美国专利审查程序着重申请人与审查官间的意见沟通，在最终审查决定（Final Office Action）前，会先有初次审查决定（First Office Action），而在第二次决定当中，则由申请人与审查官就初次审查意见协商，决定专利内容是否需要调整或修改。有学者认为，申请人与审查官之协商结果乃一主观的协议（subjective agreement），参见GOLDSTEIN, supra note 19, at 417（Toshiko Takenaka教授对于日本最高法院 T. H. K. Co. Ltd. v. Tsubakimoto Seiko Co. Ltd. 一案的评论）。关于美国专利审查之协商实务，参见IRAH H. DONNER, PATENT PROSECUTION-PRACTICE & PROCEDURE BEFORE THE US. PATENT OFFICE 61-75 (1999)。

㊾ 美国专利法对禁反言之启动要件采取较宽松的解释，纵使专利权人于审查期间未修改专利内容，仅向审查官（the examiner）以口头陈述（oral argument or representation）表示放弃（give up or surrender）特定组件之相关专利权范围（通常用于区别先前技术），经记载于专利审查档案中而得由大众周知者，亦有禁反言之适用，参见John R. Allison & Mark A. Lemley, *The (Unnoticed) Demise of the Doctrine of Equivalents*, 59 STAN. L. REV. 955, 960-962 (2007); SCHECHTER & THOMAS, supra note 39, at 318-319; Pods, Inc. v. Porta Stor, Inc., 484 F. 3d 1359, 1367-1368 (Fed. Cir. 2007)。

㊿ 关于美国法关于专利侵害之禁反言法律效果，本文后有评述。

本法虽然未言明"禁反言",亦有类似衡平概念,与美国法的最大相异处,在于专利权人非就经修改之专利请求内容不得主张均等论,仅不得就已修改或更替之组件再行主张,有类似对该组件抛弃主张均等论之权利,吾人得称为"专利审查期间抛弃原则"(renun – ciation during examination process)。[51] "专利法"虽无明文规定类似美国法之"专利审查协商禁反言"或德国法及日本法之"专利审查期间抛弃原则",但或许由于台湾地区专利实务长期受美国影响,以及"智慧财产局"参照美国法发展所编纂之"专利侵害鉴定要点",直接言明"禁反言"[52],司法实务包括本案直接认定"禁反言原则"为专利侵害均等论之适用限制。虽然本案采取的立场颇能符合各国或地区间专利法学或实务之发展,毕竟限制专利侵害均等适用之"禁反言原则"非"专利法"原本体系之产物,若直接将之适用于专利诉讼案件,一方面与台湾地区法体系格格不入,缺乏其正当性,另一方面亦可能涉及法院创法之争议,因此依笔者见解,应由法体系中为其寻求适当之法理基础,以利于在"专利法"植根。

笔者认为,限制专利侵害均等论适用之"禁反言原则",在台湾法体系有四种可能的法理基础:

第一种可能的法理基础在于经由"法理"的解释,将美国专利法之"禁反言原则"植入"专利法"体系内。在此解释下,虽然"禁反言原则"未能在台湾专利法体系关于均等论适用有其定位,司法判决于讼争的个案上,得直接援用美国专利法之"禁反言原则"作为均等论适用之限制。但值得注意的是,美国专利法之"禁反言原则"在均等适用限制之发展,固可供台湾法制参考,其在专利实务的影响力亦颇深远,该原则并非全然无缺失及盲点存在,若将美国专利法之"禁反言原则"视为"法理"而令其进入"专利法"体系,此不啻在该议题上全盘继受美国专利法,似无修正检讨及修正美国专利法"禁反言原则"之空间及机会,或许在司法判决于个案之运用上较为简便,但就台湾专利法体系继受美国法的弹性而言,将受到某种程度的压缩。另外,以"法理"置入"专利法"之"禁反言原则",亦有隐含着该原则之适用与原先专利侵害或其他与专利相关之法制间解释不协调之危险,毕竟台湾专利法之建制及体系并非完全继受美国法,在未能继受美国法部分,或继受他国法制,或自行发展出体系,如何与美国专利法"禁反言原则"产生适当的融合与互动,则有相当之疑问,故依笔者见解,第一种可能的法理基础并不妥适。

第二种可能的法理基础乃基于专利权抛弃的类推适用。[53] 因为专利权人在审查期间,为求专利适格之确保而为专利请求内容之修正或变更,在修正或变更之外观而言,有类似专利权人抛弃修正或变更前之请求权内容,故不得以均等论主张所抛弃的内容。但查不动产物权之抛弃要件,除以不动产物权存在为前提外,尚须具两个要件:一为不动产物权人须有抛弃权利之意思,二为不动产物权人须申请涂销登记。[54] 另外,动产物权之抛弃与不动产物权抛弃之相异处,在于动

---

[51] 参见 GOLDSTEIN, *supra* note 19, at 417(Toshiko Takenaka 教授对于日本最高法院 *T. H. K. Co. Ltd. v. Tsubakimoto Seiko Co. Ltd.* 一案的评论)。亦请参见 Stenvik, *supra* note 5, at 17-18;亦请参见谢铭洋,注①书,第 150 页。至于,英国司法实务上并不认同"审查协商禁反言原则"或"审查期间抛弃原则",参见 *Kirin-Amgen*, *supra* note 1 at ?39-44。

[52] 参见"经济部"智慧财产局,《专利侵害鉴定要点》,第 42—43 页,可见 http://www.tipo.gov.tw/patent/专利侵害鉴定要点.doc(访问日期:2008 年 5 月 22 日)。

[53] 禁反言之启动事由原则上乃于专利审查期间发生,若有部分技术内容因禁反言而被排除权利范围外,此时因专利权尚未正式授予,故充其量只能类推适用专利之抛弃以探究禁反言之法理。台湾专利法关于抛弃专利权之特别要件,参见"专利法"第 65 条。

[54] 参见谢在全:《民法物权论》(上),新学林 2004 年版,第 167 页。

产物权人之抛弃非须申请涂销登记，而是抛弃占有。(55) 专利权虽为无体财产权，但其有登记制度，由专利登记所展现之公示效果及公信力观之，其抛弃应类推适用不动产物权之抛弃。(56) 值得注意的是，专利权人在审查期间，为求专利适格之确保而为专利请求内容之修正或变更，此修正或变更行为作成当时，专利权尚未授予及登记，不得直接适用专利权抛弃之相关规定，但“禁反言原则”具有限缩专利权利范围之效果，亦即当前述之修正或变更行为作成即发生权利限制之结果，因此前述之修正或变更行为之作成，得以表示专利权人在未来对特定权利内容主张之抛弃意思，且修正或变更行为之结果所形成之新专利请求内容，乃未来专利登记之内容，具有昭告大众有部分权利范围已被限制之公示效果，与专利权抛弃有相同规范意旨，似应类推适用专利权抛弃之相关规定。依笔者见解，第二种法理基础似过于牵强，因为均等论之适用乃专利请求内容文义保护范围之扩张，由均等论之法理及专利实务发展而论，公众似不会因专利权人就专利请求内容所为之修改或变更而认为有意限缩其权利范围，且修改或变更后之专利请求内容因受均等论概念之影响，其文义解释亦未必带给公众任何公示的效果，笔者认为，此与专利权抛弃之内涵大相径庭，实不宜以类推适用专利权抛弃之方法，将“禁反言原则”当然导入“专利法”体系。

第三种可能的法理基础可从侵权行为之合法性出发。目前之司法实务见解倾向将侵害专利权之行为定位为民法之侵权行为(57)，又侵权行为之成立除客观之侵害权利行为与主观的可归责性外，另一值得关注的要件在于合法性的检讨，亦即究竟可归责于行为人之权利侵害行为是否具备违法阻却之事由？(58) 在此需要特别检讨的是，“禁反言原则”可否以台湾的侵权行为法“违法阻却”之形式存在于“专利法”体系。(59) 再进一步而论，于专利权人为确保专利适格，就专利请求内容予以修改或变更之情形，第三人得否以其依修改或变更前之专利请求内容所为专利实现行为，具备“违法阻却”事由，不因均等论之适用而构成专利侵害？笔者认为，此一法理基础亦有其不周延之处，并不适合作为“禁反言原则”于“专利法”体系植根之方法。首先，就美国法“禁反言原则”之本质而言，“禁反言原则”乃基于公众之信赖而对于权利人本身行使权利予以限制，而侵权行为之“合法性”探讨则从权利侵害人之角度出发，论析权利侵害人于其侵害行为是否具阻却违法事由，与美国法“禁反言原则”在性质上大有不同，另外，向来侵权行为之阻却违法事由大多着重于侵权行为之“无可避免性”“急迫性”“正当性”或“危险承担性”，以作为阻却违法之法理基

---

(55) 同前注。

(56) 谢在全教授就专利权之抛弃究应类推适用“民法”关于不动产或动产之规定，虽未表达其意见，但却认为关于专利权之时效取得（“民法”第 772 条），因专利权有设定质权之相关规定（“专利法”第 59 条），故在时效取得上准用“民法”有关动产时效取得之相关规定（“民法”第 768 条），此见解亦值得注意，参见谢在全，注(54)书，第 269 页。

(57) 参见“最高法院”2004 年台上字第 2292 号判决，此一判决关于专利侵权主观要件之评释及“过失推定”之探讨，参见黄铭杰：《专利侵权损害赔偿诉讼“故意、过失”之要否与损害额之计算方法》，“竞争法与智慧财产法之交会——相生与相克之间”，第 422—438 页。另请参见孙森焱：《民法债编总论上册》1999 年版，第 213 页。

(58) 参见王泽鉴：《侵权行为法》（第一册），“基本理论・一般侵权行为”，三民书局 1998 年版，第 260—264 页。

(59) 特别值得一提，此一想法源自笔者与台湾大学法律学院陈忠五教授之讨论，特此感谢陈教授对笔者在此议题上之启发。

础(60),但于专利权人为专利适格而修改或变更专利请求内容之情形,可否认为第三人实行修改或变更前之专利请求内容,乃基于"无可避免性""急迫性""正当性"或"危险承担性",依笔者之见解,颇值得怀疑,因此是否得以此为阻却违法事由,不无疑问。

第四种可能的法理基础,依笔者之见解似得以诚实信用原则之"失权效"建构之(61),"失权效"的本旨在于当权利人因作为或不作为致使公众信赖其不再行使特定权利时,权利人须受此信赖的拘束,不得于法律上主张前述特定的权利。虽然诚实信用原则之"失权效"在司法实务上至今似适用于一般财产权,尚未于专利权议题上开展,但由于诚实信用原则之"失权效"在本质上得以适用各类财产权(62),且专利权人为确保其专利适格于审查期间所为之专利请求内容之修改或变更,亦非无空间创造出大众对该修改或变更行为之信赖,进而限制专利权人于均等论适用上可能形成之权利扩张范围。因此,笔者认为,诚实信用原则之"失权效"较前所论及三种可能法理基础更能贴近美国法"禁反言原则"之意旨,实为转介美国法"禁反言原则"进入"专利法"体系的重要桥梁,惜哉,本案各级法院似未体察于此节,直接将美国法"禁反言原则"用于专利侵害案件,其立意虽佳,在方法之运用上仍值得再三考究。

3. 禁反言在专利侵害上之适用

(1) 适用时机

关于禁反言原则在专利侵害案件的定位,就其本质而言,乃专利权人对于侵害专利之人主张权利范围时所受的限制。如前已述及,专利权人于专利侵害案件对于潜在专利侵害人主张权利范围时,得先依据其专利请求内容之文义主张其权利范围,以确定潜在专利侵害人所制成的物品或运用的技术是否直接"读入"(read in or recited in)前述文义范围而构成专利侵害。若无"读入"之情形,专利权人则以专利侵害均等论(或相当原则),将原专利请求内容之文义扩张涵及与原专利内容构成组件具有"可置换性"之其他组件。首先,吾人须探究者乃专利权人主张专利之文义侵害时是否有禁反言原则之适用。由于专利文义侵害是以专利请求内容之文义为判断基准,且无论专利权人已于专利审查期间,就其专利审查内容基于何种原因予以修正或变更,专利文义侵害之判断仍应以通过审查的最终请求内容为依归。就专利文义侵害之本质及公众之认知而言,专利权人于专利请求内容审定前,对该内容所为之口头的陈述或书面之修正,甚至于审定后在行政救济为其专利适格所为之抗辩(例如:于"专利法"之举发程序中所为之抗辩),均无足以影响专利权人于专利文义侵害上就审定之专利请求内容所为之权利范围主张,一般公众对前述陈述、修改及抗辩等行为,就专利权人之专利请求内容文义所生之权利范围,不致产生任何信赖可言。因此,专利权人就专利文义侵害所主张的权利范围,原则上无禁反言原则之适用。相对而论,专利权人依专利侵害均等论所主张之权利范围乃超脱专利请求内容文义之拘束,虽然有法定要件之要求以节制权利范围之主张,毕竟一般公众无法由专利请求内容之文义测知均等论适用下可能形成的范围,纵使得以依均等论之规范及效果予以探知,所探知的范围是否正确亦须经法院的判决方能确定。是故,专利权人于均等论适用下之权利范围实具有不确定边界,在此权利范围不确定氛围下,专利权人对于权利行使之一举一动,易于使一般大众产生对于权利范围之联

---

(60) 关于"无可避免性"及"急迫性",反映"民法"第 149 条(正当防卫)、第 150 条(正当防卫)、第 151 条(自助行为)及第 172 条(无因管理)。"正当性"则是就权利行使行为而言,无论公权或私权之权利行使行为,在非滥用之前提下可阻却违法。"危险承担性"乃表现于被害人对于侵害行为之允诺。参见王泽鉴,注(58)书,第 264—279 页。

(61) 参见注㊷㊸及其所附属之本文。

(62) 参见王泽鉴,注㊷书,第 339 页。

想,甚至信赖,特别是专利权人于审查期间为确保专利的适格性,就专利请求内容所为之修改或变更行为,在一般大众心目中,便存在有专利权人是否有经由前述之修改或变更行为放弃部分权利范围之疑虑。综前所述,暂不检视禁反言原则的构成要件及法律效果,专利权人就均等论所主张之权利范围,禁反言原则似应有其适用余地,对于权利范围可能产生限制的效果。此一结论由比较法的角度亦可得到验证。[63] 本案三级法院以均等论之适用为禁反言原则主张之前提,亦即将禁反言原则定位为均等论适用上之限制,此观点洵为正确,值得赞同。但笔者须特别强调的是,在专利诉讼中,禁反言原则之适用非法院之职权,而是须由被告(潜在专利侵害者)援引并举证为之。

(2)构成要件

前已述及,禁反言原则得作为专利侵害均等论适用之限制,又其法理基础为诚实信用原则之失权效之体现,因此禁反言原则之启动,必须系于专利权人对其权利行使上之特定行为,而该特定行为足令公众产生专利权人在权利行使限制上之信赖。由于专利本身种类复杂,背景知识多与科技产业相联系,一般大众单凭自身的生活及工作经验无法对专利有充分及周全的认知,故而专利请求内容便为大众解析专利及其权利范围的必要来源,由此得以推知,专利请求内容实为大众信赖专利权利范围之重要依据,专利请求内容之修改或变更,即有令大众公信力发生质变的情形发生,禁反言原则遂有适用之余地。专利请求内容之表达,一方面有其明确及慎重的要求,另一方深着公众对专利权利范围之信赖,因此各国专利法无论在专利审查期间或授予专利后,对于专利请求内容之修改或变更均抱持着保守及限制的态度,此清楚地反映在专利请求内容之修改或变更不得超过原揭露之范围。[64] 一般而言,专利请求内容之修改或变更通常往限缩、润饰或厘清的方式进行。在此须讨论的问题在于是否任何专利请求内容之修改或变更均会产生均等论适用之限制,意即专利法对于公众对专利权利范围信赖之拟制,各种修改或变更之理由是否被处以同一评价?由本案三级法院之立场似乎采肯定之见解[65],笔者则倾向于否定之见解。

虽然如前所述,专利法对于专利请求内容之修正采取较严格的态度,但不可因此而抹煞专利请求内容修正的功能,毕竟专利请求内容是通过文字将抽象的发明内容转换成具体明确且可行的权利内容,文字的运用是基于人的经验及智能的结晶,以文字追逐科技发展之成果,有时碍于人的思维及文字的用法,未必在起草专利请求内容时能确定抽象的发明得以被文字充分且适切的表达,特别是针对一些新兴科技,若专利法不计专利请求内容修正之原因而全然允许一切修正情形均有禁反言原则之适用,无异在某些层面上已对现行专利请求内容修正制度产生负面的效

---

[63] See Warner-Jenkinson, supra note 10, at 33—34;Festo, supra note 10, at 733-35.

[64] 参见"专利法"第49条第4项;第64条第2项;第71条第1项第3款。另外,美国法关于专利再授予(reissuing)之规定亦有相同规范旨趣,参见35 U.S.C. §251(2008)(…No new matter shall be introduced into the application for reissue…。)。

[65] 本案地方法院谓:"所谓禁反言原则,系为防止专利权人将在申请过程之任何阶段或文件上,已明白表示放弃或限缩之某些权利,于取得专利权后,倘在专利侵权诉讼中,再行重为主张已放弃或限缩之部分,法院于处理侵害专利事件时,应禁止专利权人之主张与专利申请过程中有相互矛盾之处……"参见台中地方法院2003年智字第23号民事判决[丙、七(五)、1],本案高等法院及"最高法院"均无不同见解。在此须特别说明的是,新型专利之专利授予是采形式审查,因之在禁反言之启动点上,并非在审查期间于专利内容之修正,而是在举发审查时之内容修正,甚是专利授予后之修正,此与发明专利不同(理论上包含前述三种修正),但理论上专利权人为避免将来之举发影响其专利保护适格,于形式审查期间请求专利内容之修正,亦不无可能。

果,抑制该原制度原先在法制上所期待之功能。另外,就公信的角度而言,仅因文字修饰、补充或厘清的需要而修正专利请求内容,亦难以造成公众对于专利权人产生限制权利行使之信赖。因此,笔者认为,于限制均等论适用之禁反言原则下,构成失权效的理由应采限缩的解释,使法律上所拟制之公众信赖与专利权人之权利行使行为直接相关,方有其正当化的基础。由此而论,当专利权人于修正专利请求内容乃基于专利适格性之确保,亦即该修正是为了避免依原请求内容接受专利审查或举发而因专利要件不符未能通过审查或遭受撤销,在此种情形下,公众之信赖来自原本趋于无效的专利,该专利却因专利权人修正专利请求内容而复活,专利权人以原先专利请求内容之部分组件之置换作为保全专利效力之手段,经置换之组件对于专利权行使之限制在公众心目中即有一定的信赖意义,此信赖便为禁反言原则启动的原因。⑥⑥ 至于自专利诉讼的攻防中,究竟由何人举证专利请求内容之修正乃基于专利适格性之确保,以启动禁反言原则? 基于专利请求内容之修正是专利权人独立完成,其修正原因外人不易得知,加之修正过程及结果在审查或举发档案得由第三人查知,有其公示及公信的效果,因此笔者认为专利请求内容之修正在法律上应推定与专利适格之确保有关,而由专利权人提出反证以推翻之,否则禁反言原则将随之启动。⑥⑦

　　第二个值得讨论的问题在于,当专利权人修正其专利请求内容时,是否在主观上要有抛弃或限缩权利的意思,方能启动禁反言原则? 此点虽本案上诉之"最高法院"及高等法院并未直接提及,但本案承审之地方法院似采肯定之见解⑥⑧,笔者认为有再检讨之必要⑥⑨,由于禁反言原则在法律体系下之失权效乃奠基定于专利请求内容修正行为对于大众所产生之信赖,故公信下之失权效来自法律评价后之拟制,非基于专利权人对于特定权利之抛弃或限缩而生,依笔者之见解,专利权人于修正行为时是否具有抛弃或限缩权利的意思,非禁反言原则适用上所应关注者。

　　另外,第三个值得讨论的议题,乃关于专利请求内容修正之动机,亦即若专利权人对于专利请求内容所为之修正致使禁反言原则启动,则前述的修正行为究竟限定为自愿性行为或为专利审查机关所建议之行为,或二者兼具? 本案各级法院虽未特别强调此议题,但似倾向自愿修改及

---

　　⑥⑥ See Warner-Jenkinson, *supra* note 10, at 33 ( "Where the reason for the change was not related to avoiding the prior art, the change may introduce a new element, but it does not necessarily preclude infringement by equivalents of that element. "(原文 n7 省略));Festo, *supra* note 10, at 734 ( "Prosecution history estoppel ensures that the doctrine of equivalents remains tied to its underlying purpose. Where the original application once embraced the purported equivalent but the patentee narrowed his claims to obtain the patent or to protect its validity, the patentee cannot assert that he lacked the words to describe the subject matter in question. ");SCHWARTZ, *supra* note 2, at 174.

　　⑥⑦ See Warner-Jenkinson, supra note 10, at 33 ( Mindful that claims do indeed serve both a definitional and a notice function, we think the better rule is to place the burden on the patent-holder to establish the reason for an amendment required during patent prosecution. The court then would decide whether that reason is sufficient to overcome prosecution history estoppel as a bar to application of the doctrine of equivalents to the element added by that amendment. Where no explanation is established, however, the court should presume that the PTO had a substantial reason related to patentability for including the limiting element added by amendment. ).

　　⑥⑧ 参见注⑥⑤,地方法院于定义"禁反言原则"时使用"已明白表示放弃或限缩之某些权利"等字句。

　　⑥⑨ See HARMON, *supra* note 3, at 422 n. 172 (···In examining the prosecution history is an estopple analysis, the court does not look to the subjective intent of the applicant and what the applicant subjectively believed or intended that he or she was giving up to the public. Rather, the standard for determination what subject matter was surrendered is objective and depends on what a competitor, reading the prosecution history, would reasonably conclude was given up by the applicant···. ).

建议修改兼具，基于禁反言原则之启动是系于公众对于专利请求内容所生之公信，只要修改之目的在于确保专利适格，无论是自愿性之修改或专利审查机关所建议之修改，依笔者之见解，均不致影响禁反言原则之启动，本案法院之见解值得肯定。(70)

启动禁反言原则之公信力来自专利请求内容之修正，且该修正必须确实反映在专利说明书或专利审查档案内(71)，单纯的口头陈述且未加载相关文件档案中，因无公示的效果，故无足以引发大众对专利权范围限缩之信赖。(72) 由此引申出一个问题，若专利权人举发程序与进一步启动行政救济程序，因确保专利适格性对于专利请求内容所为之陈述或阐释是否会启动禁反言原则？本案被告（上诉人）对于原告（被上诉人）所主张的均等论提出禁反言之抗辩，认为原告（被上诉人）之新型专利仅包含具有开放滑槽之键盘，而被告（上诉人）所生产 9504 及 9505 型键盘乃具有封闭滑槽之键盘，原告（被上诉人）于专利举发答辩时已表示开放滑槽与封闭滑槽并不相同，故不得于专利侵害中以均等论适用而认定 9504 及 9505 型键盘之封闭滑槽与专利保护之开放滑槽实质相同，构成专利侵害。(73) 关于此引用禁反言之抗辩，"最高法院"及高等法院所关注之重点，并不在于专利权人于专利举发及其续行的行政救济程序中针对专利请求内容所为之陈述，是否会引发公众之信赖而有禁反言原则之适用，反而在于开放滑槽与封闭滑槽就键盘的功能并无差异，以此理由认为禁反言无适用余地。(74)

笔者对于"最高法院"之立场，有两点不同意见之表达。首先，笔者认为，应先行考虑的问题在于是否其他文书记载能与专利请求内容修改一般会产生公众对权利行使限制之公信？再进一步论之，专利权人于举发程序及其后续的行政救济上，为避免专利被撤销对专利请求内容所作之陈述或阐示，就其专利请求内容文义之限缩解释，是否得启动禁反言原则，以阻止均等论将前限

---

(70) 此一议题在美国联邦最高法院并未提起，但在 *Festo* 案于联邦巡回上诉法院审理中却明确地表示了法院的立场。*See* Festo Corp. v. Shoketsu Kinzoku Kogyo Kabushiki Co., 234 F. 3d 558, 568-569 (Fed. Cir. 2000) (en banc.) (Both voluntary amendments and amendments required by the Patent Office signal to the public that subject matter has been surrendered. There is no reason why prosecution history estoppel should arise if the Patent Office rejects a claim because it believes the claim to be unpatentable, but not arise if the applicant amends a claim because he believes the claim to be unpatentable.).

(71) 其实，台湾法律在适用禁反言原则时是否能如美国一般，将权利之公信扩张建立于专利审查档案上不无疑问，依笔者之见解，端视台湾专利实务发展而定，若实务除能允许公众接触专利技术内容外，亦能使其掌握专利权人于审查期间对专利请求内容变动一切的情形，方有利于公众举证以行使禁反言原则。在此须特别说的是，依笔者之见解，足以启动禁反言之专利请内容之修正，不限于审查期间，只要符合公众之权利信赖要求，似应包括举发审查时之修正及授予专利后之修正。因台湾新型专利审查采形式审查，故于审查期间之专利请求内容之修正较不常见。

(72) 纵使美国法下专利权人于审查期间为了确保专利保护适格，虽并未实际修改专利请求内容，而仅利用口头陈述以限制专利请求内容，除非该口头陈述一经记载专利审查档案中，得以由公众获知，否则仍无禁反言原则之适用。至于"专利法"是否要如美国法一般，将禁反言之适用扩张到专利权人以口头陈述限制专利请求内容之情形，有进一步考究的空间。笔者认为，专利请求内容之实际修改方能形成明确的公信力，且较无争议，为避免加添公众判读专利范围时不必要之搜索成本（search cost），似应采反对的立场。

(73) 参见"最高法院"2007 年台上字第 1134 号民事判决："……又封闭式滑槽与开放式滑槽并不相同，此为被上诉人于 2000 年 5 月 12 日举发答辩时所自承。则此封闭式滑槽部分，既已经专利权人之被上诉人明白表示列为不予请求保护之范围，自有'禁反言原则'之适用……"

(74) 参见"最高法院"2007 年台上字第 1134 号民事判决："……惟开放式滑槽与封闭式滑槽，并不影响滑槽或滑道功能效果，自无以此限制系争专利之范围，应无禁反言原则之适用，是其等该项抗辩，并无足取，上诉人确有侵害系争专利。"台湾高等法院 2004 年智上字第 13 号判决（三、四）。

缩解释下所限制之权利再度纳入权利范围？依笔者之见解，似应采取否定之见解。专利请求内容为专利权人之行使权利泉源，纵使均等论之适用亦必须以专利请求内容为基础向外展延，因此专利权因公信而受限所生之失权效，亦应由专利请求内容之修改而生，其他文书之记载即使有限缩权利范围之陈述[75]，在专利请求内容未被更动前，不应认为其有失权效，否则公信力之效果便过于浮滥，影响专利请求内容在确定专利权利范围之根本地位。另外，专利权人于举发程序及后续的行政救济程序对于专利请求内容所为之限缩解释，大多是为了回避先前技术所作之权宜解释，因未涉及专利请求内容之修正，并不得将其解释作为行使权利之宣示，顶多可作为专利请求内容文义之解释，不当然得解释产生限制均等论适用之失权效。综上而论，"最高法院"对于禁反言原则得以适用于专利举发之场合，有值得检讨之必要。

另外，本案高等法院及"最高法院"虽承认专利举发程序中之口头答辩得以适用禁反言原则，但有趣的是，专利权人于举发程序中陈述其专利请求内容（采取开放式滑槽）不及于"封闭式滑槽"部分，法院竟以"开放式滑槽"与"封闭式滑槽"功效无差别而认为专利权利范围不受影响，进而推导无"禁反言原则"之适用。如前所论述，笔者反对举发程序之答辩适用禁反言原则，就此而论，似应毋庸再论法院之论述理由，但就笔者之观察，法院之论述理由亦似误解了禁反言原则之本质。首先，禁反言原则在专利侵害案件之适用，着重于专利请求内容之修改致使公众产生权利变动之信赖，至于专利请求内容被置换之组件以及与之对应之置换后组件间功效是否无差异，并非决定禁反言原则适用之直接因素。再者，禁反言原则既然是均等论适用之限制，因此禁反言原则之适用乃是对于均等论就具"可置换性"组件所可能扩张的权利范围，依公众对于权利变动之信赖，排除部分"可置换性"组件。由此可知，禁反言原则之适用标的乃是与专利请求内容被置换之组件具"非重大差异"之相对应组件，显然法院以"开放式滑槽"与"封闭式滑槽"功效无差别而认为无禁反言原则之适用，在论理上并无说服力。

（3）法律效果

当禁反言原则之要件在专利均等论适用下成就时，接续的问题便在于限制专利权利范围之法律效果究竟为何？本案因"最高法院"认为禁反言原则无适用余地，故无进一步检讨禁反言法效之机会。一般而言，专利权人为确保专利适格性针对专利请求内容之修正包含两种情形：一是就原先之请求内容加以额外之限制；另一则为置换请求内容之特定组件。[76] 而禁反言原则限制均等论适用之法律效果，乃是由前述专利请求内容之修正而生，至于就该效果影响专利权利范围之程度而论，可分为两大立场：

第一种立场倾向以修正后之专利请求内容文义为最终之权利范围，亦即将大众信赖置于为专利适格而修正后之请求内容文义，基于此，无论专利权人对于专利请求内容加以限制或予以置换，均等论之适用全然受到冻结。[77] 由于该立场过于严峻，亦有采取修正立场以资调和者，即在特定非

---

[75] 参见注72有关笔者之立场。
[76] See HARMON, *srupa* note 3, at 423.
[77] 此为美国联邦巡回上诉法院传统上之一贯立场，不过为 Festo 案联邦最高法院所推翻, see SCHECHTER &THOMAS, *supra* note 39, at 320-21。

专利权人所能控制之修改,或修改的结果对公众信赖影响些微时,允许排除禁反言之适用。⑱

第二种立场对于禁反言之关注并非在专利请求内容之文义,却在于因专利权人就专利请求内容所作限制或置换行为而放弃之组件或内容,以判定专利权利范围之限制。⑲ 当专利权人对于原专利请求内容加以额外的限制,在解释上即认定此一额外限制乃放弃了所有与该限制相当对等之其他限制之机会,大众信赖系于此一放弃,故均等论之适用,不得将与前述添加之额外限制相当对等之其他限制,涵括纳入权利范围内。⑳ 当专利权人以新组件置换原专利请求内容特定组件时,在解释上原专利请求内容特定组件经由专利权人之置换而放弃,从公信的角度而论,专利权人未来不得依均等论之适用而将被置换之组件纳入权利范围。本案因无适用禁反言原则之机会,因此法院并未对前述之法律效果表明其立场。

依笔者之见解,前述的第二种立场较能合理地反映公众对专利请求内容修改所生权利行使之信赖,亦即信赖的来源在于专利权人为专利适格之确保所作之专利请求内容修改行为,而被置换下之组件在前述修改行为已明白昭示公众,该组件已不再借各种方式,包括专利侵害均等论恢复至专利请求内容中,此一解释较能符合禁反言原则本身失权效之本旨。反观第一种立场,专利请求内容一经修改,专利权利范围即以修改后之文义为限,完全排除了均等论适用的可能性,笔者认为此一效果并不符合一般公众对专利请求内容之期待及认知而显得过于严苛,因为基于均等论存在之前提所生专利权利范围之扩张观念,纵使专利权人为求专利适格之确保而修改专利请求内容,该修改行为不致或不易使一般公众信赖排除一切均等论适用之可能,此信赖之拟制过于跳脱其与修改行为之联结,并不符合常情,笔者认为,除非专利权人能证明此种信赖之确实存在,否则禁反言原则之法律效果似不宜往此一方向解释。

4. 禁反言与逆均等论间的关系

根据本文前关于逆均等论之评述,逆均等论本质上为专利文义侵害在衡平考虑下之例外,逆均等论之适用并不涉及专利请求内容所反映权利范围之变动。前已提及,本案法院有将均等论

---

⑱ 在 Festo 案中,大法官 Kenndy 提出三个"审查协商禁反言"法律效果之例外,一旦专利权人能举证主张,经由专利请求内容之修正所放弃之均等组件乃于专利申请时属于不可预测(unforeseeable)的新科技内容,或前述修正与均等论之主张无实质的直接相关(tangential),或前述修正因碍于文字之限制,无法将特定不具专利重要性之替代组件载于专利请求内容中,则前述属于新科技内容之均等组件,与均等论之主张无实质直接相关之修正所排除之均等组件,及因文字限制所无法加载之均等组件,均得被专利权人以均等论之适用而囊括于权利范围之内。See Festo, supra note 10, at 740-41.

There are some cases, however, where the amendment cannot reasonably be viewed as surrendering a particular equivalent. The equivalent may have been unforeseeable at the time of the application; the rationale underlying the amendment may bear no more than a tangential relation to the equivalent in question; or there may be some other reason suggesting that the patentee could not reasonably be expected to have described the insubstantial substitute in question. In those cases the patentee can overcome the presumption that prosecution history estoppel bars a finding of equivalence.

就美国判决实务而言,前述禁反言原则法律效果的限制在个案上均采从严解释,专利权人于禁反言原则下不易通过举证使均等论在特定组件上再度复活,See Adams, supra note 21, at 1148; Festo Corp. v. Shoketsu Kinzoku Kogyo Kabushiki Co., 2007 U. S. App. LEXIS 15942 (Fed. Cir. July 5, 2007.)[本案为联邦最高法院发回,"审查协商禁反言原则"仍继续适用,因第一个例外(不可预见性)不能成就。];Honeywell Int'l Inc. v. Hamilton Sundstrand Corp., 523 F. 3d 1304 (Fed. Cir. 2008)["审查协商禁反言原则"仍继续适用,因第一个例外(不可预见性)及第二个例外(与均等论之主张无实质直接相关之修正)不能成就]。

⑲ 德国法及日本法似倾向于此种解释,see Stenvik, supra note 5, at 18; GOLDSTEIN, supra note 19, at 417.(Toshiko Takenaka 教授对于日本最高法院 T. H. K. Co. Ltd. v. Tsubakimoto Seiko Co. Ltd. 一案的评论)。

⑳ 此一情形的法律效果与本文前述的第一种立场在结论上并无不同。

及逆均等论列为同类而相提并论之情形,基于此误解而进一步讨论禁反言原则适用于逆均等论下之权利状态,则在笔者预期之内。⑧ 其实,禁反言原则于逆均等论下所形成权利状态之适用是很难理解及想象的。由于禁反言原则之启动在于专利权人因专利请求内容之修改而产生一般大众对于专利权利范围变动之信赖,而专利请求内容一经修改以实现,即不符合专利文义侵害之责任范围,由此论之,基于逆均等论为专利文义侵害之例外,专利请求内容一经修改即无逆均等论适用之可能,无逆均等论适用之可能何来有禁反言原则存在之空间。本案虽未直接论及禁反言原则与逆均等论间的适用关系,但前所指出的误解,仍值得司法实务在未来专利侵害案件审理上特别留意。

### 结论性观点

专利法制之健全发展除须依赖立法者睿智的前瞻观察及回顾反省外,尚赖司法实务对既成法下利益冲突中给予明确的价值判断及利益衡量,以建立最适切的诠释。专利侵害均等论及禁反言原则为专利法之基本法理,其形成及实践在欧美各专利法先进国家均有其特殊的发展方式及成果,值得台湾地区法律加以借鉴。虽然台湾法律不能自外于国际专利法和谐化之趋势而对于专利侵害均等论及禁反言原则予以拒却,但就专利法制而言,真正存在的问题是如何将专利侵害均等论及禁反言原则置入"专利法"体系而使之合理运作。以立法解决此一问题固然是个选项,然而在大多国家或地区未采立法以明定均等论及禁反言原则之适用,是否一定要利用立法方式为之,则有讨论的空间。⑧ 可以确定的是,现今尚未以立法明定均等论及禁反言原则之适用前,司法实务则是将均等论及禁反言原则植根于体系的不二方法。

向来,司法实务过度依赖知识产权局所订定之"专利侵害鉴定要点"及专家之"专利侵害鉴定报告",无论"专利侵害鉴定要点"及"专利侵害鉴定报告"在内容上乃美国专利法之缩影,虽就解决专利侵害之纷争而言颇具效率,但未能就均等论及禁反言原则从法理上寻求其在"专利法"体系的定位,亦未能以比较法观点建构及检讨最适切的均等论及禁反言原则,不仅构成要件的论理无法充分揭露,且适用之限制上之检讨亦常有挂漏,甚至观念上有些含糊。

本文已就"最高法院"2007年台上字第1134号民事判决及其下级法院判决之疑义加以澄清及评论,虽然笔者的见解未必全然能见容于各方,但笔者希望司法实务界能经由本文之提出,正视司法实务在专利法制开创之重要性,特别是对于均等论及禁反言原则,日后能通过司法判决逐步寻就其于"专利法"下之定位及适用。

---

⑧ 参见台中地方法院2003年智字第23号判决[丙、六(二)]"……不适用逆均等论之被控对象,最后再以禁反言原则判断,据以认定侵权之组件有无排除于专利范围外,如无排除之情事,则成立专利侵权之情事。

⑧ 参见蔡明诚,注③书,第203页。

# 第四编　婚姻家庭、继承

# 论破绽主义离婚法之转折与突破

——兼评"最高法院"2009年台上字第1223号判决

吕丽慧*

> **基本案情**
>
> 本案上诉人(一审原告)与被上诉人(一审被告、妻)婚后长期分居两地(美国两地或台美两地),上诉人指称:被上诉人婚后态度强势,或讥其所得不高,或对其冷淡严苛,不愿与其同居共住,亦拒绝生儿育女,虽经其努力挽回,仍徒劳无救、争执不断,是以聚少离多,各谋生计,感情疏离,皆因可归责于被上诉人之上开事由,导致两人婚姻关系破裂,并求予判决离婚;被上诉人则谓:两人婚后甚少争执,分居两地乃因工作之故,并非拒绝履行同居义务或不愿生儿育女,两人虽分隔两地,但时有往返,其留居美国系经上诉人同意,亦时为上诉人处理在美事务,并无上诉人指谪之事由,反系上诉人返台其间另结新欢,方为婚姻关系破裂原因,而属可归责于上诉人之事由,上诉人自不得诉请离婚。

**裁判要旨**

本案判决要旨有二:

(1)夫妻之道,在于"相互扶持,甘苦与共;信谅为基,情爱相随",故而夫妻间各持己见,长期分居两地,久未共同生活,致感情疏离,有婚姻之名却无婚姻之实,无法达成实质夫妻生活之婚姻目的,应有难以维持婚姻之重大事由,可认定婚姻关系已生破绽。

(2)倘两造确有难以维持婚姻之重大事由,除两造各自主张之归责原因外,亦应再注意其他(本案指上诉人/原告)之归责事由。

**学理研究**

一、解构破绽主义起承转合与未来趋势

本案例之裁判离婚,其基础理论系基于破绽主义而来,故于本案例评析前,拟先就破绽主义之学理研究,包括"积极破绽主义",对之为反动之"消极破绽主义",以及调和前二者之"折中破绽主义"为前探论究,以明破绽主义起承转合之转折演变历程,并进而解析其发展趋势,以与本案例评析对应检视。

(一)积极破绽主义之理论

积极破绽主义应系破绽主义产生之原始理想,亦为其贯彻之最高境界,亦即,婚姻关系如在客观情况下已产生破绽,致使婚姻目的无法达成,法院即应判准离婚。针对此说之理论,本文拟以下列五个观点,作进一步之析论。

---

\* 高雄大学法律学系助理教授。

1. 从形骸化之婚姻无可期待恢复

婚姻的本质,系两性以永续的精神及肉体结合为目的,以真挚之意志营造共同生活,因此,若夫妻之一方或双方已确定丧失前述意志,且欠缺夫妻共同生活之实体,又无恢复之迹象时,仅维持户籍上登记之婚姻,有名无实,该婚姻已丧失社会生活之实质基础①,故而在破绽之婚姻中,爱情既已丧失,将来共同生活之恢复已不可期,倘维持此种婚姻关系,恐只存余嫌恶与怨怼,无法达到婚姻之目的。

2. 从近代法之婚姻观、离婚观之价值

近代法之婚姻观,在于尊重双方当事人之自由意思,而不强制结合关系,故而对自由的婚姻意思丧失之当事人,如仍强制其继续婚姻关系,有失其道德之根据,亦与法之目的相违②;况且,以爱情为本位之婚姻观,已为现代人所认知与接受,如继续无爱情之婚姻,即为对婚姻之冒渎③,无法彰显婚姻之价值。再从近代法之离婚观检视,离婚自由化之趋势,从有责主义往破绽主义之发展,已是众所周知之历程④,故从近代法所强调婚姻、离婚自由化之趋势以观,要求破绽婚姻生活之继续,与现实之婚姻观与离婚观不符。

3. 从身份法之事实先行性

事实与法律产生一致性,系离婚法内在正义的要求⑤,盖身份法具有事实先行性,若事实已存在,法亦不得不承认之。准此,婚姻关系如有客观破绽之事实,应以此事实作为法的评价对象⑥,使破绽婚姻在法律上获得解消,方符合身份法重视事实先行性之法理。

4. 从伦理性与正当性之要求

破绽之婚姻虽存续夫妻之名,但夫妻间因感情破裂而摩擦更大,弊害更多,不如从婚姻中解放当事人,更具伦理性。⑦ 况且,对婚姻已生破绽之当事人而言,如能从失败的婚姻关系中解放,使其追求新的幸福生活,应具有正当性。⑧ 故破绽主义离婚法之基本精神,系救赎而非惩罚,系

---

① 参见〔日〕《有责配偶者からの离婚请求大法廷判决》(全文),载《法学教室》,1988年第88号,第27页。

② 参见〔日〕中川淳:《亲族法の现代课题》,世界思想社1992年版,第190页;〔日〕宫崎干朗:《破绽主义の现状——有责配偶者の离婚请求と精神病离婚》,载《民法Ⅲ亲族相续》,有信堂1989年版,第96页(林良平、佐藤义彦编)。

③ 《日本宪法》第24条第2项规定:"关于配偶的选择、财产权、继承、住所的选定、离婚、婚姻、与家族以及其他有关事项之法律,必须立于个人尊严及两性本质的平等制定。"上开条文确认以个人尊严及两性本质平等为本位之婚姻观,亦可为积极破绽主义提供一法定依据。参见〔日〕铃木禄弥・铃木ハツヨ,いわゆる:《"有责配偶者の离婚请求"についての新判例》,载《家庭裁判月报》,1988年第40卷第2号,第18页。

④ 参见陈棋炎、黄宗乐、郭振恭:《民法亲属新论》,台北三民书局2006年版,第191页;许澍林:《有关裁判离婚原因争议问题之研究》,载《民法亲属继承争议问题研究》,五南图书出版公司2001年版,第78—79页。

⑤ 参见〔日〕宫崎干朗,注⑥书,第96页。

⑥ 参见林秀雄:《有责主义、破绽主义与有责配偶之离婚请求,家族法论集(二)》,载《辅仁大学法学丛书专论类》(7),1988年版,第84页;〔日〕中川淳,注②书,第191页;〔日〕中川淳:《判例评释一、长期别居と有责配偶者からの离婚请求。二、有责配偶者からの离婚请求が长期别居等により容认すべきであるとされた事例——最高裁昭和六二年九月二日大法廷判决,本志六四二号七三页》,载《判例タイムズ》,第645号,第66页。

⑦ 参见〔日〕宫崎干朗,注②书,第95—96页。

⑧ 参见〔日〕佐藤隆夫:《离婚における破绽主义の意味について"法律のひろば"》,1985年第38卷第8号,第66—67页。

正面的处断而非负面的责难。

5. 从国家之利益观点

婚姻受国家制度性保障,必系婚姻有其保护之法益价值,然而,对于已死亡之形骸化婚姻而言,既无法达到婚姻生活之目的,维持此种破绽婚姻,不具有国家以法律加以保护的利益。[9] 再观此种仅具形式之名的婚姻,当事人另外发展感情之几率极高,因而产生婚外性行为或重婚的后果,皆非法所认许,若能实现破绽主义离婚法,或能减少上述不法事例,反能强化国家对婚姻制度的保障意旨。

(二) 积极破绽主义之反动:消极破绽主义

消极破绽主义乃对积极破绽主义的反动,其主要精神在于,即便已认定为破绽之婚姻,有责之配偶仍不可借此破绽之名提起离婚请求,故积极破绽主义在此情形下不应贯彻。其论理基础,本文亦拟从以下五个角度切入分析。

1. 从婚姻的伦理道德观及公共利益角度

婚姻之维持,必须建立在夫妻双方牺牲奉献、容忍付出的共同努力下,此乃婚姻之基本伦理道德,故由自己行为所招致婚姻破绽者,若允许其离婚之请求,显系违背上述婚姻的伦理道德观,为道德伦理观所不能接受,并与公序良俗相违。[10] 且如前文所述,婚姻受国家制度性保障,婚姻之维持具有国家之公共利益,有责离婚配偶自招离婚破绽,显系怠于婚姻义务之履行,与公共利益相违,自应拒绝其离婚之请求。[11] 故否定有责配偶之离婚请求,从人伦社会层面之公序良俗,到法制规范层面之公共利益维护,均符合整体公益价值。

2. 从诚实信用、权利滥用角度

"诚实信用"与"权利滥用"系民法之重要概念,盖法律之理念,在于保持和平秩序,因此法律上之权利赋予,必须基于公平正义,方能达到上述理念,而民法所建立的"私法上权利",即内含此种条件及限制,亦即,权利之赋予非绝对而系相对。[12] 故违反公平正义、社会伦理观之权利行使,即系违反诚实信用之权利行使,为权利之滥用[13],而身份法为"民法"之一部分,则民法之原则——诚实信用之遵守与权利滥用之禁止,在身份法上都应有适用。再依上段所述,准予有责配偶之离婚请求,违反社会伦理观且悖于公序良俗,故而,法律如准予有责配偶行使其离婚权,无异于违反诚实信用,而为权利之滥用。

3. 从公平性之考虑——干净手原则角度

所谓"干净手"(clean-hand)原则,系指"任何人不得因自己之过失而获得法的利益"之原理。[14] 而破绽主义离婚法,性质上属于"救济"的离婚主义,故离婚当事人可获得"救济"之法的利

---

[9] 参见〔日〕中川淳,注②书,第191页;〔日〕米仓明:《积极的破绽主义でなぜいけないか——有责配偶者の离婚请求についての一试论》,1987年版,第43页。
[10] 参见林秀雄,注⑥书,第82页;〔日〕宫崎干朗,注②书,第95页。
[11] 参见〔日〕中川淳,注②书,第191页。
[12] 参见〔日〕太田武男:《破绽主义》,载《家族问题——家族法Ⅲ离婚》,〔日〕中川善之助等编,第247—248页。
[13] 《日本民法》第1条规定:"私权须遵守公共福祉。权利的行使与义务的履行须遵守信义诚实原则。权利之滥用不被允许。"
[14] 参见〔日〕中川善之助、岛津一郎:《离婚原因》,载《总合判例研究丛书民法》(3),有斐阁1964年版,第7页。

益。准此,请求离婚之原告,本身不应有过失[15],否则,即等同于以自己在婚姻上的过失,获得破绽主义离婚法"救济"的利益,对他方配偶而言,欠缺公平性。

4. 从对无责配偶者保护角度

从被离婚当事人角度以观,如其为无责之配偶,法律本应对其更为保护,惟若承认有责配偶之离婚请求,该无责配偶之生活,将会承受许多不利益。[16] 从财产面而言,虽有论者以为,可以衡量原告配偶之有责程度,而命有责配偶为"较多"之财产给付,以加强对无责配偶之保护,但此等离婚给付,实际上是否确可履行已未可期,况且,离婚有丧失扶养请求权与继承权之虞[17],从经济角度而言已然欠妥;再从感情面而言,无责配偶之婚姻破裂,系因有责之他方配偶造成,而无责配偶遵守婚姻誓言,本应受到婚姻的保护,如反使其遭受离婚后果,则更失法律保护无责配偶之立场。

5. 从对裁判离婚内在制约角度

论者有谓,有责配偶者离婚请求之否定,乃"裁判离婚制度内在之制约"[18],或"在最自由的破绽主义中最小限度之制约"[19],上述论点,可从裁判离婚制度作进一步解析。盖法院之裁判离婚,本系建立在夫妻双方一人愿离婚,另一人不愿离婚之前提下,由于二者之意思相反,故法律规定须有法定离婚原因,方可判决离婚,冀与"恣意离婚"或"强制离婚"之情形区隔,以兼顾被离婚配偶者之权利保障;惟有责配偶自己做出离婚的原因事实,致使婚姻产生破绽,再利用此事实使法院承认其离婚,与离婚原因法定化之原意相违,产生否定裁判离婚制度之后果。

(三) 折中破绽主义

积极破绽主义与消极破绽主义各有其立论基础,遂有调和此二学说之折中说出现,称之为折中破绽主义,以下析论之。

1. 比较双方之有责性

夫妻双方皆有责时,应比较原告与被告配偶之有责程度,作为离婚准驳之判断,亦即,原告之有责性较被告更低或同程度时,即不拒绝其离婚请求,而原告之有责性较被告更高时,则否定其离婚请求。[20] 更进一步者,认为夫妻离婚并非仅有主观有责原因,尚有客观原因,此时原告之有责程度,不仅须较被告更为有责,尚须超过客观原因,方可否定原告之离婚请求。例如在婚姻破绽之原因中,原告之有责性占40%,被告为20%,其余40%归因于客观原因,则原告虽较被告有责,惟此有责之比重并未超过客观原因之比重,则仍应承认其离婚之请求[21];惟亦有认为,原告之有责性,必须超过被告之有责性再加上客观之原因,方可认定原告之有责行为,乃形成婚姻破绽之"专门或主要原因",此时方可否定其离婚请求。兹以前例为示,原告有责性占破绽原因的

---

[15] 参见〔日〕大川正人:《破绽主义と有责配偶者の离婚请求》,载《阪大法学》1952年第5号,第99页。

[16] 参见〔日〕中川淳,注②书,第191—192页。

[17] 参见〔日〕岩本军平:《离婚法における事实の尊重とその限界》,载《法政理论(新潟大)》第5卷第1号,第56—57页。

[18] 参见〔日〕锻治良坚:《破绽主义と最高裁判大法廷判决》,载《判例タイムズ》,1988年版,第67页;《有责配偶者からの离婚请求大法廷判决》(全文),1988年,第27页。

[19] 参见〔日〕宫崎干朗,注②书,第95页。

[20] 参见〔日〕中川淳:《亲族法逐条解说》,第174页(日本加除1977年)。

[21] 参见〔日〕岛津一郎编集:《注释民法(21)亲族(2)§763—771》有斐阁、1977年版,第23页。

40%，未超过被告比重20%加上客观原因40%（合计60%），故准其离婚之请求。[22]

2. 原告之有责行为乃被告所诱发

原告即使具备有责行为，但系由被告之言语行为或态度所诱发，或二者间互为因果而产生时，则应可准予有责配偶之离婚请求。[23] 须注意的是，原告因他方配偶之行为诱发而产生的有责行为，一般而言虽可减轻有责性，惟若该被诱发之有责行为，与他方配偶之行为相较，显系不对等之过当反应，则仍应认定原告之有责性，否定其离婚请求。[24]

3. 原告之有责行为与婚姻破绽间无因果关系

有责配偶离婚请求之否定，应限于原告之有责行为和婚姻破绽之间，两者具有因果关系时方可成立。[25] 例如，原告虽有婚外性行为之外遇情事，惟系于婚姻关系产生破绽后才发生，则原告此时之有责行为，与婚姻破绽间并无因果关系[26]，由于婚姻所生之破绽已然发生，纵原告配偶另有有责事由，惟该有责事由既非婚姻破绽之成因，婚姻之破绽即非可归咎于有责配偶，故不应否定其离婚请求。

4. 被告亦有离婚意思

被告亦有离婚意思时，多会提起离婚反诉[27]，或虽未提起离婚反诉，但亦有离婚之意思，仅因碍于金钱赔偿之相关问题而拒绝离婚时，应准予有责配偶之离婚请求。[28] 盖夫妻双方都希望离婚时，如不审理判断其有责性，可使纷争早日解决[29]，况且，夫妻双方在婚姻解消上既已获得共识，显见无婚姻续行之可能，此时不但婚姻已然破裂，又无违反他方配偶意思之虞，故在被告亦有离婚意思时，应承认有责配偶者之离婚请求。

5. 有责性之阻却

关于有责性之阻却，有两种原因：第一种系"有责性风化"；第二种系"权利滥用"。所谓"有责性风化"理论，系指加害者对被害者之行为，由于长时间之经过，而免除其有责性。[30] 此理论用在否定有责配偶之离婚请求时，系以婚姻倘若经过长期之破绽事实，已从当初"做出"的破绽状态，转化为"存在"的状态，此时应有"情事变更原则"之适用，而认为在此种非"做出"而是"存在"的情形下，被告配偶之所谓"不被离婚之权利"就不会受到侵害[31]，亦即当初原告之有责性，已因长期经过之风化结果而阻断。另就"权利滥用"而言，若被告不同意有责配偶请求离婚之理由，

---

[22] 参见〔日〕泉久雄：《抽象的离婚原因としての破绽原因——770条Ⅰ项五号の解释基准》，载《家族法论集》第104页。又，台湾地区实务对双方有责性之比较，仅针对主观之有责性，似较少针对客观原因作进一步探讨，未来发展之动向亦值得注意。

[23] 参见〔日〕太田武男：《破绽主义の限界》，载《现代家族法研究》，第250页。

[24] 例如瑞士联邦法院曾有判例认为：妻对夫非难、中伤，并向他人散布夫之恶言，虽因夫和其他女子间有暧昧关系所致，惟妻之上述行为如持续不断且有过之之虞，则此种行为系不对等之反应，仍应认为妻具备有责性。参见〔日〕泉久雄，注[22]书，第104页。

[25] 参见〔日〕中川淳：《改订家族法入门》，第51页。

[26] 参见〔日〕岛津一郎编集，注[21]书，第22—23页。

[27] 参见〔日〕太田武男，注[23]书，第255页。若双方皆提出离婚请求时，有认为该婚姻即被推论在客观上已属破绽，则应连离婚原因皆无须究而准予双方离婚。参见〔日〕吉田欣子：《婚姻破绽の原因の认定について》，载《现代家族法大系2——婚姻・离婚》，第221—222页。

[28] 参见〔日〕铃木禄弥，注③书，第17页。

[29] 参见宫崎干朗，注②书，第97页；林秀雄：《难以维持婚姻之重大事由》，载《辅仁法学》1989年第8期，第298—299页。

[30] 参见〔日〕太田武男，注[23]书，第263页。

[31] 参见〔日〕米仓明，注⑨书，第40—41页。

并非拒绝离婚,而系因不甘心、报复或类此不合理之动机时,保护无责配偶之不被离婚权,或可谓另一种权利的滥用。㉜ 故在此种有违公平正义及社会伦理之特别情况时,亦认为有责配偶过去之责任可被阻却,应可准予其离婚。㉝

6. 苛酷情况之预除

在有责配偶离婚请求案例中,对他方配偶与子女之保护,亦为法院是否准予有责配偶离婚之考虑重点。㉞ 例如以"精神病"为原因之离婚请求,原告若能提出对他方配偶离婚后妥善处置之"具体方法"时,则较有可能承认其离婚请求。㉟ 或有论者谓,对他方配偶和子女之保护,应由财产分配和扶养费等方式解决,而不能将离婚后的问题,当作离婚本身的问题考虑;但支持者认为,在财产分配等离婚给付并未建立完备时,此种苛酷情况预除之考虑,仍有其必要性。㊱ 又,此种以未来离婚后状态作为准驳离婚的考虑,亦可彰显出"苛酷条款"之精神,亦即,离婚之被告配偶或子女,如因离婚而有精神上或物质上的苛酷情况时,法院可不准离婚。

(四) 破绽主义之未来趋势

据上所论,破绽主义离婚法虽经历转折与再生的蜕变㊲,惟其基本精神,以具有情爱基础而愿共同相扶之婚姻关系,方为法律所应维持之婚姻,与现代之人伦生活、社会价值与法律发展相符,故破绽主义离婚法为现代离婚法潮流之所趋,应无可疑,惟细究其内涵,尚有诸多层面与争点,值得再深入研究与琢磨。本文认为,破绽主义之未来发展,可从以下三个动向加以观察。

1. 破绽主义彻底化之困难

从否定有责配偶离婚请求之消极破绽主义,或折中破绽主义以观,客观之婚姻破绽已非绝对的离婚原因,而是相对的离婚原因。此种离婚原因之相对化结果,使破绽主义之原始精神无法贯彻,导致本因破绽主义而产生之离婚自由化,在离婚原因相对化下,又产生离婚严格化之结果,致使离婚自由化与严格化之间,形成微妙的拉锯关系,亦使司法实务的判断上,产生离婚准驳不同结果的广大操作空间。

---

㉜ 参见《有责配偶者からの离婚请求大法廷判决》(全文),注①书,第30页。又,前文所提之"权利滥用",系指有责之原告配偶自招离婚原因,并据此为离婚请求之情形,与此处被告因不甘心、报复因而拒绝离婚相较,虽皆为"权利滥用",但行为主体、形成原因与适用结果均有不同,故此处称"另一种"权利滥用,以示区别。

㉝ 参见〔日〕太田武男,注㉓书,第254页。

㉞ 参见〔日〕福岛四郎:《民法第七七〇条第一项第五号之法意》,载《民商法杂志》第32卷第5号,1957年版,第638—639页。

㉟ 参见〔日〕宫崎干朗,注②书,第103页。以一方配偶不治之精神病为离婚原因时,站在破绽主义立场,其婚姻关系应属无可预期恢复之完全破绽无疑,仅以此事实来看,其离婚本身应被容认,惟依据《日本民法典》第770条第2项之限制(裁判所は、前项第一号から第四号までに掲げる事由がある場合であっても、一切の事情を考慮して婚姻の継続を相当と認めるときは、离婚の请求を弃却することができる),仍有否定其离婚者;另外,以精神病为原因之离婚,亦有学者认为,应比以其他原因之离婚,更慎重考虑离婚后之善后与处置问题。参见〔日〕宫崎干朗,注②书,第96页;〔日〕岩本军平,注⑰书,第50页。

㊱ 〔日〕宫崎干朗,注②书,第103页。

㊲ 从破绽主义离婚法之发展历程,恰可显现传统的人伦秩序,与法制化后新的人伦秩序,两者间之摆荡与调和;而维持传统价值与顺应世界潮流,两者之间的平衡,更是离婚法重新建构之关键,在破绽主义离婚法之世界潮流趋势下,也反映出近代之家庭身份法,以此世界潮流之名,摆脱伦常约束,尊重个人独立选择的基础方向。相关内容,参见陈惠馨:《传统个人、家庭、婚姻与国家——中国法制史的研究与方法》,五南图书出版公司2006年3月版,第240—242页。

### 2. 破绽认定具体化之必要

即便破绽主义有无法彻底化之现实存在,采取抽象的破绽主义离婚法,仍是世界潮流之所趋,惟婚姻破绽乃一"抽象"概念,本无一定之具体标准,而法官为探求婚姻是否达到破绽程度,工作量亦大为增加,且夫妻双方隐私在法庭上被揭露,又为自己离婚或不被离婚的利益,相互指控他方有责,造成更多问题产生。为避免上述弊害,很多采取抽象破绽主义之国家,以一定期间之分居作为婚姻破绽之表征,使婚姻破绽有一具体化之准则,值得进一步研究。

### 3. 破绽主义重心点之移动

破绽主义系以婚姻是否有破绽作为离婚之准则,如以判决离婚之时点为准,婚姻是否已生破绽,系属过去式无疑,惟法院在判断是否准予离婚时,如"仅"聚焦于过去的婚姻是否有破绽或是否有责,对于两造当事人日后的生活,不论系不准予离婚而必须继续夫妻的婚姻生活,或准予离婚后的两人各自生活,皆有考虑未足之处。盖如不准予离婚,法院应考虑的重心,应是继续维持的未来婚姻生活,是否可能达到婚姻生活的目的——婚姻在"未来"是否有恢复可能性,而非双方"过去"已发生的有责性有无轻重之争执;又若准予离婚,未来的新生活是否因离婚而造成苛酷情事,在精神上或经济上的对应安排是否妥善周全,亦应为破绽主义离婚法发展下所强化之重心所在。

## 二、案例评析

依上开破绽主义之论理以观,本案判决开宗明义即谓:夫妻应以实质共同生活为目的,基于情爱基础互信互谅,方为法律所允许之夫妻之道,否则即应认其婚姻已有破绽,不应维持有名无实之婚姻关系等语,实系破绽主义离婚法精神之体现,应予肯定[38];惟本判决或有未尽理想之处,或有更为深论之必要,或有值得启发之观点,故本文拟以四个面向——"适用顺序之逻辑性""有责解释之功能性""分居为破绽表征之可行性",以及"未来突破之前瞻性",并据上述对破绽主义发展历程之论证基础,作进一步的判解评析,期借由本案例,对破绽主义离婚法之今昔发展与未来突破,提供浅见。

### (一) 适用顺序之逻辑性

解析"民法"第1052条第2项之结构,本文部分系破绽主义原始精神之落实,以婚姻有难以维持之重大事由,作为抽象之判决离婚原因;在但书部分,则以离婚请求之原告若为有责,即否定其可依本文规定请求离婚。如依上述条文结构顺序所示,似应先从本文部分判读婚姻是否已有破绽,再观但书原告请求者之有责性问题,惟依此适用顺序,就逻辑的推论上或经济效益的现行面上,恐有再思考之处。

婚姻是否已生破绽,本为破绽主义之关键,故本案判决先认定两造当事人之婚姻因各持己见之长期分居,导致感情疏离而有婚姻破绽之事实,以长期分居作为婚姻破绽之表征,并据此认定两造当事人之婚姻目的无法达成,婚姻关系已生破绽,依据"民法"第1052条第2项本文规定,以婚姻有难以维持之重大事由判准离婚,不但贯彻了破绽主义之精神,并引用长期分居作为婚姻破绽之具体认定方式,诚值肯定。然而,本案判决或为严守第1052条第2项但书之规定,在以较大

---

[38] 有学者认为,"有名无实"之夫妻关系,系属"民法"第1052条第2项本文"难以维持婚姻之重大事由",应准予离婚,以符合现代法之婚姻本质。参见吴煜宗:《难以维持婚姻之重大事由》,载《民法亲属继承实例问题分析》,五南图书出版公司2003年版,第31页。

篇幅的内文对上述婚姻破绽作出论述与评断后,却又在文末数语,提及两造之可归责事由——特别是原告有责性的问题,似在指示下级法院若确认原告之有责性时,即可依据第1052条第2项但书规定,推翻上述婚姻破绽认定后准予离婚之结果。

本文并非指摘"最高法院"上开论述有违法之处,惟依此处理模式,虽符合法条之顺序性,却不符实质之效益性,更凸显第1052条第2项但书对破绽主义之杀伤力。质言之,纵不论第1052条第2项但书的存在,在学说或实务运作上的争议或解读,从逻辑架构来看,如遵守现行法之规定,亦即本条但书存在的事实,只要原告对婚姻造成伤害的非难性较被告为高,就算婚姻被认定有破绽,法院亦不能准其离婚。如以此解,婚姻是否有破绽,似已非破绽主义离婚法预设之决断性因素,有责性的问题,反而是先决条件之所在,准此,法院为裁判离婚时,在决断该婚姻是否为破绽前,或应先行判断原告是否具有唯一或较高的有责性。㊴ 换言之,即便与破绽主义之精神相违,法院在审理上,似应先判定主观上之有责性问题,亦即先确定原告是否具备破绽主义离婚请求权之"资格",如无请求资格,则无须作进一步婚姻破绽之认定,如有,再行进入婚姻是否客观上已生破绽之审断,方不致如本案判决,既已详述肯认婚姻破绽,似可认许两造离婚之时,又强调有责性问题,给予全面翻盘之空间,造成诉讼不经济,当事人难以预测,以及法院操作空间与对破绽主义贯彻不力之联想。

### (二) 有责解释之功能性

诚然,上述"最高法院"的做法,之所以容有可议之处,皆因"民法"第1052条第2项但书钳制本文之故。如前文所述,此种对有责原告否定其离婚请求权,乃学理上对"积极破绽主义"反动所产生之"消极破绽主义",故本文认为,在极具争议性的"民法"第1052条第2项但书仍未删除前,实务之做法应尽量减缓该条但书适用的可能。前文所论述之"折中破绽主义",即在缓和有责主义对破绽主义造成的冲击,具有参考价值,而其中一种折中方式——"比较双方之有责性",为实务目前采用之方式。

"最高法院"2006年第五次民事庭会议决议有云:婚姻如有难以维持之重大事由,于夫妻双方就该事由均须负责时,应比较衡量双方之有责程度,仅责任较轻之一方得向责任较重之他方请求离婚,如双方之有责程度相同,则双方均得请求离婚,始符合"民法"第1052条第2项规定之立法本旨。㊵ 依上述实务所创设之"有责比较公式",对破绽主义之前进与突破,虽具有指标性意义,惟本文认为,实务虽握有宝剑,却未善加运用,致无法发挥其应有之功效,析论如下。

从破绽主义离婚法中之现存状况检视,有责性的复杂度,可归纳于下列两个原因:(1) 与破绽本身相混之必然性;(2) 诉讼中双方互责之必要性。首先,从"民法"第1052条第2项以观,但书中所谓"其事由应由一方负责者",已将婚姻破裂之"事由"与"有责"相牵连。换言之,凡适用

---

㊴ 依学说见解,原告为"唯一有责"者,或依实务见解,原告为"唯一有责"或"主要有责"者,符合"民法"第1052条第2项但书之规定,法院应否定其离婚请求。参见林秀雄:《有责配偶之离婚请求》,载《月旦法学》2005年第123期,第250页;"最高法院"2006年第5次民事庭会议决议。相关论述,并请参照"二、有责解释之功能性"内文。

㊵ 相同见解者,另请参见"最高法院"2004年台上字第987号判决;"最高法院"2005年台上字第2059号判决。

第 1052 条第 2 项但书之情况,必系因离婚当事人之有责行为造成婚姻破绽[41],至于本文单独适用而与有责性无关之情形,实际上几乎不可能,盖以婚姻感情之复杂难解,既已出现问题,无论至何种程度,夫妻双方皆难谓无责任,故有责性与婚姻破绽之相混而生必可预期,因此架空"民法"第 1052 条第 2 项本文及无责破绽主义之适用,也属必然。再者,因第 1052 条第 2 项但书之规定,离婚之两造当事人必全力指责他方对婚姻破绽为有责者,盖于离婚诉讼中,原告为达离婚目的,必指责婚姻破绽之过在被告,自己无责,方能请求离婚;而被告为免于离婚,必亦指责原告方为造成婚姻破绽之有责者,自己无责,以阻挡原告之离婚请求,故破绽主义之离婚诉讼,双方互责之情形,亦为不可或缺之必要攻防。

承上所论,不难发现现行法下之破绽离婚诉讼,"原告被告均为有责"为其主要类型[42],而此种双方有责之情况,提供实务在运作上一个重要信息,亦即,如欲发挥破绽主义之立法精神,必设法限缩第 1052 条第 2 项但书之适用可能,既然双方有责已为必存之事实,且判断上亦难以具体厘清有责性之高低,则法院应善用"有责比较公式",在有责性之解释判读上,尽量朝向两造当事人责任相等或原告有责性较低,使原告之离婚请求权,不致因第 1052 条第 2 项但书而被阻却,方能使离婚准驳之焦点,回归第 1052 条第 2 项本文,以婚姻是否有破绽作为判断之基准。可惜的是,众多破绽主义的离婚案例,包括本案例在内,皆是在原审认定两造当事人之有责性无分轩轾,因婚姻破绽而准予离婚后,却在"最高法院"之重新解读下,强化原告之有责性或有较诸被告更高之情事,又将有责性问题拉回战场[43],显然未能体察"有责比较公式"可运作的功能,以及"折中破绽主义"欲缓和消极破绽主义之用意。

### (三) 分居为破绽表征之可行性

破绽主义之贯彻,除对上述有责配偶离婚请求否定加以缓和外,另一个重点,在于确认婚姻破绽认定之具体准则,使法院从客观上判断婚姻是否已生破绽,作为离婚准驳之准据,以排除主

---

[41] "民法"第 1052 条第 2 项但书所指之"有责破绽事由",既系由该条项之本文而来,本文之适用,亦于条文中清楚指出,须为"有'前项以外'之重大事由难以维持婚姻者",则此等有责事由,理论上即应与同条第 1 项第 10 款之"法定有责事由"不同;唯实务运作上,即便离婚当事人以第 1052 条第 2 项请求离婚,法院在认定婚姻破绽时,亦有以同条第 1 项第 10 款之法定有责事由,作为认定同条第 2 项之难以维持婚姻之重大事由者。由此可见,有责性本身之明确定位,即便在法条之适用上,亦难以严格区分,最常见者,即为离婚当事人另有婚外情,此等有责行为,或应该当第 1052 条第 1 项第 2 款之法定离婚事由"与配偶以外之人合意性交",唯法院据此为同条第 2 项之有责破绽事由者甚多,可见婚姻关系有责性之复杂度。参见"最高法院"2009 年台上字第 708 号判决:"又婚姻系以夫妻之共同生活为其目的,配偶应互相协力保持其共同生活之圆满安全及幸福,而夫妻互守诚实,系为确保其共同生活之圆满安全及幸福之必要条件,故应解为配偶因婚姻契约而互负诚实之义务,配偶之一方行为不诚实,破坏共同生活之圆满安全及幸福者,即为违反婚姻契约之义务……被上诉人现与其他女子同居交往,要属违背夫妻之诚实、忠贞义务……能否谓两造对于造成婚姻破绽之重大事由,应负相同程度之责任,即非无再审酌之余地……"

[42] 其他有责类型尚有两种:第一种类型为"原告有责被告无责"型,亦即原告为唯一有责者,此类型在论理上或可成立,实际上要将婚姻破裂的问题全归于一方,恐有其难处;第二种类型为"被告有责原告无责"型,此类型在实例上甚难发现,或系因为该类型之离婚,如有符合"民法"第 1052 条第 1 项之法定事由者,即不须依同条第 2 项请求之故。

[43] 参见"最高法院"2008 年台上字第 2644 号判决、2009 年台上字第 708 号判决、2009 年台上字第 1488 号判决。

观有责性判断之困难,以及因有责性之争执所带来侵害夫妻隐私的弊害。㊹ 现今破绽主义离婚法潮流之所趋,则多以分居作为婚姻客观上已生破绽之表征㊺,其立论基础,系建立在婚姻应以夫妻共同生活、相互扶持为目的之前提上,如夫妻有长期分居之事实,在主观上或可代表两人已无继续婚姻之意愿,客观上亦有无法共同继续婚姻生活的事实,婚姻破绽已昭然若揭,法院对此种无法达到婚姻目的之形骸化婚姻,应予解消。㊻ 再观实务现状,多数以破绽婚请求之案例,两造夫妻皆有分居之事实㊼,以本案为例,"最高法院"明示:"苟夫妻间因坚持己见,长期分居两地,各谋生计,久未共同生活,致感情疏离,互不闻问;举目所及,已成路人,而无法达成实质夫妻生活之婚姻目的;若谓该婚姻犹未发生破绽,其夫妻关系仍可维持,据以排斥无过失或过失程度较轻或其程度相当之一方诉请离婚,即悖于夫妻之道,显与经验法则有违。"㊽对以分居作为婚姻破绽表征,翔实确切的加以肯认,或可补在立法上尚未明文以分居为婚姻破绽表征之不足;惟本案例虽就分居可作为破绽表征之理由有所着墨,却未对实际可能碰到的问题争点,作更进一步的阐释,故本文认为,欲落实以分居作为婚姻破绽表征之可行性,至少尚有以下两个问题可以深究。

  1. 如何将客观上以分居作为婚姻破绽的表征,与原告在主观上为有责者而否定其离婚请求,二者之间如何做出切离?

  承上文所论,以客观上有分居事实作为婚姻破绽的表征,最主要的功能,就是要克服有责性之弊害;惟如本案例所示,既已认定两造当事人之婚姻因长期分居而破绽,又再提及原告可能具备有责性之情事,据以否认破绽婚应予解消之法则,此举恰与以分居作为婚姻破绽表征之重要目的——克服有责性之意旨相违。本文认为,要解决此困局,除可从上节"有责解释之功能性"寻求突破外,尚可从"长期分居之事实",以前述"折中破绽主义"所提及之"有责性风化"理论,与有责性直接切割。盖夫妻长期分居,表示两人未为婚姻共同生活之事实,已有相当长久之时间,即便原告具有责性,亦可能因时间长久,随两人长期分开生活之事实而产生风化的效果,使其有责性获得阻却,故法院在适用长期分居作为婚姻破绽表征时,可以长期分居所产生之风化效果为由,直接为婚姻破绽之认定与裁判,无须再受有责性之桎梏。

  2. 欲使分居作为婚姻破绽表征确实可行,夫妻之分居是否具有"正当理由",亦为另一个值得讨论的争点

  从本案例之事实以观,被上诉人指称,其与上诉人之长期分居虽为事实,但系因工作之故,并非不履行夫妻同居之义务;再观"民法"第1001条之规定:"夫妻互负同居之义务。但有不能同居

---

㊹ 参见戴东雄:《德国新亲属法上之别居制度与"民法"需要别居之规定》,载《亲属法论文集》,东大1988年版,第267—268页;〔日〕枢原富士子等:《结婚が変わる·家族が変わる》,日本评论社1994年版,第90页;〔日〕森田悦史、婚姻法改正研究会:《离婚原因と七七〇条Ⅱ项の必要性》,载《法学セミナ一一四十六号》,第25页。

㊺ 参见陈棋炎、黄宗乐、郭振恭,注④书,第192页;戴炎辉、戴东雄、戴瑀如:《亲属法》,2007年版,第225—226页;邓学仁:《离婚法之现代课题》,载《亲属法之变革与展望》,元照出版有限公司1997年版,第154页;See also Karry D. Krause & David D. Meyer, *Family Law* 286 (2007).

㊻ 参见郭振恭:《离婚法制之检讨及改进》,载《东海法学研究》1995年第9期,第329页。

㊼ 参见"最高法院"2008年台上字第2644号判决,2009年台上字第708号判决,2010年台上字第677号判决。

㊽ 另请参见2010年台上字第677号判决:"两造已长达十年有余不相往来而未再同居,复以诉讼方式表明均无维持婚姻意愿,能否犹谓该婚姻未生客观上难以维持程度之破绽,非无再加研求之余地。"亦为明示分居可为破绽表征之案例。

之正当理由者,不在此限。"故以分居作为客观婚姻破绽之表征,或应以分居是否具有正当理由,作为探究的前提[49],如本案之被上诉人,即以两造长期分居乃因工作之故,具有正当理由,作为婚姻无破绽之抗辩。对此,本文认为,即便具有分居之正当理由,惟可否据此正当理由,阻却以分居作为婚姻破绽之表征,方为重点,值得进一步讨论。质言之,就现今社会生活形态以观,不论是全球化的环境或观念意识,因工作、移民、子女教育等因素,夫妻长期分居两地之事实并非少见,感情仍可维系者,亦非绝无可能,准此,夫妻有正当理由之分居时,较一般未有正当理由之分居,确实更有可能推翻以分居为婚姻破绽表征之可能,因而使分居作为婚姻破绽之可行性产生质疑,然而,夫妻具备分居之正当理由,与婚姻是否有破绽,并不能直接画上等号。盖即便有分居之正当理由,婚姻亦有可能已生破绽,故夫妻分居之事实,是婚姻破绽之"因"或"果",恐难速断,故而,比较理想的做法,系法院在审理夫妻具正当理由之分居时,或应较一般无正当理由之分居,更进一步说明,是否可以该正当理由证明婚姻未有破绽,而非遽以分居之事实即认定婚姻已有破绽。本案判决如能对此部分再加论述,或可更具信服力,并增强分居作为婚姻破绽表征未来发展之精致度。

**四、未来突破之前瞻性**

本案例以婚姻破绽为判决基础,并加入有责主义之色彩,即便以长期分居为婚姻破绽之表征,与破绽主义之发展潮流可为衔接外,整体而言仍未脱传统破绽主义之讨论重心。惟以本文前述归纳之破绽主义发展动向以观,此种"过去式"的思考模式,将是否判准离婚之重点,置于婚姻破绽"已然"产生之原因、过程或结果上,婚姻破绽与有责性的追究与纠缠,势必有增无减,亦会造就法院审判时,对离婚自由化或严格化的操作空间,对破绽主义原始初衷——给予不幸婚姻者之救赎,恐有难以贯彻及欠缺前瞻性之虞。故对现行破绽主义离婚法之突破,或可将思考时点转移到两造当事人"未来新生活"之考虑,从以下两方面切入:

1. 法院对破绽离婚之判准点,应更着重于婚姻未来是否有"恢复可能性",而非仅局限于过去之婚姻破绽问题

详言之,婚姻之恢复可能性,系指法院如不准予两造当事人离婚,可否预期两人在判决后之未来生活,其继续维持之婚姻,有可能回到一般人对婚姻生活之基本期待状态? 例如,被告亦有反诉离婚之情形,夫妻双方显然无维持婚姻之意愿[50],双方感情通道既已关闭,与其对过去之是非对错再多的细数,发生者已无法改变,不如将审理重心放在未来婚姻是否有恢复可能性之判断上,应更具实益。

2. 从破绽主义离婚法之发展潮流以观

破绽主义无法贯彻而产生之相对化原因,已从对有责配偶离婚请求之否定,移转至对离婚后之新生活是否精神上与经济上之苛酷情事,从此移动轨迹亦可发现,未来破绽主义离婚法之新战场,将会在两造当事人未来之新生活上,与离婚之身份或财产上之效果,诸如亲权、赡养费、离婚损害赔偿等相关议题结合,值得更进一步深究。

---

[49] 学者有谓:夫妻无特殊事故(例如基于职业上或健康上的原因)而长久分居,即可猜测其婚姻已生破绽。参见林菊枝:《西德新离婚法》,载《法学丛刊》1977 年第 23 卷第 4 期,第 11 页。又,关于夫妻有不能同居之正当理由,实务上虽谓非得据此提起积极别居之诉,但得以该正当理由作为他方配偶要求履行同居义务时之消极抗辩等相关议题,参见"司法院"释字第 147 号解释。

[50] 参见"最高法院"2010 年台上字第 677 号判决。另请参考本文前述"折中破绽主义"之"被告亦有离婚意思"内文。

### 结论性观点

社会学家莫顿(Merton)认为,离婚具有避免更大不幸、结束夫妻紧张关系之显性功能,而婚姻存续与否,不但受传统观念左右,亦受现实生活影响,除为个人价值观的选择,亦有公益观点之考虑。故一个良善的离婚制度,有其复杂度更有其重要性,特别是针对一方想离婚,他方不愿离婚之夫妻,破绽主义之裁判离婚,担负起公正判断婚姻是否应予存续的功能。本文期望,通过上述破绽主义离婚法发展历程之学理论证,并辅以本案例之解读评析,对破绽主义之转折与突破,所产生的困境与盲点,提供可能之解答及未来发展之方向。

# 台湾日据时期之养女与养媳

——评"最高法院"1999年台上字第1943号判决①

邓学仁*

## 基本案情

### 一、本件上诉人之主张

被上诉人之母A生于日据时代1900年4月24日,嗣于1913年3月16日以与B之次男C结婚为目的,经B收养为养媳,并于1918年3月8日与C结婚,则A为B养女之身份应于斯时消灭。婚后育有D、E、F、G、H。嗣C于1932年4月20日死亡,后A与I再婚,育有被上诉人三兄妹。被继承人B则于1949年9月1日死亡,A既非B之拟制血亲卑亲属,自无继承权可言。然台湾后户政机关人员不谙台湾风俗,将A登记为户长B之养女,致其与I所生之被上诉人据此而主张对B之全部遗产有继承权,爰求为确认被上诉人就B之遗产之继承权不存在之判决。

### 二、本件被上诉人之主张

A固原为B收养为媳妇仔(即童养媳),嗣与B之次男C结婚,其后C死亡,B以A与C于婚姻关系存续中所生子女即诉外人D、E、F、G等年幼,乏人照顾,乃收养A为养女,并做主招婿I与A完婚,伊等为A与I之婚生子女,对被继承人B之遗产自有继承权等语,资为抗辩。

## 裁判要旨

原审将第一审所为上诉人胜诉之判决废弃,改判驳回其诉,系以被上诉人之生母A既于1918年以B之童养媳之身份与C结婚,则其与B之收养效力应于斯时归于消灭,而成立姻亲关系。纵C其后于1932年死亡,亦不能使已消灭之收养关系恢复其效力。本件被继承人B于C死亡后,A与C于婚姻关系存续中所生子女,D、E、F、G等年幼,乏人照顾,乃改收养A为养女,并非户籍人员误载,另做主招婿I与A完婚,使A之身份因而转换,并自转换时起与养家发生准血亲关系,而有继承权,对生家则无继承权,此为法所不禁,且本件A与B之姻亲不因其夫C之死亡而消灭云云,非但为被上诉人所否认,且核与1985年修正前"民法"第971条规定:姻亲关系之消灭,以离婚、夫死妻再婚及妻丧赘夫再婚为限等情观之("最高法院"1944年上字第2239号判例参照),亦有未合。上诉人据以主张C死亡后,A再婚,其与B间之姻亲关系并未消灭,其身份不能转换为养女云云,即非有据。上诉人另主张:台湾光复后,因户政机关人员不谙台湾风俗,将诉外人A登记为户长B之养女,致错误至今一节,非但为被上诉人所否认,且上诉人亦迄未能举证以实其说,复未经申请该管户政机关更正,是上诉人此部分之主张,自属无据。综上,被上诉人抗辩:伊等为A之婚生子女,就B之遗产继承权存在,即属有据。从而,上诉人据以请求确认被上诉人就被继

---

\* 警察大学法律学系教授。
① 参见"最高法院":《民事裁判书汇编》,第37期,第393页。

承人 B 遗产之继承权不存在，即非正当，不应准许等词。为其判断之基础。

本案判决认为，上诉人于原审主张："养媳要冠夫姓，养女要从养家姓。……此由日据时代户籍誊本记载 A 之称谓为'媳妇仔'，A 系冠夫姓而非从养家姓，……等内容观之甚明。"参以 A 与 I 婚后，户籍登记虽改载 B 之养女，惟仍载姓名"A"，所称未改从养家姓，似非子虚，则其主张户籍上养女之记载系误载一节，是否全无可采，非无斟酌之余地，上诉人上开主张何以不足采，原审未予说明，已有判决理由不备之违法。又本件 A 与 B 之姻亲是否因其夫 C 之死亡而消灭，因其发生于日据时期，"民法"尚未施行于台湾之际，原审以当时尚未施行于台湾地区之"民法"规定，据以判断是否合于规定，亦有可议。上诉论旨，指摘原判决不当，声明废弃，非无理由。原判决废弃，发回台湾高等法院。

## 学理研究

**一、问题之提起**

本件之争点在于，被上诉人之母 A 与被继承人 B 是否具有收养关系，用以确定当事人继承权之有无？本件成为问题者，乃因本件发生于日据时期，无法依据现行法解决。盖因清朝与日本缔结马关条约，台湾已于 1895 年成为日本之领土接受日本统治，惟因日本殖民政府鉴于在台居民与日本内地居民之风俗习惯、教育程度及对法律之认知等，均各自有异，甚至道德观念与社会组织复异其趣，故于 1922 年公布敕令第 407 号，"仅关于台湾人间之亲属继承事项，不适用'民法'第四编（亲属）第五编（继承）之规定，除别有规定外依用习惯"（同令第 5 条），因此所谓日据时期台湾之收养法，固非指当时日本之亲属法所规定者，同于 1945 年以前，"中华民国"之亲属法亦不曾施行于台湾，故其亦非现行之"亲属法"，则当时台湾之"收养法"究竟为何，令人费解。本件判决亦以："原审以当时尚未施行于台湾之"民法"之规定，据以判断是否合于规定，亦有可议。"而将原审之判决废弃，足见本件之解决关键在于日据时期收养之惯习为何？查本件涉及养女与养媳收养效力如何之问题，以及养媳可否转换为养女之问题，由于养媳之问题乃旧时台湾特有之产物，基于亲属之事件，在"民法"亲属编施行前发生者，除本施行法有特别规定外，不适用"民法"亲属编之规定，"民法亲属编施行法"第 1 条前段定有明文，本件仅能以当时之惯习作为审理依据。然而纵欲了解当时之收养惯习，则因当时日本与法律仅能供作参考，并非审理案件之依据，作为当时台湾法之旧惯，形诸文献者为数不多，此时似只能从当时殖民法院之判决窥知，但殖民法院之判决或因较少体系性之整理，或因年代久远出版物品不易寻获，而且均为战前之日文文言文，可谓入手与入门均有其难度，因此欲将台湾之旧惯具体化实属不易，凡此均增加本件处理时之困难。

为解决台湾旧惯无法具体化之困境，乃有戴炎辉博士等人汇整而成之《台湾民事习惯调查报告》，意欲以此作为办案之参考②，究竟日据时期之收养法，于目前适用之情形如何？目前法院审理有关日据时期之案件，是否均以此作为审判之依据？笔者以"日据时期"与"收养"等关键词搜寻"最高法院"过去几十年之判决，发现符合搜寻要件之案件并不在少数，且大多与派下权之确认或遗产继承之纠纷有关，其中当事人收养关系之存在与否，扮演决定性之关键，影响权利至巨，综观此类判决，不乏引用《台湾民事习惯调查报告》之作，足见此报告之重要性，然由于此报告涵盖前清、日据时期以及光复后之台湾等三个时期，其范围颇大，该报告限于篇幅或有不得不割爱之

---

② 参见戴炎辉等 6 人：《台湾民事习惯调查报告》，法务部通讯杂志社 1984 年版，第 8 页。

处,本文乃有狗尾续貂之图,爰以本判决为例,聚焦于当时养媳与养女之具体内容为何,俾以厘清当时女子被收养之相关规定为何。

## 二、日据时期养子之种类

日据时期台湾之收养制度虽渊源于古代中国,但日据时期台湾之收养制度已逐渐发展出自己之特色,有关当时养子之种类,"台湾私法"③将此区分为过房子、螟蛉子与养女等三种④,而"台湾民事习惯调查报告"除前三种外,另增加死后养子而成四种⑤,而姊齿法官之分类则为过房子、螟蛉子、养女以及养媳等四种⑥,以上三者之分类虽各自有异,但均提及女子被收养之可能性。⑦

(1) 所谓过房子,乃抚育同宗中之他家男子以为后嗣时,所称之养子,其乃与本生父母不断绝关系之子。

(2) 所谓螟蛉子,乃不问姓之异同,与本生父母断绝关系,成为养子之男子。于此情形,习惯上称之为买断之养子。

(3) 所谓养女,乃不问姓之异同,且不问女子与本生家之亲属关系是否断绝,抚育他人之女以其为自己之女时,所称之养女。⑧

(4) 所谓养媳,亦称媳妇仔,乃将来以之为家属中男子之妻为目的而收养之女谓之。又有与养女相似却非养女之查某嫺,此为一种女性奴隶,虽于当时不受认可,但事实上常以养女之名而为此种收养。⑨

以上过房子、螟蛉子、养女,皆可进入养家而取得与亲生子女同一之身份,亦即取得婚生子女之身份。而养媳虽亦进入养家,但因其系以将来与养亲所特定之男子或不特定之男子结婚为目的,因此与一般之养女究有不同。此外附带一提者,日据时期以娼妇为目的而收养养女者亦为数不少,同时养子之人数不仅不受限制,在已有亲生男子之情形,亦允许收养男子为养子。⑩

## 三、日据时期之养媳⑪

如前所述,养媳亦称媳妇仔,乃尊亲属以将来拟配男家自己之直系卑亲属为目的,而收养之

---

③ 日本于据台后之第5年,即1900年,即组成临时台湾旧惯调查会,有计划地调查台湾习惯,此调查活动直至1909年结束,翌年该调查会之报告书付梓,此即著名之"台湾私法"。另有手岛兵次郎编:《台湾惯习大要》,台法月报发行所1913年版。

④ 临时台湾旧惯调查会:《台湾私法》第2卷(下),第460页。

⑤ 参见戴炎辉:《台湾民事习惯调查报告》,法务部通讯杂志社1984年版,第152页。

⑥ 参见〔日〕姊齿松平:《台湾于亲族及相续关现行惯习大要》,载《台法月报》1931年第25卷第11号,第31页。但姊齿法官在《本岛人のみに关する亲族法并でに相续法の大要》之著作中则未将养媳纳入,参见同书,第166页。

⑦ 有关日据时期收养之目的与种类,另可参见林秀雄:《台湾百年来收养制度之变迁》,载《台湾法学,台湾法制一百年论文集会编》,1996年版,第592页以下。

⑧ 1937年10月9日高等法院上告部判决谓:"本岛旧惯存有男子被收养时持续与本生家亲属关系之过房子收养,以及与本生家断绝亲属关系之螟蛉子收养,收养之名称为女子收养时,不论与本生家之亲属关系是否断绝,均称之为养女之收养。"

⑨ 〔日〕姊齿松平,注⑥文,第31页。

⑩ 〔日〕姊齿松平,注⑥文,第32页。

⑪ 有关养媳之内容,参见邓学仁:《日据时期台湾之身份法》,载《亲属法之变革与展望》,元照出版有限公司1997年版,第107页以下。

幼女。若仅约定将来结婚，但不将该女收养者，即为旧惯之订婚而非养媳。[12] 反之，若无拟配之男子，且将来又不以拟配养家之男子为目的而收养者，则为单纯之收养。至于将来拟配之男子并无须特定，但该男子若将来不欲与养媳结婚，而与其他女子结婚者，即构成终止收养之原因。[13] 日据时期之所以收养养媳者，在于男家欲节省聘金或其他结婚费用，或欲利用养媳之劳力，或使养媳自幼培养夫妻之感情，或因女子稀少，为确保将来取得配偶。至于女方大抵因女家无力抚养，或欲以幼女换取身价金等原因。

收养养媳，以本生家与养家之合意为成立要件，至被收养人与未婚夫是否同意在所不问。被收养人之年龄最多以13、14岁为限，如年龄过大者，则无庸收养而径行结婚。又养媳系以将来结婚为目的，故必以收养异姓女子为限，如收养同姓女子则为养女。[14] 具备上述要件后，即可收养养媳，无须再举行其他仪式。[15] 养媳因收养关系之成立，产生如下之效力：

1. 养媳与收养人之间，若将来之夫确定，则如同一般之婚姻关系，于本姓之上冠以养家之姓，对养家之亲属发生姻亲关系[16]，养媳之配偶虽与养媳之父母产生姻亲关系，但养媳之亲属与养家之亲属不产生亲属关系。若无将来之夫或其不确定者，仅养媳与收养人间产生同一之亲属关系，而收养关系则于婚姻成立时消灭。[17]

2. 养媳被收养后进入养家，即成养家之家属，虽收养人非养媳之亲权人，但应以将收养人置于第一位之法定监护人为相当[18]，养媳须服从夫家之户主权，并受夫家之抚养。

3. 养媳与其本生亲属间之关系，视同出嫁女，于养媳关系存续中，本生父母与养媳之间，除自然血亲关系外，其权利义务原则上停止其效力。[19]

至于养媳关系之解消，则大致与一般普通婚姻同，除因死亡及离婚外[20]，其无将来之夫或将来之夫不欲与养媳结婚时[21]，或将养媳改为养女时，均可使养媳关系解消。养媳关系之终止，依

---

[12] 1923年上民字第26号同1924年2月28日判决谓："所谓媳妇仔系以将来与养家男子结婚为目的，而入养家受养育之女子称之。若子女之尊亲属相互间，仅止于约定将来男子与女子结婚，而女子不入养于男家者，即旧惯所称之订婚，此与童养媳有别。"

[13] 1930年上民字第254号同1931年3月11日判决谓："所谓媳妇仔系指依收养契约，以将来与养亲所特定之男子或不特定之男子结婚为目的，而入养家受养育之女子称之。该男子不欲为前述之婚姻得拒绝之，而与他女子结婚，然此时因以丧失媳妇仔之主要目的，故该婚姻成为终止媳妇仔收养关系之原因，此为本岛之习惯。"

[14] 1925年上民字第102号同年8月4日判决谓："依本岛习惯媳妇仔于收养当时，不论其将来之夫已否特定，必须以其将来为子之妻为目的，而收养异姓之养女，并如已婚之妇，于本姓之上冠以养家之姓，对养家之亲属发生姻亲关系。至养女则与此有异，并无上述之目的，从养家之姓，对养家亲属发生与亲生女相同之亲属关系，二者成立完全不同之身份关系。"

[15] 1926年上民字第108号同年9月17日判决谓："本省之习惯上，养媳时不以举行一定之仪式为其成立要件。"

[16] 参见前揭1925年上民字第102号同年8月4日判决。

[17] 1920年上民第57号同年3月29日判决谓："媳妇仔与普通收养不同，因此收养关系收养人与被收养人之间，不生拟制之亲子关系，子妇对夫之父产生姻亲关系，因其目的在于使养媳与将来之夫结婚，因此养媳与将来之夫结婚时，由于其目的完成，故收养关系当然消灭。"

[18] 参见[日]姊齿松平：《本岛人のみに关する亲族法并でに相续法の大要》（七），载《台法月报》1934年第28卷第5号，第14页。

[19] 参见戴炎辉等6人：《台湾民事习惯调查报告》，法务通讯杂志社1984年，第129页。

[20] 参见1917年控民字第2号同年2月10日判决。

[21] 参见前揭1930年上民字第254号同1931年3月11日判决。

台湾旧惯,由一方与他方协议,一般不采强制之方式,惟其父母得代理子女,依合意终止之㉒,此部分乃与一般普通婚姻较不同之处。此外,养媳与将来之夫结婚时,其养媳关系亦当然终止,自不待言。㉓

### 四、养媳与养女之差异

如前所述,养媳关系之成立要件如下:

①应与将来之夫不同姓;②应将来以之为家属中男子之妻为目的,然于收养当时不问该男子是否已特定,③应已进入男家受养育。整体而言,养媳与婚姻相近,与此相对的,养女则相当于目前一般之收养,两者外观虽均进入养家接受养育而相似,但实质却有所不同。比较两者之差异如下:

1. 养媳与养女在目的上不同,养女系以成立拟制血亲为目的,养女弃本姓而从养家之姓,并与养亲成立血亲关系。与此相对,养媳则以将来结婚为目的,犹如已婚之妇,于养媳本姓上冠以养家之姓,养媳与收养人之间不发生养亲子关系,与其将来之夫之血亲间,仅发生姻亲关系,当然养媳与将来之夫之间亦具亲属关系,而将来之夫对于养媳之血亲,亦发生姻亲关系。㉔

2. 收养养女不问姓之异同,年龄亦无特别限制,而养媳之收养必以收养异姓女子为限,且被收养之养媳年龄最多以13、14岁为限,如年龄过大者,则毋庸收养而径行结婚。

3. 养女之收养人不负将来使养女出嫁之义务,养媳之收养人则有此义务,然而收养人虽负有使养媳与家属中之男子结婚之义务,但不得强要之。

4. 养女如欲终止收养,须依合意或裁判而终止之,而养媳关系之解消,除依夫家或女家之意思外,大致与一般普通婚姻同,亦即除因死亡及离婚外,其无将来之夫或将来之夫不欲与养媳结婚时,或将来之夫与他人结婚者亦允许由养媳请求离缘。此外养媳变为养女时,亦形成养媳关系之消灭,有关养媳与养女之转换将在下一项说明。

以上养媳与养女之区别似乎已然清楚,但依据台湾私法之记载则未必如此,换言之,台湾私法谓:"养媳与养女两者间虽截然不同,然在实际上:(1)收养异姓之女时,并未声明其为养媳抑或为养女,待他日成长后再按其性情,或作为媳妇使其与家男婚配;或作为养女使之出嫁或使其招婚。(2)最初虽以其为养女而收养,然而后来变更为媳妇使其与家男婚配(一部分人士认为既然名分已定为兄弟姊妹,之后就不能再使其互相婚配),或相反的,最初虽以之为养媳而收养,但后来将之变更为养女而使之出嫁或使其招婚。(3)如前所述,在北部之闽族及澎湖岛,即无论其有无应成为其夫之人,异姓少女皆为养媳,或使之与家男婚配,或使之出嫁或使其招婚。因此在观念上,养媳与养女两者间虽截然不同,然在实际上也有识别极为困难之情形;不仅如此,在言语之表示上也屡次混用。但在条例及刑案之用语上,称养媳者限于必有应成为其夫之人,故于上述情形,仅定有配偶者可称为养媳,其他则均为养女方属妥当。"㉕查本件之A因与养家之次男C结婚固然是为养媳无误,但被上诉人又主张A其后因C死亡,而再度被养家所收养,如此忽而养女忽而养媳,造成其与后夫所生子女是否具有继承权之认定困难,究竟养媳得否转换为养女,诚有厘清之必要。

### 五、养媳与养女之转换

养媳得否转变为养女,乃本件之关键。本件A与B之姻亲是否因其夫C之死亡而消灭?若

---

㉒ 参见《台湾私法》(第2卷下),第423页。
㉓ 参见1920年上民第57号同年3月29日判决。
㉔ 参见〔日〕姊齿松平,注⑥文,第32页。
㉕ 《台湾私法》(第2卷)下第415页。

姻亲关系因此消灭,则仅须确认 B 是否再度收养 A 为养女,若姻亲关系不因死亡而消灭,则须再探讨具有姻亲关系者得否被收养为养女？若具有姻亲关系者不得被收养,则本件收养应属户籍人员之误载,倘若具有姻亲者仍得被收养为养女,则本件仍必须厘清者乃 A 是否于 C 死亡后再度被 B 所收养？

1. 就姻亲关系是否因死亡而消灭之部分,1926 年上民第 40 号同年 5 月 18 日判决谓:"于本岛之习惯中,因婚姻入他家者,于夫死亡后改嫁时,与前夫家因婚姻而生之亲属及家属关系因而消灭,其与后夫离婚者,并非复归前夫家,而系复归本生家。"亦即若夫死后寡妇未再嫁仍留夫家者,与夫家之姻亲关系仍然存续不因死亡而消灭,如此一来本件 A 嗣后再婚,是否意味姻亲关系消灭,实际上却又不然。依据 1900 年控字第 114 号同年 10 月 26 日判决谓:"寡妇自始未离先夫之家者,取得遗子之母,并招夫之妻之身份。"养媳纵使再婚,若未离开夫家,其与夫家之姻亲关系似乎仍然存续,尤其如本件系因男入女家之招入婚,按招入婚可分为二种:① 家女在本家迎夫者称为招婿(或招赘);② 寡妇留在夫家迎后夫者称为招夫。如本件属后者,则姻亲关系依然存续,如本件系属前者,不仅亲属关系存在,因其以家女身份招婿,其养女之身份已告确定,是无须再讨论是否具有姻亲关系。

2. 对于具有姻亲关系者得否被收养为养女之部分,依据台湾私法所载,于中国并无女婿同时为岳父母之养子,或子妇同时为夫家之养女,或虽未结婚但已定名分之养婿养媳转变为养子女之例。惟若无结婚之对象,养媳变为养女,或养女变为养媳,或女婿子妇之配偶死亡成为养子女之例亦非绝无。但无论如何,不得有女婿兼养子、子妇兼养女等双重资格之情形。㉖ 换言之,旧惯承认养媳与养女身份之转换,但须具备前述资格不得重复之要件。㉗ 由是观之,本件中曾为养媳之 A,虽因成婚而使其与养父之收养效力消灭,但其后因 A 之配偶死亡,此时不论姻亲关系是否存在,均难排除其再度成为 B 养女之可能。惟须强调者本件养媳虽可被收养,但 A 是否已经被收养,仍难确定。

最后,就 A 是否于 C 死亡后再度被 B 收养之部分,被上诉人主张:B 以 A 与 C 于婚姻关系存续中所生子女乏人照顾,乃收养 A 为养女,并做主招婿 I 与 A 完婚,伊等为 A 与 I 之婚生子女,对被继承人 B 之遗产自有继承权,上诉人则主张户籍上养女之记载系误载。如前所述,养媳要冠夫姓,养女要从养家姓,不仅如此,本件被上诉人又主张招婿 I 与 A 完婚,依当时台湾旧惯,招婿虽无需冠妻姓,但却有冠招夫姓之问题㉘,本件被上诉人既主张 A 被收养或招 I 为婿,何以未改养家姓,或冠招婿之姓？而且依常理判断,A 与 C 已育有子女多人,亦即身为祖父之 B 已有后继之孙,是否仍需再收养养女,甚至为其招婿以传后代不无疑问,故本件不能排除 A 户籍上养女之记载有误之可能性。

### 结论性观点

综上所述,本件 A 虽为 B 所收养,但因 A 冠夫姓,故属养媳无误,且其后因 A 与 B 之子 C 成婚,故其与 B 收养之效力归于消灭。嗣后虽因 C 死亡,但由于 A 未离开养家,纵使再婚,其与夫家之姻亲关系似乎仍然存续,此时依台湾旧惯,仍允许将曾为养媳之 A 再度收养为养女,但本件一

---

㉖ 参见《台湾私法》(第 2 卷下),第 469—470 页。
㉗ 参见[日]姉齿松平:《本島人のみに关する亲族法并でに相续法の大要》,1938 年版,第 144 页。
㉘ 有关招婿时妻之姓氏,文献与户籍实务有所不同,亦即文献上认为妻无论于招夫或招婿之情形,均需将招夫之姓冠于妻本姓之上,妻纵于招夫之情形,亦不用前夫之姓,参见[日]姉齿松平,注㉗书,第 108、110 页。《台湾私法》(第 2 卷下),第 400、403 页。但根据日据时期实务户籍之记载,于招入婚姻之情形,除少数原住民(如排湾族)赘夫冠妻姓外,夫妻均各自保留本姓,并无妻冠夫姓之问题。

来 A 并未从养家姓,再者被上诉人主张于养家以养女身份招婿 I 时,亦未依台湾旧惯冠夫姓㉙,第三 A 若根本未再度被收养,不论因招夫再婚或普通再婚,均须冠夫姓,但其户籍仍记载为"A",种种迹象显示,恐系当时户籍记载有误。本件判决以原审未审酌养女应从养家姓之点,以及原审以当时尚未施行于台湾之"民法",适用于本件之点均有可议㉚,而废弃原判决,实属正确。

惟本件既属继承权之确认事件,本件判决若能旁举招婿之子继承权限制之台湾旧惯,问题应可迎刃而解。亦即纵退而言之,承认 A 再度被收养为养女,依据日据时期台湾旧惯,招婿之子原则上归于招婿,继承父系亲,称父姓,并继承父亲之财产,对于招家之财产不具任何权利,必须过继于妻家(母家)之子女,继承母系,称母家姓者,始能继承招家之财产。㉛本件纵使 A 再度被收养为养女,若被上诉人等未约定过继于 B 家、称 B 之姓,则对于 B 之遗产即无继承权㉜,本件判决似可依此事实自为裁判,并此叙明。

附带一提者,所谓日据时期台湾之收养法,初期或指台湾私法所记载者,亦即日本据台之始,清朝所遗留下来之法制,或台湾自身形成之特殊习惯,然因日本据台之后,殖民法院借着法理之名(实则为日本民法),或以不合公共秩序、善良风俗为由,渐次改良台湾习惯,所谓日据时期台湾之身份法已产生质变。依据"台湾私法"之调查内容,应系所谓之台湾旧惯,其本应作为裁判之依据,然实因日本据台以前,清朝之裁判制度甚为不完全,不仅行政官兼裁判官,且时而强要当事人和解,使得类似裁判实例甚少留存下来,为此之故,旧惯调查会有时仅能引用当时学者之口授,或查阅当时之契约书,以作为所谓之台湾习惯,似此旧惯调查会之调查方针乃尽可能将旧惯呈现出来,然则殖民法院却欲以判决改良旧惯,以逐步实现其将日本内地法律适用于台湾之目的,两者之意图显然大相径庭,于台湾私法之调查结果与殖民法院之判决一致者固然较无问题,惟若有不同之情况,此时所谓日据时期台湾之习惯,固可以台湾私法之内容作为参考,但应非绝对正确,更不能奉为金科玉律㉝,欲明了台湾旧惯固应如旧惯调查会做实态调查,方能掌握实际状况,但习惯有时亦随时间而改变,兼以年代久远恐怕仅能就相关文献考证,且文献有时与户籍记载有所不同,此时仍应以实际已深入民间之户籍为宜,因此日据时期之户籍誊本或民间契约均为有力证据,除此之外,就文献之整体内容而言,"台湾民事习惯调查报告"既参酌台湾私法之记载,又广纳当时之裁判实例与学说,其着眼点或许较为全面与平衡,此亦实务判决何以大多以此作为依据之故,或许是考虑其较能显现当时所谓台湾旧惯之原貌。

---

㉙ 参见注㉘。

㉚ 此点判例已有明示,1968 年台上字第 3410 号判例谓:"台湾在日据时期,本省人间之亲属及继承事项不适用《日本民法》第四编(亲属)第五编(继承)之规定,而依当地之习惯决之。(原 1922 年 9 月 18 日敕令 407 号参照)关于光复前,台湾习惯养媳与养女为姻亲关系,故以养家姓冠诸本姓,养女与养家发生拟制血亲关系,故从养家姓。"参见"最高法院":《民刑事判例全文汇编》(1966 年至 1970 年),第 366—369 页。

㉛ 参见戴炎辉等 6 人:《台湾民事习惯调查报告》,法务通讯杂志社 1984 年版,第 392 页。《台湾私法》(第 2 卷下),第 406 页。1920 年控民第 404 号同年 3 月 6 日判决谓:"养女与招婿间所生之子,应先令其承继招家之习惯并不存在,此乃显著之事实。"1921 年控民字第 113 号同年 3 月 19 日判决谓:"媳妇仔与其招夫之间所生长男,就其祖父之财产,当然与祖父之亲生子享有同等继承权之旧习惯,并不存在。"

㉜ 1914 年控民字第 119 号同年 3 月 6 日判决谓:"欲以招赘方式得子孙者,通常于进赘字内明定招夫所生子之归属,故招赘字内如无任何约定时,应解为所生子女归属于招夫为适当。"1913 年控民字第 422 号同年 8 月 16 日判决谓:"招夫契约上,如约定将来有归属于招家之子时应令其均分取得遗产,则其子对于家祖之遗产得主张继承权。"

㉝ 参见[日]姊齿松平,注㉗书,第 15—18 页。

# 日据时期夫与妾收养子女之效力

——评"最高行政法院"2000年判字第598号判决

邓学仁 *

### 基本案情

#### 一、本件上诉人之主张

上诉人分别系已故A之子女及孙子女,而A则系B之养女。B于1998年1月12日逝世,而其逝世后遗10笔土地之遗产。是项遗产本应由养女A继承,然因A早于1997年9月28日逝世,故应由A之子女、孙子女即上诉人代位继承。惟上诉人前向被上诉人就上开系争土地申请办理继承登记,被上诉人却以上诉人之养祖父(或养曾祖父)C于1934年5月1日收养A(即上诉人之母或祖母)为养女,而当时B乃系C所纳之妾,嗣B虽于1955年4月10日与C补办结婚登记,惟因户籍誊本仅有C收养A之记载,且C与B结婚后亦未办理对A共同收养之申请,乃认为上诉人与B间仅生姻亲关系,并无拟制血亲关系,对于B之遗产应无继承权为由,驳回上诉人办理继承登记之申请。爰依法提起本件行政诉讼,请求将诉愿决定及原处分均撤销。

#### 二、本件被上诉人之主张

依B之旧系统表及户籍誊本记载,B系于1927年2月10日被C纳为妾,C嗣于1934年5月1日收养上诉人之母(或祖母)A为养女,虽然C于1955年4月10日再与B办理结婚登记,惟A仅由C单独收养,且B与C于办理结婚登记后,该户籍数据亦无记载A被B收养之事实,依据"内政部"所颁继承登记法令补充规定第29条"日据时期夫或妻结婚前单独收养之子女,其收养关系于婚后继续存在。收养人后来之配偶除对原收养之子女亦为收养外,只发生姻亲关系"的规定,则上诉人与B间仅生姻亲关系,从而上诉人对于B之遗产应无继承权,故被上诉人依"土地登记规则"第51条第1项第2款"依法不应登记"之规定,驳回上诉人登记之申请,并无违误等语,资为抗辩。

### 裁判要旨

原审略以:按日据时期,由于台湾之风俗习惯特殊,关于台湾人民亲属继承事件,不适用《日本民法》之规定,而应依据台湾民间风俗习惯办理,有日本政府1922年第407号敕令第5条之规定可稽。兹依台湾民事习惯调查报告记载,台湾在日据时期,乃普遍存在有收养子女之情形。虽然,在前清时代,父权强盛,故收养原则上只需养父与生父之合意即可成立,至养母与生母以及养子本人之承诺与否,并不重要。惟随时代之演进,习惯上亦有所改善,即养亲有配偶,或养子有配偶者,均须一同为收养。倘配偶之一方,未得他方同意而收养他人或被第三人收养,其配偶之另一方得于相当时间内,行使撤销权。其经过相当时间未为撤销者,其撤销权即行消灭。又关于收

---

\* 警察大学法律学系教授。

养之无效及撤销,本不适用《日本民法》,惟其习惯不甚明显,则以《日本民法》为条理而予补充。按《日本民法》第 856 条规定:"违反第八百四十一所规定之收养,未同意之配偶得向法院请求撤销。但其配偶知有收养后经过 6 个月者,视为已为追认。"其追认之意旨仅在于述明未同意收养之配偶溯及同意他方配偶之收养行为,日后不得再行使撤销权而已,并非表示未同意收养之配偶与该养子女间亦发生收养关系。

本件"最高行政法院"仍维持原审判决,驳回上诉人之申请。其理由略以:本件依上诉人提出之光复后户籍誊本之记载,仅记载有上诉人之养祖父暨养曾祖父 C 曾单独收养上诉人之母暨祖母 A,以及 C 于 1955 年 4 月 10 日与 B 结婚之记载,此外并无 B 收养 A 成立收养关系或为其养母之记载,因上诉人提出光复后之户籍誊本依其程序及意旨得认作公文书,其记载自应推定为真正,上诉人所引日据时代之收养习惯法及日据时代明治民法以及"民法"第 1079 条之规定,均难推翻上开户籍誊本公文书推定为真正之效力,应认为上诉人上诉意旨声明废弃,非有理由,应予驳回。

## 学理研究

### 一、问题之提起

本件乃上诉人以地政事务所为被告,主张依法得以办理继承登记之案例。本件之争点在于,上诉人之母(或祖母)A 与其养父 C 之妻 B 是否具有收养之拟制亲子关系,据此使上诉人得以代位继承办理继承登记。由于本件发生于日据时期,依据当时日本殖民政府之规定,关于台湾人间之亲属继承事项,不适用"民法"第四编(亲属)和第五编(继承)之规定,除别有规定外,依用习惯(1922 年敕令第 407 号第 5 条)。因此所谓日据时期台湾之收养法,固非指当时日本之亲属法所规定者,同时于 1945 年台湾光复以前,"亲属法"亦不曾施行于台湾,故其亦非为现行之"亲属法",因此本件在适用法律时,应以当时台湾之旧惯作为问题之解决依据。然习惯之形成深受人文与环境之影响,并非一成不变,在日本统治之 50 年间,台湾之旧惯亦已产生质变,不再是清朝所遗留下之传统中国法制,因为"就台湾人的亲属继承事项,日本当局固然没有在成文法典上改采西方法,但是日本殖民地法院仍通过判例,在某种程度上西方化了台湾人之身份法,例如禁止女婢及买卖婚,承认妻之裁判离婚请求权,妾之任意离异权等等"。① 申言之,统治前期之台湾旧惯,或为殖民政府基于统治方便,而尽可能将旧习惯呈现出来之"台湾私法"所载内容,惟于统治后期则逐渐以日本法之规定作为审理之依据②,此亦为行政法院审理本件时,于判决理由中以《日本民法》作为条理而予以补充之原因。

按本件之处理,虽须以台湾旧惯作为审理依据,惟"最高行政法院"援引"行诉法"第 176 条准用"民诉法"第 355 条之规定,以上诉人所提之户籍誊本并无 B 收养 A 成立收养关系或为其养母之记载,而认定"因上诉人提出光复后之户籍誊本依其程序及意旨得认作公文书,其记载自应推定为真正",故 B 与 A 间应不具收养关系。惟文书推定为真正者,非谓其记载实质内容即应推

---

① 王泰升:《日本殖民统治下台湾的法律改革——以西方法的继受为中心》,载《律师通讯》1991 年第 164 期,第 62 页。
② 日据时期台湾旧惯可供参考者,前期之代表为临时台湾旧惯调查会所完成之"台湾私法"(1912 年)。后期之代表则为姊齿松平:《本岛人のみに关する亲族法并でに相续法の大要》,1938 年版。至于从前清至光复后则有戴炎辉博士等人汇整而成之《台湾民事习惯调查报告》,1984 年版。此外,此段期间之法院裁判亦属重要参考依据。

定为真正,例如,户籍上虚伪登记为亲生子女者,虽户籍誊本为真正,但虚伪之亲子关系仍为无效,甚至不属于婚生推定之范畴③,更遑论依台湾旧惯,日据时期之收养并未以户籍登记作为收养之成立要件④,足见以户籍记载直接论断当事人收养关系之有无未必正确。但正因上诉人所提户籍誊本未有收养之记载,故上诉人必须提出其他佐证以实其说,上诉人以:"依日据时代当时收养习惯法及依《日本明治民法》第841条及第856条事后追认亦及于其配偶及依"民法"第1079条有收养他人为己之子女之意思,且自幼扶养者均成立有效之收养",作为收养有效之佐证,然本判决并未肯认上诉人之见解,究竟本件是否为自幼抚养之收养,同时日据时期收养之要件如何收养始谓有效,又妾未与配偶共同收养之效力如何,均为本文所欲探讨之课题。

### 二、本件是否因自幼抚养而生收养之效力

1985年修正前之旧"民法"第1079条规定:"收养子女,应以书面为之。但自幼抚养为子女者,不在此限。"所谓抚养,指以有收养他人之子女为自己子女之意思,养育在家者而言⑤,亦即当事人间如欲成立收养关系,除单纯之抚育事实外,更须有收养之主观意思在内,否则欠缺成立收养意思之单纯抚育,难谓"自幼抚养为子女"。如前所述本件在户籍誊本中除养父C与养女A有收养之记载外,并无A被B收养之资料,依理,B当时虽为C之妾,鉴于C之原配已然去世,则养女A系由C与B抚养之可能性极大,但因户籍誊本并无B收养A之记载,上诉人欲主张因自幼抚养而成立收养关系,除抚育之事实外,仍须举证B有收养A之意思。本件因年代久远,此项收养意思之举证恐非易事,更遑论因本件发生于日据时期,纵上诉人得以举证有收养之意思,依前述有关日据时期之亲属继承事件须依台湾旧惯之规定,本件恐亦难有适用旧"民法"第1079条之余地,至于本件是否符合日据时期台湾旧惯收养之要件,亦属上诉人之待证事由,上诉人仅以自幼抚养之点,而欲强调B与A成立收养关系之主张,自难获得法院肯认。

### 三、日据时期收养之要件

本件收养关系是否成立,在于当事人间是否符合日据时期台湾旧惯之要件,究竟日据时期收养之要件为何,显有厘清之必要。依据文献所示,日据时期收养之要件,包含实质要件与形式要件,其内容概略如下⑥:

就实质要件而言:

1. 养父母之资格为:(1)养父须20岁以上,但未满20岁而死亡者,得立死后养子;(2)妇女非为其夫不得收养子女,但依当时旧惯独身妇女若已成年仍得收养;(3)养父母已有子女或养子女者仍得收养。

2. 就养子女之资格而言:(1)养子女与养父母须有相当之年龄间隔;(2)亲属间之收养须昭穆相当;(3)女婿或子妇不得为养子女;(4)独子不得为养子女,但以兼祧养家与生家之方式,或因贫穷而将独子卖断为螟蛉子者亦有之。

---

③ 参见邓学仁:《虚伪出生登记之亲子关系》,载《月旦法学》2002年第87期,第236—238页。陈荣宗、林庆苗:《民事诉讼法》(下),台北三民书局2001年版,第654页亦提及:"文书必先有形式上证据力之后,始有实质上证据力。惟文书有形式上证据力,未必有实质上证据力。故,形式上证据力涉及文书存在之真伪问题,而实质上证据力涉及文书内容能否证明待证事实问题。"

④ 参见〔日〕姊齿松平,注②书,178页。另参见1923年1月18日高等法院上告部判决。

⑤ 参见史尚宽:《亲属法论》,1980年版,第541页。

⑥ 参见台湾旧惯调查会:《台湾私法》,〔第二卷(下)〕,第468页以下。〔日〕姊齿松平,注②书,第167页以下。另可参见林秀雄:《台湾百年来收养制度之变迁》,载《台湾法制一百年论文集》,第602页以下。

3. 须有生家与养家之合意,收养通常因生父与养父之合意而成立,无须征得养子女之同意,但养子女已成年时则有确认本人意思之必要,惟因养子女以年幼者居多,此类问题较少发生。再就形式要件而言,虽有:(1)媒人之中介;(2)乳哺银或身价银之授受;(3)书面之作成;(4)仪式。(5)申报户籍等五种项目,但此五种项目均非属法定要件,故只要客观上足以确认当事人有收养之事实,即生收养之效力。⑦ 尤其收养不因户籍登记始生效力之点,迭经殖民法院一再确认⑧,与此相对,本件"最高行政法院"仅以户籍誊本未有收养之记载,即推定当事人不具收养关系为真正,若非当事人未举证收养之事实,此项推定仍嫌速断。

查本件 C 乃于 1934 年 5 月 1 日收养上诉人之母(或祖母)A 为养女,依据日据时期殖民法院之判决以观,台湾旧惯已逐渐朝日本法制之方向变革,使内外法制统一,日人将此称为内地延长主义,此乃其统治台湾之基本方针。⑨ 于是本件之收养,若依当时日本收养法之规定,则应以夫妻共同收养为法定要件,虽然 B 与 C 系于 1955 年 4 月 10 日办理结婚登记,但在此之前其为妾之身份,并非收养人收养后才结婚之"后来配偶",此与原审理由所举内政部所颁继承登记法令补充规定第 29 条规定的:"日据时期夫或妻结婚前单独收养之子女,其收养关系于婚后继续存在。收养人'后来之配偶'除对原收养之子女亦为收养外,只发生姻亲关系。"似有所不同,盖因妾虽非正妻,但殖民法院仍不得不承认此台湾旧惯⑩,使妾因夫妾婚姻之成立,与夫产生准配偶之法律关系,并与普通婚姻一样,对于其身份与财产均产生关系。因此本件必须厘清者,基于夫妻必须共同收养之原则,身为准妻之妾与夫收养子女时,其与一般夫妻收养子女有何不同。附带一提者,C 收养 A 为养女时,其效力是否及于妾固然仍有疑问,但因 C 之原配偶已经死亡,因此纵使承认 B 为 A 之养母,亦不致产生 A 同时有两位养母之情形。

**四、配偶之一方未同意共同收养之效力**

妾与夫之养子女间是否发生亲属继承之法律关系,端视夫收养子女之效力是否及于妾。妾虽与妻不尽相同,但依台湾旧惯既然视妾为准妻,且于原审所举之理由中,亦提及 B 未行使撤销权,而此撤销权仅具配偶身份者始能主张,因此,本件夫妾收养应与一般夫妻收养子女之情形无异。按当时《日本明治民法》第 841 条之规定⑪,夫妻应共同收养养子女,但因本件上诉人无法举证 B 是否与 C 共同收养 A,此时即须讨论本应夫妻共同参与之收养,若仅配偶之一方收养子女时,则该单独收养之效力如何。

本判决认为:关于收养之无效及撤销,本不适用日本民法,惟其习惯不甚明显,则以日本民法为条理而予补充。……按《日本民法》第 856 条规定:"违反第 841 条所规定之收养,未同意之配

---

⑦ 参见〔日〕姊齿松平,注②书,第 178 页。
⑧ 1920 年覆控民第 510 号同年 10 月 29 日判决谓:"本岛之收养因未以申报户籍为要件,故裁判上所谓收养成立之日,应为系争收养成立之日,而非以该裁判确定之日为收养成立之日。"另大正 1922 年上民第 107 号同 1923 年 1 月 18 日判决谓:"成立收养关系时,并无必须征得族亲(相当于亲属会议)同意之习惯,非因依户口规则之申报始生效力,故不能以收养时未践行此等手续,即论断其不生效力。"
⑨ 参见邓学仁:《日据时期台湾之身份法》,载《亲属法之变革与展望》,元照出版有限公司 1997 年版,第 58 页。
⑩ 1906 年控第 294 号同年 8 月 31 日判决谓:"妾于本岛为一般所公认之身份关系,不得谓其违反公序良俗。"此外,1919 年控民第 758 号同 1920 年 5 月 22 日判决谓:"妾即所谓之准妻或副妻,习惯上须先有正妻始得纳妾。"均肯认妾为准妻之地位。
⑪ 《日本明治民法》第 841 条规定:"有配偶者,非与其配偶共同为之,不得收养(第 1 项)。夫妻之一方收养他方为养子女时,以得他方之同意为已足(第 2 项)。"

偶得向法院请求撤销。但其配偶知有收养后经过 6 个月者,视为已为追认",但书中虽规定未同意收养之配偶于 6 个月内未行使撤销权,则视为"已为追认",然其追认之意旨亦仅在述明未同意收养之配偶溯及同意其他方配偶之收养行为,日后不得再行使撤销权而已,并非表示未同意收养之配偶与该养子女间亦发生收养之关系。……申言之,有配偶之人未与他方配偶共同为收养者,其收养关系应仅存在于收养者与养子女间而已,其收养效力并非当然及于未为收养意思表示之另一方配偶。因此仅 C 与 A 成立收养关系,而 B 与 A 则不成立收养关系。

由于本件户籍誊本并无 B 收养 A 之记载,故容易产生彼等无收养关系之联想,然上诉人虽无法举证本件夫妻确为共同收养,但本件收养非当然即属单独收养,退一步言之,纵属夫妻未共同收养,从明治民法时代大审院之判决得以窥知,彼时收养强调夫妻一体之不可分性,夫妻未共同收养者不论有效无效皆同其命运,故其效力并非如本判决所示,仅单独收养之一方为有效,依照当时通说之见解,未共同收养之效力可区分为以下三种情形:

1. 若夫妻一方擅用他方名义共同收养,虽一方具有收养意思,但他方欠缺收养意思之情形,则该表见共同收养全部无效。⑫
2. 仅配偶之一方有收养之撤销原因者,虽他方之收养并无瑕疵,如欲撤销收养时,仍须撤销双方之收养。⑬
3. 虽一方欠缺行为能力不能为意思表示,他方仍得依《日本明治民法》第 842 条,以双方名义共同收养。

以上三种情形之共同特色,在于夫妻共同收养之有效与否均同其命运,并无一方收养单独有效之情形,除实务判决外,当时学者亦认为基于法律规定须共同收养,以及一方不能为意思表示时他方得以双方名义收养来看,共同收养应解为一个法律行为⑭,然则本判决既以《日本明治民法》为条理之补充依据,何以却违反《日本明治民法》共同收养之精神,而导出仅养父之收养单独有效之结论,不无疑问。

(一) 乃本判决对于《日本明治民法》第 856 条之误解

依《日本明治民法》第 856 条之文意,原不区分违反同法第 841 条第 1 项或第 2 项,对于未同意收养之配偶均得行使撤销权,但因同法第 856 条但书法定追认之规定,将使未同意收养之配偶(通常为妻),迫于共同收养之名义而使其意思受到扭曲,尤其日本旧法之家督继承制度,妻于夫死后常陷于不当之境遇,判例与学说为避免此种现象,均主张将同法第 841 条第 1 项从同法第

---

⑫ 参见〔日〕我妻荣:《亲族法》,有斐阁 1961 年版,第 267 页。〔日〕中川善之助编:《注释亲族法》(上),有斐阁 1955 年版,第 389 页。另请参见大判 1929 年 5 月 18 日,《民集》(8 卷),第 500 页。本判例谓:依据"民法"第 841 条第 1 项(现行《日本民法》第 795)规定,原则上,夫妻非共同为之不得收养,……于同条第 1 项之情形,夫妻乃共同为收养之当事人,因此皆须各为收养之意思表示。而同条第 2 项之情形,则仅夫妻之一方为当事人须为收养之意思表示,他方非应为收养意思表示之人,其只不过是对于配偶所为之收养得表示同意而已,且"民法"第 851 条第 1 款乙规定收养于其当事人并无收养之意思时无效,因此,依"民法"第 841 条第 1 项,夫妻共同为收养当事人时,皆须各为收养之意思表示,于其一方无收养之意思表示时,纵令他方为收养之意思表示,其收养仍无效。

⑬ 参见〔日〕中川善之助编,注⑫书,第 390 页。另年 10 月 5 日,《民集》(5 卷),第 717 页。该判例谓:"有配偶之人与其配偶共同为收养时,就其一方存有撤销原因者,不得仅由其一方撤销收养,而应由其双方撤销收养。"

⑭ 参见〔日〕角田幸吉谓:民法与《德国民法》(第 1746 条)、《法国民法》(第 344 条)不同,认为养亲不得个别为收养,仅共同为之,且于夫妻之一方不能为意思表示时,他方得以双方之名义为收养,基于此,可谓民法乃要求收养效力之不可分性。此即之所以将共同收养解为一个法律行为之原由。亦可认为其乃基于夫妻亲子共同生活的实际情况使然。参见〔日〕角田幸吉:《日本亲子法论》,有斐阁 1941 年版,第 370 页。

856条排除，使其回归欠缺收养意思无效之一般原则，并将无效之结果及于他方，以作为救济之道，即使战后之现行《日本民法》第795条(相当于《日本明治民法》第841¹)亦采欠缺收养意思而无效之原则。⑮ 盖夫妻共同收养系以夫妻共同具有收养意思为前提，若仅一方具有收养意思，他方不具有收养意思时，则因违反《日本明治民法》第851条第1项欠缺收养意思之规定，该共同收养均为无效，他方并无表示同意之余地，更无因他方嗣后同意(追认)而补正之问题。⑯ 因此同法第856条乃仅针对同法第841条第2项而设，亦即当夫妻之一方收养他方之子女时，因他方无须共同收养只需同意即可，若他方未同意，则可事后撤销该收养，此于日本大审院亦著有判决，学者亦同调而从此说。⑰

(二) 乃本判决对于上述"已为追认"之见解，似仍有商榷之余地

本判决谓："追认之意旨亦仅在述明未同意收养之配偶溯及同意其他方配偶之收养行为，日后不得再行使撤销权而已，并非表示未同意收养之配偶与该养子女间亦发生收养关系。"姑且不论前述因一方欠缺收养意思而使双方收养无效之规定，此项见解不仅违反《日本明治民法》共同收养之原则，而且依理未同意收养之配偶既未行使撤销权，则对于收养之他方其收养关系既未遭撤销，则该单独收养自然应为有效，何须再由未同意之配偶追认，显见法定追认乃为配合使双方收养均为有效而设之规定，纵使夫妻一方未同意共同收养，亦因撤销权除斥期间之经过，而使夫妻共同收养均为有效，以贯彻《日本明治民法》共同收养之精神，而非如本判决所示，所谓追认仅在于承认单独收养有效之规定。殖民法院之姊齿法官亦认为："此处所谓之视为追认，乃指双方一致具有收养之意思，而使收养有效之谓也。"⑱否则若如本判决所示，得使单独收养之一方收养关系有效，则日本之判例与学说亦无须煞费苦心，主张将同法第841条第1项从同法第856条排除，盖本判决将使未同意共同收养者纵不行使撤销权，他方收养之效力亦不及于彼，则何须顾虑以共同之名而使他方配偶之收养意思受到扭曲之问题，其不合理之点至明。

### 结论性观点

综上所述，本件因发生于日据时期，故无法援用台湾亲属法之规定，且收养当事人之一方为妾之身份，是否得与正妻等同视之比照办理，凡此均增加本问题之复杂性。有鉴于此，本件"最高行政法院"乃以《日本明治民法》作为条理补充之依据，以符合当时台湾为殖民地之考虑，然"最高行政法院"既以《日本明治民法》为依归，却忽视其一贯支持夫妻共同收养之精神，本文以为，本件若依《日本明治民法》之规定，似应肯认B与A之收养关系。其理由有三：

1. 基于前述夫妻一方欠缺收养意思者，则双方收养均为无效之当时实务与学说见解，既然本判决承认C与A之收养为有效，则B与A之收养亦应同其命运而有效，亦即此部分之收养既无欠缺收养意思之问题，故其双方之收养均应为有效。

2. 未经配偶同意之收养其效力应为得撤销而非效力未定，因此所谓视为追认者，应非指再追认已经生效之收养，而系指追认尚未生效之收养，亦即未同意收养之配偶与被收养人间之收养关

---

⑮ 参见〔日〕利谷信义：《夫妇养子》，载《家族法大系Ⅳ"亲子"》，有斐阁1960年版，第165页。
⑯ 参见注⑫书。
⑰ "民法"第856条乃对于依'民法'第841条第2项，针对仅夫妻之一方为当事人，而与他方之子女缔结收养关系，然他方对此却未为同意之情形所为之相关规定。至于依同条第1项规定，以夫妻共同为当事人而须为收养之意思表示者，若其一方无收养之意思时，则无"民法"第856条之适用。1930年5月18日大民4《判决评论》第18卷"民法"，第838页。另参见〔日〕角田幸吉，注⑭书，第371页。
⑱ 〔日〕姊齿松平，注②书，第181页。

系，因追认而发生效力。因此B若未行使撤销权，将因视为追认之规定，使其与A发生收养关系，而非仅单纯承认他方配偶之单独收养。

3. 本件C收养A时，虽B非属配偶，但依当时台湾旧惯承认妾为准妻之地位，且因本件"最高行政法院"既承认B具有撤销权，则承认当时为妾之B具有准妻之身份应无异议，虽然其户籍并无记载收养A之数据，但因台湾旧惯之收养并未以户籍申报为要件，且依前两项理由得证明共同收养有效，纵使户籍未记载收养之事实，亦不宜当然排除当事人收养关系之存在。

# 虚伪出生登记之亲子关系

——评"最高法院"1999年台上字第2318号判决①

邓学仁*

### 基本案情

本件上诉人主张：被上诉人在户籍资料上虽登载为已故甲、乙夫妇之女，事实上系诉外人丙、丁所生，与甲夫妇间并无亲子关系存在。兹甲夫妇已死亡，被上诉人主张为继承人，对于伊得以甲胞妹身份继承之私法上地位即有侵害之危险，自有诉请确认被上诉人与甲夫妇间亲子关系不存在之必要等情，爰求为确认被上诉人与甲夫妇间亲子关系不存在之判决（上诉人在第一审系起诉请求确认被上诉人与甲间亲子关系不存在，在原审另追加请求确认被上诉人与乙间亲子关系不存在）。被上诉人则以伊系甲夫妇婚生子女，即令伊非甲夫妇所出，但既经甲夫妇自幼扶养，亦有收养关系存在，可以继承甲之遗产等语，资为抗辩。

原审依审理结果，以按本件诉讼虽为确认亲子关系不存在之诉，而实质上为否认被上诉人为甲夫妇之子女之诉，故本质上仍系否认子女之诉讼。而否认子女之诉，依"民法"第1063条第2项规定："……如夫妻之一方能证明妻非自夫受胎者，得提起否认之诉。但应于知悉子女出生之日起，一年内为之。"及"民事诉讼法"第590条第1项、第2项规定："否认子女之诉，夫妻之一方于法定起诉期间内或期间开始前死亡者，继承权被侵害之人得提起之。依前项规定起诉者，应自被继承人死亡时起，于六个月内为之。"经查甲于1994年8月26日死亡，乙系于1993年2月23日死亡，上诉人系于1996年1月23日提起本件诉讼，相隔均逾"民事诉讼法"第590条规定之甲夫妇死亡之时起6个月内之除斥期间；而依上诉人自认其早知甲夫妇谎报被上诉人为亲生，亦已逾"民法"第1063条第2项所定1年之除斥期间，从而上诉人提起本件诉讼，早已逾起诉之除斥期间，其请求（含上诉及追加之诉）依法不能准许，爰维持第一审所为上诉人败诉之判决，驳回上诉，并将上诉人追加之诉予以驳回。按确认亲子（女）关系不存在之诉，即属否认子女之诉，而否认子女之诉，依"民法"第1063条第2项及"民事诉讼法"第590条第1项之规定，惟夫妻之一方或继承权被侵害之人得提起之，后者并附有以夫妻之一方于法定起诉期间内或期间开始前死亡为要件。本件乙、甲既分别于1993年及1994年死亡，均逾"民法"第1063条第2项所定1年之除斥期间，上诉人尤不得提起本件否认子女之诉。原审为上诉人败诉之判决，经核于法洵无违误。查上诉理由虽援引本院1997年台上字第1908号判决，主张：因认领而发生婚生子女之效力，须被认领人与认领人间具有真实之血缘关系，否则其认领为无效，而认领无效之诉权，不因除斥期间之经过而消灭云云，惟本案被上诉人自出生即登记为甲、乙之女，并无经过认领之情形，自与上开判决意旨不同，要无援用之余地。上诉论旨，指摘原判决不当，求予废弃，不能认为有理由。据上论结，本件上诉为无理由，依"民事诉讼法"第48条、第449条第1项、第78条，判决如主文。

---

① 载《"最高法院"民事裁判书汇编》第38期，第486页。
* 警察大学法律学系教授。

## 裁判要旨

确认亲子(女)关系不存在之诉,即属否认子女之诉,而否认子女之诉,依"民法"第1063条第1项及"民事诉讼法"第590条第1项之规定,惟夫妻之一方或继承权被侵害者得提起之,后者并附有以夫妻之一方于法定起诉期间内或期间开始前死亡为要件。本件甲、乙既分别于1994年及1993年死亡,均逾"民法"第1063条第2项所定1年之除斥期间,上诉人尤不得提起本件否认子女之诉。

## 学理研究

### 一、问题之所在

本案例在于,上诉人主张因虚伪申报出生登记之结果,有侵害其继承权之危险,且其兄嫂与被上诉人间既然无真实血缘关系存在,故得以确认亲子关系不存在之诉除去之。然本判决则认为确认亲子(女)关系不存在之诉,即属否认子女之诉,欲排除户籍上虚伪登记之亲子关系者,不仅不得援用无真实血缘关系之认领无效("最高法院"1997年台上字第1908号)之判例,且须遵守否认子女之诉之除斥期间,亦即"民法"第1063条第1项及"民事诉讼法"第590条第1项起诉期间之规定。

然婚生子女之推定,乃在于保障夫妻间有合法婚姻关系时,使妻分娩之子女,毋须举证即可成为婚生子女之制度,因此子女是否受婚生推定,应以生父与生母具有合法婚姻关系,以及妻有分娩事实为前提,因此纵令妾与夫同居,其所生子女亦不受婚生之推定②,同理,倘妻将他人之子女,于户籍上登记为自己与夫之婚生子女,亦不能受此推定③,本案例认为于户籍上登记为子女者即属受婚生推定子女,欲排除此关系仅能以否认子女之诉为之,囿于否认之诉起诉期间与起诉权人之限制,本件固可确保身份关系之安定性,却研伤对于身份关系真实性之维护,本判决实有斟酌之余地。

### 二、婚生推定之客体

依"民法"第1062条与第1063条第1项之规定,对于婚生子女之推定必须符合:① 妻之生产(妻之子女);② 妻于婚姻中受胎;③ 妻于一定期间生产。三项要件,符合此三项要件者,即受婚生之推定成为婚生子女。由于父子女关系不若母子女关系可因分娩之外观事实得以判定,且实行一夫一妻制,基于婚姻道德与社会通念,妻由夫受胎乃属当然之事,反而由夫以外之男子受胎者究属例外,为使生母系由其夫受孕之事实得以确定,故有婚生推定制度之存在。凡能证明妻于婚姻关系存续中受胎者,即推定妻自夫受胎,同时该子女为婚生子女。

不仅如此,此项推定应专指夫与子女之关系而言,因为子女与生母之关系,或当然为婚生子女,或视为婚生子女,均无受推定或认领之必要,此观"民法"第1063条第1项、第1065条第2项之规定自明。换言之,就"民法"第1063条第1项所规范之意义而言,婚生子女之推定除使婚

---

② 参见1940年上字第2046号判例:"民法"第1063条第2项所称否认之诉,系夫否认同条第1项推定之婚生子女所提起之诉,妾于脱离结合关系后所生之子女,并不在同条第1项推定为男方婚生子女之列,在男方认领以前,与男方本不发生父与子女之关系,男方自无依同条第2项之规定,提起否认之诉之必要。

③ 参见1939年上字第1445号判例:"民法"第1063条第1项之规定,系就妻在婚姻关系存续中受胎而生之子女,推定为夫之婚生子女,其子女究系妻在婚姻关系存续中受胎而生,抑系妻收养他人之子女,有争执时,仍应以妻有无分娩之事实为断,自无适用该条推定为婚生子女之余地。

姻关系存续中受胎所生之子女,因而成为婚生子女外,其另一方面之意义则在于"父性之推定",亦即推定生母系由其夫受孕之事实。

### 三、婚生推定之否认与例外

婚生推定之前提在于父子女间具有血缘关系之联络,如夫妻之一方能证明妻非自夫受胎者,得提起否认之诉,"民法"第1063条第2项定有明文。否认之诉固然在于推翻子女婚生之地位,同样亦是否认妻自夫受胎之事实,因此若妻自始未受胎,或婚姻关系无效等情形时,则与婚生推定之要件有违,此时即无提起否认子女之诉之余地。试举下列之情形说明:

（一）非属妻怀胎之子女

甲夫乙妻因膝下无子,乃直接将丙夫丁妻之子戊,直接申报为甲、乙之子之情形,此时因为戊非属乙怀胎所生,纵因户籍之记载亦不生婚生推定之效力,倘欲否认甲与戊形式上之父子关系,应提起确认父子关系不存在之诉,而非婚生子女否认之诉。④

（二）夫之婚外子女

户籍上登记为甲夫乙妻之子丁,实际上系甲与婚外丙女所生,如前例因丁非乙所生,故无婚生推定之余地,如欲否认甲与丁之父子关系,应提起确认父子关系不存在之诉,而非婚生子女否认之诉。惟须注意者,因甲所为之出生登记,具有认领之效力⑤,如甲与丁无血缘关系,此时欲否认甲与丁之亲子关系,必须提起认领无效之诉。⑥

（三）婚姻无效所生之子女

丙子系于甲男与乙女婚姻无效之情形所生,此时因为丙不受婚生推定之故,因此欲否认甲与丙之父子关系,应提起确认父子关系不存在之诉,而非婚生子女否认之诉。⑦

（四）妻再婚后所生子女

母再婚后所生之子女,因该子女可重复推定为前、后婚夫之子女,其欲确定该子女之生父谁属时,固可依"民事诉讼法"第591条,提起再婚所生子女确定其父之诉,反之前夫或后夫若欲否认与该子女之父子女关系时,纵于户籍上登记为前夫或后夫之子女,则应提起确认父子女关系不存在之诉,而非婚生子女否认之诉。⑧

如上所述,形式上于户籍记载为婚生子女者,因该子女不受婚生推定之故,因此欲否认父子女间之关系时,并非以否认之诉为之,而系以确认父子女关系不存在之诉,或确定其父之诉为之。若申请人提起之诉讼有误者,受诉法院不应径自以不合法驳回,而应行使阐明权,适当地变更其请求意旨,使诉讼得以继续审理。⑨

### 四、虚伪出生登记与亲子关系

虚假申报出生登记之事时有所闻,考其动机大多惧怕申报真实出生登记呈现于户籍之情形,例如未婚女性生子,或夫为隐瞒自己婚外生子之情形,而为虚伪之户籍申报,相反,亦有为隐瞒收

---

④ 参见〔日〕冈垣学:《注释民法(22)のⅠ》,有斐阁1982年版,第133页;〔日〕沼边爱一:《嫡出推定の否认と除外》,载《演习民法(亲族)》,青林书院1985年版,第157页。

⑤ 参见《民集》第32卷1号,1978年2月24日版,第110页。

⑥ 同注④。

⑦ 同注④。

⑧ 参见〔日〕冈垣学,注④书,有斐阁1982年版,第134页。

⑨ 参见《民集》第19卷,1940年9月20日,第1586页;〔日〕冈垣学:《注释民法(22)のⅠ》,有斐阁1982年版,第134页。

养之事实,而直接将他人子女申报为自己之婚生子女之情形。不论动机如何,亲子关系乃因出生或法律拟制所生,非因户籍记载而来,因此纵将自己子女虚伪登记为他人子女,亦无法如户籍上之记载产生亲子关系,同样的,其因出生而发生之亲子关系亦不随同户籍上之记载而消灭。⑩

就虚伪出生登记之形态而言,首先,若系表见生母单独申报他人子女为自己子女,由于母与子女之关系如前所述,并无受推定或认领之必要,此时仅须着眼于母与子女间有无血缘关系之联络,因此与婚生推定无涉。其次,若系表见生父单独申报出生登记,此时既然无婚姻上之妻可以受胎,于是户籍登记仅得视为认领之意思表示⑪,当事人间若无血缘关系之联络,应以认领无效之诉除去之,故此亦与婚生子女之否认无关。⑫ 再次,若出生登记系记载于表见父母之户籍者,除非妻确已受胎,其分娩之子女应受婚生之推定外,否则不论为父之婚外子,或将他人子女虚伪申报为自己之子女,只要婚姻之妻未受胎分娩,均无受婚生推定之余地。⑬ 由此可知,并非于户籍上记载为亲子关系者,即可单纯直接认定应受婚生子女之推定。

总之,为保障婚姻神圣而设之婚生子女推定制度,与虚伪出生登记所产生之亲子关系,不可等同视之,因虚伪申报之出生登记不应产生亲子关系,至少就其中不具血缘关系联络者,应可允许利害关系人随时以确认亲子关系不存在之诉否定之,否则对于虚伪登记者,若仅能以否认之诉除去之,由于否认之诉起诉期间与起诉权人受到严格限制,易使相关当事人不及否认虚伪之亲子关系,如此一来,将使违法之登记间接受到法律之保护,其不合理之处至明。

**五、否认子女之诉与确认父子女关系不存在之诉**

本判决认为确认亲子(女)关系不存在之诉,即属否认子女之诉,恐有斟酌之余地。

首先,就诉讼之性质而言,所谓否认子女之诉,其性质过去多认为系确认之诉,惟近时多认为本质上类似形成权,或为私法上之形成权。⑭ 由于否认判决未确定之前,任何人均不得否认受婚生推定者之地位,因此其为形成之诉应属正当⑮,只要夫妻之一能证明妻非自夫受胎,即得提起否认之诉。至于确认亲子关系存之诉,乃指原告请求确认特定人间法定亲子关系存在或不存在之诉讼程序,既存之亲子关系不因确认之诉而发生或消灭⑯,因此在性质上属于确认之诉应无疑义。其于诉之主张中,不能单纯确认出生事实之有无,因为出生为一种事实,因出生所取得之身份为法律关系发生之原因,非即法律关系之本身,故不得为确认诉讼之标的。⑰ 修正后之"民事诉讼法"第247条,虽然对于为法律基础事实之存否亦得提起确认之诉,但仍须以原告不能提起他诉讼为限(同条第2项)。

其次,就诉讼要件而言,否认之诉仅夫妻得提起之,且应于知悉子女出生之日起,1年内为之,"民法"第1063条定有明文。此外,依"民事诉讼法"第590条第1项、第2项规定:否认子女之诉,夫妻之一方于法定起诉期间内或期间开始前死亡者,继承权被侵害之人得提起之。依前项规

---

⑩ 参见〔日〕久留都茂子:《虚伪の出生届の效力》,载《现代家族法大系》(第3卷),有斐阁1979年版,第93页。

⑪ 参见日本之判决,载《民集》第32卷1号1978年2月版,第110页。

⑫ 参见"最高法院"1997年台上字第1908号判例。

⑬ 参见1939年上字第1445号之判例。

⑭ 陈棋炎等:《民法亲属新论》,台北三民书局1987年版,第262页。

⑮ 参见〔日〕福永有利:《嫡出否认の诉と亲子关系不存在确认の诉》,载《现代家族法大系》(第3卷),有斐阁1979年版,第23页。

⑯ 参见〔日〕山木户克己:《人事诉讼手续法》,载《法律学全集》(38),有斐阁1958年版,第81页。

⑰ 参见1959年台上字第946号判例。

定起诉者,应自被继承人死亡时起,于 6 个月内为之。除此之外,第三人均不得提起否认之诉。与此相对,亲子关系不存在确认之诉,既属确认诉讼之性质,起诉权人、起诉期间均无限制,只要具有诉之利益⑱,任何有利害关系之人,不论何时均得提起。⑲

最后,就诉讼之适用范围而言,两者虽均以否定法律上之父子女关系为前提,由于前者为法律所明订之诉讼程序,乃专门为否认已受婚生推定之子女而设,凡符合此要件者,均应优先适用。而确认亲子关系存否之诉,乃依据"民事诉讼法"第 247 条确认诉讼之一般性规定而提起诉讼,因此如于人事诉讼程序中已有规定者,不仅不得抵触其他人事诉讼程序之规定,且对于性质相异者更不许互用。例如,不得以确认亲子关系存在之诉代替认领之诉,亦不得以确认亲子关系不存在之诉代替否认子女之诉等,即可说明该诉讼之特性。换言之,确认亲子关系存否之诉仅具补充性性质,因此,生父认领不具血统联络之子女时(即反于真实之认领),按理,本应可提起确认父子关系不存在之诉,惟因人事诉讼程序已有认领无效之诉,故应优先适用认领无效之规定。⑳

## 结论性观点

综上所述,子女是否受婚生推定,应以妻是否于婚姻关系存续中受胎为断,而非单纯取决于户籍上之记载为何,鉴于结婚并非采取登记婚主义,生父与生母纵未办理结婚登记,惟仅须妻于婚姻关系存续中受胎,不论妻是否自夫受胎,或所生子女是否已登记于户籍之中,均应受婚生子女之推定。反之,若妻自始未受胎,或婚姻关系未曾有效成立,纵使为虚伪之出生登记,亦不应使该子女有受婚生推定之余地,而成为表见生父之婚生子女。当然若考虑身份关系安定性之要求,固然法国法有运用"身份占有"与"时效"两项制度,作为调和身份关系的真实性与安定性之机制。所谓"身份占有"系指具有外观上亲子关系与生活事实㉑,若同时公权力证书亦记载为子女时,纵然违反生物学上之亲子关系,任何人均不得对此为相反之主张。至于"时效"制度,系指除法律有规定较短时效者外,自身份被剥夺或享有之日起,请求权因 30 年间不行使而消灭。㉒ 然因吾国现行法尚未有此规定,恐无法作此解释。

总之,否认之诉与确认亲子关系不存在之诉虽均以推翻父子女关系为目的,但两者之提诉期间、提诉权人以及适用之范围均有所不同,两者不得等同视之。本案例中被上诉人与上诉人之胞兄、嫂,虽于户籍之外观上具有亲子关系存在,但如前所述,上诉人主张其兄嫂自始未曾受胎怀

---

⑱ 若为解决财产关系之纷争,却独立提起确认亲子关系存否之诉者,因欠缺诉之利益,故其起诉为不合法,但若以此作为财产诉讼之中间确认之诉,则非法所禁,惟此诉非人事诉讼,其判决效力仅止于当事人之间。参见〔日〕山木户克己,《人事诉讼手续法》,载《法律学全集》(38),有斐阁 1958 年版,第 83 页。

⑲ 参见 1953 年台上字第 1031 号判例:"民事诉讼法"第 247 条所谓即受确认判决之法律上利益,系指因法律关系之存否不明确,致原告在私法上之地位有受侵害之危险,而此项危险得以对于被告之确认判决除去之者而言,故确认法律关系成立或不成立之诉,苟具备开要件,即得谓有受确认判决之法律上利益,纵其所求确认者为他人间之法律关系,亦非不得提起。载《"最高法院"判例要旨》(上册),第 1006 页。

⑳ 参见邓学仁:《论确认亲子关系存否之诉》,载《亲属法之变革与展望》,元照出版有限公司 1997 年版,第 226 页。另外参见"最高法院"1997 年台上字第 1908 号判例,以及评论此判例之论文,许澍林:《无真实血缘关系之认领无效》,载《黄宗乐教授六秩祝贺》,台北学林出版有限公司,第 97 页。

㉑ 身份占有是法国《亲子法》上重要的概念之一,须具有满足三项要件:(1) 子女有称父性的事实。(2) 有亲子关系的事实,并扶养子女以及资助其自立。(3) 社会上认定当事人为子女。参见松川正毅:《フテソス法におけるDNA鉴定と亲子法》,ジュリスト,1099 号,1996 年版,第 52 页;邓学仁:《迈入新世纪之亲属法》,第 12 页。

㉒ 参见松川正毅:《フテソス法におけるDNA鉴定と亲子法》,ジュリスト,1099 号,1996 年,第 52—53、57 页。邓学仁:《迈入新世纪之亲属法》,第 12 页。

孕,则被上诉人应与婚生子女之推定无涉,亦即无受婚生子女推定否认之诉所设除斥期间限制之必要,因为此时所谓婚姻纯洁、夫妻和谐等考虑已不复存在,相反的,虚假出生登记所衍生之亲子关系应自始、当然、确定无效,不因时间之经过而有效。本判决着眼于身份关系之安定性,而不就当事人间是否有真实血缘关系之联络加以论断,对于相关利害关系人权益之保障未免失之周全,固然身份关系之安定性与真实性必须加以折冲,但考虑现代亲子鉴定技术已非当年制订亲属法之情况可比拟,"亲属法"已逐渐往追求身份关系真实性之方向移动[23],今后对于类似案件作适当之调整,似已成为无法回避之课题。

---

[23] "法务部"目前已准备研商修正"民法"第1063条,扩大否认之诉之适用范围,延长否认之诉之提诉期间与增加子女成为否认权人。另外可参见邓学仁、严祖照、高一书:《DNA鉴定—亲子关系争端之解决》,元照出版有限公司2001年版,第253页。

# 论否认子女之诉与真实主义

——评释字第 587 号解释

邓学仁 *

## 基本案情

释字第 587 号解释（下称"本号解释"）系针对两件人民申请释"宪"案所作之解释。

一、为申请人因母逾法定期间未提起婚生否认之诉，乃以申请人与其父无事实上之亲子关系为由，诉请确认亲子关系不存在，经判决驳回，申请人以"民法"第 1063 条否认婚生子女推定的 1 年除斥期间规定，以及子女不得提起确认亲子关系不存在之诉，已剥夺子女依诉讼程序确认生父之权利，而有违反"宪法"第 22 条之疑义为由申请解释。

二、申请人检附 DNA 鉴定报告主张受他夫妻婚生推定之两名子女与其有亲子关系，提起确认亲子关系存在等诉，经驳回确定，申请人认此裁判有抵触"宪法"第 16 条、22 条及 23 条之疑义，故申请解释。"司法院大法官"于 2004 年底，作成本号解释。①

以上两件申请释"宪"案之共通点，在于法律上之亲子关系与真实血统关系互异之情形，本号解释肯认第一件释"宪"申请案，有关子女婚生推定之否认权，并许其于本号解释公布之日起 1 年内，以法律推定之生父为被告，提起否认生父之诉。然第二件释"宪"申请案则未受肯认，盖法律若许亲生父对受推定为他人之婚生子女提起否认之诉，不啻承认得因此诉讼而破坏他人婚姻家庭和谐，并自曝本身不法介入他人婚姻之不合理现象，显有悖社会一般价值之通念，故未依其所请。

## 裁判要旨

子女获知其血统来源，确定其真实父子身份关系，攸关子女之人格权，应受"宪法"保障。"民法"第 1063 条系为兼顾身份安定及子女利益而设，惟其得提起否认之诉者仅限于夫妻之一方，子女本身则无独立提起否认之诉之资格，且未顾及子女得独立提起该否认之诉时应有之合理期间及起算日，是上开规定使子女之诉讼权受到不当限制，而不足以维护其人格权益，在此范围内与"宪法"保障人格权及诉讼权之意旨不符。有关机关并应适时就得提起否认生父之诉之主体、起诉除斥期间之长短及其起算日等相关规定检讨改进，以符前开"宪法"意旨。

确定终局裁判所适用之法规或判例，经本院依人民申请解释认为与"宪法"意旨不符时，其受不利确定终局裁判者，得以该解释为基础，依法定程序请求救济，本件申请人如不能以再审之诉救济者，应许其于本号解释公布之日起 1 年内，以法律推定之生父为被告，提起否认生父之诉。其诉讼程序，准用"民事诉讼法"关于亲子关系事件过程中否认子女之诉部分之相关规定，至由法定代理人代为起诉者，应为子女之利益为之。

---

\* 警察大学法律学系教授。

① 本案件事实引自法源法律网法律新闻，http://www.lawbank.com.tw/fnews/news，2004 年 12 月 30 日访问。

法律不许亲生父对受推定为他人之婚生子女提起否认之诉，系为避免因诉讼而破坏他人婚姻之安定、家庭之和谐及影响子女受教养之权益，与"宪法"尚无抵触。至于将来立法是否有限度放宽此类诉讼，则属立法形成之自由。

### 学理研究

**一、问题之提出**

本号解释乃基于儿童之血统认识权与独立诉讼权之观点，认为应放宽否认子女之诉提诉之要件，采此见解应系考虑配合现代亲子鉴定技术之发达，为解决因亲子关系所衍生问题之必然结果，唯须注意者，本号解释并非主张否认之诉之提诉要件应该毫无限制地放宽，完全贯彻血统真实主义，因为从解释文可以得知，其仅提及否认之诉应修正提诉之要件，换言之，该解释谓：有关机关并应适时就得提起否认生父之诉之主体、起诉除斥期间之长短及其起算日等相关规定检讨改进，以符前开宪法意旨。不仅如此，本号解释亦明确表达尊重立法自由之立场，亦即，该解释谓：现行法律不许亲生父对受推定为他人之婚生子女提起否认之诉，系为避免因诉讼而破坏他人婚姻之安定、家庭之和谐及影响子女受教养之权。……故为防止妨碍他人权利、维持社会秩序而限制其诉讼权之行使，乃属必要，与宪法并无抵触。至于将来立法者应否衡量社会观念之变迁，以及应否考虑在特定条件下，诸如夫妻已无共同生活之事实、子女与亲生父事实上已有同居抚养之关系等而有限度放宽此类诉讼之提起，则属于立法形成之自由。本号解释可谓于强调血统真实主义之前提下，对于身份关系之安定，仍然给予相当程度之尊重，此部分实值肯定。

然于此成为问题者，乃身份关系真实性与安定性如何调和之点，身份关系原应以反应真实为要务，但因身份关系牵涉者不只当事人本身，对于以该身份关系为基础之其他利害关系人，均将因为身份关系之变动而发生牵连，因此身份关系不宜久悬不决，于追求身份关系真实性之同时，不能忽略安定性之重要性。[②] 就否认子女之诉而言，现行法对于提诉期间与提诉权人之限制，即着眼于身份关系安定性之考虑，但此限制有时将使亲子关系无法符合真实血统，将造成真实血统之生父得以逃避抚养责任，或相反，欲抚养子女之真实生父却无法如愿之窘况，其结果有时反而使未成年子女立于不利之地位，考虑此种可能性，以及当时立法之时空背景与目前亲子鉴定技术之发达状况不可同日而语，故本号解释乃作出对于否认之诉提诉要件应予修正放宽之意见。但如前所述，所谓放宽并非毫不设限，因为若完全贯彻血统真实主义，岂非亲子关系仅以鉴定结果为依据即可，如此一来，婚生推定制度存在之意义将面临重新检讨之命运，因为其可能造成纵于婚姻关系存续中受胎之子女，仍须积极举证亲子鉴定结果与婚姻关系相符，方能确保身份关系不致受到推翻，法定亲子关系将随时受到质疑与挑战，婚生推定制度一旦成为如此，其影响层面可谓非同小可，究竟本号解释之真意何在，其对修法之方向何指，均有进一步厘清之必要。

按现行"民法"对于婚生子女之否认设有三项限制：（1）否认之诉之提诉权人仅夫妻之一方得以提起。（2）提诉期间及起算时点乃于知悉子女出生之日起1年内为之。（3）否认要件必须举证妻非自夫受胎。此3项限制固然系考虑身份关系之安定性，但由于近年来亲子关系鉴定技术之发达，愈来愈容易发现法律上之亲子关系与真实之血统关系不一致之情形，其中最常见者，为与夫分居之妻另与他人同居而生下非属夫血统之子女，然或因妻不及提起否认之诉，或法律上之父置之不理而不欲提起否认之诉，致使妻之同居人虽欲认领该子女仍无法如愿之情形，如2003

---

② 参见邓学仁：《亲属法之历史与课题》，载《亲属法之变革与展望》，月旦出版社1997年版，第45页以下。

年发生之天桥男携子自杀事件即属此例。③ 为解决此种血统不一致之现况,有采取延后提诉期间起算点之论点④,亦有采日本"不受婚生推定之婚生子女"之学说,而以确认亲子关系存否之诉取代否认之诉之做法⑤,然则法律解释终有其极限,本号解释即针对解释论之瓶颈,企图根本性地从立法论着手,使子女得以成为否认之诉之提诉权人,就保障子女人格权之观点而言,本号解释殊值肯定,然则本号解释固然系采取放宽否认之诉法定要件之立场,但放宽之限度为何,如前所述,因事涉整体婚生推定制度之适用,此部分实有讨论之必要。

## 二、法院对于否认之诉所采立场之演变

相较于上述学说积极寻求提诉要件限制之突破,相对于法院实务方面,由于须考虑法律适用之安定性,避免类似案件产生不同结果之判决,因此过去仍坚守法定婚生推定否认之要件,但面对亲子鉴定技术不断革新,尊重儿童人格权之呼吁甚嚣尘上,最近法院似有逐渐松动之现象,检视下列裁判之内容,可以窥知法院所采立场之演变。

(一) 否认之诉提诉要件之坚持(否定说)

如前所述,否认之诉之提诉要件必须三者兼具,缺一不可,如"最高法院"1934年上字第3473号判例,即坚持仅提诉权人得提起否认之诉,亦即该判例谓:妻之受胎系在婚姻关系存续中者,"民法"第1063条第1项,推定其所生子女为婚生子女,受此推定之子女,惟受胎期间内未与妻同居之夫,得依同条第2项之规定以诉否认之,如夫未提起否认之诉,或虽提起而未受有胜诉之确定判决,则该子女在法律上不能不认为夫之婚生子女,无论何人,皆不得为反对之主张。同院1986年台上字第2071号判例亦采此立场,不承认与妻通奸之人提起否认之诉,该判例谓:妻之受胎系在婚姻关系存续中者,夫纵在受胎期间内未与其妻同居,妻所生子女依"民法"第1063条第1项规定,亦推定为夫之婚生子女,在夫妻之一方依同条第2项规定提起否认之诉,得有胜诉之确定判决以前,无论何人皆不得为反对之主张,自无许与妻通奸之男子出而认领之余地。由于此两则判例之立场坚定,对其后"最高法院"之判决产生相当大之影响,经检索"司法院"之法学数据系统⑥,就数据库中所收录之"最高法院"判决,目前仅发现"最高法院"2003年台上字第1643号判决与上述两判例步调稍有不同⑦,该判决虽未明显否定上述判例之立场,但以台湾高等法院对于案件事实未详加查明,判决不备理由为由,而废弃采取上述两判例立场之台湾高等法院2001年家上字第195号之判决,并将之发回台湾高等法院⑧,除此之外,其余"最高法院"之判决大致遵循此两判例之立场,坚持否认子女提诉之法定要件,足见目前"最高法院"仍以外观之身份关系安定为重,坚持否认之诉之法定提诉要件。

---

③ 本件因为阮姓生父与已婚女子婚外生子,事后该男虽与生母结婚,并抚养该非婚生子女,但由于法定父母均未于法定期间提起否认子女之诉,该男乃以该子女为被告,向高雄地方法院提起确认亲子关系存在之诉,并获得胜诉,其后该男持此判决欲至户政事务所办理登记遭拒,后于2003年4月11日乃发生天桥男(阮姓生父)自杀事件。

④ 参见林菊枝:《评"民法"亲属编修正法》,载《亲属法专题研究》(二),五南图书出版公司1997年版,第60页。陈棋炎、黄宗乐、郭振恭:《民法亲属新论》,2003年版,第276页。邓学仁:《DNA之鉴定与亲子关系之确定》,载《警察大学法学论集》1999年第4期,第319页。

⑤ 参见邓学仁:《不受婚生推定之婚生子女》,注②书,第227页以下。

⑥ 参见 http://nwjirs.judicial.gov.tw/。

⑦ 参见李木贵:《否认子女之诉与确认亲子关系不存在之诉》,载《月旦法学》2004年7月第110期,第186页。

⑧ 本案经"最高法院"发回更审后,为诉之变更后,台湾高等法院以2003年家上更(一)字第12号判决,仍将变更之诉驳回。

## (二) 否认之诉提诉要件之松动(肯定说)

相较于"最高法院"坚持否认之诉法定提诉要件之立场,下级法院却已逐渐出现以确认亲子关系不存在之诉取代否认之诉之情形[9],尤其 2000 年"民事诉讼法"第 247 条之修正,更成为重要论据之一,俨然成为下级法院之多数说[10],经检索上述司法院之法学数据系统,以最近 2003 年全年高等法院之判决为例,固然其中不乏否定说之见解,但实行否定说之判决中,亦出现肯认否认之诉提诉要件不合理之现象应予以修正之判决,亦即该判决谓:"纵令此条文因时代之变迁,亲子关系鉴定技术之进步,男女来往关系之复杂化,就原立法目的不足以因应,而有法随时转,需予增修必要之情况属实,然此系立法机关之职权,尚非法院所得置喙,更不得擅自违反法律明文规定,而予以限缩解释违法不予适用之"[11],足见法院对于全盘推翻否定说仍有所保留,但值得注意者,下列三则 2003 年之判决,反而是台湾高等法院推翻地方法院否定说之见解,观其所附之理由,可谓松动提诉要件之代表性案件。

1. 肯认子女之提诉具有诉之利益(2003 年家上字第 290 号判决)

本判决采肯定说之理由有三:(1) 除去表见亲子关系之主张具有诉之利益。亦即该判决谓:"亲子关系攸关父母子女间之扶养、继承等权利义务,如因未为正确之登记,致亲子身份关系未明确而有不安之状态存在,则受婚生推定之子女,依上开规定提起确认亲子身份之诉,以除去此种不安状态,应认有即受确认判决之法律上利益。"(2) 确认亲子关系存在之诉得以取代否认之诉。亦即该判决谓:"身为子女之上诉人不能提起否认子女之诉,其为使身份血统关系明确依'民事诉讼法'第 247 条之规定提起确认亲子关系存否之诉,以确认上诉人与被上诉人间是否有血统关系,自应认有即受确认判决之法律上利益。"(3) 以医院鉴定结果作为确认当事人亲子血缘关系之依据。

2. 限制提诉权不符子女利益(2003 年家上字第 252 号判决)

本判决采肯定说之理由有三:(1) 亲子身份关系可作为确认诉讼之标的。该判决谓:"本件上诉人主观认定被上诉人非其生父,其生父为陈某,然法律推定其为被上诉人之子,是上诉人生父之身份自属不明确,致上诉人私法上之亲权地位受到不安之危险,自有即受确认判决之法律上利益。"(2) 否认子女之诉限制提诉权人之不合理性。亦即该判决谓:"上诉人既不得提起否认子女之诉,亦不能提起其他诉讼以资救济,则其提起本件确认亲子身份不存在之诉,依上开规定,核无不合。"(3) 为符子女利益前述否定说之判例应作目的性限缩解释。亦即该判决谓:"子女利益之保障应优于母亲贞洁之维护,且为免混淆血统之真实,减少生物学上亲子关系与法律上亲子关

---

⑨ 参见邓学仁、严祖照、高一书:《DNA 鉴定——亲子关系争端之解决》,元照出版有限公司 2001 年版,第 241 页。

⑩ 参见李木贵,注⑦文,第 186 页。

⑪ 台湾高等法院 2003 年家上字第 11 号民事判决谓:按"民法"第 1063 条第 1 项所规定之"推定"婚生子女,于第 2 项既明文规定"前项推定,如夫妻之一方能证明妻非自夫受胎者,得提起否认之诉",显示该"推定"仅"夫或妻"得举证否认之;况该条文第 2 项于 1985 年 6 月 3 日修正公布增加妻亦得提起否认子女之诉,立法理由在于:"否认子女之诉,旧法仅规定唯夫得提起,倘子女显非夫之婚生子女而夫又不愿或不能提起否认之诉,该子女之真正生父即难以确定,为顾全子女之利益起见,应使妻亦得提起。……爰将第 2 项修正为'如夫妻之一方能证明妻非自夫受胎者'以资周延",明示仅增修"妻"得提起"否认之诉",以推翻该法条之"推定"婚生子女,而未及于第三人即真正之生父亦得诉请否认婚生子女之关系,殊属明确。纵令此条文因时代之变迁,亲子关系鉴定技术之进步,男女来往关系之复杂化,就原立法目的不足以因应,而有法随时转,需予增修必要之情况属实,然此系立法机关之职权,尚非法院所得置喙,更不得擅自违反法律明文规定,而予以限缩解释违法不予适用之。是上诉人此部分之主张,显无理由,要不可取。

系相违反之现象,日后发生近亲结婚之悲剧等优生学上之考虑,亦有适度给予子女提起确认之诉之权限。是上开判例自应作目的性限缩解释,亦即'无论何人,皆不得为反对主张'应排除受婚生推定之子女。"

3. 子女所提之诉为确认之诉(2003 年家上字第 160 号判决)

本判决采肯定说之理由有二:(1) 子女所提之诉性质为确认之诉故不受提诉期间之限制。亦即该判决谓:本件依上诉人起诉之事实观之,其提起者为确认亲子关系不存在之诉,为确认之诉,并非依"民法"第 1063 条第 2 项规定提起否认子女之诉,自不受同法条第 2 项但书应于子女出生之日起 1 年内为之规定之限制,亦无"最高法院"1934 年上字第 3473 号、1986 年台上字第 2071 号判例意旨之适用。(2) 以医院鉴定结果作为确认当事人亲子血缘关系之依据。

(三) 小结

如前所述,"最高法院"2003 年台上字第 1643 号判决首开否定说松动之契机,该判决虽未明指应采肯定说,但下级法院已出现不少采取肯定说之判决,肯认子女得以确认亲子关系存否之诉,排除否认之诉提诉要件之限制。综观其理由,大抵以子女既非属否认之诉之提诉权人,则子女即无受该诉提诉要件限制之必要,且追求真实身份关系亦符合子女之利益,若有医院之亲子鉴定结果为依据,其以确认亲子关系存否之诉除去表见亲子关系,自应认有即受确认判决之法律上利益。然此类见解已误解法律文义甚且逾越法解释论之框架⑫,盖确认亲子关系存否之诉虽允许当事人于有确认利益时得提起诉讼,但究竟非于人事诉讼程序中所直接明文规定者,故于适用时,若于其他人事诉讼程序中有直接明文规定者,自应优先适用之。换言之,确认亲子关系存否之诉仅具补充性之性质,二者并无混用之可能。⑬ 基于此点,台湾高等法院虽面对前述"最高法院"2003 年台上字第 1643 号判决发回更审而为诉之变更之结果,但仍以实体法规定,属立法之政策,除具行为规范效力外,并具裁判规范效力,否则将使"民法"第 1063 条之实体法规定形同具文为由,而将上述人变更之诉驳回。亦即该判决谓:"……民事诉讼属程序法,乃裁判之程序规范,而实体法则在评价诉讼前已存在之权利义务关系与其效果,诉讼之目的则仅具确认,或待判决结果赋予创造或形成权义之机能,至权利义务关系或身份关系之确立,系基于立法者之立法活动,除非法有明文授权或有意而未为立法保留,否则法官之判决须受立法活动之拘束,不能违反。"⑭固然台湾高等法院之本项判决并非意味着否定说再度抬头,但"民法"第 1063 条否认之诉之限制过于严格,已无法反映目前亲子关系鉴定技术之进步,不仅未能顾及子女利益,且致使身份关系之真实性受到过分牺牲,则为不可否认之事实,凡此应系促成本号解释作成之原因。

### 三、解释文之分析与未来修法之方向

本号解释所象征之意义,在于调整过去重视身份关系之安定性而牺牲真实性之现象,使身份关系更易趋近于真实,为配合此解释,"法务部""民法"亲属编研究修正小组亦达成第 1063 条修正之结论,亦即:"妻之受胎,系在婚姻关系存续中者,推定其所生子女为婚生子女(第 1 项)。前项推定,夫妻之一方或子女能证明子女非为婚生子女者,得提起否认之诉(第 2 项)。夫妻之一方或子女提起前项否认之诉,应于知悉该子女非为婚生子女时起 2 年内为之。但子女于未成年知悉者,仍得于成年后 2 年内为之。"⑮但如前所述,该解释虽重视真实性,但并非意指今后亲子关

---

⑫ 参见李木贵,注⑦文,第 212 页。
⑬ 参见邓学仁:《论确认亲子关系存否之诉》;注②书,第 226 页。
⑭ 台湾高等法院 2003 年家上更(一)字第 12 号民事判决。
⑮ "法务部""民法"亲属编研究修正项目小组 2005 年 3 月 7 日第 27 次会议记录。

系将以血缘鉴定作为唯一依据,换言之,本号解释尚不至于与贯彻绝对真实主义画上等号。检视本号解释之内容,均以放宽否认之诉提诉要件之限制为主轴,例如肯认子女之否认权、调整否认之诉提诉期间与起算日之规定、对于过去无法提起否认之诉者如何补救,以及亲生父能否提起否认之诉等均属之,本号解释虽符合追求真实之考虑,但追求真实果真能符合子女利益,又现行婚生推定制度应如何配合修正,均有厘清之必要。

（一）否认之诉提诉要件如何修正

有关婚生推定之否认,现行"民法"第1063条第2项规定,仅夫妻之一方能证明妻非自夫受胎者,得提起否认之诉,且须于知悉子女出生之日起,1年内为之。本项规定之所以被认为过于严格,可能有认为系1年之起诉期间过短使然,但仅就此点,《日本民法》第777条与"民法"雷同,且仅夫得以提起否认之诉《日本民法》774条,台湾于1985年修正"亲属法"时,增列妻得以行使否认权,但因妻通常知悉子女出生之日即为子女满周岁之时,若妻稍不留心则除斥期间容易经过,固然增加妻为否认权人,可弥补夫不愿提诉之情形,但须由妻自曝其非自夫受胎之事实,对于发现真实仍有其限制,日本为缓和该国否认之诉之限制,乃发展出"不受婚生推定之婚生子女"之理论⑯,使子女或利害关系人得以确认亲子关系存否之诉取代否认之诉,可谓煞费苦心,相较于此,本号解释以子女之人格权与诉讼权作为承认子女否认权之理由,鉴于亲子关系于法律上如扶养及继承等权利义务,具有相互之利害关系,现行法既然承认夫妻具有否认权,则同具利害关系之子女亦应赋予否认权,事实上于确保子女人格权与诉讼权之规定中,子女之认领请求权("民法"第1067条)亦有明文,虽二者之适用时机与性质有异,但维护真实主义之精神却无不同,因此本号解释肯认子女否认权之见解实属正确。

成为问题者,乃子女之否认权应如何规定之点。

1. 否认权行使方式之问题

子女若已成年固然其本身可决定是否行使否认权,但子女于未成年时,因未成年人之否认权须由法定代理人行使,若法定代理人为父母,由于其本身已具有否认权,依理应无代理未成年人行使否认权之余地,但于父母本身否认权之行使已逾除斥期间,或子女由父母以外之监护人任法定代理人时,即有代理未成年人行使否认权之可能,如此一来,除监护人任法定代理人外,即有可能产生纵父母本身否认权行使期间经过,但因子女尚未成年,故仍有代理子女再次行使否认权之机会,如此角色互易,能否善尽职责,此部分于修法时应有周延之设计。

2. 否认权除斥期间计算之问题

此除斥期间若修正为以知悉子女非为婚生子女之事实时起算,因知悉事实之主体有父母及未成年子女,于规范两者之起算点时,应有不同之考虑。于父母行使否认权之情形,仅须将现行法"知悉子女出生之日起",修正为"知悉子女非为婚生子女时起"即可,但于子女之情形,却须考虑该子女是否成年,若子女于未成年时知悉事实,应确保其于成年后仍得行使否认权,以避免父母或其他法定代理人未代理其行使否认权而逾起诉除斥期间之情形发生。若子女于成年后始知悉其情事者,立法政策须考虑之选择有二:(1)从兼顾身份关系之安定性着眼。据此可仿"民法"第1067条认领之请求之设计,限制子女于成年后至迟应于若干年内行使否认权,此种限制于子女已受表见生父抚养成年,但表见生父却年岁已长而须受扶养之情形,可能更加必要。(2)从贯彻真实性之要求着眼。据此不论子女于成年后何时知悉,均得行使否认权,此乃基于子女之血统认识权,子女有追求真实生父之权利,且子女非为婚生子女之情事非可归责于子女本身,故不应

---

⑯ 同注⑤。

对其否认权设限,但必须规定子女于知悉事实后,于一定期间内行使否认权,以避免子女滥用此项否认权。总之,不论实行何种观点,应将父母、子女或其他法定代理人知悉之时点分别规定,方能解决各种不同状况。

(二) 无法提诉者之救济如何设计

所谓无法提诉者,系指于修法前,虽已逾知悉子女出生之日1年,但于其后始知悉该子女非为婚生子女,而无法提诉之情形。申言之,按现行法否认子女之诉之提诉要件,若由"知悉子女出生之日起"修正为"知悉该子女非为婚生子女时起",由于放宽现行法否认之诉之提诉要件,必然产生夫妻于知悉该子女非为婚生子女时,虽未逾越修法后之起诉期间,但受限于修法前"知悉子女出生之日一年"期间,而无法提起否认之诉之夫妻。对于无法提诉者,为贯彻真实主义与放宽提诉要件之精神,亦应提供救济之道。例如,"法务部"即考虑于亲属编施行法增设救济条款:夫妻已逾○年○月○日修正前之"民法"第1063条第2项规定所定期间,而不得提起否认之诉者,得于修正施行后2年内提起之。⑰ 惟若依据此规定,所谓"不得提起否认之诉者",究系指前述无法提诉者,抑或凡修正前未提起否认之诉者,均得依此救济条款再行起诉,并未明确显示。盖夫妻知悉该子女非为婚生子女,若同时系于修法前之知悉子女出生1年以内者,依理无论实行何种起算点,因已逾法定除斥期间,即不得提起否认之诉,亦即其并非不能提起诉讼而系不愿提起诉讼,此与前述无法提诉者仍有差别,对于不愿提起诉讼者仍将其纳入"不得提起否认之诉者"之范畴,令人有法律保护怠于行使权利者之嫌,然则本号解释认本件申请人如不能以再审之诉救济者,应许其于本解释公布之日起1年内,提起否认之诉,再观诸前述法务部救济条款之设计,似指凡修正前未提起否认之诉者均得再行起诉,但此种不分对象之救济方式是否妥当,容有加以检讨之必要。

由于否认之诉之起算点将朝放宽为"知悉该子女非为婚生子女时起"之方向修正,因此除非被告能举证原告于修法前已知悉该子女非为婚生子女之事实,据此阻止原告行使否认权,否则原告仅须主张于修法后始知悉其事实者,基于举证责任之所在败诉之所在使然,对于修法后欲行使否认权者,可谓几无障碍,但不容否认者,被告亦有可能举证原告于修法前已知悉该子女非为婚生子女之事实,例如过去欲以确认亲子关系存否之诉取代否认之诉而败诉者,其亦属前述之无法提诉者,显见救济条款仍有其规范之必要。但因本号解释及法务部之救济条款草案均倾向于凡修正前未提起否认之诉者均得再行起诉,故于设计救济之规定时,应兼顾避免否认权滥用之情形,申言之,不可因救济条款之规定,反而使未成年子女处于无人抚养之状态,或已受抚养而成年之子女,作为逃避抚养年长之表见生父之依据。至于具体做法,可考虑仿效法国身份占有制度之法理⑱,若表见亲子关系继续达一定期间者,任何针对亲子关系之诉讼均不予受理(《法国民法》第334条之9),或者亦可考虑规定否认权之行使,有明显权利滥用,造成他人苛酷之情事者,应予排除适用,但后者之立法模式较不确定,适用上较易引起争议。

(三) 亲生父之提诉权应否允许

本号解释认为现行法不允许亲生父提起否认之诉,系为维护婚姻关系与子女权益,此与"宪法"并无抵触,但建议修法机关衡量社会观念变迁,于特定条件下考虑是否允许亲生父提起否认

---

⑰ 同注⑮。
⑱ 参见《法国民法》第311条之2,构成身份占有之事实如下:(一) 一般人认为某人系由表见父母所生,且该人一直使用表见父母之姓氏。(二) 表见父母待该人如子女,该人亦视表见父母如父母。(三) 表见父母以父母之身份,负担该人之教育、抚养与居住场所。(四) 该人于社会与家庭均受到如此之承认。(五) 公共机关亦如是承认。参见《法国民法》,罗结珍译,中国法制出版社2002年版,第98页。

之诉,所谓特定条件系指如夫妻已无同居共同生活之事实、子女与亲生父事实上已有同居抚养之关系等,是否明定则委由立法机关自行斟酌。从解释文所列之条件可以窥知,亲生父能否提起否认之诉,应以婚姻关系和谐及子女受抚养权益能否受到保障为考虑重点,例如于前述之"天桥男"自杀事件,法律上之父不知去向而亲生父现已抚养该子女之情形,问题即能获得解决,由于亲生父已与该子女之生母结婚,纵然允许亲生父提起否认之诉,不仅无碍相关当事人婚姻关系之和谐,更有助于子女抚养权益之确保,可谓皆大欢喜。然而不容讳言者,允许亲生父提起否认之诉,并非毫无弊害。

1. 破坏他人婚姻关系之和谐

就如本解释文所谓,如许亲生父提起此类诉讼,不仅须揭发他人婚姻关系之隐私,亦须主张自己介入他人婚姻之不法行为,有悖社会一般价值之通念,同时此与现行法之婚生推定制度正好相反,因婚生推定制度系以妻由夫受胎为常态,故若允许亲生父提起否认之诉,则妻之贞操将随时受到质疑,一般家庭难以承受如此冲击。

2. 提诉条件不易设计

本解释文虽然提及为允许亲生父提起否认之诉,得增设如夫妻已分居、子女正由亲生父抚养等提诉要件,但分居制度于亲属法尚未明定,而子女须由亲生父抚养之程度为何,且是否两项条件均须符合,甚或必须符合其他条件,始符合本解释文所谓之特定条件,同时本解释文所称之社会观念变迁如何衡量,其共识恐不易达成,诸如此类不确定法律概念颇难明确规范。

3. 可能造成否认权之滥用

此于子女已经成年无须接受抚养,且表见生父已经死亡,而无破坏婚姻和谐之虞者尤甚,此时亲生父可借由否认权之行使,将子女变为非婚生子女后再行认领,如此一来,亲生父可不必尽抚养之义务,却可享受该子女扶养之权利,反之,该子女不仅不能对表见生父尽孝道,却更须扶养未曾尽抚养义务之亲生父,其不合理至明。

鉴于修正草案已增设子女为否认权人,且提诉期间之起算日已放宽至知悉该子女非为婚生子女时起,如此规定可谓提起否认之诉之限制已大幅降低,仰赖亲生父提起否认之诉之必要性已大不如前,于此情形下,似不应忽视前述亲生父提诉之弊害,反而允许亲生父提起否认之诉。至于将来若因社会观念变迁,已达成允许亲生父提起否认之诉之共识时,宜加入提诉时必须取得生母或子女同意之要件,以避免前述亲生父提诉之弊害。

### 结论性观点

由于"民法"第1063条否认婚生子女之要件过于严格,明显损及子女之基本权,同时亦造成各级法院适用法律立场之分歧,已危及法律适用时必须考虑之安定性,为解决此困境,"大法官"会议乃作出释字第587号解释,本号解释强调应放宽否认之诉之提诉限制,使子女得以确定其真实血统关系,然真实主义是否必定符合子女利益,必须视情况而定,不得视之为理所当然。盖因否认子女之结果,将使该子女成为非婚生子女,若其生父不愿意认领,且该子女又已满7岁,依据"民法"第1067条第2项认领之请求,必须于子女出生后7年内行使,则此子女已无法请求生父认领,其将处于无父之状态,虽该子女于成年后2年间仍得请求认领,但已失去接受抚养之权利,事后若生父出尔反尔再行认领,子女反而必须负担扶养生父之义务,其不合理至明,或谓此为特例,但法律之规范必须设想各种状况,本号解释认为由法定代理人代理未成年子女提起否认之诉时,应为子女之利益为之,亲生父之提起否认之诉,必须衡量社会观念变迁等,均属折冲子女利益与真实主义之考虑。

由是观之，基于子女幸福或婚姻关系之维系有时必须牺牲真实主义[19]，因为亲子关系应非仅指单纯之 DNA 鉴定结果，当事人愿意成立亲子关系之决心，以及已实际进行共同生活之身份关系，亦系值得考虑之点，若忽视于此，反损及未成年子女利益，则真实主义必须适当让步。本号解释肯认放宽否认子女之提诉要件，固值赞许，但美中不足者，其仅对于修法前不及提起否认之诉而须救济者，于法定代理人代理未成年子女起诉者，应以子女之利益为依归，但对于检讨修法放宽提诉要件之建议，却未见应维护子女利益之考虑。申言之，本号解释固然认为为维护子女之利益应放宽提诉要件，但并未强调于放宽提诉要件时，亦须考虑符合子女利益原则。或谓此乃当然之理无须赘述，但观上述法务部之修正草案，其将否认期间及起算日放宽至夫妻之一方或子女知悉该子女非为婚生子女时起 2 年内，虽有 2 年之限制，但起算日已非自知悉子女出生时起算，如此一来，否认期间可能无限延长，则表见亲子关系可能在持续数十年之后一夕瓦解，长年形成之亲子关系，包含表见父母之养育与关怀，将完全遭到抹杀，如此岂非与亲属法强调之伦理与亲情相违背。

鉴于子女成年后，其受抚养权益之考虑渐减，而身份关系安定性之考虑渐增，因此于修法时，或可考虑导入前述之法国身份占有制度，于子女成年若干年后，不论任何人，一概不得提起否认之诉，或明定子女于一定情形下，得以行使否认之拒绝权等，均属可以考虑之点。盖子女寻根认识血统，有时未必即须发生亲子关系之权利义务，如自幼被收养后始被告知其本生父母者，当然无须恢复其与本生父母之亲子关系，因为生育与养育同属重要，先天的血统亲属关系是第一个自然，任何人无法选择，但后天的法定亲子关系，是第二个自然，是可以选择的，既然是法定的关系，即得衡量当事人之最佳利益，设计出最符合人性之制度，盼于否认之诉逐渐重视真实主义之潮流中，有些原则仍能继续坚持。

---

[19] 参见〔日〕松仓耕作：《血统诉讼と真实志向》，成文堂1997年版，第92页。

# "民法亲属编施行法"第六条之一之适用

——评"最高法院"1998 年台上字第 2316 号民事判决①

郭振恭*

### 基本案情

原告"依强制执行法"第 15 条规定,提起第三人异议之诉,请求撤销台北地方法院就登记为伊名义之系争不动产(包括土地及其地上建筑物)所为之强制执行程序。原告系主张:伊于 1982 年 5 月 19 日买受系争不动产,经登记为伊名义,与其夫甲约定为伊之特有财产,讵被告竟以之为甲所有,申请执行而予以查封,为此提起第三人异议之诉。

被告则抗辩:系争不动产为原告与其夫甲之联合财产,依修正前"民法"之规定,属甲所有,虽登记为原告名义,然非原告之特有财产。又台北地方法院系于 1995 年 8 月 31 日依其申请而查封系争不动产,1996 年 9 月虽公布增订"民法亲属编施行法"第 6 条之 1,但原告夫妻于该法条规定之 1 年期间内所为归属重新认定之行为,对被告不生效力。

### 裁判要旨

本件第一审判决原告败诉,第二审废弃第一审判决而为原告胜诉之判决(高等法院 1997 年重上字第 165 号),第三审判决将第二审判决废弃,发回第二审法院。

第二审判决之论据略以:(1)原告主张其有工作收入而出资购买系争不动产,堪以采信。亦即系争不动产为原告以其劳力所得之报酬所购买。(2)依修正后之"民法"第 101 条第 1 项规定及增订之"民法亲属编施行法"第 6 条之 1 规定,1985 年 6 月 4 日以前结婚,并适用联合财产制之夫妻(即未向法院登记采用约定财产制之夫妻),目前婚姻关系尚存续中或已离婚者,于婚姻关系存续中及 1985 年 6 月 4 日以前以妻名义取得,而目前仍登记于妻名下之不动产,逾此 1 年期间,则依登记之公示性认定所有权之归属,即登记为妻名义之不动产,其所有权属于妻。系争不动产既于"民法亲属编施行法"第 6 条之 1 施行后迄仍登记为原告名义,自属原告所有。

第三审判决废弃第二审判决之论据则为:(1)原审徒凭原告所提出而与证人乙之证言不尽相符之在职证明书及户籍誊本,遽认系争不动产为原告以其劳力所得之报酬所购买,自嫌速断。(2)夫妻于婚姻关系存续中以妻之名义在 1985 年 6 月 4 日以前取得之不动产,依当时适用之"民法"第 1016 条本文规定,为联合财产,如夫之债权人认此财产系夫所有,申请法院强制执行,予以查封,而妻主张系其所有,提起第三人异议之诉,法院应适用取得当时之"民法"之规定,查明其所有权之归属,资为判断之依据。上开已被法院查封之妻名义之不动产,于 1996 年 9 月 25 日增订之"民法亲属编施行法"第 6 条之 1 公布实施后,夫无论为重新认定属于妻所有之积极行为,或不为重新认定属夫所有之消极行为,致仍登记为妻名义者,如有此增订法律规定之适用,而认为系妻之所有,妻得提起第三人异议之诉,则有碍执行效果,查封登记之公信力必遭破坏,而影响

---

\* 东海大学法律学系教授。
① 该判决载《"司法院"公报》1999 年第 5 期,第 115—118 页。

于夫之债权人之权益,自与立法之目的有违,允非可取。故应认为此增订之法律施行法,在缓冲之1年期间或之前已被查封之夫妻联合财产,仍应依取得当时适用之"民法",定其所有权之归属,不能依此增订之法律,径认为于缓冲期间届满后,仍登记为妻名义之不动产系妻所有。

### 学理研究

**一、"民法亲属编施行法"第 6 条之 1 之适用范围**

按依 1996 年 9 月 25 日公布增订之"民法亲属编施行法"第 6 条之 1②③,旧法时以妻名义登记之不动产,于 1 年法定期间届满后,适用新法第 1017 条规定者,其适用之范围有下列之限制,即:

1. 须为 1985 年 6 月 4 日以前结婚,并适用联合财产制之夫妻——详言之,1985 年 6 月 5 日以后结婚之夫妻,其约定夫妻财产制者,固与本条规定无涉,如其为适用联合财产制者,应已依新法第 1017 条定其财产权之归属,亦无适用本条之余地。而 1985 年 6 月 4 日以前结婚者,如经约定夫妻财产制时,固不在本条适用之列;如其财产属"民法"第 1013 条之法定特有财产或属同法第 1014 条之约定特有财产,应依同法第 1015 条适用关于分别财产制之规定者,亦与本条无关。是故,仅为 1985 年 6 月 4 日以前结婚,并适用通常法定财产制即联合财产制之夫妻,始适用本条之规定。

2. 须为 1985 年 6 月 4 日以前结婚,并适用联合财产制之夫妻,于婚姻关系存续中以妻之名义在同日以前取得之不动产——详言之,不动产以外之其他财产权,于旧法时属于妻之名义者,仍应依旧法之规定,定其归属;于 1985 年 6 月 5 日新法生效后,由妻取得者,不论其为动产,抑或为不动产,均依新法定其归属,均无本条之适用。而旧法时,属于妻名义之不动产,有于婚前取得者,亦有于婚后取得者,因结婚为法定要式行为,妻婚前之财产,除属于其特有财产者外,于联合财产制,为其原有财产,其所有权属于妻(旧法第 1017 条第 1 项),至为明确,无从更名登记为夫所有,自无本条之适用;至妻于婚后取得者,因限于继承或其他无偿取得之财产,始为妻之原有财产,而不属于妻之原有财产部分及由妻之原有财产所生之孳息,均为夫所有(同条参照),即婚后属于妻之原有财产,范围有限,而实务上又将联合财产之所有权先推定为夫所有,即令不动产已登记为妻之名义者亦然④,其置登记之推定效力于不顾,对妻显为不利,本条为对旧法之适用有所限制,其范围限于妻婚后于 1985 年 6 月 4 日以前取得之不动产。

3. 适用旧法而为婚后以妻名义取得之不动产,依本条自 1997 年 9 月 27 日起适用新法,而为妻之所有者,又仅限于下列两种情形:① 婚姻关系尚存续中且该不动产仍以妻之名义登记者;② 夫妻已离婚而该不动产仍以妻之名义登记者。至于 1997 年 9 月 26 日以前之 1 年法定期间因夫妻之一方之死亡而消灭婚姻关系时,就妻婚后于 1985 年 6 月 4 日以前以其名义取得之不动产,如未曾对之为恢复登记为夫所有之行为者,于 1997 年 9 月 27 日以后虽仍属妻之名义,并不适用

---

② 关于本条文之研修及增订经过情形,请参见叶赛莺讲述《"民法亲属编施行法"第六条之一适用疑义之研究》,载《民事法律专题研究》(十七),第 3—9 页。
③ 关于本条适用之具体情形,请参见陈棋炎、黄宗乐、郭振恭:《民法亲属新论》,第 161—162 页。
④ 旧法时,实务见解即"最高法院"之判例、判决及决议,均将联合财产之所有权推定属夫所有,详请参见陈棋炎等注③书,第 155 至 159 页。

新法，仍应依旧法定其所有权之归属。⑤

二、第二、三审判决均论断本件与"民法亲属编施行法"第 6 条之 1 之适用关系⑥，但与原告所主张之约定特有财产者，并无牵涉

　　如前所述，须为 1985 年 6 月 4 日以前结婚，并适用联合财产制之夫妻，始有适用"民法亲属编施行法"第 6 条之 1 之问题，如非夫妻间之联合财产，即与该条之规定无涉，至为明了。又，旧法(第 1017 条)时之夫妻联合财产，其范围为：(1) 妻之原有财产，由妻保有其所有权，但仅限于其婚前财产及婚后因继承或其他无偿取得之财产；(2) 夫之原有财产(无偿及有偿取得之财产均包括之)及不属于妻之原有财产部分，为夫所有；(3) 由妻之原有财产所生之孳息，其所有权归属于夫。至夫或妻特有财产，无论其为"民法"第 1013 条之法定特有财产或第 1014 条之约定特有财产，依第 1015 条均适用关于分别财产制之规定，且依旧法第 1016 条但书之规定，妻之法定特有财产，亦不在联合财产之内。⑦

　　查本件第二审判决系认定系争不动产乃为妻之原告于旧法时(1982 年)以其劳力所得之报酬所购买者，登记为原告名义，虽经法院于 1995 年间查封，而于"民法亲属编施行法"第 6 条之 1 施行后，逾 1 年之法定期间，仍为原告名义，即为原告所有，自得排除强制执行。惟：该判决既已认定系争不动产为原告于旧法时，以其劳力所得之报酬所买受，即为旧法第 1013 条第 4 款所规定之妻之法定特有财产，其既非属联合财产，而应适用分别财产制之规定，即保有系争不动产之所有权，得径行排除强制执行，勿论依旧法如属联合财产而为妻所有之原有财产，经夫之债权人以之为夫所有，而予申请执行，并经法院予以查封时，于前述之 1 年之法定期间内，妻得否提起异议之诉(另如后述)，为另一问题，系争不动产果真如第二审判决认定属于妻即原告之法定特有财产，尤无上述施行法第 6 条之 1 之适用。是故，本件第二审判决就妻之特有财产，对适用"民法亲属编施行法"第 6 条之 1 之为论断，显无必要，亦有违误。

　　第三审判决以第二审判决认定系争不动产为原告以其劳力所得之报酬所购买一节，其事实尚未臻明了，且有疑义，而指摘原审判决为速断，此一部分之理由，固无不合。惟查：第三审判决既已就系争不动产是否为原告以劳力所得之报酬所购买之事实为斟酌，即其亦以系争不动产是否为原告之法定特有财产为判断之基础，竟亦如第二审判决，疏未注意旧法时属妻之特有财产与"民法亲属编施行法"第 6 条之 1 之适用无涉，而未指明第二审判决适用法规之不当。从而第三审判决之该部分为违误，可以概见。至第三审判决另谓于"民法亲属编施行法"第 6 条之 1 施行

---

⑤　在 1996 年 9 月 27 日至 1997 年 9 月 26 日之 1 年法定期间内，如夫妻之一方死亡时，有无本条之适用？自本条仅列举其适用之两种情事，死亡一事即无本条之适用，至为明了。

又，"法务部"研修会研议本条时，亦曾讨论是否将"死亡"一事列为本条适用范围，但大部分委员均不予赞成，请参照叶赛莺前揭讲述，第 7 页。

再者，于该 1 年之法定期间内，尚无将妻名义登记之不动产恢复为夫所有之行为者，而夫妻之一方死亡时，继承即已开始，此际自应依旧法规定决定其是否为继承标的，如得适用本条时，即欠合理，并增加纷扰，可以概见。综上说明，本条未将夫妻一方死亡一节列为适用范围，显为法律之有意省略，而无疏漏。

⑥　本件判决将第二审判决废弃，固载明第二审判决之论据，其中仅记载第一审判决原告败诉，至第一审判决之理由为何，自本件判决无从得知，故本文未并予评述。

⑦　新法第 1016 条但书固已明定夫或妻之特有财产(不论法定或约定)不在联合财产之内，至旧法同条但书虽仅规定妻之法定特有财产不在联合财产之内，然妻之约定特有财产，夫之特有财产(不论法定或约定)，既又明定其亦为适用关系分别财产制之规定，解释上亦不在联合财产之内甚明。参见史尚宽：《亲属法论》，第 335 页。惟无论如何，妻因劳力所得之报酬(旧法第 1013 条第 4 项)，于旧法时为妻之特有财产，其不在联合财产之内，尤为明确。

后,在缓冲之 1 年期间或之前已被查封之夫妻联合财产,仍应依当时适用之"民法"即旧法,定其所有权之归属,不能依该增订之施行法径认为缓冲期间届满后,仍登记为妻名义之不动产系妻所有,云云,与第二审判决为相异之见解。基于该施行法所定之 1 年法定期间内,旧法时以妻名义登记之不动产既仍应先推定为夫所有,夫之债权人自得对之申请执行(不论其为终局执行或保全执行、本假行或假执行),当不因 1 年之期间经过后,其于该期间或之前经查封之妻名义登记之不动产,因尚未拍卖或拍定而仍为妻之名义,即成为妻所有之不动产而言,此一见解固为正确,但此项论述与原告主张其依据特有财产而排除强制执行者,并无直接关系,可谓多余之理由。

### 三、法定特有财产与约定特有财产各有所本,第二、三审判决于本件疏未予以区分

按依旧法第 1013 条之规定,法定特有财产有四,即:(1) 专供夫或妻个人使用之物;(2) 夫或妻职业上必需之物;(3) 夫或妻所受之赠物,经赠与人声明为其特有财产者;(4) 妻因劳力所得之报酬。"民法"第 1014 条又规定,夫妻得以契约订定以一定之财产为特有财产,即为约定之特有财产,惟其须以契约订立,该契约并应以书面为之,亦即法定要式行为,非经登记,不得以之对抗第三人(参照"民法"第 1007 条,第 1008 条第 1 项)。从而是否属于约定特有财产,认定上显较法定特有财产为易。特有财产不论其为法定或约定,固均适用关于分别财产制之规定("民法"第 1015 条),但法定特有财产与约定特有财产,既各有所本,又有分别,不应相混。

如本件第三审判决于判决理由中所载,原告系主张伊买受系争不动产,登记为伊名义,"伊与夫约定系争不动产为伊之特有财产,依法为伊所有",亦即主张系争不动产为妻即原告之约定特有财产。惟如前所述,第二、三审判决均系就系争不动产是否为原告以其劳力所得之报酬购买,亦即是否属于原告之法定特有财产而为审酌,而非依原告之主张论断系争不动产是否为其约定特有财产,其有不依当事人之主张而为裁判之违误,亦可概见。综观本件判决,原告固亦举证证明其以劳力所得购买讼争不动产,若然,原告似又主张系争不动产为其法定特有财产。第查,法定特有财产与约定特有财产,于法既有区别,纵令原告之主张游移不一,于言词辩论时审判长亦应行使阐明权(参见"民事诉讼法"第 1999 条第 2 项),以确定原告之主张为法定或约定特有财产,拟此为论断,惟未见判决上有尽阐明义务之记载,是故,本件之诉讼程序亦有重大瑕疵之嫌。⑧

### 四、"民法亲属编施行法"第 6 条之 1 与强制执行之关系

依该"施行法"第 6 条之 1,前述于旧法时以妻名义取得之不动产,自 1996 年 9 月 27 日至 1997 年 9 月 26 日之 1 年法定期间内,如未经更名登记或移转登记为夫所有者,自 1997 年 9 月 27 日起适用新法第 1017 条规定,该不动产即为妻所有,固已明确;惟在此 1 年之法定期间内,其归属尚未适用新法,夫或妻之债权人仍得申请强制执行⑨,即分别以之为夫所有,或以之为妻之特有或原有财产,而实施执行,但如夫或妻提起(第三人)异议之诉时,与适用该施行法第 6 条之 1 有何关系,亦应予以究明。兹分下列两种情形析论之:

1. 妻之债权人申请执行,而夫提起第三人异议之诉时——妻之债权人于 1 年法定期间内或之前就婚后以妻名义登记之不动产,依登记名义主张属妻之特有或原有财产而经申请法院予以执行时,但夫如主张为其所有,而提起第三人异议之诉,且其起诉在 1 年法定期间内者,此际既应

---

⑧ 审判长为定诉讼关系,有阐明之义务,如其违背此一义务者,诉讼程序即有重大瑕疵,法院本于该程序所为之判决,即属违背法令(参见 1954 年台上字第 12 号判例)。

⑨ 旧法时,夫妻之一方为债务人,债权人就妻名义登记之不动产为执行,于夫为债务人时,妻可能提出第三人异议之诉,主张该不动产为其特有或原有财产以排除执行,于妻为债务人,夫可能主张该不动产为联合财产,属其所有,而提起第三人异议之诉,其易生纠争之情形。参见陈棋炎等,注③书,第 156 至 159 页。

依旧法判断其所有权之归属,即令诉讼系属中,1 年法定期间届满时,亦不因该异议之诉尚未确定,而不动产仍属妻之名义,即成为妻所有;易言之,此情形不能依该"施行法"第 6 条之 1 适用新法使妻取得该不动产所有权。如夫胜诉确定者,法院应撤销已为之执行处分,夫仍得对妻就该旧法时属联合财产之不动产请求更名登记为夫所有;如夫败诉确定者,妻之债权人申请执行该妻名义登记之不动产,即属正当,对已实施之执行行为或执行程序之续行,无任何之影响,自不待言。

2. 夫之债权人申请执行,而妻提起第三人异议之诉时——夫之债权人于上述 1 年法定期间内或之前就婚后以妻名义登记之不动产为夫所有,而经申请法院予以执行时,但妻如主张依旧法为其特有或原有财产,而提起第三人异议之诉时,则如本件第三审判决理由中所谓"法院应适用取得当时之'民法'规定,查其所有权之归属,资为判断之依据"。惟似宜再分为下列两种情形予以说明:(1) 妻即原告如主张为特有财产者,判决结果为胜诉时,固应撤销强制执行,其与上述"施行法"第 6 条之 1 之适用,固无牵涉,已如前述,惟因第三人异议之诉之性质,通说及实务采形成之诉说,即其诉讼标的为异议权,至第三人所主张之实体法上所有权,为判决之先决问题,并非诉讼标的,而为判决效力所不及[10],是故,夫如另行于上述之 1 年法定期间内主张该旧法时属联合财产之不动产为其所有而请求更名登记,或夫之债权人代位请求更名登记,则为另一问题[11],亦非同一案件。至异议之诉之判决结果为妻败诉时,对执行程序之续行,自无任何影响,亦无上述之夫请求更名登记之问题。(2) 妻即原告如主张为原有财产者,判决结果为胜诉时,强制执行程序自亦应予以撤销,惟妻就原有财产之所有权并非异议之诉之诉讼标的,已如前述,夫仍得于该 1 年之法定期间内主张为旧法时之联合财产向妻请求更名登记,夫之债权人亦得代位请求更名登记,如逾期未为此项请求,致仍登记为妻名义者,依上开"施行法"第 6 条之 1 之规定,适用新法,即为妻所有。至异议之诉之判决结果为妻败诉时,执行程序既仍应续行,夫自无从向妻请求更名登记。

### 结论性观点

"民法亲属编施行法"第 6 条之 1 之增订,使修正后之"民法"第 1017 条,于一定要件下,溯及修正前已存在之夫妻联合财产,可谓特殊之规定,其固不免影响夫之既得权益,非毫无可议,但其对有违男女平等之旧法适用范围予以限制,解决旧法时因登记妻名义不动产所生适用上之不合理情形,亦有可取之处。惟依本条之规定,于适用上除涉及夫妻联合财产制之新旧法及其他之夫妻财产制外,亦与强制执行法之适用,密切有关,是故适用上亦非全无疑义。

本件第三审判决以:(1) 上开增订之"施行法"第 6 条之 1 施行后,在 1 年之法定期间或之前已被查封之夫妻联合财产,仍应依取得当时适用之"民法",定其所有权之归属,不能依该增订之法律径认于该法定期间届满后,仍登记为妻名义之不动产系妻所有,云云,指摘第二审判决与此相异之法律见解。(2) 妻在 1985 年 6 月 4 日以前取得之不动产,如夫之债权人认此财产系夫所有,申请执行,予以查封,而妻主张系其所有,提起第三人异议之诉,法院应适用取得当时之"民

---

[10] 第三人异议之诉之性质,通说及实务因采形成之诉说,以其可排除执行名义之执行力,即其诉讼标的为异议权,法院之判决仅对异议权之存否发生既判力,第三人所主张之实体法上之权利,法院所为之判断,并无既判力,故当事人就实体上之法律关系仍得另行起诉。学说上另有新形成诉讼说,认第三人所主张之实体法上之权利,虽为判决之先决问题,但亦为既判力之所及,其固较合理,但于台湾地区,尚非通说,实务亦未采取。参见杨与龄:《强制执行法论》,1999 年版,第 255—257 页;陈荣宗:《强制执行法》,第 167—181 页。

[11] 于此情形,如妻主张者为其特有财产时,既非联合财产,因适用关于分别财产制之规定,即与"民法亲属编施行法"第 6 条之 1 无涉,此际自无更名登记之问题,附为说明。

法"规定,查明其所有权之归属,资为判断之依据。上述两项见解,应为正确。惟:(1)本件为妻之原告所主张排除执行之依据乃系争不动产为其特有财产,并非原有财产,既不在联合财产之内,第二、三审判决均论断其与上述"施行法"第 6 条之 1 之适用关系,即无必要。(2)本件原告固主张系争不动产为其特有财产,而提起第三人异议之诉,惟其陈述者为约定之特有财产,但第二、三审判决均论断是否为其以劳力所得之报酬所购买,即审酌其是否属法定之特有财产,其疏未注意法定特有财产与约定特有财产各有所本,应有分别,不应相混。上开两点论断,即有违误。此外,第二审判决于理由中谓:"未向法院登记采用约定财产制之夫妻"为"适用联合财产制之夫妻"云云,尚欠允洽,因夫妻财产制契约之登记,并非生效要件,仅为对抗要件("民法"第 1008 条第 1 项)而已。

# 确认亲子关系存否之诉与认领之无效

——评析"最高法院"2008 年台上字第 1613 号判决①

郭振恭*

### 基本案情

原告甲以乙之共同继承人 A、B、C、D、E 为被告,诉请确认其与乙之父子关系存在。

甲主张其母丙与诉外人丁为夫妻,但于婚姻关系存续中,丙即与乙同居,丙、丁于 1968 年 8 月 27 日离婚,甲于 1969 年 3 月 18 日出生,乙于 1969 年 3 月 25 日即对甲为认领(经办理认领登记),并抚育甲长大,长期共同生活。讵乙于 2005 年 5 月 24 日死亡后,其继承人中之 A、B、C 即向户政事务所申请撤销乙对甲之认领登记,丁亦向第一审法院提起确认其与甲亲子关系不存在之诉,经判决胜诉确定在案。甲既与丁已无亲子关系,A、B、C 否认甲为乙之亲生子女,甲即有提起确认之诉之必要,为求确认甲与乙之父子关系存在。

### 裁判要旨

第一、二审为甲胜诉之判决,认甲与乙之父子关系存在。其理由为:甲受胎期间系在其母丙与丁之婚姻关系存续中,依"民法"第 1063 条第 1 项规定,推定其为丙、丁之婚生子,惟甲非其母丙自丁受胎所生,为第一审法院 2006 年度亲字第三号民事确定判决所认定,是甲与丁并无亲子关系。而被告 E 亦为丙与乙所生,经血缘关系鉴定,甲与 E 确为兄妹,衡诸乙于甲出生即为认领,应认甲之主张为真实。

第三审则将原(第二审)判决废弃,发回第二审法院。其理由为:甲出生时,依法推定为丙与丁之婚生子,第一审法院 2006 年度亲字第三号民事确定判决,始认定甲与丁间并无亲子关系,则于该判决确定前,甲仍被推定为丙与丁之婚生子,是故,乙于 1969 年 3 月 25 日之认领甲及其后抚育甲成人,能否谓甲业经生父乙认领或经抚育视为认领而与乙有父子关系存在,尚非无疑。

本件被告 A、B、C、D、E 以乙之认领违法为防御方法,否认甲与乙有父子关系。于第一、二审判决甲胜诉后,虽仅 A、B 提起第三审上诉,但本件诉讼标的对于共同诉讼之各人必须合一确定,其上诉之效力及于 C、D、E〔"民事诉讼法"(下称"民诉法")六五Ⅰ〕,其亦同列为上诉人。

### 学理研究

本件第一、二审判决以甲固推定为丙、丁之婚生子女,但甲出生时,即为事实上之生父乙所认领及抚育,甲与乙存有亲子血缘,而于乙死亡后,丁亦提起确认其与甲之亲子关系不存在之诉,经判决胜诉确定存在等,即甲之婚生子身份,经其法律上推定之生父丁予以否认,并生效力。是故,依原告甲之主张,为其胜诉判决,确认甲与乙之父子关系存在。但第三审判决则认为乙对甲为认领或抚育时,甲为丁之婚生子女,则乙之认领或抚育甲是否发生效力,应详为审究,即第三审虽将

---

\* 中原大学财经法律学系教授。

① 该判决引自网址:http://jirs. judicial. gov. tw. /FJUD/(浏览日期:2010 年 5 月 10 日)。

第二审判决废弃,但未指明确切之法律见解。

由上可知,对本件判决有待分析检讨者,有下列问题:(1)确认亲子关系存否之诉与其他亲子关系之诉之区别;(2)婚生子女否认之诉或认领子女之诉得否以确认亲子关系存否之诉替代之;(3)父母或子女死亡者,是否仍得提起确认亲子关系存否之诉;(4)认领无效之效果。

## 一、确认亲子关系存否之诉与其他亲子关系之诉之区别

依"民诉法"第589条规定,亲子关系事件有下列6种:否认子女之诉、认领子女之诉、否认推定生父之诉、认领无效之诉、撤销认领之诉、就母再婚后所生子女确定其父之诉。② 即无确认亲子关系存否之诉。惟上述明定之6种亲子关系事件,经判决确定结果,亦生亲子关系存否之效力,则其与确认亲子关系存否之诉有何区别,即成疑问。

按上述明定之6种诉讼中,除认领无效之诉及就母再婚后所生子女确定其父之诉,多数说认其属确认之诉外,其余4种诉讼均为形成诉讼,则无疑义。③ 惟认领无效之诉为生父已有认领非婚生子女之行为,但有无效原因,于有确认利益时,由利害关系人请求判决该认领为无效之诉;就母再婚后所生子女确定其父之诉,为就母之子女依法均可推定为母之前夫或后夫之子女,求为确定其生父究为母之前夫或后夫,由法院为判决之诉讼。即此两种确认诉讼,与单纯争执亲子关系存否之诉之情形,有所不同。从而应提起上开为形成诉讼性质之亲子关系之诉时,固不得提属确认诉讼之亲子关系存否之诉,即应提起属确认诉讼性质之认领无效或就母再婚后所生子女确定其父之诉,亦不得以提起确认亲子关系存否之诉替代之。

惟亲子关系存否之争执,并非仅明定之上开6种诉讼而已,其他情形,例如:(1)将他人子女于户籍上虚伪登记为自己之子女④;(2)非婚生子女,其生父与生母结婚,依"民法"第1064条规定,视为婚生子女,但如非婚生子女与生父并无血统联络⑤;(3)生父对其非婚生子女已为认领或抚育,依"民法"第1065条第1项,该非婚生子女视为婚生子女⑥,其后生父否认为其子女之身份,该子女主张认领有效,与生父早已有亲子关系存在。上开情形,无从提起法所明定之6种亲子关系诉讼,即有确认法律上亲子关系存否之必要。⑦

依上说明,亲子关系之诉讼,除法律明定之否认子女之诉等6种外,尚有法律未规定之确认

---

② 否认推定生父之诉为2009年7月8日修正公布时所增订。此乃因"民法"第1063条第2项于2007年5月23日修正公布子女亦得为婚生子女否认权人之故。

③ 参见姚瑞光:《民事诉讼法论》,2004年版,第815—816页;杨建华:《民事诉讼法要论》,2005年版,第561—562页;吴明轩:《民事诉讼法》(下),2009年版,第1832—1837页。

④ 将他人子女登记为自己子女,其虚伪户籍记载之多种态样。参见侯宏伟:《确认亲子关系存否之诉之研究》,成功大学法律研究所2009年硕士论文,第77—82页。

⑤ 非婚生子女,其生父与生母结婚,即为生父之准婚生子女,但如无亲子血缘而对亲子身份为争执,自有以确认亲子关系存否之诉解决之必要。

⑥ 非婚生子女既经生父认领或抚育,即视为婚生子女。但"民法"对认领未以之为要式行为,是否经抚育而视为认领,亦欠明确,均易引发纷争。此际子女主张其与生父既存亲子关系,因生父为争执,即有确认原来法律状态之实益。

⑦ 民事诉讼法上之亲子关系事件,虽未明列有亲子关系存否之诉,但学者有将之列于其中。参见吴明轩,注③书,第1836—1837页。《韩国民法》第865条第1项以确认亲子关系存否之诉,属于亲子关系诉讼中之一般的、补充的诉讼。参见金容旭:《韩国における亲子关系的确定》,载《户籍时报》2005年第592期,第16—18页。日本于2004年4月1日施行《人事诉讼法》之前,即得依《家事审判法》第23条审判亲子关系存否之诉,以确定法律上之亲子关系。参见〔日〕小川富之:《日本における亲子关系的确定》(上),载《户籍时报》2005年第584期,第10页。

亲子关系存否之诉。惟确认亲子关系存否之诉,于人事诉讼程序中之亲子关系事件未予明定之情形,即有其属通常诉讼程序之确认诉讼事件,抑应类推适用人事诉讼亲子关系事件过程之疑义,有待检讨。

日本于 2004 年 4 月 1 日所施行之《人事诉讼法》,已明定确认亲子关系存否之诉与否认子女之诉、认领之诉、认领无效之诉、撤销认领之诉、确定其父之诉,同为亲子关系诉讼(《人事诉讼法》二)。在此之前之人事诉讼手续法未规定有确认亲子关系存否之诉,则此一诉讼属通常之民事诉讼,或应类推适用人事诉讼手续法之规定,有所争议。惟基于亲子关系为最基本之身份的法律关系,与其他人事诉讼同应为真实发现及法律关系之划一确定,审理上自应采取职权探知主义,其判决效力亦应及于有利害关系之第三人。判例即将确认亲子关系存否之诉以人事诉讼处理之,多数说亦支持此一见解。⑧

于人事诉讼程序未明定确认亲子关系存否之诉之情形,当事人得否提起此一诉讼,固非无疑。"最高法院"1934 年上字第 3973 号判例曾谓有"确认身份之诉",1973 年 10 月 30 日民庭总会决议则承认"确认亲子关系存在或不存在之诉",但未表明其是否应属人事诉讼。按 1990 年 2 月 9 日增订公布之"民诉法"第 247 条第 2 项规定:"确认法律关系基础事实存否之诉,以原告不能提起他诉者为限。"则于上述亲子关系存否之争执,而不能提起法律明定之否认子女之诉等 6 种诉讼之情形,当事人得提起确认亲子关系存否之诉,自无疑义。惟确认亲子关系存否之诉,为因身份涉讼,除关乎个人私益外,亦影响公益,从而:关于认诺及诉讼上自认或不争执事实之效力规定应不适用("民诉法"第 594 条);法院得斟酌当事人所未提出之事实("民诉法"第 595 条);法院对于确认亲子关系存否之诉所为之判决,对于第三人亦有效力("民诉法"第 596 条第 1 项、第 582 条第 1 项)。易言之,确认亲子关系存否之诉应类推适用,关于人事诉讼程序关于亲子关系事件之程序,此参酌上开日本《人事诉讼法》之明定确认亲子关系存否之诉,尤为明了。⑨

勿论父母死亡者,子女是否仍得提起确认亲子关系存否之诉,亦暂不问本件是否属于对受婚生推定为他人子女为认领,甲为原告主张其为乙之非婚生子女,但一出生即经乙认领及抚育,而与乙发生亲子关系,但因被告即乙之继承人否认其与乙之亲子关系,乃提起本件诉讼,综上说明,其属确认亲子关系存否之诉,应类推适用关于人事诉讼亲子关系事件过程之规定,方为适当。

**二、婚生子女否认之诉或认领子女之诉得否以确认亲子关系存否之诉替代之**

婚生子女否认之诉及认领子女之诉,同为法律明定之亲子关系事件,前者为消灭亲子关系,后者为产生亲子关系,如当事人以确认亲子关系存否为诉讼标的时,法院应如何处理,亦待检讨。

婚生子女否认之诉,为私法上生父对子女之否认权(即形成权),须在诉讼上行使,经由法院以判决宣告,始能使既存之亲子关系消灭。其为形成之诉,应甚明确,亦为多数见解。⑩ 惟现今当事人之起诉及法院之判决常有以确认之诉,表现于诉状或判决主文者⑪,致多所混淆。依本件判决事实之记载,原告甲为其母丙与诉外人丁于婚姻关系中之 1969 年 3 月 18 日所生,依法推定为丙及丁之婚生子女,则得否认甲为丙及丁之婚生子女者,依 1985 年 6 月 3 日修正公布前之旧法

---

⑧ 参见松元博之:《人事诉讼法》,弘文堂 2006 年版,第 359—360 页。
⑨ 参见〔日〕松元博之,注⑧书,第 360—362 页。
⑩ 参见陈棋炎、黄宗乐、郭振恭:《民法亲属新论》,台北三民书局 2009 年版,第 287 页。
⑪ 参见杨建华:《问题研究民事诉讼法》(五),1998 年 2 月,第 189—194 页。

第1063条第2项规定,仅夫即丁有提起否认之诉之权利[12],且应于"知悉子女出生之日起,一年内为之"。是故,第一审法院另案之2006年亲字第3号民事判决,依丁所提起确认甲与丁亲子关系不存在之诉,而为丁胜诉确定判决,即多所疑问。详言之,甲既受推定为丙及丁之婚生子女,如生父丁为否认时,须提出否认子女之诉,不得以确认亲子关系不存在之诉替代之;且甲为于1969年间出生,丁迟至2006年间始提起否认之诉,显已逾1年之除斥期间,其否认权早已消灭,何以能推翻甲之受推定为丁之婚生子女?

依上说明,本件第一、二、三审判决疏未注意第一审法院另案2006年亲字第3号确认判决之违误,并资为本件判决之基础,即有未合。

又,"民法"第1067条规定之非婚生子女或其生母或其他法定代理人,得向生父提起认领之诉。此一规定于2007年5月23日修正公布前,旧法除明定请求认领之事由外,并有除斥期间之限制,新法则已删除认领事由及除斥期间之规定。易言之,非婚生子女与生父间如有血统之连络,认领权人即得对生父提起认领之诉;且于生父死亡后,认领人亦得向生父之继承人为之,生父无继承人者,亦得向社会福利机关为之。由是观之,认领权人之提起认领之诉,除须有亲子血缘外,新法已无其他之限制。

按认领子女之诉,于判决原告胜诉确定后,使非婚生子女与生父发生法律上之亲子关系,其诉讼标的为非婚生子女或其生母或其他法定代理人之私法上认领权,并须于诉讼上行使,固有认其为给付诉讼者,但多数见解认为其属于形成诉讼。[13] 原告甲提起本件诉讼为"民法"第1067条修正前,依旧法生父死亡者不得请求其认领(参见院字第1125号解释,"民诉法"第596条第1项、第580条),其诉之声明又为确认其与死亡之丁亲子关系存在,足见本件并非认领之诉。再者,如属于认领之诉,经判决甲胜诉确定时,固应溯及出生时视之为婚生子女,取得婚生子女身份,但不影响第三人已得之权利("民法"第1069条);但本件之甲为主张曾经生父认领或抚育,因已为生父之准婚生子女,具有确认利益时,提起确认亲子关系存在之诉,如经胜诉确定,则无溯及效力之问题,而无上开认领溯及效力不影响第三人已得权利规定之适用。显见二者有别。

综指上述,原告甲所提起之确认亲子关系存在之诉,与属形成诉讼之认领之诉,其显有不同。又,本件判决将亦为形成诉讼之婚生否认之诉与确认亲子关系不存在之诉混淆不分,即有适用法规不当之违法。确认亲子关系存否之诉虽法未予明定,但与婚生子女否认之诉、认领子女之诉同为亲子关系事件不同之类型。立法上应明定确认亲子关系存否之诉,至为明了。

### 三、父母或子女死亡者,是否提起仍得确认亲子关系存否之诉

确认亲子关系存否之诉既尚非亲子关系事件所明定之类型,其当事人之适格即待检讨。按当事人提起确认亲子关系存否之诉,影响当事人之身份关系及由此关系所生之权利义务,其情形有由父母或子女为当事人者,亦有由第三人起诉者,前者例如:父为原告,主张受准正之子女与其并无亲子血缘,求为确认亲子关系不存在是,后者例如:甲虚伪出生登记为乙夫、丙母之子女,其生父丁、生母戊请求为确认甲与乙、丙之亲子关系不存在是,即宜针对其情形之多样性为分析。

关于确认亲子关系存否之诉,有认为应类推适用"民诉法"第569条婚姻事件当事人之规定

---

[12] "民法"上之婚生子女否认权人原仅有夫,1985年7月5日后,妻亦为否认权人,2007年5月25日后,子女亦有否认权。此外,新法对行使否认权之除斥期间亦有所修正("民法"第1063条第3项)。

[13] 日本于学说上对于认领之诉之性质亦有不同见解,但基于认领之诉为确定父子自然血缘关系存在,以形成法律上之父子关系为其目的,应解为形成诉讼。参见〔日〕松元博之,注⑧书,第334—336页。

者。⑭ 即由父母起诉者,应以子女为被告;由子女起诉者,应以父母为被告;由第三人起诉者,应以父母及子女为共同被告;父母或子女死亡者,不得提起此种诉讼。亦有认为⑮:以请求确认其存否关系的一方的主体之父母或子女为原告,以有反对的利害关系之他方的主体之子女或父母为被告;父母之一方死亡时,生存之配偶得单独与子女间,提起确认亲子关系存否之诉,子女亦得单独以生存配偶为被告,提起此一诉讼;父母双方或子女死亡时,不得以其为确认亲子关系存否之诉的对象,但为更正户籍上之记载,例如,丙于户籍上记载为甲、乙之子,但须更正其记载,于甲、乙死亡后,为规范丙现在之法律关系,应肯定其有提起确认甲、乙与丙之间亲子关系不存在之法律上利益。

日本《人事诉讼法》上之确认亲子关系存否之诉,其原告为父母或子女,因亲子关系应为父母及子女间合一确定,其为固有必要共同诉讼;但判例⑯则认为,父子关系与母子关系得为个别诉讼,无须合一确定;第三人为原告,提此一诉讼则依其有无确认利益决定之。至于被告,因父母与子女为亲子关系之主体,一方提起此诉,他方即为被告,依前开判例,父子关系与母子得个别确定;如子女提起确认亲子关系存否之诉,即无须以生存中之父母为共同被告;如第三人为原告,则须父母及子女均列为被告,即为固有必要共同诉讼;父母之一方死亡者,生存者得为此诉之原告或被告(《人事诉讼法》第12条第2项),应以父母或子女为被告而死亡者,由检察官为被告(同条第3项)。⑰

按关于确认亲子关系存否之诉之当事人适格,有待未来立法之明定,于未立法前,似宜斟酌当事人争执之情形而决定之。尤其,"民法"第1065条第2项规定,非婚生子女与生母之关系视为婚生子女,无须认领,此与《日本民法》第779条规定,非婚生子女其生父或生母得为认领者⑱,尚有不同。亦即于"民法"上,非婚生子女与生母,因出生之事实,即有亲子关系,从而于确认亲子关系存否之诉,未必均须以生母为当事人。详言之:(1) 由父母或子女为当事人者,依其情形而有不同——甲于户籍上虚伪登记为乙父、丙母之子女,甲提确认亲子关系不存在之诉,自须以乙、丙为共同被告;甲男、乙女未婚同居,乙生丙后,甲曾对丙为认领,其后又否认丙之子女身份,丙为原告诉请确认亲子关系存在,仅须以甲为被告,因丙出生时即与乙有法律上之母子关系,当无再以乙为被告之必要。⑲ (2) 由第三人起诉者,其情形亦有不同——A之母为甲、乙,但于户籍上虚伪登记为丙、丁之子女,甲为原告诉确认A与丙、丁亲子关系不存在,自须以A、丙及丁为共同被告;戊男已有子A,其后戊与己女同居,于己生B后,戊、己结婚,B因准正为戊之准婚生子女,A主张B与戊无亲子血缘,提起确认B与戊之亲子关系不存在,须以B、戊为共同被告,但无须以己为被告是。

本件原告甲诉请确认其与生父乙之父子关系存在,如乙仍生存,依上说明,以乙为被告,即为

---

⑭ 参见吴明轩,注③书,第1844页。

⑮ 参见骆永家:《民事法研究II》,载《台大法学丛书》(45),1986年版,第141—144页。

⑯ 参见最判1981年6月16日《民集》,第35卷,第4号,第791页。

⑰ 参见〔日〕松元博之,同⑧书,363—364页。

⑱ 《日本民法》第779条固规定母对其非婚生子女得为认领,但学说及判例则有认领必要说、当然发生说及折中说之论争,请参见〔日〕中川淳:《改订亲族法逐条解说》,日本加除出版1992年版,第211—212页。

⑲ 母乙生子丙,依法即为准婚生子女,于法律上发生母子关系,虽丙对其父甲有提起确认父子关系存在之确认利益,但无必要对既存而无争执之母子关系为确认。至于乙得为诉讼参加,自不待言。此再参见子女否认推定生父之诉,以法律推定之生父为被告("民诉法"第589之1条第3项),无须以其母为被告,益为明了。

当事人适格,无须另以其母丙为被告。惟乙已死亡,以乙之继承人全体 A、B、C、D、E 为被告,当事人适格有无欠缺,尚待分析。按本件非由第三人提起该诉讼,如前所述,如就确认亲子关系存否之诉之当事人适格类推适用"民诉法"第 569 条第 1、2 项规定,父母或子女死亡者,即不得提起此种诉讼,至为明了。现行法又未如日本得以检察官为被告之规定,益见生父如已死亡,子女即无从提起确认亲子关系存否之诉。2007 年 5 月 23 日修正公布之"民法"第 1067 条第 2 项因规定认领之诉之认领权人于生父死亡后,得向生父之继承为之,生父无继承人者,得向社会福利主管机关为之,但其属于形成之诉,已如前述;勿论本件原告甲起诉时,此一规定尚未增订,其对本件确认亲子关系存在之诉,亦无从类推适用之。再者,父母或子女之一方已死亡者,于特殊情形亦有受确认亲子关系存否之法律上利益者,例如虚伪登记为他人子女,而为他人之父母均已死亡时,仍有提起该诉之必要,但现行法律并无如上述日本《人事诉讼法》得以检察官为被告,即仍不得提起此一诉讼。惟于其他诉讼,仍得以虚伪登记不生身份关系为先决问题,而由法院于判决理由中判断之,尚非全无救济方法。

纵据上述,本件甲于其生父乙已死亡后,以乙之继承人为被告,诉请确认其与乙之父子关系存在,被告之适格即有欠缺。惟本件判决对此应由法院依职权调查之当事人适格事项。未为判断,亦有未合。

**四、认领无效之效果**

"民法"第 1065 条第 1 项规定,生父得认领其非婚生子女,其为单独行为,其抚育之者,视为认领;经认领者,视为婚生子女,并溯及出生时发生效力("民法"第 1069 条)。关于认领之无效,"民法"并无明文,但"民诉法"则明定有认领无效之诉。如前所述,依多数说,认领无效之诉为确认之诉,并非形成之诉,即其无效为当然的、确定的、自始不定效力,不待法院之判决。

按对受婚生推定之子女为认领者,该认领为无效,甚为明确。此乃因受婚生推定之子女,除非依婚生子女否认之确定判决,否则其婚生性无从推翻,在此之前,其生父之认领为无效(院字第 273 号、院解字第 3181 号、院解字第 4082 号解释,1934 年上字第 3473 号判例)。如前所述,原告甲于 1969 年 3 月 18 日出生,依法推定为丙母、丁父之婚生子女,丁虽于 2006 年间提起确认其与甲亲子关系不存在之诉,勿论其非属婚生子女否认之诉,退步言之,即令自 2006 年起甲与丁之亲子关系不存在,而乙为甲之亲生父,但乙于 2005 年间即已死亡,果如甲主张其于出生后即由乙为认领或抚育属实,乙之认领亦为无效。易言之,甲受推定为丙母、丁女婚生子女之效力,亦不因乙于死亡前,曾对甲为认领或抚育而予以推翻。

本件被告 A、B、C、D、E 以乙违法认领为抗辩,未见第一、二审判决说明何以不可采。至于第三审判决将第二审判决为废弃之理由中,所指明甲与丁于 2006 年间始被认定无亲子关系存在,则在此之前,乙对甲之认领或抚育是否可使乙与甲发生父子关系,尚非无疑云云,固属正确,但其未就对受婚生推定之他人子女为认领应属无效,自始不生认领效力并为论列,尚有未足。

> **结论性观点**

确认亲子关系存否之诉,应为人事诉讼中亲子关系事件之一种,虽法未予明列,但应类推适用亲子关系事件之程序,未来之立法应予补充,明定其为亲子关系事件之一种,与婚生子女否认之诉等同列其中,求其周全。确认亲子关系存否之诉,具补充性,应提起婚生子女否认之诉、认领子女之诉、认领无效之诉等亲子关系事件者,虽亦生亲子关系存否之效果,但不得以确认亲子关系存否之诉替代之。

原告甲提起本件确认亲子关系诉讼时,因其生父乙已死亡,乃以乙之全体继承人为被告,被告之适格有所欠缺,但第一、二、三审判决均未对此一应由法院依职权调查之当事人适格要件为调查及判断,初已未合。又,本件判决就已逾除斥期间之婚生子女否认之诉,竟许以确认父子关系不存在之诉代替之,混淆不同性质之亲子关系事件,即有适用法规不当之违法。此外,本件判决对受婚生推定为他人子女之认领为自始不生效力,未为论列,其理由亦有不足。至于第三审判决就生父乙认领甲时,甲仍被推定为丙母与丁父之婚生子女,对第一、二审判决肯定乙之认领生效之见解为置疑,则无不合。

当事人于通常之财产诉讼中,以亲子关系存否为前提之财产纷争,例如继承权、扶养义务等,其诉讼标的为继承权之存否或遗产分割形成权或扶养请求权等,亦常以亲子关系存否为先决问题。惟上开亲子关系中,属确认诉讼性质者,如认领无效之诉,当事人以之为攻击或防御方法,自无不可;但为形成诉讼者,如认领之诉或婚生子女否认之诉,如未以之为诉讼标的,并经法院判决确定,亲子关系无从发生或消灭,仅以之为攻击或防御方法,即无任何作用。

本件为确认亲子关系存在之诉,原告甲以生父乙之继承人为被告,其被告适格固有欠缺,但于法如甲确与乙亲子关系存在,甲对乙之继承人提起遗产诉讼;而以与之亲子关系存在为先决问题,由法院于判决理由中判断,自无不可,惟此为另一问题。

# 离婚后酌定、改定子女监护人之准据法

——"最高法院"1993年台上字第1888号判决之评释

陈荣传*

### 基本案情

在"最高法院"1993年台上字第1888号判决中(下称本件判决),上诉人毛思迪(Steven Westley Mosher)为美国国民,住所亦设在美国,被上诉人黄惠雅是台湾籍女子,住所亦在台湾。双方当事人就住所原在美国,且具有美国籍之子黄大信(Steven Huang Mosher)之监护权归属问题,发生争执,在台湾法院涉讼。第一审判决上诉人胜诉,第二审改判上诉人败诉,本件系上诉人对于台湾高等法院判决其败诉之第二审更审判决不服,提起上诉。

### 裁判要旨

以下是"最高法院"判决上诉驳回的理由:

查判决离婚后关于未成年子女之监护权如何分配及其分配之方法如何,系附随离婚而生之效果,自应依离婚效力之准据法决定之。所谓关于未成年子女之监护权如何分配,不仅指夫妻经法院判决离婚后,对于其未成年子女所为应由何方监护之酌定而言,嗣后因情事变更而申请变更任监护之人即改定监护人者,亦包含在内。至于监护人指定后,监护人与受监护人之法律关系,则属监护问题,应依受监护人之本区域法决定。上诉论旨,谓改定监护人非属离婚效力之问题,而系有关监护之范围,应依"涉外民事法律适用法"第20条规定,以受监护人之本区域法为准据法云云,不无误解。又法院为准许离婚之判决时,对于未成年子女之监护人虽已为酌定,但嗣后情事有变更者,当事人非不得申请法院变更任监护之人,此就"民法"第1055条但书规定观之,应为当然之解释。原审系根据上诉人于判决离婚后再婚,生子多人,均赖其抚育,而认上诉人已不适于担任黄大信之监护人,在比较两造之职业、经济状况、监护能力及其子女之多寡等一切情况后,认为黄大信以改由被上诉人监护为适当,而为不利于上诉人之判决;既未以黄大信目前与何方共同生活为酌定之标准,则被上诉人携带黄大信自美返台,其行为无论是否出于不法,于裁判之结果均不生影响,原审虽未于判决理由中加以论断,有欠周延,但结果并无二致。上诉论旨,执以指摘,声明废弃原判决,不能认为有理由。①

---

\* 东吴大学法律学系副教授。

① 本件判决并摘录双方之主张及原审(台湾高等法院……号)之判决理由如下:

本件被上诉人主张:黄大信为上诉人与被上诉人之子,两造判决离婚后,黄大信之监护权归上诉人。但上诉人既与他女结婚,现子女众多,需其抚养,情事已有变更,不适于担任黄大信之监护人,自应改由伊监护等情,求为准伊监护黄大信之判决。

上诉人则以:上开美国加州法院之判决已确定,两造应受其拘束,被上诉人提起本件诉讼违反一事不再理之原则。何况被上诉人强将黄大信携出美国国境,进而主张情事变更,要求改定监护人,亦为法所不容等语,资为抗辩,并反诉求为命被上诉人将黄大信交付与伊之判决。

"最高法院"上述判决之主要重点有二:(1)明确为当事人间之诉讼标的为定性,认为系争法律关系应依"涉外民事法律适用法"第15条,决定其准据法,不应适用同法第20条之规定;(2)认定本件在台湾法院提起,并不违反一事不再理原则,乃是合法。

从双方当事人之主张及各审法院之判决理由,可发现后一重点包括下列二端:(1)法院受理本件诉讼,是否违反一事不再理原则?即美国加州法院判决之既判力,是否及于本案之诉讼标的?(2)被上诉人之携带其子返台,如系出于不法行为,于诉讼之结果有无影响?"最高法院"本件判决就上述问题,均未规避,值得肯定,但其见解仍有从国际私法学之角度,再予以评析、检讨之必要。

### 学理研究

一、绪言

经过多年国际化的调整后,台湾地区人民与外国人之交往已较往昔更为密切,因与外国人间之交往,而发生之涉外民事法律争端,也有逐渐增加之趋势。因通商或旅游而发生涉外财产关系者,固无论矣,与外国人间就亲属或继承等身份关系发生争议者,亦颇有其例。涉外身份关系往往涉及不同文化之冲突,其中尤以与外国人因同居或结婚后,就所生育之子女之监护权归属之争议,最具代表性。"最高法院"于1993年8月,先后作成1994年台上字第1835号及1933年台上字第1888号判决,前者涉及非婚生子女之监护权归属,后者涉及离婚后子女监护人之改定,均刊登于"司法院公报",已成为决定父母之亲权与对子女之监护权的重要先例。对于前一判决之理由构成,笔者曾撰文予以评释②,本文之目的,即在从方法论之角度,评释后一判决。

二、离婚后酌定、改定子女监护人之定性问题

#### (一)法院之依职权定性

在本件中,上诉人抗辩即使台湾法院得受理本件,亦应适用美国法,其理由应认为本件之性质,属于"涉外民事法律适用法"第20条所规定之"监护"问题,应适用被监护人之本国法,即美国法。上诉人为本件诉讼之原告,法院未受其所主张之法律关系之拘束,重新对其法律关系予以定性,并认为诉讼标的的性质属于"离婚之效力"问题,从而变更起诉所引用之条文,改依同法第15条规定决定其准据法。

本件法院未认为当事人所未提出之法律关系,法院不得依职权斟酌,也未认为法院应受原告所提出之法律关系所属冲突规则拘束,在依职权适用国际私法之际,也依职权决定究应适用国际私法上之何一冲突规则,以决定案件之准据法,为台湾涉外案件之审判,树立了良好的典范,值得

---

① 原审以:关于判决离婚后酌定及改任监护人之诉,均属于离婚效力之一部分,其涉外事件所应适用之准据法自应依"涉外民事法律适用法"第15条规定决之。本件被上诉人为外国人妻,未丧失国籍,为两造所不争执,则其离婚之效力即应以台湾法律为准据法。上诉人抗辩应适用美国法一节,尚无可取。被上诉人系在上开美国加州法院判决两造离婚及黄大信归上诉人监护确定后,主张因情事变更,上诉人有不适于担任监护人之情形,请求法院为黄大信之利益,变更任监护人之,要无违背一事不再理原则之可言。(以下省略)审酌两造之职业、经济状况、监护能力及其子女之多寡等一切情况,认为黄大信可改由被上诉人监护为适当。爰将第一审对监护本诉及交付子女反诉所为上诉人胜诉之判决废弃,改判黄大信由被上诉人监护,并驳回上诉人在第一审之反诉。

② 参见陈荣传:《涉外子女监护判决之研究》,载《法学丛刊》1995年第158期,第65—74页。

肯定。盖法院如就此点,仍拘泥于旧诉讼标的理论,即与将法院适用国际私法的职权,拱手让与当事人行使无异;法院本着新诉讼标的理论之精神,不受当事人法律上主张之限制,径就当事人所提出之法律事实,依职权进行法律上之分析,决定讼争事实所属的法律关系之类别及其应适用之国际私法条文,国际私法上之定性问题,始具实益。③

本件当事人间之争议,是父母双方在离婚后,请求改定子女之监护人。对于此一涉外民事案件,有管辖权之法院应依法庭地之国际私法,决定其准据法,但首先应决定究应适用国际私法上何一条文。"涉外民事法律适用法"就夫妻离婚后,子女监护人之酌定及改定问题,未设明文规定,如其非为法规欠缺或法律漏洞,法院即须确定其法律关系,究竟性质上属于何一已有明文规定之类别,例如第 15 条所规定之"离婚之效力"、第 19 条之"父母与子女间之法律关系"、第 20 条之"监护"或第 21 条之"扶养之义务",从而适用其冲突规则。此一程序,即是学理上所称之"定性"(德 Qualifikation;英 characterization、classification)。

"涉外民事法律适用法"中可能适用于本件之上述条文,其适用范围分别为有关"离婚之效力""父母与子女间之法律关系""监护"及"扶养之义务"之法律关系。各该冲突规则的第一部分或构成要件部分,均是实体法上之法律关系。定性即是法院就具体个案之情形,判断其法律关系是否属于各该条文之规范范围,即解释此等引致概念(Verweisungsbegriff)之程序。可见法院经由定性程序,将实体法之概念植入国际私法之适用程序,使实体法与国际私法得因此互相衔接。④定性之问题在国际私法上,最困扰各国或地区法院之实务者,乃其究竟衔接法庭地之国际私法与何国之实体法,即上述各条文中之引致概念,究应以何国或地区之法律所规定者为准之问题。

(二)定性之标准及边界案件

定性之标准在各国学说及实务上,一直有数种不同见解,其中最主要者为下列三说:(1)法庭地法说(lex fori),认为应以法庭地实体法为准;(2)案件准据法说(lex causae),认为应以本案准据法为准;(3)比较法说,认为应先分析比较各国或地区法制再决定解释标准。⑤ 本件当事人并未就定性标准发生争议,"最高法院"将本件定性为"涉外民事法律适用法"第 15 条规定之"离婚之效力",使其准据法与法庭地法为同一法律,由其未特别提及外国法或比较法概念之事实观之,似可认定其乃依台湾地区法律之标准为定性。

父母离婚后子女监护之涉外问题,在既无明文规定,其究应适用何一法律关系之准据法之问题,即有待学说之阐释。有关此一问题之学说,大致可归纳为下列各说⑥:

1. 离婚效力准据法说。认为此时未成年子女之监护问题,系附随于父母之离婚而发生,故应

---

③ 参见陈荣传,注②文,第 68 页。

④ 参见陈荣传:《国际私法上不当得利之概念及其定性问题之研究》,载《东吴法律学报》1993 年第 8 卷第 1 期,第 307 页。

⑤ 有关定性问题,参见马汉宝:《国际私法总论》,第 224 页以下;刘铁铮:《国际私法论丛》,载《政大法学丛书》(十三),第 227 页以下;曾陈明汝:《国际私法原理》,载《台大法学丛书》(十二),第 221 页以下。

⑥ 此一问题在日本法例修正前亦无明文规定,当时日本学说及法院实务除本文所列各说外,另有离婚效力准据法及扶养准据法说,认为离婚后未成年子女监护权之归属问题,固应适用离婚效力之准据法,但关于未成年子女之监护方法、教育费用支出等问题,应适用扶养之准据法。有关日本学说及实务见解之整理,可参见李永然:《论离婚后子女监护之准据法》,载《法律评论》第 46 卷第 2 期,第 13 页。

依离婚效力之准据法。⑦

2. 亲子关系准据法说。认为系离婚后父母对其未成年子女行使监护权,其监护范围与亲权一致,本质上乃父母对子女行使亲权之问题,故应适用亲子关系之准据法。⑧

3. 离婚效力准据法及监护准据法说。认为离婚后未成年子女监护权之归属问题,固应适用离婚效力之准据法,但监护人决定后,监护人与被监护人间之法律关系,则属于监护问题,应适用监护之准据法。⑨

4. 离婚效力准据法及亲子关系准据法说。认为父母离婚后,未成年子女监护权之归属问题,仍属离婚效力之范围,然对监护方法、实行及费用负担等,系"监护本身",即亲子关系的问题,故应适用亲子关系之准据法。⑩

"最高法院"在本件仅谓:"判决离婚后关于未成年子女之监护权如何分配及其分配之方法如何,系附随离婚而生之效果,自应依离婚效力之准据法决定之。所谓关于未成年子女之监护权如何分配,不仅指夫妻经法院判决离婚后,对于其未成年子女所为应由何方监护之酌定而言,嗣后因情事变更而申请变更任监护之人即改定监护人者,亦包含在内。"可见"最高法院"在本件系采前述离婚效力准据法及监护准据法说,且更进一步认为,依离婚效力准据法决定之未成年子女之监护人,嗣后再须改定者,亦应依离婚效力之准据法决定之。

### (三) 定性与冲突规则之立法理由

本件"最高法院"之上述见解,可分为两点:(1)父母离婚后未成年子女监护人之酌定及改定,均属于离婚之效力问题,不适用监护、亲权或扶养之准据法;(2)任监护之父或母与被监护之未成年子女间之法律关系,为监护之问题,不适用离婚效力、亲权或扶养之准据法。上述见解关系到"涉外民事法律适用法",就离婚之效力、亲权、监护及扶养等法律关系,分别于第 15 条、第 19 条、第 20 条及第 21 条,以独立条文予以规定,所欲宣示之法律政策意义,值得注意。上述各条条文中,"离婚之效力""亲权""监护"及"扶养"等词之解释,关系到各该条文之适用范围,而其过程即为前述之定性程序,在本件,即是对系争法律关系之性质,依各该条文所由规定之目的予以决定,进而确定究应适用何一条文。

上述条文的适用范围,或各该法律关系如何依法律定性的问题,应可从各该条文之立法理由中寻绎。"涉外民事法律适用法"新增第 15 条,就离婚效力之准据法明文规定时,其立法理由中指出:按离婚之效力,系离婚之附随效果,以视离婚原因事实,攸关夫妻身份关系存否问题,其重要性,自属稍逊,故不必兼顾夫之本国法及台湾地区法律,仅比照关于婚姻效力之原则,规定为单独适用夫之本国法。第 19 条规定亲子关系之准据法,其立法理由指出"父母与子女间之法律关系,兼指认领子女、收养子女,及婚生子女三者而言"。⑪ 第 20 条规定监护之准据法,其立法理由指出:"按监护制度保护欠缺行为能力人之利益而设,而人之行为能力,依其本国法,又为多数国家之通例,是以监护之法律关系,适用受监护人之本国法,自属一贯之理论。"第 21 条规定,扶养

---

⑦ 学说中采此说者,例如杨家树:《关于离婚及别居的国际私法》,载《法律评论》,第 29 卷第 10 期,第 7 页。

⑧ 参见刘甲一:《国际私法》,台北三民书局 1988 年修订再版,第 303 页、第 304 页。

⑨ 参见刘铁铮,注⑤文,第 47 页;苏远成:《国际私法》,五南图书出版公司 1993 年 11 月 5 版二刷),第 326 页;刘铁铮、陈荣传:《国际私法论》,台北三民书局 1996 年 10 月初版,第 463 页、第 464 页。

⑩ 参见李永然,注⑥文,第十三页。

⑪ 此项见解可与"民法"之规定相呼应,"最高法院"1995 年台上字第 317 号民事判决就养父母之亲权之说明,亦可供参考。

之准据法,其立法理由谓:"扶养义务乃基于亲属互助之伦理观念而生。东方国家素重伦常,故其法律规定扶养义务之范围远较西方国家为广。"

由上述立法理由,可知第15条规定之"离婚之效力",仅指离婚后夫妻双方之法律关系之调整,不包括夫妻得否离婚、已否离婚等问题在内;第19条所规定之"父母与子女间之法律关系",泛指一切亲权之事项;第20条规定之"监护",包括监护人之选定、指定及监护人与受监护人间之权利义务;第21条规定之"扶养之义务"一词,泛指一切亲属间扶养义务之有无及其内容。本件非由未成年子女请求已离婚,而未任监护人之母负扶养义务,也非由其母请求原任监护之父共同负担扶养义务,故应无第21条之适用。但其他三条文之适用关系,仍有待进一步澄清。

(四) 定性与法律之修正

诚如本件"最高法院"所指出者,有关未成年子女之监护问题,应可分为两个层次:一为监护权之归属问题;二为监护之内容问题。"最高法院"认为,此两层次之问题,性质上可以区分而适用不同之准据法,并认为后者属于监护准据法之适用范围,前者则应适用离婚效力之准据法。就结论而言,由于本件未成年子为美国人,父为美国人,母于判决时为中国台湾公民且有住所于台湾,故应适用中国台湾地区法律决定母为监护人,再依美国法决定其监护内容。惟此等见解仍有检讨之必要。

"民法"亲属编于1996年9月修正前,在"民法"亲属编之规定中,对于"监护"之用语见于两处:一为第1051条及第1055条规定"关于子女之监护";二为第1091条以下规定"监护人""监护之职务"等词。"最高法院"或许是认为此两处之"监护",意义相同,并以"民法"亲属编章节之安排,为定性之主要标准,鉴于前者规定于"民法"亲属编第二章"婚姻"、第五节"离婚"中,后者规定于亲属编第四章"监护"章第一节"未成年人之监护",及第二节"禁治产人之监护"中,遂认为离婚后子女之"监护"问题,应区分为上述两个层次,而并行适用离婚效力之准据法及监护之准据法。

本文作者于评释与本件同时期之另一判决时,即已指出依"民法"第1110条规定,禁治产宣告固为开始监护的原因,但并不是所有未成年人均有开始此处所称之监护之原因,而必须是"民法"第1091条规定的"未成年人无父母,或父母均不能行使、负担对未成年子女之权利义务",及同法第1092条所规定的"父母对其未成年之子女""因特定事项,于一定期限内,委托他人行使监护之职务"之情形,才开始此处的"未成年人之监护"。质言之,父母对未成年子女的监护问题,并不属于此处的"未成年人之监护",而是其对子女的权利义务,即"亲权"的一部分("民法"第1084—1090条)。如就"涉外民事法律适用法"第19条及第20条的规范意旨观察,第19条规定的"依父之本国法,无父或父为赘夫者,依母之本国法"等语,乃是在强调家庭的整体与谐调,与有关亲权的规定之精神一致,第20条规定原则上"依受监护人之本国法",与监护制度之目的在保护受监护人之法旨相通,更应认为父母对于子女的监护权的争执,应适用第19条决定其准据法。[12]

"民法"亲属编于1996年9月修正时,除删除第1051条外,亦将第1055条原来"关于子女之监护"之规定,修正为"夫妻离婚者,对于未成年子女权利义务之行使或负担",使父母于离婚后,与其未成年子女间之法律关系,包括由父或母行使亲权之问题之性质,在法律上获得"正名"之机

---

[12] 参见陈荣传,注②文,第70页、第71页。

会,不再称为容易发生混淆之"监护",自属可贵。⑬ 此项修正在国际私法上除可支持前述见解外,在本件更重要之意义,则是本件如依"民法"的体系进行定性,即使仍就上述两层次之问题,并行适用两个准据法,任监护人之父或母与受监护未成年子女之法律关系,亦应属"涉外民事法律适用法"第 19 条所规定的"父母与子女间之法律关系",而非同法第 20 条所规定的"监护"问题。⑭

### (五) 离婚及子女监护人之酌定与改定

夫妻离婚后,未取得子女监护权之父或母,仅其亲权(监护权)暂时停止行使,其与子女间基于血缘关系,而发生之父母子女之权利义务或亲权,并不因而消失。⑮ 换言之,父母间之夫妻关系虽因离婚而消灭,父及母与其子女间之血缘事实及因此而生之法律关系,则不受离婚影响,父母离婚前、后与其子女间之亲权关系,属于同一性质。故离婚后子女之"监护"问题,包括离婚后是否由某一方行使亲权,而他方暂停行使,或仍由父母双方共同行使,乃至未行使亲权之一方,是否有探视及其他权利义务等问题,均属亲权行使之问题,应适用第 19 条之规定。

父母以诉讼方式请求法院裁判离婚时,对子女之监护权之归属问题,如无法协议决定,通常即在同一诉讼中请求法院一并裁判("民事诉讼法"第 248 条),此时法院亦因其为两个诉讼之客观合并,而于命同时辩论或分别辩论后("民事诉讼法"第 204 条),在同一判决中宣告。所以此项问题虽系附随父母之离婚而生,但并非当然为离婚诉讼之一部分,法院原无适用同一准据法之绝对必要;且亲子关系虽受父母离婚影响,离婚效力之准据法所决定者,主要应为配偶间之法律关系,未成年子女之监护已涉及第三人,且有必要兼顾三方,尤其是未成年子女利益,故就性质而言,并非当然应适用离婚效力之准据法问题,而有考虑适用亲权准据法之必要。

法院判决离婚,并就子女之监护人为酌定时,由于常需一并判决配偶间互相求偿之事项,为求实体判决准据法之统一,且因为系在离婚之诉讼中附带请求,故法院如依离婚效力之准据法决定子女之监护问题,尚可程序理由例外容许之。⑯ 惟此种例外,而可认为子女之监护问题,是

---

⑬ 现行《德国民法》所称"监护"(Vormundschaft),系专指第 1773 条以下由父母以外之人,于未成年人未服亲权或未受父母之照顾时(nicht unter elterlicher Sorge),所为之监督、保护措施。至于父母对于未成年子女之权利义务,无论在婚姻存续中(第 1626 条以下)、别居时(第 1672 条)或离婚后(第 1671 条),均称为"父母对婚生子女之照顾"(elterliche Sorge für eheliche Kinder)。此种规定在适用上较不易发生困难。"民法"在此次修正前,对此二者均称为监护,自容易发生争议,但学说上认为父母离婚后对子女之监护范围,理论上有狭义说与广义说之不同,且通说亦认为,其与亲权之行使,概念应为一致,即均包括子女之身心、财产监护及子女代理权在内。参见戴炎辉、戴东雄:《亲属法》,1986 年版,第 255 页。"民法"亲属编第四章第一节有关未成年人监护之规定中,第 1097 条规定:"监护人于保护、增进受监护人利益之范围内,行使、负担父母对未成年子女之权利、义务。但由父母暂时委托者,以所委托之职务为限。"可见"民法"之立法者认为监护之内容,与父母对子女之亲权相同,但因监护人与受监护人无天伦之情,乃以法律限制其范围。

⑭ 在实体法上,一般亦采此种见解。参见林菊枝:《亲权法上几个疑难问题之研讨》,载《亲属法专题研究》,1985 年版,第 156 页;陈惠馨:《比较研究中、德有关父母离后父母子女间法律关系》,载《亲属法诸问题研究》,1993 年版,第 256 页;林秀雄:《离婚后子女监护人之决定基准》,载《家族法论集》(二),1987 年版,第 110 页。

⑮ 参照"最高法院"1973 年台上字第 1398 号判例。

⑯ "涉外民事法律适用法"第 15 条之立法理由虽谓:"按离婚之效力,涉及离婚后子女之监护教养、夫妻一方赔偿之请求、赡养费之给予、姓氏之变更等问题,与前条所定离婚之原因事实问题,系属截然两事,故增设专条,规定其应适用之法律,以资依据。"此等说明之重点,应仅在强调离婚之效力,不适用离婚原因事实之准据法,否则即无法解释同属因离婚而发生之再婚限制、夫妻财产之分配问题,应分别适用婚姻成立要件及夫妻财产制之准据法。

夫妻之间因离婚而发生之法律关系,并适用离婚效力之准据法之情形,由"涉外民事法律适用法"第 15 条规定之联结因素,系采不变更主义,以请求裁判离婚起诉时所具国籍为准之事实观之[17],似应以法院亦为其离婚诉讼之管辖法院为前提。本件当事人既经美国加州法院判决离婚,其离婚之效力亦经同一法院判决确定,法院如承认其判决,似无再依"涉外民事法律适用法"之规定决定准据法,重新为不同之判决之理。本件当事人于离婚后,主张情事已经变迁,请求未为离婚判决之台湾地区法院,为子女之利益,另行改定监护人。此时该子女监护之诉讼,即使台湾地区法院仍有管辖权,由于既未与离婚之诉合并,且事隔多时,与离婚事件之牵连关系已较薄弱,其准据法即应回归亲权关系之准据法,不宜再适用离婚效力之准据法。[18] 本件未就离婚后子女监护人之酌定与改定,明确区分,并且认为本件亦为应适用离婚效力准据法之离婚之诉,似非妥适。

## 三、外国法院判决之承认与一事不再理原则

一事不再理原则在"民事诉讼法"上之具体规定,一是当事人不得就已起诉之事件,于诉讼系属中,更行起诉("民事诉讼法"第 253 条),一是诉讼标的于确定之终局判决中经裁判者,除法律另有规定外,当事人不得就该法律关系,更行起诉("民事诉讼法"第 400 条)。在涉外民事诉讼中,亦发生上述两种一事不再理之问题:前者是就在外国法院已起诉之事件,得否在台湾法院,更行起诉[19]？后者是同一诉讼标的,已在外国之确定终局判决中经裁判者,当事人得否就该法律关系,于台湾法院更行起诉？

### (一) 外国法院判决之既判力

本件上诉人在诉讼中主张,"上开美国加州法院之判决已确定,两造应受其拘束,被上诉人提起本件诉讼违反一事不再理原则"。可见此处发生争议者,是上述两个问题中之后者,而主要关键在于:(1) 外国法院之判决是否具有既判力？(2) 如有,其既判力之范围如何决定？第一个问题涉及系争外国法院判决是否被承认,对此"民事诉讼法"第 402 条已设有明文规定:外国法院之确定判决,有下列四款情形之一者,不认其效力:"一、依法律,外国法院无管辖权者。二、败诉之一造,为台湾公民而未应诉者。但开始诉讼所需之通知或命令已在该国送达本人,或依法律上之协助送达者,不在此限。三、外国法院之判决,有悖公共秩序或善良风俗者。四、无国际相互之承认者"。第二个问题与被承认之外国判决既判力之准据法有关,在现行法上仍无明文规定。[20] 由"民事诉讼法"第 402 条及相关实务见解以观,外国法院之确定判决以承认为原则,以拒绝承认为例外,故当事人未就外国法院确定判决之效力有所争执而涉讼,并经台湾法院判决确定不承认其效力以前,仍难否认该外国判决之效力。外国法院之确定判决除有不认其效力之原因外,原则上均应承认其效力,而该判决原有之确定力、既判力、形成力、执行力,在台湾亦均有之。故如当事人就已经外国法院判决确定之同一事件,在台湾法院更行起诉,而该外国法院判决亦为台湾承认其效力时,台湾法院即应依"民事诉讼法"第 249 条第 1 项第 7 款后段规定,以裁定驳回原告之诉。如台湾法院已先就同一案件,作成确定之判决,当事人再请求确认外国法院判决之效力时,

---

[17] 参见刘铁铮、陈荣传合著,注⑨书,第 461 页。
[18] 同上注,第 464 页。
[19] 最近的讨论,可参见赖淳良:《外国法院诉讼系属在内国之效力》,载《庆祝马汉宝教授七秩华诞国际私法论文集》,台北五南图书出版公司 1996 年版,第 227 页以下。
[20] 参见"司法院"秘书处 1988 年 12 月 2 日秘台厅一字第 02183 号函。

似亦应以裁定驳回其请求。㉑

对于上述问题,第二审法院指出:"被上诉人系在上开美国加州法院判决准两造离婚及黄大信归上诉人监护确定后,主张因情事变更,上诉人有不适于担任监护人之情形,请求法院为黄大信之利益,变更任监护之人,要无违背一事不再理原则之可言"。可见,该法院本其确信之法律见解,就"民事诉讼法"第402条规定所列各款情事,已详为审酌,认为应承认该外国法院之确定判决。㉒ 因此,当事人之起诉是否违反一事不再理原则,端视其是否与该外国法院之确定判决,系就同一法律关系而为同一之请求而定。㉓ 该法院似认为系争法律关系固然同一,均为离婚后对子女监护权之决定问题,但被上诉人在本案之请求内容,与上诉人在美国加州之判决中所请求者,并不相同。就结果而言,或可认为尚无不当,但就理由构成而论,则有未臻详尽之失。

## (二) 外国法院判决既判力之准据法

"最高法院"引用原审上述见解,且更进一步指出:"法院为准许离婚之判决时,对于未成年子女之监护人虽已为酌定,但嗣后情事有变更者,当事人非不得申请法院变更任监护之人,此就'民法'第1055条但书规定观之,应为当然之解释。"可见,"最高法院"认为美国加州判决虽应予以承认,并肯定其具有既判力,但对于该判决之既判力之客观范围,则认为应依台湾地区法律决定,且依"民法"第1055条但书之规定,认为法院判决后情事已有变更,当事人当然得申请法院变更监护之人。

"民法"第1055条于本件判决时规定:"判决离婚者,关于子女之监护,适用第1051条之规定。但法院得为其子女之利益,酌定监护人。"本条但书之立法意旨,原系在肯定法院于离婚之判决中,得依职权为子女之利益,酌定监护人,后经"最高法院"为扩张解释㉔,并类推适用于两愿离婚后之改定子女监护人。㉕ 惟在涉外案件中,台湾法院依本条但书之规定,为子女利益,而改定子女监护人之前提,应该子女之监护事项,应适用法律为前提,对于准据法非为法律之涉外子女监护案件,即不应适用本条但书之规定。本件"最高法院"对于应被承认之美国加州法院判决,认为当然得由台湾法院依台湾地区法律,予以改判,稍嫌速断。

对于被承认之外国法院判决之既判力之问题,包括其主观范围(即受其拘束之人之范围)、客观范围(不得再行起诉之事项是否仅限于诉讼标的)、时间因素(是否以言词辩论终结时为基准时点)、诉讼上之作用及效果(后诉是否仅得于特定之法院提起,或因不得重行起诉而使该诉不合法或无理由,法院是否得依职权认定或须待当事人在诉讼上提出抗辩)等,亦有究应以何国或地区法律为准据法之问题。㉖ 由于外国法院之判决不待台湾法院以形成判决予以承认,即可被认定为有效,即使经法院判决予以承认,为该承认之台湾法院判决亦为确认判决。㉗ 可见外国法院判决之既判力,在台湾被承认后,并不因法律之规定不同,而有所增减,故仍应以判决国或地区之法律为判决既判力之准据法。准此,美国加州法院判决确定子女归上诉人监护后,得否再由何一法院重为不同判决,而予以推翻之问题,涉及美国判决之效力范围,应依美国法律决定之。本件

---

㉑ 参见刘铁铮、陈荣传合著,注⑨书,第713页、第714页。
㉒ 参见"司法院"1986年6月16日院台厅一字第03988号函。
㉓ 参见"最高法院"1930年台上字第278号判例。
㉔ 参见"最高法院"1981年台上字第1272号判决。
㉕ 参见"最高法院"1992年台上字第418号判决。
㉖ 参见李后政:《外国法院确定裁判之承认要件及效力之问题》,载国际私法研究会编,第222—224页。
㉗ 参见刘铁铮、陈荣传合著,注⑨书,第713页。

"最高法院"直接以台湾法律规定,为美国加州法院判决既判力之准据法,虽因与美国法律就此一问题之规定相同,结果尚无不当,但其理由构成并非妥适。

### (三) 改定子女监护权之管辖权

"最高法院"于本件判决指出:"既未以黄大信目前与何方共同生活为酌定标准,则被上诉人携带黄大信自美返台,其行为无论是否出于不法,于裁判之结果均不生影响,原审虽未于判决理由中加以论断,有欠周延,但结果并无二致。"此种见解,纵容在美国受败诉判决确定之被上诉人,不法携其未成年子女,另行诉讼,以对抗美国法院有关子女监护之确定判决,值得检讨。

未成年子女监护人之决定,应以子女之最佳利益作为主要标准,决定后如情事再有变更,也应仍以子女之最佳利益,作为改定监护人之标准。此项原则,非但已成为法律之基本原则[28],在美国及欧、美等国家,亦均普遍接受之。故法院作成有关子女监护之判决后,受败诉判决之父或母随时均可提出新事证,请求为子女之更佳利益,另行作成新判决。但为避免发生流弊,美国判例法乃发展出"洁净之手理论"(clean hands doctrine),强调应以作成第一个子女监护判决之法院,为改定监护人之管辖法院,统一子女监护法(Uniform Child Custody Jurisdiction Act)第8条、第3条并明文规定此一原则。[29]

在国际立法上,类似本件被上诉人之行为,称为父母对子女之国际挟持(abduction)或绑架(kidnapping)问题。国际上鉴于此一问题日益严重,并为避免未成年子女之利益,因父母之争夺监护权,而沦为祭品,已于1980年缔结海牙《国际儿童挟持民事公约》(Convention on the Civil Aspects of International Child Abduction 1980)[30],从保护儿童的角度出发,认为类似本件之父或母之一方,不法挟持子女,而侵害他方依子女被不法挟持或留置前之习惯居所地之法律,确定之监护权者,应先将子女交还(第3条、第10条),如就子女之监护权仍有争执,或申请改定,亦宜至该地之法院进行诉讼,不得仅以已作成子女监护之判决,作为拒绝交还子女之理由(第17条)。[31] 美国在1981年签署上述公约,国会亦在1986年予以批准,该公约已在1988年7月1日对美国生效。[32]

本件"最高法院"如以美国加州之法律,为该州法院判决之既判力之准据法,即应认为法院虽得为子女之最佳利益,以判决改定子女之监护人,但仍应由原判决之法院决定是否改定,台湾法院对该案件,既未审理当事人之离婚或酌定子女之监护人之案件在先,且被上诉人之携带子女来台,亦属不法,自不宜行使管辖权。即使如本件情形,台湾法院直接以法律,为该判决既判力之准据法,对于此一保护未成年子女利益之公约精神及立法趋势,亦应注意,并表现于判决之中。可惜法院在本件判决中,完全忽略子女最佳利益之原则在程序法上之作用及价值,对于父母"挟子女以令法院"之事实视而不见,纵容当事人以不洁之手,玷污法院保护未成年子女之圣殿,诚属

---

[28] 参见1989年1月10日"立法院"通过之"少年福利法"第9条第5项规定及1993年2月5日"儿童福利法"新增之第41条规定。

[29] 各州在统一法提出后不久,旋即纷纷采纳之,但因法院实务对该法之解释仍有分歧,1980年乃有《联邦父母绑架防制法》(Parental Kidnapping Prevention Act)之制定。参见Eugene F. Scoles & Peter Hay, Conflict of Laws, 2nd ed., P.547(St. Paul, Minn.:West Publishing Co., 1992)。

[30] 条文可参见19 International Legal Materials 1501(1980);Geraldine Van Bueren ed., International Documents on Children, P.167(Dordecht:Martinus Nijhoff Publishers, 1993)。本公约在缔约国之适用情形,可参见施振鸿:《海牙国际私法会议关于国际诱拐儿童民事部分公约之研究》,载政大法研所1995年硕士论文。

[31] 相较于1961年海牙《未成年人保护公约》仅规定以习惯居所,为决定子女监护人之酌定与改定案件之管辖法院,而未顾及国际绑架问题之情形,此一公约堪称进步。

[32] 参见施振鸿,注30文,第117页。

遗憾。

往后法院对类似案件,如欲裁定驳回当事人改定子女监护人之诉时,或可考虑下列各种理由:(1)认为法院欠缺一般管辖权或国际管辖权;(2)认为法院虽未欠缺一般管辖权或国际管辖权,但因对美国加州法院已在其判决斟酌之子女利益,台湾法院无法为完整之二度评量,难以判定子女之最佳利益,而谕令当事人应先向最适当之美国加州法院,请求改定子女之监护人。盖无论当事人所提起者,是离婚之诉或亲权之诉,由于法律对离婚之诉或亲权之诉之国际管辖权,均未设明文规定,其国际管辖权之归属,即应类推适用"民事诉讼法"有关管辖权之条文决定之。㉝依"民事诉讼法"第568条、第592条及第593条规定之意旨观之,此等涉外案件均应由美国法院管辖或专属管辖权,法院则因欠缺审判籍,而不应行使管辖权。㉞ 即使认为法院原有国际管辖权,亦可采用逐渐被普遍采用的法庭不便利原则(forum non conveniens),在个案中宣告放弃对该案之国际管辖权。㉟

### 结论性观点

本件当事人在美国受离婚及子女监护判决确定后,不法携子来台,并请求台湾法院依法律,改定子女之监护人。法院以保护子女利益为己任,慨然推翻美国法院之判决,并依职权对当事人间之法律关系定性,均有值得肯定之处。但本件法院忽略美国法院之判决应予承认,法院对该离婚案件欠缺管辖权等事实,亦未能配合未成年子女利益之国际保护措施,维护子女在其已经习惯之环境中,适应、学习、成长及追求正义之基本利益,实属美中不足。

撇开法院不应行使国际管辖权之问题不谈,法院依"涉外民事法律适用法"决定准据法时,本件如定性为亲权或监护之案件,均应适用美国法,定性为离婚之效力问题,则可适用法律。法院可能为规避离婚案件之管辖权,及美国法院离婚判决已经确定所生的问题,先定性为亲权或监护问题,到决定准据法时,再重新定性为离婚效力之法律关系。其主要目的,似仅在自圆其认为法院有管辖权,并得适用法律之说而已。

父母有关未成年子女之监护争议,在诉讼上应定性为亲权问题,并非当然为离婚之诉之诉讼标的,但如一并请求法院判决,或可认为是附随离婚而生之法律效果,与其他离婚之一般效力问题适用同一准据法。但如在外国离婚并确定子女之监护人后,主张情事已有变更,而申请法院改定监护人时,与父母之离婚已无密切牵连,亦非直接附随离婚而生之效果,即应定性为亲权问题。将来修法时,如明文规定其独立于离婚之效力问题以外,或在立法理由中明确说明,应有助于法律之正确适用。㊱

---

㉝ 参见刘铁铮、陈荣传合著,注⑨书,第693页。

㉞ 此等条文均有"专属……法院管辖"之用语,但第568条之规定徒拥"专属"之名,并无专属管辖之实,参见陈荣传:《外国法院之管辖权及离婚判决之承认》,载《月旦法学》1996年第9期,第62页。

㉟ 参见刘铁铮、陈荣传合著,注⑨书,第691页、第695页。

㊱ 日本在1989年法例修正前,通说认为离婚后对子女之亲权及监护权之归属、分配问题,应并行适用第16条有关离婚及第20条关于亲子关系之规定,修正后已扬弃修正前众说纷纭之各种见解,其通达且明定离婚时子女之亲权问题,应依法例第21条之规定,即适用亲权之准据法。参见〔日〕泽木敬郎、南敏文编著:《新国际私法——改正法例基本通达》,1990年版,第93—94页。德国1986年国际私法对离婚后子女之监护问题,虽无明文规定,通说认为离婚之父母与子女间之法律关系,应适用"民法施行法"第19条有关婚生子女亲权之规定及海牙未成年人保护公约。Gerhard Kegel, Internationales Privatrecht: *Ein Studienbuch*, 7. Aufl., S. 665(München: C. H. Beck'sche Verlagsbuchhandlung, 1995)。

# 第五编　侵　　权

# 从消费者保护之观点检讨金融卡盗领之风险分担原则

——以"最高法院"2001年台上字第330号判决为例

杜怡静 *

**基本案情**

本件被上诉人甲主张:伊于1999年8月7日在上诉人A银行设立开设第B号活期储蓄存款账户(下称系争账户),并申请使用金融卡(下称系争金融卡),并未约定转账功能,2000年2月4日农历春节期间,系争账户之存折(寄存于银行行员处,误以为失窃)、印章及系争金融卡均遭窃,伊旋以电话办理挂失,但无人接听,乃亲赴上诉人A银行,但因春节期间上诉人并未派人留守,而未办理挂失;嗣于恢复上班首日即同年2月8日上午8时55分许,伊将存折、印章及金融卡遭窃之事以电话通知上诉人A银行职员乙,办理挂失,经乙表示将立刻备案并作防范措施。嗣后上诉人告知伊此账户于农历春节期间,遭人持系争金融卡转账5次,累计达2 000 089元,而于伊电话挂失后,同日晚上又遭人持系争金融卡转账2次,达2 000 036元,另持系争金融卡提领现金6次,计金额共120 042元。因伊并未与上诉人约定系争金融卡具有转账功能,是农历春节假期中遭人持卡转账一节,对伊显不生清偿效力,另伊于2000年2月8日上午已电告通知上诉人,系争金融卡遭窃并挂失停用,上诉人A银行竟仍让他人持系争金融卡顺利转账及提款,是2000年2月8日之转账及提款,对伊亦应不生清偿效力,为此本于消费寄托之法律关系,请求A银行给付系争金融卡失窃后遭第三人转账及提款之金额共计4 120 167元及自起诉状缮本送达翌日起至清偿日止之法定迟延利息等。

**裁判要旨**

1. 金融卡申请人是否申请转账功能,发卡银行自须与申请人于事前为转账之约定,是纵发卡银行之金融卡确兼有转账功能,惟依"财政部"规定,于一定金额以上之转账,仍应事先与申请人约定,尚难以金融卡设计上已具备转账功能,即置主管机关之规定于不论,遽认为申请人未选择"不需要"转账功能,即当然视为需要转账功能。查第三人持债权人之金融卡及密码为转账提款,必银行与寄托者双方人间约定金融卡具转账功能,经第三人持该真正金融卡及密码为转账领取者,始符合"债权准占有人"要件,否则仅属单纯冒领,与"民法"第310条第2款规定无涉。本件两造仅约定系争金融卡得以"提领现金"方式清偿债务,并未约定得以"转账"方式清偿债务,已如前述,两造间既未约定系争金融卡具有转账功能,则第三人持系争金融卡请求以转账方式给付,金额超过10万元以上,上诉人本不得以转账方式为清偿,该第三人即不能认为债权之准占有人,上诉人对之清偿,依前揭说明,自不生清偿效力。

2. 金融机构存款户之金融卡失窃,其存款随时有被盗领之危险,如存款户以电话通知金融机构表示金融卡遭窃,银行于核对其基本数据无误后,即可透过一定之程序而停止该金融卡之继续使用,达成避免存款户损失扩大之目的。且就身为企业经营者之金融机构而言,存款户可经由电

---

\* 台北大学司法学系助理教授。

话挂失而由金融机构迅速停用金融卡,本为金融机构依"消费者保护法"(下称"消保法")第 7 条第 1 项之规定,所应提供存款户无安全上危险之服务事项之一。系争存款约定书规定:"贰,使用金融卡约定事项"第十二条后段有关要求存款户于金融卡遭窃时,须以书面申请挂失止付之手续,否则如有被冒领情事,概由存款户自行负责之条款,排除存款户得以电话挂失金融卡之途径,势有造成存款户更大损失之危险,此定型化条款,除违背公共金融秩序外,亦有违背诚信原则,并对存款户显失公平,依前揭"消保法"第 12 条之规定,该约款应属无效。

3. 系争存款约定书中就使用金融卡约定事项第二点固约定:存户应牢记密码,并绝对保密,且应与金融卡分开存置妥慎保管。惟本件被上诉人系因窃贼破坏铁门侵入屋内搜寻财物而遗失金融卡及密码,上诉人主张被上诉人未将金融卡及密码分开置放,致为窃贼全部窃取,然既为被上诉人否认,并抗辩金融卡与密码系分开放置,因窃贼在屋内详为搜寻,在不同地点分别搜得等语,则自应由上诉人就此有利于己之事项,负举证之责,但上诉人并未举证以实其说。况纵被上诉人将二者分开置放,因窃贼侵入屋内详为搜查,亦无可避免同时遗失,此应属于不可归责于被上诉人,是上诉人以此主张被上诉人违反附随义务,致造成其损害,应负赔偿之责而主张抵消,尚属无据。

### 学理研究

一、本判决之意义

笔者认为本判决结果,具有以下意义:

**一、限缩解释"民法"第 310 条第 2 款之适用范围**

向来实务上认为,第三人持真正存折并在取款条上盗盖存款户真正印章,向金融机关提取存款,金融机构不知其系冒领而如数给付时,为善意的向债权之准占有人清偿,依"民法"第 310 条第 2 款规定,对存款户有清偿效力。而对于第三人持真正存折,盖用伪造之印章于取款条上提取存款,则认为无"民法"第 310 条第 2 款向债权之准占有人清偿规定之适用。① 故实务上对于存款被盗领者,银行得以"民法"第 310 条第 2 款免责者,限于以真正存折印鉴者为限。而对于金融卡被第三者盗领之情形,由于实务上将提款卡及密码系存折与印鉴之替代②,认为与被第三者以存折以及印章被盗领存款相同,亦有"民法"第 310 条第 2 款规定之适用。③ 因此,如第三人以

---

① 参见"最高法院"《1984 年第 11 次民事庭会议决议》,载"最高法院"《民刑事庭会议决议暨全文汇编》(上册),2001 年版,第 977 页。以及 1990 年台上字第 2766 号。此外实务认为,定期存款者,如为第三人凭真正之存单及印章所冒领,依其情形得认为该第三人为债权之准占有人,且银行不知其非债权人者,亦可依"民法"第 310 条第 2 款规定,银行得对存款户主张有清偿之效力。参见 1992 年台上字第 1875 号以及 1997 年简上字第 116 号。

② 参见"司法院"《第 9 期司法业务研究会民事法律专题研究》(四),第 517—519 页。

③ 按一种活期存款户与金融机关之间为消费寄托关系。第三人持真正存折并在取款条上盗盖存款户真正印章向金融机关提取存款,金融机关不知其系冒领而如数给付时,为善意的向债权之准占有人清偿,依"民法"第 310 条第 2 款规定,对存款户有清偿之效力。而今,金融机关返还消费寄托物(存款)之方式,得使用提款卡(金融卡)提领存款,而其提款卡及密码系存折及印鉴之代替;是如存款户之金融卡及密码为他人知悉(不问是否存款户自行告知或遭他人窃知)而持真正金融卡至自动提款机(即自动柜员机)提领存款,自动提款机既无从知悉其系冒名而将存款交付,此与第三人持真正之存折及印鉴冒领存款之情形相当,均系善意的向债权之准占有人清偿。本件原告向被告申请开立存款账户时,曾领有金融卡及设定密码,并约定凭卡及密码提领存款,则依上述说明,应认为被告已依约清偿,虽原告主张第三人持用伪卡盗领,惟无法举证以实其说,且不能证明何以第三人知悉密码,足信原告之主张为不可采,应予驳回。参照 2002 年东简字第 188 号。

真密码、伪造金融卡盗领,则亦无"民法"第 310 条第 2 款之适用。可见实务上有意将"民法"第 310 条第 2 款之适用范围缩限于以真正金融卡之情形,伪卡之情形则不适用"民法"第 310 条第 2 款之规定。而本案判决更进一步限缩解释,认为第三人以真金融卡密码转账,如为 10 万元以下仍有"民法"第 310 条第 2 款之适用,10 万元以上则须特别约定,否则仅属于单纯冒领,无第 310 条第 2 款之适用。因本案转账金额高达百万元,故当事人间如无特别约定,对被诉人不生清偿之效力,为上诉人关于第三人以金融卡转账部分败诉之理由。

## (二) 适用"消保法"之规定保护消费者之权益

定型化契约的大量使用,已经成为金融交易之普遍现象,此固然为因应大量交易、讲求效率化所必然之现象。但因定型化契约其可议之处,在于其制定系由经济信息强势之一方所为,故其内容常以有利于制定者之方式;而由经济信息弱势之一方承受不利之风险或危险。因此如何促使定型化契约之内容,对双方当事人均能公平合理,为现代消费者保护之重要课题之所在。本案法院以银行所使用之存款约定书中之"要求存款户于金融卡遭窃时,须以书面申请挂失止付之手续,否则如有被冒领情事,概由存款户自行负责之条款,排除存款户得以电话挂失金融卡之途径"之定型化契约条款违反"诚信原则""对消费者显失公平"("消保法"第 12 条第 1 项、第 2 项、第 3 项),该约定无效,故消费者以电话挂失,仍发生挂失之效力,挂失之后,银行所对第三者之清偿,对于消费者不生清偿之效力,而作为判银行关于金融卡被盗领现金部分败诉之理由。

## (三) 肯定金融机关所提供之服务有"消保法"第 7 条之适用

金融业所提供之各项金融服务是否有"消保法"第 7 条服务责任之适用,向来实务似无定论,持否定见解者以为:其提供之存提款业务,乃至于电话语音转账业务,并无任何安全或卫生上之危险,亦无为警告标示即紧急处理危险方法之余地,显与"消保法"第 7 条第 1 项及第 2 项之规定不符。④ 而本判决理由中叙及存款户以电话通知金融机构表示金融卡遭窃,其存款随时可能有被盗领之危险,如存款户以电话通知金融机构表示金融卡遭窃,银行于核对其基本数据无误后,即可透过一定之程序而停止该金融卡之继续使用,达成避免存款户损失之扩大目的,……身为企业经营者之金融机构,依"消保法"第 1 项规定,应提供存款户无安全上危险之服务事项之一……则认为金融业所提供之服务,有"消保法"第 7 条之适用。⑤ 从金融卡之使用多为一般消费者,法院此项见解,就消费者保护之观点而言,值得肯定,亦显示法院逐渐重视"消保法"之规定,用以维护消费者权益。

---

④ 参见"最高法院"2002 年诉字第 40 号以及 2001 年上字第 200 号判决。
⑤ 此外本案原审法院曾明示:按提供服务之企业经营者应确保其提供之商品或服务,无安全上之危险,"消费者保护法"第 7 条第 1 项定有明文。再按金融机构接受一种活期存款户之存款,并以存款户之存款办理贷放业务,赚取差额孳息,故金融机构与一种活期存款户间成立受有报酬之消费寄托关系("最高法院"1984 年第 11 次民事庭会议决议参照),依"民法"第 590 条之规定,金融机构应对其客户之存、提款尽善良管理人之注意义务。经查,被告为金融机构,系属提供服务之企业经营者,本应确保其所提供之服务无安全上之危险,并对原告所开设系争账户之存、提款尽善良管理人之注意义务。足证被告银行未依前揭消费者保护法之规定,提供原告无安全上危险之服务,亦未依前揭"民法"之规定,对原告善尽其善良管理人之注意义务。

## 二、评析

依据消基会⑥之统计,消费者与银行间之纠纷,向来常高居消费者申诉案件的前几名,特别是近年来由于金融商品及服务不断推陈出新,此类消费纠纷更是有增无减。因此法院对于相关问题之见解,由于攸关消费者财产安全之保障,而格外引人注目。基本上吾人虽肯定本判决之结论,但对于层出不穷之金融卡之盗领案件,如果无法建立关于盗领之消费者与银行间公平合理分担原则,则将导致消费者因恐惧而排斥银行所提供高科技之服务,而造成银行无法推动金融业务电子化作业之障碍,实非令人所乐见之现象。故本文借由对本判决之评析,试图从现行法中建立对金融卡盗领之合理的风险分担原则。

### (一)"民法"第310条第2款之规定是否可作为金融卡盗领之风险分担原则

金融卡被盗领之情况原因很多,大致可分为,由于持卡人不慎遗失或因被盗等原因而丧失金融卡之占有,以及持卡人并未丧失占有,由于被测录或黑客入侵银行之信息系统等被取得卡号数据后,制造伪卡而盗领等。于如此众多之金融卡盗领情形中,于何种情形有"民法"第310条第2款之适用,将会影响金融卡盗领之风险由何者承受之问题。分析"民法"第310条第2款之要件,首先,要求银行主观上"不知"受领人非债权人,该不知之意指为何,迭有争议?实务上认为,条文中"不知"并不以债务人无过失为必要,纵因过失而不知,其清偿亦属有效。⑦ 而学者则认为,若与第309条第2项对于收据持有人清偿者,债务人需为"已知或因过失而不知"相较,第310条第2款之解释似乎应以善意无过失较妥。⑧ 其次,实务学说上均认为该债权之准占有人,需非债权人之代理人,如第三人以代理人名义受领清偿,则应视为是否有"民法"第169条表见代理之适用,而非本条之适用范围。⑨ 再者,债权人对于造成第三人受领清偿之情形是否有过失,亦非本条适用之要件。因此如以实务上解释"不知"不以债务人无过失为必要的话,则似乎应认为只要银行能证明不知受领人非真正债权人,即可依该条予以免责,而且无论准占有人所持之印章是否真正,只要能证明肉眼无法辨识即可免责;同样伪卡之情形亦同,只要伪卡非机器所能辨识,亦生清偿之效果。

然向来法院相关之判决,却不认为伪卡之情形得以适用"民法"第310条第2款之规定,虽用意在于借由限缩解释第310条第2款之适用范围,以保护存款人,但其理论依据何在却未说明。而日本最高法院⑩对金融卡遭盗领之案件,法院对银行得否免责,其判断标准在于定型化契约内

---

⑥ 依消基会统计,2003年申诉排行榜的前五名为:(1)电信480件;(2)寿险381件;(3)书报文具351件;(4)银行322件;(5)美容279件。引自消基会网站http://www.consumers.org.tw/;2004年1月16日所发布之消费新闻。

⑦ 参见2003年台上字第1295号判决。

⑧ 参见黄立:《民法债篇总论》,元照出版有限公司1999年版,第647页;郑玉波:《民法债篇总论》,台北三民书局1998年版,第511页;孙森焱:《民法债篇总论》(下册),2004年版,第1045页。

⑨ 2002年台上字第580号判决,如以代理人自居而为本人行使债权者,则非债权准占有人。参见刘春堂:《判解民法债编通则》,台北三民书局2000年版,第308页;孙森焱,注⑧书,第1043—1044页。

⑩ 最二判1993年7月19日,《判例时报》,第489号,第111页,日本最高法院对于金融卡盗领案之判决中指出,银行使用定型化契约之免责条款其前提须为:(1)真正之提款卡被不法使用;(2)银行就密码等关于整个信息系统之管理无过失,方能依定型化契约规定为风险分担。

容之解释,而非适用《日本民法》关于对债权准占有人清偿之规定。⑪ 对此日本学者解释为,因为金融卡付款为新兴之付款方式,不宜与旧有之制度为同样解释,传统之银行柜台提款,行员于核对印鉴之际,尚可对顾客之言行举止加以观察是否可疑,特别是熟客更是一眼即可认出,因此银行责任不仅止于存折与印鉴之核对而已,如果形迹可疑之人银行绝对不可能对之付款,因此人为之判断是否有无过失其实不难判断。⑫ 而以金融卡为提款或转账者,银行系以机械核对密码为前提,如将提款机等设备视为银行行员之延伸⑬,则银行之注意义务仅着重于卡片密码之核对,如此一来,关于金融卡盗领案,银行很容易借由"民法"之规定而免责,故实务上希望借由限缩解释"民法"第 310 条第 2 款之方式,合理解决双方对此类案件之风险分担问题。

**(二) 银行与消费者对金融卡之盗领风险分担原则之依据何在**

台湾法院无论对于利用存折、印鉴之冒领与利用密码及金融卡之冒领,如同前述,讨论之重点均针对银行之责任如何;然而却未论及消费者之责任为何?就此,日本学者,于金融卡盗领案中,认为银行于定型化契约中,所规定双方关于风险分担之责任条款,必须符合下列之前提方能认为有效,其一为银行于缔约之际,对于消费者关于信息系统所存在风险具有说明义务;其二为银行与存款者(消费者)间均负有交易上之注意义务。⑭ 而学者更进一步对何谓双方交易上之注意义务提出说明,因银行与消费者均为金融信息服务提供之受益人,故认为银行之注意义务为,提款机等信息系统之管理,包括从金融卡之发行一直到付款均为银行注意范围。⑮ 而消费者因其选择以自动付款机为付款方式,故其注意义务为,对于金融卡、密码等应善尽保管义务。⑯ 从上述日本学者之见解,可得知关于金融卡盗领之公平合理的风险分担原则,首先应要求银行对于风险告知之前提上,其次方能进而讨论银行与消费者双方负有如何之义务。因此依台湾地区法律规定,可否推论出同样之结论呢?就此,本文为以下之分析:

1. "消保法"第 7 条之规定

学者曾对于"消保法"第 7 条第 1 项适用于服务业之要件为,企业经营者所提供之服务"不具有安全或卫生上之危险"⑰,而所谓"安全或卫生上之危险",系指服务被提供时,未具备使消费者

---

⑪ 《日本民法》第 478 条对债权之准占有人清偿之规定为:"对于债权之准占有者为清偿者,以清偿者善意为限,方生清偿之效力。"学说对于法文中善意之解释认为应以"无过失"为必要。参见〔日〕内田贵:《民法Ⅲ——债权总论·担保物权》,东京大学出版会 2000 年版,第 47 页。

⑫ 参见〔日〕林良平:《CD 取引の法的构造》,载《金融法务事情》,第 739 号,第 7 页;〔日〕伊藤进:《真正のカードと正しい暗证番号による不正の现金引出と银行免责》,载《私法判例リマークス》,第 1 号,第 74 页。

⑬ 学者黄茂荣认为,利用机器或计算机协助缔约或履行债务的情形,该机器或计算机的机能接近于履行辅助人,在规范上亦可将之论为债权人手足之延长,使债务人当然为其使用之机器或计算机之行为负责。参见黄茂荣:《债务人之履辅责任》,载《植根杂志》第 19 卷第 3 期,第 82 页。

⑭ 参见〔日〕大西武士:《キャッシュカードによるCDからの预金の不正払戾と银行の免责》,载《金融商事判例》824 号,第 47 页。

⑮ 参见〔日〕岩原绅作:《キャッシュディスペンサによる无权限者への支払と银行の免责》,载《判例时报》第 1304 号,第 200 页。

⑯ 参见〔日〕林良平:《CDカードによる払戾と免责约款》,载《金融法务事情》第 1229 号,第 13 页。

⑰ 于 2003 年 1 月 24 日公布之"消保法"修正第 7 条为:"从事设计、生产、制造商品或提供服务之企业经营者,于提供商品流通进入市场,或提供服务时,应确保该商品或服务,符合当时科技或专业水平可合理期待之安全性。"即将"安全或卫生上之危险"删除,以"安全性之欠缺"取代。学者认为,"卫生上危险"其实即是"安全上危险"的一种形态,故"安全上危险"足以包括"卫生上危险"。参见陈聪富:《2003 年消费者保护法商品与服务责任修正评论》,载《台湾本土法学杂志》2003 年,第 50 期,第 29 页。

有通常可合理期待之安全性而言。⑱ 亦即企业经营者其服务责任之成立,必须其提供之服务,在性质上有发生安全或卫生上之危险性时方才成立。而以往实务上似乎认为⑲,金融业者其所提供之服务,对于消费者财产上之安全而言,无关乎无安全或卫生上之危险。此项见解实令人无法苟同,因为全民理财之时代来临,消费者逐渐重视资产管理之今日,基本上消费者,如非对该银行存有某种信赖关系,则必不轻易将其财产交付银行保管,而银行对消费者所交付之财产,本依"民法"第603条之规定,即负有善良管理人之高度注意义务。而消费者当然期待银行对其财产能够提供具有安全性之服务。因此吾人认为,消费者接受银行所提供之各项服务之际,银行本身应依"消保法"第7条第1项提供为消费者合理期待之安全性,否则何以谓银行已尽第603条之善良管理人之注意义务呢?

再者,依"消保法"第7条第2项规定,服务如具有危害消费者生命、身体、健康、财产之可能者,应于明显处为警告标示及紧急处理危险之方法。因此银行对于其提供之金融服务,有可能危害消费者财产之可能者(于本案为盗领之危险),法条文虽为"明显处为警告标示及紧急处理危险之方法",但参照"消保法"第4条企业经营者对消费者具有说明义务之立法精神解释,对于银行业而言,应可解释为缔约之际应为风险之说明。因此如果企业经营者违反说明义务,导致消费者受有损害时,依"消保法"第7条第3项之规定,企业经营者应负无过失之损害赔偿责任。如于金融卡之盗领案而言,因为企业经营者未尽第7条之义务,当然由其承担所引发之风险。

2. "消保法"关于定型化契约之规定

银行基于其信息专业上之地位,很容易借由定型化契约条款去规避风险,因此银行与消费者间之定型化契约的内容应该严格地被检视。前已述之,日本学者认为,定型化契约公平合理之风险分担原则,应由银行与消费者双方所负之义务内容判断。而"消保法"关于定型化契约条款,相关规定为第11至17条,其中,第11条明文揭示企业于其定型化契约条款应本于平等互惠之原则,于第12条更明白揭示定型化契约之条款如果违反平等互惠原则者,推定其对消费者显失公平为无效。因此依"消保法"第12条规定,银行关于金融卡之风险分担原则,如果违反平等互惠原则,则为无效。该条文可为消费者不受不公平、不合理定型化契约条款拘束之护身符,亦为对于不合理定型化契约内容之杀手锏。但于金融业务如此专业领域中,定型化契约条款是否违反平等互惠原则,消费者于信息专业能力不足之情况下,往往于缔约之际,无法立即判断对其是否公平合理,而经常至问题发生时,才发觉或意识到契约条款内容之公平合理性如何,而需要诉诸法院的判断方能解决,本案即为一明显实例。

(三) 管见

由上述本文之分析,得到下列结论:

1. "民法"之解释并未能提供一个明确之风险分担原则

笔者认为,金融卡盗领之情形不适用"民法"第310条第2款之理由为:"民法"第310条第2款,关于债务人"不知"时点之判断,系于清偿之际,因此于传统柜台提领而言,系以顾客提出存折印鉴时,银行人员核对存者印鉴时为判断时点,如将之换成人对提款机之交易行为时,银行"不知"时点之判断,则可推论仅在于密码与卡片之核对无误后,即可免责。如此之判断,无疑忽略了原本"民法"第310条第2款规定系以人与人面对面之交易为前提而规定,人对机器之交易并非当初所能设想到之情况,因此如果直接适用"民法"第310条第2款规定是否适当? 令人存疑。

---

⑱ 参见朱柏松:《消费者保护法论》,翰芦出版社1999年版增订版,第180页。

⑲ 参见"最高法院"2002年诉字第40号判决、2001年上字第200号判决。

因为从消费者保护之观点,金融卡之使用绝大多数为一般消费者,一般消费者对于银行业务采取何种信息系统,往往无从得知或得以选择,因此信息系统安全,如是否可能被侵入或被盗领,并非消费者事前即能掌控之风险,如果轻易依"民法"第 310 条第 2 款要件判断,则盗领风险很容易转嫁成为由消费者承担。

因此笔者认为,"民法"第 310 条第 2 款规定,并无法提供对于金融卡盗领为合理之风险分担原则。由于成文法之国家,基于法律之制定、修改不易,因此对新兴科技所衍生之法律,往往以解释现有之法律作为因应。但现行法其当初之立法背景,与现在环境全然不同之下,解释论难免有其极限,而"民法"第 310 条第 2 款规定,在于保护企业经营者减轻其清偿责任,但对于现今,信息技术差距很大之消费者与银行间之金融交易,如果过度强调"民法"第 310 条第 2 款之适用,则势必无法维护消费者之权益,因此实务上在适用"民法"第 310 条第 2 款规定时,不得不加以审慎斟酌为是。

2. 消保法于金融卡盗领之风险分担原则所扮演之角色

(1) 企业经营者之"消保法"第 7 条之适用

"消保法"第 7 条第 1 项要求企业经营者对其所提供之服务具有安全性,由此可导出发行金融卡之银行业者,应提供安全无虞之机器设备,故提款机系统本身是否稳定安全、设置地点是否容易被测录等[20],以及具备防伪功能之金融卡,并善尽密码之管理[21]等,均为银行与消费者交易时,银行自身之责任领域。且"消保法"第 7 条第 1 项为无过失责任,如有违反,企业经营者应负损害赔偿之责。因此为何实务上认为伪卡之情形,银行无法依"民法"第 310 条第 2 款主张免责,其实从"消保法"第 7 条第 1 项之规定可以得到答案。此外依"消保法"第 7 条第 2 项,要求企业经营者所提供之服务具有危害消费者之财产者,应为警告标示或紧急处理之方法。依此可认为银行之企业经营者,因其提供之服务存有被盗领之风险,故应事先告知消费者此风险之存在,才能要求消费者应负起对提款卡以及密码之保管义务,如包含密码不应使用出生年月日等容易被猜中之号码等。在日本实务上,认为如果银行未能事先对消费者为风险之告知,因而消费者以自己出生年月日设定密码,结果发生被盗领存款者,并不认为消费者之密码管理有过失。[22] 由此可知,企业经营者之告知义务应先于消费者之保管义务,此乃基于银行对其所提出之服务,本较诸消费者更为清楚该商品或服务之相关信息或风险,如不能要求其善尽告知义务,则如何要求消费者采取规避风险手段所得之结论。

(2) 定型化契约条款之规范

由于电子银行业务多元化与复杂化,消费者与银行订立一纸金融卡使用契约时,该契约之性质即可能包含消费寄托、消费借贷、信托契约、信用卡使用契约等,如果缔约之际,银行不主动告知金融卡之各项功能,自不能期待消费者理所当然了解金融卡之各项功能之使用,甚至因消费者不清楚究竟其所持有之金融卡有哪些功能,而直到被不法使用之后才恍然大悟。如同本案所

---

[20] 曾发生银行废弃之提款机被不法使用,消费者在不知情之下,不仅提不到钱,甚至因而被盗录密码,然后不肖业者借以制造伪卡盗领存款。虽依法院见解,只要是伪卡所被盗领者则不生"民法"第 310 条第 2 款之适用,但其实可认为银行本身未能有效维护其信息系统之安全所致,即认为系违反"消保法"第 7 条第 1 项之规定所致。

[21] 银行第一次发给顾客的密码,如果消费者未更改前即被盗领,此风险应由何者承担,实务上虽认为由银行承担,但其理由系以银行为不完全给付为理由,判银行败诉。参照 2002 年诉字第 40 号判决。然其实此种情形,笔者认为属于"消保法"第 7 条第 1 项,银行违反其对消费者所提供之服务不具安全性所致。

[22] 参见福冈地裁平成 1999 年 1 月 25 日判决,金融商事判例,第 1063 号,第 3 页。

显示,争执消费者可否未选择"不需要"转账功能,即当然视为需要转账功能? 就此主要争点在于定型化契约条款是否已成为双方契约之内容,即依"民法"第153条,双方意思表示是否一致,就此由于转账与否,应可视为契约非必要之点,当事人意思不一致时,法院应依其事件之性质定之。而本判决认为如果消费者不知有此项功能,即不当然认为该项约定对于消费者有效存在。法院系基于"消保法"第11条第2项规定,即定型化契约条款如有疑义时,应为有利于消费者之解释。但如果要根本避免如此解释上之纠纷之发生最根本之做法,即应在于强调企业经营者于缔约之际对于契约内容负有说明或告知义务。如果不能严格要求企业经营者应秉持其专业上之优势,对于消费者负有告知或说明义务的话,今后此类案件将一再发生,永远无法根绝。

**(四) 其他相关问题之检讨**

1. 如何因应多卡合一之塑料货币时代

目前因为信用卡盗刷之严重情形较金融卡盗领情形实有过之而无不及,故银行与信用卡之持卡人间对于盗刷风险如何分担等问题,亦有必要加以重视。[23] 如同前述,金融卡之风险分担原则在于银行与持卡人双方均负有注意义务,于信用卡之情况亦应有其适用。故发卡银行应确保其所发行之信用卡无安全上之危险之责任,因此信用卡如何防伪、如何防止被盗录数据,均为发卡银行之责任;而消费者当然亦负有保管信用卡之义务,如随时检查卡片是否存在,刷卡时卡片不可离开自己之视野等。目前实务上,已经有信用卡使用契约之定型化契约模板,合理订立风险分担原则之准则,以避免银行于定型化契约条款中不当转嫁风险给消费者。而"财政部"于2001年1月起,修正信用卡定型化契约条款对于信用卡遗失、被窃等情形,办理挂失前持卡人被冒用之自负额应以3000元为上限。[24] 此项自负额规定之适用除信用卡之外,是否将来扩及适用于自动提款机即ATM所为各项金融交易,以及电话语音、网络电子银行等所为之金融交易? 将成为今后令人瞩目之焦点所在。[25] 因此从主管机关对信用卡所采取之各种行政手段来看,在在地显示政府致力于如何减轻消费者失卡之风险,来解决信用卡盗刷问题。由于金融卡与信用卡功能结合为一,将成为今后之趋势,二者之界限势必逐渐消失[26],因此无论是金融卡盗领或者信用卡盗刷,将来均应循统一之方式处理较为公允。

2. 无卡之网络交易情形

由于许多网络之金融交易,已经毋庸金融卡只要密码相符,即可办理,因此金融卡之真伪与否并不一定重要,而当密码正确与否之核对成为交易之凭据时,也更凸显消费者关于密码之保管义务。但于强调消费者密码保管义务之重要性的同时,企业经营者之风险告知是否也更应同时被要求,因为只有企业经营者善尽告知义务被遂行之前提下,信息弱势之消费者方得以知悉其使用任何网络交易之风险所在,才能促使其采取如何确保其密码不被知悉之手段,因而才能避免使

---

[23] 信用卡盗刷是否有"民法"第310条第2款之适用之法院判决,参照1999年苗小字第55号判决。

[24] 参见《信用卡定型化契约范本》第17条。自负额之限制之构想源于美国之诚实借贷法(Truth in Lending Act)第133条,关于条文之内容,参见林继恒:《信用卡业务及法务之理论与实际》,台湾金融研训院印行,第77—78页。

[25] 即如美国1978年之联邦电子资金移转法(Electronic Fund Transfer Act),包含自动提款机即ATM所为各项金融交易,电话语音所为之金融交易等所生之不法盗领,均采消费者自负额之责任限制。关于美国联邦电子资金移转法之详细介绍,参见杜怡静:《支払决济のエレクトロニクス化をめぐる私法の问题检讨》,1998年一桥大学博士论文,第81—98页。

[26] 银行陆续相继推出集合金融卡、现金卡、信用卡之功能的多功能芯片卡。参见2003年11月19日《经济日报》,第18版。

用被歹徒容易猜测之数字而尽快去变更密码等行动,如此一来,盗领之情形自然就能减少。

### 结论性观点

由于金融卡盗刷、信息被测录事件频频发生,消费者借由电子银行所为之金融交易所承担之风险实较传统柜台交易更大。因此于银行与消费者间,如何建立公平合理之风险分担原则更形重要。如前所述,依现行法之规定,银行之责任不应止于密码核对而已,而系在于确保整个支付之信息系统安全性,因为电子信息系统安全性作业如何,对消费者而言并非其有能力去选择或理解,因此银行责任非仅止于真卡、密码正确,银行即可免责。而应包含金融卡之设计有无合理期待之安全性、提款机之设置如何避免测录盗刷等安全措施,均为银行责任范围之所在。再者,银行等金融业,今后应致力于安全交易系统之开发,以确保消费者财产之安全。总而言之,关于双方风险分担之法律架构,就"消保法"第 7 条之观点,先应强调企业经营者首先要有安全设置之义务,再者为克服信息技术上等不可避免之风险,于缔约之际应善尽告知说明义务,使消费者知其风险责任之所在,在此双方责任明确之前提下,自然而然就可避免企业经营者借由定型化契约条款规避风险及责任。

另外,从纷争预防之观点,谈论金融卡之消费争议,唯有落实金融业者对于消费者之说明义务,消费者方能基于自己之判断,选择对自己最适合之金融服务,如此消费者方能基于自己责任原则下承受风险。故法律对于企业经营者之说明义务应赋予更强之法效力,方能作为解决此类问题之根本做法。因为现代法律所扮演的角色,已经从以往重于事后解决纠纷,转变为能事前预防纠纷发生的角色。故日本法于 2000 年所制定《金融商品贩卖法》[27],即在于强调企业经营者于缔约之际,对于消费者负有说明义务,以达到事前预防消费纷争发生之目的。特别是金融交易契约日趋多样化与复杂化之情况下,政府不可能逐一去事前制定定型化范本或逐一审核所有定型化契约内容是否公平合理;因而只有赋予双方于相同信息能力下,才能基于对等之情况下论及契约自由或意思自治之原则。因此本文认为,只有强调要求企业经营者之说明义务,才能真正有助于减少类似纠纷之发生。

---

[27] 日本《金融商品贩卖法》第 3 条第 1 项规定,金融商品之贩卖业者,未能对顾客说明重要事项时,导致顾客受到之损害应负赔偿责任。

# 度假村会员权纠纷与"消费者保护法"第19条无条件解约权之适用

——1998年简上字第91号判决评释

杜怡静 *

### 基本案情

上诉人于1996年7月7日前通过电话通知被上诉人：被上诉人自多户家庭中挑选出中奖者，机会难得，上诉人并无推销任何产品等用语，吸引被上诉人前往上诉人公司处参加说明会及领奖。经被上诉人于无心理准备情况下前往上诉人公司后，上诉人公司即以播放录像带解说方式，游说被上诉人加入上诉人公司成为会员，上诉人要求被上诉人于英文契约上签名成为会员，当时并未提供有关契约之中文资料给被上诉人审阅，被上诉人于无心理准备情况下当场签署英文契约后，并于1997年1月7日交清款项共计188 800元。其后，被上诉人于1997年4月11日收到会员卡，其后被上诉人发觉书面契约不够详细，且与上诉人职员之推销内容不符，遂于1997年4月12日电话通知上诉人解除契约，惟上诉人均一再推拖拒不返还被上诉人已交纳之款项，为此提起本诉。

本件两造间之买卖，依"行政院"消费者保护委员会之意见应属"消费者保护法"（下称"消保法"）中之"访问买卖"，被上诉人得于收受会员卡后7日内解除契约，被上诉人自1997年4月12日起即以电话多次通知上诉人有关解除契约之意，惟上诉人之工作人员均多所推托，直至1997年4月17日始传真一份会员卡得转让之文件与被上诉人，被上诉人方于1997年5月21日以书面通知上诉人解除契约。

### 裁判要旨

按所谓"访问买卖"，系指企业经营者未经邀约而在消费者之住居所或其他场所从事销售，而发生之买卖行为，为"消保法"第2条第9款所明定；此种新兴交易形态迥异于企业经营者以前利用传统店铺之营销手法，而与消费者订立之买卖契约，在现代大众传播媒体日新、商品促销方式生动诱人，访问买卖之买受人通常欠缺事前准备及心理状况下，囿于企业经营者之促销手段，在未深思熟虑情况下径与企业经营者订立契约，为贯彻保护消费者之权益、促进消费生活之安全而设；唯现行实务上多见"诱导邀约"之情况，即企业经营者往往依电话簿、通讯簿或其他信息，而主动致电消费者，以各式说法引起消费者之注意力，使消费者于电话谈话中"被动"同意前往企业经营者之住居所、办公处所或其他场所，洽谈缔约情事，并于该次洽谈中即与企业经营者合意缔约，消费者于此种"诱导邀约"下同样具有欠缺事前准备及深思熟虑之情况，故通说仍认为属于"访问买卖"。法语中虽谓"在消费者之住居所或其他场所从事销售"，为达保护消费者在无心理准备下与企业经营者订立买卖契约之旨，故此处之"其他场所"，解释上凡消费者无法作正常考虑缔

---

\* 台北大学司法学系助理教授。

约机会之任何场所者即属之,而非以"限于须经消费者邀约始能访问进入之场所"为限,始符合立法旨意。

本件上诉人自认先以电话与被上诉人洽谈,言词中表示上诉人系以节省之广告费用转变成免费赠礼之方式回馈顾客,致被上诉人同意于1996年7月7日前往上诉人之营业场所以探知"免费赠礼"之内容,被上诉人并于该次洽谈中即与上诉人签订买卖契约,不问洽谈时上诉人系提供英文或中文数据,均足认为被上诉人无充分心理准备及深思熟虑之机会,故依前开说明,本件两造间订立之买卖契约自属"消保法"中之"访问买卖"。

针对上开访问买卖方式,"消保法"第18条特别规定企业经营者之告知义务,即应将买卖之条件、出卖人之姓名、名称、负责人、事务所或住居所告知买受之消费者,目的在使消费者能确知其交易之相对人为何者,便于其后消费者行使申诉、退回商品、书面通知解除契约等权利;且依"消保法施行细则"第16条第1项之规定,企业经营者应于订立访问买卖时,除告知前开"消保法"第18条所定事项外,尚应告知该法第19条第1项"于收受商品后7日内无须说明理由之解除契约权",并取得消费者声明已受告知之证明文件。

本件两造之买卖属消保法中之访问买卖,已如前述,参照上开规定,上诉人有以书面告知被上诉人解除契约权之告知义务,经查两造签订之"会员申请书暨约定书",条款中并无有关告知被上诉人解除权之记载,被上诉人亦未举证证明以口头告知上诉人,足认为上诉人违反前述告知义务。兹有疑问者,当企业经营者违反上述告知义务未为告知时,法律效果为何?"消保法"中并无明文规定,此时依"民法"之规定企业经营者构成缔约上过失,应对消费者负损害赔偿责任,消费者仍须依"消保法"第19条第1项之收到商品后7日内行使解除权,消费者已收受商品但不退回而以意思表示解除契约者,必须以书面为之,故以口头解约不生效力。经查本件两造于1996年7月7日签订契约,上诉人于1997年1月7日交清款项,再于1997年4月11日收到会员卡一节,业经两造陈述一致在卷,被上诉人主张渠等于1997年4月12日起即以电话告知被上诉人有关解除契约之意思表示,上诉人之人员多所推托,至1997年4月17日始传真一份有关会员卡转让之数据云云,此为上诉人所否认,纵使属实,依前开说明,上诉人以口头表示解约亦不生解除契约之效力。再查被上诉人其后至1997年5月21日始寄发书面存证信函与上诉人,其内表示解除契约之意思表示一节,业据被上诉人于原审提出存证信函为证,并经上诉人自认属实,自被上诉人收到会员卡之1997年4月11日起算已逾7日,被上诉人之解除权业已归于消灭而不得解除契约。

### 学理研究

一、会员权之法律问题

本案件主要争点有以下两点:(1)本案件之买卖契约性质是否属于特种买卖中之访问买卖?(2)如属于访问买卖之情形,消费者如何依"消保法"第19条行使无条件解约权?以下以此两项争点为中心,并对度假村会员权所可能涉及之其他相关问题为分析。

(一)何谓访问买卖

所谓访问买卖,依"消保法"第2条第9款规定系指"企业经营者未经邀约而在消费者之住居所或其他场所从事销售,而发生之买卖行为",从"消保法"第2条第9款之文义,分析构成访问买卖之要件有二:

1. 访问买卖系指企业经营者未经消费者"邀约"之情况下所发生之买卖行为,其中"未经邀约"之文义系指为何,实乃解释访问买卖之关键之所在,因此构成访问买卖与否,首先即需判断消费者是否系出于"未经邀约"。关于未经邀约之意义,依学者见解认为,"未经邀约"之"邀约"概念本身并非构成买卖契约之必要条件①,而系指使他人为积极行为之一事实通知而已②,故"未经邀约"系指消费者于无预期、非主动之情形,而由企业经营者主动对消费者销售之情形。③ 笔者认为或许可说"未经邀约"为构成访问买卖之主观要件,即消费者(或买受人),事先并无购买之动机,而系由于企业经营者因其言词鼓动或诱惑甚至出于人情之压力,消费者于不得不为购买之情形下,所成立之买卖契约。

2. 访问买卖之另一要件为"在消费者之住居所或其他场所从事销售",即访问买卖所发生之场所为"在消费者之住居所或其他场所从事销售",笔者认为,此乃访问买卖之客观要件或可称之为场所要件。关于住居所之定义依"民法"规定解释较无疑义。④ 有疑问者为,何谓"其他场所"? 法对之并无任何解释或限制之规定,因此有学者认为"其他场所"之解释,当系指与住居所具相同性质、作用之处所,因此包括个人工作场所、基于需要而经常出入之场所,皆可该当于"其他场所"。⑤ 故为一般消费者容易出入之公共场所如办公室、车站、学校等以及第三人之住居所或工作场所均属之。⑥ 至于企业经营者之营业场所是否应包含在内? 学者⑦及实务上通说均并不排除业者之营业所⑧,认为如果消费者本身并无缔约之准备,而系企业经营者突如其来之邀约,即便是消费者至企业经营者之营业所缔约亦属于访问买卖;而非局限于与消费者之住居所或其他消费者所管领使用之场所,即不以须经消费者邀约始能进入之场所为限。⑨ 只要是消费者系因为企业经营者之利诱等非出于自愿之情形下,而到企业经营者之营业所,所成立之买卖契约均属于访问买卖,因此对于是否构成访问买卖,目前通说系着眼于消费者主观要件是否为"未经邀约"之情形下,即消费者是否受有心理上之限制,有无心理准备之情形缔为判断,至于场所之解释则采取较宽松之认定,因此其他场所之解释,并不限于须与住所等同其性质,即不限于需经消费者同意后方能进入之场所始属于"其他场所",只要消费者系出于非主动、非自愿之情形下至营业所者亦属于访问买卖。

以上通说见解,乃基于访问买卖营销方式较诸一般传统买卖方式具有攻击性,因此扩大关于场所要件之解释,就维护消费者之立场,固然值得肯定;但如依通说见解,则关于访问买卖场所之要件是否即毫无意义可言? 对此,笔者认为,立法者之所以对访问买卖加以规定,除了弥补消费者事先关于商品或服务之信息欠缺下所为之决定,使其有所补救之机会外,亦有避免企业经营者以不当之营销方法,如以问卷等假借其他名义,诱使消费者至其营业所,或者以近乎监禁之方式,如营业员团团围绕以疲劳轰炸之方式,使消费者于不堪其扰之下,丧失自由选择商品以及决定是

---

① 即邀约之意思并非民法上意思表示之"要约"。
② 参见朱柏松:《消费者保护法论》,翰庐出版公司1999年版,第331页。
③ 如果消费者主动邀约,如主动询价,或请厂商报价则非属于访问买卖。参见约翰逊林、冯震宇、林明珠:《认识消费者保护法》,"行政院"消费者保护委员会编印,第95页。
④ 住所之定义依"民法"第20条。居所之定义依"民法"第23条。
⑤ 参见朱柏松,前揭注②书,第333页。
⑥ 参见"消保法"之问答资料 http://www.cpc.gov.tw/qa/cpc8-2-2.htm。
⑦ 参见约翰逊林:《消费者保护法上之邮购买卖及访问买卖》,载《消费者保护研究》(第1集),第43页。
⑧ "本件被告主动以电话告知原告至该公司参加旅游说明会,并非原告自行邀约被告洽谈买受系争会员权利之事宜,应构成访问买卖"台北地方法院1997年北简字第12943号判决。
⑨ 参见1999年诉字第2570号判决。

否缔约之机会。因此依文义解释之原则,其他场所之解释,似不包含业者之营业所,但如业者有上述之不当行为以诱使消费者至其营业所者,则不应局限于场所之解释,较能维护消费者之权益。

**(二) 度假村会员权之性质**

　　修法前适用"消保法"第19条第1项无条件解约权者,仅限于以访问买卖或邮购买卖方式贩卖"商品"者方有其适用,但自从"消保法"增加了第19条之1后⑩,以访问买卖或邮购买卖方式提供服务者,亦有第19条无条件解约权之适用。但由于服务与商品其本质上有所不同,因此于"消费者"行使第19条之权利时,其7日之犹豫期间如何起算遂成疑问? 因"消保法"第19条规定以收受商品为起算犹豫期间,则于服务之提供者,如何解释"收受商品"于服务提供之情形? 对此消保会函中明示"有关消费者契约解除权之起算日系指消费者接受业者提供主要服务开始的次日起算"⑪,且实务上亦有法院认为"按在访问买卖之交易行为,消费者难以对买卖标的物之商品有所认识,为保障消费者权益,应给予消费者相当时间,俾实际了解买卖标的,此为'消保法'第19条规定之立法意旨。是以依其立法意旨,自需消费者于可使用商品或接受服务之状态下,才开始起算契约解除权之除斥期间始为合理,否则消费者在尚未收受商品或接受业者提供之主要服务前,自难以知悉其所买受之标的质量为何,亦无从决定是否解除契约"。⑫ 因此度假村会员权性质究为"商品"或"服务",实涉及消费者行使解约权时犹豫期间如何起算之问题。但关于"商品"或"服务",均非向来传统民法上之一般用语,因此"消保法"第19条所称之"商品"以及第19条之1所称之"服务",其涵射范围如何,不无探讨之必要。首先就商品之定义而言,约可分为以下几说。

　　1. 第19条之商品限于有体物:"消保法"有关于商品之解释,依"消保法施行细则"第4条"本法第7条所称之商品,指交易客体之不动产或动产,包括最终产品、半成品、原料或零组件。"依条文所示均指有体物。⑬ 此外,亦有依"消保法"第2条第8款有"递送商品"、第19条亦有"收受商品"等文字,第20条有关取回等用语,而认为第19条规范之对象仅止于民法上所称之有体物。⑭

　　2. 第19条之商品包括有体物以及无体物:有学者认为,"消保法"第19条赋予消费者解约权之理由系为弥补消费者信息之不足,故关于商品之解释不应过于狭隘与僵化,凡得作为交易之客体者,如数字化商品、权利或劳务等均属于第19条商品之范围⑮,即商品包括有体物以及无体物。

　　3. 第19条之商品系指物以及权利:有学者以"消保法施行细则"第4条条文中已明文限定为"第七条之商品",并未包含第19条特种买卖之情形在内,因此"消保法"第19条商品之定义与第7条商品之定义不应为相同之解释,而认为如果从特种买卖之本质为民法买卖形态之一,只不

---

　⑩ "消保法"修正案系于2002年12月27日经"立法院"三读通过,于2003年1月22日经公布,修正部分相关条文见http://www.cpc.gov.tw/。
　⑪ 1997年消保法字第00500号函,以及第00824号函。
　⑫ 1999年诉字第2570号判决。
　⑬ 参见冯震宇:《论因特网与消费者保护问题》(下),载《科技法律透析》1998年7月版,第35页。
　⑭ 参见石家桢:《邮购买卖与消费者保护》,1995年中兴大学法研所硕士论文,第69页。
　⑮ 参见陈信至:《网络交易是否适用消保法——以所谓数字化商品为例》,载《科技法律透析》,2002年7月版,第46—47页;陈汝吟:《论因特网上电子契约之法规范暨消费者保护》,1999年中兴大学法研所硕士论文,第143—145页。

过营销手法迥异于一般传统之买卖,因此"消保法"对于特种买卖部分另设专章以保护消费者之权益,但两者就交易之标的而言应为相同之解释,即只要系有财产价值,且有移转之可能性者均可为特种买卖之标的。⑯ 依此说之见解,原则上第 19 条之商品仍然包含无体物之权利,但与前说不同者其无体物之范围,不包含服务。

基于特种买卖为民法一般买卖之特别规定,因此"消保法"关于商品之范围应与"民法"买卖范围作相同之解释,即商品范围应包括"物及权利",故笔者赞同后(三)说,以求体系上解释之一贯性。特别是自"消保法"增订第 19 条之 1 后,如仍将商品解释为包含服务的话,则增订第 19 条之 1 似乎多余,因此为避免徒增解释上之疑义,承袭原有民法体系之解释较为恰当。因此笔者认为,第 19 条之商品内容,包含物(动产、不动产等实体物)以及权利(无体物之一种)。于此前提之下,如果权利之内容,为享受一定之服务情形者,则商品中之权利又如何与第 19 条之 1 服务区分,又不免令人产生疑义。由于目前欠缺对此方面之讨论⑰,因此参照日本学说,认为权利之买卖契约与服务提供契约之区分,可从下列几项为判断标准:

(1) 如为提供劳务之企业经营者与消费者直接订立契约之情形者称为"服务提供契约";如非由劳务提供业者与消费者所订立契约,而系由代理业者或中间商代理劳务供给业者与消费者订立契约者则称为"权利之贩卖"。

(2) 权利之买卖契约中之权利系指不具专属性,具有可以转让之性质者为限,例如高尔夫球会员证或音乐会之入场券。相对于此,"服务提供契约"则系依照契约之交易对象,依其希望、特性而设定契约之内容、数量或价格,因应契约者个人使用或专为其量身定作之契约者,故具有专属性,因此无法自由让与第三人,如瘦身美容契约、教育服务之提供契约等。因此权利买卖契约之内容、价格往往为一定型、制式之契约形态,而服务提供契约则因人而异,具专属性不得任意让之契约。⑱ 故度假村会员权性质,基本上属于可转让之权利且为定型、制式之契约形态,因此度假村会员权之贩卖,可认为属于一种权利之买卖。此外度假村会员权,其会员之内容并非拥有某种物或权利之所有权,仅为得以享受或利用或使用度假村之设施或服务而已,故此种权利只能有使用权而无所有权,即其本质为一种债权性质而非物权性质之权利。⑲ 而度假村之会员权证,即为表彰此使用权之证明,为一证权性质之证券,因此消费者以此会员权证来证明其具有会员之身份或资格。实务上对度假村会员权性质究为"商品"或"服务"曾有所讨论⑳,研究结果中曾叙明度假村会员卡所表彰者为"至度假村休闲游憩之权利",可认为一种服务,亦有人认为"权利"是一种商品。

由上述实务之见解可发现,由于台湾对权利与服务之区别向来欠缺研究,因此实务上对于度假村会员权之性质亦游移于"权利"或"服务"之间无法判断。除此之外,实务上似乎将会员卡与会员权之关系混为一谈,实不可不予究明之。即度假村会员权内容为"享受度假村休闲游憩之法律上之利益",因此度假村会员权之贩卖属于"民法"上权利之买卖固无疑问,而会员权卡(证)只不过

---

⑯ 参见王传芬:《网络交易法律锦囊》,元照出版有限公司 2000 年版,第 146 页;朱柏松,注②书,第 317 页。

⑰ 有学者曾提及应将权利明文纳入特种买卖之标的,参见王传芬,注⑯书,第 165 页。

⑱ 参见[日]斋藤雅弘、池本诚司、石户古丰:《特定商取引法ハンドブック》,日本评论社 2002 年版,第 270 页。

⑲ 参见吴谨瑜:《国外度假村会员卡交易与消费者保护》,载《中原财经法学》2002 年第 8 期,第 218 页。

⑳ 参见《消费者保护法研讨会第一期法律问题案号 4》,载《消费者保护法判决函示汇编》(一),第 377—379 页。

用来表彰该持卡人具有行使使用该设施或设备之权利,故为一证明之文书,即该会员权契约之成立,系依"民法"第 345 条之规定双方合意之情形下成立,该会员权卡(证)之交付与否并非契约之成立要件,只不过为权利之出卖人依"民法"第 348 条第 2 项负有交付该会员卡之义务而已。因此如商品为"权利"时,特别是权利之内容为享受特定劳务或服务之给付时,如何认定"收受"之时点,成为本案重要问题点所在。依"消保法"第 19 条第 1 项其立法目的在于消费者于契约订立之际,无法有充分之时间或机会仔细检视商品,因而为弥补消费者事前对商品了解之欠缺,故赋予消费者于检视商品后,经过再度仔细思考而决定其真正购买之机会,因此于收受商品后方始起算犹豫期间。但法语所谓"收受"系指为何?"收受"之定义,笔者认为解释上与受领㉑同义,均指当事人处于实际上得以检查商品状况者而言,此外依"消保法施行细则"第 17 条规定"消费者因检查之必要或因不可归责于自己之事由,致其收受之商品有毁损、灭失或变更者,其解除权不消灭",由此可知,收受之目的除了可再度审思是否真正购买之意图,以弥补事前对于相关商品信息之不足,另外亦可使消费者借由检查该商品,而对该商品有更进一步之了解或是否符合其需要或期待,甚至可发现是否有瑕疵,而得以于 7 日内行使无条件解约权,不受契约效力之拘束。

故以度假村会员权为访问买卖之标时,为符合以收受作为解约权行使要件之立法意旨,似乎以"享受第一次劳务(服务)之给付"时视为"商品之收受",而起算犹豫期间较为合理,而非以收受会员权卡(证)时为收受之时点,因为会员权卡(证)仅是一纸会员权利之凭证,尚非属于"消保法"中所谓之商品。而目前实务上亦有采与本文同此见解之判决者。㉒ 由于"消保法"采概括适用之立法方式,即凡解释上属于商品者均一体适用"消保法"第 19 条之规定,于此种立法方式下,就保护消费者之目的而言,固然有其重要意义,但于现实交易环境中,以收受商品作为解约权行使之起算期间,却存有不甚合理或窒碍难行之处,如有些物品一旦开封即生耗损或无法再度使用者,或者保存期限短暂之食品(生鲜食品),如果同样赋予消费者有 7 日之犹豫期间,可能增加业者之经营成本,也难以避免消费者有滥用此种权利之虞。因此于衡平消费者与企业经营者间利益之立场,此种过于概括笼统之立法方式其实有待商榷,或许将来可考虑仿效外国法对于适用无条件解约权之商品种类予以限制之立法方式。㉓ 至于因增订"消保法"第 19 条之 1 后,服务亦有"消保法"第 19 条之适用后,其所产生之问题更多,除前述如何与权利买卖为区分之问题外,因为服务种类包罗万象,性质差异甚大,加上服务为无形且具有无可恢复原状之特性,因此是否适合消费者予以检视后解约即有疑问,此外于所有服务均以接受服务起算犹豫期间,其实不尽合理,如仅为一次性之服务如占卜、购票(包括机票)等服务之提供,以接受服务作为起算犹豫期间似乎不妥。因此不区分服务之种类、性质,凡是服务均准用"消保法"第 19 条第 1 项无条件解约权之规定,其实就立法方式而言过于草率简陋,更由此可看出,"消保法"对于增订服务为适用标的之前,欠缺审慎仔细之考虑。

(三) 关于定型化契约之审阅期间与企业经营者之告知义务

修正后的"消保法"第 11 条之 1 第 1 项规定:"企业经营者与消费者订立定型化契约前,应有

---

㉑ 例如"民法"第 356 条买受人应从速检查其所受领之物,所谓受领指出卖人将其物置于买受人得为检查之状态下,使买受人得以就"现物为检查"。参见郑玉波:《民法债篇各论》(上),第 47 页。

㉒ 参见台北地方法院 1999 年诉字第 2570 号判决。

㉓ 如日本即采指定商品,权利及服务制。欧陆系采排除适用制,关于欧盟消费者保护指令中相关之规定,参见许嘉雯:《论消费者保护法第十九条之一服务准用商品邮购买卖之规定》,载《月旦法学》2003 年第 96 期,第 332—333 页。

30日以内合理期间,供消费者审阅全部条款内容。"㉔此即为消费者对于定型化契约之审阅权。由于定型化契约为企业经营者所片面制定,消费者于契约制定之际并未参与,为使消费者于订立契约前,有充分了解定型化契约条款之机会,因此企业经营者于订立定型化契约前,应赋予消费者审视契约之期间,企业经营者如违反该规定,消费者得主张其条款不构成契约之内容。度假村会员权契约一般均以定型化契约方式为之,因此企业经营者有义务赋予消费者审阅期间,否则消费者可主张契约条款对其不生效力("消保法"第11条之1第2项)。

但曾有实务上将审阅期间之规定与特种买卖中企业经营者之告知义务混为一谈("消保法"第18条),认为特种买卖关于告知义务之规定为审阅期间之特别规定,因此消费者不能以契约签订前是否未予以审阅期间,主张契约效力之有无,因为审阅期间低于"消保法"第19条保护之密度。㉕ 其实此乃因误解此二者之性质所导致,因审阅期间之规定,系对于使用定型化契约之企业经营者,为使消费者于契约成立之前,能仔细了解该定型化契约之内容,故应给予消费者一段期间,以免消费者因为信息弱势之立场,而与企业经营者签订不公平之定型化契约。而"消保法"第18条关于告知义务,系基于特种买卖之消费者,事前对相关商品或服务,于未有足够信息下毅然决定购买,为避免此种情形,故要求企业经营者于进行特种买卖之际㉖,要将关于买卖条件、出卖人之姓名、名称、负责人、事务所或住居所等告知买受人,但此告知义务并不限于以书面为之,只要事后取得消费者已受告知之证明文件即可,但此告知义务之违反,并未有处罚等不利企业经营者之法律效果。

此外依第19条第1项,赋予消费者得于契约成立后得无条件主张解除契约之权利,以逸脱契约关系之拘束,作为救济消费者因信息欠缺所为之意思表示。对于比较审阅期间之规定与特种买卖关于告知义务以及无条件解约权之规定,两者之立法出发点,均为弥补消费者于交易关系中为信息上之弱势立场而设,以此前提下所为之契约关系,赋予消费者有不受拘束之权利。但审阅期间规定系对于使用定型化契约之情形,而告知义务之规定,限于特种买卖之情形,原系基于不同情形对消费者所为之保护,但是否有可能二者发生竞合之问题?实不无研究之余地,按审阅期间之规定系对于使用定型化契约之情形下方有适用;而特种买卖中关于告知义务或无条件解约权之规定,则不论是否使用定型化契约均有适用。但如果于特种买卖使用定型化契约之情形下,则企业经营者,于其定型化契约中,应依第18条之规定记载,然后于契约成立前,依法先给予消费者审阅期间。因此于交付消费者审阅,系于契约未成立以前,如未交付审阅则消费者得主张该条款不构成契约之内容。但如访问买卖之企业经营者未使用定型化契约,则虽无须给予消费者审阅期间,但仍应依第18条规定负有告知义务,企业经营者何时告知法无明文,且告知义务虽名为义务,但"消保法"对于企业经营者违反告知义务之规定,并不足以影响已经成立之契约,因此即使企业经营者违反告知义务,但法定犹豫期间仍然以消费者收到商品起算;但如果违反审阅期间之规定者,消费者可主张该契约条款对之无效,而且主张无效,并不受"消保法"第19条中7日之限制。因此审阅期间与告知义务或无条件解约权,彼此之间实无所谓特别规定与一般规定之情形,而应视情况,甚至于有同时适用之可能。

---

㉔ 该条文原为"消保法施行细则"第11条,以前实务上(台北地方法院1998年简上字389号判决)曾质疑"施行细则"第11条之规定有抵触母法授权范围之疑,因此此次修正将之列入"消保法"中,而使消费者之审阅权具有实体法上之依据。

㉕ 参见1999年简上字第691号判决。

㉖ 关于第18条告知义务之时期,不一定系契约成立前可能为缔结契约之际,亦可能为消费者收受商品时。参见朱柏松,注②书,第341—342页。

## (四) 会员权之消费者如何行使无条件解约权

依"消保法"第19条第1项之规定,消费者行使解约权之方式有二:(1) 以退回商品之方式;(2) 以书面通知之方式。消费者以退回商品之方式行使解约权时,除将商品寄回之外,是否另须向企业经营者明示行使解约权之意思为必要,虽法无明文,解释上消费者无此义务之必要,但如消费者系出于其他目的而寄回时(出于修理或请求另行交付之目的),应由消费者负举证之责。因此如要避免争议,消费者仍应有表明较为允当。[27] 至于如果消费者以书面方式通知企业经营者时,不论消费者是否已经收受商品均可以书面方式为之。[28] 至于此所谓"书面",是否可解释为解约权行使为法定要式行为? 如非以书面,而以口头行使解约权则其效力如何? 实务上以及学说均认为"书面"为解约权行使之要件,并不承认口头行使之方式[29];但参照"消保法"第19条第1项之立法理由,该书面系为表示慎重以及存证之必要,并衡平双方权利义务。

因此可知,当初立法者并未以书面作为行使解约权之要件,如果消费者以口头或其他非书面方式行使解约权,仍应生解除契约之效力,如果解约权行使与否发生争议时,则应由消费者负举证责任,证明其已经行使解约权。日本法对于消费者行使解约权之方式,虽然法律明文以书面为之[30],但实务及学说见解均认为此书面非强制要件,消费者亦可以口头告知方式为之,但如果发生争议时,则由消费者对之负举证责任。[31] 因此笔者认为,"消保法"第19条之书面应与日本法之规定为相同解释,即非法定之要式行为,如此不但能符合当初立法者之真意,也同时能兼顾"消保法"保障消费者之目的。

一、判决评析

基于上述关于会员权相关问题之分析,笔者认为本判决具有下列之疑义:

### (一) 关于契约方面之问题

案例事实中"上诉人要求被上诉人于英文契约上签名成为会员,当时并未提供有关契约之中文资料予被上诉人审阅,被上诉人于无心理准备情况下当场签署英文文件后……"因此从事实之叙述中系争之案例所使用之契约应为定型化契约,且当时并未提供有关契约之中文数据给被上诉人审阅,因此,首先,上诉人似乎违反"消保法"第11条之1(当时为"消保法施行细则"第11条)关于审阅权之规定,但双方当事人对此却未有所争执,而法院亦未察知,诚属遗憾。

此外,案例中该定型化契约系以英文为之,此时企业经营者未将之翻译成中文,而以原文为之,实难以期待消费者能完全理解该定型化契约之内容,依"消保法"第4条,要求企业经营者对

---

[27] 参见约翰逊林,注⑦文,第54页。
[28] 消费者一旦以书面通知企业经营者行使解约权,则企业经营者须依"消保法施行细则"第20条规定于通知到达后1个月内至消费者住所或营业所取回商品。
[29] 参见约翰逊林,注⑦文,第54—55页。2001年简上字第136号判决、1999年简上字第802号判决。
[30] 参见《特定商事交易法》第9条第1项。
[31] 日本实务上几乎均承认以口头方式行使解约权(クーリング・オフ),大阪简判1988年3月18日判时1294号,第130页;福冈高判1994年8月31日《判夕872号》,第289页,广岛高松江支判1996年,消费者ニュース29号,第57页。而学者通说亦肯定口头解约之效力,参见〔日〕清水岩:《消费者契约とクーリング・オフ制度》,载《阪大法学》第149、150号,第375页;〔日〕尾岛茂树:《书面によらないクーリング・オフ,クレジット研究3号》,第87页;〔日〕浜上则雄:《访问贩卖法における基本问题》,载《现代契约法大系(4)》,第310页;〔日〕松元恒雄:《教材贩卖とクーリング・オフ口头行使》,载《消费者取引判例百选》,第4页。

于其所提供之商品或服务,应提供消费者充分与正确信息之义务,基于此理由,对于以外文所为之定型化契约,企业经营者实有必要将之翻译成中文之义务,否则即违反第 4 条之规定,但由于"消保法"对于企业经营者违反第 4 条规定,并未具有不利于企业经营者之法律效果,故虽名为义务却仍只具有宣示效力。[32]

## (二) 访问买卖之相关问题

由系争度假村会员权案例可得知,企业经营者事先以中奖等名义诱使消费者前往其营业所参加说明会,因此消费者原本对于度假村会员并无了解或者有意愿参加之前提下前往,故与访问买卖之要件"未经消费者邀约"之主观要件符合,而消费者至企业经营者之营业所乃系由于企业经营者之诱导所致,并非自愿前往,再者因企业经营者强力推销之行为,导致消费者终究以不得不缔约之方式作为解脱,此种营销手法即使尚未达到违法程度,但显然有所不当,因其至少影响消费者自由选择、自由决定之权利。因此法院认为"法文中虽谓'在消费者之住居所或其他场所从事销售',为达保护消费者在无心理准备下与企业经营者订立买卖契约之旨,故此处之'其他场所',解释上凡消费者无法作正常考虑缔约机会之任何场所者即属之,而非以'限于须经消费者邀约始能访问进入之场所'为限,始符合立法旨意"。故认为属于访问买卖之类型,此见解乃基于维护消费者具有于自由意识下自由选择商品之权利,而将访问买卖之要件中之场所要件予以扩大解释,认为如果消费者系出于企业经营者"诱导邀约"者,则其他场所之解释包含企业经营者之营业所,对此吾人认为值得肯定之。但对消费者行使第 19 条第 1 项无条件解约权之起算时点应以何为标准之问题,本判决虽未明白指出会员权之性质为何,但以收到会员证即行起算犹豫期间之判决内容看来,似乎将会员权证视为商品之前提下,而以收到会员权证起算犹豫期间。[33] 但依前所分析,将表彰债权之会员权证之收受,视为商品之收受,显然不能达到使消费者能真正了解该会员权所表彰之"享受特定服务"内容之目的,而且与立法者以"收受"作为起算无条件解约权之犹豫期间之立法目的不符。因此对于此问题,本文认为,为符合法体系一贯性之解释,以及配合所增订"消保法"第 19 条之 1,以访问买卖方式销售度假村会员权为一种权利之买卖,于此权利之买卖,笔者从"消保法"第 19 条之立法意旨,认为应以消费者实际得以了解该商品之内容,即消费者得以真正享受该权利所表彰之内容时视为"收受商品",因此认为应以"接受第一次服务时"视为"收受商品"[34],而非收受会员权证之际,因度假村会员权证为一证权之证券[35],会员权证之收受,只不过证明该持有人具有会员之资格,并不足以使持有者真正了解该权利之内容或者得以达到检视商品之目的,因此实务上以"收受会员权证",即认为消费者"收受商品"之见解,并不符合"消保法"第 19 条之立法意旨之解释。

---

[32] 德国法关于企业经营者所交付消费者之说明书必须是以消费者所在国的语言所撰成,否则违反此项义务者,消费者之契约解除权之行使的除斥期间将被延长为 1 个月。参见吴瑾瑜,注[19]文,第 198 页。

[33] 本案判决之后,陆续关于度假村会员权之判决中亦不乏同本案以"收受会员权证"起算犹豫期间之其他判决者,参见 1999 年简上字第 802 号判决。

[34] "在有形的商品买卖,可自收受商品后 7 日内退回商品或解除契约,惟无形的商品应如何处理,在本案中,应从国际度假村业者提供主要服务后起算"消费者保护法研讨会第一期法律问题案号 4,《消费者保护法判决函示汇编》(一),379 页。但何谓主要服务并未说明,而认为依具体个案认定之。对此吾人认为与其使用暧昧不明之用语,不如以接受第一次享受服务时起算较为明确而且亦可兼顾该法之立法意旨。

[35] 如同股票性质,股票系证明股东权之证券,股票系于股东权发生后始发行,并非因股票之作成股东权始行创设,股东权之取得系于契约成立缴纳股款之际。参见柯芳枝:《公司法论》,第 206 页。

(三) 关于企业经营者之告知义务与消费者无条件解约权之行使

由于本案中未见双方对于审阅期间有所主张,而对于企业经营者是否有违反"消保法"第18条中互见攻防。法院又云:上诉人其"会员申请暨约定书中"条款中,并无有关告诉被上诉人解除权之记载,违反第18条之告知义务,"消保法"中并无明文规定违反之法律效果,此时依"民法"规定企业经营者构成缔约上之过失,被上诉人应对消费者负损害赔偿责任,消费者仍须依"消保法"第19条第1项之收到商品后7日内行使解除权,消费者已收受商品但不退回而以意思表示解除契约者,必须以书面为之,故以口头解约不生效力等语。

从本案法院之判决中,凸显了消保法规定之不合理处:(1) 企业经营者违反告知义务,并不影响犹豫期间之起算,消费者只能依民法上缔约之过失主张损害赔偿。而所谓民法上缔约之过失,并未指出民法上依据为何? 因该判决系于1998年所作成,当时法律并无关于所谓缔约过失之一般规定[36],而系依一般法律原则,即以双方因缔约接触已发生之信赖关系为基础,对于一方当事人之过失未尽保护、通知、协力等义务,致他方遭受损害时负损害赔偿责任。(2) 法院忽略了"消保法"第19条书面之立法意旨,径以书面为消费者解约权之要件,消费者如非以书面为之,则解约权之行使不生效力,而忽略了企业经营者已经违反告知义务在先,导致信息上法律上弱势之消费者无从得知解约权行使之方式,对此企业经营者不但法律上无任何不利之效果,反而造成消费者非以书面解约,则不生解约效力之结果,此种解释于消费者实失之公允。除此之外,参阅日本法之立法例,虽法语同样规定以书面为之,但此书面之要件并非法定要式条件,只要消费者能证明其已经通知即可,然而法院却拘泥于法条文义之解释,而忽视了当初立法者以书面为之的立法意旨。

### 结论性观点

随着收入所得与生活水平之提升,大家逐渐重视休闲生活之同时,带动一股度假村会员权之销售热潮。度假村会员权尤其是海外度假村会员权,较之一般会员权往往期限较长、金额较高,因此其纠纷之发生时,往往造成消费者莫大之损害。但从本案判决结果显示下列之现象:(1) 实务上并未能秉持"消保法"之精神,对于信息、经济以及交涉能力居于弱势之消费者为有利之解释,导致消费者最后仍受败诉之判决;(2) 为整个消保法制度上之问题,即由于"消保法"内容涵括甚广,因此所引用之法律用语,不但与传统法律用语有所不同,而且定义不明,或抽象不明确之情形比比皆是,不仅造成消费者无所适从,亦为法院判决结果发生歧异之原因所在。本案只不过显露出会员权相关问题之冰山一角,在今后会员权种类日益增多,其所衍生之法律问题将会层出不穷之情况下,学说以及实务有必要针对会员权相关问题进行研究,并对于现行法制加以检讨,甚至应考虑是否有必要另立专法或建立一套对于会员权之业者之监督或管理办法,否则容易使不肖业者有机可乘,而消费者无疑在此种情形下成为任人宰割之羔羊。[37]

---

[36] 于2000年债篇修订时所增订之"民法"第245条之1,为关于缔约上过失之一般规定,但"民法"第245条之1之适用,限于契约未能成立时方得以主张,因此消费者于契约已经成立之情况下,即无法得以依第245条之1缔约上之过失主张其权益。

[37] 日本法对于使用高尔夫球场或其他休闲度假之会员权,有"关于高尔夫球场等会员契约适正化之相关法律",该法不仅对于会员权契约设定义,并针对业者招募会员之行为、契约缔结之方式等均设有相关之规定,以确保会员之利益以及避免不肖业者以招募为由,收取入会金进行不法吸金之行为等。该法律可供参考。

# 棒球比赛中观众遭飞球击伤的责任探讨

——评板桥地方法院2006年诉字第1016号判决

邵庆平*

### 基本案情

作为台湾地区最风行的运动,各项棒球比赛一向深受人们的关注,而从十余年前棒球运动职业化后,每年例行举行的棒球比赛场次大量增加,更吸引了大批球迷入场欣赏比赛。惟在棒球比赛过程中,现场观赏的球迷虽非如球员直接参赛,但也有因比赛之进行而受伤的可能,其中最大的风险即来自球员击上球场看台的界外球。因强力挥击之界外球常常球速极快,而随着飞行方向的不同,击上看台的飞行距离可能不长,球迷可以反应闪躲的时间极短,因此被击中的可能性较高,其所造成的伤害也可能相当严重。

对于界外球击中球迷导致受伤事件,虽然时有所闻,但多数未经诉讼途径厘清责任归属问题,在此情形下,日前板桥地方法院作成的2006年诉字第1016号判决所持之见解自有其重要性。[①] 在本案中,原告于2004年11月10日购票进入台北县立新庄体育场,观赏中华职棒大联盟主办,由统一队与兴农队进行之职棒总冠军赛,惟在球赛开始前之练球阶段,原告在三垒方向内野区靠近外野的观众席,被飞球击中右眼,导致右眼视力严重受损,原告依"民法"第184条、第191条、第191条之3等规定,诉请职棒联盟、统一队、兴农队及新庄体育场连带负赔偿之责。

对于原告之主张,被告之主要抗辩包括:"新庄体育场系台北县政府所有,为合法取得使用执照之棒球比赛合法场地,且系符合国际棒球标准比赛球场设施之棒球比赛场地,因球场内(含看台)有飞球,为无可避免之正常情事,因此,除在该球场内张贴警语提醒入场之人外,本件比赛入场券亦以红色字体明载警语'球赛期间,请小心飞球,注意安全',被告已对其客观上防止危险结果发生尽其注意义务。"至于"原告所指新庄球场防护措施不足部分,经查:……新庄球场系合格之国际棒球比赛球场,领有建筑执照,并无防护措施不足之问题。三垒观众席前不必然需有防护网,加装防护网亦可能衍生球员受伤等问题,故不能以有些球场三垒观众席前有防护网,推论新庄棒球场防护措施不足"。此外,"本件比赛当日有近万球迷入场观看,比赛前练球为正当比赛过程,含赛前练习及比赛过程中有众多飞球上看台,但除了原告外,无其他观众遭球击中,足见飞球上看台,只要观众依警语注意飞球,通常不致发生损害,本件原告之所以受伤,据悉系因原告第一次进场看球,未留意警语,在其中一球队练球时转头专心注意看相反方向,未注意有飞球所致,故原告显然与有过失"。

---

* 中正大学法律学系副教授。

① 参见2007年4月19日,《联合报》A5版(板桥地方法院2006年诉字第1016号判决是"中华职棒开打18年以来,首度有球迷在球场意外被球砸伤,一状告上法院的案例"。)

## 裁判要旨

按"民法"第191条之3之规定:"经营一定事业或从事其他工作或活动之人,其工作或活动之性质或其使用之工具或方法有生损害于他人之危险者,对他人之损害应负赔偿责任。但损害非由于其工作或活动或其使用之工具或方法所致,或于防止损害之发生已尽相当之注意者,不在此限。"法院认为,"职棒比赛所使用之棒球为硬式棒球,硬度甚高,于比赛前练球或正式球赛中,由投手快速投出之棒球经打击者使力挥击至内野看台之界外球,所在多有,且球速甚快,亦有击中观众,造成观众受伤之情事发生,此为众所周知之事实,是被告中华职棒大联盟所从事之该项活动,其使用之工具有生损害于他人之危险。换言之,被告中华职棒大联盟从事上开活动,其使用之工具有生损害于他人之危险"。据此,法院认为棒球比赛之进行应有"民法"第191条之3之适用。

而对于上述条文之适用,"被告中华职棒大联盟固以:系争发生事故之新庄体育场系台北县政府所有,为合法取得使用执照之棒球比赛合法场地,且系符合国际棒球标准比赛球场设施之棒球比赛场地,因球场内(含看台)有飞球,为无可避免之正常情事,因此,除在该球场内张贴警语提醒入场之人外,本件比赛入场券亦以红色字体明载警语'球赛期间,请小心飞球,注意安全',且观众入场时并以现场广播提醒注意云云"。惟法院认为,此等作为"并非积极防止危险发生之具体措施"。此外,被告中华职棒大联盟未能举证证明其有"民法"第191条之3但书之情形,难谓其于防止损害之发生已尽相当之注意,被告中华职棒大联盟对原告之损害,自应负赔偿责任。

## 学理研究

### 一、问题提出

就上述判决论理而言,一个显而易见的问题在于类型化处理得不够明确。盖既如法院所言,在棒球赛中,界外球可能造成观众受伤为众所周知之事实,为何防止此类事件发生之义务应独由职棒联盟负担?若一味地要求主办单位负防止损害发生之义务,会否大幅增加职棒比赛的商业风险,进而危害此一运动发展的生机?而购票进场之观众明知可能被界外球击中,仍选择进场观赛,则对于自行选择后所发生的不幸后果,应否自行承担?鉴于现代棒球运动源于美国,该运动在美国极为风行,长期以来更被认为是美国的"国家娱乐"(national pastime),因此实务上也累积不少飞球击伤球迷的案例,本文第二部分,即希望由美国案例的整理分析着手,借以让吾人对于此一问题的处理,能有更全面的思考。

此一判决的另一个重要问题则为责任主体的判断。法院认为:"被告中华职棒大联盟于2004年11月1日,以(2004)中职棒联陈字第03号函被告台北县新庄体育场称:'球赛期间,有关球场事务之管理、清洁之维护、安全秩序及周边交通之维护,本联盟自当尽力维护办理'。被告台北县新庄体育场于2004年11月7日,以北县体字第0930001796号函覆称:'请贵联盟遵守本场管理要点,球赛中及球赛后,有关环境清洁、公物维护、人员安全与停车规划皆由贵联盟自行负责处理。'综上,被告中华职棒大联盟为从事该次职棒活动及相关安全维护之人,应可认定。"被告统一棒球公司、兴农职棒公司,仅系参与比赛之队伍,……既非从事系争职棒活动及相关安全维护之人,自无"民法"第191条之3之适用。另,被告台北县新庄体育场仅单纯出租场地,并非从事系争职棒活动之人,并无"民法"第191条之2之适用。且原告主张之系争比赛活动损害赔偿,亦无设施设置或保管欠缺之情形。准此以言,统一公司、兴农公司及新庄体育场均无须负损害赔偿责任。本文第三部分将对上述见解及说理,作进一步的讨论。最后则为结语。

## 二、飞球击伤与自甘冒险:美国法上类型化处理的借鉴

在棒球比赛中,球员可能将球击上看台,应是绝大多数入场之观众可以预料之事,就此而言,遭飞球击伤之观众即可能被认为其入场观赛系属"自甘冒险"之行为,而不得要求他人负责填补其意外遭飞球击伤所受之损害。之所以不得要求他人负责,从理论上来看,有认为此一自甘冒险行为系观众之与有过失,有认为其属阻却违法之情形,亦有认为应属免除责任之事由。② 理论依据之主张或有不同,惟真正之重点当在"程度"与"类型化"的问题。换言之,纵使吾人认为观众入场系属自甘冒险,惟其所认识的风险究竟为何?自愿承担的风险到何地步?主办、参与比赛之人员在意外的排除与控制上所应尽的义务为何?应采取何种具体措施以满足其义务?诸此问题都需要更精确地加以阐释与界定。

对于上述问题,英美法上的讨论系从土地所有人(land owner)对于受邀者(invitee)或商业访客(business visitor)的责任出发,从 Indermaur v. Dames③ 案已降,英美法上一般认为土地所有人对于经允许进入土地之人负有保护义务,此一义务不仅及于该土地所有人明知之存在于该土地上的危险,且亦及于其依合理注意得以发现者。④ 惟上述原则在棒球比赛中的适用受到相当的限制,就此而言,美国法上的经典案例当为 Crane v. Kansas City Baseball & Exhibition Co.。⑤ 本案原告 S. J. Crane 于 1910 年某日购票进入 Association Park 看球,决定坐在超过三垒之左外野边线的"无"护网看台上,而没有选择坐在本垒后方至三垒边线处"有"护网的看台上。在比赛进行中,Crane 遭界外球击伤,因此起诉请求赔偿。本案法院认为,对于棒球比赛中界外球飞击的问题,球场只要提供一定数量之有护网防护的座位,即属已尽其保护观众的义务,并无义务将场边之所有座位均架设护网保护。⑥ 若观众自行选择坐在无护网之座位,应属自甘冒险的行为。退一步言,即便此时不能认为观众系自甘冒险,亦应认为其有助成过失(contributory negligence),而不得请求赔偿。⑦

惟若观众选择坐在有护网的座位,而仍然受到伤害,此时球场就难以免责。在 Edling v. Kansas City Baseball & Exhibition Co.⑧一案中,Charles A. Edling 坐在本垒后方有防护之座位,但却发

---

② 参见黄立:《民法债编总论》,元照出版有限公司2006年版,第260页[说明自负风险之行为,可能有下列四种不同效果:(1)阻却违法;(2)限制可归责之形态;(3)免除责任;(4)减轻损害责任]。曾世雄:《侵权行为,该如何规范?》,载《月旦法学》2007年第145期,第152页[免责的侵权行为有三:(1)自力救济;(2)自甘冒险;(3)得被害人同意之侵害。]惟王泽鉴老师认为,类似本案之情形,系属被害人承诺之阻却违法,应与自甘风险情形加以区别,参见王泽鉴:《侵权行为》(第一册)(基本理论、一般侵权行为),2006年8月版,第274—275、278页(因运动竞赛所侵害的被害人,除参与运动者外,尚有观众或其他第三人。……例如棒球比赛,……打出的全垒打球击伤观众时,亦得认为因承诺阻却违法)。

③ 1 L. R. -C. P. 274 (1866).

④ 参见 W. P. KEETON, D. B. DOBBS, & R. E. KEETON, D. G. OWEN, PROSSER AND KEETON ON TORTS 419 (1984).

⑤ 153 S.W. 1076 (Mo. Ct. App. 1913).

⑥ Id. at 1077 ("Defendants fully performed that duty when they provided screened seats in the grand stand and gave plaintiff the opportunity of occupying one of those seats. It is unnecessary to consider the question of whether defendants were bound to have a protected seat available for the use of plaintiff.").

⑦ Id. at 1077-1078. 关于"助成过失"的翻译及说明,参见王泽鉴,注②书,第275页注②(英美法原采 contributory negligence,其后改为 comparative negligence,前者有译为助成过失,此项抗辩得完全排除加害人责任;后者是依当事人间的过失轻重,以定赔偿责任,相当于"民法"上的'与有过失')。

⑧ 168 S.W. 908 (Mo. App. 1914).

生界外球击穿护网,命中 Edling 脸部的意外。被告虽欲援引 Crane 案之判决见解主张免责,然法院认为球场既已提供有护网保护之座位,即应确保该座位受到合理的防护,因此,球场若在护网的维护、设置上有过失,即须对受伤之观众负赔偿之责。⑨ 上述 Crane 案、Edling 案所作成球场仅负有限之保护义务的见解,显已成为美国法上处理此类事件的基本准则。⑩ 部分法院对于球场所负之保护义务,虽然尝试加以扩充,而采取所谓的"双层"(two-prong)检验标准⑪:一方面要求球场对于本垒板后这些公认为最危险的座位,一定要加以防护;另一方面也认为球场所提供的有防护之座位,必须要足敷平常状况所需,而能满足入场观众的需求。⑫ 惟究其本质,双层检验标准的看法并未根本改变 Crane 案中对于球场义务内涵的阐释。

应当注意的是,在上述美国法之基本准则的适用下,受伤球迷并非完全没有求偿的可能。举例而言,在 Lowe v. California League of Professional Baseball⑬ 一案中,原告 John Lowe 坐在三垒后方无护网之看台上,在比赛期间,其中一比赛队伍的吉祥物——高 2.33 米的恐龙人偶 Tremor——持续地在 Lowe 座位后方过道上表演并带动现场气氛,在此过程中,该吉祥物的尾巴一直碰触到 Lowe,Lowe 因此回头观望,其后当 Lowe 正准备将视线移回比赛场地时,一颗界外球不偏不倚地命中其左侧脸颊,导致其严重受伤。对于 Lowe 的起诉,被告援引加州的判决先例 Knight v. Jewett⑭,主张其并无保护 Lowe 免于遭受界外球击中之义务,Lowe 到场观赛系属自甘冒险的行为,此一见解获地方法院赞同。惟上诉审法官认为,若单纯遭界外球击中的情形,即属观赏棒球赛之必然风险(in-herent risk),Lowe 应自行承担,自不待言,但本案的发生若系因为吉祥物的表演导致观众分心而未能注意球场状况,因而增加了观赛过程中意外发生的风险,则此一风险不能认为应当然由观众承担。⑮ 法院并以此案与另一个案子 Clapman v. City of New York⑯ 加以区隔,在 Clapman 案中,原告主张看台过道上不断往来的小贩挡住他的视线,使他被球击中,但纽约州上诉法院认为,"被告并无义务确保原告之视线不受球场中移动之小贩的干扰"⑰,判决原告败诉。惟 Lowe 案之法官认为,原告 Lowe 因为吉祥物之干扰,转头过去查看;相对的,在 Clapman 案

---

⑨ Id. at 909-910 (Defendant⋯impliedly assured spectators who paid for admission to the grandstand that seats behind the screen were reasonably protected⋯It was the duty of defendant to exercise reasonable care to keep the screen free from defects and if it allowed it to become old, rotten and perforated with holes larger than a ball, the jury were entitled to infer that it did not properly perform that duty, but was guilty of negligence.).

⑩ 参见 J. Gordon Hylton, A Foul Ball in the Courtroom: The Baseball Spectator Injury as a Case of First Impression, 38 TULSA L. REV. 485, 501 (2003) (By the 1930s, Crane was⋯the principal case regarding the liability of the operators of sporting arenas and stadiums. ⋯While neither Crane nor Edling has been cited in a judicial opinion in recent years, the principle for which they stand has not been overruled.).

⑪ 参见 e. g. , Akins v. Glens Falls City School District, 424 N. E. 2d 531 (N.Y. 1981).

⑫ Id. at 533 (We hold that, in the exercise of reasonable care, the proprietor of a ball park need only provide screening for the area of the field behind home plate where the danger of being struck by a ball is the greatest. Moreover, such screening must be of sufficient extent to provide adequate protection for as many spectators as may reasonably be expected to desire such seating in the course of an ordinary game.).

⑬ 65 Cal. Rptr. 2d 105 (Cal. Ct. App. 1997).

⑭ 11 Cal. Rptr. 2d 2 (Cal. 1992).

⑮ See Lowe, supra note 13, at 111 ("[F]oul balls represent an inherent risk to spectators attending baseball games. Under *Knight*, such risk is assumed. Can the same thing be said about the antics of the mascot? We think not. ⋯[W]e hold that the antics of the mascot are not an essential or integral part of the playing of a baseball game.").

⑯ 468 N. E. 2d 697 (N. Y. Ct. App. 1984).

⑰ Id. at 698.

中,原告 Clapman 始终面对球场方向[18],此一事实上的差异对于判决结果当然会有相当的影响。

除了上述观众被迫分神的情形外,观众遭球击中时的所在位置也可能左右其求偿结果。在 Jones v. Three Rivers Management Corp.[19] 一案中,Evelyn M. Jones 在 1970 年 7 月 16 日,匹兹堡海盗队主场的三河球场启用日到场观赏球赛,该球场第二层看台内部设有走道,而在过道外墙上留有部分窗口(openings),来往观众可以从窗口眺望球场。Jones 原在过道窗口驻足,但未能看清球场状况,当他已经离开窗口,走向另一端购买食物时,球场内正进行之赛前打击练习所击出的一颗界外球,穿过窗口,直接命中 Jones 的眼睛。宾州最高法院认为,传统之球场有限保护义务的准则在此有无适用,需视该事件之发生是否属于球赛中"一般、常见且可预期之情事"(common, frequent and expected occurrence),对此,法院以"遭球击伤"与"遭球棒击伤"为例加以说明[20],前者属于球场经常发生,也可以预期到的情形,观众应自负风险;相对的,后者发生之几率微乎其微,若不幸发生,自非观众预料之中的风险,故得请求赔偿。[21] 而本案之情形与后者较接近,盖过道窗口的设置与球赛之进行并无必然关联[22],而观众在走道上行走时也较不能预期会有飞球袭击,此时之观众自应受合理的保护。[23]

另一个类似的案例是在 2005 年判决的 Maisonave v. The Newark Bears Professional Baseball Club, Inc.。[24] 在本案中,Louis Maisonave 原在一垒后方观赏比赛,在比赛进行中,其移往距离约 30.48 米远的看台夹层(mezzanine)贩卖饮料处消费,不幸遭球击中。地方法院援引前段所述之双层检验标准,认为球场本垒后方设有护网之处,亦有食物饮料贩卖摊位,Maisonave 不去这些有安全防护的地点消费,自行选择到无护网保护之处购买饮食,即应自负其责。对此,新泽西州最高法院引用前述之 Jones 案,一方面接受传统有限义务之见解应可适用于观众在球场看台上遭飞球击伤的看法,但同时强调对于观众在看台以外的地区遭球击伤之情形,则应适用一般侵权行为法上土地所有人对于商业访客之保护义务的判断标准。[25] 盖若观众离开看台,通常对于球场内的状况也会较不注意,就此而言,球场内之走道或夹层地区,实与一般商业设施无异,该设施之所有人自应对使用设施之顾客或潜在客户善尽其保护义务。[26]

值得进一步说明的是,在上述判决作成后不久,新泽西州议会通过了《棒球观众安全法》

---

[18] See Lowe, supra note 13, at 124.
[19] 394 A. 2d 546 (Penn. 1978).
[20] Id. at 551.
[21] 关于球迷遭球棒击伤的案例,参见 Ratcliff v. San Diego Baseball Club, 27 Cal. App. 2d 733 (1938)。
[22] Jones, *supra* note 19, at 551 (The openings built into the wall over right field are an architectural feature of Three Rivers Stadium which are not an inherent feature of the spectator sport of baseball. They are not compelled by or associated with the ordinary manner in which baseball is played or viewed.).
[23] 值得另外说明的是,本案原告亦曾提出传统有限义务之见解,仅得适用于比赛进行中或进行前合理开始之打击练习时段,而若打击练习过早进行,则因此一练习所生之意外,应无上述传统见解的适用。Id. at 548. 这样的主张或许是考虑到观众对于提早进行之打击练习可能会疏于注意,而使得意外发生的风险大为提升。但在本判决中,法院对于上述主张并无任何着墨。
[24] 881 A. 2d 700 (N.J. 2005).
[25] Id. at 708 ([L]ike Pennsylvania, we recognize that a different standard of care may be appropriate for areas of the stadium outside of the stands.).
[26] Id. at 709 ([T]he proper standard of care for all other areas of the stadium is the business invitee rule, which provides that a landowner 'owes a duty of reasonable care to guard against any dangerous conditions on his or her property that the owner either knows about or should have discovered.).

(New Jersey Baseball Safety Act of 2006)。㉗ 该法第 2 条开宗明义地提及,"立法机构肯认参与职棒球赛是一个值得鼓励的家庭与小区活动。而且州政府亦从观众参与职棒球赛中获得相当的经济利益。因此,立法机构的目的在于鼓励观众观赏职棒球赛,而对球团与球场所有者之民事赔偿责任加以限制,将有助于控制成本,使得票价控制在可负担范围内㉘"。本于上述立法目的,此一法案明文规定,入场观赛之观众被推定为对于在球场之任何地方遭球或球棒击伤风险已有认识且同意承担,若此种意外发生,受害人不得向球场或球团的所有人请求赔偿。㉙ 而依本法规定,球场所应负之防护义务仅及于下列两者:(1) 在本垒后方看台架设护网㉚;(2) 在球场入口处及售票处之明显位置张贴告示,其中应包含本法规定之警语内容。㉛

上述对于美国法发展历程的说明以及重要案例的整理,重点不仅在于尝试较完整地引介球场有限义务的准则,更重要的目的是在呈现美国法上对于不同案例,针对不同之特殊事实,加以较精确的类型化,以求做到"等者等之,不等者不等之"的做法。上述板桥地方法院的判决,作为台湾地区第一个棒球场观众遭飞球击伤的案例,因为"前无古人",自然没有区隔的标的,惟为使法条适用更臻明确,判决内容的说理应该还有进一步强化的空间。参酌上述美国案例,法院一方面应该重新思考自甘冒险之概念在此类案例中的地位,同时可以再进一步深入检视本案事实,包括本案原告系第一次入场看球、原告所坐位置、原告系在赛前练球时或比赛进行中被击伤、原告为何在球队练球时转头看相反方向、被告是否对球场中防护区座位与无防护区座位之区别加以有效倡导……从这些个案事实出发,吾人才能够对原被告双方风险的分担与义务的分配,逐渐形成一个较具体、清晰的看法。

## 三、飞球击伤的责任归属:"民法"第 191 条与第 191 条之 3 的适用

前揭板桥地方法院判决的另一个重点在于责任主体的区别与判断。详言之,该判决之论理主要从"民法"第 191 条之 3 出发,一方面说明棒球比赛所具有的风险,而认为,"比赛前练球或正式球赛中,由投手快速投出之棒球经打者使力挥击至内野看台之界外球,所在多有,且球速甚快,亦有击中观众,造成观众受伤之情事发生,此为众所周知之事实,是被告中华职棒大联盟所从事之该项活动,其使用之工具有生损害于他人之危险"。另一方面,则着眼于"被告中华职棒大联盟于 2004 年 11 月 1 日,以(2004)中职棒联陈字第 03 号函被告台北县新庄体育场称:'球赛期间,有关球场事务之管理、清洁之维护、安全秩序及周边交通之维护,本联盟自当尽力维护办理。'被告台北县新庄体育场于 2004 年 11 月 7 日,以北县体字第 0930001796 号函覆称:'请贵联盟遵守本场管理要点,球赛中及球赛后,有关环境清洁、公物维护、人员安全与停车规划皆由贵联盟自行负责处理。'综上,被告中华职棒大联盟为从事该次职棒活动及相关安全维护之人,应可认定"。而由于中华职棒大联盟并未能提出足以令法院信服之其"于防止损害之发生已尽相当之注意"之事证,故被认应负赔偿责任。

对于上述论理,首应检讨者为棒球比赛是否属于第 191 条之 3 所规范之"危险活动"。学理

---

㉗ 参见 N. J. Stat. §2A:53A—43。这样的法案在其他各州亦有前例可循,参见 ROBERT M. JARVIS & PHYLLIS COLEMAN, SPORTS LAW 111 (1999)。

㉘ 参见 N. J. Stat. §2A:53A—44。

㉙ 参见 N. J. Stat. §2A:53A—46。本法中所称的"所有人",包含经营球场的公司、合伙或其他组织,亦兼及这些组织的股东、合伙人、董事、经理人或职员。参见 N. J. Stat. §2A:53A—45a。

㉚ 参见 N. J. Stat. §2A:53A—47b。

㉛ 参见 N. J. Stat. §2A:53A—48。

上有认为此处所称之"工作或活动的'危险',依'民法'第191条之3的规范意旨,应依两项因素来加以判断:① 具特别足以损害他人权益的危害性。② 此种危险得因尽相当注意而避免之"。㉜ 亦有认为,"该条所规范之危险,似宜限定在现代科技危险,而不应包括一般生活危险"。㉝ 不论采取何种看法,棒球比赛中遭飞球击中之意外,似皆不能认有上述条文之适用。盖棒球比赛之进行由来已久,与现代科技进步关系甚微,不待多言;而现场观众对于比赛中可能有飞球来袭的情形,不仅多有了解,且常抱持欢迎的态度,经常奋不顾身,积极争抢界外球或全垒打球,在此情形下,飞球的击出应不容易被认为有"特别足以损害他人权益的危害性";再者,鉴于棒球比赛中击球及掌握挥击落点的高度困难,吾人自难想象可以要求棒球员"尽相当注意而避免"将球击出界外,因此若为完全避免观众遭球击中的风险,唯一方法系在所有看台上架设极高之护网㉞,然而这样的做法显然会妨碍球迷现场观赛的乐趣,应不容易得到绝大多数球迷的认同,据此而论,吾人是否仍能谓遭球击中之危险"得因尽相当注意而避免之",当非无疑。

退万步言,纵若吾人接受前述法院的论断,而认为棒球比赛之进行系属第191条之3的"危险活动"㉟,且被告对于损害之防止亦未尽相当之注意,则从风险控管及损害分散的角度来看,本案中举办棒球比赛之中华职棒大联盟属于本条规范下的侵权行为加害人,应属无疑,然而新庄体育场是否也会被认为应负本条之侵权行为责任,则有值得讨论的空间。盖棒球场的提供,其主要目的即在举办棒球比赛,并获取租金或其他利益之收入,就此观之,棒球比赛进行中所生之意外,亦属棒球场地所有者在场地出租营业活动中所产生之危险,而作为场地的所有者,其亦有更高的能力以改善场地设备,控制风险。据此而论,在对本条之"危险活动"采广义解释的基础上,新庄体育场非无可能被认为系属本条之侵权行为人。对此,本判决一方面肯定棒球比赛系属危险活动,另一方面又仅以"新庄体育场仅系单纯出租场地,并非从事系争职棒活动之人",而直接认定新庄体育场并无"民法"第191条之3的适用,这样的说明不仅不够充分,也使得该条所谓"危险活动"的判断,变得更加模糊。

此外,在肯定第191条之3在棒球比赛有其适用的前提下,本判决又以新庄体育场与中华职棒大联盟之内部公文往来为据,认定应由后者负责球场事务之管理及安全秩序之维护,因此其须负赔偿责任。依此而论,若中华职棒大联盟将球场安全维护之管理外包予专业厂商,则原告是否仅得向该厂商求偿,而不得要求职棒联盟负责? 实则,侵权行为责任归属的判断,应依法条规范目的而论,如前所述,从第191条之3的规范意旨观之,重点应在于何者对于危险源有控制力,且从此一危险源获得利益,至于当事人内部事务之安排对于责任之论断,原则上应不生任何影响。

从上述关于第191条之3的说明来看,本案判决对于"民法"第191条适用的说明,也有不够明确的缺憾,盖于第191条之3增订后,其与191条工作物所有人责任之关系,即为法条适用上

---

㉜ 王泽鉴:《侵权行为法》(第二册),2006年版,第260—261页。

㉝ 陈自强:《民法侵权行为法体系之再构成(下)——民法第一九一条之三之体系地位》,载《台湾本土法学杂志》2000年第17期,第35页。

㉞ 另一个在报章媒体经常被提到的防止球击的方式则为在各方看台上安排专人注意飞球飞行方向,并适时吹哨向该区域内之观众示警。在人多拥挤、吹哨人员或观众反应较不敏捷的情形下,此一方式都难以避免飞球击伤的意外发生,在实务上能否被认为已经满足"防止损害之发生已尽相当之注意"的标准,亦非无疑。

㉟ 可以想见,学理上对于第191条之3的危险亦不乏采取较广义解释者,参见孙森焱:《民法债编总论》(上),2005年版,第330页。

的重大问题㊱,在个案中值得审慎探讨。依第191条第1项规定:"土地上之建筑物或其他工作物所致他人权利之损害,由工作物之所有人负赔偿责任。但其对于设置或保管并无欠缺,或损害非因设置或保管有欠缺,或于防止损害之发生,已尽相当之注意者,不在此限。"对于此一条文在本案中就新庄体育场的适用,判决仅提及"原告主张之系争比赛活动损害赔偿,亦无设施设置或保管欠缺之情形",据此否定本条之适用,此外并无其他的论述。惟鉴于棒球场之设置,主要目的即在提供棒球比赛之用,而本案判决又认为观众进场非属自甘冒险行为,其遭飞球击伤之危险应由第三人负担防护之义务,若系如此,则棒球场内之看台上未有相当高度之护网架设,为何非属"设置或保管有欠缺"?法院所认为之球场或联盟应尽的具体防护义务究竟为何?界限如何确定?这些问题在判决中也都没有能够获得解答。

### 结论性观点

"民法"第191条之3的增订,在学界引起相当大的议论,认为应将之限缩解释甚至删除者,并非少见,而从本案的讨论与说理上,更可见将该条之适用范围扩及于一般运动、娱乐活动,所将产生的解释上的困扰,同时对于第191条的适用,也会产生连带影响。然而,对于本案情形,纵然不予适用"民法"第191条、第191条之3,而回归适用基本的第184条规定,原告仍非无胜诉之可能。法条规范的侵权行为构成要件虽然宽严不一,惟其重点应在于对法定构成要件之分析,尤其是保护义务与过失的认定,必须审慎考虑条文的规范意旨,并能够对可能发生的具体案型作足以令人信服的类型化处理,否则不仅不能维护公平正义,反而有治丝益棼的疑虑。

---

㊱ 参见陈聪富:《危险责任与过失推定,侵权归责原则与损害赔偿》,元照出版有限公司2004年版,第196页(对于"民法"第191条之3之解释适用,所生疑问者,首为该条之适用范围。本项问题,又与"民法"第191条之解释适用最具关联)。

# 民法上的过失概念

——以"最高法院"2007年台上字第1649号判决为反思出发点

游进发*

## 学理研究

### 一、问题的提出与背景

"最高法院"2007年台上字第1649号判决谓:"民法上所谓过失,以其欠缺注意之程度为标准,可分为抽象过失、具体过失及重大过失三种。应尽善良管理人之注意而欠缺者为抽象过失;应与处理自己事务为同一注意而欠缺者为具体过失;显然欠缺普通人之注意者为重大过失。是以有无抽象过失系以是否欠缺应尽善良管理人之注意定之;有无具体过失系以是否欠缺应与处理自己事务为同一注意定之;有无重大过失系以是否显然欠缺普通人之注意定之。苟非欠缺应与处理自己事务为同一注意,即不得谓之有具体过失。"

"民法"上所指过失为何?就此问题,"最高法院"日前以上开判决作出教科书式、详细之阐释。其实早在1960年初期,"最高法院"即已有同样内容之说明,"最高法院"1953年台上字第865号判例谓:因过失不法侵害他人致死者,固应负"民法"第192条、第194条所定之损害赔偿责任,惟过失为注意之欠缺,"民法"上所谓过失,以其欠缺注意之程度为标准,可分为抽象的过失、具体的过失、及重大过失三种。应尽善良管理人之注意(即依交易上一般观念,认为有相当知识经验及诚意之人应尽之注意)而欠缺者,为抽象的过失,应与处理自己事务为同一注意而欠缺者,为具体的过失,显然欠缺普通人之注意者,为重大过失。故过失之有无,抽象的过失,则以是否欠缺应尽善良管理人之注意定之,具体的过失,则以是否欠缺应与处理自己事务为同一之注意定之一①,重大过失,则以是否显然欠缺普通人之注意定之二②,苟非欠缺其注意,即不得谓之有过失。

初步归纳"最高法院"上开关于过失之说明,可获得下列认知:

1. 过失为损害赔偿责任规范构成要件之一,包括契约责任、侵权责任及其他损害赔偿责任规范。

2. 过失是注意之欠缺。

3. 依其程度高低,注意可分为:(1)善良管理人之注意,欠缺此项注意者,成立抽象轻过失;(2)处理自己事务同一之注意,欠缺此项注意者,成立具体轻过失;(3)普通人之注意,显然欠缺此项注意者,成立重大过失。

---

\* 世新大学法律学系助理教授。

① 参见"最高法院"其他关于抽象或/与具体轻过失说明之判决,例如"最高法院"1976年台上字第2421号;"最高法院"1972年台再字第62号;"最高法院"1933年上字第2558号判例。

② 参见"最高法院"其他关于重大过失说明之判决,例如"最高法院"1973年台上字第1326号;1933年上字第2558号判例。

然而倘以法学为科学,则任何法学探知活动,应非仅是一味接受任何既存之认知。准此而论,上开初步认知即成为本文反思之客体,因只是暂且搁置对于上开认知之信念,故终究不同于笛卡儿式之一切否定尝试。③ 再者,何以损害赔偿责任规范以过失为责任成立要件者,即具正当性基础,换言之,何以以过失为构成要件之损害赔偿责任规范得为正法?为何过失是注意之欠缺?过失分类是否有法定依据?孰为过失此等意识活动之主体?过失客体又为何?凡问题的解决,均不见于"最高法院"上开判决内。今拟暂且搁置对于上开过失概念之信念,直接面对"民法"上所规定之过失,使其以所如是地立于光照下。

民法上主要责任类型,不外乎契约责任与侵权责任,原则上均以过失为责任成立要件,此等问题因之有研究的必要。再者,"最高法院"作有诸多相关判决,得凭证出彼等法社会意义,是以此等问题之研究便不只是纯粹学术研究兴趣、不只是象牙塔内之产物,而系极有研究价值。

最后,"民法"立法者非单仅运用过失概念在损害赔偿责任成立要件一事上,实际上也往往为其套上了其他角色,例如对己过失,亦即不真正义务之违反。义务人对己成立过失,亦即违反不真正义务者,并不负有损害赔偿义务,而仅受有权益丧失或受有法律上不利益。"民法"第 217 条第 1 项、第 234 条、第 262 条等规定即系以对己过失为规范客体。④ 今为免研究失焦,本文题目设定即已排除此等规定之分析,而仅聚焦于损害赔偿责任成立要件意义下之过失概念。

## 二、过失的本质与法伦理因子

依"最高法院"1953 年台上字第 865 判例、"最高法院"2007 年台上字第 1649 号判决,过失为注意之欠缺。⑤ 然而如此说明无法令人满足。由"民法"第 535 及 590 条规定可知,受任人、受托人要非"应"以善良管理人之"注意",便是应以与处理自己事务为同一之注意,处理委任事务、保管寄托物,而非仅"是""注意"——应然不同于实然。是此,过失的本质乃规范上注意命令要求(应然)之违反(实然)、应注意(应然)之欠缺(实然),亦即注意义务之违反。⑥《德国民法》第 276 条第 2 项规定:"疏于往来必要之注意者,为过失。"虽然此一规定是关于抽象轻过失之定义规定,但仍患有上开实然与应然不分之缺点,因此应修正为:疏于往来必要之应注意者,为过失。

截至目前说明,过失之轮廓犹未于光亮下示现出一己,盖故意亦是知且有意欠缺此等规范上注意命令之要求。是此,过失的本质乃是行为人不知且无意欠缺此等应注意(无认识过失),或虽非不知,但无意欠缺此等应注意(有认识过失)。⑦ 故意与过失之区别即成为过失内涵不可或缺之一部分。⑧

---

③ 就此相关,参见 Edmund Husserl, Ideen zu einer reinen Phänomenologie und phänomenologischen Philosophie, erstes Buch, Allgemeine Einführung in die reine Phänomenologie, 1. Halbb., 1976, Karl Schuhmann, S. 64 (Husserliana III/1); Edmund Husserl, Cartesianische Meditationen, in: Elisabeth Ströker (Hrsg.), 2. Aufl., 1987, S. 3—5 (Husserliana I)。
④ 关于不真正义务之简要说明,参见 Bamberger/Roth/Grüneberg/Sutschet, § 241 BGB, Rn. 25。
⑤ 相同之说明,参见史尚宽:《债法总论》,1990 年版,第 112 页。
⑥ 早有类此之说明者,参见王泽鉴:《侵权行为法(一)·基本理论·一般侵权行为》,2006 年版,第 293—294 页;林诚二:《民法债编总论》(下),瑞兴出版社 2001 年版,第 34 页;陈聪富:《论侵权行为法上之过失概念》,载《侵权归责原则与损害赔偿》,元照出版有限公司 2004 年版,第 12—13 页;孙森焱:《民法债编总论》(下),2006 年版,第 495 页。
⑦ 参见史尚宽,注⑤书,第 112 页。
⑧ 关于本质之说明,参见 Husserl, a. a. O. (Fn. 3), 1976, S. 13 ff., insbesondere S. 19 ff. (Husserliana III/1); Robert Sokolowski, Introduction to Phenomenology, 2007, 177。

耶林（Rudolf von Jhering）谓⑨："使负有损害赔偿义务者，非损害，而系过失（Nicht der Schaden verpflichtet zum Schadensersatz, sondern die Schuld）。"法律人对这句话耳熟能详。只是，为何使负有损害赔偿义务者是过失，而非损害，仍旧无法于此间得知。此一现象似乎透露出，对于过失法伦理性说明似乎已到了尽头。但是过失原则并非黄金规则⑩，无法以自我为满足。准此而论，对于过失法伦理性之说明，便不能仅止于此。

基尔克（Otto von Gierke）认为，行为人之所以就加诸他人不法损害负有损害赔偿责任，原则上乃以过失为最后原因。⑪ 依基尔克之说明，原因在于：对于较早期之德意志法而言，为使成立不法加诸损害之责任，损害之原因本即为已足，是以在彼时期，损害赔偿责任是无过失责任，是结果责任，亦即行为人纵无过失，仍负损害填补之责。只是随着继受之脚步，罗马法上原则，亦即不法加诸损害之责任是以过失为条件，在普通法的领域内，便取得支配地位，《德国民法》也坚守过失原则，而不采前揭原因原则，过失因此成为损害赔偿责任成立之最后原因。⑫

跳脱上开历史观察结果，行为人之所以负损害赔偿责任，出自诸多原因，加害行为是其一原因，损害是其一原因，因果关系也是其一原因，行为违法性也是其一原因，至于过失则是最后的原因。过失所以是最后原因，不外乎是因过失本身是一主观归责要素，是一意识活动，终非于生活世界有所示现者，故留待客观原因经确认后判断。

黑格尔说道："只有存在于吾故意内者，始能归咎于吾。"⑬"自主决定同时也是意志不可或缺之一部分。"⑭由于行为人明知且有意造成他人损害，自主决定造成他人损害，故通过损害赔偿责任之施加，而使损害转嫁于行为人之做法，系立于行为人之故意内，是属正当。再者，行为人既明知且有意加损害于他人，则原则上有不加损害于他人之余地。倘行为人此际犹仍加损害于他人，则借由损害赔偿责任之施加，转嫁此等损害于行为人之做法，便不是强人所难，因之是属正当。以上是关于故意法伦理性之简要说明，用以铺陈出以下过失法伦理因子之说明。

故意与过失之区别，在于损害造成是否立于行为人意思之内。⑮但是，损害造成违反行为人本意者，行为人即有过失，断非可谓，盖天灾、不可抗力等因素所造成之损害通常出于行为人意料之外，但也非绝对系违反其本意。再者，自己行为造成他人损害既违反行为人本意，则令使其负有损害赔偿责任之做法，即非恒为正当。因此，行为人非故意加损害于他人者，欲论断行为人是否有过失，从而论断其是否负损害赔偿责任，不能只凭意思违反此一因素，尚应有其他因素，亦即应同上揭关于故意法伦理性之说明，以行为人是否有影响损害造成与否之余地以为断。行为人于他人是否因自己行为受有损害一事既有影响力，能预见且能避免他人因自己行为受有损害（能注意），而不避免（不注意）者，令使其负损害赔偿责任，转嫁损害于行为人之做法，便非是强人所难，因此是属正当。

著名英国法官 Lord Atkin 在 Donoghue v. Steveson 一案中早有类似说明，其谓⑯："英国法上

---

⑨ Rudolf v. Jhering, Das Schuldmoment im römischen Privatrecht, Vermischte Schriften juristischen Inhalts, 1968, S. 199.

⑩ "己所不欲，勿施于人"，亦即所谓相互性原则，便是条黄金规则，在大部分文化圈内均有类似之流传，大抵是放之四海而皆准。就此，参见 Theo Mayer-Maly, Rechtsphilosophie, 2001, 47 ff.

⑪ Otto v. Gierke, Deutsches Privatrecht, Band 3, Schuldrecht, 1917, S. 906.

⑫ Otto v. Gierke, a. a. O. , S. 905—906.

⑬ Georg Wilhelm Friedrich Hegel, Grundlinien der Philosophie des Rechts, Suhrkamp, S. 216.

⑭ Georg Wilhelm Friedrich Hegel, a. a. O. , S. 205.

⑮ Dieter Medicus, Schuldrecht, Allgemeiner Teil, 2005, Rn. 315.

⑯ Donoghue v. Steveson。就此判决之中文说明，参见陈聪富，注⑥书，第13页以下。

应有且有些关于注意义务之一般规则……当你应爱你的邻人之规则成为法律时,你便不得伤害你的邻人……当你可合理预见你的作为或不作为可能伤害邻人,你便必须尽到合理注意,以避免此等作为或不作为。"申言之,行为人既可合理预见其行为将加诸损害于他人,则于是否仍将加诸或放任损害之发生一事上,便尚容有余地。

令使行为人负损害赔偿责任之做法,出发点虽是为填补损害,但也无异限制行为人的行动自由。为免因此过度限制行为人的行动自由,也为免他人因行为人行为无端受有损害,从而为维持社会共同生活,故以过失为损害赔偿责任规范之构成要件。简言之,行为人行为举止之际善尽善良管理人之应注意者,便无须担忧动辄负有损害赔偿责任。⑰王泽鉴教授亦谓⑱:"任何法律必须调和个人自由与社会安全两个基本价值。过失责任被认为最能达到此项任务,因为个人若已尽其注意,即得免侵权责任,则自由不受束缚,聪明才智可得发挥。人人尽其注意,一般损害亦可避免,社会安全亦足维护。"

### 三、过失类型

"最高法院"1953 年台上字第 865 号判例、"最高法院"2007 年台上字第 1649 号判决提及三种过失类型,即抽象轻过失、具体轻过失与重大过失。此三类过失内涵如何? 如何区别彼此? 拟于此个别详细分析之。

#### (一) 抽象轻过失与重大过失

"民法"相关规定并未明示指出,当事人原则上应就"抽象"轻过失负其责任。但由"民法"第 220 条第 1 项出发,且配合"民法"关于以重大过失及具体轻过失为责任减轻构成要件(及配合以无过失为责任加重构成要件)之规定(例如"民法"第 223 条、第 535 第、第 590 条、第 672 条、第 1176 条之 1、第 175 条、第 237 条及第 226 条、第 227 条或第 231 条、第 245 条等之一 I、第 410 条、第 434 条等规定)以观,便可得知,当事人原则上应就抽象轻过失负其责任。⑲

"民法"规定文义明言(抽象轻)过失,且以过失为损害赔偿责任成立要件者,合计有 40 条规定,详列如下:第 35 条第 2 项、第 184 条第 1 项、第 184 条第 2 项、第 186 条第 1 项但书、第 189 条但书、第 220 条第 1 项、第 247 条第 1 项、第 489 条第 2 项、第 544 条、第 596 条、第 608 条第 2 项、第 658 条、第 922 条但书、第 958 条、第 977 条第 1 项、第 999 条第 1 项、第 999 条第 2 项、第 1056 条第 1 项、第 1109 条第 1 项等规定。

所以于"侵权行为"一词前加定语"一般",所以于侵权行为一词前加定语"特殊",非取二者处于普通与特别关系之意,而系着眼于,凡该当于特殊侵权行为损害赔偿责任规范之构成要件者,必也该当于一般侵权行为损害赔偿责任规范之构成要件,或该当于"民法"第 184 条第 1 项前半段之构成要件,或该当同条项后半段之构成要件,或该当同条第 2 项之构成要件,是以前者相对于后者而言,乃基本规范;本于法条经济,特殊侵权行为损害赔偿责任规范原则上只取其与一般侵权行为损害赔偿责任规范所不同之构成要件,故而后者对于前者而言,便又具补充规范性质,补充前者构成要件上之不足。

准此以言,"民法"关于特殊侵权行为损害赔偿责任之规定,其文义虽未明文提及过失,但仍是以过失为损害赔责任成立要件,例如第 185 条、第 187 条第 2 项、第 188 条第 1 项、第 190 条、第

---

⑰ Medicus,a. a. O. (Fn. 15),Rn. 300.
⑱ 王泽鉴,注⑥,第 14 页。
⑲ 相同之说明,参见史尚宽,注⑤,第 112 页。

191条第1项、第191条之1第1项、第191条之1第4项、第191条之2、第191条之3等规定。至于"民法"第195条第1项关于直接被害人慰抚金请求之规定,亦同上开说明。

归责或是过失、或是危险,抑或是担保,是上位概念。[20] 债务人或应就故意或过失负其责任,或应就危险负其责任,或应就法律所规定之担保负其责任,也是上位概念。[21] 归责一词与应负责一词,二者内涵上并无不同。[22] "民法"第220条第1项明示,债务人就其故意或过失之行为,应负责任,亦即明示过失原则。同法第184条第1项前半段也明示过失侵权行为损害赔偿责任。因此,归责事由原则上是过失;债务人原则上应就过失负其责任。换言之,民法规定虽未明文提及过失一词,但明文提及归责一词者,原则上亦包括过失要件,且以过失为原则。至于以归责为损害赔偿责任成立要件者,逐列如下:"民法"第225条第1项,第226条,第227条,第230条,第247条第2、3款,第262条,第266条,第267条,第383条第2项,第409条第1项,第435条第1项,第462条第2项,第487条之1,第495条第1项,第502条,第503条,第506条,第509条,第514条之7第2项,第514条之8,第514条之10第2项,第546条第3项,第548条第2项,第549条第2项,第561条第2项,第601条第2项,第686条第3项,第709条之7第3项,第872条第1项,第872条第4项,第952条,第956条等规定。

类似"民法"第220条第1项"债务人就其故意或过失之行为,应负责任"之做法,《德国民法》亦设有之。《德国民法》第276条第1项第1句规定:"未规定或由债之关系其他内容,特别是由担保或获取风险之承担,不能得出较重或较轻之责任者,债务人应就故意或过失负责。"依该条规定,债务人原则上就其故意或过失之行为,应负责任。[23]《德国民法》第280条第1项(第1句)及第2句乃关于一般给付干扰损害赔偿请求权之基本规范,其本于用语一贯、体系一致从而透明性之要求,亦使用"应负责(hat zu vertreten = Vertretenmüssen)"一词。"民法"第220条第1项使用"应负责任"一词,相关债务不履行之规定却使用"归责"一词。因此,单由此点度之,《德国民法》第276条第1项第一句及第280条第1项,便较"民法"第220条为优,用语上更为一致,从而更为透明。

另外,《德国民法》第276条第1项第1句尚明确规定,以未有较重或较轻责任者为限,债务人始应就故意或过失负责。[24] 单以此点度之,《德国民法》第276条第1项第1句,便较"民法"第276条第1项为佳,更具透明性。[25] 最后于此间应附带说明者,乃此规定所指"规定(bestimmt)",

---

[20] Karl Larenz:《德国法上损害赔偿之归责原则》,王泽鉴译,载《民法学说与判例研究》(第五册),第274页;林诚二,注⑥书,第32页以下;邱聪智:《新订民法债编通则》(下),2003年版,第415页;孙森焱,注⑥书,第495页以下;郑玉波:《民法债编总论》,陈荣隆修订,台北三民书局2004年版,修订二版,第335页。

[21] Stephan Lorenz, Grundwissen — Zivilrecht: Vertretenmüssen (§276 BGB), JuS 2007, 611, 612; Ernst Wolf, Lehrbuch des Schuldrecht, Allgemeiner Teil, 1978, S. 444.

[22] 不同于"民法",无论在债务法现代化法施行前或后,《德国民法》均未使用"归责(Zurechnung)"一词,而只有"应负责(Vertretenmüssen)"一词。就此,参见 Wolf, a. a. O., S. 444-445; BT-Drucks. 14/6040, S. 131 ff.。

[23] BT-Drucks. 14/6040 S. 131; MünchKomm/Grundmann, §276 BGB, Rn. 6; Wolfgang Fikentscher/Andreas Heinemann, Schuldrecht, 2006, Rn. 424.

[24] BT-Drucks. 14/6040 S. 131; MünchKomm/Grundmann, §276 BGB, Rn. 6; Daniel Zimmer, Das neue Recht der Leistungsstörungen, NJW 2002, 1, 11.

[25] 关于《德国民法》第276条及第280条,参见 BT-Drucks 14/6040, S. 131 ff., 135 ff.; Dieter Medicus, Die Leistungsstörungen im neuen Schuldrecht, JuS 2003, 521, 522; Zimmer, a. a. O., 1, 6;游进发:《德国民法上承揽人之瑕疵责任》,载《月旦法学》2007年第141期,第80页以下。

包括意定及法定,此点由债之关系其他内容,即可推知,债务法现代化法立法理由亦如是说明。㉖至于《德国民法》第276条第1项第1句所指担保承担及获取风险承担,乃债之关系其他内容之例示,其所谓担保承担实际上即是质量保证("民法"第360条所指质量保证),获取风险承担实际上即发生于种类债务。㉗

《德国民法》第276条第2项规定:"欠缺往来必要之注意者,为过失。"是抽象轻过失之定义规范。相较于"民法"上开以责任减轻或加重构成要件必另有规定,是以单提及过失者即指抽象轻过失之反面做法,更具透明性。

"民法"明文规定提及重大过失,以其为损害赔偿责任成立要件,且为责任减轻构成要件者,合计7条规定,逐列如下:第175条、第237条及226条、第227条或第231条、第245条之1第1项第2款、第410条、第434条。除"民法"第410条减轻赠与人责任之做法系着眼于赠与契约无偿性,亦即本于赠与非予赠与人以利益外,上开其他规定所以使义务人仅就重大过失负损害赔偿责任,则非着眼于事件是否有轻重,且是否非予债务人以利益,而是本于其他考虑,亦即:"民法"第175条是出紧急救助之考虑㉘;第237条是出于风险合理分配之考虑,详言之,债权人创设债务人债务不履行风险,从而应承担此项风险;第245条之1第1项第2款系出于为维护侵权责任体系之考虑㉙;第434条着眼于承租人身家财产也往往因租赁物失火而付之一炬,是其情可悯。㉚

有疑问者,依何标准判断行为人是否具有重大过失?按"民法"仅设有关于抽象轻过失与具体轻过失之定义规范("民法"第535条及第590条),至于关于重大过失之定义规范,则皆付之阙如。一般认为,所谓重大过失,乃指显然欠缺普通人之应注意。㉛倘以此论为真,则民法上之应注意除有善良管理人之应注意与行为人自己之应注意外,尚有所谓普通人之应注意,且欲论断行为人是否成立重大过失,仅其欠缺普通人之应注意,尚不足以致之,欠缺还须是显然,方为已足。

然而民法上之应注意既只有善良管理人之应注意与行为人自己之应注意,则以民法内尚有普通人之应注意的见解即明显乖违民法文义。再者,于行为人行动自由限制强度上,普通人之应注意明显较低于善良管理人之应注意,而向来见解以普通人应注意之显然欠缺为重大过失责任成立要件之做法,不啻又再降低现行法秩序对于行为人行动自由限制之强度,换言之,无异又减轻了行为人责任,恐有抵触现行法之虞。

另外,如前所述,《德国民法》第276条第1项揭橥过失原则。《德国民法》虽设有关于抽象轻

---

㉖ BT-Drucks. 14/6040 S.131.

㉗ BT-Drucks. 14/6040 S.132;Zimmer,a. a. O. (Fn.24).

㉘ 参见王泽鉴:《债法原理(一)·基本理论·债之发生》,2005年版,第389页;孙森焱,注⑥书,第125页。

㉙ 关于上开立法理由之记载,参见林诚二,注⑥书,第199页。此等立法考虑是否有必要、妥当,实有疑问,盖同样是"泄密",何以于"民法"第184条第1项,行为人负过失责任、完整利益之损害赔偿责任,于第245条第1项第2款内,当事人一方却仅负重大过失责任、信赖利益损害赔偿责任,其填补范围,一般而言,较小于完整利益损害赔偿。追根究底,"民法"第245条之1似为一问题立法,植基于若干似是而非之上,例如契约不成立、不生效者,始有缔约上过失可言,诚有重新检讨之必要。

㉚ 参见郑玉波:《民法债编各论》(上),1995年版,第216页。

㉛ 参见"最高法院"1953年台上字第865号判例、2007年台上字第1649号判决;林诚二,注⑥书,第32页;邱聪智,注⑳书;刘春堂:《民法债编通则(一)·契约法总论》,2006年版,第267页。类似同此项一般见解者,参见孙森焱:《民法债编总论》(上),2005年版,第125页。

过失(第276条第2项规定:"欠缺往来必要之注意者,为过失。")与具体轻过失(第277条规定:"仅应就与处理自己事务同一之注意负责者,不免于重大过失之责。")之定义规范,重大过失之定义规范虽亦付之阙如,但依彼国一般见解,称重大过失者,谓严重欠缺往来必要之(应)注意㉜,系自因往来必要注意欠缺所成立之抽象轻过失而延伸出,是以德国民法上之应注意仅有往来必要之(应)注意与行为人自己之应注意可言,而无所谓普通人之应注意。由是可知,上开向来见解即不脱疑问。

要之,民法上重大过失定义应自抽象轻过失出发,而已严重违反善良管理人之注意义务为重大过失,从而抽象轻过失与重大过失区别应在于,行为人欠缺或严重(显然)欠缺善良管理人之应注意,而非在于行为人欠缺善良管理人之应注意或普通人之应注意。

**(二) 具体轻过失**

民法规定明文提及具体轻过失,合计有五条规定,亦即第223条、第535条、第590条、第672条、第1176条之1等规定。而其中又以具体轻过失为损害赔偿责任成立要件,且以之为责任减轻构成要件者,乃第535条及第544条、第590条及第227条第1项、第226条第1项或第231条第1项等关于债务不履行损害赔偿之规定、第672条及第680条准用第544条、第1176条之1及227条第1项、第226条第1项或第231条第1项等关于债务不履行损害赔偿之规定。

"民法"第220条第2项不仅以法官为规范接受者,亦以立法者为规范接受者。详细言之,该条规定除赋予法官个案衡平追求之裁量权,且为其指出为裁量时所应依循之原则外,亦指示立法者于设计相关规范时所应依循之方向。今综观上揭关于以具体轻过失为损害赔偿责任成立要件并责任减轻构成要件之规定,其共通点在于,个别规范设计均是以此为出发点,亦即本于法秩序一体性,立法者于制定相关规定之际便应受"民法"第220条第2项拘束,例如受任人未因委任事务之处理而享有报酬请求权者,应从轻酌定其过失责任,应使其仅就具体轻过失负责;受寄人未因寄托物之保管而享有报酬请求权者,应从轻酌定其过失责任,应使其仅就具体轻过失负责;合伙人未因合伙事务之执行而享有报酬请求权者,应从轻酌定其过失责任,应使其仅就具体轻过失负责;继承人原则上本不因遗产管理而享有报酬请求权,抛弃继承权者,亦同,故而应从轻酌定其过失责任,应使其仅就具体轻过失负责。

单由具体轻过失与抽象轻过失两个概念之定语"具体"与"抽象"即可得知,行为人是否成立具体轻过失,依行为人本身判断,而非依客观标准判断;是否成立抽象轻过失,依客观标准判断,而非依行为人本身标准判断。再者,由"民法"第535条第90条规定可知,欠缺善良管理人之应注意者,成立抽象轻过失,欠缺应与处理"自己"事务同一之注意者,成立具体轻过失;"善良"管理人之应注意是一客观判断标准,故而谓此过失为抽象轻过失,应与处理自己事务同一之注意,则为行为人本身判断标准,因而谓此过失为具体轻过失。㉝ 而由于是善良"管理人"之应注意,故此项客观判断标准或依事件种类、行为人职业、专业,甚或依族群或生活等圈而具体界定其范围。㉞

应与处理自己事务同一之注意是一个别判断标准,依行为人本身判断之标准,但或有人天性

---

㉜ 凡此,参见 BGH, NJW 1953, 1139; 1981, 227, 228; Wolf, a. a. O. (Fn. 21), S. 454; Dieter Medicus, a. a. O. (Fn. 15), Rn. 311. 但应说明者,乃 Wolf 并不采此项重大过失内涵之向来见解。

㉝ 类此之说明,参见 Wolf, a. a. O. (Fn. 21), S. 124.

㉞ 就此,参见王泽鉴,注⑥书,第15、293页;史尚宽,注⑤书,第112—113页;Medicus, a. a. O., (Fn. 15), Rn. 310.

谨慎，或有人生性漫不经心，是以便可能发生如下情事：就同一事件，生性谨慎之行为人负具体轻过失责任，天性漫不经心之行为人纵严重欠缺善良管理人应注意，却不成立具体轻过失责任。今为避免此类无异惩罚天性谨慎之行为人，为避免责任减轻规范（以具体轻过失为构成要件）之意旨落空，且为避免掏空"民法"第222条关于故意或重大过失责任不得预先免除之规范意旨，依第223条便规定，行为人应与处理自己事务为同一注意者，如有重大过失，仍应负责。㉟

（三）过失种类与内容法定或自由？

"民法"相关规定虽未明文指出，当事人原则上应就抽象轻过失负其责任。但由"民法"第220条第1项出发，且配合民法关于以重大过失及具体轻过失为责任减轻构成要件（以及由以无过失为责任加重构成要件）之规定（例如"民法"第223条、第535条、第590条、第672条、第1176条之1、第175条、第237条及第226条、第227条或第231条、第245条之1第1项、第410条、第434条等规定）以观，便可得知，当事人原则上应就抽象轻过失负其责任。

如前所述，《德国民法》第276条第1项揭櫫过失原则，同条第2项则规定："欠缺往来必要之注意者，为过失。"单凭此两项规定，德国立法者便已明文指出，当事人原则上应就过失负责，且系就欠缺往来必要之注意所成立之抽象轻过失负责。是以单以此点度之，亦即就法条透明性而言，《德国民法》显较"民法"为优。

当事人本于契约自由，得于此三种类型内约定较轻之过失责任，例如法律本规定当事人一方应就抽象轻过失负其责任，但当事人得约定该方仅就具体轻过失负其责任；仅得于此三种类型内，约定较重之过失责任，例如法律本规定当事人一方仅就具体轻过失负其责任，但双方当事人约定，该方应就抽象轻过失负其责任。有疑问者，乃当事人之约定得否反于过失法律定义？按既仅"民法"第222条规定，故意或重大过失之责任，不能预先免除，则反面推论之，当事人之约定非为预先免除故意或重大过失之责任者，自在允许之列。准此以言，"民法"虽就过失设有定义且区别类型，惟于此间并无所谓过失类型强制与固定原则可言。

## 四、过失主体与客体

在有认识过失之领域内，过失是一以意识活动为出发点之应注意欠缺（注意义务违反），盖行为人行为时已意识到损害赔偿责任之客观原因（例如行为、损害），而在无认识过失之领域内，纵行为人行为时未有意识至此等客观原因，也应当如此，盖法释义学是门关于规范之学问，主要以较具体之应然为研究客体。申言之，纵行为人行为时未意识到损害赔偿责任之客观原因，但倘事后判断其能意识到此等客观原因，但却欠缺此项应注意，违反此项注意义务，则仍应负损害赔偿责任。职是之故，于此间所探求者，乃行为人规范上意识活动，而非生活世界中实际存在者。㊱

意识活动必发自主体，故而以注意为出发点之过失此项意识活动㊲，也必发自主体即行为人，包括侵权行为人与债务人。此项说明并非无关紧要，盖其决定损害赔偿责任主体。行为人所以负损害赔偿责任，绝非单仅因其损害加诸行为，亦更在于作为损害赔偿责任最后原因以意识活

---

㉟ 早有类似之说明，参见郑玉波著，陈荣隆修订，同注⑳书，第337页。

㊱ 关于生活世界与科学世界（包括法律世界），参见 Edmund Husserl, Die Krise der europäischen Wissenschaft und transzendentalen Phänomenologie, in: Elisabeth Ströker (Hrsg.), 1982, S. 3 ff., 52 ff. (Husserliana XXXIX); Dan Zahavi, Phänomenologie für Einsteiger, 2007, S. 31 ff., Sokolowski, a. a. O. (Fn. 8), 146; Dermot Moran, Introduction to Phenomenology, 2006, 181。

㊲ 类似之说明，参见邱聪智，注⑳书。

动为本之过失。

意识活动必有其客体,亦即内容。因此,以注意此项意识活动为出发点之过失也必有其客体。举例而言:债务人给付迟延者,是否成立过失,系以其于清偿期遵守一事是否欠缺应注意、是否违反注意义务以为断,换言之,此项注意从而过失之内容在于给付期之遵守一事("民法"第230条、第231条第1项);债务人给付不能者,是否成立过失,从而负损害赔偿责任,是以其于给付能否一事欠缺应注意、违反注意义务与否以为断,亦即此项注意从而过失之客体乃给付能否一事;行为人不法侵害他人权利,或所有权或身体权者,是否有过失,从而负损害赔偿义务,乃以其在他人上开权利侵害一事是否欠缺应注意、违反注意义务以为断,换言之,此项注意从而过失之客体在于他人上开权利侵害一事。

有疑问者,乃债务人给付有瑕疵,且瑕疵补正不能者,债务人是否有过失从而负不履行损害赔偿义务,究系以其于给付有瑕疵一事,抑或于瑕疵补正不能一事是否欠缺应注意、是否违反注意义务以为断? 按"民法"第227条第1项规定,因可归责于债务人之事由,致为不完全给付者,债权人得依关于给付迟延或给付不能之规定行使其权利。该条规定文义是以债务人可归责性为补正义务发生要件,换言之,系以债务人给付有瑕疵(不完全给付)一事有过失者,债务人始负补正义务。依"民法"第227条第1项准用第230条、231条第1项,债务人可归责性即过失乃迟延损害赔偿请求权发生要件,换言之,该条规定系以债务人就迟延一事为注意从而过失此项意识活动之客体。依"民法"第227条第1项准用第226条第1项,债务人可归责性即过失乃(因补正不能所致)不履行损害赔偿赔偿(替补赔偿)请求权发生要件,换言之,该条规定是以债务人就补正不能欠缺应注意从而过失此项意识活动之内容。由此可知,上揭问题解决应以后者为是,亦即债务人给付有瑕疵,且瑕疵补正不能者,债务人是否有过失从而负不履行损害赔偿义务,系以其就瑕疵补正不能一事是否欠缺应注意、是否违反注意义务以为断。

### 结论性观点

过失本质在于应注意之欠缺,亦即在于注意义务之违反,是以意思与预见、防止可能性及社会共同生活之确保为过失损害赔偿责任赋予之正当性基础。"民法"相关规定未明示指出,当事人原则上应就抽象轻过失负其责任,但由"民法"第220条第1项出发,且配合相关以重大过失及具体轻过失为责任减轻构成要件之规定以观,便可得知,当事人原则上应就抽象轻过失负其责任。民法上之应注意只有善良管理人与行为人自己之应注意,则以重大过失系以普通人注意义务违反之见解乖张违背民法文义。再者,于行为人行动自由限制强度上,普通人之应注意明显较低于善良管理人之应注意,向来见解以显然欠缺普通人之应注意为重大过失责任成立要件之做法,不啻又再降低现行法秩序对于行为人行动自由限制之强度,无异又减轻行为人责任,恐有抵触现行法之虞。

由具体轻过失与抽象轻过失二概念之定语"具体"与"抽象"即可得知,行为人是否成立具体轻过失,系依行为人本身判断,而非依客观标准;是否成立抽象轻过失,系依客观标准判断,而非依行为人本身标准。又依"民法"第535及590条规定,欠缺善良管理人之应注意者,成立抽象轻过失,欠缺应与处理"自己"事务同一之注意者,成立具体轻过失;"善良"管理人之应注意即是客观判断标准,故而谓此过失为抽象轻过失,应与处理自己事务同一之注意为行为人本身判断标准,因而谓此过失为具体轻过失。而由于是善良"管理人"之应注意,故此项客观判断标准或依事件种类、或依行为人职业专业等圈而具体界定其范围。

当事人本于契约自由,得于此抽象轻过失、具体轻过失与重大过失三种过失类型内约定较轻之过失责任,也得于此三种类型内,约定较重之过失责任。"民法"仅设有第222条,用以限制当事人过失责任一事上之私法自治权,反面推论此项规范意旨,倘当事人之约定非为预先免除故意或重大过失之责任者,自在允许之列。准此,"民法"虽就过失设有定义且区别类型,惟于此间无所谓过失类型强制与固定原则可言。

注意是意识活动,必有其主体与客体,故而以注意为本之过失必也有其主体即行为人,包括债务人及侵权行为人;必也有其客体。债务人债务不履行者,是否有过失从而负损害赔偿责任,系以其于债务履行一事是否欠缺应注意、是否违反注意义务以为断;行为人不法侵害他人权利者,是否有过失从而负损害赔偿责任,是以其于侵害他人权利一事是否欠缺应注意、是否违反注意义务以为断。

# 涉外亲子间法律关系判决之评析

——评"最高法院"1993年台上字第1835号判决

林益山*

### 基本案情

上诉人：意大利人，住所在意大利。

被上诉人：台北人，住所在台北市。

两人曾于台北同居，并于1981年间产下一女C。两人于1986年订立协议书，约定C由被上诉人监护，抚养成年，该协议书经台北地方法院认证在案。被上诉人与其女C共同生活达7年之久。嗣后上诉人于1988年取得意大利法院认领C之判决书，上诉人乃据此判决请求被上诉人交付其女C，经台湾高等法院于1992年10月19日[1991年家上更(一)字第二九号]判决上诉人败诉在案，上诉人不服提起上诉于"最高法院"。

本案上诉人主张：(1)伊于1988年12月3日经意大利法院判决认领C，依"涉外民事法律适用法"第20条规定，两造对于C之监护权，应依C之本国法。C为意大利人，依照意大利之法律，C应由伊监护等情，求为命被上诉人将C交付予伊之判决。(2)C不能在台北接受教育，且依意大利法院之命令，应将C带回意大利入学。

被上诉人则主张：(1)依照意大利国际私法，对于非婚生子女之认领，系采认领人之本国法主义，依"民法"规定，伊毋庸认领，当然与C发生母女关系，享有监护权。(2)且两造曾签订协议书，约定C由伊监护，上诉人不得请求交付C等语，资为抗辩。

### 裁判要旨

上诉驳回。

第三审诉讼费用由上诉人负担。

理由：

（一）查非婚生子女乃与其生父或生母关系之发生，《意大利民法》与"民法"规定不尽相同。依《意大利民法》之规定，无论生父或生母均须办理认领手续，始与其非婚生子女成立亲子关系；而"民法"规定，非婚生子女经生父认领者视为婚生子女，至于生母与非婚生子女间，因出生之事实，视为婚生子女，无须认领。又非婚生子女认领之成立要件，依各该认领人认领时之本国法，为"涉外民事法律适用法"①第17条第1项所明定。准此以观，C在未经其生父即上诉人认领，取得意大利国籍之前，自应适用"民法"之规定，认C与其生母即被上诉人间之关系，因出生之事实而视为婚生子女，无须认领。此一母女关系，不因C嗣后经上诉人认领或被上诉人未依《意大利民法》规定办理认领手续，而归于消灭。上诉人谓被上诉人与C未发生母女关系，不无误会。

（二）C经上诉人认领后取得意大利国籍，而丧失原国籍，其监护，依"涉外民事法律适用法"

---

\* 台北大学法学院院长。

① 未经特别注明，在本文中均指1953年的版本。——编者注

第 20 条前段规定,依受监护人之本国法,亦即以意大利之法律为准据法。原审根据意大利法律有关规定,并参酌两造曾订立协议书,约定 C 由被上诉人监护,抚养成年,以及被上诉人为与 C 共同生活之一方,应由被上诉人行使亲权等情事,认为 C 以归由被上诉人监护为适当,因而为上诉人败诉之判决,所持理由容有未尽,或其他赘论部分欠妥,但于判决之结果无影响,仍应维持。

### 学理研究

前言

所谓"亲子间法律关系"者,乃指婚生子女与本身父母,被认领子女与认领父母,以及养子女与养父母间身份上与财产上之法律关系而言。易言之,即当事人依照"涉外民事法律适用法"第 16、17 及 18 条之规定确定了亲子身份关系后所产生之权利义务关系也;例如父母对于子女之管教权、惩戒权及扶养义务等。

而此种亲子关系之效力问题,倘发生涉外亲子关系时,究应以何国法律为准据法? 各国立法例,见仁见智,莫衷一是,兹述其主要者如下:

一、父母本国法主义

此主义又可分为两种:① 依父之现时本国法主义;② 依子女出生时父之本国法主义。于各国或地区立法例中,尚有以明文规定,关于生母与非婚生子女之关系,依母之本国或地区法。②

二、子女本国法主义

此说认为,亲子关系之规定,原为保护子女间之利益而设,故应依子女之本国法为准据法;此主义为布斯塔门特法典(Le Code Bustamante)所采用。③

三、住所地法主义

此主义亦可分为两种:① 依父之现时住所地法;② 依子女出生时父之住所地法。

关于涉外亲子间法律关系之准据法,"涉外民事法律适用法"第 19 条规定:"父母与子女间之法律关系,依父之本国法。无父或父为赘夫者,依母之本国法。"兹析述本条如下:

(1) 本条适用范围,包括父母对于子女之管教权、监护权、惩戒权,以及对于子女财产之管理、使用、收益、处分等财产效力问题。又亲子间之抚养义务亦属本条范围。而不适用"涉外民事法律适用法"第 21 条之规定。④

(2) 本条所谓"父母与子女间之法律关系,依父之本国法。无父或父为赘夫者,依母之本国法"。究指何时之本国法? 解释上应指父或母现在之本国法,即依诉讼当时之本国法而言;非指子女出生时父母之本国法。

(3) 亲权准据法与夫权准据法之抵触。婚姻成年制为多数国家所承认,即未成年子女得因结婚而受夫权之支配,并脱离亲权之拘束。倘若父母之本国法(亲权之准据法)不承认此种制度,因而与夫之本国法(夫权之准据法)发生抵触时,究竟亲权准据法与夫权准据法何者应优先适用? "国际私法"对此并无明文规定,但男女一经结婚而成为夫妻后就比亲子关系为密切,故应优先适用夫权准据法。

(4) 亲权准据法与监护权准据法之抵触。关于父母对于未成年子女之监护,同时含有监护

---

② 参见陆东亚:《国际私法》,第 214 页;梅仲协:《国际私法新论》,第 261 页。
③ 参见林益山:《国际私法新论》,第 16 页。
④ "涉外民事法律适用法"第 21 条规定:"扶养之义务,依扶养义务人之本国法。"

与亲权两种性质，但监护之准据法应依受监护人之本国法（"涉外民事法律适用法"第 20 条参照），而亲权之准据法则应依父或母之本国法（同法第 19 条）。倘二者规定不同，而发生抵触时，究以何者优先适用？例如依亲权准据法之规定，父母在离婚及再婚后仍然对其子女保有亲权；但依监护准据法之规定，则父母之离婚及再婚为亲权消灭之原因。通说认为，监护制度原为保护无父母之未成年人而设，乃为亲权之延长，故应只于行使亲权者，即父母亲不存在时，始予设置，若父母亲尚存在时应为亲权所吸收，故亲权准据法应优先于监护准据法适用。

### 四、评释

（1）按解决涉外民事法律问题，学说上早已归纳出一套符合法律逻辑与效率之模式，其步骤为：① 认定是否系"涉外民事法律案件"；② 认定法院是否具有管辖权；③ 系争问题之"定性"；④ 寻找案件之准据法；⑤ 判决。然"最高法院"于本案之审理程序似未依照上述模式为之，因此所为之推论与判决产生若干之疑义与不当，评析于下。

（2）本案系涉外民事案件。本案之上诉人为意大利人，请求被上诉人交付其女 C，故为涉外民事案件。纵当事人未主张其为涉外案件，法院仍应依职权适用"国际私法"。

（3）法院应有管辖权："涉外民事法律适用法"关于亲子关系之诉讼管辖并未有明文规定，通说认为应类推适用"民事诉讼法"第 1 条第 1 项前段规定："诉讼由被告住所地之法院管辖"，而被告住所地在台北，故法院拥有管辖权。

（4）本案之"定性"。原告诉之声明虽为"请求交付子女"，而两造却均主张对生女 C 有"监护权"，上诉人更援用"涉外民事法律适用法"第 20 条监护之规定。惟查该条所规定之"监护"，系指"民法"亲属编第四章之"监护"，包含"未成年人之监护"与"禁治产人之监护"两部分。而"未成年人之监护"，依"民法"第 1091 条规定："未成年人无父母，或父母均不能行使、负担对于其未成年子女之权利、义务时，应置监护人。但未成年人已结婚者，不在此限。""民法"第 1092 条规定："父母对其未成年之子女，得因特定事项，于一定期限内，以书面委托他人行使监护之职务。"依上述规定观之，"未成年人之监护"，应系指父母以外人之监护而言。故本案两造所争执之未结婚父母对于子女之"监护问题"，应指父母对于未成年子女权利义务行使之"亲子关系"问题，亦即"涉外民事法律适用法"第 19 条关于"父母与未成年子女间之法律关系"问题。"最高法院"于本案中未先就当事人所提出之法律用语加以定性，即直接援用当事人所主张之"监护"用语，并认定本件系属"涉外民事法律适用法"第 20 条关于父母以外之人"监护"问题，实属未当。

> **结论性观点**

准据法之寻找与判决。上诉人之认领若符合"涉外民事法律适用法"第 17 条之规定，则认领成立，因此上诉人与其女之法律关系应依父之本国法，意大利法律"涉外民事法律适用法"第 19 条。若认领不成立，其女成为"无父之人"，则依母之本国法。故均有可能成为本案之准据法，若以《意大利民法》为本案准据法，依本件原审所引之"司法院"（1992）台厅一字第 07394 号函检送驻意大利代表处（1992）字第 090 号复函所述之《意大利民法》规定：父母对监护人之协议本身不具任何效力，惟可由法官（未介入协议）视为裁决时之一项有用因素；又非婚生子女倘经父母双方承认，而父母未共同生活者，其对未成年子女之权利，应由与子女共同生活之一方行使，故本案应判决由与 C 共同生活达 7 年之久的被上诉人——母亲行使亲权，反之，若以"民法"为准据法，则因无父而当然由其生母——被上诉人行使亲权。

# 餐厅的商品与服务责任问题

——评台北地方法院 1999 年诉字第 2039 号及同院 1999 年诉字第 541 号民事判决

黄 立*

## 基本案情

### 一、台北地方法院 1999 年诉字第 2039 号案例事实

#### （一）原告主张

原告甲起诉主张，他于 1998 年 12 月 29 日与友人乙小姐至台北远东大饭店之 A 餐厅用餐，于餐后甜点抹茶冰淇淋中，甲赫然吃到一片 2 公分乘 1 公分见方之浅蓝色、多角、锐利之玻璃碎片，甲误以为是冰淇淋中的小碎冰，而咬该玻璃，该玻璃应声而碎，甲口内亦流血，甲于隔日赴医就诊，发现受有外伤性口腔溃疡之伤害等情，已经甲提出诊断证明书为证，被告对于原告因食用该冰淇淋而咬到玻璃碎片等情亦无争执。

甲主张，为此事件连续数日惶惶不安，惟恐吞入玻璃碎片造成穿肠破肚之惨剧，是否须开刀取出，有无造成内脏损坏之危险，如何确定没有后遗症；且国际五星级之大饭店竟发生这种事，该餐厅经理又故意拖延时间，待其他顾客皆离去后，始与 B 饭店两职员向甲表示愿陪同就医，足见渠等欲掩盖事实之心态，处理态度令人不敢苟同，而该餐厅及饭店对其食品卫生安全亦毫无改善之诚意。A 餐厅，既由被告 C 公司所经营，甲为此依侵权行为（"民法"第 184 条、第 188 条）规定，"消费者保护法"（下称"消保法"）第 7 条第 1 项、第 3 项规定，请求被告 C 公司赔偿甲精神上之损害 50 万元，及依"消保法"第 51 条规定 1 倍之惩罚性赔偿金，合计 100 万元。

#### （二）被告之抗辩

被告则辩称该事件，肇因于当日午餐时间，A 餐厅之服务员在抹茶冰淇淋之冰柜旁意外打破一只玻璃碗，不料冰柜门与盛装冰淇淋之容器均在开启状态，玻璃碎片正巧飞溅至冰淇淋中，才造成甲误咬该玻璃之意外事件，该员工并非蓄意伤害，被告之过失轻微，所生精神上损害，自较轻微；又事件发生后，餐厅经理立即向甲道歉，并通知饭店经理及贵宾接待总监，三人并即向甲表示愿陪同就医且负担医药费，甲以无大碍婉拒之，经理始离去并为后续处理，包括结清甲及其友人之账单，亦即清理全部抹茶冰淇淋，C 公司并惩处相关失职员工，要求更注意维护客户安全，并落实将玻璃器皿远离冰柜、改以银器盛装冰淇淋，规定如有器皿打破情形，立即通知经理，以确保正确且安全之清理等具体措施，且请远东饭店尽速联络甲，以向甲表示歉意及承担责任之诚意，因是连续假期，经多次联络乙小姐，均无响应，假期后与乙小姐取得联系后，被告并以传真向甲表达歉意及后续处理情形，更借由鲜花、水果、贵宾卡，表达对甲之关怀，饭店总经理并率相关部门主管向甲道歉，是被告对此事件均本关心消费者之立场诚心处理；又甲并未吞下玻璃片，依甲所述，仅受 2 毫米乘 1 毫米之轻伤，复原期间约 1 星期，即使未用药也可在一两周内痊愈，且无任何后遗症，甲当时亦表明不须就医，精神上所受痛苦谅亦轻微，甲借

---

\* 政治大学法律学系教授。

机要求被告赞助其节目高达192万元,并诉请100万元之赔偿,显然过高而不合理。

## 二、台北地方法院1999年诉字第541号案例事实

### (一) 甲的主张

甲女于1997年1月26日中午时分,在乙于台北市罗斯福路所经营之台菜餐厅消费用餐,因乙之过失,未保持餐厅地面之干燥而有湿滑情形,致甲滑倒而受有左侧内外踝关节骨折并移位之伤害,经紧急送往荣民总医院附设民众诊疗处急诊,医生先为甲固定断骨打上石膏,然愈合情形不佳,医生再为甲左脚开刀植入钢钉、钢板作为复位辅助,而观察1年后再根据情况决定是否要再度开刀取出钢钉、钢板。又甲在家疗养期间行动不便,出入皆须依靠拐杖,原来所从事之工作不是辞职就是留职停薪,因而此减少许多收入,另额外多支出之生活花费更是不知凡几,后遗症则是医师嘱咐今后永远不能跑、跳,不能久站,不能穿高跟鞋。而疗养期间因无法运动之故造成身材变形,增加近20公斤(持续增加中),而这种肥胖很可能从今以后因无法从事运动而恢复无望,甲为此心理深受打击。

按甲于受伤之前酷爱运动,举凡登山、健行、跑步、桌球等运动,经常为之。由于甲自小即培养运动习惯,勤练不辍,并因此拥有良好之体态与身材,从而建立起自信,又加上体能甚佳、活动力十足,据此用以从事业务工作无往而不利,同时也因生性热心而获聘担任数个社团之干部,广受欢迎,形成甲极佳之社会人脉。但是自甲受伤后,犹如一朝晴天霹雳,一切都改观了,于疗养期间不能活动固毋庸论,即便是疗养期间已拔出钢钉、钢板先告一段落,但仍是留下严重之后遗症,即甲从此之后不能跑、跳、不能久蹲、不能久站、不能登山、不能健行,甚至连高跟鞋都不能穿,冬天骨折之处会酸痛,甲被迫只好放弃所喜爱的运动。又甲于疗养期间因缺乏运动之故,造成体重直线上升现象,从受伤前之58kg到现在的76kg,目前还在持续上升中;腰围从94cm扩增到120cm,臀围从104cm扩增到220cm时,尚无停止增广迹象。这样的发胖结果,使得甲许多所费不赀之名牌衬衫、套装,因尺寸相形变小而穿不下,只好收藏在衣柜里作为古董,因为过去曼妙的身材今生极可能恢复无望。肥胖之后所带来了生活不便与健康威胁;最令甲无法忍受的是,众人异样的眼光,因为每一位熟识的朋友在甲受伤变胖后见面时,都会惊讶于甲外形的改变,而投以同情的眼光,用怜悯的口吻来安慰甲,甲曾几何时也沦落到这种境遇,着实令人难堪!也因为甲变胖再加上不能运动,导致体能变差、活动力变弱,甲的社会人脉光环迅速消退,自信心不再有,甲变得有点自卑,削弱了接触人群的意愿,连带地影响到工作表现,一想到可能就要如此隐避地度过一生,为此甲心理上感到极度痛苦。而依照双方之身份、地位、资力,以及甲就此所受之刺激,爰请求100万元之精神上损害赔偿。

甲主张乙因过失未保持地面干燥而有湿滑情形,致甲滑倒而受伤,此项主张业经证人即当天亦在现场之证人丙女士到庭作证属实,丙称甲滑倒之处之地面确实很滑,她走过来扶甲时亦差点滑倒云云。按企业经营者应确保其提供之服务无安全上之危险,经营餐厅者应对地面随时保持干燥或铺设防滑地毯才能防止滑倒情形发生,今乙疏忽而不为,显然有过失,且甚至因此而造成甲之损害,就此即有"消保法"第51条之适用。据此甲爰请求损害额一倍之惩罚性赔偿金。

### (二) 被告之抗辩

1. 乙公司系以提供餐饮服务为主要营业项目,不仅对料理之卫生可口享誉业界与顾客之间,对用餐之空间亦讲求宽敞舒适,走道之间均铺有地毯以防滑,并增加美观,自1995年开业以来,未曾发生有顾客滑倒之事,甲谓乙因过失未保持地面之干燥而有湿滑,致其滑倒,显属无

据,纵使甲若滑倒应系自己之过失所致,例如走路不小心,勾倒桌椅角等因素,且乙公司营业时间绝无可能地面湿滑即开始营业,故甲主张侵权行为之事实,应由甲负举证之责。

2. 又按"消保法"第 7 条第 1 项规定之内容,乙公司既为餐饮公司,其性质应仅适用"卫生上之危险",甲在乙公司消费之商品为"餐饮"与其"滑倒"性质上无任何因果关系,从而甲引用"消保法"即无适用余地。

## 裁判要旨

### 一、台北地方法院 1999 年诉字第 2039 号判决要旨

查甲在 A 餐厅用餐,因该餐厅之服务员在抹茶冰淇淋之冰柜旁意外打破一只玻璃碗,玻璃碎片正巧飞溅至冰淇淋中,造成甲于餐后甜点抹茶冰淇淋中,咬到一片 2 公分乘 1 公分见方之浅蓝色、多角、锐利之玻璃碎片,并致甲口内流血,受有外伤性口腔溃疡伤害,有诊断证明书为证,甲身体、健康,受 A 餐厅员工不法侵害,应无疑义。……甲依"民法"第 188 条、"消保法"第 7 条第 1、3 项规定,请求被告 C 公司赔偿甲精神上之损害,自属有据。又查甲任大学教职,并为"台北之音"节目主持人及钢琴家,受友人邀请,至五星级餐厅用餐,原本心情愉悦,竟于冰淇淋中咬到玻璃碎片,致口内颊侧口腔黏膜流血,并受有 2 毫米乘 1 毫米大小之外伤性口腔溃疡,约 1 至 2 周才可痊愈,业经证人乙结证在卷,且经本院函询财团法人新光吴火狮纪念医院属实,甲主张因此事件,连续数日惶惶不安,担心是否已吞入玻璃碎片,是否造成穿肠破肚、内脏损坏,是否须开刀取出,亦符合一般经验法则。本院斟酌以上所述两造之身份地位、经济状况、甲之身体状况、被告之过失程度、加害方法、加害部位等可归责程度,认甲请求之慰抚金,以 10 万元为适当。

本件被告 C 公司系提供大众餐饮之企业经营者,甲系消费者,甲因消费被告 C 公司所提供之餐饮而受害,所提起之本件诉讼,自属消费诉讼。……爰审酌被告系五星级饭店内大众餐饮业之经营者,对其所提供之餐饮,负有顶级卫生、安全之注意义务,于打破玻璃碗时,竟疏未注意周围食品是否会遭到污染,且若该玻璃碎片由儿童食入,恐将酿致更严重的损害等情状,甲请求被告 C 公司应给付损害额 1 倍之惩罚性赔偿金即 10 万元,为有理由,应予准许。

### 二、台北地方法院 1999 年诉字第 541 号判决要旨

经查,本件甲主张在乙于台北市罗斯福路所经营之台菜餐厅消费用餐,因乙之过失未保持餐厅地面之干燥而有湿滑情形,致甲滑倒而受有左侧内外踝关节骨折并移位之伤害等情,业据甲提出诊疗服务处甲种诊断证明书 1 张、门诊病人费用明细表 8 张、诊疗服务处 1997 年 2 月 13 日收据、诊疗服务处 1998 年 5 月 20 日收据、诊疗服务处 1999 年 2 月 7 日收据、中医所开立收据及诊断证明书各 1 张及收款证明单 1 张等复印件为证,并经证人丙到庭证述属实,乙虽否认对于事故之发生有任何故意或过失之行为,惟彼对有利于己之事实未能举证以实之,空言辩解自无足采信,据上事证研析,甲主张乙过失未保持餐厅地面之干燥致甲滑倒受伤,其为侵权行为人之情事,堪信为真实。

按因故意或过失不法侵害他人之权利者,负损害赔偿责任;不法侵害他人之身体或健康者,对于被害人因此丧失或减少劳动能力或增加生活上之需要时,应负损害赔偿责任;又不法侵害他人之身体、健康、名誉或自由者,被害人虽非财产上之损害,亦得请求赔偿相当之金额;"民法"第 184 条第 1 项前段、第 193 条第 1 项、第 195 条第 1 项分别定有明文;查本件甲因乙过失未保持餐

厅地面之干燥致甲滑倒受伤,已详如前述,是甲所受伤害,与乙之侵权行为有因果关系,故乙自应对甲负损害赔偿责任。

额外增加之生活必需之支出 23 400 元部分:甲主张该部分支出固仅提出安安看护中心收款证明单 1 张为证,惟查甲所举验伤诊断书所载"左侧内外踝关节骨折并移位",而乙对于甲主张支出拐杖 500 元、交通费 18 300 元等情并未争执,依甲所受伤害情形观之,甲受伤部位确实造成其行动困难,故此部分之支出亦属必要费用,自应由乙负责。工作损害减少 1 254 437 元收入部分:甲主张自受伤后不能工作,但甲于受伤前同时任职于 A、B、C、D 公司,而甲于 1996 年自上述 4 家公司共取得 697 365 元收入,另 1995 年之收入则有 782 700 元,此有"财政部"台北市国税局 1996 年综合所得税核定通知书 1 份、1998 年甲综合所得税结算申报书暨扣缴凭单各 1 份、1998 年甲各类所得扣缴凭单 1 张、"财政部"台北市国税局 1995 年综合所得税核定通知书 1 份、甲 1995 年、1996 年、1997 年之任职及收入情形明细表。创生企业有限公司之证明书、公司执照、营利事业登记证;福基织造股份有限公司之证明书、公司执照、营利事业登记证;绵致股份有限公司之证明书、公司执照、营利事业登记证等为证,1997 年之收入为 87 500 元,1998 年之收入为 52 793 元,职是以 1996 年之收入 697 365 元为基准,则甲因乙之过失侵权行为所减少之工作收入共计为 1 254 437 元,实难采信,何况甲亦自承系从事外出推销公司产品为业,并无底薪而采奖金制,自无法主张每月固定薪资,故宜以 1996 年、1997 年收入递减之情形以每月 25 000 元计算为适当,且依甲所举证验伤诊断书所载:"左侧内外踝关节骨折并移位",据该诊断书所载病情"1997 年 2 月 4 日手术复位及钢板、钢钉内固定及石膏固定,手术后宜休养 3 个月……1998 年 5 月 16 日至 1998 年 5 月 20 日住院,1998 年 5 月 18 日拆除钢板及钢钉,手术后休养 3 周……"故本院认为,甲减少劳动力之期间,应自受伤即 1997 年 1 月 26 日起算以 1 年 4 个月计算为宜,故甲关于劳动减少之损害额应为 40 万元(2.5 万×16 = 40 万元),甲请求 1 254 437 元之工作损害金,尚不足采,超过 40 万元之部分,不应准许。

非财产上损害赔偿之精神慰抚金 100 万元部分:甲受伤后,精神肉体均受痛苦,本院斟酌实际情况及两造之身份、地位、财产资力、受伤程度等情事,认为甲请求非财产上损害赔偿 100 万元,尚嫌过高,应核酌减为 60 万元,较为允洽。

综上所述,甲依侵权行为之法律关系诉请乙赔偿之损害金额共计 1 058 706 元(35 306 + 23 400 + 400 000 + 600 000 = 1 058 706 元)。

再按乙所经营者系属于餐饮业,则属于提供多数消费者餐饮服务之企业经营者,甲则系前往用餐之消费者,乙自负有提供安全消费服务义务之企业经营者,甲因前往消费在乙所提供之场所而受害,已如前所述,其提起本件诉讼,自属消费诉讼,而应有"消费者保护法"第 51 条、第 7 条第 1 项、第 3 项规定之适用,乙在所提供消费场所未能保持餐厅地面之干燥致甲滑倒受伤,自有过失,依前揭规定,甲自得请求乙给付损害额 1 倍以下之惩罚性赔偿金以损害额 1/2 倍即 529 353 元范围,为属正当,超过此部分之请求,不应准许。

### 学理研究

**一、台北地方法院 1999 年诉字第 2039 号判决评析**

1. 就食物所引起的责任而言,通常比较难以举证,因为若由于食物的腐败或受大肠菌等感染,由于食物已经咀嚼消化,进入肠胃,很难证明是由于食用特定的食物所引起,除非是多数人同时进食并感染的情况。因此在此情形,通常要使用情况证据法则,就是依据日常生活的经验,只要有此种结果,通常是由于一定的原因,就可以认定企业经营者的责任。在本案举证上较为容易,是因为玻璃除非抛弃,并不会腐败灭失或者变更形态。

2. 餐厅与顾客间就食物的消费关系而言,是比较特别的关系。因为餐厅一方面直接从原料经加工处理成为食物,就此加工食物的瑕疵所引起顾客在安全或卫生上之危险,餐厅就该食物对顾客负一般的商品责任。这时候,企业经营者应负商品责任之要件为:(1) 须为企业经营者。(2) 是商品设计、生产、制造或服务的提供者。(3) 商品或服务具有安全或卫生上之危险。(4) 消费者或第三人之生命、身体、健康、财产受有损害。(5) 商品的欠缺与损害间须有相当因果关系。

3. 若只是贩卖他人制造好的食物,则其所负的责任,通常并不是制造人的责任,而是经销商的责任。依据"消保法"第 8 条第 1 项的规定:"从事经销之企业经营者,就商品或服务所生之损害,与设计、生产、制造商品或提供服务之企业经营者连带负赔偿责任。但其对损害之防免已尽相当之注意,或纵加以相当之注意而仍不免发生损害者,不在此限。"也就是说,经销商所负的责任属于一种过失推定的责任,如果经销商能证明他没有过失,或者他的过失与损害的发生没有因果关系,就可以免责。这种责任,与商品责任是一种无过失责任者,并不相同。① 在本案中比较特别的是,出问题的食物,并非餐厅自行调理的食品,而是其他制造人所生产的冰淇淋。因此本案中餐厅的责任到底是制造人责任或者是经销商责任,就成了问题所在。

4. 在"消费者保护法"上,除了制造人责任之外,还有准制造人责任。准制造人责任有两种,一种是对进口商所课的责任,"消费者保护法"第 9 条规定:"输入商品或服务之企业经营者,视为该商品之设计、生产、制造者或服务之提供者,负本法第七条之制造者责任。"另一种是第 8 条第 2 项规定的:"前项之企业经营者,改装、分装商品或变更服务内容者,视为前条之企业经营者。"在后者的情形,因为此种经销商的行为可能阻断了制造商与消费者间的可能因果关系,因此只好课此种企业经营者以准制造人责任。② 这个条文中的"视为",指的是"不能推翻的推定",也就是说,只要符合本条的要件,纵然企业经营者可以证明,他不是原始的产品制造人,仍然不能作不同的认定或者让他免责。所以在本案中,餐厅所提供的冰淇淋纵然不是该餐厅自行制造,在提供时,该餐厅既然并非以原始的包装供应,而是将冰淇淋从原始包装中取出,转放在该餐厅自有的餐具上供应顾客,此时,依据第 8 条第 2 项的规定,因为该餐厅将原装的冰淇淋分装的结果,就必须对顾客负起制造人的责任。③ 当然原始制造的厂商并没有因此免责,而是要依据"民法"第 185 条以及"消保法"第 7 条的规定,与餐厅共同负连带的赔偿责任。除非原始制造的厂商能证明,他的产品与损害的发生没有因果关系。在本案当中,似乎可以作这种认定,因为损害的原因是由于餐厅在分装过程中的重大过失④,将玻璃碎片正巧飞溅到冰淇淋中所造成。但若餐厅与抹茶冰淇淋的制造人同属一家公司时,当然就没有区分的必要。

5. 餐厅提供给顾客的除了食物之外,也提供了服务,包括确保场所的安全与卫生、桌面的清理,茶水的提供等。也就是说,除了食物之外,餐厅也提供了一系列的服务。就服务的部分也可

---

① 参见黄立:《论商品与服务责任》,第 76 页,尚未出版。
② 同上注。
③ 如果将原装之冰淇淋整桶置于冷冻柜内,供顾客自行取用,此时仍系以原始包装供应,因为分装之行为系属顾客自行为之。此时餐厅应该仅负经销商责任。相反的,餐厅将其分装后始端给顾客,就是"消费者保护法"第 8 条第 2 项规定的分装行为。
④ 虽然不是分装本身的问题,而是分装过程中服务生不小心打破玻璃杯,以及事件发生后服务生漠视可能后果且没有尽到应有注意义务所生的问题,整体上仍系餐厅的重大过失。

能发生问题,在后续的案例中,会特别就餐厅就服务责任的部分作更详细的说明。

6. 原告甲在 A 餐厅用餐,因该餐厅服务员的过失,在抹茶冰淇淋的冰柜旁意外打破一只玻璃碗,玻璃碎片正巧飞溅到冰淇淋中,依据常理判断,一个有正常思维的员工应该会注意到玻璃碎片四散的情况,事后这位员工却没有仔细地检查玻璃碎片有没有飞入冰淇淋中的可能。而且抹茶冰淇淋的冰柜如果不是正在使用的情况,不论是抹茶冰淇淋的盒盖,或者是抹茶冰淇淋的冰柜都应该是关闭的状态,才能避免灰尘、昆虫的进入,造成冰淇淋的污染。这种情况显示,餐厅的服务员与监督人员明显的有重大疏忽,应该可以构成重大过失。另外一方面,也显示餐厅对于人员的训练与管制,并不太上轨道。

7. 由于该餐厅的受雇人的过失,造成甲在餐后吃抹茶冰淇淋时,咬到一片见方之浅蓝色、多角、锐利的玻璃碎片,致甲口内流血,受有外伤性口腔溃疡伤害,甲的身体、健康,受到 A 餐厅员工不法的侵害。依据"消保法"第 7 条第 1、3 项规定,从事提供服务之企业经营者,应确保其提供之商品或服务,无安全或卫生上之危险,企业经营者,违反该项规定,致生损害于消费者,应负赔偿责任。其次依据"民法"第 188 条第 1 项规定,受雇人因执行职务,不法侵害他人之权利者,由雇用人与行为人负连带损害赔偿责任,但选任受雇人及监督其职务之执行,已尽相当之注意或纵加以相当之注意而仍不免发生损害者,雇用人不负损害赔偿责任。在本案中,餐厅的监督人员既不能证明其监督上无过失,更无法证明其监督的过失与损害的发生没有因果关系,故甲可依"民法"第 188 条、"消保法"第 7 条第 1、3 项规定,请求被告赔偿甲财产上与精神上的损害。

8. 财产上损害指甲前往医院的交通费用、在医院检查及医疗外伤性口腔溃疡伤害之费用。至于精神上损害包括,因口腔外伤之痛楚及在此事件发生后,连续数日惶惶不安,担心是否已吞入玻璃碎片,是否造成穿肠破肚、内脏损坏,是否须开刀取出等情事。虽然被告主张,甲在事件发生后,并未出事,且于次日才去检查,但是一方面并不能排除确实有吞入玻璃碎片的可能性,因而造成心理上的恐慌,应该是一般人的正常反应。另一方面在创痛之余,要求受害人如正常情况思虑之周密,立即从事所有必要的身体检查,明显的是过度要求。更何况在外伤治疗后,对于是否已吞入玻璃碎片,医院方面可能认为并不急迫,因而安排于次日检查也未可知。在衡量精神上损害赔偿额度时,当然须考虑甲所受的痛楚、受害后的焦虑不安、甲的职业、收入与被告之经济状况、过失程度,作适当的斟酌。⑤

9. 按依"消保法"所提之诉讼,因企业经营者过失所致之损害,消费者得请求损害额 1 倍以下之惩罚性赔偿金,"消保法"第 51 条定有明文。本件案件属于请求赔偿因企业经营者过失所致损害之消费诉讼,故甲可请求被告应给付损害额 1 倍以下的惩罚性赔偿金。

10. 产品观察、商品回收或召回修理义务的问题:"消保法"第 10 条规定:"企业经营者于有事实足认其提供之商品或服务有危害消费者安全与健康之虞时,应即回收该批商品或停止其服务。但企业经营者所为必要之处理,足以除去其危害者,不在此限。商品或服务有危害消费者生命、身体、健康或财产之虞,而未于明显处为警告标示,并附载危险之紧急处理方法者,准用前项规定。"析之如下⑥:

(1) 制造人为满足其危险排除义务,须持续搜集其产品之使用结果,对于新发展之产品,虽经足够之测试,其危险却每于日常之使用与利用中发生,故于产品流通进入市场后,其观察产品效果之往来安全义务,并未改变。就新设计产品之产品观察义务要求尤高,且不仅限于产品有理

---

⑤ 参见黄立:《民法债编总论》,第 406 页以下。
⑥ 参见黄立:《论商品与服务责任》,第 76、77 页,尚未出版。

由被认为于制造或设计上有瑕疵者。若一产品流通进入市场有相当时间,并无损害事件之发生,则对制造人就产品观察之要求亦随之降低。

(2)其中"企业经营者于有事实足认其提供之商品或服务有危害消费者安全与健康之虞",是指危害尚未发生或者虽曾发生但仍可能继续发生的情况。例如台北县汐止镇建于山坡地的林肯大郡小区,在1997年8月台风来袭时,发生挡土墙塌方并导致数栋建物倒塌的案件中,有部分建物并未倒塌,但第二次台风来袭时无人敢留在屋内,且其地下停车场在同年9月7日梁柱断了一根,应认为系有事实足以认为其提供之商品或服务有危害消费者安全与健康之虞,企业经营者应即回收该批商品。若产品之风险可得辨识,或有损害发生,则纵此风险原非可以预见,制造人仍必须以变更设计,更改制程,改善指示或变动管制程序,以使未来免于危险,或者停止生产。若该产品有引起重大危险可能,或有损害健康之虞时,只要有正当嫌疑,制造人即有警告义务,且依事情状况尚有召回义务,即纯粹之警告义务并不足以排除损害时,制造人一方面须将企业内部引起损害瑕疵之因素排除,即修正制造或设计程序,或改善消费者信息。他方面可能必须以回收行动将整个产品系列撤出市场,或如在汽车行业常见者,经由契约保养厂召回汽车从事改善,补偿或承担其修理费用。[7] 在本案中,受害人的友人丙(某公司总经理)至该餐厅用餐,在点甜点时,她半开玩笑说"不要日本绿茶冰淇淋!"没想到服务的女服务生竟然说:"噢!那只是一小片而已!那个女的(指甲)过度夸张了……"显示了该餐厅管理人员与员工对于消费者权益的蔑视,不但没有正视问题,从事改进,反而对受害的消费者语出轻蔑。依据"消保法"第10条的规定,被告原应该检讨此一事件,并要求员工彻底检讨,防范其未来不会再度发生才是正理。

## 二、台北地方法院1999年诉字第541号判决评析

首先,在先前的冰淇淋案例中,我们看到了餐厅销售瑕疵商品,导致消费者身体及精神上受损害的情况。其次,餐厅提供给顾客的除了食物之外,也提供了服务,包括确保场所的安全与卫生、桌面的清理、茶水的提供等。也就是说,除了食物之外,餐厅也提供了一系列的服务。就服务的部分也可能发生问题,在本案中就是餐厅服务责任的讨论。

何谓服务,"消保法"无明文规范,大致上可以认为,服务指以独立方式,所为之交易,不论其有无对价,而其直接及全部之标的,并非动产之制造、有体或无体财产权之移转者。服务供应人,指任何自然人、公法或私法上法人,于其职业作为过程中或以公共服务方式,提供前述之服务者。任何人于提供服务时,采用代理人之服务,或其他法律上独立媒介之服务者,仍继续被视为服务之供应人。依据"消保法"第2条第2款规定,凡以提供服务业为营业之人,均属于"企业经营者"。"消保法"将商品与服务视为对等之规范标的。换言之,消保法所称服务,并不以与商品有关联为限,与商品无关的服务业,如社会服务业(医疗、教育等);生产者服务业(如律师、会计师、通讯、金融、保险等);个人服务业(如餐饮、旅馆、修理等),均在消保法规律之范围,没有任何除外规定。[8] 因此在适用上当然也没有将特定行业除外的理由与必要。本讲的范围限于独立的服务,因此如果所提供的服务仅仅是商品的部分,例如建筑师所提供的服务,不论是设计或监造,都是商品制造的过程,最后呈现给消费者的是商品自身而非服务,就不是服务责任。相反的,如公交车公司,"系提供搭乘大众运输服务的企业经营者",而乘客则是"搭乘大众运输工具的消费者",公共汽车管理处自系负有提供安全运输服务义务之企业经营者。其他如医生所提供的医疗服务,律师所提供的法律咨询服务等,其服务均直接对消费者提供,并无其他商品的介入,也无须

---

[7] 参见黄立:《论商品与服务责任》,第80、81页,尚未出版。
[8] 参见黄立:《消费者保护法对医疗行为的适用》,载《律师杂志》第217期,第72、73页。

商品介入，这种服务的提供，当然是一种独立的服务。

对于瑕疵服务责任规范之必要性，理由在于：(1) 基于消费者及受害人因不具备专业知识，且于损害发生时，服务已不存在，使其处于极为不利之地位。(2) 与瑕疵产品相较，瑕疵服务之受害人处于更不利之地位，因为于瑕疵产品发生损害时，常可以对该产品或市上尚存之同类产品进行检验，瑕疵服务则否。第三，瑕疵服务责任迄今并无明确之原则可以使用，对于案件之胜诉几率较难掌握。第四，自提供服务人之观点言，若对服务责任未有规范，将无法准确评估其风险，亦无法投保适当之保险。⑨

非独立的服务与独立的服务的区别在于：非独立的服务，如建筑师的设计责任。这种责任属于商品责任的部分，并非单纯的服务责任。建筑师所扮演的角色，是商品的设计。"消费者保护法施行细则"第4条规定："消保法"第7条所称商品，指交易客体之不动产或动产，包括最终产品、半成品、原料或零组件。建筑师设计了不动产商品（房屋），营造厂负责营建，建商从事规划，共同创造了交易的商品（房屋），所负的责任是典型的商品责任。⑩ 规划与设计表面看是服务，却因为对消费者而言并非独立的服务，而是整个商品的部分，而无法被视为独立的服务。

瑕疵服务所生损害的赔偿要件如下⑪：

1. 企业经营者提供服务

这里的要件，一如在商品责任的情形，责任的主体必须是企业经营者，不同的是在服务责任，企业经营者并没有提供商品，而是提供服务。

2. 没有确保所提供服务的安全或违反说明义务

他与制造人一样，对服务的提供有组织与管制的责任，也须对提供服务过程作无缺失的安排与监视，自始排除瑕疵的存在。例如：

(1) 台湾银行业绝大部分均提供号码机服务，借以维持客户洽办金融业务秩序，银行业就其对消费者所提供之号码机服务，应该属于其对消费者提供金融服务的范畴。有一位陈姓妇人系于1998年9月15日上午约10时33分33秒带着2岁女儿前往该行办事。当时客人不多，幼女在2分20秒后，好奇攀爬银行内号码机柜台，只经过了6秒钟时间，号码机及台子同时翻倒，被压成重伤，经送医急救仍不治死亡。该时段间，号码机柜台附近无人留意该女童走近号码机柜台，企业经营者提供之服务即有瑕疵。

(2) 又如银行提供保管箱的服务，依据"财政部"制订公告的"保管箱出租定型化契约范本"第11条规定："设置或管理有欠缺，致承租人之置放物发生被窃、灭失、毁损或变质之损害者，除另有特别约定外，双方同意依下列方式办理：① 承租人于损害发生后申报其置放物品内容及损失金额，在未超过新台币……元之范围内，由出租人依据承租人申报损失之金额径予赔偿。② 承租人主张其损害逾前款金额者，于承租人举证证明其置放物品之内容及价值后，由出租人按承租人之实际损害负金钱赔偿之责，但最高赔偿金额为新台币……元。前项第2款之情形，承租人能证明出租人有故意或重大过失者，不受最高赔偿金额之限制。"这个规定的理念在于，虽然消费法对于服务的提供采取无过失责任，也就是不论银行有无过失，只要保管箱设置或管理有欠缺，致承租人之置放物发生被窃、灭失、毁损或变质之损害，银行就有责任。但是消费者可能仍然无法求

---

⑨ 参见黄立：《消费者保护法对医疗行为的适用》，载《律师杂志》第217期，第73页；黄立：《论商品与服务责任》，第68页，尚未出版。

⑩ 参见黄立：《消费者保护法对医疗行为的适用》，载《律师杂志》第217期，第73页；黄立：《论商品与服务责任》，第67页，尚未出版。

⑪ 参见黄立：《论商品与服务责任》，第71页，尚未出版。

偿,因为消费者在保管箱存放物品的时候,并没有银行的人在旁边,银行也不应该派人在旁监视。可是一旦发生损害,消费者也很难证明,他存放了什么东西,这些东西价值多少,以致常常无法证明损害的发生及损害的金额。因此在本"范本"第11条第1款规定,只要在一定的金额限度内,只要承租人于损害发生后申报其置放物品内容及损失金额,出租人就必须依据承租人申报损失之金额径予赔偿,以避免被害人因无法举证,致无法请求赔偿的情形。

(3) 如果所提供的服务可能伴生一定的风险,企业经营者必须要提醒消费者注意,例如电子信息传送的风险在于信息经由电子传输,固然迅速便捷,可是有可能出现乱码而无法辨识。因此对于以电子方式传送的意思表示,必须采取了解主义。否则将对相对人产生无法预测的风险。因此银行或与客户订定"个人计算机银行业务及网络银行业务服务契约"时,就必须提醒客户注意,采取了解主义对客户所可能产生的风险。若银行竟然没有履行应尽的说明义务,就构成了对"消保法"第7条第2项规定的违反。[12]

3. 消费者保护法本身并没有对"安全或卫生上之危险"有所规范,也未澄清是否承认科技抗辩的问题。因此在"消费者保护法施行细则"第5条规定了……或服务于其提供时,未具通常可合理期待之安全性者,为"消保法"第7条第1项所称安全或卫生上之危险。但服务已符合当时科技或专业水平者,不在此限。前项所称未具通常可合理期待之安全性者,应就下列情事认定之:① 服务之标示说明。② 服务可期待之合理使用或接受。③ 服务流通进入市场或提供之时期。服务不得仅因其后有较佳之服务,而被视为有安全或卫生上之危险。"通常可合理期待之安全性",是一个不确定的法律观念,说明消保法的规范目的,在于保障使用此一服务的人(接受消费服务之人)或第三人的身体、生命或该服务以外的财产法益,此种危害系因为服务于提供时欠缺安全性所导致。一个服务不会仅仅因为其不符合消费者的安全期待,就被视为有"消费者保护法"第7条的危险。换言之,责任的产生必须由于服务提供商未能提供"可合理期待的安全性",何谓可合理期待的安全性,当然有待于学说与判决的进一步补充。合理期待安全标准的客观化,一如产品责任,必须依据前述的"消费者保护法施行细则"第5条加以判定。一定的服务质量标志如ISO的标志,通常是指该服务具备一定的特性,并非必然说明其具备较高的使用安全性。因此具备此种服务标志的企业经营者,也可能提供有瑕疵的服务,也仍需就其所生损害负责。[13]

乙餐厅在诉讼时虽否认对于事故之发生有任何故意或过失之行为,惟甲所举证之事实已臻明确,而乙餐厅对于有利于己之事实未能举证以实之,据上事证研析,甲主张乙过失未保持餐厅地面之干燥致甲滑倒受伤,其为侵权行为人之情事,堪信为真实。而乙餐厅未保持地面干燥,导致到该餐厅用餐的人,有因此滑倒跌伤的危险,即属于不具备通常可合理期待的安全性,其服务具有安全上的危险。服务瑕疵与损害间有因果关系:服务瑕疵比起商品的瑕疵往往更难以证明,因为许多服务的提供,在提供后就消失了,消费者对于服务瑕疵与损害间有因果关系甚难举证。消费者对于服务的瑕疵也常有举证上的困难,因此在证据方面尤其需要考虑情况证据的采认。所谓情况证据指,依照一般生活经验,通常在一定原因下会产生此种结果。在此情况下,就认定服务瑕疵与损害间有因果关系。[14]

回到刚刚举的案例来看,我们知道,"消保法"所规定之无过失服务责任,并非结果责任,还是要求服务瑕疵与损害间具有因果关系。本案中甲因乙过失未保持餐厅地面之干燥致甲滑倒受

---

[12] 参见黄立:《论商品与服务责任》,第71页,尚未出版。
[13] 参见黄立:《论商品与服务责任》,第72页以下,尚未出版。
[14] 参见黄立:《论商品与服务责任》,第72页以下,尚未出版。

伤,甲所受伤害,与乙之侵权行为有因果关系,故乙自应对甲负损害赔偿责任。有安全或卫生上损害的发生:依据"消保法"第7条规定,提供服务之企业经营者应确保其提供之服务,无安全或卫生上之危险。服务具有危害消费者生命、身体、健康、财产之可能者,应于明显处为警告标示及紧急处理危险之方法。企业经营者违反前两项规定,致生损害于消费者或第三人时,应负连带赔偿责任。但企业经营者能证明其无过失者,法院得减轻其赔偿责任。台湾地区"消保法"很明显地对于服务的提供,采取了无过失责任。不过文字的叙述相当的简略,其责任的范围并无进一步的明确规定,原则仍应认为服务自身的欠缺,应属于买卖或其他契约的瑕疵担保范畴,只有所提供服务所引起的进一步损害(包括人身与财产的损害),才属于此处的责任范围。

### 结论性观点

对于甲诉请乙应赔偿之各项损害及其数额是否允洽,我们分别说明如下:

(1) 医疗费部分:治疗之必要费用,应由乙赔偿甲。

(2) 额外增加之生活必需之支出部分。甲另外支出拐杖、看护费交通费,从甲所受伤害情形观之,甲受伤部位确实造成其行动困难,故此部分之支出亦属必要费用,自应由乙负责。

(3) 工作损害减少收入部分。甲主张自受伤后不能工作,但甲在受伤前同时任职于A、B、C、D 4家公司,后来收入锐减,这部分乙也应该负责,只是甲的工作原无固定薪资,而是以抽取佣金的方式为主,因此在具体审理时,通常会被作较不利的认定。

非财产上损害赔偿之精神慰抚金部分:在本案中甲主张:"她在受伤后,犹如一朝晴天霹雳,一切都改观了,于疗养期间不能活动固毋庸论,即便是疗养期间已拔出钢钉、钢板先告一段落,但仍是留下严重之后遗症,即甲从此之后不能跑、跳、不能久蹲、不能久站、不能登山、不能健行,甚至连高跟鞋都不能穿,冬天骨折之处会酸痛,甲被迫只好放弃所喜爱的运动。又且甲于疗养期间因缺乏运动之故,造成体重直线上升之现象,从受伤前的58kg到现在的76kg,目前还在持续上升中;腰围从94cm扩增到120cm,臀围从104cm扩增到220cm,尚无停止增广之迹象。这样的发胖结果,使得甲许多所费不赀之名牌衬衫、套装,因尺寸相形变小而穿不下,只好珍藏在衣柜里作为古董,因为过去曼妙的身材今生极可能恢复无望。盖减肥的良方是饮食控制加上足够的运动,缺一不可,而甲受伤后已然无法做到后者,所以不敢奢想减肥之美梦,只求不再增加。而肥胖之后所带来的生活不便与健康威胁(胖子多病)倒是其次,最令甲无法忍受的是,众人异样的眼光,因为每一位熟识的朋友在甲受伤变胖后见面时,都会惊讶于甲外形的改变,而投以同情的眼光,用怜悯的口吻来安慰甲,甲曾几何时也沦落到这种境遇,着实令人难堪!也因为甲变胖再加上不能运动,导致体能变差、活动力变弱,甲的社会人脉光环迅速消退,自信心不再有,甲变得有点自卑,削弱了接触人群的意愿,连带地影响到工作表现,一想到可能就要如此隐避地度过一生,为此甲心理上感到极度痛苦。"在本案中法院依据实际情况及两造之身份、地位、财产资力、受伤程度等情事,对甲的请求作适当的斟酌,其金额高于冰淇淋案的判决。

因为乙所经营者系属于餐饮业,则属提供多数消费者餐饮服务之企业经营者,甲则系前往用餐之消费者,乙系负有提供安全消费服务义务之企业经营者,甲因前往消费在被告所提供之场所而受害,已如前所述,其提起本件诉讼,自属消费诉讼,而应有"消保法"第51条、第7条第1项、第3项规定之适用,乙在所提供消费之场所未能保持餐厅地面之干燥致甲滑倒受伤,自有过失,依前揭规定,甲自得请求被告给付损害额1倍以下之惩罚性赔偿金,在本案中法院认为以损害额1/2倍范围为合理,超过此部分之请求,不应准许。

# 第六编　商　事　法

# 劳动能力丧失与慰抚金的调整补充机能

——"最高法院"2004年台上字第1489号民事裁判评释

陈聪富*

## 基本案情

被害人甲搭乘加害人乙驾驶之自用小客车，乙于行经闪光红灯之交叉路口时，未暂停让干道车先行。另一位加害人丙驾驶之自用小客车，未注意车前状况，两车因而发生碰撞。被害人甲头部受伤，右眼失明，起诉请求加害人连带负责赔偿减少劳动能力损失266万余元及精神慰抚金32万元。

## 裁判要旨

（一）原审法院判决

关于被害人请求减少劳动能力之损失部分，"依现今学说上所采之所得丧失说，认为损害赔偿制度之目的，在于填补被害人实际所生损害，故被害人纵然丧失或减少劳动能力，但如未发生实际损害，或伤害前与伤害后之收入并无差异，自不得请求加害人赔偿。至于因有无工作或许容有差异，非无弥补之道，有赖精神慰抚金以为审酌，应认为此说较公平合理"。据此，原审法院认为，被害人担任保安警察，承认其目前未丧失工作，且收入尚属正常并未减少，虽因本件事故致受重大伤害，然因无实际损害，自不能请求减少劳动能力之损害。

（二）"最高法院"判决

"最高法院"关于本案，作成两项重要意见：

1. 按"民法"第193条第1项规定，不法侵害他人之身体或健康者，对于被害人因此丧失或减少劳动能力，或增加生活上之需要时，应负损害赔偿责任。是被害人身体或健康受侵害，致丧失或减少劳动能力，其本身即为损害。此因劳动能力减少所生之损害，不以实际已发生者为限，即将来之收益，因劳动能力减少之结果而不能获致者，被害人亦得请求赔偿。其损害金额，应就被害人受侵害前之身体健康状态、教育程度、专门技能、社会经验等方面酌定之。至于个人实际所得额，则仅得作为评价劳动能力损害程度参考，不得因薪资未减少即谓无损害。原审既认为上诉人右眼失明，自本件事故受重伤之日起，其劳动能力确有减少，依"劳工保险条例"第53条附表所列残废等级属于第八级，乃未遑就上诉人受伤害前之身体健康状态、教育程度、专门技能、社会经验及于受伤后将来可能减少之收益等方面，详加调查审认，以酌定其减少劳动能力应受赔偿金额，而仅以上诉人受伤前后之薪资为衡量，遽认为上诉人无损害发生，而为上诉人不利之判断，已有未洽。

2. 被害人身体或健康受侵害，本得依"民法"第193条第1项请求丧失或减少劳动能力之损害及依第195条规定请求非财产上之损害，两者并行不悖，非仅得择一请求。原审谓得以慰抚金审酌取代，而排除上诉人减少劳动能力减少之损害赔偿请求，亦属可议。

---

\* 台湾大学法律学院副教授。

### 学理研究

一、劳动能力减少之损害赔偿

"民法"第193条第1项规定,不法侵害他人之身体或健康者,对于被害人因此丧失或减少劳动能力,应负损害赔偿责任。所谓丧失或减少劳动能力,系指被害人职业上工作能力全部或一部分灭失,因而导致将来之工作收益有所减少之损害。将来工作收益之损害,属于被害人受害之所失利益,亦即因为损害事故,被害人应增加而未增加之财产损害。

关于丧失或减少劳动能力之损害,法院实务上,一般区分为"损害事故发生后,至被害人受害症状固定时,由于无法工作,被害人对于工作薪资无法取得之损害",以及"被害人受害症状固定后,至其预计退休年龄(65岁)前,被害人预计可以获取之薪资所得,因而无法获取之损害"。对于第一项损害之赔偿,通常系以被害人于受害时,实际工作之所得数额,作为计算损害之数额。例如,被害人于损害事故发生时,在工厂工作,每月工资4万元。因受伤住院2个月,其损害即为8万元。

至于第二项损害,即以被害人之伤势治疗完毕后,恢复工作,或确定无法恢复工作时,导致工作收入减少之损害。以被害人原本之工作能力所能获得之薪资所得,扣减恢复工作后之薪资所得(或完全无法工作之零收入),乘以残余之工作年数,作为损害之总额〔亦即,将来劳动能力之所失利益 = (事故发生时之年收入 − 事故发生后之年收入) × (预计退休年龄 − 症状固定时之年龄)〕。例如,被害人受损害时50岁,原本工作所得每月为4万元。由于车祸受伤导致中度残障,丧失劳动能力50%,受伤后恢复工作之月收入仅为2万元。被害人得请求劳动能力减损之赔偿为360万元〔即(40 000元 − 20 000元) × 12月 × (65岁 − 50岁) = 360万元〕。①

关于计算劳动能力减少或丧失之损害赔偿,有疑问者为,若被害人于事故发生时,并无职业,无工作收入;或被害人于受害时,虽有职业及工作收入,但于损害事故发生后,劳动能力减损,而雇主仍继续给付相同工资时,被害人能否请求劳动能力丧失或减少之损害赔偿?此项问题,涉及劳动能力丧失之损害的本质,学说上有二说。

(一) 所得丧失说

主张"所得丧失说"者认为,被害人由于损害事故发生,导致劳动所得丧失,或对原本能取得之劳动所得,所具有之期待利益丧失,即为被害人之所失利益,而构成劳动能力丧失之损害。此说乃依据传统损害概念,采取差额说之见解,认为所谓损害,系指损害事故发生前后,被害人利益状态之差额,所形成之损害。② 本案原审法院认为:"被害人纵然丧失或减少劳动能力,但如未发生实际损害,或伤害前与伤害后之收入并无差异,自不得请求加害人赔偿。"即采所得丧失说之结果。

---

① 例如,在台北地方法院2004年重诉字第1081号民事判决,关于汽车交通事故致原告遭受伤害案件,法院对于劳动能力损失之赔偿,其计算方法如下:(1) 原告于住院期间无法工作,故住院126日,共计损失工作收入66 528元。(2) 原告出院后减损工作收入,应以原告第九级残障(劳动能力减损53.83%)计算减损收入,故每年减损收入102 320元〔15 840(最低月平均工资) × 12(月) × 53.83% = 102 320〕。原告系1968年11月7日出生,于2003年4月25日出院时,已年满34岁又5个月,计至60岁退休时尚有25年又7个月,以霍夫曼公式扣除中间利息后为1 714 779元〔(102 320 × 16.499 726 = 1 688 252) + (102 320 × 7 / 12 × 0.444444 = 26 527) = 1 714 779〕。加上住院期间的工作损失,合计为1 781 307元。

② 参见〔日〕山口成树:《人身损害赔偿と逸失利益》(总论),载《新现代损害赔偿法讲座》1998年第6卷,淡路刚久编,第167—168页;曾隆兴:《详解损害赔偿法》,台北三民书局2003年版,第295页。

应注意者为，日本实务界及通说，虽然采取所得丧失说，但在实际运用时，对于被害人于事故发生时并无劳动收入者，并非拒绝赔偿，而是依据受害人之劳动能力丧失比率，预测未来就业时可能取得之所得，而计算劳动能力减损之所失利益。对于幼童受害，则依据一般平均工资，计算丧失所得。换言之，在所得丧失说下，无业或幼童之被害人，并非不得请求劳动丧失之损害赔偿。③

## (二) 劳动能力丧失说

采取"劳动能力丧失说"者，放弃对于未来所得丧失之预测，而对被害人之损害，求之于实际发生之损失。此说将劳动力予以商品化，劳动力被视为资本财，而予以评价，因而将劳动能力丧失本身，作为财产损害。传统差额说对于将来可能获得之工作收入，视为所失利益。然而在劳动能力丧失说，劳动能力丧失本身，即为损害，且为积极损害，而非所失利益之消极损害。至于将来可能获得之工作收入，或平均工资之统计数据，仅为对劳动能力丧失所为金钱评价的参考数据而已。④

美国法院采取劳动能力丧失说，在 Richmond v. Zimbrick Logging, Inc. 一案⑤，被害人为家庭主妇，被卡车撞伤，请求劳动能力丧失之损害赔偿。法院判决："原告无须证明其过去曾经工作或将来有意工作，俄勒冈州与其他各州法院相同，认为一个人劳动能力受损害，系与所得丧失不同之伤害。在决定过去或未来劳动能力之损失，非依据原告是否选择工作；被害人对于'谋生能力'之丧失，即可请求赔偿，无论被害人是否选择运用其谋生能力。"换言之，被害人请求未来所得丧失之赔偿，并非取决于被害人受伤前后之所得差异，而在于受伤前后，被害人谋生能力之差异。⑥

本案"最高法院"亦采劳动能力丧失说，认为："被害人身体或健康受侵害，致丧失或减少劳动能力，其本身即为损害。此因劳动能力减少所生之损害，不以实际已发生者为限，即将来之收益，因劳动能力减少之结果而不能获致者，被害人亦得请求赔偿。……至于个人实际所得额，则仅得作为评价劳动能力损害程度参考，不得因薪资未减少所谓无损害。""最高法院"2003 年台上字第 1626 号判决，对于家庭主妇丧失劳动能力之赔偿，与美国法院采取相同见解，认为："甲(被害人)生前并未就业，虽无现实收入之具体资料可资审认，惟酌现今家庭中，若无家庭主妇为煮饭、洗衣、清扫、看家、购物、育婴等家务工作时，须另雇用人代劳，故甲于家中处理家务及照顾孙儿之劳动能力，不妨以另雇一佣人代劳而支出之报酬予以评价。"

劳动能力丧失说系基于劳动力商品化的经济理论，在法律规范上，扩张财产损害概念之结果。在日本学界，对于劳动能力丧失说之主要批评有二：(1) 受害者为幼儿时，实际上并无劳动能力，幼儿之劳动能力必需成长之后，始能取得。但劳动能力丧失说却认为，受害之幼儿受有"劳动能力丧失"之积极损害，显然与事实不符。(2) 对于无业之受害人，尤其是自愿无业者而言，原本即不行使劳动能力，劳动能力并非一项资财，即便丧失劳动能力，亦非损害。从而，劳动能力丧失说将劳动能力视为一种资财(财产)，与无业之受害人之案例并不相符。⑦ 因而，日本学说及实务，对于劳动能力减损之损害，主要仍然采取所得丧失说。

---

③ 参见[日]山口成树，注②文，第 168—169 页。
④ 参见[日]山口成树，注②文，第 170—171 页；曾隆兴，注②书，296 页。
⑤ 863 P. 2d 520 (Or. Ct. App. 1993). See ARTHUR BEST & DAVID BARNES, BASIC TORT LAW: CASES, STATUTES, AND PROBLEMS, 599 (New York: Aspen, 2003).
⑥ Moody v. Blanchard Place Apartments, 793 S. 2d 281 (La. Ct. App. 2001).
⑦ 参见[日]山口成树，注②文，第 172 页。

然而，对于人身侵害之损害概念，"最高法院"近来已不采传统之差额说之观念，而以具体损害说作为损害认定之依据。换言之，"最高法院"认为，人身健康受害或死亡本身，即为损害赔偿之对象。在被害人之扶养权利受侵害时，扶养权利受害本身，即为损害。⑧ 本案"最高法院"贯彻劳动能力丧失说之见解，从而无论无业者或幼儿受害，均得请求劳动能力丧失之损害赔偿。纵使损害事故发生后，工作薪资并无减少，只需劳动能力确有减少，即可请求损害赔偿，与"最高法院"在其他案件，对于损害概念之认定相符。

日本学说认为，在被害人工作收入并未减少之案例，依据所得丧失说，加害人无须赔偿。至于劳动能力丧失，对于现在之所得并无影响；但对于未来所得可能发生影响者，依据所得丧失说，仍应予以赔偿。⑨ 据此，所得丧失说及劳动能力丧失说之主要争执在于，对于目前工作所得并无影响之劳动能力丧失，被害人得否请求损害赔偿。此项争议，最终归结于"损害"的定义问题。本文采取规范的损害概念说⑩，认为损害赔偿请求权之机能，已由损害填补之目的，转为权利保护，甚至被害人不法行为之制裁。损害赔偿请求权之成立，无论被害人实际上是否发生损害，甚至实际上并无利益丧失，仅需其权利受害、或法律地位受侵害，均得请求损害赔偿。从而损害赔偿成为权利保护的手段，而非以恢复原状为目的。因而"最高法院"所采之劳能力丧失说，应属可采。

## 二、慰抚金之调整补充功能

慰抚金之功能，一般认为，具有损害填补、制裁不法行为及慰抚满足之功能。⑪ 值得注意者为，日本实务关于慰抚金之调整补充功能的发展。日本判例及通说认为，慰抚金数额之决定，乃法院斟酌案件之各种情事，所为自由裁量之结果。日本实务上于昭和三〇年代后半期开始认为，在财产上损害确实存在，但关于数额多寡举证困难时，法院得以慰抚金之数额调整补充之，此即为慰抚金之调整补充功能。

日本实务界认为，在被害人请求损害赔偿时，若法院超越请求损害赔偿之总额而为判决，固然违反诉讼法上之处分权主义，而不被允许。但只要在请求意旨之范围内，对于损害的各个项目，即使超越当事人主张之数额，法院仍然得以判决。亦即法院在请求损害赔偿之总额范围内，各个细项之间，得以互相流用。

在日本关于损害赔偿诉讼之法律制度下，法官只有两项自由裁量之余地：(1) 过失相抵、(2) 即为慰抚金之判断。法官依据自由裁量决定慰抚金数额之际，试图作成具体妥当之判决，因而努力扩大慰抚金之适用范围，毋宁是必然的过程。其结果为，法官之自由裁量，以"慰抚金的补充机能"之名而作成裁判。

慰抚金之补充机能，建立于东京地方法院昭和四十二年10月18日民事判决一案。该案原告在路上搭乘汽车之际，被运送货物之卡车撞击而受伤，而请求损害赔偿。法院判决：(1) 基于身体伤害之损害赔偿请求权为一个请求权，因而所失利益、慰抚金及其他费用之主张，均可视为一个整体之请求权。(2) 关于慰抚金之计算，法院不受当事人主张之拘束，而依据自由心证决定其数额。(3) 对于慰抚金及其他损害赔偿金额，法院判决之总额超越原告请求之总额，亦不抵触

---

⑧ 关于人身侵害的损害概念，参见陈聪富：《人身侵害的损害概念》，发表于民法基金会与台北律师公会合办"民法学术研讨会"，2005年2月26日（预计投稿于台大法学论丛）。
⑨ 参见注②文。
⑩ 关于规范的损害概念，参见陈聪富，注⑧文。
⑪ 关于慰抚金之本质与功能，参见王泽鉴：《慰抚金》，载《民法学说与判例研究》（第二册），第266—273页。

《日本民事诉讼法》第 186 条规定之处分权主义。⑫

在本案判决后,下级审法院在伤害损害赔偿之案件,在请求总额之范围内,均容许超越当事人主张之数额,而为慰抚金之判决。其后,日本最高法院于 1973 年 4 月 5 日民事判决,承认慰抚金之调整补充机能。日本最高法院谓:"基于同一事故所生之同一身体伤害,以此为理由,请求之财产上损害与精神上损害,其原因事实及被侵害之利益属于共通事物,因而系一个赔偿请求权。即使在诉讼上合并请求二者之赔偿,仍然可以解为一个诉讼标的。"⑬据此,学说认为,以往将财产上损害与抚慰金,认为是个别法律要件所生之个别的法律效果,并非实在。财产上损害赔偿请求权与慰抚金请求权,均为《日本民法典》第 709 条(相当于"民法"第 184 条第 1 项前段)规定之损害赔偿请求权,本质上为同一个赔偿请求权。⑭ 日本实务界关于慰抚金之调整补充机能,经由日本最高法院的判决而加以确定。

慰抚金是否应具有调整补充机能,日本四宫和夫教授认为,不宜全然采取肯定之立场,而应区分损害类型,探求慰抚金之调整补充机能⑮:

(1) 对于财产上损害举证困难之案件,实务上可以采取财产上损害计算抽象化之方式,即可处理依据具体损害计算所生评价困难的问题。再者,对于财产上损害,只需放宽财产损害之证明度,仍然可以达成相同目的,无须以慰抚金补充财产上损害赔偿之不足。

(2) 本质上为财产上损害,但无法以财产上损害计算的事项,得以慰抚金的补充机能救济之。例如:① 被害人受伤后,后遗症所生之病症,在现代医学上无法手术时,即无法依据治疗费用计算损害,仅得以提高慰抚金的方式赔偿。② 被害人生殖能力丧失,无法生育子女时,应认为系对于扶养利益之侵害,只能以慰抚金赔偿之。③ 被害人基于诚信原则之要求,而采取损害减轻措施时。例如,被告失火,引燃被害人房屋,被害人为担忧生命危险,尽力救火,而避免房屋全毁时,被害人投入之劳动力,仅能视为非财产上损害,而以慰抚金赔偿。④ 加害人弄乱被害人业已整理就绪之小纸片,而无法以工钱计算恢复原状时,只能以慰抚金赔偿。

(3) 对于所失利益,依据传统计算方式无法获得公正妥当之结果时,就无法赔偿之部分,得以慰抚金补充。例如,8 岁女孩因交通事故死亡之案例,依据女子劳动者平均工资及相当于家事劳动之报酬,计算所失利益时,与男子工资显不相当部分,于慰抚金计算时,应予以考虑。

(4) 财产上损害与精神上损害密切相关,又难以举证时,因为与精神损害无法区分,所以得于慰抚金计算赔偿之。例如,法人之名誉毁损案件,日本法院承认精神痛苦以外之"无形损害"之赔偿。此项损害,无非系指法人名誉受损后,导致会员减少,而发生财产上损害。此种财产上损害与非财产上难以区分,证明上亦有困难。此种与非财产上损害密切相关之财产上损害,即为"无形损害",而应以慰抚金赔偿。⑯

(5) 在财产上损害之全部或一部分,系不可归责于被害人之事由而发生,但却计算困难时,

---

⑫ 东京地方裁判所 1967 年 10 月 18 日判决(载《下民集》第 18 卷 9.10 号第 1017 页)。参见[日]斋藤修:《慰谢料に关する诸问题》,淡路刚久编:《新现代损害赔偿法讲座》,日本评论社出版,第 6 卷,第 223—224 页;斋藤修:《慰谢料额の决定》,载时田喜久夫、西原道雄、高木喜多男还历纪念论文集《损害赔偿法の之课题と展望》,日本评论社 1992 年版,第 323 页。

⑬ 日本最高法院 1973 年 4 月 5 日民事判决(民集 27 卷 3 号,429 页),引自斋藤修,慰谢料决定(注⑫文),第 324 页。

⑭ 参见[日]岩村弘雄:《损害赔偿请求の诉讼物》(1),载《判夕》第 212 号,第 267 页。

⑮ 此下论述,参见四宫和夫:《不法行为》,青林书院 1985 年版,第 596—598 页。

⑯ 参见[日]四宫和夫,注⑮[日]书,第 593—594 页。

若仅因证明困难,即不予救济,显然与侵权行为制度所欲达成之损害公平分配目的,有所相违。在此情况下,无法请求赔偿之情事本身,既来自于可归责于加害人之事由,则无法请求赔偿之事实,即对被害人造成精神痛苦,而得转换为慰抚金赔偿。

四宫教授之论述,试图修正日本实务之见解,但非全然否认慰抚金之补充机能。尤其上开第五类型之慰抚金补充机能,与第一类型并无重大不同。盖可归责于加害人之事由之财产上损害确实存在,而难以举证者,纵使放宽证明程度,仍然无济于事。此时被害人无法请求赔偿,即构成被害人之精神痛苦,系将财产上损害,转化为非财产上损害,而以慰抚金赔偿之,充分展现慰抚金补充机能的作用。

关于劳动能力丧失与慰抚金数额量定二者之关联性,"最高法院"2004 年台上字第 1489 号民事判决之原审法院认为,得以慰抚金方式审酌劳动能力丧失之损害。日本实务在东京高等裁判所昭和五十五年 11 月 25 日民事判决,关于 8 岁女孩受害请求未来劳动能力减少及慰抚金之损害赔偿,法院判决:"本件事故之原因,系加害人即汽车驾驶人一方之过失(几近于故意)所致。台湾对于将来显著的劳动工资上升及货币价值下降的幅度,均应加以预测,为公知之事实。以现在平均工资数额为基础,依据赖布律兹计算法及民法所定之利率,扣除中间利息所得之所失利益现值,通常极为有限。对于女子收入的预测,系以下列事实为前提:女子与男子的收入具有显著差异的目前状态,在未来仍会长期继续存在。此项前提,未必妥当。尤其在儿童死亡而计算损害时,承认男女将来收入的差异,原本即缺乏合理性。……有鉴于此,上述各点在计算慰抚金数额时予以考虑,应属适当。"⑰换言之,以平均工资为基础,计算劳动能力丧失之所失利益,对于男女被害人具有差异,并非合理,在决定慰抚金数额时,法院对于劳动能力丧失之所失利益,赔偿不足部分,应由慰抚金补充之。⑱

英国法院在 Smith V. Central Asbestos Co. Ltd. 一案⑲,多数受害人感染轻重不同程度之尘肺症,某些被害人完全丧失劳动能力,某些被害人仅部分减少劳动能力。法院判决,部分减少劳动能力之被害人获得之慰抚金,高于完全丧失劳动能力之被害人。其理由为:对于未来劳动能力丧失,已获得全部赔偿之被害人,得使用该金钱从事其他轻型工作,或全然无须工作,而使其精神痛苦获得舒缓,因而其非财产上损害赔偿数额应予降低。换言之,劳动能力丧失之损害赔偿,与慰抚金之赔偿数额,具有消长关系。前者赔偿愈多,后者赔偿愈少⑳,基本上与日本法院之见解相似。

### 结论性观点

在"最高法院"2004 年台上字第 1489 号民事判决,原审法院认为:"至于因有无工作或许容有差异,非无弥补之道,有赖精神慰抚金以为审酌,应认(所得丧失说)较公平合理。"具有两项意

---

⑰ 日本东京高等裁判所 1980 年 11 月 25 日民事判决(判时 990 号,第 191 页)。引自[日]斋藤修:《慰谢料决定》(注⑫文),第 324—325 页。

⑱ 此外,日本一些地方法院认为,被害人因受害导致脸部受损而变丑者,因劳动能力并无丧失,而不得请求所失利益之赔偿。但在决定慰抚金数额时,则增加其赔偿数额。对于被害人受害后导致后遗症,无法确定其所失利益时,亦提高慰抚金数额赔偿之。参见[日]斋藤修,慰谢料问题(注⑫文),第 224 页。

⑲ [1972] 1 QB 244 (CA),cited in HAROLD LUNTZ, ASSESSMENT OF DAMAGES FOR PERSONAL INJURY AND DEATH, at 53 (2nd ed.,1983)。

⑳ 本案英国法院之见解,为英国法律委员会(Law Commission)所不采。英国法律委员会认为,劳动能力丧失之损害与"舒适生活丧失"之非财产上赔偿,系属二事,应分别评价,二者并无互为消长之关系。LUNTZ, supra note 19, at 53-54.

涵：① 原审法院对于劳动能力减少之损害赔偿，采取日本实务所采之"所得丧失说"；② 由于采取所得丧失说，在被害人无实际损害发生时，无法向加害人请求损害赔偿，因而再采取日本实务对于慰抚金所采之调整补充机能，借以补偿赔偿不足之数额。换言之，本案原审法院对于上开两项问题，均采取日本实务之见解。

然而"最高法院"对于上述两项问题，采取全然不同之立场："原审谓得以慰抚金审酌取代，而排除上诉人减少劳动能力减少之损害赔偿请求，亦属可议。"本项判决之意义为：① 关于劳动能力减少或丧失之损害，"最高法院"采取"劳动能力丧失说"，即便未发生实际损害，基于劳动能力丧失之事实，被害人即可请求损害赔偿。② 由于被害人得依据劳动能力丧失本身，请求损害赔偿，因而无须依赖慰抚金作为补充之机制。"'民法'第 193 条第 1 项请求丧失或减少劳动能力之损害及依同法第 195 条规定请求非财产上之损害，两者并行不悖"，与英国法律委员会之意见相同。

本案原审法院与"最高法院"对于上述两项争议各执一词，原因在于原审法院全然采取日本实务之见解，而"最高法院"则对劳动能力减少之损害赔偿，采取日本学说及美国实务所采之"劳动能力丧失说"。值得再进一步研究者为，纵使对于劳动能力减少之损害赔偿，采取"劳动能力丧失说"，对于慰抚金之功能，是否即应否认其具有调整补充之机能？此项问题，涉及慰抚金之斟酌因素，及慰抚金金额与其他损害赔偿金额之消长关系，有赖于另文研究。所可肯定者为，在四宫教授所提出之各种不同类型之慰抚金补充功能案例，似乎已经确认，慰抚金对于被害人请求损害赔偿，的确具有调整补充之机能。

# 受雇人执行职务之行为

——评"最高法院"1997年台上字第1497号判决①

陈聪富*

### 基本案情

本案之原告 X1、X2、X3、X4 主张:渠等于被告 Y 证券公司开设账户,从事股票买卖。原告 X1 等人委托被告 Y 之助理营业员 A,于 1911 年 7 月买进股票后,未曾卖出,但遭 A 利用职务上之行为,盗卖渠等寄放于 A 处之股票,Y 并拓印其中一人之印鉴卡,盗领其银行存款,其后 A 即出国逃避。原告 X1 等人乃起诉请求被告 Y 连带负担损害赔偿责任。被告 Y 抗辩:伊并未受托保管股票、存折及印章,并严禁伊公司职员代客保管股票、存折、印章及代客操作,A 仅系助理营业员,不得接单买卖,原告私自委托 A 保管股票、存折、印章及代客操作,致被盗卖、盗领,系属 A 私人之侵权行为,与执行业务无关,伊不承担连带赔偿责任。纵伊应负连带赔偿责任,因原告与有过失,亦应减免赔偿金额。

原审法院认为,证券公司客户为自己交割方便,将股票、存折及印章交付营业员代为办理,此部分营业员之行为,系属其私自受客户委任之行为,并非执行公司职务上之行为,难认公司就此应与受雇人负连带赔偿责任。

### 裁判要旨

"最高法院"认为:查"民法"第 188 条第 1 项所谓受雇人因执行职务不法侵害他人之权利,不仅指受雇人因执行其所受命令,或委托之职务自体,或执行该职务所必要之行为,而不法侵害他人之权利者而言,即职务上予以机会之行为及与执行职务之时间或处所有密切关系之行为,在客观上足认为与其执行职务有关,而不法侵害他人之权利者,就令其系为自己利益所为,亦应包括在内。被上诉人 Y 雇用之 A 虽未受命代客保管股票、存折、印章及代客操作股票,惟其利用代客买卖股票之机会,在被上诉人营业场所及营业时间内私下代客户保管股票、存折、印章及代客操作股票,是否非属执行职务之范围,尚非无斟酌之余地。原审徒以 A 系私下从事未经被上诉人允许之行为,即认为与执行被上诉人工作之职务无关,进而为不利于上诉人之认定,并难昭折服。

### 学理研究

一、实务见解之发展与问题

本案涉及"民法"第 188 条关于雇用人连带责任之规定,受雇人之行为何时构成"执行职务"之行为,而令雇用人与受雇人连带负损害赔偿责任。理论上有雇用人意思说、受雇人意思说与客观说之区别,通说采客观说,认为是否执行职务,应以行为之外观为标准,苟行为之外观为执行职

---

\* 台湾大学法律学系助理教授。
① 参见《"最高法院"民事裁判书汇编》第 28 期,第 122—131 页。

务之范围,其范围为雇用人选任监督之范围,不问雇用人及受雇人之意思如何,均为执行职务。②"最高法院"判例,亦采客观说。1953 年台上字第 1224 号判例谓:"民法"第 188 条第 1 项所谓受雇人因执行职务不法侵害他人之权利,不仅指受雇人因执行其所受命令,或委托之职务自体,或执行该职务所必要之行为,而不法侵害他人之权利而言,即受雇人之行为,在客观上足认为与其执行职务有关,而不法侵害他人之权利者,就令其为自己利益所为,亦应包括在内。③

基于客观说之见解,执行职务之方法,不论合法或非法,均为职务上之行为。例如店伙诽谤同业,招揽顾客;门房阻止生人进入而加以殴打。④ "最高法院"更基于保护经济上弱者之立场,进一步认为,不仅受雇人职务上之行为或执行职务所必要之行为,不法侵害他人权利时,雇用人应负连带赔偿责任,就职务上予以机会之行为,亦属与执行职务相牵连之行为,雇用人亦应负责。"最高法院"1984 年台上字第 4580 号谓:"民法"第 188 条规定雇用人之责任,其立法精神重于保护经济上之弱者,增加被害人或得依法请求赔偿之第三人之求偿机会。观乎其设有举证责任转换及衡平责任之规定自明。是以受雇人之行为是否与其职务有关系,允宜从广义解释,以资符合。其所谓受雇人执行职务,不法侵害他人权利之行为,不仅指雇人职务范围内之行为而定,即与执行职务相连之行为,不法侵害他人权利者,亦应包括在内。职务上予以机会之行为,即属于与职务相牵连之行为。⑤ 据此,受雇人滥用职务之行为,例如邮政局职员开拆信件,抽换内容,邮局应负赔偿责任。⑥

"最高法院"近年来,进一步扩大执行职务行为之概念,认为职务上之行为、职务上予以机会之行为,及与执行职务之时间或处所有密切关系之行为,在客观上足以认为与其执行职务有关者,皆属执行职务之行为。⑦ 本案"最高法院"认为,被告 Y 雇用之助理营业员 A 虽未受命代客保管股票、存折、印章及代客操作股票,惟其利用代客买卖股票之机会,在被上诉人营业场所及营业时间内私下代客户保管股票、存折、印章及代客操作股票,应属执行职务之范围,即采此项见解。

"最高法院"对于执行职务之行为,采取广义解释,就保护被害人而言,固无可议,但"最高法院"之立场,并非一贯。在早期之案例,例如 1982 年台上字第 63 号谓:"陈春荣因嫌上诉人让道太慢,停车斥骂并出手殴打上诉人成伤,复故意倒车,以大货车车尾撞毁小货车车头,显非执行职务之行为,上诉人请求合记公司负雇用人之连带赔偿责任,自属不合。"本案陈某驾驶大货车系属职务上之行为,系为雇用人之利益而为之,纵使采取受雇人意思说,雇用人亦须负责。即如采取实务上一贯之客观说,其利用职务上之机会不法侵害他人,雇用人亦应负责。

---

② 参见史尚宽:《债法总论》,第 183 页;郑玉波:《民法债编总论》,第 184 页;孙森焱:《民法债编总论》,第 218 页。

③ 类似之见解,参见"最高法院"1992 年台上字第 1332 号判决。1987 年台上字第 839 号判决谓:"民法"第 188 条第 1 项前段所谓受雇人因执行职务不法侵害他人之权利,故非仅指受雇人因执行其职务,而不法侵害他人之权利者而言,即使受雇人所执行者非其职务范围内之行为,然在客观(外观)上足以认为与其执行职务有关,而不法侵害他人之权利者,亦包括在内。又 1981 年台上字第 1663 号判决谓:"本件上诉人所有之货车司机黄兆惠于回程时乘便揽货,依一般经验法则,在客观上足以认为与其执行职务有关,竟不法侵害被上诉人之权利,被上诉人据以诉求其雇用人之上诉人赔偿,即无不合。"

④ 参见王伯琦:《民法债编总论》,第 93 页;孙森焱,注②书,第 219 页。

⑤ 类似之见解,参见"最高法院"1990 年台上字第 2136 号判决、1990 年台上字第 2397 号判决、1996 年台上字第 1386 号判决。

⑥ 参见"最高法院"1929 年上字第 875 号判例。

⑦ 参见"最高法院"1994 年台上字第 844 号判决、1995 年台上字第 1125 号判决、1997 年台上字第 1497 号判决。

再者，就证券公司职员与客户发生侵权行为事件，"最高法院"基本上认为，证券公司职员利用代办交割之机会，致生损害客户之权益时，证券公司应负赔偿责任。⑧ 但客户基于私谊上之信任，借贷股票于证券公司职员，致该职员盗卖股票⑨；客户从事丙种垫款之股票交易，致质押之股票为证券公司职员侵占⑩；或业务人员代客户保管股票、印章。⑪ "最高法院"认为，丙种垫款股票交易或业务人员代客户保管有价证券，均系法令禁止之行为，因而非系执行证券公司营业人员职务之行为，与职务亦无牵连关系，证券公司毋庸负担雇用人之责任。本案（1997 年台上字第 1497号）认为被告 Y 雇用之助理营业员 A 利用代客买卖股票之机会，在被上诉人营业场所及营业时间内私下代客户保管股票、存折、印章及代客操作股票，应属执行职务之范围，显然变更先前"最高法院"之见解。

造成"最高法院"对受雇人"执行职务之行为"认定歧异之原因，实因"最高法院"揭示的"执行职务"之标准，有欠妥当之故。亦即，仅以"职务上之行为、职务上予以机会之行为，及与执行职务之时间或处所有密切关系之行为"作为认定执行职务之行为，实有未足。"职务上之行为"固属执行职务之行为，但"职务上予以机会之行为，及与执行职务之时间或处所有密切关系之行为"，则未必即为执行职务之行为。王伯琦氏于论述职务上予以机会之行为时，就滥用职务之行为，即认为受雇人之行为，需在善意第三人，有正当理由信其为执行职务时，其行为与职务间，始认为有关系。在执行职务时间或处所之行为，则需其行为非在执行职务之时间或处所不能发生者，始可认为系与职务有关。⑫ 换言之，并非所有职务上予以机会之行为，及与执行职务之时间或处所有密切关系之行为，雇用人均须负责，更应审究该行为是否与职务密切相关。

如何认定受雇人行为与职务具有关联性，王泽鉴教授提出"内在关联"之认定标准，认为"所谓职务范围，应指一切与雇用人所命执行之职务通常合理相关连之事项。此种事项，与雇用人所委办事务，既具有内在之关联，雇用人可得预见，事先可加防范，并得计算其损失于整个企业之内而设法分散"。⑬ 此说甚为类似美国法雇用人责任之见解，以下检讨之。

## 二、美国法上受雇人执行职务之认定

"民法"第 188 条雇用人责任，以受雇人选任监督有过失为负责之要件，性质上系属推定过失责任。⑭ 美国法上雇用人责任系属无过失责任，不论雇用人选任或监督受雇人职务之执行，是否具有过失，受雇人不法侵害他人之行为，雇用人均需负责。⑮

雇用人"替代"受雇人负责之理由，有人认为系因雇用人有权选任及控制受雇人，因而得以防止受雇人过失不法侵害他人。使雇用人对受雇人不法行为负责，雇用人将强化受雇人之注意程度，以免侵害他人。亦有人认为，雇用人责任乃着眼于雇用人较有资力，为保护被害人，使其得以

---

⑧ 参见 1992 年台上字第 768 号判决。
⑨ 参见 1992 年台上字第 768 号判决。
⑩ 参见 1997 年台上字第 807 号判决。
⑪ 参见 1992 年台上字第 1398 号判决、1997 年台上字第 1065 号判决。
⑫ 参见王伯琦：注④书，第 94 页。孙森焱，注①书，第 220 页同说。
⑬ 参见王泽鉴：《雇用人无过失侵权责任的建立》，载《民法学说与判例研究》（第一册），第 19 页。
⑭ 但实务上因尚无雇用人依"民法"第 188 条第 1 项规定，举证免责之案例，因而实际上雇用人对受雇人之侵权行为，实负无过失责任。参见王泽鉴：《侵权行为法》（第一册），第 16 页。
⑮ 在美国法，若雇用人雇用有不法前科记录之人员充当受雇人，而该职务常需与大众接触时，即被认为雇用人选任或监督受雇人具有过失，受雇人不法侵害他人之行为，即使非执行职务之行为，雇用人仍须负责。参见 Foster v. The Loft, Inc., 26 Mass. App. Ct. 289, 526 N.E.2d 1309 (1988)。

自"深口袋"(deep pocket)获取充分补偿。较为多数之见解认为,受雇人既为执行雇用人之工作,在执行职务中发生之危险,包括因过失侵害他人之危险,均为达成雇主之商业目的,系为雇主之利益而发生,因而使雇主负责,应属公平。盖若非受雇人执行职务,该职务亦将由雇用人执行。晚近见解则认为,受雇人责任系因雇用人得依责任保险与产品价格分散风险,将第三人受害之成本"内部化",作为市场参与者决定出售商品或服务价格之计算项目之一。⑯

关于雇用人何时须为受雇人之侵权行为负责,美国法院基本上以雇人执行"职务范围内"(within the scope of employment)之行为,雇用人始须负责。依据美国代理人法整编[Restatement (Second) of Agency]之规定,所谓"职务范围",系指(1)受雇人受雇执行之职务;(2)受雇人之行为主要发生于执行职务之时间及地点;(3)受雇人系为雇主提供服务而从事一定行为;(4)在受雇人以故意侵害行为加害他人时,该加害行为需为雇主可预期之行为。⑰

依据美国法院之判决,关于受雇人之侵权行为何时构成执行职务之行为,可依以下标准判断之:

(一)受雇人之行为在于增进雇用人之商业目的

在 Fruit v. Schreiner 一案,人身保险公司之业务员参加其雇用人举办之业务员大会。该公司鼓励被告与参加该大会之外州保险专家多接触,以学习卖保险的技巧。在第二天大会结束后,被告开车至酒店寻找外州同事时,未遇任何人而折返。途中,因过失撞伤原告。法院认为,被告开车前往酒店之行为,系为与外州保险专家进行社交活动,而该社交活动系保险公司鼓励被告从事之行为,因而该保险公司应负担雇用人责任。⑱

(二)受雇人之自己事务与雇用人之商业目的不妨并存(双重目的之行为):

在 Wilson v. Joma, Inc. 一案,被告为贩卖轮胎与加油服务之公司,其服务站管理员于中午休息时间,开车为其他员工至餐馆购买午餐时,不慎撞伤原告。被告抗辩该公司并无管理员应为其他员工购买午餐之规定,该管理员之行为亦非其职务上行为。法院认为,受雇人之主要动机在于从事自己事务或第三人事务时,其行为并非当然因而成为职务以外之行为。被告公司既要求所有员工应于上班时间吃午餐,该项规定系为顾客之方便而有利于被告公司,其管理员购买午餐之行为,即系为达成此项目的而为,而非仅系为自己或其他员工之行为,因而被告公司应负责任。⑲

(三)雇用人可得预期之行为

在 Riviello v. Waldron 一案,被告餐厅之厨师与该餐厅常客聊天,谈论街头犯罪问题时,该厨师拿出随身携带之小刀,表示作为防身之用。在厨师离开,服务其他顾客数分钟后,重新加入聊天时,手上仍持有该刀。在原告突然转身时,眼睛被该刀割伤。法院认为,受雇人之行为若系雇主可合理期待者,雇主即需负担赔偿责任。雇主不需对特定加害行为或受害事故之发生予以精确预期,只需对一般行为方式具有合理期待即可。纵使受雇人之行为非其职务上之行为,但一般

---

⑯ Joseph W. Glannon, The Law of Torts: Examples & Explanations, 374—375 (Aspen Publishers, Inc., 1995); Marc A. Franklin & Robert L. Rabin, Tort Law and Alternatives: Cases and Materials, 18-19 (New York: The Foundation Press, Inc., 6th ed., 1996).

⑰ Restatement (Second) of Agency sec. 228. 参见 Glannon, supranote 15, at 377。

⑱ 502 P. 2d 133 (Alaska, 1972). 参见 Prosser, Wade and Schwartz, Torts: Cases and Materials, 640-43 (New York: The Foundation Press, Inc., 9th ed., 1994)。

⑲ 537 A. 2d 187 (Del. 1988) 参见 Dominick Vetri, Tort Law and Practice, 349 (New York: Matthewk Bender, 1998)。

可合理期待者,雇用人即须负责。⑳

合理可期待之原则不仅适用于受雇人之过失行为,亦适用于受雇人之故意侵权行为。在 Ira S. Bushey & Sons, Inc. v. United States 一案,美国海岸警卫队船员于酒醉返回船舶途中,任意旋转控制水位之转盘,因而破坏原告之船坞。该船员之行为绝非达成海岸警卫之目的,但法院认为,船员在经过船坞时,有可能破坏船坞,乃可预见之行为。何况船员经常于上岸后,借酒消除寂寞,乃船员活动之特性。至于该船员之某项特定行为是否可预期,则无关紧要。因而,美国政府应负雇用人责任。㉑

（四）利用职务之行为

在 Mary M. v. City of Los Angeles 一案,被告市政府之警员于巡逻之际,拦阻原告,查验驾照及进行酒精测试。原告因酒醉,请求警员不要逮捕,该警员乃将原告载回原告住处,并要求贿赂。原告不从,拟逃离之际,被该警员追回,并强奸得逞。法院认为,雇用人是否应负责,决之于将受雇人之加害行为所生之损害,视为雇用人之商业成本,是否显然突兀而不合理。警察代表国家行使民主国家对人民最大与最危险之强制权力,此项权力具有滥用之可能性。由于社会整体因警察权力之使用而受到实质利益,因而此项权力滥用所生之成本,应由社会全体负担。㉒

值得注意的是,加州法院在另一件性侵害案件(Lisa M. v. Henry Mayo Newhall Memorial Hosp.)中,认为超声波医生对病患为性侵害,医院无须负担雇用人责任。其理由系,引起性侵害之情绪反应需确实可归咎于与工作有关的事件或条件时,雇用人始需对受雇人之性侵害负责。㉓

## 结论性观点

本案"最高法院"认为,被告 Y 雇用之营业员 A 利用代客买卖股票之机会,在营业场所及营业时间内,代客户保管股票、存折、印章及代客操作,"是否非属执行职务之范围,尚非无斟酌之余地",似认为被告应负雇用人责任。惟如前所述,单纯与执行职务之时间或处所有密切关系之行为,尚不足作为认定雇用人应为受雇人行为负责之标准,仍应审究受雇人之行为是否与雇用人委办之事务,具有"内在关联"。参酌美国法对雇用人责任之认定,本案营业员代客保管股票、存折、印章及代客操作之行为,若系因吸引客户至被告公司开户买卖股票之手段,虽营业员代客操作,自己因而获利,但仍不妨与增进雇用人之商业目的并存,应认为系"职务范围内"之行为。此外,营业员利用代客买卖股票之机会,在营业场所及营业时间内,代客户保管股票、存折、印章及代客操作,系属许多营业员代客买卖股票时常发生之事,应属被告公司可得预见之行为。犹有进者,本案被告因营业员之代客买卖股票,获有营业利益,营业员利用该机会加害第三人,所生之损失,内部化为雇用人之商业成本,尚未过苛。"最高法院"在本案变更先前裁判之见解,对"民法"第 188 条受雇人执行职务之行为,采取更广义之见解,包括营业员私下代客户保管股票、存折、印章及代客操作股票,结论上可资赞同,但理论依据应有补充之必要。

---

⑳ 47 N. Y. 2d 297,391 N. E. 2d 1278 (1979). 参见 Vetri, supra note 18, at 347-348。
㉑ 398 F. 2d 167 (United States Court of Appeals, Second Circuit, 1968).
㉒ 54 Cal. 3d 202,814 P. 2d 1341,285 Cal. Rptr. 99 (1991).
㉓ 12 Cal. 4th 291,48 Cal. Rptr. 2d 510,907 P. 2d 358 (1995).

# 脱法行为、消极信托及借名登记契约

——"最高法院"2005年台上字第362号民事判决评释

陈聪富*

## 基本案情

本案上诉人为被上诉人之母,从事国际贸易,"做生意,怕生意有问题,恐怕以后没有房子欠人家钱","做生意怕被查封,为了要预防,所以把系争房屋过户给被上诉人",因而与被上诉人签订"约定书"一份,内容为:"信托人:母亲许○雌,基于信托关系,将附表所示不动产,以赠与方式,移转登记为立约定书人苏○彬名义。立约定书人苏○彬未经母亲许○雌之同意,不得将附表所示不动产,予以买卖、出租、设定抵押权与第三人。母亲许○雌对附表所示不动产仍有使用及处分之权利。"

在诉讼中,上诉人主张:上诉人本于信托关系,将第一审判决附表所示之不动产,以赠与方式,移转登记为被上诉人名义,被上诉人并出具上诉人基于信托关系,将附表所示不动产,以赠与方式,移转登记为被上诉人名义之约定书,该约定书第3条并载明上诉人对附表所示不动产仍有使用及处分之权利,足见两造间有信托关系之存在。兹上诉人以起诉状缮本送达与被上诉人,为终止信托之意思表示,两造间信托关系业已消灭,且被上诉人无法律上之原因受有利益,致上诉人受有损害等情,爰依"信托法"第65条之规定、约定书第3条之约定及不当得利之法律关系,求为命被上诉人将如附表所示之不动产移转登记予上诉人之判决。

被上诉人则以:上诉人系以赠与为原因,于2001年6月间将系争不动产移转登记予被上诉人,两造间并无信托之约定,被上诉人因不愿违逆母亲,始于移转登记后之同年10月17日在温○凤律师所拟之约定书上签名、盖章,惟信托必有一定之目的,上诉人主张其信托目的为怕生意有问题,恐怕以后没有房子住,此与事先脱产以逃避债权人之追偿无异,显然违反信托之规定而不合法,故两造确无信托之意思,自不得以于事后签立之约定书而溯及既往之创造信托关系,两造间既无信托关系,而该赠与又非不法原因之给付,上诉人依"信托法"第65条之规定、约定书第3条之约定暨不当得利之法律关系请求,即属无据等语,资为抗辩。

## 裁判要旨

(一)原审判决

惟按称信托者,谓委托人将财产权移转或为其他处分,使受托人依信托本旨,为受益人之利益或为特定之目的,管理或处分信托财产之关系,"信托法"第1条亦有明文规定。因此,信托系指信托人为自己或第三人之利益,以特定财产为信托财产,将之移转予受托人,由受托人管理或处分,以达成一定经济上或社会上目的之行为,受托人不特仅就信托财产承受权利人之名义,且须就信托财产依信托契约所定内容为积极之管理或处分。倘信托人仅将其财产在名义上移转予受托人,受托人自始不负管理或处分义务,凡财产之管理、使用或处分悉仍由信托人自行为之时,

---

* 台湾大学法律学院副教授。

是为消极信托,除有确实之正当原因外,其助长脱法行为者,应难认其行为之合法性。经查,上诉人虽提出被上诉人所不争执之约定书,以证明两造间存有信托关系,惟该约定书所约定之内容,并未具有信托本旨之为上诉人或第三人之利益,以达成一定经济上或社会上的目的,且尚约定上诉人对系争不动产仍有使用及处分之权利,反之居于受托人地位之被上诉人,竟未约定其应如何积极负责管理或处分之义务,该约定显属消极信托,要与信托之规定及目的不符,即难认为适法有效,上诉人仅凭上开之约定书而主张两造间有信托关系存在,自有未合。又依上诉人自陈:信托登记之原因,系出于因恐经营生意致遭查封,故借用被上诉人名义登记,可见上诉人所主张之信托关系显为消极信托,且又系图事先脱产以避免债权人追偿之脱法行为,上诉主张两造间存有信托关系难认为合法有效。被上诉人辩称两造间并无信托关系,尚非无据。

(二)"最高法院"判决

唯按所谓脱法行为系指当事人为回避强行法规之适用,以迂回方法达成该强行法规所禁止之相同效果之行为而言。法律并无禁止父母将其不动产借用子女名义之强制规定,即难认为此借名登记系脱法行为。本件被上诉人并无证据证明上诉人系因生意失败而隐匿财产,则上诉人此项借用其子即被上诉人名义为系争不动产登记之行为,既未回避任何强行法规,能否谓系脱法行为,非无研求之余地。原审以两造间即使有信托法律关系存在,亦属脱法行为,而为上诉人不利之认定,尚嫌率断。

(三)法律争点

本案上诉人与被上诉人为母女关系,上诉人主张,其为预防生意失败,房屋被查封,乃与被上诉人签订信托契约之约定书一份,该约定书明白写明:二人为信托关系,而以赠与方式移转登记系争不动产。但被上诉人则抗辩,二人之间为单纯赠与关系,并非订立信托契约。因而上诉人不得终止信托契约,而请求返还房屋。

原审法院认为,信托契约之成立,必须当事人之间具有依信托本旨,为信托人或第三人之利益,达成一定经济上或社会上之目的。本件当事人之约定,居于受托人地位之被上诉人并无积极负责管理或处分之义务,性质上属于消极信托,且信托登记之原因,系图事先脱产,以避免债权人追偿之脱法行为,因而两造之信托契约应为无效。

"最高法院"则认为,本件上诉人借用其子之名义,所为不动产登记之行为,既未回避任何强行法规,难认为系属脱法行为,两造间之借名登记契约,尚有存在之可能。

据此,本件案例所涉法律问题有三:
(1) 当事人间之法律关系,究为赠与契约、信托契约或借名登记契约?
(2) 脱法行为之意义与效力为何?
(3) 消极信托与借名登记契约,如何区分?何时有效?

### 学理研究

一、信托行为与脱法行为

信托行为,指当事人为达成一定经济上之目的,在对外关系,将超过其目的之财产权移转予相对人,使其为权利人,但于内部关系,则约束相对人,使其仅在该经济目的之范围内,依据该行为之本旨,行使其权利之法律行为。[①] 信托行为,依据不同目的,可分为两类:

---

① 参见洪逊欣:《民法总则》,台北三民书局1981年版,第378页。

### (一) 担保信托

信托的让与担保(即担保信托),乃属权利移转型之担保物权,即债务人为担保其债务,将担保物所有权移转予债权人,而使债权人在不超过担保之目的范围内,取得担保物之所有权,债务人如不依约清偿债务时,债权人得依约定方法取偿,纵无约定,亦得径将担保物变卖或估价,而就该价金受清偿之法律行为。②

### (二) 管理信托

依据实务见解,管理信托,可分为两类:

(1) 积极信托

所谓积极信托,乃委托人为自己或第三人之利益,以一定财产为信托财产将之移转予受托人,由受托人管理或处分,以达成一定经济上或社会上之目的行为。受托人不特仅就信托财产承受权利人之名义,且须就信托财产依信托契约所定内容为积极管理或处分。

(2) 消极信托

当事人之法律行为,在形式上为信托关系,但如委托人仅以其财产在名义上移转予受托人,受托人自始不负管理或处分之义务,凡财产之管理、使用、或处分悉由委托人自行办理时,是为消极信托。除有确实之正当原因外,通常多属通谋而为之虚伪意思表示,极易助长脱法行为之形成,其行为不具合法性而无效。

管理信托行为,在实务上发生最为频繁者为,无自耕能力人购买农地时,因为无法登记为所有权人,而将土地登记予有自耕农身份之第三人。关于无自耕能力之人,购买农地之买卖契约与移转农地之物权行为,效力如何,"最高法院"1976 年第九次民庭庭推总会议决议谓:"土地法"第 30 条就私有农地所有权移转之物权行为所作之强制规定,关于约定负担移转该项土地所有权之债务之债权行为(如买卖、互易、赠与等契约),并不在限制之列,故约定出售私有农地于无自耕能力之人者,其所定之农地买卖契约(债权契约),尚不能认系违反强制规定,依"民法"第 71 条前段应属无效。惟此项买卖契约所约定之给付,既为移转私有农地之所有权予无自耕能力之人,属于违反强制规定之行为,即属法律上之给付不能,亦即客观的给付不能(自始不能),依"民法"第 246 条第 1 项规定以不能给付为契约标的者,其契约为无效。因之此项约定出售私有农地于无自耕能力之人之买卖契约,除有"民法"第 246 条第 1 项但书及第 2 项之情形外,其契约应属无效。③ 换言之,无自耕能力人购买农地之买卖契约及移转农地之物权行为,均为无效。

由于无自耕能力人购买农地之买卖契约无效,因而农地买受人经常以指定有自耕农身份之人为登记名义人,以规避修正前"土地法"第 30 条之适用。"最高法院"1984 年第五次民事庭会议决议:关于耕地之买卖,承买人虽系无自耕能力之人,惟如约定由承买人指定登记与任何有自耕能力之第三人,或具体约定登记与有自耕能力之特定第三人,即非"民法"第 246 条第 1 项以不能之给付为契约之标的,难认其契约为无效。又在立约当时承买人虽无自耕能力,而约定待承买人自己有自耕能力时方为移转登记,或约定该项耕地之所有权移转予无自耕能力之特定第三人,待该第三人有自耕能力时再为移转登记者,依同条项但书规定,其契约仍为有效。④

---

② 参见"最高法院"1981 年台上字第 104 号、1985 年台上字第 272 号、1990 年台上字第 1085 号、1991 年台上字第 1813 号民事判决。

③ 本则决议于 2003 年 5 月 13 日经"最高法院"2003 年第 8 次民事庭会议决议不再供参考。理由:"土地法"第 30 条已于 2000 年 1 月 26 日公布删除。

④ 同上注。

"最高法院"在上述决议中认为,在立约当时承买人虽无自耕能力,而约定该项耕地之所有权移转予无自耕能力之特定第三人,待该第三人有自耕能力时再为移转登记者,依"民法"第246条第1项但书规定,其契约仍为有效。换言之,农地买卖,约定登记予具有自耕农身份之特定第三人时,地主与买受人之农地买卖契约有效,而买受人与第三人之契约关系,则属管理信托行为,亦属有效。

此项见解,沿用甚久。但其后实务变更见解,认为无自耕能力人购买农地,登记予第三人名下,地主与买受人之农地买卖行为,系属脱法行为而无效。而买受人与第三人之行为,则与信托行为之要件不符,该信托行为亦为无效。

例如,在"最高法院"2004年台上字第919号民事判决,原审法院认为:按农地之买卖,承买人虽系无自耕能力之人,惟如约定由承买人指定登记与任何有自耕能力之第三人,或具体约定登记予有自耕能力之特定第三人,即非"民法"第246条第1项所定以不能之给付为契约之标的,固难认其契约为无效。惟若购买农地之承买人并无自耕能力,依"土地法"第30条第1项规定,本不得取得农地所有权,竟借用第三人名义办理所有权移转登记,间接取得农地所有权,以逃避上开法律之限制,应属脱法行为,自无加以保护之必要,仍应认为该买卖农地契约为无效。又,信托契约之受托人不仅就信托财产承受权利人之名义,且须就信托财产,依信托契约所定内容为积极的管理或处分。并非将自己之财产,以他人名义登记时,双方之间当然即有信托关系存在。本件杨○仁及邱○祥购买系争土地,名义上登记予被上诉人名义,上诉人并未主张及证明被上诉人对于系争土地负有管理、处分之权利,自与信托契约之要件不符。

本件原审法院认为,购买农地之买受人与地主间之买卖契约,因脱法行为而无效,且买受人与指定登记名义人之间,不成立信托关系。但后二者之间,究为何种法律关系,原审未予探究。"最高法院"则认为:按旧"土地法"第30条系就私有农地所有权移转之物权行为所作之强制规定,约定负担移转该农地所有权之债权行为(如买卖),并不在限制之内,以故,关于农地之买卖,承买人虽系无自耕能力之人,如约定由承买人指定登记与任何有自耕能力之第三人,或具体约定登记予有自耕能力之特定第三人,即非"民法"第246条第1项所称以不能给付为契约标的,难认其契约为无效,为本院向来持之见解。又"借名登记予信托法公布施行前之信托行为,二者要件,并不相同,倘杨○仁及邱○祥二人仅系借用被上诉人作为登记名义人,并无移转所有权之意思,法律又无禁止借用他人名义为不动产登记,则杨○仁及邱○祥二人与被上诉人间有无成立借名之无名契约,可否认为杨○仁及邱○祥二人不得本于债之关系对被上诉人为请求,即非无研酌之余地。"易言之,"最高法院"在本案认为,农地买卖,约定登记予有自耕能力之特定第三人者,买卖契约仍为有效。且买受人与第三人间之法律关系,并非信托行为,而系借名登记之无名契约,依据契约自由原则,亦属有效。

然而,"最高法院"其后再度变更见解,认为农地买卖之买受人与登记名义人之间的契约关系,无论解为信托行为或借名登记契约,均属脱法行为而无效;农地买卖契约本身,亦属脱法行为而无效。例如,在"最高法院"2005年台上字第907号民事判决认为,农地买受人将农地登记予第三人,两造间对于系争土地究系何人占有使用,亦有所争执,显见两造间对于系争土地应如何积极管理、使用或处分,并无约定,殊与信托之要件不合,究仅有消极信托关系存在。……其本身无自耕能力,依修正前"土地法"第30条第1项规定,不能受让系争……土地,为规避上开法律之限制,始以被上诉人名义与第三人诉外人……签订系争……买卖契约书,并以被上诉人为系争……土地所有权……之登记名义人,两造间之消极信托乃为脱法行为而无效。又,本件两造间既有以被上诉人名义办系争土地所有权移转登记之合意,是两造间所成立者,应仅系单纯借名登记之无名契约,惟亦在规避修正前"土地法"第 30 条第 1 项之规定,仍属脱法行为,自无加以保护之必要,仍应认系争……土地所有权……之买卖契约为无效。

综合上述实务见解可知,早期法院认为,关于无自耕能力人之农地买卖契约,在地主与买受人之间依据"民法"第 246 条规定而无效,但若约定登记予有自耕能力之特定第三人时,则为有效。其后法院认为,农地买卖契约约定登记予第三人者,买受人与第三人之约定,系属借名登记之无名契约,法律上有效,且农地买卖契约本身,亦属有效。最后法院认为,买受人与第三人之约定,无论为消极信托契约或借名登记之无名契约,均属脱法行为而无效;且农地买卖契约本身,亦属脱法行为而无效。

有疑问者为,消极信托契约、借名登记之无名契约,及农地买卖契约,何以均属脱法行为而无效?最根本的问题在于,脱法行为何以无效?脱法行为可否作为法律行为无效的法律基础?

## 二、脱法行为之概念

所谓脱法行为,系指当事人为回避强行法规之适用,以迂回方法达成该强行法规所禁止之相同效果之行为而言。罗马法谚谓:"从事法律所禁止者,系违反法律;虽不违反法律之文字,但迂回法律趣旨者,乃脱法行为。"[5]

脱法行为系当事人为避免直接违反法律强行或禁止规定的效果,借由法律行为自由之原则,订立其他法律行为,间接迂回规避强行法规之适用,而达成法律原本所不容许之效果。实质上当事人所违反者,系法律之强行法规,依据"民法"第 71 条,法律行为违反法律强行规定者,无效。从而,"脱法行为,在法律评价上,应本于其实质上目的之所在,认定其亦为违反强行规定之规范拘束射程所及,与其本来直接违法之基础原因行为,同样成立标的不合法,在法律效果上亦同其命运"。[6]

实务及学说上借助脱法行为之名,而认定法律效果为无效者如下:

1. 因赌博而负担新债务,系属脱法行为而无效。[7] 惟查,赌博系属违反法令禁止规定或违反公序良俗之行为,依"民法"第 71 条或第 72 条,当然无效。

2. 通谋虚伪意思表示,系属脱法行为而无效。[8] 然则,通谋虚伪意思表示,依"民法"第 87 条规定,本即无效。

3. 债权人巧取利益,系属脱法行为而无效。[9] 实则,债权人巧取利益之行为,违反"民法"第 206 条之规定,直接适用该条规定,即得认定巧取利益之约定无效。

综上案例分析,所谓脱法行为之案例,依据法律之规定,均得认定为无效,并无借助脱法行为概念之必要。"最高法院"1998 年台上字第 2834 号民事判决认为:"当事人为回避强行法规之适用,以迂回方法达成该强行法规所禁止之相同效果之行为,乃学说上所称之脱法行为,倘其所回避之强行法规,系禁止当事人企图实现一定事实上之效果者,而其行为实质达成该效果,违反法律规定之意旨,即非法之所许,自属无效。"从而脱法行为之无效,无非系基于其所违反之法律规定之意旨,亦即法律行为违反法律强行规定而无效。据此,所谓"脱法行为"系各种以间接迂回之

---

[5] 王泽鉴:《民法总则》,2004 年版,第 306 页。
[6] 邱聪智:《民法总则》(上),台北三民书局 2005 年版,第 585 页。黄立教授认为:"脱法行为应适用原拟逃避的强制或禁止规定。"参见黄立:《民法总则》,元照出版有限公司 1999 年版,第 318 页。
[7] 参见"最高法院"1955 年台上字第 421 号民事判决。
[8] 参见"最高法院"1971 年台再字第 75 号民事判决。
[9] 参见洪逊欣,注①书,第 333 页。

方法,回避法律规定,而达成法律禁止之相同效果之行为类型的总称,本身并非特定之法律制度,而系间接违反法律规定案例之统称。其法律效果,经由法律行为之解释,依据法律之强行规定,即足以认定该"脱法行为"之效果,从而"一个独立脱法行为的理论,根本不存在"。⑩

在前述关于非自耕农购买农地之案例,"最高法院"于2005年台上字第907号民事判决,认为买受人与登记名义人间之信托行为,为消极信托,系属脱法行为而无效。然而,诚如"最高法院"1982年台上字第2052号所称:"如委托人仅以其财产在名义上移转予受托人,受托人自始不负管理或处分之义务,凡财产之管理、使用或处分,悉由委托人自行办理时,是为消极信托,除有确实之正当原因外,通常多属通谋而为之虚伪意思表示,极易助长脱法行为之形成,法院殊难认其行为之合法性。"换言之,消极信托行为无效之原因,乃因当事人双方所为者,系属通谋虚伪意思表示,依"民法"第87条第1项之规定而无效,无须借助脱法行为之名,仍得宣告当事人之法律行为无效。

关于农地买受人与登记名义人间之法律行为,"最高法院"2005年台上字第907号民事判决同时认为,纵使两造间之法律关系为单纯借名登记契约,亦在规避修正前"土地法"第30条之规定,仍属脱法行为而无效。惟查,旧"土地法"第30条之规定,系规范农地移转之物权行为,而非农地买卖契约之债权行为,且其规范之对象,为地主及买受人间之法律关系,而非买受人及登记名义人间之法律关系。农地买受人与登记名义人间之借名登记契约无效,无非系因当事人为规避修正前"土地法"第30条之规定,而为通谋虚伪意思表示,依"民法"第87条而无效。单纯脱法行为无法说明二者之间法律行为无效之原因,盖脱法行为仅说明当事人间接迂回地规避法律之规定,而该项法律规定(旧"土地法"第30条)并非在于规范农地买受人与登记名义人间之法律关系,因而所谓"脱法行为",显非规避旧"土地法"第30条规定而当然无效。

再者,关于无自耕能力人之买受人与地主间之买卖契约,"最高法院"2004年台上字第919号民事判决,认为当事人为规避旧"土地法"第30条之规定,买卖契约依法无效。然而旧"土地法"第30条规范之对象,系当事人间农地移转登记之物权行为,并非农地买卖之债权行为,单纯依据旧"土地法"第30条,无法推论农地买卖契约为无效。换言之,单纯脱法行为,在此无法作为认定买受人与地主间买卖契约无效之理由。

然而,"最高法院"1991年台上字第2284号民事判决谓:"土地法"第30条第1项规定:"私有农地所有权之移转,其承受人以能自耕者为限",立法意旨在于贯彻耕者有其田之基本国策(参照"宪法"第143条),防止农地由无自耕能力之人承受以供耕作以外之用途,借以发挥农地之效用。故农地买受人依"民法"第269条规定指定第三人为登记名义人者,该第三人亦以能自耕者为限。倘仅利用该第三人名义登记为所有人,实则未从事耕作者,则此契约无非为规避"土地法"第30条规定而订立,应认为系脱法行为而无效。认为无自耕能力之人买卖农地契约,系属脱法行为而无效。

实则,诚如"最高法院"2005年第九次民庭庭推总会议决议所称:此项买卖契约所约定之给付,既为移转私有农地之所有权于无自耕能力之人,属于违反强制规定之行为,即属法律上之给付不能,亦即客观的给付不能(自始不能),依"民法"第246条第1项规定以不能给付为契约标的者,其契约为无效。换言之,农地买卖契约之无效,系因其以客观不能之给付为标的而无效,而非因当事人间之买卖契约,违反旧"土地法"第30条之规定,构成"脱法行为"而无效。

---

⑩ 德国学者Flume谓:"脱法行为的问题,实际上就是法律解释的问题。就民法而言,一个独立脱法行为的理论根本不存在。"参见王泽鉴,注⑤书,第309—310页。

"最高法院"2005年台上字第907号民事判决以买受人与登记名义人间法律关系(消极信托或借名登记契约),系属脱法行为而无效,推论买受人与地主间买卖契约亦属脱法行为而无效,将消极信托行为、借名登记契约等"脱法行为",与农地买卖契约之"脱法行为"无效问题混为一谈。足见实务上借助"脱法行为"之名,对于当事人间法律关系之认定,不仅无法确实说明法律关系无效之理由,且使当事人间之法律关系陷于混淆。脱法行为者,仅为某种法律行为类型之总称,不足以作为法律行为效力之依据。实务见解以脱法行为作为法律行为效力之认定依据,尚有不妥。

### 三、消极信托与借名登记契约之有效要件

如上所述,在非自耕农购买农地之案例,关于买受人与登记名义人间之消极信托行为,应认为当事人间所为者,系通谋虚伪意思表示,依"民法"第87条规定而无效。若当事人间并无信托关系,而为单纯借名登记契约时,因同属通谋虚伪意思表示,依"民法"第87条规定而无效。所可讨论者为,消极信托与借名登记契约,何时得认为有效成立?

"最高法院"一再认为,在消极信托,必需当事人间有确实之正当原因,非属通谋而为虚伪意思表示者,因其非为助长脱法行为,得认为有效。所谓"确实之正当原因",在无自耕能力人购买农地之案例,"最高法院"2004年台上字第752号民事判决谓:"私有农地之买受人无自耕能力,得否与出卖人约定将农地移转予其所指定有自耕能力之第三人,并与该第三人订立信托契约,以自己为受益人,自应以该第三人就受托登记之农地,是否得为耕作、管理或处分,作为判断标准。倘农地买受人确将农地赋予第三人耕作、管理或处分权,以达成一定之经济上或社会上目的,则与农地农用之政策尚无违背,应认为买卖及信托契约,均属有效,反之,倘买受人仅将农地在名义上移转登记予该第三人,而有关农地之管理、使用或处分,仍由买受人自行为之,应认系脱法行为,买卖及信托契约均应认为无效。"换言之,即以当事人间之法律关系,是否具有通谋虚伪意思表示,作为认定之标准。

所谓"确实之正当原因",在非农地买卖之案件,"最高法院"认为:"被上诉人以上诉人名义登记为系争房屋所有人,系为逃避税负,系争房屋之管理使用均自行为之……此种为逃税之消极信托行为,即属脱法行为,与公序良俗有悖,不能认为有正当原因,难认其合法性,不生法效。"⑪ 又,"按消极信托,除有确实之正当原因外,其助长脱法行为者,固难认为合法。惟原审既认定系争房地为上诉人所购买,使用王○山名义登记,且上诉人主张信托王○山名义登记,目的在于避免朋友向其借钱云云,果尔,则上诉人购买系争房地以王○山名义登记,其社会上之目的,尚难谓有何脱法行为"。⑫ 据此,为"逃避税负"而为消极信托行为,非属正当原因。但为"避免朋友向其借钱"而为消极信托行为,则属正当原因,法律行为有效。此种以"正当原因"作为消极信托行为是否有效之认定标准,是否妥当,有待研究。

在借名登记契约之情形,"最高法院"2003年台上字第1054号民事判决谓:"借名登记,其登记名义人若仅以单纯出借名义,对登记之标的物或权利并无任何管理处分之实者,应属于另一种无名契约性质,非为信托关系。……系争土地登记为被上诉人名义,系两造依代书节税之建议,而为单纯之借名登记,此单纯借名登记,既只在避免地价税之累进课征,属于节税之情形,既未违反法律之强制规定或公序良俗,依契约自由之原则,应仍有效力。"亦即,当事人因为节税,而借名登记,未违反法律规定,法律上仍为有效,与前述关于逃税之消极信托行为无效之见解,迥不相同。

---

⑪ "最高法院"1999年台上字第2115号民事判决。
⑫ "最高法院"2000年台上字第572号民事判决。

又在"最高法院"2002年台上字第1871号民事判决谓:"本件被上诉人并无因依法不得取得系争土地,始借钟○胤名义取得,亦无为逃避强制执行而以钟○胤名义登记,被上诉人系恐遭流言议论等单纯之目的,而借名登记,其目的并无违反强制、禁止规定或悖于公序良俗,其原因亦不能认为不正当,不发生无效之情形。本件纯粹系借名登记,依订约当时具体之情形观察,并非信托契约,当事人之真意,系被上诉人将其出资买受之系争土地,以买卖为原因移转登记予钟○胤名下,而管理、使用、处分权仍属于被上诉人之无名契约,其契约重在当事人间之信任关系,并无不法,理由正当,应属合法有效之契约,性质与委任契约类同,应类推适用委任关系终止、消灭之规定,不因被上诉人将契约名之为信托契约,而影响该借名登记契约终止或消灭与否之判断。"⑬亦即,只要当事人非为逃避强制执行而以第三人名义登记,仅系恐遭流言议论等单纯之目的,而借名登记者,仍属有效之借名登记契约。

"最高法院"认为,消极信托者,若有确实之正当原因,应认为有效。在借名登记契约,其目的并无违反强制、禁止规定或悖于公序良俗,其原因亦不能认为不正当者,即不发生无效之情形。所谓"正当原因"或"原因不正当",系以法律行为之原因,判断法律行为是否成立生效。按债权契约,本为要因行为,以原因之存在、合法、妥当、可能,作为法律行为生效之要件。在要因行为,若其原因欠缺、不实在、不可能、违反法律或有悖善良风俗者,则法律行为,不生效力。⑭ 无论消极信托或借名登记契约,若原因不法、违反公序良俗,均足认为法律行为无效。从而为逃税或避免债权人之强制执行,而为消极信托或借名登记,由于原因不正当而无效。⑮ 反之,"避免朋友借钱"及"恐遭流言议论"并无不法或违反公序良俗,因而得为消极信托或借名登记之正当原因。

再者,消极信托或为借名登记,若间接违反法律强制或禁止规定,有可能系因双方所为之通谋虚伪意思表示,依"民法"第87条规定而无效。至于为"避免朋友借钱"及"恐遭流言议论"而为消极信托或为借名登记,其法律行为所以有效,除无不正当原因外,当事人间确有形成契约关系之事实,而非属通谋虚伪意思表示,且不违反法律强行规定,基于契约自由原则而有效。是以,判断消极信托或借名登记是否有效,除原因是否正当外,当事人之间是否确实具有形成一定法律关系之意思表示,而非属通谋虚伪意思表示,亦属重要。

## 四、借用子女名义登记之效力

在"最高法院"2005年台上字第362号民事判决,上诉人为被上诉人之母,与被上诉人订立信托契约之约定书,而以赠与之方式,移转不动产登记予被上诉人。上诉人主张终止信托关系,请求返还不动产。原审法院认为,本案当事人间之消极信托,系图事先脱产之脱法行为,因而无效。"最高法院"则认为,当事人间为借名登记,且因法律并无禁止父母将其不动产借用子女名义之强制规定,因而本案之借名登记并非脱法行为,应属合法。⑯

---

⑬ 关于本件判决评释,参见王泽鉴:《民法总则在实务上的最新发展》(一),载《台湾本土法学杂志》2003年第52期,第76—77页。

⑭ 参见梅仲协:《民法要义》,1954年版,第68页。

⑮ 因逃税或避免债权人之强制执行,而为消极信托或借名登记时,是否得认为违反公序良俗,依"民法"第72条规定而无效,尚待斟酌。

⑯ 同说参见"最高法院"2000年台上字第1119号民事判决:"所谓脱法行为,系指当事人为回避强行法规之适用,以迂回方法达成该强行法规所禁止之相同效果行为而言。法律并无禁止父母将其不动产借用子女名义登记之强制规定,即难认此借名登记系脱法行为。倘上诉人当时纯系基于父女亲谊,借用被上诉人名义登记,并无赠与之意思,纵将来有赠与之合意,亦于将来变更为赠与时,始生课征赠与税之问题,自难认为该借名契约系脱法行为。"

按本案上诉人与被上诉人间,的确订立《约定书》一份,内容为:"信托人:母亲许○雌,基于信托关系,将附表所示不动产,以赠与方式,移转登记为立约定书人苏○彬名义。立约定书人苏○彬未经母亲许○雌之同意,不得将附表所示不动产,予以买卖、出租、设定抵押权予第三人。母亲许○雌对附表所示不动产仍有使用及处分权利。"据此以观,当事人之间之真意,系以信托关系成立契约,至于赠与方式,系属通谋虚伪意思表示,依法无效。当事人间订立之信托行为,固因信托人对于信托财产仍有使用及处分权利,而属消极信托关系。但消极信托关系,若当事人间有确实之正当原因,仍得认为合法有效。若以"最高法院"之见解,法律并无禁止父母将其不动产借用子女名义之强制规定,则本件之消极信托契约,应属有效。至于上诉人为害怕做生意失败,房屋被查封,事先脱产以避免债权人追偿之行为,并未侵害特定债权人,与生意失败后而隐匿财产,侵害特定债权人之权利者,非可同视。此项价值判断之问题,本文与"最高法院"采取相同见解。

"最高法院"在本案避开消极信托行为是否有效之问题,直接以借名登记契约解释当事人之意思,并认为其未回避任何强行法规,非属脱法行为而有效。所生疑问者为,消极信托行为与借名登记契约,是否应予区别以及如何区别。

关于消极信托行为与借名登记契约之区别,综合"最高法院"之见解,早期在无自耕能力人购买农地之案例,认为买受人与登记名义人之间成立信托行为而有效;其后认为双方成立消极信托,且无正当原因而无效;最后认为双方成立借名登记契约,但属脱法行为而无效。对于其他案件,"最高法院"早期认为,土地所有人与登记名义人间成立消极信托关系,且具有确实的正当原因而有效;其后认为双方成立借名登记契约,在无违法或原因不正当时,应属有效。换言之,关于土地所有人登记不动产于第三人之法律关系,"最高法院"系自消极信托行为,逐渐走向借名登记契约。

本文认为,消极信托行为与借名登记契约应予区别。在土地所有人登记不动产于第三人之法律关系,若为一般信托行为者,固应依信托契约之法律关系处理。若双方成立者为消极信托关系,而未具有确实正当之原因者,得解为双方系属通谋虚伪意思表示,信托契约无效。反之,若双方之消极信托关系具有确实正当之原因者,得解为消极信托行为属通谋虚伪意思表示而无效,但双方隐藏借名登记契约之法律行为,依"民法"第87条第2项之规定,适用借名登记契约之约定。至于当事人双方若一开始即以借名登记契约成立法律关系者,即应依据契约自由原则及一般契约解释之理论,以认定此种无名契约之效力。⑰

### 结论性观点

在借用他人名义登记不动产之案例,若无确实之正当原因时,"最高法院"经常认为系属脱法行为而无效。本文认为,所谓"脱法行为"系各种以间接迂回之方法,回避法律规定,而达成法律禁止之相同效果之行为类型的总称,本身并非特定之法律制度,而系间接违反法律规定案例之统称。脱法行为不足以作为当事人间法律行为无效之认定基础,必需参酌该"脱法行为"违反之法律规定或公序良俗,始得依法宣告当事人之法律行为无效。

关于借用他人名义登记不动产时,当事人间之法律关系,究为消极信托行为与借名登记契

---

⑰ 约翰逊林教授谓:借名登记契约当事人间之权利义务,应先依双方之契约内容而定;契约未约定者,应以补充解释之方法决定之;于补充解释时,应参考"民法"关于委任之相关规定。参见约翰逊林:《借名登记契约之法律关系》,载《台湾本土法学杂志》2003年第43期,第129页。

约，应依据个案及当事人之意思定之。当事人明白约定为信托契约者，应依法认定该信托契约是否有效。若双方约定为消极信托行为，应探讨是否具有实质正当原因，而认定其效力。在当事人无正当原因而为消极信托行为时，应认为双方所为者为通谋虚伪意思表示而无效。若有正当原因时，得解为双方隐藏借名登记契约而有效。至于当事人双方一开始即以借名登记契约成立法律关系者，即应依据契约自由原则及一般契约解释之理论，认定此种无名契约之效力。

# 消极信托和借名登记形同脱法行为

——实务相关判决评释

谢哲胜*

## 裁判要旨

### 一、相关判决要旨

"最高法院"有关消极信托和借名登记的判决有上百笔,以下依无效说与有效说两种不同见解,例举代表性的判决要旨如下:

（一）无效说

1. 2005年台上字第907号判决

复查本件两造间对系争土地究系何人占有使用,亦有所争执,显见两造间对于系争土地应如何积极管理、使用或处分,并无约定,殊与信托之要件不合,究仅有消极信托关系存在。而系争675之2地号土地地目经编定为"旱",依修正前"土地法"第30条及"土地登记规则"第87条规定,买受人须具备自耕能力证明,复为两造所不争执,故上诉人向第三人诉外人林进城购买系争675之2地号土地时,系因该笔土地地目为"旱",而其本身无自耕能力,依修正前"土地法"第30条第1项规定,不能受让系争675之2地号土地,为规避上开法律之限制,始以被上诉人名义与第三人诉外人林进城签订系争675之2地号土地应有部分1/2之买卖契约书,并以被上诉人为系争675之2地号土地所有权应有部分1/2之登记名义人,两造间之消极信托乃为脱法行为而无效。是上诉人依终止信托契约后之法律关系请求被上诉人将系争675之2地号土地所有权应有部分1/2移转登记于伊,即非有据。再者,本件两造间既有以被上诉人名义办理系争土地所有权移转登记之合意,是两造间所成立者,应仅系单纯借名登记之无名契约,惟亦在规避修正前"土地法"第30条第1项之规定,仍属脱法行为,自无加以保护之必要,仍应认系争675之2地号土地所有权应有部分1/2之买卖契约为无效。

2. 2004年台上字第752号判决

复按修正前"土地法"第30条第1项规定,私有农地所有权之移转,其承受人以能自耕者为限。又"信托法"颁布施行前,所谓信托,系指信托人为自己或第三人之利益,以特定财产为信托财产,移转予受托人管理或处分,以达成一定之经济上或社会上目的之行为,受托人不特就信托财产承受权利人之名义,且须就信托财产依信托契约之内容为积极之管理或处分,倘信托人仅将其财产在名义上移转予受托人,而有关信托财产之管理、使用或处分仍由信托人自行为之,是为消极信托,除有确实之正当原因外,其助长脱法行为者,应难认为有效。是私有农地之买受人无自耕能力,得否与出卖人约定将农地移转予其所指定有自耕能力之第三人,并与该第三人订立信托契约,以自己为受益人,自应以该第三人就受托登记之农地,是否得为耕作、管理或处分,作为判断标准。倘农地买受人确将农地赋予第三人耕作、管理或处分权,以达成一定之经济上或社会上目的,则与农地农用之政策尚无违背,应认为买卖及信托契约,均属有效,反之,倘买受人仅将

---

\* 中正大学法律学系教授。

农地在名义上移转登记予该第三人,而有关农地之管理、使用或处分,仍由买受人自行为之,应认为系脱法行为,买卖及信托契约均应认为无效。

3. 1999年台上字第2115号判决

被上诉人以上诉人名义登记为系争房屋所有人,系为逃避税负,系争房屋之管理使用均自行为之……此种为逃税之消极信托行为,即属脱法行为,与公序良俗有悖,不能认为有正当原因,难认其合法性,不生法效。

4. 1999年台上字第3041号判决

消极信托,除有确实之正当原因外,通常多属于通谋而为之虚伪意思表示,极易助长脱法行为之形成,难认其行为之合法性……惟所谓消极信托,系指委托人仅以其财产在名义上移转予受托人,受托人自始不负管理或处分义务,凡财产之管理、使用或处分悉由委托人自行办理时,是为消极信托。

5. 1998年台上字第2697号判决

所谓信托,系信托人为自己或第三人之利益,以一定财产为信托财产,移转予受托人管理或处分,以达成一定之经济上或社会上目的之行为。倘信托人仅将其财产在名义上移转予受托人,而有关信托财产之管理、使用、处分悉仍由信托人自行为之,是为消极信托,除有确实之正当原因外,通常多属通谋之虚伪意思表示,极易助长脱法行为之形成,自难认其合法性。

(二)有效说

1. 2005年台上字第953号判决

按信托法颁行前,通常所谓之信托契约,受托人仅须就信托财产承受权利人名义,且须对信托财产,依信托契约所定内容为积极之管理或处分,并非将自己之财产,以他人名义登记时,当然即有信托关系存在。倘权利人仅以其购买之不动产,名义上登记予他人名下,该他人自始未负责管理、处分,而将该不动产之管理、使用、处分悉由权利人自行为之,即系侧重于权利人与该他人间信任关系之纯粹"借名登记"契约,苟其内容不违反强行规定或公序良俗者,该"借名登记"之无名契约,在性质上应与委任契约同视,除契约内容另有约定外,自可类推适用民法上有关委任契约之相关规定。查两造于"信托法"实施前,被上诉人委与沈○树共同向林○诰购买系争土地,而将其应有部分之土地信托登记在上诉人名下,就系争土地确有上述有效之消极信托关系存在,既为原审审据上开事证所合法确定之事实,该消极信托关系乃属侧重于两造间信任关系之借名登记契约,自可类推适用民法上有关委任契约之相关规定。

2. 2005年台上字第362号判决

惟按所谓脱法行为系指当事人为回避强行法规之适用,以迂回方法达成该强行法规所禁止之相同效果之行为而言。法律并无禁止父母将其不动产借用子女名义之强制规定,即难认为此借名登记系脱法行为。本件被上诉人并无证据证明上诉人系因生意失败而隐匿财产,则上诉人此项借用其子即被上诉人名义为系争不动产登记之行为,既未回避任何强行法规,能否谓系脱法行为,非无研求之余地。原审以两造间即使有信托法律关系存在,亦属脱法行为,而为上诉人不利之认定,尚嫌率断。

3. 2003年台上字第1054号判决

借名登记,其登记名义人若仅单纯出借名义,对于登记之标的物或权利并无任何管理处分之实者,应属于另一种无名契约性质,非为信托关系。查本件上诉人于起诉时称系争土地为其所买,而以被上诉人名义信托登记,惟于其后准备书状则称系争土地,其为免地价税之累进课征,而以被上诉人名义登记,并引据……足见系争土地登记为被上诉人名义,系两造依代书节税之建议,而为单纯之借名登记,此单纯借名登记,既只在避免地价税之累进课征,属节税之情形,既未违反法律之强制规定或公序良俗,依契约自由之原则,应仍有效力。"

4. 2002 年台上字第 1871 号判决

本件被上诉人并无因依法不得取得系争土地始借钟○胤名义取得,亦无为逃避强制执行而以钟○胤名义登记,被上诉人系恐遭流言议论等单纯之目的,而借名登记,其目的并无违反强制、禁止规定或悖于公序良俗,其原因亦不能认为不正当,不发生无效之情形。本件纯粹系借名登记,依订约当时具体之情形观察,并非信托契约,当事人之真意,系被上诉人将其出资买受之系争土地,以买卖为原因移转登记予钟○胤名下,而管理、使用、处分权仍属于被上诉人之无名契约,其契约重在当事人间之信任关系,并无不法,理由正当,应属合法有效之契约,性质与委任契约类同,应类推适用委任关系终止、消灭之规定,不因被上诉人将契约名之为信托契约,而影响该借名登记契约终止或消灭与否之判断。

5. 2000 年台上字第 572 号判决

"按消极信托除有确实之正当原因外,其助长脱法行为者,固难认为合法。惟原审既认定系争房地为上诉人所购买,使用王○山名义登记,且上诉人主张信托王○山名义登记,目的在于避免朋友向其借钱云云,果尔,则上诉人购买系争房地以王○山名义登记,其社会上之目的,尚难谓有何脱法行为。原审未予究明,徒以本件为消极信托,属脱法行为,即认为上诉人与王○山间就系争房地之信托契约为无效,亦嫌速断。"

6. 2000 年台上字第 1119 号判决

"所谓脱法行为系指当事人为回避强行法规之适用,以迂回方法达成该强行法规所禁止之相同效果之行为而言。法律并无禁止父母将其不动产借用子女名义登记之强制规定,即难认为此借名登记系脱法行为。倘上诉人当时纯系基于父女亲谊,借用被上诉人名义登记,并无赠与之意思,纵将来有赠与之合意,亦于将来变更为赠与时,始生课征赠与税之问题,自难认为该借名契约系脱法行为。"

## 二、裁判要旨归纳分析

### (一) 无效说的理由

采无效说的判决,理由简单而且一致,理由为:"消极信托行为,除有确实的正当原因外,通常多属通谋虚伪意思表示,极易助长脱法行为的形成,与公序良俗有悖,不能认为有正当原因,难认其合法。"

### (二) 有效说的理由

采有效说的判决,理由并不一致,可以分为两种:

1. 正当原因的消极信托

有些判决与无效说见解同样认为借名登记是消极信托,但因为有正当原因,因而为有效。这些正当原因有:"恐遭流言议论""避免朋友向其借钱""父女情谊"及"避免地价税之累进课征"等。

2. 借名登记并非信托关系

也有些判决认为:"借名登记,其登记名义人若仅单纯以出借名义,对于登记之标的物或权利并无任何管理处分之实者,应属于另一种无名契约性质,非为信托关系。"

### 学理研究

### 一、引言

某一法律未明文规定的法律关系效力的诠释,应该是以宏观的角度观察如何诠释符合当事人的整体利益,而非机械地依既有法律效力的分类加以分类,然后依分类的结果赋予其效力,否则其结果将不符合当事人的期待,也不符合当事人和社会的利益。① 然而,法律作为一种社会生活规范,就是人民的行为规范、行为准则,作为行为规范的法律,是为了导引人们从事利己利人利国家的行为,因而法律规范必须是明智的,使规范的效果有利于全民。② 因此,某一法律未明文规定的法律关系效力的诠释,当然也必须考虑对人民行为的影响,基本上,利己利人利国家的行为值得鼓励,因而应尊重当事人意思,承认其为有效;然而,利己害人的行为,除非有利于国家,否则,不应让当事人意思得逞,而应认定其为无效,或不得对第三人主张。

消极信托和借名登记的效力,困扰实务界已久,并未因"信托法"的制定而有改善,尤其二者与脱法行为的关系,实务上屡见不一致的见解,实应深入探究厘清症结所在,并提出解决之道,此即本文撰写的动机。

本文第二、三、四部分首先分别介绍脱法行为、消极信托和借名登记的意义,作为全文探讨的基础;第五部分整理"最高法院"裁判要旨,并作归纳分析,作为第六部分评释实务见解的依据;第六部分评释实务见解,认为承认消极信托和借名登记将为不法行为大开方便之门,"最高法院"应有法学睿智和道德勇气,向主张消极信托和借名登记为有效的人说"不";第七部分总结全文,提出本文结论。

### 二、脱法行为

#### (一)脱法行为的意义

"脱法行为的问题,实际上就是法律解释的问题。就民法而言,一个独立脱法行为的理论根本不能存在。"③即如实务见解所认为"当事人为回避强行法规之适用,以迂回方法达成该强行法规所禁止之相同效果之行为,乃学说上所称之脱法行为,倘其所回避之强行法规,系禁止当事人企图实现一定事实上之效果者,而其行为实质达成该效果,违反法律规定之意旨,即非法之所许,自属无效。"④简单地说,脱法行为是用来称呼以形式合法掩饰非法的行为,即形式合法但实质不法的行为,因此,称呼某行为是脱法行为,其实已同时对该行为作了法律的价值判断。

#### (二)脱法行为的效力

契约自由原则仍是私法的一大原则,但契约自由也有其限制,如当事人的契约有外部性,法律就有加以管制的必要⑤,而脱法行为都会影响第三人,即有外部性,而法院即应加以管制,以避

---

① 参见谢哲胜:《意定的相邻关系》,载《民法物权实例问题分析》,五南图书出版公司2001年版,第117页。

② 参见谢哲胜:《以经济分析突破概念法学的困境》,载《法律哲理与制度——基础法学:马汉宝教授八秩华诞祝寿论文集》,元照出版有限公司2006年版,第613页。

③ 王泽鉴:《民法总则》,2004年版,第309、310页;相同见解,参见陈自强:《契约之成立与生效》,学林出版公司2002年版,第182、183页。

④ "最高法院"1998年台上字第2834判决。

⑤ 参见谢哲胜:《契约自治与管制》,载《月旦法学》2005年第125期,第29页。

免第三人的权益受损。⑥

"脱法行为,在法律评价上,应本于其实质目的之所在,认定其亦为违反强行规定之规范拘束射程所及,与其本来直接违法之基础原因行为,同样成立标的不合法,在法律效果上亦同其命运。"⑦简单地说,即对某一法律关系应适用哪些法律规范,应实质认定其事实属于哪些法律规范评价的事实,而非拘泥于当事人为了掩饰非法目的而于形式上伪装所呈现的事实,实质认定的结果,如当事人的实质目的、违反法律的规范目的,或该行为与直接违反法律规定的行为,可以达到相同的效果,承认其效力将与直接承认违反法律规定的行为的效力具有相同结果,则应认定该行为是脱法行为,而不应发生当事人所欲发生的效力,即为无效或不得对第三人主张。⑧

## 三、消极信托

### (一) 消极信托的意义

从受托人是否有处理信托事务的积极义务,信托可分为积极信托和消极信托,受托人若无积极义务,只是作为人头,则是消极信托(passive trust)。⑨

### (二) 消极信托与脱法行为

信托是英美衡平法下的产物⑩,而且信托创设方式有多种,包括明示、默示(推定)和法定⑪,对法律关系的解释适用,与诚实信用原则相同,都具有调整和补充的功能⑫,因此,只要是民事法律关系,形式上权利名义人和实质享有权利的人不同,即名实不符的情形,都有"信托法"适用的可能性。

如前所述,脱法行为是用来称呼以形式合法掩饰非法的行为,即形式合法但实质不法的行为,因此,称呼某行为是脱法行为,其实已同时对该行为作了法律的价值判断。如从法律事实观察,脱法行为既然也有名实不符的情形,当然也在消极信托法理适用的范围内,而形成法律规范竞合的情形,即同时构成消极信托和脱法行为。

### (三) 消极信托的效力⑬

英美信托法理认为,消极信托无效,除了消极信托是规避法律的行为(脱法行为)外,也是为了避免妨碍交易安全,因为信托法的信托受益权是兼具物权的效力,可能影响交易安全;由于信托的创设,在形式上权利名义人的权利上,切割出实质权利人的权利⑭,而实质权利人的权利又可以对第三人主张,而可能对第三人造成不测的损害⑮,因此,信托法借由积极信托有效的法理,

---

⑥ 关于契约自由与脱法行为的关系,参见黄瑞明:《契约自由与脱法行为》,台湾大学 1980 年 9 月,法律研究所硕士论文,13 页以下。
⑦ 邱聪智:《民法总则》(上),三民书局 2005 年版,第 585 页。
⑧ 此处"不得对第三人主张",是指相对无效的概念,包括可以由一方或双方主张无效,或由第三人主张无效或有效。
⑨ 参见谢哲胜:《信托法总论》,2003 年版,第 60 页。
⑩ 参见谢哲胜:《信托之起源与发展》,载《财产法专题研究》(三),2002 年版,第 221—239 页。
⑪ 参见谢哲胜,注⑨书,第 89—98 页。
⑫ 参见姚志明等:《诚信原则与附随义务》,载《民法研究》,学林出版公司 2003 年版,第 185—189 页。
⑬ 参见谢哲胜,注⑨书,第 61 页。
⑭ 参见方嘉麟:《信托法之理论与实务》,载《月旦法学》1994 年版,第 43 页。
⑮ 参见谢哲胜,注⑨书,第 54 页。

一方面限制名实不符的法律事实可以有效的范围,同时也借由积极信托创造财产利用效率的优点,以弥补可能形成的缺点,若无创造财产利用效率的功能,则无理由听任当事人创造可能对整体社会不利的法律事实,借由消极信托无效的法理,无法发生当事人所要发生的效力,以剥夺当事人形成此一法律事实的诱因。

## 四、借名登记

### (一) 借名登记的意义

所谓借名登记,顾名思义,就是借用他人名义登记不动产权或其他权利。从"最高法院"的若干判决理由可知⑯,有见解主张将借名登记排除于信托法适用范围外,因而不适用消极信托无效,也不视为脱法行为,而为基于契约自由原则下的有效无名契约。

### (二) 借名登记与脱法行为

如前所述,对某一法律关系应适用哪些法律规范,应实质认定其事实属于哪些法律规范评价的事实,而非拘泥于当事人为了掩饰非法目的而于形式上伪装所呈现的事实,因此,借名登记必须通过脱法行为的检验,也必须确认此种借名登记契约是在契约自由的范围内,而且也不受消极信托法理的适用,才能承认其为有效。

### (三) 借名登记的效力

1. 契约自由范围的检验

如前所述,契约自由有其限制,如当事人的契约有外部性,法律就有加以管制的必要,而借名登记会影响第三人,即有外部性,法院应加以管制,以避免第三人的权益受损,因此,借名登记契约必须受管制,而不在契约自由的范围内,即不得单纯以契约自由为理由而认定借名登记有效。

2. 消极信托法理的检验

如前所述,只要是民事法律关系,形式上权利名义人和实质享有权利的人不同,即名实不符的情形,都有信托法适用的可能性。简单地说,因信托法并不溯及既往的规定,除非事实发生于信托法公布前而不受信托法规范外,信托法可以概括适用于民事法律关系,因此,名实不符的法律事实就有信托法的适用,除非符合积极信托的定义⑰,否则就是消极信托,而消极信托即是无效。

3. 脱法行为的检验

如前所述,脱法行为是就法律事实为实质认定,如当事人的实质目的,违反法律的规范目的,或该行为与直接违反法律规定的行为,可以达到相同的效果,则应认定该行为是脱法行为,任何借名登记契约,都在规避法律的适用,除非符合积极信托的意义,适用信托法的规定,否则都在脱法行为法评价的规范范围内,而脱法行为即为无效。

事实上,承认借名登记有效,无疑为名实不符行为大开了方便之门,而名实不符行为若不符

---

⑯ 参见"最高法院"2003年台上字第1054号判决。

⑰ "积极"一词的解释,对于不同种类的信托间,例如民事信托和商业信托或投资信托间,有程度上的不同。

合积极信托,则对社会有害无利⑱,而且综合上述三项检验,也绝无承认其为有效的理由。

## 五、实务见解评释

### (一)"信托法"可以概括适用于民事法律关系

1. 如符合信托定义就不适用委任契约

"最高法院"2002 年第十三次民事庭会议宣告不再援用"信托法"公布前"最高法院"的许多关于信托行为的判例,应解释为因"信托法"的公布,原判例与信托法意旨不符,因此,不再援用。所以,"信托法"公布后,符合信托的法律事实,当然有"信托法"的适用。

借名登记契约从其契约标的并非财产上的给付,而似乎可归类为劳务给付,而依"民法"第529 条规定,劳务给付契约不属于法律所定其他契约的种类,则适用关于委任的规定,暂不论其是否构成脱法行为,适用委任的可能性,固然有讨论的空间,然而这必须是借名登记契约无法适用其他特别规定的前提下,才有适用委任契约的补充规定的空间。"信托法"是民事特别法,可以概括适用信托法规范本旨范围内的民事法律关系,而"信托法"本在规范财产名义人不实质享有财产利益的法律关系,因而借名登记契约,当然在信托法规范范围内,如符合信托定义就不适用委任契约。因此,所谓"借名登记契约当事人间之权利义务,应先依双方之契约内容而定"⑲固无问题,但"契约未约定者,应以补充解释之方法决定之;于补充解释时,应参考'民法'关于委任之相关规定"⑳,则忽略了特别法的规范,因此"借名登记契约的性质同于委任契约"㉑的见解,显然是忽视信托法的结果。

2. 委任契约必须一方为他方合法处理事务

"借名登记契约的性质同于委任契约"的见解,除了忽视信托法的适用外,也忽略了委任契约必须一方为他方合法处理事务,在借名登记,被借用名义的人根本并未处理事务,其实不符合处理事务的定义,更何况借名登记都是为了规避法律的适用,以形式合法掩饰非法,为实质违法,违反契约标的必须合法的要件,从契约或法律行为的要件检验,也当然是无效。

### (二)脱法行为采概括认定

1. 借名登记不能规避脱法行为的检验

任何契约都不能规避脱法行为的检验,借名登记契约当然也不例外,前述每一个实务有关借名登记的案例,都是为了规避现行有效法律的适用,这些有效的法律都是强行规定,规避其适用所为的行为就是实质不法的行为,即是脱法行为,不能以契约自由为口号,而主张合法。

---

⑱ "最高法院"承认借名登记有效的例子,其实都会损害第三人的权益,即对社会有害无利。例如:"最高法院"2005 年台上字第 362 号判决所称:"法律并无禁止父母将其不动产借用子女名义之强制规定,即难认此借名登记系脱法行为。""最高法院"2000 年台上字 1119 号判决所称:所谓脱法行为,系指当事人为回避强行法规之适用,以迂回方法达成该强行法规所禁止之相同效果之行为而言。法律并无禁止父母将其不动产借用子女名义登记之强制规定,即难认此借名登记系脱法行为。倘上诉人当时纯系基于父女亲谊,借用被上诉人名义登记,并无赠与之意思,纵将来有赠与之合意,亦于将来变更为赠与时,始生课征赠与税之问题,自难认该借名契约系脱法行为。其实会造成脱产而损害债权人和逃税而损害国家的结果,而无任何有用的功能。

⑲ 约翰逊林:《借名登记契约之法律关系》,载《台湾本土法学杂志》第 43 期,第 129 页。

⑳ 约翰逊林:注⑲文,第 129 页。

㉑ 王泽鉴:《民法总则在实务上的最新发展(一)——"最高法院"2001 及 2002 年若干判决的评释》,载《台湾本土法学杂志》2003 年第 52 期,第 76 页。

2. 借名登记如不符合积极信托,即是消极信托和脱法行为

如前所述,借名登记符合信托定义,但是受托人并无积极管理信托财产的义务,因而是消极信托,因其以形式合法掩饰实质不法,又缺乏有效法律肯认其法律效果(如符合积极信托就不构成脱法行为),因而是脱法行为。

(三) 承认消极信托有效将为不法行为大开方便之门

1. 消极信托其实都是对社会无益的实质不法行为

虽然信托起源于脱产和逃税的动机㉒,"信托法"早已去芜存菁,使脱产和逃税的行为难以得逞,以避免因为承认其有效,而使对社会无益的不法行为有发展的空间,消极信托无效即用来防堵一部分以信托为名的不法行为。

前述认为消极信托无效的实务见解,因为提出"有确实的正当原因"的除外理由,因而被有意钻法律漏洞的人所利用,而主张所为的消极信托有正当原因而为有效,然而检验每一个被认为有效的案例事实,包括"恐遭流言议论""避免朋友向其借钱""父女情谊"及"避免地价税之累进课征",其实无非为了脱产和逃税,根本不是正当原因。因合法取得财产岂有"恐遭流言议论"的疑虑,除非是不法取得,所以,真正的目的仍是为了掩饰不法取得财产、脱产或逃税;有钱人既无道德上更无法律上义务借钱给朋友,更何况朋友也无法调查自己真正有多少财产,何须"避免朋友向其借钱"而消极信托,此种理由同样适用来掩饰脱产或逃税的真正目的;而如因父女情谊,父亲如欲赠与财产给女儿,法律并不禁止,但必须依赠与相关法律办理,如欲信托,女儿必须有积极处理信托财产的义务,而为有效的信托,因父女情谊而消极信托,并未探讨信托的真正目的,因说不出正当理由,而只好以父女情谊搪塞,脱产或逃税的真正目的更是欲盖弥彰;最离谱的是"避免地价税之累进课征",公然主张为了逃税竟然被视为正当理由,真是令人叹为观止。以上各种消极信托的事实,都符合"最高法院"对脱法行为所为的见解:"所回避之强行法规,系禁止当事人企图实现一定事实上之效果者,而其行为实质达成该效果,违反法律规定之意旨,即非法之所许,自属无效。"可知消极信托其实都是对社会无益的不法行为。

必须注意的是,资产证券化运用信托制度,作为证券化的导管体的信托,是否构成消极信托也常被检验,然而作为证券化的资产保管机构,本身虽然是被动的㉓,但是仍对财产负保管的义务,依指示处理资产,并制衡经理机构,更重要的是将资产与经理机构财产分离,形成防火墙,以保护投资人㉔,因而证券化而为的信托,是对社会有益的行为,绝非消极信托所可比拟。

2. 消极信托无效

消极信托既然都是对社会无益的实质不法行为,如果承认消极信托有效,则实质不法行为都将借信托之名,而主张合法,将为不法行为大开方便之门。以信托之名达到实质不法行为的目的,则不符信托法追求实质公平和资产有效率管理的积极功能,因此,消极信托无效。

(四) 承认借名登记有效将为不法行为大开方便之门

1. 殷鉴不远

借名登记都是为了规避法律的适用,最常见的例子,即借用他人名义登记不动产,以实务上

---

㉒ 参见谢哲胜,注⑨书,第7—8页。
㉓ 参照"证券投资信托及顾问法"第5条第2款。
㉔ 参见谢哲胜、陈亭兰:《不动产证券化——法律与制度运作》,2003年版,第89—100页。

最常见的借用他人名义登记农地,说明借名登记如何被用来规避法律(俗称钻法律漏洞[25])。

"土地法"第 30 条原规定,私有农地所有权的移转,其承受人以能自耕者为限,如违反此规定,买卖契约效力无效,但理由则分为以下三种说法:

(1) 违反强行规定说。此说认为,此条文是强行规定,依"民法"第 71 条的规定,不具备承受资格的人所签订的买卖契约无效。[26]

(2) 权利能力欠缺说。此说认为,承受人资格的限制,即是对农地承受人权利能力的特别限制,如同对外国人承受土地权利的限制[27],都是关于权利能力的限制,如欠缺此一权利能力,所为的法律行为无效。[28]

(3) 不能给付为标的说。此说认为,不具自耕能力的人承受农地是以不能的给付为契约标的,依"民法"第 246 条第 1 项前段规定为无效。但其不能情形可以除去,而当事人订约时并预期于不能之情形除去后为给付者,其契约仍为有效,因此,买受人指定移转给有自耕能力的第三人,则仍应为有效,此为"最高法院"判例见解。[29]

此三种说法以第二种说法较为妥当,因为法律行为的主体必须具有行为能力和权利能力,承受资格即是对特别权利能力的规定,必须具有此特别权利能力,才可以有效为此一法律行为。

第一种说法就其效力的说明,仍为正确,因为此一规定本不可由当事人加以变更,但是该说并未说明此一限制的性质,为其缺点。

第三种说法将承受人资格的限制解释为标的不能,是不当的见解。因为标的不能是指法律上或事实上某些标的已不得作为契约给付的标的,例如:标的已不存在,或法律规定为不融通物。承受人资格的限制并非标的不得交易,而是某些人不得交易,是人的问题,而非标的的问题,因此,并非标的不能。而且依该说见解,可以借由指定由有承受资格的人受让农地的登记,而使该买卖契约有效,而无承受资格的买受人既付了价金,必将借由各种方式取得该农地的实质控制权,将使该条限制农地承受人资格的规定,无法发生原定的效果。此说等于公然承认此一脱法行为的效力,实不足采。

因此,应采第二种说法或第一种说法,使脱法行为无生存的空间,而"最高法院"之前的判例,不知何原因选择第三种说法,为脱法行为大开方便之门,如今既已不再援用,就类似案例即应选择一种可以防杜当事人钻法律漏洞的见解,才符合法律解释适用的根本精神。"土地法"和"农业发展条例"修正后,农地可以登记为非自耕农所有,但为了脱产和逃税,仍有一些人想借名登记钻法律漏洞,"最高法院"难道又要以借名登记契约为理由再为脱法行为再开另一扇门吗?本文认为"最高法院"应有法学睿智和道德勇气,向作此主张的当事人说"不"。

2. 借名登记当然应受信托法规范

"民法"第 98 条规定,解释意思表示,应探求当事人的真意,不得拘泥于所用的词句。表示对

---

[25] 妥当地解释法律,就无法律漏洞可钻,如果法律人有意无意地配合有心人解释法律,制造法律漏洞,就会形成让众人都可钻的法律漏洞,使法律威信和立法意旨因而丧失,连带法律人的社会形象也受到打击。

[26] "最高法院"1976 年第 9 次民庭庭推总会议决议(二)中的甲说,但不被本则决议采取。值得注意的是,本则决议于 2003 年 5 月 13 日经"最高法院"2003 年第 8 次民事庭会议决议不再供参考。理由是"土地法"第 30 条已于 2000 年 1 月 26 日公布删除。

[27] 参见"土地法"第 17 条。

[28] 参见黄茂荣:《买卖法》,2002 年版,第 226、227 页。

[29] 参见"最高法院"1975 年台上字第 1352 号判例(已不再援用)、1980 年台上字第 4131 号、1980 年台再字第 16 号、1980 年台上字第 2563 号、1981 年台上字第 1688 号、1981 年台上字第 2791 号、1981 年台上字第 1825 号、1981 年台上字第 3732 号判决。

法律事实的解释,除了要尊重当事人的真意外,更要探求法律事实的实质内涵。在法律适用结果不利于当事人时,当事人通常会掩饰真正目的,此时即应以当事人从事此行为的实质法律效果为解释依据,而非拘泥当事人形式上的说辞。

借名登记,当事人(一方或双方)如担心被认为是消极信托而无效,使其目的无法得逞,当然会主张借名登记不是信托关系,然而,是否为信托应依客观事实来认定,而非听信当事人的说辞。一国或一地区的法律构成该国或该地区法律的整体,民法典和民事特别法与民事法理,也构成民事法的整体,信托法是用来规范名实不符的法律事实,是民事特别法,在民法委任契约规定仅具补充适用的规定下,符合信托法规范意旨的事实,毫无疑义应适用信托法,而借名登记的事实,既然使财产名义人和真实权利人不同,符合信托法规范意旨的事实,当然应受信托法规范。

3. 借名登记如非积极信托其实都是对社会无益的不法行为

所谓"为害怕做生意失败,房屋被查封,事先脱产以避免债权人追偿之行为"[30],本是一种脱产行为,虽然在行为当时"并未侵害特定债权人",但是等到做生意失败时,此一行为的结果,"与生意失败后而隐匿财产,侵害特定债权人之权利者"[31]完全相同。另外,以节税为目的的借名契约,本是逃避税捐的行为,造成国家税捐的减少和税捐负担不公平,是违法逃税的行为,而非合法节税的行为。此两种行为实质达成脱产效果,违反法律规定的意旨,因此,也都是脱法行为。

积极信托因可以促成资产有效率利用,并借由信托法制防堵脱产和逃税的漏洞后,而为对社会有益的行为,因此借名登记如非积极信托,而为消极信托,其实都是对社会无益的不法行为。

4. 借名登记无效

借名登记正足以纵容社会虚假不实之风,实现钻法律漏洞者脱产和逃税的目的,信托虽起源于脱产和逃税的诱因[32],但现代信托法绝不容许对社会无益的脱产和逃税行为可以得逞[33],脱产是为了逃避清偿债务,诈害债权人,是民事不法行为,逃税是违法行为,既然都是不法行为,当然违反"民法"第71条规定,而为无效。

### 结论性观点

法律人应经常反省:自己所鼓吹或选择的法律见解,究竟是有助于塑造一个明智的法律制度从而建立一个符合公平正义的社会?还是将成为或已成为脱法行为和不符合公平正义的社会现象的帮凶?消极信托、借名登记和脱法行为相互间关系的法律见解的选择,正提供一个绝佳的验证机会。

从"最高法院"借名登记相关判决的数量之多,就可知有许多人欲借契约自由的堂皇法律名词,以掩饰脱产、逃税的真正意图,然而,任何人不得借由任何形式,以规避其法律上的义务,因而有脱法行为的概括认定,脱法行为是用来称呼形式合法但实质不法的行为,因此,称呼某行为是脱法行为,其实已同时对该行为作了法律的价值判断,即法律适用的结果,该行为无效,行为人不能达到其目的。

只要是民事法律关系,形式上权利名义人和实质享有权利的人不同,即名实不符的情形,都有信托法适用的可能性。因此,除非认为准许当事人适用他种合法的法律效果,符合整体法律规

---

[30] 陈聪富:《脱法行为、消极信托及借名登记契约》,载《月旦法学》2005年第123期,第230页。

[31] 不同见解,参见陈聪富:《脱法行为、消极信托及借名登记契约》,载《月旦法学》2005年第123期,第230页。

[32] 参见谢哲胜:《信托之起源与发展》,载《财产法专题研究》(三),2002年3月版,第226—229页。

[33] 参见潘秀菊:《信托法之实用权益》,永然出版公司2002年版,第45、46页。

范本旨,否则,不应承认名实不符的法律关系。脱法行为既然也有名实不符的情形,当然也在消极信托法理适用的范围内,而形成法律规范竞合的情形,即同时构成消极信托和脱法行为。"信托法"即是去除脱产逃税之弊,而存活的合法的名实不符的法律制度,因此,任何名实不符的法律事实,皆应适用"信托法",使脱产逃税的行为无法得逞,而保留资产积极管理的行为,若无创造财产利用效率的功能,则无理由听任当事人创造可能对整体社会不利的法律事实,借由消极信托无效的法理,无法发生当事人所要发生的效力,以剥夺当事人形成此一法律事实的诱因。

借名登记,就是借用他人名义登记不动产产权或其他权利,借名登记契约因为对第三人可能造成损害,因此应受法律限制,不能以契约自由即认为有效。名实不符的情形,都有"信托法"适用的可能性。名实不符的法律事实,就有"信托法"的适用,除非符合积极信托的定义,否则就是消极信托,而消极信托即是无效,借名登记即是一种消极信托。任何借名登记契约,都在规避法律的适用,除非符合积极信托的意义,为有效的信托,否则都在脱法行为法评价的规范范围内,而脱法行为即为无效。综合上述契约自由范围、消极信托法理、脱法行为三项检验,绝无承认借名登记为有效的理由。

经由本文归纳整理,"最高法院"关于借名登记的相关判决,分为无效和有效两种不同见解。前者是以消极信托为脱法行为为理由;后者认为,借名登记契约为正当原因的消极信托,或并非信托关系而为委任契约,而为有效。本文发现被承认为有效的案例中,其实都是为了脱产和逃税,这就让人不禁纳闷,这难道是"最高法院"承审法官所乐见的结果吗?

"信托法"可以概括适用于民事法律关系,如符合信托定义就不适用委任契约,委任契约必须一方为他方合法处理事务,而借名登记并无合法处理事务可言,也不符合委任的定义。脱法行为采概括认定,因而借名登记不能规避脱法行为的检验,借名登记如不符合积极信托,即是消极信托和脱法行为,应为无效。消极信托其实都是对社会无益的实质不法行为,承认消极信托有效将为不法行为大开方便之门,借名登记造成名实不符的事实,因而借名登记当然受信托法规范,而借名登记如非积极信托,其实也都是对社会无益的不法行为,借名登记也是无效,承认借名登记有效将为不法行为大开方便之门。记取教训,"最高法院"不应以借名登记契约为理由再为脱法行为开另一扇门,本文认为,"最高法院"应有法学睿智和道德勇气,向主张借名登记为有效的当事人说"不"。

# 第七编　民事程序法

# "民事诉讼法"第3条于涉外案件之运用

——"最高法院"2004年台抗字第176号裁定评析

吴光平*

### 基本案情

原告为法人甲公司**,向台北地方法院对主营业所设于美国弗吉尼亚州之被告美国法人乙公司,起诉请求因债务不履行之损害赔偿。系争契约系存在于被告乙与主营业所设于美国加州之诉外人美国法人丙公司之间,原告甲公司主张因被告乙公司违反系争契约,应依约支付诉外人丙公司20万美元之罚金(合新台币352.8万元整),而诉外人丙公司已将该债权让与原告甲公司。而在提起本件诉讼以前,原告甲公司已就被告乙公司对主营业所设于台北的另一诉外人丁公司之债权新台币355余万元进行假扣押执行在案。被告乙公司则抗辩法院对本件诉讼并不具国际裁判管辖权。

### 裁判要旨

一审的台北地方法院认为,系争契约之准据法为美国法、系争契约之当事人均为美国法人、被告在台湾地区并无事务所、被告被扣押之财产与台湾地区并无牵连关系,倘由台湾法院调查,无异增加当事人及台湾法院诉讼之负担,对被告诉讼权之保护,亦非周延,而由台湾法院管辖,无论于调查证据或诉讼程序之进行,将无端耗费台湾法院之劳力、时间与费用,对法院地纳税人之负担,亦不公平,故认为台湾法院对本件诉讼不具国际裁判管辖权,以2003年诉字第1164号裁定驳回原告之诉。对于一审法院裁定,原告甲公司向二审的高等法院提出抗告。而高等法院认为,系争契约之债务履行地业经契约当事人乙公司以及丙公司约定为"台北县汐止市",依"民事诉讼法"(下称"民诉法")第12条之规定,台湾法院具有国际裁判管辖权,对当事人并无不公平且有利于将来债之履行,故以2003年抗字第2194号裁定废弃原裁定。对于二审法院裁定,被告乙公司向三审的"最高法院"提出再抗告。

"最高法院"于裁定理由中谓:……本件再抗告人系美国法人,属"涉外事件",惟"涉外民事法律适用法"并无法院管辖之规定,故就具体事件受诉法院是否有管辖权,应依"民诉法"管辖之规定定之……并据此认定:按对于现无住所或住所不明之人,因财产权涉讼者,得由被告可扣押之财产或请求标的所在地之法院管辖。被告之财产或请求标的如为债权,以债务人住所或该债权担保之标的所在地,视为被告财产或请求标的之所在地,"民诉法"第3条定有明文。再抗告人(被告)乙公司对诉外人丁公司有应收账款债权3 553 036元,经相对人(原告)甲公司申请台北地方法院民事执行处发执行命令予以扣押,而丁公司设址于台北市信义区松仁路○○号○○楼,有台北地方法院2002年裁全字第10578号民事裁定、同院民事执行处通知及丁公司陈报状在卷可稽,台北地方法院对于本件诉讼自有管辖权。……原法院以本件虽属"涉外事件",惟台湾法院对

---

\* 玄奘大学法律学系讲师。
\*\* 作者按:以下之当事人名称以甲、乙、丙、丁之代称改写之。

之有管辖权,爰以裁定将台北地方法院所为裁定废弃,经核于法并无违误。再抗告意旨,指摘原裁定此部分不当,申明废弃,非有理由。故以 2004 年台抗字第 176 号裁定,一方面废弃二审法院所为移送诉讼于士林地方法院之裁定,另一方面维持了为二审法院所废弃之一审法院裁定驳回原告之诉之裁定。

> [!NOTE] 学理研究

按民事诉讼土地管辖与"涉外民事诉讼国际裁判管辖"为不同层次的问题,后者为前者之前提,前者相对于后者乃为下位关系,亦即"一国法院就涉外私法案件应先决定该国法院对该案件是否具有国际裁判管辖权"(英文:international adjudicatory jurisdiction or international jurisdiction to adjudicate;德文:internationale Zuständigkeit;法文:compétence internationale),当确定具有国际裁判管辖权后,法院方能继而决定由该国的何一法院为土地管辖。然而,无论是内国土地管辖抑或是国际裁判管辖,二者乃具类同之决定标准,亦即皆以与法院地间的"牵连"(nexus)作为决定标准,以大陆法系国家言,系以"被告与法院地间的牵连"(defendant-court nexus)以及"诉讼标的法律关系和法院地间的牵连"(claim-court nexus)作为决定标准,前者可决定内国民事诉讼对被告之普通审判借与涉外民事诉讼对被告之"一般管辖权"(general jurisdiction)[1],后者可决定民事诉讼

---

[1] 此处"一般管辖权"(general jurisdiction)与"特别管辖权"(specific jurisdiction)的概念分类,与台湾地区学说与实务所引用法国学说将国际裁判管辖区别为"一般管辖"(compétence générale)与"特别管辖"(compétence spéciale)的概念分类有别。按法国学说"compétence générale"与"compétence spéciale"的概念分类,乃指就某一涉外私法案件应依"compétence générale"决定应由何国法院管辖后,再依"compétence spéciale"决定应由该国何法院管辖,故于此概念分类下"compétence générale"即为涉外民事诉讼国际裁判管辖,"compétence spéciale"即为民事诉讼土地管辖。然近年来,为了防止国际裁判管辖权冲突所订立的国际裁判管辖法则国际公约或草案,诸如 1968 年《民事及商事事件之裁判管辖权与判决执行公约》(Convention on Jurisdiction and the Enforcement of Judgments in Civil And Commercial Matters,简称为《布鲁塞尔公约》,此公约并于 2000 年 12 月 22 日经欧盟理事会规则化成为《2000 年 12 月 22 日关于民事及商事事件之裁判管辖权与判决执行的欧洲共同理事会规则》Council Regulation (EC) No. 44/2001 of 22 December 2000 on Jurisdiction and the Enforcement of Judgments in Civil And Commercial Matters,简称为《欧盟管辖规则Ⅰ》EU RegulationⅠ)、1999 年海牙国际私法会议所制定的《民事及商事事件之裁判管辖权与外国判决公约预备草案》(Preliminary Draft Convention on Jurisdiction and the Foreign Judgments in Civil And Commercial Matters,简称为《新海牙管辖权公约预备草案》),以及欧洲法院与美国联邦最高法院,并不采取"compétence générale"与"compétence spéciale"的概念分类,而是采取"general jurisdiction"与"specific jurisdiction"的概念分类。按"general jurisdiction"与"specific jurisdiction"的概念分类,乃是依民事诉讼法之管辖法则,若某一法院具有被告之普通审判籍或特别审判籍时,则反映出该国法院对该涉外私法案件具国际裁判管辖权,基于普通审判籍所反映出的国际裁判管辖权为"一般管辖权",基于特别审判籍所反映出的国际裁判管辖权则为"特别管辖权"。本来"compétence générale"与"compétence spéciale"以及"general jurisdiction"与"specific jurisdiction"的概念分类并无绝对地优劣,然而若从国际裁判管辖的问题本质观之,"general jurisdiction"与"specific jurisdiction"的概念分类较"compétence générale"与"compétence spéciale"的概念分类,对国际裁判管辖权的决定较具实益,盖国际私法或国际民诉法须解决之裁判管辖权问题,为国际社会上分担裁判某一涉外私法案件任务之最适法院地为何处之问题,亦即决定法院地国(或法域),至于法院地国(或法域)决定后应由该国(或法域)何一法院裁判,为"民诉法"的问题,并非国际私法或国际民诉法之任务,从而另创实质上等同于内国民诉法上法院的土地管辖分配问题之"compétence spéciale"概念,对国际裁判管辖权的决定,并不能起任何实质功用,更何况《布鲁塞尔公约》《欧盟管辖规则Ⅰ》与《新海牙管辖权公约预备草案》皆采取"general jurisdiction"与"specific jurisdiction"的概念分类,"compétence générale"与"compétence spéciale"的概念分类于国际社会并不具普遍性。故本文基于功能性以及国际社会上之普遍性考虑,采取"general jurisdiction"与"specific jurisdiction"的概念分类。

对被告之特别审判籍②与涉外民事诉讼对被告之"特别管辖权"(specific jurisdiction)。大陆法系国家或地区皆有民诉法之制定,因此对于民事诉讼土地管辖皆有成文法可供依循,然而涉外民事诉讼之国际裁判管辖,传统上少有直接明文规定者③,由于土地管辖与国际裁判管辖皆以与法院地间的"牵连"作为决定标准,故德、日等大陆法系国家乃依自己认为合目的(zweckmäßig)或适当(angemes-sen)之民事诉讼土地管辖的原理,来决定涉外民事诉讼之国际裁判管辖。

台湾地区法律属于大陆法系,虽然法律中有"国际裁判管辖"之个别性规定("海商法"第78条乃为目前实证法中国际裁判管辖法则唯一之明文规范),然而现行"民诉法"与"涉外民事法律适用法"中并无关于国际裁判管辖法则之一般性规定,基于法律体制的类同性,国际裁判管辖的法律体系,自以参酌民事诉讼管辖法则体例相近的德、日等大陆法系国家为适宜,亦即法院应依"合目的或适当之民事诉讼土地管辖的原理",来决定法院对涉外私法案件之国际裁判管辖权。然而,何谓"合目的或适当之内国民事诉讼土地管辖的原理"?此问题诚为决定涉外私法案件国际裁判管辖权的核心问题,而此问题可衍生出两个具体内涵,包括:"如何得出合目的或适当之民诉土地管辖的原理",以及"合目的或适当之民事诉讼土地管辖原理之具体内容为何"。"最高法院"2004年台抗字第176号裁定中,"最高法院"即认定"民诉法"第3条为"合目的或适当之内国民事诉讼土地管辖的原理",因此作出了台湾法院对本件诉讼具有国际裁判管辖权且应由被告财产所在地之台北地方法院为土地管辖之结论,然而同一案件之下级审法院,一审法院却作出台湾法院无国际裁判管辖权、二审法院之台湾法院具有国际裁判管辖权但应由士林地方法院为土地管辖的与"最高法院"不同之结论,究其原因,乃因审理的三级法院对于"如何得出合目的或适当之民事诉讼土地管辖的原理"之看法不同,因此采取了三种不同的决定国际裁判管辖之总论上方法,而得出三种不同结论,由此可知,台湾法院实务对于涉外私法案件国际裁判管辖权的决定,至今尚未形成一致与稳定的决定基准。对于"如何得出合目的或适当之民事诉讼土地管辖的原理"

---

② 大陆法系之特别审判籍,系以诉讼标的法律关系或诉讼事件的类型来决定其和法院地间的牵连性,而美国法上对非法院地居民之被告的"对人诉讼裁判管辖权"(in personam jurisdiction or personal jurisdiction or jurisdiction over the person)之基础,则是建立在"被告和法院地间的牵连"上,此乃大陆法系之裁判管辖构造与美国法之裁判管辖构造的根本上差异之处。

③ 但是近年来,大陆法系立法例上已逐渐采取于国际私法典明文规定国际裁判管辖法则之方式,例如:1989年《瑞士国际私法》、1992年《罗马尼亚国际私法》、1995年《意大利国际私法》、1999年《斯洛伐尼亚国际私法》与2004年《比利时国际私法》。至于德国,《德国民诉法》(ZPO)就国际裁判管辖法则本未直接规定,但于1986年修正时,则有若干条文明文规定国际裁判管辖法则,例如:第606 a条规定,对婚姻事件,一方配偶现为德国人或于结婚时曾经为德国人者、双方当事人在内国有惯常居所者、一方配偶为无国籍人而在内国有惯常居所者、一方配偶在内国有惯常居所者(但将为之裁判依配偶之一方所属国法显然不被承认者,不在此限),德国法院具有管辖权;第640 a条规定,对亲子事件,当事人之一方为德国人者、当事人一方在内国有惯常居所者,德国法院具有管辖权。

(国际裁判管辖权的决定基准)此一国际裁判管辖总论的问题,由于台湾文献讨论已丰④,故本文不将讨论重心置于此,而本文之重心,乃评析"最高法院"2004年台抗字第176号裁定所认定"民诉法"第3条为"合目的或适当之民事诉讼土地管辖的原理"的见解是否妥适,此一问题乃是属于"合目的或适当之内国民事诉讼土地管辖原理之具体内容为何"之国际裁判管辖各论的问题。

### 一、决定国际裁判管辖之总论上方法对以"民诉法"第3条作为国际裁判管辖依据之影响

从比较国际私法或国际民诉法之角度言,国际裁判管辖法则之规范形式,有明文规定、参考民事诉讼管辖法则得出、法院依个案以方法定之等三种形式。理论上,未以成文法直接明文规定国际裁判管辖法则之国家或地区,可以采取参考内国民事诉讼管辖法则得出或法院于个案以方法定之⑤这两种形式,决定国际裁判管辖权,但这对大陆法系国家或地区言,就陷入了两难,盖采取参考民事诉讼管辖法则的形式论,得维护法安定性但失之具体妥当性,采取法院于个案以方法定之实质论,符合具体妥当性但失之法安定性,故而有折中论之提出,但是折中论却也为二说折中之比例与程度而有不同主张,致使决定国际裁判管辖之总论上方法的学说呈现百家争鸣。"最高法院"2004年台抗字第176号裁定中,三级法院各自的裁定理由,对决定国际裁判管辖之总论上方法的歧异,提供了相当好之适例:一审法院、二审法院及三审法院分别采取了"不拘泥"于实证的民诉法规范之"利益衡量说","参酌"内国实证的民诉法规范之"修正类推适用说",以及"完全"依实证的民诉法规范之"逆推知说"三种不同立场,此导致一审法院之台湾法院无国际裁判管辖权、二审法院之台湾地区法院具有国际裁判管辖权但应由士林地方法院管辖,以及三审法院之台湾法院具有国际裁判管辖权但应由被告财产所在地之台北地方法院管辖等三种不同结论。

采取实质论作为决定国际裁判管辖之总论上方法者,如"利益衡量说""新类型说"等,并不受实证民诉法规范之拘束,故不以民事诉讼土地管辖之规范作为国际裁判管辖之依据。采取形式论与折中论者,虽受实证民诉法规范之拘束,但因"完全依循""参酌"等受拘束程度的不同,会影响到以民诉土地管辖规范作为国际裁判管辖依据之严格度。以本文所探讨的"民诉法"第3条

---

④ 诸如(依出版时间先后,以下注释参考文献有两条以上者,亦同)。参见苏远成:《国际私法》,五南图书出版公司1993年版,第130—131页;邱联恭:《司法现代化之要素》,载《司法之现代化与程序法》1994年版,第98—102页;陈启垂:《民事诉讼之国际管辖权》,载《法学丛刊》1997年第166期,第75—86页;林秀雄:《国际裁判管辖权——以财产关系案件为中心》,载《国际私法理论与实践——刘铁铮教授六秩华诞祝寿论文集》(一),学林1998年版,第119—135页;刘铁铮、陈荣传:《国际私法论》,台北三民书局2004年版,第604—605页;马汉宝:《国际私法》2004年版,第201—205页;蔡华凯:《国际裁判管辖总论之研究——以财产关系诉讼为中心》,载《中正法学集刊》2004年第17期,第1—85页;吴光平:《涉外财产关系案件的国际裁判管辖权》,载《法学丛刊》2006年第201期,第57—106页;吴光平:《国际裁判管辖权的决定基准——总论上方法的考察》,载《政大法学评论》2006年第94期,第267—334页。

⑤ 英美法系依此形式定之,例如英国法以"合理性原则"(effectiveness)与"实效性原则"(voluntary submission)之方法决定,美国法以"最低度接触法则"(minimum contacts)与"合理公平原则"(reasonableness and fairness)之方法决定。有关美国法上裁判管辖权之决定,参见陈隆修:《国际私法管辖权评论》,五南图书出版公司1986年版,第97—184页;蔡华凯:《美国涉外民事诉讼之对人管辖总论》载《陈长文教授六秩华诞祝寿论文集——超国界法律论集》,台北三民书局2004年版,第267—297页;吴光平:《美国国际私法选法方法论与裁判管辖权法则之简析》,载《法令月刊》2005年第56卷第7期,第33—39页。

而言:若采取"逆推知说"⑥与"单纯类推适用说"⑦,则因国际裁判管辖权由"民诉法"第3条逆推知决定,或直接类推适用"民诉法"第3条决定,国际裁判管辖依据"完全"严格地依内国民事诉讼土地管辖规范,受实证民诉法规范拘束之程度最高;"修正类推适用说"(又称"管辖分配说"或"法理说")⑧,由于类推适用"民诉法"第3条时,应考虑民事诉讼与涉外民事诉讼之差异,依裁判之公平、有效、经济与当事人间平等待遇等国际民诉法之法理而作部分修正类推适用,且亦可将法院地国或地区未加入的国际裁判管辖权法则或国际公约纳为国际民诉法之法理而作部分之修正类推适用,以民事诉讼土地管辖规范作为国际裁判管辖依据时,可根据民事诉讼与涉外民事诉讼本质上的差异为"弹性调整",受内国实证民诉法规范之拘束较为宽松。

由上述可知,决定国际裁判管辖之总论上方法,会对以"民诉法"第3条作为国际裁判管辖依据时,产生不同的结果。民事诉讼与涉外民事诉讼确实存有本质上重要差异(二者差异以"民诉法"第3条之运用为例,详见下述),民事诉讼之当事人为同国或同地区人,系争法律关系、诉讼程序与结果所涉及的范围限于一国或同地区之内,民事诉讼之裁判机能系由同一地区之法院加以分摊,而涉外民事诉讼当事人多为不同国籍或不同地区之人,系争法律关系、诉讼程序与结果所涉及的范围超越一国或地区,涉外民事诉讼之裁判机能系由历史、法律、语言、宗教、伦理等均不同各国家或地区间协力分担,故对当事人之程序保障,更会随着民事诉讼与涉外民事诉讼之不同而有不同的严格度。就此以言,"修正类推适用说"较"逆推知说"与"单纯类推适用说"更能因应以民事诉讼土地管辖规范作为国际裁判管辖依据时,根据民事诉讼与涉外民事诉讼之本质上差异所为之弹性调整。但"裁判之公平、有效、经济与当事人间平等待遇等国际民诉法之法理"作为弹性调整的标准,过于抽象,实际运用时应如何具体化? 本文以为,可以"利益衡量说"作为修

---

⑥ "逆推知说"主张,从"民诉法"有关土地管辖之规定,即可推知是否具国际裁判管辖权,盖"民诉法"土地管辖之规定乃具"双重机能性"(Doppelfunktionaltät),此说于德国称为"双重机能理论"(Doppelfunktionaltät der örtlichen Zuständigkeit)。参见〔日〕池原季雄、平塚真:《涉外訴訟における裁判管轄》,载《实务民事诉讼讲座(6)——涉外訴訟、人事訴訟》,日本评论社1978年版,第11页;林秀雄,注④文,第124页;蔡华凯,注④文,第17—19页。然此说之最主要缺点为,以土地管辖之存在来逆推知国际裁判管辖权存否,其逻辑上有本末倒置之嫌。

⑦ "单纯类推适用说"主张,内国民诉法或国际民诉法并无不同,故于实证法中无关于国际裁判管辖权明文规定之情形下,应直接类推适用内国民诉法有关土地管辖的规定。然此说之最主要缺点为,因应本质不同处不宜直接类推适用而须为合目的之修正时,无法依国际裁判管辖之总论上方法,运用一个适用于整体判断基准的弹性机制,排斥与涉外民事诉讼本质不合的管辖依据,为符合具体妥当的调整,否定法院的国际裁判管辖权。

⑧ "修正类推适用说"主张,内国民事诉讼与涉外民事诉讼存有重要差异,故类推适用内国民诉法时,应考虑内国民事诉讼与涉外民事诉讼之差异,依裁判之公平、有效、经济与当事人间平等待遇等国际民诉法之法理为部分之修正类推适用,且亦可以法院地国或地区未加入的国际裁判管辖法则国际公约为国际民诉法之法理而为部分之修正类推适用,从而内国民诉法土地管辖之规定经依国际民诉法之法理而为部分的修正类推适用者,该内国民诉法土地管辖之相关规定不过为国际裁判管辖法则的一部分,法院地国或地区未加入的国际裁判管辖法则国际公约,亦为国际裁判管辖法则的内容。参见〔日〕池原季雄、平冢真,注⑥文,13—14页;〔日〕木棚照一、松冈博、渡边惺之:《国际私法概论》,有斐阁1998年版,第249页;林秀雄,注④文,第125页;蔡华凯,注④文,第19—20页、第49—51页、第76—77页。

正类推适用内国实证民诉法规范之论理依据⑨,若认为类推适用实证民诉法规范亦能符合当事人之利益或公共利益时,自有类推适用之可能,若无实证民诉法规范得以类推适用时,则只有依据"利益衡量说",以决定对该涉外私法案件是否具有国际裁判管辖权,而于利益衡量时,则利用美国法上"最低度接触法则"(minimum contacts),就土地管辖规定所呈现的牵连关系强度判断,是否已达于具有国际裁判管辖权时所要求的"充分牵连",并依"合理公平原则"(reasonableness and fairness),综合考虑被告、原告、法院地三方之公、私利益,得出类推适用、修正之类推适用或不类推适用之结论。⑩本文以下即以此方法,检证民诉法第三条作为国际裁判管辖之依据。

## 二、"民诉法"第 3 条射程距离之比较——内国或地区民事诉讼与涉外民事诉讼之类同与差异

"民诉法"第 3 条规定:"对于在现无住所或住所不明之人,因财产权涉讼者,得由被告可扣押之财产或请求标的所在地之法院管辖(第 1 项)。被告之财产或请求标的如为债权,以债务人住所或该债权担保之标的所在地,视为被告财产或请求标的之所在地(第 2 项)。"⑪以在现无住所或住所不明之被告可扣押之财产或请求标的所在地法院具特别审判籍,其立法意旨为"判决实效性",盖以被告可扣押财产或请求标的所在地之法院为管辖法院,能方便将来的强制执行,保护债权人之原告,且以此地之法院为管辖法院,亦能便利原告的起诉。⑫"判决实效性"是建构法院管辖制度的重要考虑因素,内国或地区无论民事诉讼土地管辖抑或涉外民事诉讼国际裁判管辖皆然,盖从判决之迅速、经济观点,"判决实效性"与原告的利益有极大关系,特别是在给付判决之情形,若为能迅速、经济地实现给付判决内容之地,对原告的利益有较佳的保障,故而"判决实效性"乃是内国或地区民事诉讼土地管辖与涉外民事诉讼国际裁判管辖皆须考虑者,从而着眼于"判决

---

⑨ 考虑到大陆法系成文法的法制传统,因而使大陆法系国家或地区的法官对成文之法律条文有较深的依赖,未提供任具体判断标准的诸实质论方法,恐有运用上的风险,因此诸形式论方法虽有失之具体妥当性的缺失,但于现阶段仍属必要,因为"经过法安定性与具体妥当性的相互妥协"后的修正式形式论方法,比起大陆法系国家或地区法官所不熟悉之"着重具体妥当性"的诸实质论方法,所能发挥的功用更大。此种以形式论为基础,辅之以实质论调合之方法,可称为调合论。

⑩ 台湾地区国际裁判管辖法律体系之建立,虽然应以德、日等大陆法系国家或地区国际裁判管辖之法律体系为体,亦应以美国法之"最低度接触法则"与"合理公平原则"为用,盖若观察德、日等大陆法系国家或地区国际裁判管辖法律体系的发展轨迹,无论"内国牵连性"的要求(德国)抑或"特别情事原则"(特段的事情论)的提出(日本),皆符合美国联邦最高法院于 1945 年 International Shoe Co. v. Washington 案所提出"为了使非在法院地领域内的被告服从于以对人诉讼裁判管辖权为基础所为之判决,'正当程序条款'要求,诉讼之维持,须被告与法院地间存在有无害于'传统上公平与实质正义概念'的'最低度接触'"(Due process requires only that in order to subject a defendant to a judgment in personam, if he be not present within the territory of the forum, he have certain minimum contacts with it such that the maintains of the suit does not offend "traditional notions of fair play and justice.")。所确立的"最低度接触法则"与"合理公平原则",而有鉴于此等"充分接触""衡量被告、原告、法院地三方之公、私利益"之理念于美国发展已久,讨论与判决阐释亦丰,因此在既有之大陆法系民事诉讼体制上,兼采美国法的经验,如此即能收相辅相成之效。

⑪ "民诉法"第 3 条之规定乃继受自《德国民诉法》第 23 条,其规定如下:(1) Für Klagen wegen vermögensrechtlicher Ansprüche gegen eine Person, die im Inland keinen Wohnsitz hat, ist das Gericht zuständig, in dessen Bezirk sich Vermögen derselben oder der mit der Klage in Anspruch genommene Gegenstand befindet. (2) Bei Forderungen gilt als der Ort, wo das Vermögen sich befindet, der Wohnsitz des Schuldners und, wenn für die Forderungen eine Sache zur Sicherheit haftet, auch der Ort, wo die Sache sich befindet。

⑫ 参见陈计男:《民事诉讼法论》(上),台北三民书局 1994 年版,第 32 页;陈荣宗、林庆苗:《民事诉讼法》(上),台北三民书局 2004 年版,第 134 页。

实效性"之"民诉法"第 3 条,运用于"涉外民事诉讼国际裁判管辖"应可肯定,此乃基于内国或地区民事诉讼与涉外民事诉讼之类同性。惟,"民诉法"第 3 条因内国或地区民事诉讼与涉外民事诉讼之本质上差异,射程距离随之亦有差异。兹分述如下。

（一）类同性

所谓类推适用,乃是将法律针对某构成要件或多数彼此相类的构成要件而赋予之规则,转用于法律所未规定而与前述构成要件相类的构成要件,转用的基础在于两个构成要件在与法律评价有关的重要观点上彼此相类,因此二者须作相同之评价,其核心即在于"与法律评价有关的重要观点上彼此相类而须作相同之评价"。因此,国际裁判管辖是否类推适用内国或地区土地管辖的相关规定,须视国际裁判管辖与内国或地区土地管辖"与法律评价有关的重要观点上是否彼此相类而须作相同之评价"。

规范土地管辖之"民诉法"第 3 条的立法意旨,乃"判决实效性",而从国际裁判管辖的角度言,纵然因被告于其可扣押财产或请求标的所在地国或地区无住所或惯常居所[13]（自然人）或主事务所或进行持续性商业活动[14]（法人）（以下为行文篇幅之故,言及被告住所,即含括自然人被告之住所或惯常居所,以及法人被告之主事务所或持续性商业活动地）,使该国或地区法院不具"一般管辖权",但以被告可扣押财产或请求标的所在地国或地区法院具"特别管辖权",对进行跨国或地区诉讼的原告而言,由于获胜判决时即可就被告之财产强制执行,此时因裁判国与执行国为同一国或地区,判决自然甚具实效性,此对债权人之原告甚为便利,不必承担胜诉判决不被承认与执行的风险,故以被告可扣押财产或请求标的所在地作为国际裁判管辖之依据,"法律评价的重要观点"与"民诉法"第 3 条之规定完全相同,从而"民诉法"第 3 条之规定,可类推适用于国际裁判管辖权之决定。[15] 只是,被告在台湾现无住所或住所不明,而在外国或地区有住所时,台湾法院本无"一般管辖权",惟如可扣押财产或请求标的在台湾时,台湾法院即具有"特别管辖权"[16],其中因可扣押财产位于法院地所产生的裁判管辖权,可称为"扣押管辖"（forum arres-

---

[13] 惯常居所（habitual residence）作为国际裁判管辖依据之妥当性,于现今国际民诉法的趋势上乃受肯定。以"最低度接触法则"观之,基于居住的惯常性,被告于惯常居所地之"出现"（presence）显较其他居所地频繁,使惯常居所地于通常情形下与系争案件具有充分牵连而符合"最低度接触法则";复以"合理公平原则"观之,基于居住的惯常性,被告在其惯常居所地应诉甚为方便,且惯常居所地因亦为被告日常生活、经济关系之主要发生地,常为诉讼标的原因事实之发生地,此时法院讯问证人、调查证据亦为便利,法院所为之判决亦较易于执行而具实效性。故以惯常居所地为国际裁判管辖依据,应为妥当,而《新海牙管辖权公约预备草案》第 3 条第 1 项,即以惯常居所地取代住所地作为国际裁判管辖依据。台湾地区法则可以法理援用惯常居所地作为国际裁判管辖依据。

[14] 持续性商业活动地（regular business operations）为法人日常商业活动关系之发生地,常为诉讼标的原因事实之发生地,故如同惯常居所地之于自然人,以持续性商业活动地作为国际裁判管辖依据,应属妥当（以"最低度接触法则"与"合理公平原则"分析,类同于前揭注惯常居所地的分析,于此不赘述）。惟持续性商业活动之意义如何,美国法的解释可供借鉴,端视该法人是否"经常性地及有计划性地于法院地营业"（regular and systematic dealing）,亦即由"继续性"（continuous）与"计划性"（systematic）二要素所构成,具体的判断标准如:是否于法院地有办公室、代表、职员、财产、银行账号、仓库、广告电话簿登录等。可以法理援用持续性商业活动地作为国际裁判管辖依据。

[15] 参见苏远成,注④书,第 134 页;刘铁铮、陈荣传,注④书,第 607 页;林秀雄,注④文,第 131 页。

[16] 但是若被告于台湾有住所,而可扣押财产或请求标的亦位于台湾时,台湾法院同时具有"一般管辖权"与"特别管辖权",自不待言。

ti。日文称"差押管辖";英文称"查封管辖"attachment jurisdiction;德文称"财产的审判籍"Vermögensgerichtsstand)。

### (二)差异性

虽然基于"判决实效性",无论是民事诉讼抑或是涉外民事诉讼,皆可以被告可扣押财产或请求标的所在地之法院为管辖法院,前者为适用"民诉法"第 3 条,后者为类推适用"民诉法"第 3 条,但"民诉法"第 3 条于二者之运用,却有远近不同之射程距离。按"民诉法"第 3 条,在于决定台湾法院的土地管辖,以分配民事诉讼之裁判机能为其主要任务,而着眼于保障债权人之利益,被告于现无住所或住所不明者,使原告无法至对被告具有普通审判籍之法院起诉,如此无异于剥夺原告的诉讼权,故基于"程序的保障",让原告于被告可扣押财产或请求标的所在地之法院起诉,而此地之法院于讯问证人、搜集证据等证据方法上,因限于一国或地区之内故不致发生困难,且有利于身为债权人之原告⑰迅速、经济地实现判决内容,对原告利益有较佳的保障,复因民事诉讼之诉讼程序与结果涉及的范围限于一国或地区之内,纵使诉讼对被告有所不便,但终究限于一国或地区之内,故被告之"程序保障"须较迁就于原告(债权人)利益之维护,二者间之紧张关系尚不至于达到架空被告之"程序保障"的程度。

但"民诉法"若运用于国际裁判管辖时,则不能拘泥于民诉法仅保障内国或地区及内国或地区人民之利益的"国家主义"理念,盖国际社会并存着多样内容的法秩序,为了确保国际社会之法安定性,各国法院应基于国家或地区间之协力而分担国际上私法案件之裁判机能,不应偏重程序法的严格性与划一性⑱,故国际裁判管辖应立于普遍主义的观点⑲,分配国际社会上各国或地区法院之裁判机能,其所重视者乃各国或地区法院在裁判机能能否公平、有效、经济地进行国际上私法案件之审理。以"民诉法"第 3 条运用于国际裁判管辖言,请求标的所在地国或地区法院之国际裁判管辖与被告可扣押财产所在地国或地区法院之国际裁判管辖须分别观察。前者因请求标的所在地乃为原告对之主张权利之物(例如请求交付某物)或其主张之权利(例如确认属于原告债权或其他权利)的现在地,此地与诉讼直接相关而具有直接牵连,故由该国或地区法院为国际裁判管辖应能公平、有效、经济地进行国际上私法案件之审理,此时被告之"程序保障"虽亦迁就原告(债权人)利益之维护,但直接牵连可保证被告被诉之可预测性,故不致使被告之"程序保障"被架空,从而"民诉法"第 3 条于此可完全类推适用。后者允许原告在被告可扣押财产所在地之法院起诉于现无住所或住所不明之他国或地区被告,虽有利于身为债权人之原告,但原告却不必然能迅速、经济地实现判决内容,盖诉讼当事人多为法律、语言、宗教、伦理观不同国家或地区的人,系争法律关系、诉讼程序与结果所涉及的范围亦超越一国或地区,法院于讯问证人、搜集证

---

⑰ 须加说明的是,此处之原告乃指具有国籍之原告,而本文之所以强调原告,乃因"民诉法"第 3 条之立法意旨为"判决实效性"以期能保障债权人之利益,故而将"民诉法"第 3 条运用于涉外案件之场合,保障身为债权人之原告自为讨论重心。当然,于涉外诉讼之场合,原告也有可能为外国人,而将"民诉法"第 3 条运用于决定涉外案件国际裁判管辖权时,并无原告为本国或本地区人之前提要件。

⑱ 参见〔日〕石黑一宪:《国际民事诉讼法》,新世社 1996 年版,第 134 页。

⑲ 参见邱联恭,注④书,第 98 页;林秀雄,注④文,第 123 页。日本学说请参见〔日〕泽木敬郎:《国际私法と国际民事诉讼法》,载《国际民事诉讼法の理论》,有斐阁 1987 年版,第 15 页;〔日〕山田镣一:《国际私法》,载《筑摩书房》1988 年版,396 页。

据等证据方法较为不易,且被告须至地理远隔的台湾应诉,不但不便且多所劳费,此会对被告造成的极大负担,致使被告之"程序保障"有被架空之虞,尤有进者,当胜诉判决于法院执行不能满足原告之债权时,对被告具"一般管辖权"之外国或地区法院不必然会承认与执行该判决,此时法院的判决根本不具实效性,"民诉法"第3条"判决实效性"、保障债权人利益之功能反而无用武之地。因此,"民诉法"第3条中由被告可扣押财产所在地法院管辖之规定运用于国际裁判管辖时,须立基于各国或地区法院在裁判机能公平、有效、经济地进行国际上私法案件之审理的普遍主义观点,借由"被告于法院地国或地区可扣押财产之价值须相当于诉讼标的之价值"且"被告于法院地国或地区可扣押之财产须与原告之请求具有直接牵连"(详见下第三、四部分所述)之要求,限制"民诉法"第3条中由被告可扣押财产所在地法院管辖之规定于国际裁判管辖之运用,以同时确保"判决实效性"功能之发挥及被告"程序保障"之不被架空,保障原告被告双方之权益。由此可知,"民诉法"第3条中由被告可扣押财产所在地法院管辖之规定运用于涉外民事诉讼国际裁判管辖时,其射程距离显较其适用于民事诉讼土地管辖时为小。

### 三、被告于法院地国或地区可扣押财产之价值与诉讼标的之价值是否须具有相当性?

由于"法律评价的重要观点"与民事诉讼土地管辖相类,故"民诉法"第3条中由被告可扣押财产所在地法院管辖之规定,可类推适用于国际裁判管辖权之决定,但基于民事诉讼与涉外民事诉讼之本质差异,须进一步依"最低度接触法则"与"合理公平原则"加以检验,以决定究为完全之类推适用,抑或为修正之类推适用,而首须检讨者,乃被告于法院地可扣押财产之价值与诉讼标的之价值是否须具有相当性的问题。若答案为否定,则类推适用"民诉法"第3条时,可不问得扣押财产之价值贵重与否,只要被告可扣押财产位于台湾地区,台湾法院即具有国际裁判管辖权;若答案为肯定,则须视被告可扣押财产之价值与诉讼标的之价值是否须相当,而修正类推适用"民诉法"第3条。此一问题,由于"最高法院"2004年台抗字第176号裁定采取"逆推知说"作为决定国际裁判管辖之总论上方法,故得出由"民诉法"第3条可推知法院具有国际裁判管辖权的结论,此方法无须考虑被告可扣押财产之价值与诉讼标的之价值是否须相当。但如此结论,会产生荒谬结果,例如,被告A国人无住所亦未有任何财产,但于过境时遗留PDA一部,原告因新台币5000万元之载货证券(装货港或卸货港非为本地港口)向法院起诉,此时逆推知(或单纯类推适用)"民诉法"第3条(被告财产PDA一具于台湾)承认法院具有国际裁判管辖权,纵法院判决原告胜诉,A国法院亦不承认与执行,而该判决于台湾执行,亦会因PDA与新台币5000万元之载货证券价值相差悬殊,而对原告之债权无实益,此时法院的判决根本不具实效性。

以"合理公平原则"为利益衡量观之,倘被告于可扣押财产之价值与诉讼标的价值不相当,纵使法院判决原告胜诉,该胜诉判决于执行亦因被告于台湾可扣押财产之价值与诉讼标的价值相差悬殊,而对原告之债权无实益,此时法院的判决根本不具实效性,法院在裁判机能并不能有效、经济地进行涉外民事诉讼之审理,更何况仅因被告途经某国或地区时无意间所遗留之价值微不足道的财产,却使该国法院可为国际裁判管辖,被告根本无从预测因此被诉,此将使被告须至对其而言不方便的法院应诉,不但不便且多所劳费,致被告可能蒙受程序上不利益(包括因程序之进行所支出的劳力、时间、费用)与可能获致实体上利益(因抗辩原告权利之主张所可能获致之利益)失衡而不合采算,此时被告实际上难为攻击防御而未受应有之"程序权保障",如此裁判机能的分配未免轻重失衡,故无限制地承认此种可扣押财产所在地国际裁判管辖权之情形,实已构成"过度管辖"(exorbitant jurisdiction)。

因此,"民诉法"第3条"判决实效性"之立法意旨虽然与内国或地区土地管辖及国际裁判管辖"法律评价的重要观点"相合,但其中由被告可扣押财产所在地法院管辖之规定适用于土地管辖,乃系立足于保障台湾债权人利益之"国家主义理念",故射程距离较远,运用于国际裁判管辖时,则须立足于合理分配国际社会上各国或地区法院裁判机能的普遍主义理念,故而须缩短其射程距离。从而,当被告可扣押财产之价值与诉讼标的之价值显不相当时,将"民诉法"第3条类推适用于国际裁判管辖实已构成"过度管辖",故应认为此时即不得类推适用之⑳,如此看法,亦为德国㉑与日本㉒若干学说所赞同。

### 四、被告于法院地国或地区可扣押之财产与原告之请求是否须具有直接牵连?

纵使被告于法院地可扣押财产之价值与诉讼标的之价值相当,被告于法院地可扣押之财产与原告之请求(诉讼标的)间是否须具有直接牵连之问题。若答案为肯定,则须被告在台湾可扣押财产之价值与诉讼标的之价值相当,且被告于台湾可扣押之财产与原告之请求间具有直接牵连者,台湾法院方具有国际裁判管辖权,此时为"民诉法"第3条的修正类推适用;若答案为否定,则只要被告于台湾可扣押财产之价值与诉讼标的之价值相当,纵然被告于台湾可扣押之财产与原告之请求间不具有直接牵连,法院仍具有国际裁判管辖权,此时亦为"民诉法"第3条的修正类推适用。㉓ 关于此一问题(由于"最高法院"2004年台抗字第176号裁定采取"逆推知说"作为国际裁判管辖之总论上方法,自然得出"民诉法"第3条可适用于国际裁判管辖之结论,而无须考虑被告于台湾可扣押财产之价值与诉讼标的之价值是否须相当,以及被告于台湾可扣押之财产与原告之请求间是否具有直接牵连)。比较法之发展颇为成熟,故以下即以比较法的经验为检讨与分析,并提出本文的见解。

(一) 比较法的经验

在"扣押管辖"之场合,被告于法院地可扣押之财产与原告之请求间是否须具有直接牵连,英美法系之美国与大陆法系之德国的态度,巧合地循着同一轨迹发展——从否定到肯定。兹分述如下:

---

⑳ 同一见解请参见邱联恭,注④书,第101—102页;李后政:《外国法院确定裁判之承认要件及效力之问题》,载《国际私法论文集——庆祝马教授汉宝七秩华诞》,五南图书出版公司1996年版,第191页;林秀雄,注④文,第132页。
㉑ Jan Kropholler, Internationale Zuständigkeit, in: Handbuch des Internationalen Zivilverfahrensrechts, Bd. I, 1982, S. 328.
㉒ 参见〔日〕石黑一宪,注⑱书,第136—137页。
㉓ 采此否定见解者,"民诉法"第3条受限制之程度,较采取肯定见解时受限制之程度为轻,其射程距离自较采取肯定见解时为远。

1. 美国

(1) 1905 年 Harris v. Balk 案㉔

关于裁判管辖权㉕的决定,美国法院早期基于著名美国冲突法学者 Joseph Story"属地主义"的观点,采取"所在权力理论"(presence power theory),只要诉讼标的位于法院地,则法院对该当事人或特定物即具有裁判管辖权,盖此时法院对当事人或特定物具有"物理上权力"(physical power),故对人诉讼裁判管辖权以 1877 年 Pennoyer v. Neff(95 U.S. 714 [1877])案确认"只要被告在法院地能受法院送达者,或基于被告自愿出庭者,法院即具有对人诉讼的裁判管辖权"(……determination of the personal liability of the defendant, he must brought within its jurisdiction by service of process within the state, or his voluntary appearance.),对物诉讼裁判管辖权(in rem jurisdiction)或准对物诉讼裁判管辖权(quasi in rem jurisdiction)则以 1905 年 Harris v. Balk 案确认只要特定物位于法院地法院就具有裁判管辖权。

在 Harris v. Balk 案中,原告 Harris 与被告 Balk 均为北卡罗来纳州(North Carolina,下称"北卡州")人,Harris 于 1896 年向 Balk 借款 180 美元,而诉外人 Epstein 为马里兰州(Maryland)人,其主张对 Balk 有 344 美元之债权。同年,Harris 因商务之故至马里兰州旅行,Epstein 遂向法院申请对 Harris 发出扣押 Balk 对 Harris 之金钱债权的命令(an order of condemnation)。Harris 回到北卡州后,通过律师对该扣押金钱债权之命令认诺,并在 Epstein 因此取得对第三债务人 Harris 之胜诉判决后,向 Epstein 清偿其所积欠 Balk 之 180 美元。但嗣后,Balk 则在北卡州法院对 Harris 起诉请求返还借款 180 美元,Harris 抗辩其在前诉中已履行马里兰州法院所命之给付,主张该判决应为北卡罗来纳州下级审法院所尊重并且拘束 Balk。北卡罗来纳州法院认为,由于该笔债权之所在地并未随着 Harris 在马里兰州之短期滞留而移至马里兰州,仍系存在于北卡罗来纳州,马里兰州法院并无管辖权可对该债权加以扣押,从而驳回了 Harris 之抗辩,而判决 Balk 胜诉。Harris 向北卡罗来纳州最高法院上诉,但北卡罗来纳州最高法院仍维持原判,Harris 因而上诉美国联邦最高法院。

联邦最高法院认为,当第三债务人(Harris)在该州境界内出现且亲自受送达,则债务人(Balk)自己即得在该州法院对其诉请返还借款,而债权人(Epstein)亦得借由该州所设之扣押程序,就债务人对第三债务人之债权加以扣押并进而收取,故马里兰州法院对扣押该笔 Balk 对

---

㉔ 198 U.S. 215 (1905).

㉕ 英美法系国家之民事诉讼区分为"对人诉讼"(actions in personam)、"对物诉讼"(actions in rem),而美国法上更有"准对物诉讼"(actions quasi in rem),此与大陆法系国家之民事诉讼仅对人有很大的不同。对人诉讼者,法院就当事人间权利义务关系之争执(controversies involving personal obligations)加以决定,而法院对此争执之决定并只及于争执之当事人间的一种诉讼类型;对物诉讼者,法院就位于法院地内之物的所有权(ownership)或控制力(control)加以决定,而法院对此之决定并及于全世界(the whole world)的一种诉讼类型;至于准对物诉讼为美国法所独有,其为法院决定特定人对于位于法院地特定物的权利(the rights of particular persons in specific property),但与对物诉讼不同的是,法院对位于法院地特定物之决定只及于当事人间而不及于他人(对物诉讼则及于他人 the rights of the entire world in that specific property),其与对人诉讼不同的是,其不能决定当事人间权利义务关系(对人诉讼则为决定当事人间权利义务关系[the rights and duties of the parties and the power to bind parties personally])。准对物诉讼有两类:第一类为决定特定人对位于法院地特定物的权利为内容之准对物诉讼(jurisdiction to affect title of particular claimants),此时较类似对物的诉讼;第二类为若是因法院无对人诉讼之裁判管辖权,但被告于法院地有财产且原告对被告位于法院地财产申请假扣押为内容之准对物诉讼(quasi in rem jurisdiction to enforce in personam claim),此时较类似对人的诉讼。GENE R. SHREVE & PETER RAVEN-HANSEN, UNDERSTANDING CIVIL PROCEDURE 28-9 (2d ed. 1994);参见 RICHARD L. MARCUS, MARTIN H. REDISH & EDWARD F. SHERMAN, CIVIL PROCEDURE: A MODERN APPROACH 698-9 (4th ed. 2005).

Harris 之债权具有裁判管辖权,从而北卡罗来纳州法院之判决应予废弃。由此可知,联邦最高法院采取"所在权力理论"来决定裁判管辖权,盖 Balk 对 Harris 之债权(诉讼标的)位于马里兰州,马里兰州法院对位于法院地之诉讼标的具有"物理上权力",自具有裁判管辖权。

(2) 1977 年 Shaffer v. Heitner 案㉖

Harris v. Balk 案对于对物诉讼裁判管辖权或准对物诉讼裁判管辖权所揭示的"所在权力理论"维持了超过 70 年,但随着 Pennoyer v. Neff 案对于对人之诉讼裁判管辖权所揭示的"所在权力理论"于 1945 年遭到 International Shoe Co. v. Washington(326 U.S. 310 [1945])案(下称"International Shoe 案")以"最低度接触法则"修正后,单以物之所在作为裁判管辖之依据,其合宪性亦随即为之动摇。直至 1977 年 Shaffer v. Heitner 案,美国联邦最高法院将 International Shoe 案所揭示"最低接触法则"扩张适用于准对物之诉讼或对物之诉讼,以"所在权力理论"决定对物之诉讼裁判管辖权或准对物之诉讼裁判管辖权的基准,遭到了修正。

Shaffer v. Heitner 案,原告 Shaffer 基于德拉瓦州 Greyhound 公司之股东份,以违反忠实义务为由,于德拉瓦(Delaware)州法院对该公司及 28 名董事及经理人提起股东代表诉讼(shareholder's derivative action),但由于某些被告并非德拉瓦州人,德拉瓦州法院对之并不具有对人诉讼裁判管辖权,而依德拉瓦州法,公司股份之所在地(presence)为公司主事务所所在地,故原告于起诉之同时,对其中 21 名非德拉瓦州人之董事所有 Greyhound 公司股票及选择权申请发出扣押命令(order of sequestration)。虽该 21 名遭扣押股票之被告,抗辩依 International Shoe 案所建立之标准,渠等与德拉瓦州并无足够之接触使得德拉瓦州法院具有裁判管辖权,但德拉瓦州下级审法院驳回被告无裁判管辖权之抗辩。被告继续上诉到德拉瓦州最高法院,德拉瓦州最高法院认为,由于该州法院对本案的裁判管辖权,乃植基于被告于州境内可扣押财产之准对物之诉讼裁判管辖权,而非对人之诉讼裁判管辖权,故不受 International Shoe 案所建立标准之拘束,从而维持下级审法院的决定。Shaffer 因而上诉至美国联邦最高法院。

联邦最高法院指出,关于"无须考虑系争纷争、该财产所有人与法院地间关系,只要财产在州境内出现,即足以使该州法院对关于该财产之权利行使裁判管辖权"之原则(Harris v. Balk 案所揭示的"所在权力理论"),下级审法院已开始质疑,绝大多数学者亦主张准对物之诉讼裁判管辖权的决定亦应受到 International Shoe 案所揭示"最低度接触"及"传统上公平与实质正义的原则"的制约。㉗ 联邦最高法院接受此等看法,认为法院于对物之诉讼之判决,最终仍将影响被告对该物所有之权益,而宪法第十四修正案"正当程序条款"(Due Process Clause)对被告所赋予之保护,势不能因诉讼类型之区分而使裁判管辖权之决定有所不同,故为了正当化对物之诉讼裁判管辖或准对物之诉讼裁判管辖的依据,联邦最高法院宣示必须具有充足之裁判管辖依据方对特定人在特定物上所有之权益具有裁判管辖权,并进而认定有无此正当性基础的依据,正系 International Shoe 案所揭示的"最低接触法则"。联邦最高法院更进一步指出,传统之对物之诉讼裁判管辖权以及决定特定人对位于法院地特定物的权利为内容之准对物诉讼裁判管辖权,由于该特定物与系争法律关系均有直接之牵连关系,故原则上均可满足"最低接触法则"的要求,从而此等诉讼类型裁判管辖之合宪性,仍可于 International Shoe 案所揭示之标准下继续维持。然而因法院无对人

---

㉖ 443 U.S. 186 (1977).

㉗ 参见,e. g., Arthur T. von Mehren & Donald T. Trautman, Jurisdiction to Adjudicate: A Suggested Analysis, 79 HARV. L. REW. 1121 (1966); Roger Traynor, Is This Conflict Really Necessary?, 37 TEXAS L. REW. 657 (1959); Albert A. Ehrenzweig, The Transient Rule of Personal Jurisdiction: The "Power" Myth and Forum Conveniens, 65 YALE L. J. 289 (1956).

诉讼之裁判管辖权,但被告于法院地有财产且原告对被告位于法院地财产申请假扣押为内容之准对物诉讼(即本案之情形),其裁判管辖会显著地受到"最低接触法则"要求之限制。质言之,当被告在州境内之财产与系争诉讼完全欠缺任何牵连关系,单以该财产在州境内出现之事实,并不足以使法院对系争案件为裁判管辖,故而当被告、系争诉讼及法院地间缺乏其他之牵连,法院将不具有裁判管辖权。由于本案中,诉讼与被告的股份无关,且因为非法院地居民于法院地外之行为,故仅股份之所在地于法院地尚不能构成法院主张具有准对物诉讼裁判管辖权之"充分接触"(sufficient contact),故而联邦最高法院以违反宪法"正当程序条款"为由,废弃德拉瓦州法院的判决,如此等于实质上废止了 Harris v. Balk 案日后之拘束力,确立了此案之后,除了特定物须位于法院地外,尚须与原告之诉有最低度接触者,法院方具有裁判管辖权。

2. 德国

(1) Fried. Krupp G. m. b. H. 事件

《德国民诉法》(ZPO)第 23 条相当于"民诉法"第 3 条,然该条规定已被《布鲁塞尔公约》第 3 条及《欧盟管辖规则Ⅰ》附件一(Annex Ⅰ)㉘认定为"过度管辖"而列入禁止适用的名单,故与欧盟会员国国民间的诉讼,德国法院即不得依其《民事诉讼法》第 23 条为国际裁判管辖。但是若涉及与欧盟以外国家国民间的诉讼,德国法院仍可继续依其《民事诉讼法》第 23 条为国际裁判管辖。但问题是,以被告可扣押财产所在地位于德国作为国际裁判管辖之依据,不但不受国际社会欢迎,更为德国自己带来了外交关系上的困扰。最著名者为 1979 年的 Fried. Krupp G. m. b. H. 事件。

1970 年代末期,因美国人在伊朗德黑兰大使馆遭挟持而引发之美伊冲突中,美国与伊朗两国各自冻结了其国家管辖可及之他方资产。于 1979 年,纽约之摩根信托公司(Morgan Guaranty Trust Company)于西德之"钢铁之都"埃森(Essen)对伊朗政府起诉,其所主张之国际裁判管辖依据,为伊朗政府对设于埃森之一家西德大型钢铁制造公司(Fried. Krupp G. m. b. H.)所握有 25% 的股权,属于被告在西德可供扣押之财产,故依《德国民事诉讼法》第 23 条之规定,德国法院对本件诉讼乃具国际裁判管辖权。尽管该件诉讼与联邦德国并无任何牵连关系,但联邦德国法院认为依"财产的审判籍"(Vermögens-gerichtsstand),其对本件诉讼具有国际裁判管辖权。

---

㉘ ANNEX Ⅰ:Rules of jurisdiction referred to in Article 3(2) and Article 4(2), The rules of jurisdiction referred to in Article 3(2) and Article 4(2) are the following:-in Belgium:Article 15 of the Civil Code (Code civil/Burgerlijk Wetboek) and Article 638 of the Judicial Code (Code judiciaire/Gerechtelijk Wetboek);-in Germany:Article 23 of the Code of Civil Procedure (Zivilprozessordnung),-in Greece, Article 40 of the Code of Civil Procedure (Êþäéêáó Ðïëéôéêçò Äéêïíïìßáò);-in France:Articles 14 and 15 of the Civil Code (Code civil),-in Ireland:the rules which enable jurisdiction to be founded on the document instituting the proceedings having been served on the defendant during his temporary presence in Ireland,-in Italy:Articles 3 and 4 of Act 218 of 31 May 1995,-in Luxembourg: Articles 14 and 15 of the Civil Code (Code civil),-in the Netherlands:Articles126(3) and 127 of the Code of Civil Procedure (Wetboek van Burgerlijke Rechtsvordering),-in Austria:Article 99 of the Court Jurisdiction Act (Jurisdiktionsnorm),-in Portugal:Articles 65 and 65A of the Code of Civil Procedure (Código de Processo Civil) and Article 11 of the Code of Labour Procedure (Código de Processo de Trabalho),-in Finland:the second,third and fourth sentences of the first paragraph of Section 1 of Chapter 10 of the Code of Judicial Procedure (oikeudenkäymiskaari/rättegångsbalken),-in Sweden:the first sentence of the first paragraph of Section 3 of Chapter 10 of the Code of Judicial Procedure (rättegångsbalken),-in the United Kingdom:rules which enable jurisdiction to be founded on:(a) the document instituting the proceedings having been served on the defendant during his temporary presence in the United Kingdom;or (b) the presence within the United Kingdom of property belonging to the defendant;or (c) the seizure by the plaintiff of property situated in the United Kingdom.

但在本事件中,伊朗政府被扣押之股权,乃是伊朗为了强化与联邦德国之外交关系而于20世纪70年代支持西德萧条之钢铁业所投资购置,联邦德国法院对本件诉讼为国际裁判管辖的结果,直接引发了联邦德国与伊朗两国外交关系之紧张。为此,联邦德国政府甚至在政府公报中对此事件公开进行了说明。[29]

(2) BGH 1991年7月2日判决(塞浦路斯建设公司案)

已有相当多的德国学者对于不论牵连关系而完全以《德国民事诉讼法》第23条之"财产的审判籍"为国际裁判管辖提出了批判,认为此不但对被告不公平,增加了德国法院无谓之负担,同时亦鼓励原告"任择法院"(forum shopping)[30],会产生侵扰外交关系之风险。[31] 甚至有德国学者主张,该条破坏了"以原就被原则"(actor sequitur forum rei),违反了德国联邦基本法,应为无效。[32] 但德国联邦最高法院(Bundes - gerichtshof, BGH)仍于1988年11月24日的判决(奥地利公司案)[33]中支持第23条"财产的审判籍"之合宪性。但1991年7月2日的判决[34],德国联邦最高法院开始限缩第23条"财产的审判籍"运用于国际裁判管辖。

该案中,原告为主事务所位于塞浦路斯首都的一间建设公司(诉外人)的实际负责人,诉外人塞浦路斯的建设公司与利比亚军方缔结价金为22 100万美金之利比亚的港湾设施建设的承揽契约,并事先收受了3700万美金的头期款。诉外人利比亚之银行基于诉外人塞浦路斯之建设公司的委任而为此头期款之保证人,而主事务所位于土耳其安卡拉,并于德国斯图加特(Stuttgart)设有事务所之被告土耳其银行,为诉外人塞浦路斯之建设公司与诉外人利比亚之银行间的保证人,为了担保被告的共同保证债务,诉外人塞浦路斯之建设公司在被告银行存放2000万美金。1976年,利比亚政府与诉外人塞浦路斯之建设公司解除契约,并要求返还头期款,诉外人利比亚之银行基于保证契约而履行了该款项之清偿,嗣后由被告以诉外人塞浦路斯之建设公司存放在被告的2000万美金支付于诉外人利比亚之银行。对于被告向诉外人利比亚之银行的给付,诉外人塞浦路斯之建设公司主张其违反保证契约上之约定,故在英国起诉请求被告返还该2000万美金。诉外人塞浦路斯之建设公司主张该公司主要的董事或股东大多居住于英国,无法期待在土耳其能获得公平的审理,故选择在英国起诉,然被告抗辩土耳其才是审理本件诉讼最适当的法院地。英国高等法院接受被告的抗辩,援用"不便利法庭原则"(forum non conveniens)停止(stay)诉讼。后来原告从诉外人塞浦路斯之建设公司接受保证金返还请求权之让与,于被告的资产所在地德国斯图加特起诉请求保证金返还诉讼。地方法院(Landgericht)以被告在法院地之德国有可扣押财产为由,依《德国民事诉讼法》第23条"财产的审判籍",肯定德国法院就本件诉讼具有国际裁判管辖权,但联邦高等法院(Oberlandgericht)却以被告于德国可扣押之财产和本件诉讼及法院地间欠缺牵连关系为由,否定了德国法院的国际裁判管辖权。原告因而上诉至德国联邦最高法院。

---

[29] 参见 ANDREAS F. LOWENFELD, INTERNATIONAL LITIGATION AND ARBITRATION 252 (2d ed. 2002).

[30] Friedrich Juenger, Judicial Jurisdiction in the United States and in the European Communities: A Comparison, 82 MICH. L. REV. 1195,1204 (1984).

[31] 参见 Kurt H. Nadelmann, Jurisdictionally Improper Forum in Treaties on Recognition of Judgment: The Common Market Draft, 67 COLUM. L. REV. 1014-5 (1967).

[32] Jochen Schröder, Internationale Zuständigkeit, 1971, S. 377, 402, 403.

[33] BGH, NJW 1989, S. 1431.

[34] BGH, NJW 1991, S. 3902, 3903.

联邦最高法院指出,《德国民事诉讼法》第23条"财产的审判籍",对于财产额度或内国牵连关系未为任何限制,虽难谓其有违"德国联邦基本法"与国际法,惟判例上对该条规定之极度扩张解释,在国际间受到"过度管辖"之批评,尤其是《布鲁塞尔公约》第3条已对此加以禁止。此外,回顾《德国民事诉讼法》第23条之立法沿革,该条规定当初之目的,系为保护居住于德国之债权人,故而对于在内国无住所之当事人间的纷争,完全就第23条之条文解释,以被告可扣押财产为依据而为国际裁判管辖之结果,将造成"任择法院",此有违立法者原意。本案中,虽然被告可扣押之财产位于德国,但被告为土耳其银行,原告虽有迁居法兰克福之户籍为证,唯数据显示原告在英国以及塞浦路斯亦拥有住居所,原告于德国既无住所亦无惯常居所之事实毋庸置疑,本案为在德国无住所之当事人间的纷争,与德国的直接牵连关系应予否定。㉟ 因此,联邦最高法院维持高等法院之判决,认为德国法院对本件诉讼不具国际裁判管辖权,但联邦最高法院表示虽然德国法院虽不具国际裁判管辖权,原告仍可至塞浦路斯或土耳其对被告进行诉讼。

(二) 检讨与分析

从美国及德国法院实务的演变,可知"扣押管辖"被告于法院地国可扣押之财产与原告之请求间是否须具有直接牵连,美国及德国法院实务巧合地循着从否定到肯定之相同轨迹发展,而日本学界对此问题,虽否定见解为通说㊱,但肯定见解亦逐渐有力。㊲ 美国及德国法院实务见解之所以改变,系体认到"扣押管辖"倘被告于法院地可扣押之财产与原告之请求间不具有直接牵连,则无异鼓励原告"任择法院",架空被告之"程序保障",故透过直接牵连之要求,方能守护被告之"程序保障"。

上述美国及德国法院实务见解,实值吾人赞同,《新海牙管辖权公约预备草案》第18条第2项(a)款即已明文采取。㊳ 而依"最低度接触法则"与"合理公平原则"为利益衡量,更可证诸要求被告于法院地国可扣押之财产与原告之请求间须具有直接牵连之正确性。按"民诉法"第3条"判决实效性"之立法意旨,虽然与土地管辖及国际裁判管辖"法律评价的重要观点"相合,但其中由被告可扣押财产所在地法院管辖之规定,适用于土地管辖乃系立足于保障债权人利益之"国家主义"理念,非在为外国人间与台湾地区无关之诉讼提供管辖法院,而该规定运用于国际裁判管辖时,虽亦有保护债权人之目的在其中,但却必须以国际协调(international harmony)为前提,立足于普遍主义之合理分配国际社会上各国或地区法院裁判机能的理念,盖涉外私法案件的裁判常须经外国或地区法院承认或执行,若一国或地区法院以保障该国债权人利益之狭隘国家主义

---

㉟ 但德国联邦最高法院却又承认原告于德国之住居,将可填充其所要求之直接牵连关系。德国联邦最高法院此种看法是否妥当,不无疑义,盖若是承认原告于法院地国之住居即可正当化以被告可扣押财产所在地作为国际裁判管辖之依据,仍为保护内国原告而罔顾对外国被告"程序保障"之狭隘国家主义,甚且将产生外国原告借由将该债权让与在法院地国住居之人,以使该国法院为国际裁判管辖之怪异现象。参见黄国昌:《扣押财产作为行使国际民事管辖权之基础》,载《月旦法学》2005年第124期,第246页。

㊱ 参见〔日〕池原季雄:《国际裁判管辖权,新.实务民事诉讼讲座(7)——国际民事诉讼、会社诉讼》,日本评论社1985年版,第29页;〔日〕小岛武司、石川明编:《国际民事诉讼法》,青林书院1994年版,第46页;〔日〕木棚照一,注⑧书,第253页。

㊲ 参见〔日〕松冈博:《国际取引と国际私法》,晃洋书房1993年版,第16—18页。

㊳ Article 18:2. In particular, jurisdiction shall not be exercised by the courts of a Contracting State on the basis solely of one or more of the following——(a) the presence or the seizure in that State of property belonging to the defendant, except where the dispute is directly related to that property.

理念㊴,就与外国或地区被告于该国或地区可扣押财产无直接牵连的该国或地区原告请求为国际裁判管辖,则其过度扩张国际裁判管辖权的不合理现象必导致他国或地区反弹,使外国或地区法院对该国或地区法院的裁判以不承认或不执行的方式加以抵制,债权人纵获得台湾法院之胜诉判决,亦无从借由外国或地区法院对胜诉判决的承认或执行实现其债权,保护债权人之目的反而无从达成,"判决实效性"成为空言。此外,被告于法院地国可扣押之财产与原告之请求间无直接牵连时,法院于讯问证人、搜集证据等证据方法上乃有困难,于该国或地区进行诉讼并无法使纷争获得最有效率之解决,所造成司法资源的浪费对法院地国或地区并无利益,而仅以被告可扣押之财产为基础即强使被告对与该财产无任何牵连关系之引发诉讼的行为至财产所在地应诉,此对被告而言实深受突袭且不便、不利,致被告可能蒙受程序上不利益与可能获致实体上利益失衡而不合采算,此时被告实际上难为攻击防御而未受应有之"程序权保障",如此之裁判机能分配未免轻重失衡,而已该当"过度管辖"。故正如同美国联邦最高法院于 1980 年 World Wild Volkswagen Corp. v. Woodson 案㊵所指出:"'最低度接触法则'具有两个相关但可区别的功能:一是确立被告与法院地间是否具有接触;另一则是保障被告能拒绝去遥远的或不方便的法院应诉之负担( It protects the defendant against the burdens of litigating in a distant or inconvenient forum. )。"㊶唯有通过直接牵连之要求,方能为被告之被诉可预测性提供保证,确保被告之"程序保障"不被架空。职是,法院实应参考美国 1977 年 Shaffer v. Heitner 案所建立"被告财产除了须位于法院地外,尚须与原告之诉有最低度接触者,法院方具有裁判管辖权",以及德国 1991 年 7 月 2 日塞浦路斯建设公司案"被告于德国可扣押之财产和本件诉讼及法院地间须具有牵连关系"之见解,限制"民诉法"第 3 条中由被告可扣押财产所在地法院管辖之规定于国际裁判管辖之运用,以同时确保"判决实效性"功能之发挥以及被告"程序保障"之不被架空,保障原告被告双方之权益。㊷

## 结论性观点

"判决实效性"是建构法院管辖制度的重要考虑因素,无论内国或地区民事诉讼土地管辖抑或涉外民事诉讼国际裁判管辖皆然,以"判决实效性"为立法意旨之规范内国或地区土地管辖的

---

㊴ 国家主义乃以本国或地区及本国或地区人民之利益为中心,决定其本国之国际裁判管辖权,亦即以国家主义为基本观点出发,故其特征为扩张本国或地区之国际裁判管辖权,以保护本国或地区及本国或地区人民之利益,亦即内国保护主义。《法国民法》第 14 条:"外国人,纵未居住于法国境内,就其与法国人在法国境内缔结之契约债务,而于法国法院被起诉;而就外国人于法国境外所负对法国人之契约债务案件,亦得移送至法国法院。"( L'étranger, même non résidant en France, pourra être cité devant les tribunaux français, pour l'exécution des obligations par lui contractées en France avec un Français ;il pourra être traduit devant les tribunaux de France, pour les obligations par lui contractées en pays étranger envers des Français. )与第 15 条:"法国人民得就其于国外承担之契约债务,于法国法院被起诉,纵相对人为外国人亦然。"( Un Français pourra être traduit devant un tribunal de France, pour des obligations par lui contractées en pays étranger, même avec un étranger. )之规定,即属此主义之展现。

㊵ 444 U. S. 286 (1980).

㊶ 美国联邦最高法院于 1987 年 Asahi Metal Industry Co. v. Superior Court[480 U. S. ,114 (1987)]中,亦指出:"当最低度接触建立时,通常原告的利益以及法院具有裁判管辖权将证明加诸外国被告的诉讼责任为正当"( When minimum contacts have been established, often the interests of the plaintiff and the forum in the exercise of jurisdiction will justify even the serious burdens placed on the alien defendant. )。

㊷ 台湾学说与本文看法相同(肯定说)者尚有:李后政,注⑳文,第 191 页;陈长文:《外国判决之承认——从欧盟'布鲁塞尔判决公约'及美国〈对外法律关系整编〉评析民事诉讼法第 402 条》,注④书,第 236—237 页;黄国昌,注㉟文,第 245—246 页。至于否定说之见解,请参见林秀雄,注④文,第 132 页。

"民诉法"第3条,于国际裁判管辖法则无明文规定之情形下,运用于涉外民事诉讼国际裁判管辖应可肯定,此乃基于民事诉讼与涉外民事诉讼之类同性。

"民诉法"第3条所建立之法院管辖分为请求标的所在地之法院管辖与被告可扣押财产所在地之法院管辖两种情形:前者运用于国际裁判管辖,因请求标的所在与诉讼直接相关而具有直接牵连,由台湾法院为国际裁判管辖应能公平、有效、经济地进行国际上私法案件之审理,"民诉法"第3条于此可完全类推适用。后者运用于国际裁判管辖,虽有利于身为债权人之原告,但要求外国或地区被告至地理远隔的法院应诉,对被告不便且多所劳费,会造成的极大负担,致使被告之"程序保障"有被架空之虞,且当胜诉判决于台湾法院执行不能满足原告之债权而须至外国或地区法院执行时,若外国或地区法院不承认与执行该判决,台湾法院的判决根本不具实效性,"民诉法"第3条"判决实效性"、保障债权人利益之功能反无用武之地,"民诉法"第3条于此完全类推适用之不当甚明,此由比较法上,无论是美国1977年Shaffer v. Heitner案或德国1991年7月2日塞浦路斯建设公司案,甚至《布鲁塞尔公约》第3条以及《欧盟管辖规则Ⅰ》附件一,或《新海牙管辖权公约预备草案》第18条第2项等,均明确地否定此一国际裁判管辖依据的正当性亦可知悉,故为了确保"判决实效性"功能之发挥以及被告"程序保障"之不被架空,应借由"被告于法院地国或地区可扣押财产之价值须相当于诉讼标的之价值"且"被告于法院地国可扣押之财产须与原告之请求具有直接牵连",限制"民诉法"第3条中由被告可扣押财产所在地法院管辖之规定于国际裁判管辖之运用。需注意者,此限制系为修正"民诉法"第3条中,由被告可扣押财产所在地法院管辖之土地管辖的规定与涉外民事诉讼本质不合之多余射程距离,但当外国或地区被告无任何住所或住所不明者,此时因无具"一般管辖权"之国家法院,若仍坚持此限制则无异剥夺原告之诉讼权,成为法官拒绝正义的荒谬窘境,故于此种极端情形应例外去除此限制,完全类推适用"民事诉讼法"第3条中由被告可扣押财产所在地法院管辖之规定[43],而此时台湾法院所具之国际裁判管辖权为"国际紧急管辖权"(Internationale Notzuständigkeit,或称"剩余管辖权"competence résiduelle、"必要管辖权"jurisdiction of necessity)之性质。[44]

"最高法院"2004年台抗字第176号裁定,裁定理由中未具体斟酌该案件中被告于台湾可扣押财产之价值与诉讼标的之价值是否相当,以及被告于台湾可扣押之财产与原告之请求间是否具有直接牵连,直接依"民诉法"第3条逆推知认定台湾法院具有国际裁判管辖权,显未意识到此一国际裁判管辖依据之不合理性,亦背离国际上关于此问题之趋势,其见解之当否,实有斟酌之必要。台湾法院采取此一国际裁判管辖权依据,表面上似乎对人民有利,盖如此可便利债权人对外国或地区被告在台湾行使权利,然而以此一国际趋势上认为属于"过度管辖"而须禁止之国际裁判管辖依据,不但将使台湾法院之此种判决不为外国或地区法院承认与执行,更将使人民面临于外国或地区遭受此一"过度管辖"之风险。亦即,当外国或地区原告于该外国对人民起诉,外国法院以相同依据为国际裁判管辖者,该外国原告取得胜诉判决而向台湾地区法院请求承认与执行该外国判决时,由于"民诉法"第402条第1项第1款采取"基准同一说",自己亦承认此种不合理之国际裁判管辖权依据的台湾法院,将无任何立场指摘该外国法院不具有国际裁判管辖权,而必须容忍该外国原告在台湾地区以该判决申请宣告许可执行,此于人民及企业于海外置产或开

---

㊸ 相同看法,请参见黄国昌,注㉟文,第246页。
㊹ 有关"国际紧急管辖权"(或"剩余管辖权""必要管辖权")之原理,请参见吴光平,注④文,第105—106页。而对于"国际紧急管辖权"(或"剩余管辖权""必要管辖权")之承认,亦已逐渐成为国际裁判管辖发展之新趋势。有关国际裁判管辖发展之新趋势,请参见吴光平:《国际私法上国际裁判管辖发展之新趋势》,载《军法专刊》2007年第52卷第3期,第116—133页。

设银行账户已甚普遍之今日,承认此一国际裁判管辖依据,反而对人民更为不利。㊺

对此,本文提出如下建议供法院参考:

1. 应体认在世界村已形成的今日,各国或地区法院不仅以解决案件为任务,同时亦须分担起解决世界村所发生涉外案件之任务,因此各国或地区法院不仅是国家或地区的法院,亦是世界村的法院,当受理涉外案件时,即应以世界村法院自居,于决定是否具有国际裁判管辖权时,须摒除仅以台湾法院自居的狭隘审理观,而以世界村法院自居之普遍主义的国际审理观,实现世界村法院保障世界村私法生活安全之目的。

2. 决定国际裁判管辖之总论上方法,不宜采取由民诉法土地管辖之规定逆推决定国际裁判管辖权的"逆推知说",以免于逆推的过程中无法为合于国际协调及普遍主义的修正,致使逆推所得出的结论无法依内国或地区民事诉讼与涉外民事诉讼间之本质差异,调整"民诉法"土地管辖之规定中不符合涉外民事诉讼本质之规定于国际裁判管辖之运用。

3. 涉外民事诉讼,须谨慎防止应诉不便削弱对外国或地区被告之"程序保障",故而国际裁判管辖权之决定应避免牵连性严格度不足之"过度管辖",而对于"特别管辖权"管辖联系因素之解释,亦须极力避免与原告住所地管辖竞合之结果,以防止"以原就被原则"遭到架空。

---

㊺ 参阅黄国昌,注㉟文,246—247页。

# 否认子女之诉与确认亲子关系不存在之诉

——"最高法院"2003年台上字第1643号判决解释论之批判

李木贵*

## 基本案情

原告(第二、三审上诉人)甲由其法定代理人即生母乙代为起诉,主张:原告甲之生母乙于1983年6月26日与被告(第二、三审被上诉人)丙结婚,于1994年2月28日协议离婚后之1994年8月23日生下原告,依法推定原告为被告之婚生子女。乙于1998年4月20日再与丁结婚。嗣后,经高雄长庚医院鉴定,原告与丁之血缘父女关系确定率为99.97245%,不能排除原告与丁之血缘亲子关系,足以推翻原告与被告间之婚生推定。为此,请求确认原告与被告间之亲子关系不存在。

## 裁判要旨

(一)按"民法"第1063条规定之婚生推定,系以夫妻已逾法定期间而未提起否认之诉,或虽提起而未受有胜诉之确定判决,为适用该规定之前提。此细绎本院1934年上字第3473号、1986年台上字第2071号判例意旨自明。本件原审及第一审判决既均认定被上诉人即上诉人之生母乙之前夫丙并未于言词辩论期日到场,亦未提出书状作何声明或陈述,则该被上诉人有无于法定期间内提起否认之诉而受有胜诉之判决?自属不明。果尔,上诉人于原审主张:依新修正"民事诉讼法"(下称"民诉法")第247条第1、2项规定,法律关系基础事实之存否不明,以原告不能提起他诉讼为限,亦得提起确认之诉。因上诉人不能提起否认子女之诉,自得依此规定提起确认亲子身份之诉云云,是否为不足取?原审未遑详加查明,仔细研求,恝置上诉人之上述主张于不论,遽认被上诉人及上诉人之生母,迄未依"民法"第1063条规定提起否认子女之诉,上诉人不得再为相反之主张,而为不利于上诉人之论断,已属可议(以下以"判决要旨第一段"称之)。

(二)依修正"民诉法"第247条第1、2项规定法律关系基础事实之存否不明,得提起确认之诉。所谓法律关系基础事实,就确认亲子身份存否之诉而言,即以亲子关系之"亲""子"间,是否有血统关系为其基础事实。第一审既已向高雄长庚医院函查该院鉴定上诉人与丁间亲子关系之程序及其方法,则据该医院函复鉴定方式系采STRPCR方法之鉴定结果如何?是否足以否定上诉人之主张?原审并未说明其取舍意见,即为上诉人败诉之判决,亦有判决不备理由之违法(以下以"判决要旨第二段"称之)。[1]

---

\* 东吴、铭传大学兼任副教授。

[1] 本件判决于2003年10月24日自"司法院"法学数据检索系统下载时,原理由要旨第一段文字为:按"民事诉讼法"第589条规定"就母再婚后所生子女确定其父之诉",解释上即为确认身份之诉。而细绎本院1934年上字第3973号判例意旨,既明认非婚生子女经其生父抚育视为认领取得婚生子女身份后,如其身份又为其生父所否认而有提起确认身份之诉之必要,可随时就亲子身份关系提起确认之诉。亦见该确认身份之诉,所指者实为"确认亲子关系存在或不存在之诉"。此与"民法"第1063条专就"夫或妻提起否认子女之诉"之规定,应有其区别。尚不得因有该"民法"第1063条之规定,即剥夺受婚生推定之子女,得依前述说明,单独提起"确认亲子身份存否之诉"之权利。原审未详加研求,徒以上诉人之生父母,迄未依"民法"第1063条

## 学理研究

### 一、问题说明

**(一) 本判决理由与过去"最高法院"一贯之见解之比较**

1. 本判决理由之归纳

从本判决理由要旨第一、二段,可以分别归纳出以下两点:

(1) 只有在有婚生推定否认权(下称"否认权")人,提起否认子女之诉(下称"否认之诉")获得胜诉确定时,受推定之婚生子女(以下为行文便,有时仅称子),始不得提起确认父子关系不存在之诉。受婚生推定之子,不得提起否认子女之诉,是否依2000年修正之新修正"民诉法"第247条第1、2项规定,自得依此规定提起确认亲子身份之诉,应由原审详加查明,仔细研究。

(2) 确认亲子身份存否之诉,以亲子关系之"亲""子"间是否有血缘关系为其基础事实。

2. 过去"最高法院"一贯之见解

反观过去"最高法院"一贯之见解,从"民法"相关规定之构成要件,有比较详细的分析,简要整理如下:

(1) 受婚生推定之子,不得以确认亲子关系不存在之诉,否认婚生性。

就此结论而言,综合"最高法院"及其据以为判决论据之"司法院"解释,其论述主要理由为:如妻之受胎系在婚姻关系存续中者,依"民法"第1063条第1项规定,应推定其所生之子为婚生子,受此推定之子,惟在夫妻之一方能证明妻非自夫受胎得依同条第2项之规定,于知悉子女出生之日起,1年内以诉否认之,如夫妻均已逾该法定期间而未提起否认之诉,或虽提起而未受胜诉之确 定判决以前,该子女在法律上不能不认为夫之婚生子女,无论何人,皆不得为反对之主张。② 如法定之否认权人均逾法定所得提起否认之诉之期间,而未提起,不容任何人再加以否认。③ 盖此项规定之否认权性质上属专属权,非法定否定权人,不得提起。④ 所谓"无论何人,皆不得为反对之主张"之"无论何人""不容任何人再加以否认"之"任何 人",包括生父即与妻通奸之男子⑤、受婚生推定之子⑥;所谓"不得为反对之主张""不容……再加以否认",指不得以提起确 认亲子关系不存在之诉之方式,否认其为婚生性。⑦

---

规定提起否认子女之诉,遽认上诉人不得再为相反之主张,而为不利于上诉人之论断,已属可议。(以下以"原始判决理由要旨第一段"称之)至2004年2月10日再检索时,发现原始判决要旨第一段,有所不同,二者立论点不同,原始判决理由要旨第一段,为原来之首要论据,故录之一并对照。

② 参见"最高法院"1934年上字第3473号判例、2001年台上字第760号判决。
③ 参见"最高法院"1994年台上字第1787号判决。
④ 参见"司法院"1936年院字第1426号解释。
⑤ 参见"最高法院"1986年台上字第2071号判例。
⑥ 同注④。
⑦ 2002年台上字第1222号判决:按须提起否认之诉否认其为婚生子女者,仅限于依"民法"第1062条及第1063条第1项推定之婚生子女,此由规定否认子女诉讼之同法第1063条第2项,明定否认对象系同条第1项推定之婚生子女自明,故对不受上开推定之婚生子女否认其为婚生,例如妻之受胎非在婚姻关系存续中者,其所生子女即不受"民法"第1063条第2项规定应提起否认之诉之限制,而得以一般确认亲子关系不存在诉讼为之。至受推定之婚生子女,则无提起确认亲子关系不存在之诉,以否认其为婚生之可言。因此,上诉人得否提起本件确认之诉,请求确认其与被上诉人间之亲子关系不存在,端视上诉人是否依"民法"第1062条及第1063条第1项规定,推定其为婚生子女而定。惟原审就上诉人是否依上开规定规定为被上诉人婚生子一节,并未调查审认,仅以子女不得否认之诉,而为上诉人不利之判决,自属可议。

将以上立论作小结,正如史尚宽所言:"婚生子女否认权,因除斥期间经过消灭,或否认之诉被驳回确定者,子女与父之婚生性已不得推翻,自与婚生子女完全相同。"⑧

(2) 子女得提起者,为对应否认之诉之确认亲子关系不存在之诉(下称"确认亲子关系不存在之诉"),乃因其不受婚生推定,与有无血缘事实无必然关系。

由以上第一项结论可知,受推定有婚生性之父子,即使无血缘关系,受婚生推定之子,仍不得提起确认亲子关系不存在之诉。何以可以作如此推知,其原因在于从法定要件,反面推论出:确认亲子关系不存在之诉,以子女不受婚生推定为前提要件,而受婚生推定之前提要件,包括"民法"第1063条第1项及第1062条,亦即前提事实为由妻受胎即由妻分娩及受胎系在婚姻关系存续中;反面言之,如不符合前提事实(即非由妻分娩,或妻之受胎非在婚姻关系存续中),则有确认利益之人包括子女在内,自得提起确认亲子关系不存在之诉。⑨

以上过去"最高法院"一贯之见解,可以说是忠于文义之严格解释之必然结论,两个结论,可以简单地作一个结论:否认之诉及相对于该诉之确认该亲子关系不存在之诉之界限,在于子女是否受婚生之推定,与是否有血缘关系无必然关系。此区别界限基准中之是否婚生推定期间,可以参照下列图解。

以上所述过去"最高法院"一贯之见解,并为向来之通说。⑩

(二) 问题之所在及批判方法

1. 问题之所在

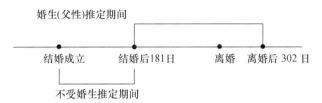

(1) 婚生推定期间由妻分娩之子,一概受婚生推定,即使离婚后所生,户籍亦应登记为(前)夫之婚生子。

(2) 不受婚生推定期间由妻分娩之子,因系"妻之婚外子"视为妻之婚生子("民法"第1065

---

⑧ 史尚宽:《亲属法论》,1974年版,第504页。

⑨ "最高法院"1933年上字第1445号判例:"民法"第1063条第1项之规定,系就妻在婚姻关系存续中受胎而生之子女,推定为夫之婚生子,其子女究系妻在婚姻关系存续中受胎而生,抑系妻收养他人之子女,有争执时,仍应以妻有无分娩之事实为断,自无适用该条推定为婚生子女之余地 2001年台上字第1975号判决:"民法"第1063条第1项规定,妻在婚姻关系存续中受胎而生之子女,推定为夫之婚生子女,系以该子女系由妻分娩为前提;如该子女非妻所生,自不受婚生子女之推定。故同法条第2项乃规定,受婚生推定之子女,如夫妻之一方能证明妻非自夫受胎者,得于知悉子女出生之日起,1年内提起否认之诉,即系以否认之诉,否认该由妻所生之子女为夫之婚生子女。倘妻并无分娩之事实,仅于户籍资料上登载为该夫妻之婚生子女,则权利义务受影响之第三人提起确认该亲子关系不存在之诉,应属一般确认之诉,而非"民法"第1063条第2项所定之否认子女之诉,自无"民事诉讼法"第590条第1项、第2项规定之适用。端视上诉人是否依"民法"第1062条及第1063条第1项规定,推定其为婚生子女而定同旨,2002年台上字第1873号判决、2002年台上字第1222号判决(见注⑦)。

⑩ 参见陈棋炎:《民法亲属》,台北三民书局1978年版,第186—187页;戴炎辉、戴东雄:《亲属法》,2000年版,第366页、373页;林菊枝:《亲属法新论》,五南图书出版公司1996年版,第206、210—211页;高凤仙:《亲属法理论与实务》,五南图书出版公司2002年版,第290页。

条第 2 项），应申请登记为"妻之子"外，有可能另申请登记为"夫之子"，亦可能仅申请登记为"妻之子"。

从本件原始判决理由第一段，可以看出目的似在为受婚生推定之子，找到可以提起确认父子关系不存在之诉，用以推翻婚生推定，俾填补"民法"未赋予子女否认权之漏洞，出发点应在于为善。惟此判决论据之解释论，未对第一、二审所依循之"最高法院"过去一贯见解，何以不当而应予变更，无只字词组之交代，不免令人一时难以判断"最高法院"前、后见解之优劣。而且，本判决理由要旨第二段，就是否凡有血统关系即有法的亲子关系，没有明说，仍有待澄清。

表面上言，本判决之问题所在，似仅在于民法未赋予子女否认权是否为立法上之漏洞、法院应否以裁判填补之问题，实际上此问题须对于涉及婚生推定及否认制度之意义、否认权之限制之立法论、解释论，法院以裁判填补法之漏洞之方法及界限，以及否认之诉与确认亲子关系不存在之诉之区别等相关问题，有整体的了解，始能厘清。

2. 批判方法

立法之初，受日本影响甚深，关于婚生推定及否认制度之规定，除平均分娩期间从德国法、未规定"承认子为婚生，丧失否认权"（《日本民法》第 776 条）等略有不同外，与本判决问题所在之规定架构，基本上与日本相同。⑪《日本民法》制定后，也碰到相同的问题，学说从所涉及之各相关问题出发，提出问题解决之道，彼此争论激烈，主要学说也影响了实务。本文基于"比较法在法院之实务上，可以成为法创造之辅助手段"⑫，尝试在理解本件问题所在之最低限度范围内，先就日本法相关学说、判例，作简要介绍与比较，再对本判决解释论作分析与批判，期能可供司法实务往后解决类似问题的参考选项之一。

二、评析

(一) 婚生推定及否认制度绪说

1. 立法背景

婚生推定及否认制度之立法背景，在于立法当时民风保守，一般男女交往至生子过程，是假设在男女之"相遇→婚姻→性行为→怀胎（→分娩→子女出生）"之过程，为解决偶有妻所生之子，非于婚姻中受胎自夫，而为立法。并且，之所以限制夫始有否认权之父权优位思想背景，可追

---

⑪ "民法"先趋《大清民律草案》（通称《第一次民律草案》），最初由日人协助起草（秦尚志：《中国法制及法律思想史讲话》，台北水牛出版社 1966 年版，第 168 页；杨鸿烈：《法律发达史》，1967 年版，第 906 页），亲属篇第 4 章第 2 节嫡子［"司法行政部"：《民法制定史料汇编》（上册），1976 年版，第 879—885 页；潘维和：《历次民律草案校释》，台北汉林出版社 1982 年版，第 336 页］，几乎完全译自《日本民法》。民国成立后之第二次民律草案，仅微有文字更异（秦尚志，前揭书，第 178 页），除于否认之诉适格之被告，明文规定为"妻及其子"外，其余文义同第一次民律草案［"司法行政部"，前揭书（下册），第 266 页；潘维和，前揭书，第 522 页］。20 年之"民法"，除原民律第一次草案第 1386 条"经夫承认为嫡子后不得撤销"不予规定外，相关规定比较，仅用语略有不同，文义完全相同。

⑫ 德国 Hans Doelle：《ドイツ法に対する比較法学の寄与》；桑田三郎编译：《西ドイツ法比較法学の諸問題》，中央大学出版部，1988 年版，第 28 页："德国法院实务上，有时候会以比较法，作为发现正确的客观法之适切的辅助手段"。又，关于法院以裁判填补法律漏洞之过程，究竟是"不受法律拘束之法发现（法之获得）""由于立法不作为之法创造"，还是"准立法"，乃至于"法发现"与"法创造"，是否同时并存之不同概念，容有不同说法，惟实质上诰无不同，本文依一般用语，使用"法创造"。

溯自罗马法以来之大陆法系诸国或地区立法例、基督教之教会法,特别是旧天主教之父权思想。[13]

2. 制度设计基本架构

婚生推定及否认制度之设计,不包括母子关系,盖是否因自然血缘关系成立亲子关系,依个别的证据定之,母子关系伴随分娩之自然事实而生,不生问题,所以,非婚生子女与其生母之关系视为婚生子女,无须认领("民法"第1065条第2项)[14],解释上,妻于婚姻存续中受胎分娩所生之子女,亦视为妻之婚生子女。至于父子关系之存否,则未必容易判断,为了能够比较确实、简明地判断父子关系之发生或存在,于是,婚生推定制度成为亲子法制下的必要之制度。因此,所谓婚生推定,实指法律上有父子关系之推定,学说上称之为父子之"婚生性",就此角度言婚生推定,可称之为"父性之推定"。否认婚生性之权利,称之为"否认权"。为行使否认权而提起之诉讼,谓之"否认之诉"。婚生推定制度与否认之诉,实为维持父子关系身份秩序所不可或缺之制度[15],而否认制度中否认权及起诉期间之双重限制,两者有相辅相成之关系。[16] 换言之,否认制度之基础,在于否认权人之限定及起诉期间之限制[17],如无否认权、起诉期间之规定,子之"婚生子之地位"无法早期确定。

3. 立法目的

考日本民法仅限定夫有否认权,并起诉期间限制为1年。其理由有四:① 如果承认夫以外之人有否认权时,无异暴露妻之不贞行为,破坏了婚姻道德及家庭和谐;② 一旦暴露了妻之不贞行为,将害及夫之名誉及精神之利益;③ 否认权行使期间之限制,一则如期间过久,有否认资料散逸、害及风俗之虞,避免婚生父子关系长期处于浮动状态,有使父子关系早日安定,有助于子女之利益;④ 即使夫(父)对于子之血缘不存在有所认识,仍继续养育,即有收养的意思,可与养子女同视。[18]

学者认为,否认制度最大的意义,在于夫之默认,可免因暴露真实而扰乱身份之平静,立法政策妥当,此夫之默认,若谓有承认夫以自己之子养育之意思,亦可。进而言之,民法本来就承认无

---

[13] 参见〔日〕平贺健太:《人事诉讼》,载《民事诉讼法讲座》,民事诉讼法学会编,有斐阁1964年第5卷,第1337页;〔日〕本山敦:《嫡出推定・认知制度と子の保护》,载《法律时报》第74卷第9号,第39、41页;〔日〕冈垣学:《嫡出否认の诉えについて》(一),载《判例タイムズ》第300号,第5页。

[14] 《日本民法》第779条虽规定:"非婚生子女,其父或其母得认领之。"表面文义,母对非婚生子女仍须经认领,始得视为婚生子女。但是其最高裁判所1962年4月27日判例:"母及其非婚生子间之亲子关系,原则上不待母之认领,因分娩之事实当然发生。"(载《最高裁判所民事判例集》第16卷第7号,第1247页),此解释基本上已为学说所接受,至于如何解读,学说上仍有争论,有关该条之立法经过及修正动向、学说动向,可参见〔日〕五岛京子:《母の认知》,载《民法基本论集》(第七卷);森泉章等编:《家族法》,法学书院1993年版,第155页以下。至于上判例前之日本判例及学说比较立法例,则可参见〔日〕田村五郎:《母子认知》,载川善之助教授还历纪念家族法大系刊行委员会编:《家族法大系(四)亲子》,有斐阁1960年版,第32页以下。

[15] 参见〔日〕泉久雄:《嫡出推定をうける场合の亲子关系不存在确认》,载中川善之助编:《实例法学全集》(民法下卷),青林书院新社1969年版,第143页。

[16] 参见〔日〕松仓耕作:《嫡出诉讼と子の诉权》("文1"),载《名城法学别册》,1991年版,第383页。

[17] 参见〔日〕山畠正男:《嫡出の推定》("文1"),新版,载谷口知平、加藤一郎编:《判例演习民法5》,有斐阁1984年版,第103页。

[18] 有关婚生推定及否认制度之沿革,参见〔日〕冈垣学,注[13]文,(一)(二)(三)(四)(五),判例タイムズ,300号,第2页以下;301号,第30页以下;302号,第32页以下;303号,第28页以下;304号,第29页以下。〔日〕山畠正男:《推定をうけない嫡出子に关する觉书》("文2")(一)(二)(三),《判例评论》,195号,第2页以下;196号,第4页以下;200号,第2页以下。

血缘之亲子关系,于否认制度下,承认无血缘之父子关系之合理根据,在于夫不提否认之诉,起诉期间经过后,以真实之父的身份之情感培育该子,该子对该婚生推定之父有真实(血缘)之亲爱感,可以自由明白的婚生子之身份,给予该子安定的养育环境,俾能培育其能成为心地率直之人。⑲

如果再比较所继受自西欧法法制,其存在之意义,除以上四点理由所显示之家庭平和之维持及夫妇间秘事公开之防止、父子关系早期安定之确保外,还有私有财产制度下之遗产继承人之确保。⑳

### (二) 立法论

#### 1. 婚生推定制度之合"宪"性

尽管就婚生推定及其否认规定之解释,学说、实务争议不少,惟就制度本身,有其存在之意义,学说上未见有违宪质疑。日本最高裁判所 1989 年 8 月 31 日判决中,对于上诉人所主张,婚生推定制度违反《日本宪法》第 13 条之上诉理由,以对于受《日本民法》第 772 条婚生推定之子,夫以否定该婚生性为目的,必须以同法第 774 条以下否认之诉为之,此等规定乃为保持身份关系法的安定,十分合理,自不触及违反《日本宪法》第 13 条为理由,驳回上诉。㉑

#### 2. 否认制度之应检讨点

就立法言,婚生推定否认制度,所应检讨点,分否认权人及起诉期间两方面。

##### (1) 否认权人

否认诉权之赋予的根据,最大的根据在于父子关系之考虑,附随的根据则在于抚养关系的考虑。㉒ 除了夫以外,长久以来,在立法上应否赋予否认权,主要讨论对象有妻(母)、子、生父、检察官。

① 妻(母)。压倒性的通说认为,子之受胎,是否自夫,本为妻所知悉。一般而言,由于母为子之不利益的行为,极为少见,应赋予妻否认权,始为妥当,否定妻之否认权立法,方向错误。㉓

从比较法看,虽瑞士新《亲子法》明示否定母之诉权㉔,但是,《法国民法》自 1803 年以来,原

---

⑲ 参见〔日〕谷口知平:《亲子法の研究》,有斐阁,1958 年版,第 8—9 页;〔日〕中川善之助:《日本亲族法——昭和十七年》,日本评论社 1943 年版,第 300 页。另外,就台湾规定之"立法"目的,李宜琛曾就妻及第三人皆不得享有否认权,有以下简洁之叙述:"盖所生之子女究为自己之子女与否,唯夫妻本人始能知之。虽知之,而不给予诉权者,以妻主张其子女非其夫之子女,是主张自己之不利益,自不合理;加之,若许妻有此诉权,是公言自己之通奸,有紊社会风纪之虞故也。若子有此诉权,则是直暴母非,违人伦,故亦为法所不许。至第三人之不给予此种权利者,则恐其捏造事实,坏乱风纪,并有害夫妻子女之利益故也。"(李宜琛:《现行亲属法论》,台北商务印书院 1964 年版,第 111 页);陈玮直则引申言:"夫虽已明知妻所生子女非其所有者,乃仍履行社会之抚育责任,而为利于婴儿之举,则无论妻或其他之人均不得有所异词也。此乃基于人情道德而得之结论,'民法'似应为相同之解释。""盖夫或鉴于妻已恢复正常生活或欲将之引入正途,对其因奸生子之行为委曲求全,或为避免社会之讥谤,或为获得某一方面之利益,或甚至于婴儿生出后见其聪明可爱不忍舍弃,故对于妻所生子女并不提起否认之诉。"(陈玮:《民事证据法研究》,1970 年版,第 173、174 页)

⑳ 参见〔日〕水野纪子:《嫡出推定.否认制度の将来》("文 1"),ジュリスト1059 号,第 116—119 页;《实亲子关系と血缘主义に关する一考察》(下称"文 2"),(星野英一先生古稀祝贺)日本民法学の形成と课题下,有斐阁 1996 年版,第 1131 页以下。

㉑ 参见《判例时报》1655 号,第 113—114 页。

㉒ 参见〔日〕松仓耕作,注⑯"文 1",第 365 页。

㉓ 如〔日〕我妻荣:《亲族法》,有斐阁 1980 年版,第 222 页;〔日〕冈垣学,注⑱文(四),第 33 页。

㉔ 参见〔日〕松仓耕作,注⑯书,第 357 页。

仅承认夫有否认权(《法国民法》第312条第2项)。之后,1972年修正后之同民法规定,夫未曾提起否认之诉于起诉期间届满前死亡时,夫之继承人得行使否认权(第316条之1),夫虽未提起否认之诉,于因夫妻离婚、母与子之生父再婚,以子之准正为目的之情形,承认母得行使否认权(第318条)。㉕ 另一方面,《德国民法》于1997年修正,赋予母有否定父性推定之权限(《德国民法》第1600条)。㉖

1985年修正"民法"亲属篇,于"民法"第1063条第2项赋予妻否认权,即原"夫"修订为"夫妻之一方",并将原"于受胎期内未与妻同居"之用语,修正为"妻非自夫受胎",此项修订并获学者间普遍赞同。㉗ 1986年修正"民事诉讼法"(以下简称"民诉法"),除于第590条配合"民法"修正外,并增订第589条之1,就否认之诉适格之当事人,参考《瑞士民法》第256条第2项,如同第二次《民律草案》明文规定,以固有的必要共同(被告)诉讼为原则。

② 子女。虽然从联合国关于儿童权利约定(按:日本为缔约国,并于1994年由外务省公告生效)第7条第一句:"儿童……应尽可能使其知悉其父母并受父母养育之权利"来看,或许应该承认子女有否认权。但是,多数学者持否定看法,其理由有:固然子之真情值得同情,但是,由子暴露母之不贞,有伦理的非难,且结果将破坏家庭,是否符合子之利益,颇有疑问;再者,即使赋予子女有否认权,在未成年期间,期待由其法定代理人即母起诉,有所困难,须等待其成年之后,才能起诉。何况,如亲子关系子原已不存在,子本得随时提起确认亲子关系不存在之诉。所以,并无立法赋予子女否认权之必要。㉘

亦有学者从比较法指出,瑞士及德国法制所采"于起诉时推定婚生父母之婚姻已解消时,承认子女有否认诉权",优于日本法。㉙

③ 生父。虽有认为,在不违反子之利益之范围内,应赋予生父有否认权。㉚ 通说认为,无论基于伦理的非难、避免对他人家庭之破坏等任何理由,都不能赋予生父否认权。盖即使由否认权人提起否认之诉之后,生父也仅能依法为认领,而且,赋予生父否认权,会掀起混乱。如果生父欲与被推定为夫之婚生子,发生法的父子关系,设法律已赋予母否认权,应与母磋商,由母依法提起否认之诉,生父以辅助参加人或证人之身份,参与诉讼。㉛

---

㉕ 参见《法国民法典》,罗结珍译,中国法制出版社2000年版,第103、104页;相关理论解说及与日本法之对比;参见〔日〕伊藤昌司:《隐退の时を迎えた嫡出否认——破毁院第1民事部1985年2月27日判决》,载《关西フランス法研究会第1回报告》,1999年9月18日于大阪大学,同年10月3日修订第1稿;中文之修正简介,蓝瀛芳:《法国民法典之修正研究》,1978年版,第227页。

㉖ 参见《德国民法》,杜景林、卢湛译,中国政法大学出版社1999年版,第369页;《德国民法》,郑冲、贾红梅译,法律出版社1999年版,第365页。

㉗ 参见戴炎辉、戴东雄,注⑩书,第371页。但亦有认为修正不当,如姚瑞光:《民事诉讼法论》,2004年版,第819页,惟姚氏并非否定赋予妻否认权之必要性,其主张于旧法第2项书前增加"夫不提起或不能提起时,妻亦得提起。"姚瑞光:《论民事诉讼之同一事件》("文1"),载《法令月刊》,第36卷第9期,第7页。

㉘ 参见〔日〕村重庆一:《亲子关系存否确认事件的纷争处理手续》,载〔日〕川井健等编:《讲座现代家族法(三)亲子》,第147页以下,转引自〔日〕本山敦,注⑬文,第41页,44页注⑮;〔日〕我妻荣,注㉓书,第222页。

㉙ 参见〔日〕松仓耕作:《推定及嫡出子》("文2"),有斐阁2002年版,第23页;〔日〕松仓耕作,注⑯"文1",第355页以下;〔日〕松仓耕作,《亲子法——嫡出推定规定的展开》("书1"),千仓书房1980年版,第150页以下;〔日〕松仓耕作,《血统诉讼与真实志向》("书2"),成文堂1997年版,第241—242页。

㉚ 参见〔日〕立石芳枝:《嫡出否认の诉と亲子关系不存在确认の诉》,载《新版体系民法事典》,中川善之助等编,青林书院新社1976年版,第695页。

㉛ 参见〔日〕我妻荣,注㉓书,第222页;〔日〕本山敦,注⑬文,第41页。

④ 检察官。检察官为公益之代表,虽在比较法上,德国曾于1938年4月12日之亲属法变更,以检察官之公益撤销制度,赋予检察官于为子孙利益之必要时,得提起否认子女之诉,受到注意。㉜ 通说以为,检察官在人事诉讼中,并不具备完全之功能,而且婚生推定及否认婚生推定制度中之父子关系,并不能认为与公益有关,认为属于私事范围,不应随意扩大公权力。㉝

另外,虽有学者提到,奥地利基于缓和夫否认权之要件,肯定检察官之否认诉权,惟未明白赞成应赋予检察官否认权,而似采以此主张附条件的赋予子女否认权,乃世界之动向的论点之一。㉞

(2) 起诉期间

起诉期间在比较立法例上,固然有低于1年者,例如《法国民法》第316条,原来分别依不同情形规定为1个月、3个月、两个月,后来修正延长亦仅统一规定为6个月。㉟ 惟就起诉期间限制为1年,在解释论上,如采此严格的立场看,或可能由此限制否定了个人尊严,乃至违反法律平等原则,而有违宪主张之可能。惟通说认为,此规定没有违宪问题。㊱

日本最高裁判所亦一向持此规定合宪性见解,如1980年3月27日判例谓:(前略)《民法》第777条所规定之起诉期间,乃为保持身份关系之法的安定而设,为具有充分之合理性之制度,不但未违反《日本宪法》第13条,而且,不生上诉人所论违反《日本宪法》第14条等之问题,征诸本裁判所之判例旨趣甚明(参阅1953年第389号,1955年7月20日大法庭判决,《民集》第9卷第9号,第1122页、1979年第149号,1979年6月21日第一小法庭判决《判例集民事》,第127号登载预定)。㊲

学者有从比较法上,参考德国将起诉期间立法延长为2年,瑞士的民法、英美国家的民法并无期间的限制,主张立法延长起诉期间。㊳ 日本曾于1958年就亲族法修正之问题点,有将起诉期间应延长为5年之提议,后因为此不过为五十步笑百步而未修正。㊴

(三) 否认之诉与确认父子关系不存在之诉之相异点

否认之诉(以下以〔Ⅰ〕表示),乃民法及民诉法明文规定之人事诉讼之一,除法定之人事诉讼外,另有民法、民诉法均未规定之确认身份关系存否之诉,此种确认之诉,虽无明文规定,亦应承认之,惟仅具补充性,法定类型之人事诉讼之规定,应优先适用,并于与法定的人事诉讼之目的不相抵触为限,始类推适用有关之人事诉讼之规定,对应〔Ⅰ〕之确认父子关系不存在之诉(以下

---

㉜ 参见〔日〕谷口知平:《亲子法の研究》,1958年4月版,第30—31页;又,陈棋炎:《亲属、继承法基本问题》,1978年版,第196—197页,亦有介绍此立法之内容。

㉝ 参见〔日〕我妻荣,注㉓书,第222、226—227页;〔日〕本山敦,注⑬文,第41—42页。

㉞ 参见松仓耕作,注㉙"文2",第47页。

㉟ 对照北京:《拿破仑法典》(《法国民法》),李浩培、吴传颐、孙鸣岗译,商务印书馆1997年版,第41页;神户大学外国法研究会:《法兰西民法》〔Ⅰ〕,载谷口知平执笔:《人事法》,有斐阁,第288—289页(以上旧法);罗结珍译,注㉙书,第103页(以上新法)。修正简介,参见蓝瀛芳,注㉕书,第226—227页。

㊱ 参见〔日〕川井健等编集:《民法コンメンタール(21)》,ぎょうせい,1987年7月,第426页(西原道雄执笔)。

㊲ 《判例タイムズ》,419号,第86页。

㊳ 参见〔日〕五十岚清等编集:《民法学的基础》,有斐阁1975年版,第724页(木下明执笔);〔日〕松仓耕作,注㉙"文2",第47页;〔日〕松仓耕作,"书1",第158页以下;〔日〕松仓耕作,"书2",第235页以下。

㊴ 参见〔日〕谷口知平:《嫡出子とその否认》,有斐阁1981年3月版,第46页。

以〔Ⅱ〕表示），为其中之一。⑩〔Ⅰ〕〔Ⅱ〕主要不同点如下：

1. 诉讼目的、诉讼标的、判决主文

〔Ⅰ〕之目的，在于推翻婚生性之推定，迨无不同见解。虽有主张诉讼标的为否认权、权利性质为形成权、诉之类型属于形成之诉⑪，原告胜诉之判决主文，以"否认被告为……之婚生子女"之形式为之。⑫但是，日本之有力说及实务⑬，台湾地区之通说及实务⑭，则采确认之诉说。至于原告胜诉之主文，倾向诉讼标的为所生子女是否为妻自夫受胎之事实者，主张由夫提起时为"确认被告丙（子女）非被告乙（妻）自原告（夫）受胎所生之子女"。由妻提起时为"确认被告丙（子女）非原告（妻）自被告甲（夫）受胎所生之子女"⑮；倾向诉讼标的为所生子女是否为婚生子女者，则主张以"确认被告（子女）非……之婚生子女"之形式为之。⑯

以上关于〔Ⅰ〕之目的、诉讼类型、诉讼标的、判决主文等争论之差异，只是在于受婚生推定子女地位之理解，无论采取何种理论，均认为否认子女之诉原告胜诉确定后，有对世效力，为学者间一致见解，相关争论不过是观念之争，实质上几乎没有意义。⑰

〔Ⅱ〕之目的，在于确认原本无婚生性推定之外观上的亲子关系不存在，其诉讼标的并非单纯事实上之血缘关系的亲子关系，而是法律上之亲子关系，亦即"'法律上之为亲的地位'与'法律上为子的地位间'之关系"。简言之，目的是为确认现在之法律状态，并非形成将来之新的法律状态或消灭既存之法律关系，故诉之类型属于确认之诉。此见解就现在而言，几乎已看不到有不同

---

⑩ 参见〔日〕兼子一：《民事法研究》（第Ⅰ卷），酒井书店1958年版，第365页；〔日〕斎藤秀夫：《身份关系存否确认の诉》（"文1"），载《（中川善之助教授还历纪念）家族法大系Ⅰ》（家族法总论）（"家族法大系Ⅰ"），有斐阁1963年版，第189页；〔日〕石井敬二郎：《身份关系存否确认の诉えと戸籍订正》，载《新.实务民事诉讼讲座8》，日本评论社1988年版，第387页；骆永家：《民事法研究Ⅱ》，第138页；〔日〕林屋礼二：《身份关系存否确认の诉》，载《实务民事诉讼讲座6》，1978年版，第220页。

⑪ 参见史尚宽，注⑧书，第490页；骆永家，注⑩书，第125页；〔日〕兼子一，注⑩书，第346页；〔日〕冈垣学，注⑱文（三），第32页；〔日〕福永有利：《推定されない嫡出子》（"文1"），星野英一编集，载《民法讲座7》，有斐阁1992年版，第193页；〔日〕福永有利：《嫡出否认の诉と亲子关系不存在の诉》（"文2"），有斐阁1981年版，第22页；〔日〕荒川昂：《嫡出否认と亲子关系不存在确认》，载《法律知识ライブラリー4 家族法》，〔日〕村重庆一编，青林书院1994年版，第68页。

⑫ 参见骆永家，注⑩书，第130页；陈计男：《民事诉讼法论》（下），台北三民书局2000年版，第514—515页。

⑬ 参见〔日〕松冈义正：《特别民事诉讼论》，第272页；〔日〕大森洪太：《人事诉讼手续法》，第124页；〔日〕中川善之助：《批注亲族法》，第169页（山崎邦彦执笔），以上转引自福永有利，注⑪"文2"，第26页，注⑦；〔日〕吉村德重、牧山市治：《注解人事诉讼手续法》，青林书院1993年版，第329页（德田幸和执笔）；《大审院昭和15年9月20日判例》，载《大审院民事判例集》第19卷，第1596页，同旨，《大审院16年12月24日判例》，载《法律新闻》4776号，第13页，以上转引自〔日〕冈垣学，注⑱文（一），第12页，注㉓。

⑭ 参见胡长清：《民法亲属论》，台北商务印书馆1972年版，第223页；李宜琛，注⑲书，第111页；林菊枝，注⑩书，第207页；高凤仙，注⑩书，第290页；曹伟修：《最新民事诉讼法释论》（下册），1983年版，第1866页；姚瑞光，注㉗书，第815页；姚瑞光，注㉗"文1"，第6—7页；姚瑞光：《确认之诉》（"文2"），载《法令月刊》第41卷第3期，第5—6页；王甲乙、杨建华：《民诉讼法新论》，2003年版，第829页；另外，陈棋炎，注⑩书，第189页，固认否认权本质上与形成权颇相类同，亦认为否认子女之诉为确认之诉。实务上之讨论，参见"司法院"编：《民事法律问题汇编第七辑》1991年版，第586—589页，第130则法律问题。

⑮ 参见姚瑞光之后见解，注⑭（"文2"），第4页。

⑯ 参见姚瑞光之前见解，注㉗（"文1"），第6页；"司法院"编，注⑭书，第589页。

⑰ 参见〔日〕川井健等编集，注㊱书，第330页（西原道雄执笔）；〔日〕大森洪太：《人事诉讼手续法》，第125页，转引自〔日〕冈垣学，注⑬文（一），第12页，注㉔。

见解。㊽原告胜诉时之判决主文，与一般确认亲子关系存否之诉同，以"确认……之亲（父）子关系不存在"表现。㊾

2. 适格之当事人

〔Ⅰ〕适格之当事人，基于〔Ⅰ〕之形式性、严肃性，即使在某程度内，亦可依解释救济，但就理论上言，其当事人适格问题，非以立法论处理解决不可。㊿ "民诉法"1986 年修正前，因无明文规定适格之原、被告，解释上与日本通说同，适格之原告，为推定婚生子女之母（妻）受胎时之法定否认权人，即"民法"亲属篇 1985 年修正前为夫，修正后为夫妻之一方；"民诉法"1986 年修正后于"民诉法"增订第 589 条之 1 有明文规定；至于法定否认权以外适格之原告（适格原告之扩张），与本文无关，故略。适格之被告，在上述"民诉法"未明文规定前，学说、实务认为应以子女为被告㊼，亦有以为由夫起诉时，仅子女为适格之被告，妻非被告，但如由妻起诉时，应以夫、子女为共同被告。㊽ "民诉法"修正后明文规定，由夫提起者，以妻及子女为共同被告，由妻提起者，以夫及子女为共同被告，妻或夫死亡，以子女为被告（"民诉法"第 589 条之 1），即以固有的必要共同诉讼为原则，既法文规定文义明确固定，无另有疑义之解释空间，基于法秩序之尊重，本于"理不胜法"之原则㊽，修正前之学说、实务见解，应不再援用。㊾

〔Ⅱ〕属于众多亲子关系存否确认之诉之一，而确认亲子关系存否之诉之父、母、子三者间，是否有合一确定之必要，抑或父子关系与母子关系可以分别为个别的诉讼标的，在思考上有不同的看法。

原来日本战前之通说认为，婚生亲子关系应解为父母与子间应合一确定（或称合一说、固有必要的共同诉讼说）。因此，亲子关系确认之诉之适格之当事人，分别依不同情形定之，即：① 由子提起时，如父母尚生存时，须以父母为共同被告；② 由父母为共同原告提起时，以子为被告；③ 父母之一方行方不明，由父母之任何一方提起时，须以他方及子为共同被告；④ 如由有确认利

---

㊽ 参见〔日〕斋藤秀夫，注㊵"文1"，第 185 页。早期有以确认亲子关系存否之诉，因判决亲子关系不存在确定后，始生对世之效力，故为创设之诉即形成之诉说。参见〔日〕小石寿夫：《户籍上の嫡出亲子关系が真实に合致しない场合と户籍》，载《法曹时报》第 9 卷第 7 号，第 13 页，转引自〔日〕川井健等编，注㊱书，第 156—157 页。

㊾ 〔日〕川井健等编，注㊱书，第 156 页（梶村太市执笔）。骆永家，注㊵书，第 144—145 页，认为"婚生亲子关系存否之诉，其判决主文应为"确认丙为甲与乙女之婚生子女"或"确认丙非甲及乙之婚生子女"，"确认甲及乙与丙之间无亲子关系存在"，惟应注意其父、母、子女均列，乃因骆教授认为此为固有必要共同诉讼，又此等表现，亦有别于其主张否认之诉乃形成之诉，见同书第 142—143、124 页。

㊿ 参见〔日〕染野义信：《嫡出否认の诉えは现在のまま维持されてよいか》，高梨公之等：《民法の基础知识》，有斐阁 1976 年版，第 173 页。

㊼ 参见骆永家，注㊵书，第 128 页；"最高法院"1970 年台上字第 482 判决；"司法行政部"1955 年 2 月 11 日台（四四）公参字 765 号函。

㊽ 参见姚瑞光，注㉗"文1"，第 6 页。

㊽ 此原则之解说，可参见〔日〕泷川政次郎：《非理法权天》，青蛙社 1964 年版，经 21—23 页；柴田光藏：《てとわざの法律学》，自由国民社 1997 年版，第 117—119 页。

㊾ 参见骆永家，注㊵书，第 134 页，表示不赞成新增之"民诉法"第 589 条之 1 之规定。谅系依立法论而言。

益之第三人提起时,原则上以父、母、子为共同被告。[55]

1955年,有日本实务家,开始提倡个别说,此说之见解为:婚生亲子关系存否确认之诉,父子关系与母子关系应解为个别的诉讼标的法律关系,父、母、子三者间,并无合一确定之必要;因此,适格的当事人可由个别亲子关系之一方(亲或子)为原告,以他方(子或亲)为被告,由有确认利益之第三人提起时,以个别的亲子关系之亲及子为共同被告。由于个别说有使〔Ⅱ〕之当事人适格问题,变得单纯化、明确化之优点,逐渐在实务间发酵,赞同之学者也逐渐增加。现在之日本学说、判例,几乎均已固定以个别说为思考方式,实务也依此见解运作。[56]

鉴于民法亲属法之亲子关系制度,已无旧的"家制度",即使"民法"规定亲权之行使,以共同行使为原则("民法"第1089条第1项,《日本民法》818条第3项),解释上仅为行使之限制,至于父之亲权、母之亲权,仍属个别[57],由其他相关权利义务关系,更明显可看出,父子关系、母子关系,为个别的关系,相关诉讼,为个别的诉讼,无父、母、子合一确定之必要。本文以为,应以个别说为是。

学说虽有采合一说者[58],然实务上向来均依个别说运作。

3. 起诉期间

〔Ⅰ〕自知悉日起1年。并且,否认权人之否认诉权,因起诉期间经过而消灭("民法"第1063条Ⅱ)。

〔Ⅱ〕无特别规定,故不仅父、母,即使子,其他有确认利益之第三人等得提起者,没有期间之限制,得随时提起。

(四) 要件事实

称婚生子女,如忠实地按照法条文义解释,须具备以下三要件:① 须子女为妻所生(由妻分娩);② 须其子女为妻受胎自夫;③ 须于父母婚姻关系存续中受胎。[59] 第一要件可以直接证明,第二、三要件没有直接证明之方法,所以必须由受胎期间推定(认)出第三要件,再由第三要件推定出第二要件。而〔Ⅰ〕之法律关系基础事实,为不符合婚生子之第二要件,即"妻非自夫受胎"之事实,第一、三要件事实均应解为〔Ⅰ〕之前提要件事实,如不符合第一或第三要件,即"非由妻分娩,或妻之受胎非在婚姻关系存续中",不得为〔Ⅰ〕,须依〔Ⅱ〕否认之,盖所谓一般的确认亲子关系存否之诉,乃法定亲子关系诉讼外之补充制度,仅具有补充性,不能取代或涵盖法定亲子关系诉讼,不能混淆。因此,〔Ⅰ〕与〔Ⅱ〕间的对应关系,可以图示如下:

> 有婚生之推定("民法"第1063条第1项)→〔Ⅰ〕
> 无婚生之推定("民法"第1063条第1项)→〔Ⅱ〕

---

[55] 参见〔日〕斋藤秀夫:《亲子关系の当事者の死亡と身份关系存否确认の诉》("文2"),〔日〕斋藤秀夫:注㊶《现代家族法大系3》,第32页以下,适格当事人部分见第39—40页,合一确定之文献见第42页,注㉚书;〔日〕斋藤秀夫:《民事诉讼法理论の生成と展开》,有斐阁1985年版,第239页。至于得提起〔Ⅱ〕之第三人之范围如何? 学说上有主张限制三亲等血亲说(〔日〕兼子一,注㊵书,第359—360页)、亲属(家族)说(〔日〕斋藤秀夫,注㊵"文1",第187页)、直接取得权利或免除义务关系必要说(此为〔日〕斋藤秀夫,同上书,第246—247页,注⑳中所列七个大审院判例之主流见解,学说名称为本文所加)、权利义务受影响者说(2001年台上字第1975号判决,见注⑨)等。

[56] 学说演变,参见〔日〕川井健等编,注㊱书,第157—179页(梶村太市执笔)。

[57] 现行"民法"第1089条第1项规定之共同行使,是指不采民律草案之父比母先行亲权之意,要之,父母均得行使亲权。参见戴炎辉、戴东雄,注⑩书,第474页。可以推知为个别的关系。

[58] 参见骆永家,注㊵书,第141—142页。

[59] 参见〔日〕川井健等编,注㊱书,第56页(梶村太市执笔);史尚宽,注⑧书,第480—481页。

此〔Ⅰ〕〔Ⅱ〕要件事实之严格区别,可以说是关键性的区别,上开对应关系把它说成“民法”第1063条之推定之制度的意义,亦无不可。(60) 由此项区别,可以推知:〔Ⅰ〕为法定之亲子关系诉讼制度之一,〔Ⅱ〕为不符合〔Ⅰ〕法规范时之补充制度,必须与〔Ⅰ〕之裁判规范不相抵触,始得(类推)适用“民诉法”亲子关系程序规定,提起〔Ⅱ〕。在此意义之下,受婚生推定效力之婚生子,只能依〔Ⅰ〕推翻之,不受婚生推定效力者,须赖〔Ⅱ〕除去之(61);并且,在应依〔Ⅰ〕之情形,亦不得以〔Ⅱ〕代之,如以〔Ⅱ〕起诉回避,法院应以其起诉不适法(欠缺诉之利益或当事人不适格之诉讼要件)为理由,以诉讼判决驳回。(62)

**(四)婚生推定排除理论之提出**

1. 法漏洞之存在、填补(解释)方法及其界限

从19世纪末迄今之支配性的通说,依自由法论,承认“法之欠缺(漏洞)”之原理,当法有漏洞时,解释者可依“自由的法发现”方法,为“法规范创造”之法解释填补,就此言,法院依此方法所为之裁判,具有“法创造”的功能。(63) 当法律所预定之事实与现实中所发生之事实间,有对应之必要时,法文也有解释之必要性,此时,法之目的解释,依法律意思说。(64) 当文义上有疑义时,应本于客观的良知,求诸多数人关于正义或社会价值的共识作为评价准据即社会通念。(65) 惟应注意:现代之自由法学虽主张“法之自由的发现”,要求“法院(官)之自由的人格活动”,但是,绝非对现行法之基础原则而为挑战。(66) 所以,法院(官)可以勇敢地为司法的法创造,却不能流于如同在无政府、无法律、无秩序状态下主观的评价(67),也不容许假审判独立之名,行个人及主观的“独

---

(60) 参见〔日〕川井健等编,注㊱书,56页(梶村太市执笔)。

(61) 除注⑩外,并可参见邓学仁:《亲属法之变革与展望》,月旦出版社1997年版,第229页;〔日〕山畠正男:《嫡出推定を受けない嫡出子》,〔日〕中川善之助等编,注㉚“新版体系民法事典”,第696页。

(62) 参见骆永家,注㊵书,第138—139页;〔日〕兼子一,注㊵书,第253页;〔日〕斋藤秀夫,注㊵“文1”,第185页;〔日〕福永有利,注㊶“文2”,第23页;〔日〕石原直树:《嫡出否认か亲子关系不存在确认か》,载《裁判实务大系》(第25卷),“人事诉讼法”,〔日〕村重庆一编,第367页;〔日〕梶村太市:《嫡出否认の诉えと亲子关系不存在确认の诉え》(“文1”),判例タイムブ,第943号,第39页。至于何以得以欠缺诉之利益或当事人不适格驳回,可参考本文关于确认利益与当事人适格间关系之说明。

(63) 〔日〕水本浩、筱冢昭次编:《民法を学ぶ》,有斐阁1987年版,第15页(水本浩执笔);〔日〕碧海纯一,弘文堂2000年版,第158、161—164页;〔日〕原岛重义:《法的判断とは何か——民法の基础理论》,创文社2002年版,第292—296页。

(64) 采此说之必要性,可参见〔日〕五十岚清:《法学入门》,第145—152页;Arthur Kaufmann著,初版一刷,《法概念と法思考》,上田健一译,2001年版,第101页;Karl Larenz原著,《法学方法论》,米山隆译,劲草书房1991年版,第478—483、504—512页;同书,学生版,陈爱娥译,五南图书出版公司2000年版,第221—225、236—242页。

(65) 有关法院裁判,应以社会通念作为评价的准据,以及对社会通念之掌握,可参见王泽鉴:《请求权基础理论体系》,1999年版,第249—250页;〔日〕新堂幸司:《新民事诉讼法》,弘文堂1998年版,第456—457页;〔日〕林信雄编:《裁判の危机——偏向判决批判》,时事通信社1969年版,序第5页(林信雄执笔);〔日〕矢崎光圀:《日常世界の法构造》,みすず书房,一刷,1987年版,第247—271页。

(66) 〔日〕栗生武夫:《法律解释の本质》,和田电子出版2003年版,第11页。

(67) 详见〔日〕中村治郎:《裁判の客观性をぬぐつて》,1970年版,第124—127页。

善"之裁判。⑱ 不仅制度上要防止"司法之独善化"⑲,法官自己也要避免主观擅断。⑳ 基于以上认识,在重视法则之大陆法系国家,普遍运用法的思考方法,是采用以审视事实观点,组合要件及效果法则,乃至采用具有法格言性质之原则,再将那些法则、原则,巧妙地组合,运用扩张、限缩、类推等解释技术,提出解决问题之方案。此种方法论,为在法体系内,填补原来法则之漏洞,从原来要件及效果法则,所规定的"具有共同性的集合"中,找出不属于该集合的外延以外之要件及效果,组合成新的要件及效果法则。简言之,重新区辨事物同异,创造(发现)新的要件事实、新的法则(或修正法体系)之方法,可以成为法院以裁判造法(解释法)填补法漏洞之方法之一。㉑

2. 婚生推定排除理论

(1) 提出背景及其调整方法

否认之诉是否应依原来立法目的及其法文,作形式的、划一的、严格的适用,日本学说很早就持否定见解,此种否定见解之思考,乃出于原来婚生推定婚生子女之规定,本来就是婚生子女范围扩大之规定,加以原来男女性行为在婚姻后、婚外情乃少数并紊乱社会风纪之立法时所预定之事实,已与现实上婚前性行为逐渐被认为当然、婚外情受社会非难性减弱乃至通奸除罪化等事实,无法对应。于是乎,在原来符合"受婚生推定之子"要件中,寻找出无须以否认之诉否认婚生推定者,借以实质上缩小"受婚生推定之子"之范围,在法律效果上,则与"不受婚生推定之子"规定同化,实质上扩大了"不受婚生推定之子"之范围,借以缓和否认之诉要件。此新的要件事实类型,为了避免与原来"受婚生推定之子"混淆,学理上通常另称之为"婚生推定所不及之子(嫡出推定の及ばない子)"或"不被推定之婚生子(推定されない嫡出子)",此种方法,现在日本学说

---

⑱ 参见〔日〕斋藤秀夫:《裁判官论》(增订三版),一粒社,第315页所举之实例:以信奉天主教反对离婚为理由,驳回离婚请求;以信奉死刑废止论之理由废弃原审之死刑判决;以信奉共产主义不承认私有财产制为理由,驳回确认有关土地所有权等之财产权诉讼。

⑲ 除司法行政上之监督、审判公开、言论自由外,比较司法制度上之最高法院法官之国民审查、法官弹劾、陪审制、参审制等,都有助于防止司法独善化之功能。参见〔日〕团藤重光:《法の基础》,有斐阁1997年版,第207页;tanashin's law school,《司法权の独立》,http://www.geocities.co.jp/WallStreet-Bull/1503/sihoukennodokuritu.html,2003年12月17日;〔日〕兼子一、竹下守夫:《裁判法》(第四版),1999年版,第110—113、129、131—132页。

⑳ 美国著名法官卡多佐,曾为法官造法辩护言:"正是法官造法,使法律准则与现代社会、经济、政治事件相适应。"还说:"如果他(法官)打算把本人的行为癖好或信念当做生活常规,加于公众,他就错了。"(参见Andrew L. Kaufman:《卡多佐CARDOZO》,张守东译,法律出版社2001年版,第451、223页。)"法官如自认为有依风俗的伦理形成法之权限和义务,则破坏了全部法则,所有裁判以法官个人的正义感代替法则,即以所谓'善良之人之判断(artrium boni viri)'置换。……即使法官是深具慈悲心,也是在行一种'慈悲的专制(benevolent despotism)'。法官不可以屈服于偶然的情绪、笼统而无自我管制之慈悲心等,盖法官本来即应经过组织系统训练,作正当的类推,服膺'以社会生活秩序之至上的需要',行自由裁量。"参见〔美〕卡多佐:《司法过程的性质》,守屋善辉译,中央大学出版部1979年版,第138页、143页。

㉑ 参见〔日〕加贺山茂:《(名古屋大学高等教育センター)法政基础讲义Ⅲ——实定法入门》(第一回),2002年版;〔日〕加贺山茂:《法创造教育における予习的重要性,法创造教育研究所》,2002年度成果报告,第1页;〔日〕吉野一:《法适用における法创造推论的构造,法创造教育研究所2002年度成果报告(之一),第1、3页;〔日〕吉野一:法体系.创造的法思考とその教育方法》,法创造教育研究所2002年成果报告(之二),第1—5页。附记:此法创造方法在概念逻辑(论理)上之推论过程及理解,或可参考〔日〕末木刚博:《增补新版东洋の合理思想》,法藏馆2001年版,第82—88、203—204页。

几乎没有争论。㊅ 如此在亲子法体系内,以"从'受婚生推定之子'中,异化出'婚生推定所不及之子',再将'婚生推定所不及之子'之效力,与'不受婚生推定之子'同化"的解释过程,创造了"符合'婚生推定所不及之子'之要件,不受否认制度之裁判规范,应依补充的确认亲子关系存否制度救济"之法规则。依此新修正之要件、法规则,否认之诉与确认亲子关系不存在之诉间之对应关系,可以图示如下:

> 原有受婚生推定之子 - 婚生推定所不及之子
> = 缩小后之受婚生推定效力之子 → 否认之诉
> 不受婚生推定之子 + 婚生推定所不及之子
> = 扩大后之不受婚生推定效力之子 →
> 确认亲子关系不存在之诉

(2) 判断基准之主要学说

在日本,首先很明确地提倡婚生推定排除理论者为中川善之助,其谓:"由于婚生推定乃就正常之夫妻关系预期,所建立之规律,因此,当有如夫妻分居、夫有性无能等特殊情形时,则受婚生推定之子,只是形式上的夫之子,此即属于不可能是正常之夫妻情形,不应赋予婚生之推定。"㊆ 其后,各种关于如何判断婚生推定所不及之子,陆续被提出,各说相互批判激烈,如加以分类,不下十种,就目前而言,曾为日本实务所采,也是最主要的两个学说,为外观说、家庭破绽说,仅就此二说,及与本件判决有关之血缘说,分别介绍。

① 外观说

A. 概要

此说代表性学者我妻荣认为:婚生推定制度之否认子女之诉,是以家庭之平和为目的,就此而言,处于同居状态中,彼此间有性行为,妻应守贞操上之诚实,即使妻有一时(偶然)与他人为性行为,夫当为所生之子之父,应推定为婚生子,盖此等情形属于"夫妇间之秘事"。确认亲子关系不存在之诉,可以否定外观上之婚生性,故所谓"妻不可能自夫受胎之事实"应该是"限定在如欠缺同居之外观上明了之事实",因此,如怀胎期间夫妇并没有同居之事实,则丧失了婚生推定制度之基础,此时,为了家庭之平和,以不推定具有婚生性(即所生子女为婚生推定所不及)居多,至少,不致产生所谓"公开夫妇间之秘事,并不合适"之问题。可以承认排除婚生推定制度之适用的情形,包括妻于怀胎期间有:(a) 夫受失踪宣告、失踪中;(b) 夫出征中、在监狱服刑中、于外国居留中等;(c) 事实上离婚成立之后怀胎等是,盖此等情形,不必介入夫妻间之个人情事,即能明显地判断妻所生之子非自夫受胎。㊇ 另外,站在外观说之立场,即使夫妻处于同居状态,如所生之

---

㊅ 参见〔日〕铃木ハッヨ:《法律上の实亲子关系と血缘上の亲子关系との背离はどのように调和されているか》,奥田昌道等编,载《民法学 7》,有斐阁 1976 年版,第 137 页。学说上另有区分为"第一种不被推定之婚生子""第二种不被推定之婚生子"者,参见〔日〕外冈茂十郎:《推定されない嫡出子》,注⑭《家族法大系Ⅳ》,第 6 页以下;〔日〕中川善之助:《注释民法(22)のⅠ》,有斐阁 1971 年版,第 271 页(利谷信义执笔)。

㊆ 〔日〕中川善之助,注⑲书,第 299 页。

㊇ 参见〔日〕我妻荣,注㉓书,第 221 页。

子为与夫不同之人种者,亦解为婚生推定所不及之子。[75] 此说亦为日本最高裁判所所采。[76]

同样站在外观说之立场,就"外观上明了之事实",应否倾向有无同居之外观,学者间宽严不一,例如夫无生育能力,有以为此,虽为妻客观的、当然地不可能自夫受胎,仍应为婚生推定所及,盖此亦为必须审查夫妇间个人的秘事,始能明判。[77] 亦有以为,夫如无生育能力,妻所生之子,亦应解为婚生推定之除外,如就父子关系存否有争执,非以否认之诉解决,应以一般之确认父子关系不存在之诉解决,借以除去婚生推定之弊害。[78]

B. 评价

此说虽遭受"外观的事实之存在,并无法不待证明即可明白,仍须经证据调查始能判明。就怀胎原因之性行为有无等夫妇间秘事公开,依旧难以避免,只不过夫妇长期分居等情形或许较易证明而已,结果只是程度上的问题。""限定外观上明白之情形,作为缓和婚生推定要件之根据,仍嫌薄弱"等批判。惟因未破坏亲子法之体系,兼顾立法目的,目前仍为日本婚生推定要件缓和论中之通说。

② 血缘说(实质说)

A. 概要

此说或称法律上之亲子关系与血缘上之亲子关系一致论,乃以血缘之有无,作为是否具有父性之推定唯一判断基准,其主要论据在于:原来,亲子之情爱,只在有血缘的地方,才会产生。实际上无血缘客观而明显时,如果只是因为夫未于一定期间内提起否认之诉,就强使法律上之婚生父子关系存在,疑问至极。考《日本民法》制定当时与现在不同,从血型检验开始至今,亲子关系判定之技术,已有显著的进步,民法之解释,当然应作适当的反应。况且,过去(按:当指立法之时)是基于父子血缘有无,无法靠人的智慧弄清楚之考虑,以最近进步之科学研究成果,已经能够把血缘之父子关系存否,判定得相当清楚。如此一来,依据血缘说排除婚生推定之范围,应该加以扩大。尽管血缘说尚有些难点,但是就结果言,比外观说妥适,而且,依血缘说所纳入之排除婚

---

[75] 参见〔日〕中川善之助编,注[72]书,第 98 页(高梨公之执笔)。福冈家事裁判所 1969 年 12 月 11 日判决(载《家庭裁判月报》,第 22 卷第 6 号,第 93 页),乃就日本夫妇之妻遭黑人强奸生下混血儿后约 3 年后之事实,以确认亲子关系不存在之诉审判,判决理由要旨为:"本件乃于有正常婚姻之共同生活关系之日本人夫妇,生出显然为黑人混血儿,依遗传学即可客观地明白非夫之子。就本件之异常性在社会上已公开,难以将之当成夫妇间之隐匿,以保持正常之父子关系,与用血液检查结果否定父子关系、夫无生育能力等,在日常生活无法由外观上明白父子关系不存在,仅止于夫妇家庭内之秘事之情形不同。是故,本件由于与婚生推定之设计旨趣不符,应解为不受婚生推定之子,原告为订正户籍,为亲子关系不存在确认之诉或审判,乃为法律上所许。",摘自〔日〕佐藤义彦:《嫡出推定及范围》,载《同志社法学》第 34 卷第 3.4 号,第 219—210 页。〔日〕宫崎干朗:《嫡出推定规定的意义与问题点》,载《现代家族法的诸问题》,弘文堂 1990 年版,第 267、268 页,则将高梨公之说,另归类为"修正外观说"。

[76] 如日本最高裁判所 1969 年 5 月 29 日判例:"虽于因离婚即婚姻解消后三百日内所生之子,惟母与其夫早在离婚登记提出之前约二年半,即因事实上离婚而分居(别居),完全断绝性关系,属已丧失夫妇之实际状态之情形,应解为不受《日本民法》第 772 条之婚生推定。"(载《最高裁判所所民事判例集》第 23 卷第 6 号,第 1064 页);日本最高裁判所:1998 年 8 月 31 日判例:"别居开始九个月余后所生之子,因婚姻之实际状态是否存在仍属不明,不能谓实质上不受日本民法第七七二条之婚生推定。"(载《判例时报》第 1655 号,第 112 页);日本最高裁判所:1998 年 8 月 31 日判例:"在父出征中怀胎之子,实质上为不受日本民法第七七二条之推定。"(载《判例时报》第 1655 号,第 128 页)。

[77] 参见〔日〕我妻荣,注[23]书,第 221 页;〔日〕中川善之助编,注[72]书,第 97 页(高梨公之执笔)。

[78] 参见〔日〕高野竹三郎:《嫡出性の否认》,注[14]《家族法大系Ⅳ》,第 20 页;〔日〕山崎进、杉政静夫:《嫡出推定の及ばない子の范围,ジュリスト》,第 120—121 页。又,新潟地方裁判所判决,采同一见解,载《下级裁判所民事裁判集》第 8 卷第 10 号,第 2002 页,转引自铃木ハツヨ,注[72]文,第 138 页。

生推定范围,就解释论而言,仍在其可以采取的界限内。[79]

B. 评价

此说以亲子关系与血缘关系划上等号,并称并未逾越民法解释论之界限,而受一时之注目。但是,此说受到严厉的批判,现几乎无人主张[80],主要批判论点如下:

(a)诚然,"婚生"之概念如何,颇难回答。[81]不过,就法律意义上看婚生之概念,与婚姻密不可分,就现行民法(《日本民法》第772条,相当于"民法"第1061条)言,婚生子以婚姻存在为绝对的要件,民法呈现"婚姻=婚生=父性推定"(可简化成"婚姻中受胎=父性推定")之婚生推定规定,乃属当然。[82]无论否认之诉或确认父子关系存否之诉,所欲解决者,都是法律上之亲子关系。法律上的亲子关系,是以"法的行为或现实生活之形式,所显示当事人之意思"决定,此法的行为,包括行使或不行使以创设或消灭身份关系为目的之法律上要件等,亲子关系之法的意义,包括继承关系、监护、养育关系、亲属关系,乃结合多方面的法律效果,反映因市民社会成立及家族变化,子具有多样的社会地位,在法律前提下,亲子关系不在于"血缘"之有无。[83]简言之,从生理上(生物学上)之观点所定之亲子关系,未必当然支配法律。[84]换言之,血缘固为法的亲子关系存否之基本要素,因为法律上亲子关系与事实上血缘关系之间,毕竟或多或少有不合逻辑之处,所以,欲贯彻血缘主义,乃不可能之事。[85]简言之,有血缘的亲子,常为法律上的亲子;无血缘的亲子,不是绝对的非法律上的亲子。盖人之生活千差万别,无法仅以血缘主义处理亲子关系,即使法律上之亲子与生物学的亲子关系矛盾,为"子"之福祉、"亲"及其相关当事人之利益,乃至对于周围之人的信赖保护等目的,立法论上,承认此种矛盾状态,不允许有"违反此种矛盾状态之事实主张"的亲子关系法,有其必要。[86]经数十年在理论上澄清后,甚至有直言:即使要将法的亲子关系,尽量近似于血缘上之亲子关系,终究二者仍有差异,此点对法律家而言,是常识。[87]

---

[79] 参见〔日〕橘胜治:《嫡出推定的排除に关する一考察》,载《民事月报》第34卷第1号,第7页,注[36]书,第126页(梶村太市执笔)。另外,〔日〕中川善之助:《新订亲族法》,青林书院新社1968年版,第364页以下,亦持血缘说。

[80] 参见〔日〕梶村太市,前揭注[62]"文1",第40页提及最近持血缘说者,参见〔日〕田村五郎:《亲子の裁判ここ三十年》,中央大学出版部1996年版。

[81] 参见〔日〕山畠正男,注[18]"文2"(一),第118页,注①中,引用相关著作,提示文化人类学的婚生概念、社会学的婚生之规范有所不同。

[82] 参见〔日〕山畠正男,注[18]"文2"(一),第117页。

[83] 详见〔日〕山畠正男:《亲子は何か》,载《法学セミナー》,328号,第124—125页。又,山畠正男于此文并认为,血缘事实之意义,勿宁将之理解为与"权原"近似,如更加以强调,可以用"所有权"来理解。

[84] 参见〔日〕末弘严太郎著,戒能通孝修订:《民法讲话》(上卷),岩波书店1965年版,第274页以下。

[85] 参见〔日〕铃木禄弥:《实亲子关系的存否につき、血缘という要素は绝对的なものか》,载几代通、铃木禄弥、广中俊雄:《民法の基础知识》,有斐阁1976年版,第170页以下;铃木ハツヨ,注[72]文,第132页以下;〔日〕谷口知平,注[19]书,第3—6页。

[86] 参见〔日〕佐藤隆夫:《现代家族法25讲》,有斐阁1976年版,第156—158页。

[87] 参见〔日〕水野纪子,注[20]"文1",第119、121页。关于依《日本民法》规定,血缘上之亲子与法律上之亲子间有不一致情形之整理,参见小野善弘:《亲子关系における血缘について》,田山辉明等编,《现代家族法の诸相》(高野竹三郎先生古稀纪念),成文堂1993年版,第343—350页。另按:在此可加以补充说明者,关于事实上之亲子关系应等于法律上之亲子关系之误会,可能来自早期的人类学,因为:对于19世纪的大多数人类学家来说,亲属关系、血统和血亲关系是一些同义词,现在,这个概念已经消逝;又,从一般的意义上言,进化论名声已经扫地,其事由之一,原来进化论者认为"'原始'社会只知道单以血统为根据形成的群体(氏族)",然而很快就显现:在那些最原始的社会中,也可以找到家庭和氏族;有些社会不承认"父亲"与他的妻子的孩子间的血缘关系,详见 Adam Kuper、Jessica Kuper 主编:《社会科学百科全书》,王今等译,五南图书出版公司1992年版,第241—242页,"Descent and Descent Groups 血统及血统群体"条。

(b) 如同上述,婚生推定制度与自然的血缘主义之思考方法,本有其无法兼容之要素,二者彼此对立。因此,如以血缘之有无,作为是否为婚生推定所不及之子之判断基准,即以亲子关系不存在之诉否定婚生推定子之身份,等于否定婚生推定制度及否认制度。⑱ 再者,将无血缘之子列为"婚生推定所不及之子",将使民法之婚生推定制度空洞化,有关条文成为死的条文,会使民法上婚生推定制度与认领制度,所建构安定之法的亲子关系失去意义,已经超过现行法之解释限度。⑲

③ 家庭破绽说(折中说)

A. 概要

此说为松仓耕作所力主,主要论据为:以往之学说,几乎没有例外地在家庭之平和(即使真实之父子关系存在,法律上亦不成为父子)与所谓之真实主义(只要是真实之父子关系,必然法律上亦为父子)之间作严格区别。可是,民法并没有只能在真实主义与家庭之平和间,选择其一之理由。因此,此问题应该求诸家庭之平和与真实主义之调和。在此意义下,应依每一个具体个案看其家庭之平和有没有应被保护情形,如有,即对"家庭之平和"有保护之必要。在此前提下,当夫妇之家庭平和已完全崩溃时,例如,夫妇已离婚,妻与生父同住,子并由生父养育中;又如,虽婚姻形式上继续存在,夫妻关系已因有破绽别居,子由妻养育中;此等情形,由于守护家庭平和的必要性已经不存在,所以,可以行真实主义之途,亦即,应该循使真实之父成为法律上之父,始为正途。反过来说,即使妻因通奸生子,如果夫妇间只是一时的不和,夫妇仍继续同居生活,则应以家庭之平和为优先。以上所述之解释,符合民法承认婚生推定以及否认制度之基本立场,并符合国民的感情。⑳

---

⑱ 参见〔日〕柳胜司:《民法七七二条の嫡出推定と父子间の血液型の背驰に基づく亲子关系不存在确认の诉》,载《名城法学》第44卷第4号,第101—102页。

⑲ 从反血缘主义之观点,承认"婚生推定所不及之子"范围对于使婚生制度空洞化,自比较日本所继受母国之西欧诸国立法,为婚生推定及否认制度之意义、目的介绍,并且,对于因未消化继母国法之意义,而实施轻而易举之科学的血缘鉴定,应有警惕等文献,参见〔日〕水野纪子,注⑳"文1""文2",水野纪子:《户籍制度》,ジュリスト,1000号,第163页;特集《实亲子关系とDNA鉴定》,ジュリスト,1099号,第29页以下。上开特集论稿中,不乏从比较法中提出值得启发之言,如松川正毅:《フランスにおけるDNA鉴定と亲子法》,第56页,作者认为,科学的真理确为一个可信赖之价值,在法国,长年形成之亲子事实,一般也会思考到此重要价值。但是,法国之亲子法,并非单单是生物学上真理之法,还有被期待之亲子关系法律,实际生活所形成之亲子关系法律。就此点而言,日本法也应该学习。盖亲子法如果只是基于生物学的真理而为考虑,岂不是把"人情味(人间性)"变淡薄了?〔日〕新美育文:《イギリスにおける亲子关系の确定とDNA鉴定》,第65页,作者认为,贯彻真实主义或血统主义,与所谓血液鉴定是合适的手段,甚至与DNA鉴定之开发无关。英国法律及法院,于已形成可维护子女之安定的家庭时,可以说对此等方法之利用,相当慎重。……不要忘记,也有"子女并无知道真实的权利"之批判。反观之,日本有关父子关系,并没有展开如英国般的议论。在英国,讨论亲生父子关系时,须知真正之目的在哪里,一方面,要看准"在何种情形,为解决纷争,需要处理是否为亲生父子关系之问题?"之同时,另一方面,也要就"真实主义或血统主义之坚持,应该在哪就此打住?"加以探讨,此等实用主义之研究进展,相信也可给予我们很多参考。

⑳ 参见〔日〕松仓耕作:《嫡出性の推定と避妊》,载《法律时报》第45卷第14号,第133页以下;松仓耕作:《嫡出推定と子の幸福》(法と权利2),载《民商法杂志》第78卷临时增刊号,有1978年版,第69页以下。另外,松仓氏提出此说后,曾自称此为日本最近之新见解,注㉙"书2",第330页。有学者指出:外观说中,持妻所生子为不同人种、夫无生育能力之情形,亦解为婚生推定所不及者,可谓为家庭破绽说之先驱,参见〔日〕谷口知平:《嫡出亲子关系と身份占有》,末川博还历:《民事法の诸问题》(1953年),转引自广中俊雄、星野英一编:《民法典の百年Ⅳ》,有斐阁1988年版,第89页,注㉝(阿部彻执笔)。

B. 评价

此说提出后,虽未见有日本最高裁判所采取,此说旨在实质调和家庭平和与血缘主义,已成为日本最主要的有力说之一,日本下级裁判所以裁判时婚姻关系有破绽,作为婚生推定之应予排除之判决理由,相继出现,有采此说之倾向。[91]

此说被批判之缺点,有"家庭之平和不存在情形"之外延不明确、所谓"家庭之平和"有"浮动的性质"之疑义,未注意到搁置"夫妻间之秘事(感情)、早日使身份关系安定"等否认子女制度本来之目的,甚至有由于一旦成为诉讼事件,几乎是家庭破裂、无家庭平和保护之必要,造成实质上等于血缘说之疑虑。

③ 学说现况

以上三说,在日本,血缘说不可采,几成共识;外观说、家庭破绽说,则分别曾为日本最高裁判所、下级裁判所采,为最主要的两个学说。至于日本其他学说[92],以及台湾学界有关婚生推定排除理论之整理与介绍,非本文提出的目的,省略之。值得附加一提者,台湾学说似未曾有过持血缘说者,较近之文献,明言应限制婚生推定者,则似倾向外观说。[93]

(五) 本件判决法解释论之批判

1. 立论倾向及其理由的构成

本件判决之理由的构成,就受婚生推定之子,可否以法院判决赋予实质的否认权语意上是否

---

[91] 如东京家事裁判所 1975 年 7 月 14 日判决(判例タイムズ,第 332 号,第 347 页)、大阪高等裁判所 1976 年 9 月 21 日判决:《判例时报》,第 847 号,第 61 页)、大阪地方裁判所 1983 年 12 月 26 日判决,载《家庭裁判月报》第 36 卷 11 号,第 145 页),以上转引自广中俊雄、星野英一编,注[90]书,第 84、89 页,注[75]阿部彻执笔书。又,东京高等裁判所 1994 年 3 月 28 日判决(载《判例时报》第 1496 号,第 76 页)就"X(原告)之妻,在婚姻同居期间之 1984 年 6 月 5 日,生下子 Y。X 与妻于 1991 年 4 月 22 日离婚,同年 10 月间双方就亲权变更调解程序中,调解委员指出 X、Y 血型不一致,始确信 Y 与其无血缘,惟迟至 1993 年始提起确认亲子关系不存在之诉,第一审裁判所基于外观说,认为 X 起诉不合法,以诉讼判决驳回"之事实,废弃原审判决,并发回原审更审,在第二审判决理由,除详述外观说之思考方法外,另附加母与其夫之家庭已有破绽、应保护之家庭不存在两个要件。此第二审判决,有解读为与家庭破绽说近似,如山崎进、杉政静夫,注[73]文,第 116—117 页,有解读为典型的采折中说之立场之判例,如柳胜司,注[88]文,第 111 页。

[92] 其他学说,尚有无限制说(平贺健太:《亲子关系与户籍订正》,注[40]"家族法大系Ⅰ",第 285 页)、抗辩权之永久性说(川岛武宜,判例民事法 1938 年度,155 事件,第 589 页)、推定三分类说(佐藤义彦,注[75]文,第 225 页)、合意说[福永有利:《嫡出推定与父子关系不存在确认》,载《别册判例タイムズ》(8 号家族法的理论与实务),第 254 页。按:此说以为如有子、母、父三人合意,可以排除婚生推定,参见水野纪子,注[20]"文 1",第 121 页,以此说与外观说同为依日本现行法解释论限度之学说,并且依此说,当事人间合意成立时,不仅在财产之争执,甚至于身份上之争执,结果之妥当性,可谓好的解决。但是,合意毕竟不能强制,作为准则仍有慎重考虑之必要]、新家庭形成说[梶村太市:《婚姻共同生活的出生子的嫡出推定与亲子关系不存在确认》("文 2"),ジュリスト,631 号,第 133 页,此为其前见解]、新.家庭破绽说(梶村太市,注[62]"文 1",第 43—44、46 页,此为其后见解)。水野说(注[20]"文 1",第 115 页)、伊藤昌司说[《实亲子法解释学への疑问》,(九州岛大学),载《法政研究》第 61 卷第 3.4 号,第 612 页以下,此说简介参见梶村太市,注[62]"文 1",第 41—42 页]。

[93] 参见黄宗乐:《亲子法之研究》,1980 年版,第 34 页、陈棋炎、黄宗乐、郭振恭:《民法亲属新论》,台北三民书局 2001 年版,第 277 页(黄宗乐执笔),认为"客观上妻显非自夫受胎之子女"不适用婚生推定之规定,依其举例及所引用日本文献推知,与外观说同;又邓学仁:《显非自夫受胎所生子女是否婚生推定》,载林秀雄主编:《民法亲属继承实例问题分析》,五南图书出版公司 2003 年版,第 173 页以下,亦似采外观说,但其注[61]书(第 236 页以下),明言实质说不可采,外观说之推定排除范围过狭,主张婚生推定之限制至少应考虑三项因素即夫妻之隐私、子女之利益、家庭之和平,则似倾向不同于日本家庭破绽说之折中说,同书 241 页与上揭文第 180—181 页,均建议参考《德国民法》第 1591 条第 1 项文规定,又似倾向外观说。

倾向肯定说,不够明确,设其倾向肯定说,须再对照其他下级法院持肯定说之理由,始能较易清楚。

事实上,台湾地区下级法院,对于受婚生推定之子所提起之确认父子关系不存在之诉,为原告胜诉之判决,只不过初期,这些判决根本完全不提法定要件事实,对通说、"最高法院"判例,似乎毫无警觉,视而不见,在判决理由中,只是于认定父与子女间有无血缘关系后,即谓:依法应认为原告之请求有理由。如此的判决,等于无视成文法,实质上是不附理由之判决⑭,即使结论正确,也应被认为是司法权独立之滥用(乱用)、恣意的裁判。⑮ 直到 2003 年 11 月,台湾高等法院暨所属法院 2003 年度法律座谈会民事类第 13 号、第 14 号法律问题(以下分别简称 2003 民字第 13 号、14 号法律问题),均属假设"实际无血缘关系,但符合婚生推定要件"之前提事实,合并讨论"生父、受婚生推定之父、受婚生推定之子,是否得以提起确认亲子关系存在或不存在之诉,以除去婚生推定",从此次座谈会可以看出,下级法院持肯定说者,已累积相当多的论据⑯,合并表决结果,子女部分,以肯定说为多数(39 票对 15 票),就生父部分,则以否定说应无疑义径作结论。就此值得注意的现象是:一股"即使超越法律之最大可能文义,也要通过判决,使'血缘的父亲与法律的父亲一致'之真理实现"的使命感,逐渐在下级法院散开,并且,由此使命所必须创造"受推定之父、子女,得以提起确认亲子关系不存在之诉,以除去婚生推定"之法则,已经从最早的没有论据,逐渐累积出相当多的论据,俨然足以挑战通说及过去"最高法院"之一贯之见解。肯定说之理由的构成,可以简要归纳如下:

① "民诉法"虽未定有确认亲子关系诉讼类型,惟有承认之必要性,早有判例承认。此点与本判决理由要旨第一段上段相通。

② 2000 年"民诉法"修正后,"民诉法"第 247 条第 2 项规定"确认法律关系基础事实存否之诉,以原告不能提起他诉讼者为限",已放宽确认之诉要件,子女依法不得提起否认之诉,依修正后之"民诉法",应可允许子女、生父提起确认亲子关系存否之诉。此点为本判决理由要旨第一段下半段,所指出"民诉法"修正后此法律问题之采肯定见解之论据。

③ 子女利益优先考虑为法之立法趋势,且子女间之权益含认祖归宗权,属于"宪法"所保障之基本人权,法无限制,应为有利子女之认定。此点为本判决原始判决理由要旨第一段,认为对子女无否认权被剥夺乃法之欠缺,应填补法的解释方法。

④ 现今血缘鉴定技术快又准确,已经没有"婚生推定制度本系立法时举证困难调查不易而

---

⑭ 曾见有法院于诉讼辅导科中,提供以血缘有无为唯一理由,请求确认父子关系存否之起诉状例稿,供人取用,法院亦顺应当事人所需,为原告胜诉之判决,无视当事人是否有确认利益即当事人是否适格,是否会造成子有两个父亲(例如由不得认领之生父或为他人之婚生推定之子,请求确认生父或父子关系存在)、原有法律上父子关系不当地以判决除去致造成无父。另外,也有少数判决于理由栏中增加:"本院斟酌两造利益……等一切情状,认为原告之请求为有理由。"同样的,也看不到判决所依的"法"。

⑮ 判决无理由,即无规则可言,将会造成判决之不可预测[关于诉讼裁判内容之预测可能性之重要性,可参见[日]中野贞一郎编:《现代民事诉讼法入门》,法律文化社 2000 年版,第 6 页(中野贞一郎执笔);Piero Calamandrei:《诉讼の民主主义》,小岛武司、森口征一译,中央大学出版部 1976 年版,第 7—10 页;川岛武宜:《"科学としての法律学"とその発展》,岩波书店 1989 年版,第 100 页以下]。法官如果欲坚持依已废止之成文法裁判,或拒绝适用众所周知之成文法,近乎实务定见之学说、上级法院判例,在理论上,基于对于司法核心之一——审判权独立——的尊重,应允许法官提出相当的"论据",对"司法判决之统一性.等质性"挑战,如犯了明显的错误又不能毫不迟疑地承认错误,可以构成处分事由[参见[日]佐藤岩夫:《司法の〈统一性〉と〈非统一性(Uneinheitlichkeit)〉》,载《法社会学》第 53 号,第 146 页以下]。

⑯ 详见台湾高等法院印,供此次法律座谈会用之民事类提案,第 117—192 页。

设"之问题。似坚定本判决要旨第二段"亲子关系之'亲''子'间,是否有血统关系为其基础事实"所设定前提法则,并似以此推认婚生推定制度之唯一立法理由,为无血缘之举证困难,故依此前提法则,只要能证明无血缘关系,即应允许子女、生父提起确认亲子关系存否之诉。

2. 批判

(1) 承认确认亲子关系存否之诉之必要性,向无反对见解,惟其具有补充性,须以不违反法定亲子关系诉讼之规定,始得适用,亦无异论。本件原始判决要旨第一段所举判例,只是确认亲子关系存否诉之之一种,亦无异论。无法以该判例意旨推论出:本件受婚生推定之原告有确认利益,及其有所谓不能被剥夺之单独提起"确认亲子关系存否之诉"之诉权。

(2) 从诉讼制度论的观点言,要求本判决之法的利益,可以作为当事人适格之说明方法,该法的利益,是从当事人角度,掌握当事人间受本判决之必要性,而确认诉讼之确认利益与当事人适格间,有表里如一之关系[97],即:确认诉讼之当事人适格,以构成确认利益之要素作判断,换言之,确认诉讼当事人适格之判断,可以被确认利益之判断所吸收。[98] 因此,人事诉讼中该当诉讼未承认有诉权者,即不具备诉之利益。[99] 本件第一、二审均认定原告为受婚生推定之子为真实,正如同以上否认之诉与确认亲子关不存在之诉,有其区别界限之说明,自应适用法定婚生推定制度之法规则,原告依法并无否认诉权,不得为否认之诉适格之原告,亦不得以提起确认亲子关系不存在之诉,取代否认之诉,借以回避婚生推定否认权、起诉期间限制。再者,在婚生推定制度下,应否赋予父以外之人否认权,属于立法裁量,法未赋予子女有否认权,并无违"宪",如认为子女之否认权为"宪法"赋予之基本权,法律未赋予,即属违"宪",即须先就此部分为违"宪"之解释后,始能赋予。本判决原始判决理由要旨第一段中,言确认亲子关系存否之诉与否认之诉,应有其区别,紧接着强调"不能因有'民法'第1063条之规定,就剥夺子女确认亲子关系存否之诉的权利",此易使人误以为:虽有婚生推定,无否认权之子女,只要名称不用否认之诉,改为确认亲子关系不存在之诉,就有别于否认之诉,就可以回避违宪审查,又可以避开婚生推定制度及否认制度法规范。足见,此部分之解说,似嫌不足,有待进一步厘清,始能免去可能之误导,此或许为此段被更换之原因所在。

(3) 原告为受婚生推定之子,为两造不争且为第一、二审所认定之前提事实,本判决刻意废弃原判决,发回原第二审,或有可能鉴于过去的实务对否认权人有过度保护,试图促使第二审依婚生推定排除理论,就有无排除婚生推定之事实为认定,至少是在承认婚生推定制度及否认制度之前提下,或可因为不涉及婚生推定与否认制度是否违"宪"之争点,回避宪法判断[100],则本判决或"最高法院"尔后的判决中,对于在婚生推定及否认规定之适用,已有针对法律规定之欠缺,以更精密之解释填补,值得肯定与期待。但是,本判决理由要旨第二段第二句明确指出:"亲子关系存否以血缘有无为基础事实",固属正确,惟不能以此谓凡有事实上之亲子关系,均得被认为有法律上之亲子关系,诚如前述日本对于婚生推定排除理论血缘说之批判,亦为台湾地区之通说[101],本无疑义。本判决既承认原告为受婚生推定之子,在舍去原始判决理由要旨第一段之同时,于所

---

[97] 参见〔日〕福永有利:《当事者适格理论の再构成》,载(山木户克己还历纪念)《实体法と手续法の交错》(上),有斐阁版,第52、34页。

[98] 参见〔日〕新堂幸司,注⑥书,第237页;梅本吉彦:《民事诉讼法》,信山社2002年版,第376页。

[99] 参见〔日〕新堂幸司,注⑥书,第228页。

[100] 关于"宪法"判断回避之准则,参见〔日〕众议院宪调查会事务局:《宪法诉讼に关连する用语等の解说》众宪资第4号,2000年5月,第17页。

[101] 参见骆永家,注㊵书,第140页。

保留理由要旨第二段第二句之后,又未紧接加以提醒:"不能以此即谓凡有血缘即有法的亲子关系。"有可能使下级审疏未注意:"有否认数据散逸之虞"之所以在立法理由内提及,只是本来立法目的(即"早日确定父子关系")之辅助说明,并非否认制度之唯一理由。如果误以为是唯一理由,进而误以为意指亲子关系存否应以血缘有无为判断之唯一基准,即使采婚生推定排除理论,也会误以为"血缘说"为唯一真理。由于此判断基准,与现行婚生推定及否认规定矛盾,不能并存,如未宣示现行婚生推定及否认规定违宪,径以无血缘事实,作为确认受推定之婚生性不存在之判决理由,已经超越法解释的框架,该判决违背法令,至为明显。所应注意者,上述 2003 年民字第 13 号法律问题,肯定说理由(四)谓,"现今血缘鉴定技术快又准确,已经没有'婚生推定制度本系立法时举证困难调查不易而设'之问题(……)",已见有此误会。"最高法院"在就上开法律座谈会结论未推翻前,如有相同问题之事件,不宜如本判决理由要旨第二段,未一并提醒不能以此谓凡有事实上之亲子关系,均被认为有法律上之亲子关系,始能避免更审之第二审法院产生误会。

(4)本判决理由要旨第一段后半段,涉及对 2000 年修正后之'民诉法'第 247 条第 1、2 项规定之解读,若依上开法律座谈会肯定说,就此部分解读,明显地肯定依此明文规之文义解释,足以化除修正前肯定说论据与民法规定之矛盾。但是,旧"民诉法"第 247 条,与《德国民诉法》第 256 条、《日本民诉法》第 134 条相当,纵使未修正,从学理上言,事实(法律关系存在基础事实)非不能为确认诉讼之范围,从修正理由说明[102],可以推知旨在纠正过去(尤其是实务)对于依旧法条文规定作严格解释,而有不得提起确认事实存否诉讼之误解。然对无误解之学者而言,原即主张依旧条文,本可解释为"事实,得提起确认之诉",甚至有主张"民诉法"第 247 条为不必要之修正。[103] 从另一角度言,无妨搁置此修正是否必要之争议,因为纯就学理上言,对于确认诉讼范围之适用,不因新旧法不同而有不同。因此,"民诉法"第 247 条第 2 项所谓"以原告不能提起他诉讼为限",只是重复强调确认法律基础事实存否之诉,仍须具备合法要件,并没有使原来不合法、不得提起之确认法律关系基础事实存否之诉,可因此规定成为合法、得提起的借口,学者就此规定言"以免滥诉"[104],一语中的,值得赞同。受婚生推定之子,诚如前述,本不得提起确认亲子关系不存在之诉,下级法院持"依修正后之'民诉法'第 247 条第 1、2 项规定,可以作为受推定之婚生子,得以确认父子关系不存在之诉,否定婚生推定之重要论据"者,纯粹是文义上之误解,或恐为立法者始料未及;所幸,本判决就此问题,并未明白肯定。就此值得提出质疑者,上项修法文字,在法律上应如何解释,纯属法律问题,本件原告为受婚生推定之子,以"依新修正'民诉法'第 247 条第 1、2 项之规定,因上诉人不得提起否认之诉,自得依此规定提起确认亲子身份之诉"为上诉理由之一,涉及法律文本之解释问题,仍为法律问题,谅无疑义。[105] 观本件诉讼之第一、二审判决理由中,就 2000 年民诉法修正后,何以仍应维持"最高法院"过去判例一贯见解,已有相当程度之说明,"最高法院"就此法律问题,究竟应维持判例之否定见解,还是改从上诉人所主张之肯定见解,有义务作明确表示,本判决竟将此法律问题悬置不论,对第一、二审之理由,何以不采,无只字词组之交待,反而就上诉人之上述主张,指出"是否为不足取?原审未遑详加查明,仔细研究,悬置上诉人之上述主张于不论"等语,作为发回理由之一,似有失法律审之立场。

---

[102] 参见"司法院"编印,《〈民事诉讼法〉部分条文对照表暨总说明、办理民事诉讼事件应行注意事项》,2000 年版,第 73—74 页,说明理由二。

[103] 参见姚瑞光,注44"文 2",第 4 页;注27书,第 370 页。

[104] 参见王甲乙等,注44书,第 263 页。

[105] 关于事实问题与法律问题之区别,参见〔日〕山本克己:《契约の审理における事实问题と法律问题の区别についての一考察》,载《民事诉讼法》第 41 号,第 25 页以下。

（5）进而论之，如就受婚生推定之子之确认父子关系不存在之诉权，持肯定说之理由各论点正确，同理，亦可以推定出："生父得提起确认受婚生推定之父子关系不存在之诉"，"对于不受婚生推定之子，生父得提起确认父子关系存在之诉"。但是，对照高等法院座谈会之共识结论，生父部分采否定说，更显得肯定说立论之矛盾与诡辩，相信本件判决不至于有持相同论点之意旨。盖就结论言，生父部分采否定说，其理由主要在于：生父与受推定为他人之婚生子，虽有血缘关系，惟无否认权，且婚生推定未经推翻确定前，尚不得为认领，非婚生子未经合法认领前，不生法律上之父子关系，非权利义务受影响之第三人即无法之利益，换言之，该有血缘之事实，不足以成为亲子关系之基础事实，生父所提起确认父子关系存否之诉，应以当事人不适格或欠缺诉之利益驳回⑩，不能相提并论。

（6）附带说明者，上述2003年民字第13号法律问题肯定说理由（四），认为认祖归宗亦属宪法所保障之基本人权，作为应赋予非法定否认权人，得以消极的确认之诉推翻婚生推定之论据之一。但是，认祖归宗实为中华文化、台湾文化固有的一种传统心态，旨在通过血缘姓氏知道自己的肉体、心灵、心理的血脉传承，感知祖先经历的苦难、光辉，基本上是一种感知历史、体味现在、思考未来的心态，是绝对的血缘主义所衍生的习俗上之伦理，可以成为改变现在扶养或继承关系之动力，亦即，不仅于法律外有认祖归宗之言行外，并且依循现行法规定，以法律行为（如认领、终止收养），改变现在之法律上的身份关系（包括附随的抚养或继承关系，下同），固无不可，惟如果将此伦理上之需求，提高至"宪法"上权利之层次，作为改变现有之法律上的身份关系之绝对必要之理由，并且，泛言符合我们的社会通念，无说服力。⑩ 再者，婚生推定及其否认制度，与收养、认领等制度，为社会必要所创造之亲子法上身份、扶养、继承关系法体系之一部分，虽与血缘主义相矛盾，各国对制度的合"宪"性并无疑义，所不同者，在于由于各国因传统、习俗、社会观念之不同，所采立法主义及法解释取向，容有不同而已。若为进一步贯彻血缘主义，使认祖归宗伦理化为宪法上之基本权利，必须先宣告现行民法亲子法体系违"宪"，始能适用所谓与扶养、继承关系结合之认祖归宗权。再进而言之，从人性无法去除自私、功利言，也有可能认祖归宗只是表面上的理由，脱免扶养义务、争夺继承遗产才是主要目的，将血缘作为法律上亲子关系判断之前提法则，用习俗的认祖归宗伦理修饰，作为推翻婚生推定（实为否定婚生推定及否认之制度）之裁判依据，显然将认祖归宗之事过度美化，有司法独善化倾向。因此，下级法院所创造此部分之法理，亦无法赞同。

---

⑩ 参见"最高法院"1986年台上字第2071号判例；注⑰；注⑱；注⑲；骆永家，注⑭书，第138—139页；邓学仁，注㊶书，第226页。另外，自民法婚生推定制度否定，以及限制非婚生子女生父之认领权限言，可以作如下补充说明：基于维持善良风俗之必要，于由法定否认权人于诉讼行使否认权有胜诉判决确定前，妻通奸所生子女仍为受推定为夫之婚生子女，并不是非婚生子女，认领制度乃专对非婚生子女而言，自不容许与妻通奸之男子（生父），因自己之恶行获得可以强为人父之权利，为人子女者，不得揭发生母之隐私，均不得以迂回之方式，否定母或受推定婚生父亲否认权之行使自由选择权，简言之，无该相关恶行及不幸事实之举证权（参见陈玮直，注⑲书，第173—175、186页；注⑤之判例）。至于其他第三人，除符合法定得为否认权以外之适格之原告外，依"举轻明重""举重明轻"之解释原则，基于为免任公然诽谤受婚生子女推定之生母与他人通奸，更不能以任何方式之诉讼确认或主张；该子女与生父有血缘关系，或该子女与受推定婚生父无血缘关系，借以除去受法律推定保护之亲子关系（参见注②及注③之判决例）。

⑩ 台湾俗谚："生，请一边；养，较大天。"是提醒受无血缘之人养育之被养育者，要有"养育者（包括养父母、为养育之法律上受推定婚生父、仅为姻亲之继父等）的恩情，比生身父母深厚"的伦理观念，不能于知悉或找到生父母后，因与养育者无血缘关系，忘记甚至拒绝对养育者尽孝。由此可知，即使从伦理道德的观点言，贯彻纯粹（绝对）的血缘主义，也不符合台湾社会通念。

## 结论性观点

1. 本判决原始判决理由要旨第一段，点出受婚生推定之子无否认权之可能缺陷，考虑因素在于：照判例依原来立法目的及其法文，作形式的、划一的、严格的适用，已不符合现实要求，有重为解释以为因应之必要。当可促使“最高法院”在未来之类似事件，思考民法受婚生推定子女范围扩大或缩小、有无形式上符合受婚生推定之子，却为婚生推定效力所不及，在解释之界限内，作出与事实能对应并符合社会期待之解释。就此点言，有其积极意义。

2. 确认父子关系不存在之诉，仅具补充性，其适用不得抵触否认之诉之裁判规范，现行“民法”未赋予受婚生推定之子否认权，在立法论上应如何解决（修正），容或有应行检讨之处[108]，既出于立法裁量，为法律明确的限制，即不得以确认父子关系不存在诉讼，取代否认之诉。综观本判决之全部理由要旨，实有令人误以为此判决已经指出：只要就“由受婚生推定之子提起确认亲子关系不存在之诉，有别于否认之诉”，“确认亲子关系存否之诉，本可涵盖否认之诉”，“修正后之‘民诉法’第247条第1项及第2项，应依表面文义解释”“血缘主义及血缘鉴定，可以填补现行婚生推定及否认规定之不足”等，作出明确解释的论据，就可以作为回避子女无否认权之违“宪”审查，直接赋予受婚生推定之子女实质的否认权之法创造技法。惟此种解释论，看似论据完整，实已违反现行法之基础原则，即逾越了法解释之界限，宜重新检讨。

3. 到目前为止，台湾下级法院，对受婚生推定之子，直接赋予实质的否认诉权，所提出之论据，固已累积不少，惟依本文所见，立论上或以目的取向而为诡辩，或误解法律文义，或逾越了法解释框架，或自以为独善乃至从善如流实为轻率之擅断，立论自相矛盾，无法赞同，谅亦难为“最高法院”所赞同。至于本判决，或可能易被误解，惟既未明确表明应采肯定说，并强调此为该院最近之见解，又未表示原采否定说之判例应予变更，信无改采肯定说之意思。或有识者，因为本件判决，断言：“最高法院”已有“舍弃原依通说（否定说）之判例”“肯认子女得以确认父子关系不存在之诉，代替否认之诉”之意思，进而肯定本判决的积极意义，以为本件判决，有促使下级法院加速跟从肯定说之推波力量，肯定说即将成为未来实务取向。惟本文以为，对本判决所作此般预测者，恐怕也只是少数崇尚纯粹的血缘主义者，出于对法律、通说、判例的挑战，终获胜利之感性的迷思，毕竟法的思考不足，仍嫌过度乐观；并且，纯粹的血缘主义，必将因法观点的澄清，逐渐消逝。

---

[108] 在台湾，确有朝纯粹的血缘主义修法之主张，或许将来有完成修法之可能，观“立法院”2003年3月26日“立法院议案关系文书”，即拟修正删除“民法”第1063条第2项起诉之除斥期间限制，将“民法”第1067条原客观主义之立法，改为概括主义，并删除同条第2项之除斥期间，目的分别在于“为使法律上之亲子关系与真实血亲之亲子关系”能“相互一致”“趋于一致”，再配合删除“民法”第1068条（详见徐美贞：《亲属法》，五南图书出版公司2003年版，第82页注①、第84页注③、第85页注④）。如果此等修正案通过施行后，法院即有遵守义务。惟应向立法者提醒者，考自人类生活开始家庭化、社会化后，家庭的或社会的亲子关系与真实血缘的亲子关系不一致的现象，即已存在，从人类社会之亲子法史看，是社会事实使法律必须承认此种矛盾状态，就立法论言，在一定要件下，不允许有“违反此种矛盾状态之事实之主张”的亲子关系法，有其必要（同注[86]），此为“是社会创造法律，不是法律创造社会”之例证之一。提出上述修正案者，或以为民情独异，有必要以通过此等修正案，将婚生推定制度空洞化，以便达到“法律上之亲子关系与真实血亲之亲子关系相互一致、趋于一致”之目的，此种主张，或有其想象的理想境界，实际上是无视于人类已家庭化、社会化，不可能回归远古，已为人类学、社会学、法律学界共识之事实，显见此为对事实认识不清、违背学理之修正案。并且，亲子关系之真实，就法律上之意义言，所重视者，乃“社会学上之真实性”，并非“纯粹的血缘上之真实性”，此修正案如从与民法及特别法如非讼事件法、儿童及少年福利法等，所形成之亲子法体系解释“子”“亲”之利益考虑，并非仅有以血缘为唯一之认祖归宗等之利益，即使通过施行，也必有格格不入之处。因此，本文以为，上述修正案，实仅有血缘的考虑，无整体之考虑，无法确保“子”“亲”等之权益，立法者再度面对时，宜三思而舍，另从法规。台湾现况及比较法研究，为整体的考虑后，再为真正兼顾为“子”之福祉、“亲”及其相关当事人之利益，乃至对于周围之人的信赖保护等目的之修正，始为正途。

# 国际管辖权的合意

——评"最高法院"2003年台上字第2477号民事判决

陈启垂[*]

## 基本案情

原告A有限公司以B产物保险股份有限公司及C产物保险股份有限公司为共同被告,向台北地方法院起诉请求损害赔偿。原告主张:原告A公司所有船舶"HUAL TRINITA"轮载运共同被告B公司及C公司所承保的货物欲前往基隆,于1998年9月17日驶离新加坡时,遭另一艘"EVER GLORY"轮船碰撞,致船身破洞进水,经拖船救助,返回新加坡修理,并安排他船将货物运送至个别之目的地,被告二人(B公司及C公司)为使受货人顺利提货,乃各签发"共同海损保证书"予原告,对于日后由海损理算师确定应由其所承保货物分担的共同海损、海难救助费用及其他费用,保证向船东即原告A公司给付。嗣后经设于英国伦敦市的MaritimeAdjusting Services(海事理算服务公司),依1974年《约克安特卫普规则》作成共同海损理算书,确定应给付共同海损分担额计被告B公司为美金(下同)57 471.63元;被告C公司为3 310.7元,屡经催促,迄未给付等情。爱依共同海损保证书的契约关系,求为命B公司给付伊57 471.63元;C公司给付伊3 310.7元及各自起诉状缮本送达翌日(2001年2月27日)起加计法定迟延利息的判决。

因共同被告B公司及C公司均未于言词辩论期日到场,亦未提出准备书状对实体部分作何声明或陈述。台北地方法院依"民诉法"第385条第1项前段规定,依到场原告的申请,由其一造辩论而为原告胜诉判决,分别命被告B公司应给付原告57 471.6元,及自2001年2月27日起至清偿日止按年息5%计算之利息;被告C公司应给付原告3 310.7元,及自2001年2月27日起至清偿日止按年息5%计算之利息。[①]

共同被告B公司及C公司均对该台北地方法院判决不服,向台湾高等法院提起上诉。

关于程序方面,上诉人抗辩判决法院无管辖权,并主张,被上诉人(原告A公司)起诉依据为上诉人所签署的"共同海损保证书",而上诉人C公司所签发的保证书中明载:"本保证书应适用英国法,且任何因本保证书所生之争议,伦敦高等法院具有排他管辖权,当事人均接受英国法院管辖"。被上诉人违反保证书上的约定而在本国起诉,其起诉显不合法,且上诉人于第一审期间并未出庭应讯,何来为本案的言词辩论?被上诉人引用"民诉法"第25条拟制的合意管辖规定,认原审法院有管辖权,诚属不当。又"民诉法"第452条固规定第二审法院不得以第一审法院无管辖权而废弃原判决,无非认管辖权仅为法院相互间事务分配问题,为免徒增程序繁冗,惟在双方合意以外国法院为排他管辖法院,而本国或地区法院既无管辖权的情况下,自与法院间事务分配有别,应类推适用第152条第1项的但书,认为本国或地区法院对该事件无管辖权,而撤销第一审判决,并驳回被上诉人第一审诉讼,才符法意及当事人契约自由原则的真意。

---

[*] 铭传大学法律学系副教授。

[①] 台北地方法院2001年海商字第10号民事判决(裁判日期:2001年6月20日),收录于"司法院"网站,网址http://nwjirs.judicial.gov.tw/FJUD/index.htm(访问日期:2005年10月12日)。

关于实体方面，上诉人则提出下列六点理由主张被上诉人的请求无理由：

（1）被上诉人（原告 A 公司）就本件共同海损之计算，不仅未先行与全体关系人协商，即径行由其自行选任的海损理算公司进行理算，且于完成理算后，亦未先行提交各利害关系人就其理算的方式、内容及结果为查验，并表示意见，即强令其他关系人依据该理算报告为给付，与修正前"海商法"第 161 条规定不符。

（2）本件碰撞事故的发生，被上诉人在挪威奥斯陆法院对上诉人就同一事件所提起的另件诉讼中，自认系因其所有的"HUALT TRINITA"轮，于航行中违规穿越经划定为新加坡港的进出口专用航道所致，故被上诉人就系争事故负有重大过失，上诉人自得向其主张偿还，并与被上诉人请求的金额互相抵消。

（3）上诉人并非本件系争"共同海损"事件中的直接利害关系人（即所涉事件中船舶、货物等遇险财务的所有权人），无摊付相关费用及损害的直接法律或契约责任。

（4）被上诉人请求赔偿及给付的共同海损费用中，包括系争船舶被撞进水后，请求第三人"胜科救捞及海事私人有限公司"（SEMCO SALVAGE & MARITIME PTELTD）给予援救，并因而须给付该救难公司的救助费用计 590 万元在内，应由上诉人等予以摊付的部分，计 B 公司部分，281 638.87 元，C 公司部分，计 43 637.57 元，合计为 535 276.44 元，上诉人于被上诉人提起本件诉讼之前已付讫，此不仅为被上诉人所自认，且为共同海损理算书所明载，是被上诉人称因上诉人迄未就本案所涉共同海损的损害为任何给付，故无权对其为抵消及追偿的主张，不仅与前开事实不符，更与本身所提出书状所载的事实及理由相背驰。

（5）修正前"海商法"第 113 条第 1 项第 1 款规定，运送人及船舶所有权人就"船长、海员，或运送人之受雇人因航行或管理船舶之行为过失所肇致之损害，得不负赔偿责任"，惟所指"损害"乃专指其承运"货物之毁损或灭失"的损害，并不及于其他。此不仅从其法文字义可得知，且为修正前"海商法"的体制及编订方式所阐明，是被上诉人以本件所涉事故非其本身，而是船长、船员航行的过失所致，主张其可得免责，于法显不相符。

（6）上诉人对于发生海上事故，船、货双方应支付共同海损的原则并无争执，仅认为本件共同海损的发生，被上诉人为有过失的一方，依据"海商法"的相关规定，上诉人得主张抵消。而拖救费用固为共同海损的一部分，不过因其可独立确定，故无待共同海损理算完毕，即可先行支付予拖救公司，而上诉人所支付的即为拖救费用的分担额，上诉人支付此部分费用的时间，系在共同海损理算书作成之前，故以时间顺序判断，不能以上诉人之前的给付行为，作为认可海损理算书的理由。至于其他共同海损分担人，是否放弃对海损理算书质疑的权利，而依海损理算书支付完毕？则为被上诉人与第三人间的问题，上诉人无从置喙，更无以他人权利的不行使，而剥夺上诉人合法行使权利之理，故被上诉以上诉人业已支付部分共同海损分担额，主张上诉人不得再行就共同海损分担额为争执或抵消，此说法于法无据。

对于上诉人有关程序方面的上诉理由，台湾高等法院认为，被上诉人 A 公司与上诉人 C 公司所签发的共同海损保证书，有约定关于本保证书所生的争议由伦敦高等法院管辖，其与 B 公司所签发的共同海损保证书，则无此约定；然 C 公司及 B 公司均设址于台北地方法院辖区内，依"民诉法"第 2 条第 2 项规定，该院非无管辖权，且上诉人于原审审理时，经两次合法通知均未到场，经被上诉人的申请由其一造辩论而为判决，依"民诉法"第 25 条之规定："被告不抗辩法院无管辖权，而为本案之言词辩论者，以其法院为有管辖权之法院。"自应认为原审法院有管辖权，况本件并非专属管辖的诉讼，依"民诉法"第 452 条第 1 项规定："第二审法院不得以第一审法院无管辖权而废弃原判决。但违背专属管辖之规定者,不在此限。"故上诉人 C 公司抗辩其与被上诉人有约定本保证书所生之争议由伦敦高等法院管辖权,台北地方法院无管辖权等理由,即无可采。对于上诉人有关实体方面的上诉理由,台湾高等法院亦一一驳斥,均认为不可采。因此,台湾高等法院将 B 公司及 C 公司的上诉无理由驳回。②

对台湾高等法院驳回上诉的判决,B 公司及 C 公司向"最高法院"提起第三审上诉并主张,依上诉人 C 公司所签署的共同海损保证书明载英国伦敦高等法院具有排他管辖权,被上诉人 A 公司在台湾起诉,明显不合法;况上诉人二人仅系共同海损保证契约的保证人,并非契约债务人,无摊付相关费用及损害的契约责任。该共同海损保证书亦未同意放弃先诉抗辩权,二人自得行使先诉抗辩权。又被上诉人就系争共同海损的计算,未先行与全体关系人协议,不符合修正前"海商法"第 161 条之规定,其强令上诉人二人摊付,不甚合理,且被上诉人对本件碰撞事故的发生有重大过失,依修正前"海商法"第 155 条规定,上诉人得向被上诉人主张偿还该费用,以之与被上诉人请求的金额互为抵消等理由。

对于上诉人 B 公司及 C 公司所提起的第三审上诉,"最高法院"(民事第七庭)以无理由,予以驳回。③

### 裁判要旨

"最高法院"2003 年台上字第 2477 号民事判决。④

对于上诉人 B 公司及 C 公司上诉,"最高法院"认为,原审台湾高等法院依调查证据为辩论的结果,以下述理由而"维持 C 审所为被上诉人胜诉之判决,驳回上诉人之上诉,经核于法并无违误",被上诉人与上诉人 C 公司签订之共同海损保证书,固有约定关于该保证书所生之争议由伦敦高等法院管辖,惟与上诉人 B 公司间所签订之共同海损保证书,既无此约定,且 C 公司及 B 公司均设址于台北地方法院辖区内,则依"民诉法"第 2 条第 2 项规定,该院即非无管辖权。况上诉人于台北地方法院审理时,因两次受合法通知均未到场,乃由被上诉人申请为一造辩论之判决,而本件又非专属管辖之诉讼,依"民诉法"第 452 条第 1 项规定:"第二审法院不得以第一审法院无管辖权而废弃原判决。但违背专属管辖之规定者,不在此限。"亦见上诉人辩称:就系争保证书所生之争议,英国伦敦高等法院具有排他之管辖权,台北地方法院无管辖权云云,为无可采。

次查被上诉人所主张之前揭事实,业据提出传真函、共同海损保证书、共同海损理算书为证,上诉人于共同海损保证书上均已明确承担愿负共同海损之付款责任,并无"船东应先向被保险人为强制执行且无效果后,始得向保险人请求共同海损分担额"等类似"先诉抗辩权"之文字。而该共同海损保证书,依英国法系属有效之文件,且该保证书使船东(即被上诉人)与签发人(即上诉人)间建立起直接之契约关系,船东得对签发人直接行使其契约上之权利,不需向原应分担共同海损之货物所有人请求或起诉,有英国律师之法律意见函可稽,上诉人所为先诉抗辩权之抗辩,自属无理。依系争共同海损理算人"海事理算服务公司"于 1998 年 9 月 30 日发给货主 D 公

---

② 台湾高等法院 2001 年海商上字第 7 号民事判决(裁判日期:2001 年 12 月 12 日),收录于"司法院"网站,网址 http://nwjirs.judicial.gov.tw/FJUD/index.htm(访问日期:2005 年 10 月 12 日)。

③ 最高法院 2003 年海商上字第 2477 号民事判决(裁判日期:2003 年 11 月 20 日),收录于"司法院"网站,网址 http://nwjirs.judicial.gov.tw/FJUD/index.htm(访问日期:2005 年 10 月 12 日)。

④ 收录于"司法院"网站,网址 http://nwjirs.judicial.gov.tw/FJUD/index.htm(访问日期:2005 年 10 月 12 日)。

司之传真函(D 公司之货物系由上诉人 C 公司所承保)载明已选任"海事理算服务公司"为共同海损理算人,要求货主提供共同海损担保、货价数据及货物保险人之联络明细等,暨上诉人 B 公司于 1998 年 9 月 30 日发给共同海损理算人"海事理算服务公司"之传真函称已授权 W. K. Webstera 代理签发共同海损保证书及海难求助担保函,并要求共同海损理算人告知伊就共同海损应分担之比例约为多少等情形,可见上诉人早已知悉并同意选任"海事理算服务公司"为共同海损理算人。其事后辩称:共同海损之计算,未经关系人协议,令其摊付不合理云云,显非可采。

是该理算人所作成之共同海损理算书既注记:船舶于碰撞后船舱破洞进水,为保全船货而安排拖船将之拖救到新加坡港,因此产生之救助报酬,系属共同海损(参见 1974 年《约克安特卫普规则》第 6 条),并载明所有利害关系人均同意及付清该救助费用,且被上诉人请求之金额亦已将上诉人预付之救助费用扣除,上诉人再谓前付之救助费用得与系争未付之共同海损额互相抵消,显乏依据。另上诉人提出仅有一页并不完整之文件所载:"当该轮船跨越新加坡海峡的交通分隔区域时,便与货柜轮"EVER GLORY"号相撞。'EVER GLORY'号正驶离新加坡,前往斯里兰卡科伦坡,当时止于新加坡海峡交通分隔区的西行航线上"等内容,尚不能证明被上诉人就本件碰撞事故有上诉人所称之重大过失。从而,被上诉人本于共同海损保证契约之法律关系,请求上诉人 B 公司给付 57 471.63 元;上诉人 C 公司给付 3 310.7 元及各自 2001 年 2 月 27 日起至清偿日止按年息 5% 计算之利息,洵属正当,应予准许。

"最高法院"并进一步表示:"查'民诉法'关于法院管辖之规定,系以'以原告就被告'之原则,旨在便于被告应诉,以免其长途奔波。本件两造对于非为专属管辖之诉讼,虽合意由伦敦高等法院管辖,惟上诉人即被告之主营业所均设在台北市,属台北地方法院之辖区,被上诉人即原告放弃合意之伦敦高等法院管辖,向上诉人主营业所所在地之台北地方法院起诉请求,纵与约定不合,然既属于有利于上诉人就近应讯,且未违反专属管辖之规定,即不因台北地方法院认定其有'拟制合意管辖权'('民诉法'第 25 条)不当而受影响。依'民诉法'第 452 条第 1 项之规定,原审仍不得废弃该台北地方法院之第一审判决。"

## 学理研究

### 一、问题

在此诉讼事件的第一审程序中,共同被告 B 公司及 C 公司均未于言词辩论期日到场,亦未提出准备书状对实体部分作何声明或陈述,经受诉法院台北地方法院依"民诉法"第 385 条第 1 项规定为一造辩论判决,而为原告 A 公司全部胜诉判决。

第一审共同被告 B 公司及 C 公司对第一审的败诉判决不服,向台湾高等法院提起第二审上诉,同时主张 C 审法院无管辖权及原告的请求无理由之实体法上理由。台湾高等法院对于上诉人关于管辖权的抗辩,同时引用"民诉法"第 2 条第 2 项关于法人的普通审判籍规定及第 25 条关于拟制的合意管辖(或称"应诉管辖")规定,认为无理由。另外,对于上诉人其他实体上抗辩,亦均认为不可采。

第二审上诉人 B 公司及 C 公司对第二审的驳回上诉判决仍不服,再向"最高法院"提起第三审上诉。对于上诉人再主张关于管辖权的抗辩,"最高法院"虽指出台北地方法院认定其有"拟制合意管辖权"("民诉法"第 25 条)为不当,惟仍适用"民诉法"第 452 条第 1 项规定,认为两造对于非为专属管辖之诉讼,虽合意由伦敦高等法院管辖,惟上诉人即被告的主营业所均设在台北市,属台北地方法院的辖区,被上诉人即原告放弃合意的伦敦高等法院管辖,向上诉人主营业所所在地的台北地方法院起诉请求,纵与约定不合,然既属于有利于上诉人就近应讯,且未违反专属管辖的规定,即不因台北地方法院认定其有"拟制合意管辖权"不当而受影响。依"民诉法"第452条第1项规定,原审台湾高等法院仍不得废弃该台北地方法院的第一审判决。

在此"最高法院"的判决中,涉及下列四个关于管辖权的问题:

(1) 被告C公司与原告A公司关于合意由伦敦高等法院管辖的约定(审判籍的合意),仅是地域管辖权的合意,或亦包括国际管辖权的合意?

(2) 被告C公司与原告A公司合意的管辖权,性质上是专属管辖权或非专属管辖权?

(3) "民诉法"第452条第1项规定的"管辖权",是否包括国际管辖权?

(4) 对于欠缺国际管辖权的本案判决(实体判决),得否上诉于第二审及第三审法院?

## 二、审判籍的合意

### (一) 概念

审判籍的合意(Gerichtsstandsverein-barung),亦可称为法院管辖权的合意(Zuständigkeitsvereinba-rung),指诉讼当事人双方同意,就彼此之间一定的诉讼应由双方所选定的法院为审判。该经双方当事人选定的特定法院,就当事人间特定的诉讼事件即因此合意而取得管辖权,即有合意管辖权(vereinbarte Zuständigkeit)。

审判籍的合意,因其直接的主要效力使(原无管辖权的)法院取得管辖权,属于诉讼法范围,因此性质上为诉讼当事人之间的诉讼契约(Prozessvertrag)。⑤ "民诉法"对于所谓的"选定管辖"(prorogatio)的合法性及效力设有规定(第24、26条);惟关于该类契约的成立,"民诉法"未设规定,解释上应(类推)适用实体法关于契约成立的规定("民法"第153条第1项"当事人互相表示意思一致")。因此,在国际管辖权的合意情形,关于契约成立,应适用经由冲突规范所选定的原因关系准据法(lex causae),而关于其合法性及效力,则依法院地法(lex fori)。⑥

### (二) 内容与效力

1. 选定管辖与排除管辖

关于管辖权的合意,有两种可能内容:其一为"选定管辖"(prorogatio);另一为"排除管辖"(derogatio)。所谓选定管辖,即合意选择特定的法院管辖,指当事人合意,"选择"某法院或某国法院就其诉讼为管辖法院;所谓排除管辖,则为合意排除特定原有管辖权的法院之管辖,即指当事人合意,排除某法院或某国法院就其诉讼为管辖法院。

2. 专属管辖与非专属管辖

合法的审判籍合意,依其内容为"选定管辖"或"排除管辖",而分别发生该被合意选定的法院取得管辖权,或该被排除的法院丧失管辖权。

在审判籍合意下,选定管辖法院的管辖权,性质上是否为"专属管辖权"而具有排他性,一般认为应以当事人的合意内容为认定基础,若当事人合意明示为专属或排他管辖(所谓专属的合

---

⑤ Rosenberg/Schwab/Gottwald, Zivilprozessrecht (2004), §37 Rn. 2;陈计男:《民事诉讼法论》(上),台北三民书局2004年版,第61页;陈荣宗、林庆苗:《民事诉讼法》(上),台北三民书局2004年版,第97页。

⑥ 通说,Rosenberg/Schwab/Gottwald, a. a. O. (Fn. 5);H. Schack, Internationales Zivilverfahrensrecht (2003), Rn. 432;G. Walter, Internationales Zivilprozessrecht der Schweiz (1995), §4 V 7;陈荣宗、林庆苗,注⑤书,第97页;刘铁铮、陈荣传:《国际私法论》,台北三民书局2004年版,第612—613页。另陈计男,注⑤书,第61页,谓管辖合意的"要件及效果应依诉讼法之规定决定之",此要件应指其"合法性"而言。

意),则具有排他性⑦;惟在当事人未明示或意思不明时,应如何认定,有人认为,宜解为有专属管辖(权)的性质,而排除法定管辖(权)⑧,而"最高法院"原则上否认其为专属管辖⑨,则为关系明确且实际可行。应特别强调的是,当事人合意的"专属管辖权",效力与法定的专属管辖权有别,因此并不排除应诉管辖权规定("民诉法"第25、26条)的适用,且其违背亦不构成上诉理由("民诉法"第452、469条)。⑩

### (三) 国际管辖权

1. 概念

当事人对其诉讼事件之审判籍的合意,得就(内国或地区)地域管辖权或国际管辖权为合意。

所谓国际管辖权(德文 internationale Zuständigkeit;英文 judicial or international jurisdiction;法文 compétence internationale),又称一般管辖权(法文 compétence générale),指一国法院对某一具体诉讼事件,因其与内国有一定的牵连关系,而得予以裁判的权限。⑪ 因此,国际管辖权的规范决定,在一件具体的诉讼事件中,究竟哪一个国家或哪些国家或地区拥有行使其审判权的权限;藉此,民事审判的任务,同时积极地且消极地在各个国家或地区之间为(适度)分配。⑫

在学说上,(尤其是在法国)亦将各国法院间管辖权的分配,即国际管辖权,称为一般管辖权(compétence générale);而将国内各法院间管辖权的分配,即国内管辖权,称为特别管辖权(compétence spéciale)。⑬

2. 国际管辖权之认定

对于国际管辖权,台湾地区法律几乎完全欠缺(直接或明文)规定,因此对于涉外民事诉讼(或国际民事诉讼)事件的国际管辖权之认定,台湾尚未形成统一的见解,相关见解可大致归纳为下列二个主要理论:

(1) 逆推知说。就诉讼事件(或当事人)的内国牵连因素,采逆推知法,即先决定内国或地区法院的地域管辖权,据以(逆)推论内国或地区全体法院的国际管辖权。⑭ 因此,地域管辖权规定,在此情形下具有双重功能,一方面直接规范地域管辖权,另一方面则间接规范国际管辖权。

---

⑦ 参见"最高法院"2007年台抗字第268号民事裁定;台湾高等法院1999年重上字第413号民事判决;陈计男,注⑤书,第63—64页。

⑧ 例如陈计男,注⑤书,第64页。

⑨ 参见"最高法院"2002年台抗字第268号民事裁定。

⑩ 为避免与法定的专属管辖(权)混淆,笔者建议因合意而具有排他性的管辖(权),称为"排他性管辖(权)",而将"专属"一词仅用于法定管辖(权)。

⑪ "国际管辖权"一词,比较普遍使用。使用"涉外裁判管辖权"或"裁判管辖权",例如苏远成:《国际私法》,五南图书出版公司,2002年版,第122页;刘铁铮、陈荣传,注⑥书,第599页。使用"国际审判管辖权",例如邱联恭:《司法之现代化与程序法》,1995年版,第87、98—102页。在美国,有逐渐采用术语"judicial or adjudicatory jurisdiction"的趋势,参见 CURRIE/KAY/KRAMER, CONFLICT OF LAWS(2001), Ch. 4; G. B. BORN, INTERNATIONAL CIVIL LITIGATION IN UNITED STATES COURTS(1996), Ch. 2。

⑫ 参见 MünchKommZPO (2001) — Patzina, § 12 Rn.57; G. Walter, a. a. O. (Fn.6), § 3 I;陈启垂:《审判权、国际管辖权与诉讼途径》,载《法学丛刊》2003年第189期,第29页。

⑬ 参见林秀雄:《国际裁判管辖权——以财产关系案件为中心》,载《刘铁铮祝寿文集——国际私法理论与实践》(一),1998年版,第121页。英文用词尚未统一,例如 NORTH/FAWCETT, PRIVATE INTERNATIONAL LAW 293 (1992),所用"general and special jurisdiction",指国际管辖权(及地域管辖权)中的普通与特别审判籍。

⑭ 参见台北地方法院1997年保险字第111号民事判决;苏远成,注⑪书,130—131页。并参见邱联恭,注⑪书,第98—99页;林秀雄,注⑬文,第124页;陈荣宗、林庆苗,注⑤书,第93页。

(2) 类推适用说。现行法欠缺国际管辖权的相关规定,基于国际管辖权的性质与地域管辖权类似,可类推适用地域管辖的规定。⑮ 此情形下的地域管辖权规定,亦具有双重功能。

不管采"逆推知说"或"类推适用说",地域管辖权的明文规定,皆具有双重功能性(Doppelfunktionalität);而两学说的基本差异,在于对立法者意思及规定内涵的不同认知,即对立法者是否已经意识到国际管辖权,及其未明文规定是否为"法律漏洞",两说有不同的认定,笔者认为,"类推适用说"应是较符合事实且可实行。⑯

采"类推适用说"的前提下,亦应认为,原则上诉讼当事人间亦得就各国或地区法院对特定诉讼的国际管辖权为合意(类推适用"民诉法"第24、26条),选定法院为管辖法院,或是排除法院的管辖。⑰ 另外,原无国际管辖权的台湾法院,基于原告的起诉,而被告不抗辩台湾法院无管辖权而应诉,即为本案言词辩论,法院亦因此取得国际管辖权(类推适用"民诉法"第25、26),此称为应诉管辖权(Zuständig-keit graft rügeloser Einlassung)或拟制的合意管辖权。

3. 国际管辖权的合意

关于选定管辖,基于法院地法原则,当事人关于国际管辖权的合意,对于受诉法院是否有拘束力、是否合法,以及具有哪些效力,皆应适用该被合意管辖的法院地法(lex fori prorogati)。至于未被选择起诉的外国或地区法院,其所属国家或地区法律其是否允许该管辖合意,或是该外国或地区是否将会承认内国或地区法院的判决,被合意管辖的内国或地区受诉法院并毋庸考虑。除非基于国际条约的义务,应尊重特定外国或地区法院所拥有之专属的(国际)管辖权外,合意管辖的内国或地区受诉法院亦不必虑及外国或地区法院可能拥有之专属的(国际)管辖权。

当事人间必须就管辖法院成立合意。相关规定为"民诉法"第24及26条,类推适用此规定,当事人必须就由一定法律关系所生的诉讼,由台湾(或其他外国或地区)的法院管辖成立合意;且当事人必须以文书证明其管辖合意。

排除管辖与选定管辖,相反的,若当事人合意"排除"内国或地区法院的管辖权时,将使该实体法上权利无法在台湾的诉讼上主张。因此,合意排除台湾法院管辖,必须具有正当理由,即是否承认其排除效力,依被排除管辖的台湾之法律。

"民诉法"第24条直接规定的,仅限于选定管辖情形,而不包括排除管辖。就管辖权而言,排除管辖虽可类推适用"民诉法"第24条,但却不应将此类推适用扩及于国际管辖权,否则内国或地区法院将完全丧失对涉内的权利争执审判的机会,对于内国或地区当事人亦可能(常是无知之)实际丧失权利的危险,而其弊端,仅有经由类推适用"民诉法"第28条第2项的控制,是根本不足的。"最高法院"认为,"国际裁判管辖之合意除当事人明示或因其他特别情事得认为具有排他亦即专属管辖性质者外,通常宜解为仅生该合意所定之管辖法院取得管辖权而已,并不当然具有排他管辖之效力"。⑱ 虽然国际管辖权管辖的合意非当然有排他管辖权的效力之见解,值得赞同;但是否只要"当事人明示或因其他特别情事得认为具有排他亦即专属管辖性质",即毫无限制地得全面排除内国或地区法院的国际管辖权,在考虑上述可能弊端的前提下,仍有必要就个案予以适度地限制。

---

⑮ 参见"最高法院"2004年台上字第1943号民事判决关于婚姻事件的国际管辖权;刘铁铮、陈荣传,注⑥书,第604页。并参见邱联恭,注⑪文,第99页;林秀雄,注⑬文,1998年版,第125页。

⑯ 参见林秀雄,注⑬文,第128页。

⑰ 通说,参见"最高法院"2002年台抗字第268号民事裁定;陈计男,注⑤书,第65页;刘铁铮、陈荣传,注⑥书,第610页。

⑱ "最高法院"2002年台抗字第268号民事裁定。

当事人合意"排除"内国或地区法院的管辖权,其合理的最起码要求,应是只有关于当事人得自由处分的法律关系(诉讼标的)的诉讼,而此亦得以诉讼法上的处分权主义为其理由。⑲

表1 管辖合意的两种可能内容

| 合意的内容 | 效力 |
| --- | --- |
| 选择管辖 | 原则上仅生该合意选定的法院取得管辖权;例外:明示或因其他特别情事得认为具有排他(专属管辖)性质者,有排他管辖的效力 |
| 排除管辖 | 有排除特定法院管辖的效力 |

在比较法上,《瑞士国际私法》第5条规定:"审判籍的合意若为有特别约定,则该被选定的法院有专属的(国际)管辖权;当事人不正当地排除瑞士法院的管辖权之审判籍合意,无效。"⑳

**4. 以欠缺国际管辖权为上诉理由**

国际管辖权为独立的诉讼要件,对于欠缺国际管辖权的诉讼,法院应以不合法而裁定驳回(类推适用"民诉法"第249条Ⅰ)㉑,理论上亦不妨因欠缺规定以"诉讼判决"驳回,而不得为"本案判决"(实体判决)。㉒

若受诉法院对于欠缺国际管辖权的诉讼,违法地作出本案判决,受到不利益判决的当事人得否以判决法院"违背国际管辖"的规定为上诉理由,请求上诉法院废弃原判决?此问题的解答,取决于"民诉法"第452条第1项本文规定的"管辖权",是否包括"国际管辖权"的认定。实务上毫不考虑"国际管辖权"与"国内管辖权"对当事人诉讼进行的影响,有极大的差别,将"民诉法"第452条第1项本文规定直接适用于欠缺国际管辖权的违法判决上㉓,从未思考该条文的"管辖权",究竟是否应该包括"国际管辖权"在内。

虽从文义解释上,"民诉法"第452条第1项仅称"无管辖权",表面上未限定为地域管辖权,可能包括所有种类的管辖权;但不管从历史、比较、体系或目的论解释的观点,应仅指"地域管辖

---

⑲ Vgl. Schack, Internationales Zivilverfahrensrecht (2003), Rn. 447 mit weiteren Nachweisen.

⑳ Art. 5 IPRG.

(1) Für einen bestehenden oder für einen zukünftigen Rechtsstreit über vermögensrechtliche Ansprüche aus einem bestimmten Rechtsverhältnis können die Parteien einen Gerichtsstand vereinbaren. Die Vereinbarung kann schriftlich, durch Telegramm, Telex, Telefax oder in einer anderen Form der übermittlung, die den Nachweis der Vereinbarung durch Text ermöglicht, erfolgen. Geht aus der Vereinbarung nichts anderes hervor, so ist das vereinbarte Gericht ausschliesslich zuständig.

(2) Die Gerichtsstandsvereinbarung ist unwirksam, wenn einer Partei ein Gerichtsstand des schweizerischen Rechts missbräuchlich entzogen wird.

(3) Das vereinbarte Gericht darf seine Zuständigkeit nicht ablehnen:

a. wenn eine Partei ihren Wohnsitz, ihren gewöhnlichen Aufenthalt oder eine Niederlassung im Kanton des vereinbarten Gerichts hat, oder b. wenn nach diesem Gesetz auf den Streitgegenstand schweizerisches Recht anzuwenden ist.

㉑ 参见"最高法院"1981年台上字第1618号民事判决,直接"适用""民诉法"第149条第1项第2款规定。另"最高法院"1996年台上字第1880号民事判决,对于违背合意专属法院管辖的起诉,亦认为应直接适用"民诉法"第279条第1项第2款规定予以驳回。

㉒ 参见陈启垂:《以欠缺国际管辖权为上诉理由》,载《法学丛刊》2002年第186期,第3—4页。

㉓ 例如"最高法院"1981年台上字第1618号民事判决、"最高法院"2003年台上字第2477号民事判决、台湾高等法院2001年海商上字第7号民事判决。

权",并不包括事物管辖权、职务管辖权与国际管辖权。[24] 因"民诉法"并无事物管辖权与国际管辖权的规定,而职务管辖皆属专属管辖,其违背为上诉第三审的列举理由("民诉法"第469条),当然得为上诉第二审的理由,并适用"民诉法"第452条第1项但书及第2项的规定。《德国民诉法》的相关规定,为其2002年修法前的旧第512条之1(§512a. a. F. ZPO),该条明文规定,不得以C审误认有"地域管辖权"(örtliche Zuständigkeit)为上诉第二审的理由;从"民诉法"第452条第2项的移送规定,因欠缺国际管辖权无从移送,可推知该条并不包括国际管辖权;而且国际管辖权的欠缺与地域管辖权欠缺,对当事人利益影响差别甚大,不可仅基于诉讼经济观点,而否定其上诉请求废弃原错误判决的权限。"最高法院"亦曾明白表示,"民诉法"第452条第1项所谓第二审法院不得以第一审法院无管辖权而废弃原判决,以该诉讼事件,虽不属于为判决的第一审法院管辖,但依"民诉法"的规定,仍属于同级台湾其他法院管辖者为限。[25] 对于欠缺国际管辖权的诉讼事件,全体法院皆无(国际)管辖权,并不存在任何得管辖的台湾其他法院。基于上述理由,"民诉法"第452条第1项并不适用于国际管辖权欠缺的情形。[26] "民诉法"第469条第3款规定判决违背专属的"国内管辖权"为绝对的上诉第三审理由之一,而违背国际管辖权,对于当事人利益的影响,绝不下于专属的"国内管辖权"之违背,举轻以明重,更无理由反对,将判决法院欠缺国际管辖权作为上诉第二审及第三审的理由。

因此,对于第一审或第二审法院的本案判决,当事人得以欠缺国际管辖权的判决违背法令为上诉理由,请求第二审或第三审法院废弃原判决。对于欠缺国际管辖权的事件,并无任何法院得为裁判,所以上诉审法院废弃下级法院的错误判决后,不得将该事件发回或发交,而分别依第一审判决有无错误,为驳回原告之诉,或为驳回原告第二审上诉,后者即维持第一审法院的驳回起诉判决(仅可能发生于第一审法院误用判决驳回代替裁定驳回情形)。[27]

在比较法上,2002年新修正《德国民诉法》第513条第2项规定,不得以第一审法院误认自己有管辖权为第二审上诉理由。[28]该国有少数学者认为,该规定亦适用于国际管辖权[29],而通说则基于国际管辖权具有其他管辖权所无法比拟的意义,仍旧认为得以欠缺国际管辖权为上诉第二审甚至第三审的理由,不因该新增订的《民诉法》第513条第2项及第545条第2项限制上诉理由规定而受影响。[30]

### 三、"最高法院"见解及其问题分析

#### (一) 合意的要件

审判籍的合意,性质上为诉讼契约,对于此类契约的成立,"民诉法"未设有任何规定,应类推

---

[24] 参见陈启垂,注[22]文,第5页。

[25] 参见"最高法院"1982年台上字第4494号民事判决。

[26] 参见林秀雄,注[13]文,第128页指出:毕竟涉外案件与"国内"案件不同,其诉讼程序、语言之不同外,出庭之困难、移送制度之不存在,均为"国内"案件所无之问题,因此,原封不动适用于"国内"民事诉讼法,确有不当之处。而且若与该涉外案件毫无牵连性,却有管辖权,则法院所为之判决,亦难获他国之承认。亦可作为支持本文论点的理由。

[27] 参见陈启垂,注[22]文,第6—8页。

[28] § 513 Abs. 2 ZPO: Die Berufung kann nicht darauf gestützt werden, dass das Gericht des ersten Rechtszuges seine Zuständigkeit zu Unrecht angenommen hat.

[29] MünchKommZPO (2002) — Rimmelspacher, § 513 Rn. 16.

[30] BGH NJW 2003, 426, 427; O. Jauernig, Zivilprozessrecht (2003), § 6 II 1, S. 23; Zöller/Geimer, ZPO, IZ-PR, Rn. 38; H. Schack, Internationales Zivilverfahrensrecht (2003), Rn. 385.

适用"民法"关于契约成立的规定,例如"民法"第 153 条第 1 项,而在涉外契约的情形,则应依通过冲突法规范选择其应适用的法律,例如类推适用"涉外民事法律适用法"第 6 条。至于审判籍合意的合法性及效力,则属于程序法事项,应适用民诉法,而涉外的审判籍合意,包括关于国际管辖权的合意,基于国家或地区间普遍实行的法院地法(lex fori)原则,应适用国内或地区民诉法或其他相关规定;惟在欠缺相关规定的情形下,应类推适用民诉法中关于管辖权合意的规定("民诉法"第 24、26、28 条Ⅱ)。

本案中,原告 A 公司与被告 C 公司所签发的共同海损保证书,有约定关于本保证书所生的争议由伦敦高等法院管辖,双方皆为法人,确有以书面的方式为审判籍的合意,其成立及合法性,不论从内国或地区法相关要求或国际上立法例的要求而言,均毫无瑕疵。

### (二) 审判籍合意的效力

如上所述,审判籍合意的效力,应依其情形适用或类推适用民诉法规定("民诉法"第 24、26、28 条第 2 项)。

关于前面所提的问题(1)。被告 C 公司与原告 A 公司关于合意由伦敦高等法院管辖的约定(审判籍的合意),仅是地域管辖权的合意,或亦包括国际管辖权的合意。原告 A 公司与被告 C 公司所签发的共同海损保证书,有约定关于本保证书所生的争议由伦敦高等法院管辖。A 公司为一"外国"法人,C 公司为"内国"法人,双方所选定有管辖权的法院为伦敦高等法院,不是台湾法院,因此其合意同时兼具有地域管辖权的合意与国际管辖权的合意双重性质,而其中尤以国际管辖权的合意对当事人而言较具重要性。在本案的相关判决中,就当事人审判籍合意,究竟是地域管辖权的合意,或是国际管辖权的合意,此等重大法律问题,直接决定法律的适用,为判决的第二审台湾高等法院及第三审"最高法院"均未为必要的分析与认定。

关于问题(2)。被告 C 公司与原告 A 公司合意的管辖权,性质上是专属管辖权或非专属管辖权,此在国家或地区间立法例上,并无一致的规范与认定标准。此问题涉及审判籍合意的效力,属于程序法适用范围,依法院地法原则,应适用民诉法的相关规定。因民诉法未就国际管辖权的合意设有规定,应类推适用民诉法关于"国内管辖权"合意的相关规定。如上所述,本案中被告 C 公司与原告 A 公司合意的管辖权,性质上是专属管辖权或非专属管辖权,应以当事人的合意内容为认定基础,而当事人并未明示为专属或排他管辖;另外,是否"因其他特别情事得认为具有排他亦即专属管辖性质"[31],在国际海事诉讼,经常有合意由伦敦高等法院管辖的情形,此种国际海事方面常见的约定,是否足以作为认定专属管辖权的基础,待"最高法院"进一步明确表示立场。若认定属于专属管辖权,法院对该事件即不得类推适用"民诉法"第 2 条第 2 项规定而取得国际管辖权。

纵使认为当事人所合意的国际管辖权具有专属或排他性,其效力仍与法定的专属管辖权不同,并不排除应诉管辖规定("民诉法"第 25、26 条)的类推适用。然而在本案中,被告并未到场为言词辩论[32],因此并不具备应诉管辖的要件,第一审台北地方法院即不因被告不抗辩法院无管辖而取得国际管辖权(及地域管辖权),该第一审法院判决的错误,"最高法院"已于其判决中正确而明白地指出。

在本案中,第二审及第三审法院皆仅止于认为第一审法院的判决并无违背法定的专属管辖的规定,未进一步认定该合意管辖是否具有排他性即专属管辖(所谓合意的专属管辖)。若是认

---

[31] "最高法院"2002 年台抗字第 268 号民事裁定。
[32] 参见"最高法院"2004 年台抗字第 539 号民事裁定;台湾高等法院 1995 年抗字第 545 号民事裁定。

为此合意管辖并非专属管辖而无排他性,则不排除法院得因类推适用"民诉法"第 2 条第 2 项规定而取得国际管辖权。

**(三) 以判决法院欠缺国际管辖权为上诉理由**

基于上述国际管辖权对于当事人有与"国内管辖权"无法比拟的重大意义、"民诉法"第 452 条的合理解释,以及 2002 年修正《德国民事诉讼法》前后见解的比较,笔者认为,当事人得以判决法院欠缺国际管辖权为理由,上诉第二审或第三审,请求废弃无管辖权的违法判决。

因此,对于问题(3)。"民诉法"第 452 条第 1 项规定的"管辖权",是否包括国际管辖权,应采否定见解为合理,认为该规定的管辖权仅指"国内管辖权",且事实上仅为地域管辖权。本案中,第二审法院及第三审法院均未对"民诉法"第 452 条第 1 项所称的管辖权为解释,即直接适用该规定,犯了处理涉外诉讼的方法错误。

至于问题(四)。对于欠缺国际管辖权的本案判决(实体判决),得否上诉于第二审及第三审法院,本案中的第二审法院及第三审法院因方法错误地直接适用"民诉法"第 452 条第 1 项规定,又未虑及国际管辖权与地域管辖权具有完全无法比拟的意义差别,而不合理地驳回被告 C 公司的上诉。对于此一问题,笔者主张对欠缺国际管辖权的本案判决(实体判决),应该得上诉于第二审法院,甚至上诉于第三审法院,请求上级法院废弃该严重违法的判决。

### 结论性观点

各级法院的涉外裁判,即所谓国际民事诉讼的裁判,因为涉及外国因素,例如当事人中有外国人、诉讼标的包含外国的法律关系、标的物在外国等,通常比较会引起外国学者专家的注意,因而常成为外国专家或机构对台湾司法裁判认识与评价的主要基础。[33] 因此,国际民事诉讼的程序进行及其裁判,在国际化的前提下,应更为严谨而说理明确、充分。然而,事实上却是相反,就民事审判而言,司法人员对于纯粹的台湾诉讼事件处理,数十年来已经累积必要的知识与经验,司法裁判能保有相当的质量与稳定性;但是对于涉外诉讼案件,在总数不多的法院相关裁判中,却显现出许许多多的操作生疏、方法错误、概念不清、说理不足、违背国际潮流种种现象。若是这些有瑕疵的涉外司法程序与裁判,成为外国人对司法认识的主要资料,恐怕会造成误解,而其评价也会与实际情形及台湾司法人员的自我期许,有相当程度的落差。

在此笔者建议,"司法院"应在两个方面采取补强措施:

(1) 对于可能从事涉外事件处理的司法人员,透过观摩与教育训练,使其娴熟该较为国际化或司法先进国家或地区处理涉外事件的方法与必要知识。

(2) 制定如 1987 年瑞士《国际私法法》或 1995 年意大利《国际私法法》等涉外事件处理的基本大法,使司法人员及相关当事人有明确的法律依据,兼收促进法律与司法进步的双重功效。如此的司法进展过程与其效果,台湾已经从过去实施"民法""民诉法""刑法""刑事诉讼法"等基本法律中得到印证。

---

[33] 例如美国法院的涉外判决 Asahi Metal Industry Co. Ltd. V. Superior Court, 480 US 102 (1987), 在美国及德国均受到国际诉讼法学者的严厉批评,参见 H. Schack, a. a. O. (Fn. 6), Rn. 403 所附引证。

# 法院为重整裁定前快速筛选机制之研究

——从台湾高等法院2002年抗字第4078号民事裁定谈起

庄佳玮*

**裁判要旨**

一、裁定要旨

盖因公司有无"重建更生之可能"涉及法学以外之"财务"及"特定企业经营"之专业知识，职司审判之法院碍于专业领域之不同，非仰仗就申请重整公司之业务具有专门学识、经营经验而非利害关系人之检查人，调查公司业务、财务状况并就资产估价，究明公司之业务及财务状况及其现存资产之价值，暨重整申请书状所记载有无虚伪不实情形。并命检查人依其调查所得，分就公司业务、财务、资产及生产设备各项详为分析公司是否尚有重建更生之可能。再倚检查人就重整公司业务之专门学识、经营经验，检核申请人所提重整方案之可行性，并于申请人所提方案有不充足或不适宜而认为有其他方案可顺利清理债务并维持及更生企业时，提供法院其他有关重整之方案，以供法院判断公司是否真系财务困难而有重建更生可能之情事，而决定是否准许重整申请之参考，难得其功。① 故"公司法"第285条第1项虽系规定法院除为主管机关、目的事业主管机关等政府机关征询意见外，并"得"选任检查人，惟2001年11月12日修正公布之"公司法"第285条之1明定，法院"依"检查人之报告，并"参考"目的事业主管机关、管理机关等有关机关及团体之意见，应于收受重整申请后120日内，为准许或驳回重整之裁定，足见修正后"公司法"已明定检查人之检查报告系重整准驳与否之法定应斟酌意见，相对的各主管机关团体意见仅供参考而已，选任检查人就"公司法"第285条所列事项为检查并提出报告，洵属必要，故"公司法"第285条"得"选任检查人，于"公司法"修正后应解释为于有第283条之1各款得径予驳回重整申请之情形时，方得不选任检查人为实质调查，否则法院均应选任检查人，并应以检查人之报告为决定对重整申请准驳之重要依据。

二、问题之提出

"公司法"重整程序之制度目的，乃在赋予法院高度裁量职权以辅立岌岌可危之公司，而非以确定特定人间权利义务关系为重点，是故，一方面，性质上较偏向于非讼程序，有迅速而经济之需求；另一方面，如果从公司治理与经营需要高度弹性、效率之角度观察，亦可得到相同结论。

公司重整制度立意虽善，却并非所有公司皆可依据现行公司法借助重整程序再燃希望。在"公司法"2001年之修正中，为避免误解公司重整系一救济措施，而期公司重整制度发挥应有之功能，乃限缩以"具有重建更生可能"之公司为适用对象。② 只是法院资源有限，公司是否有重建

---

\* 彰化地方法院检察署检察官。
① 参见台湾高等法院2007年抗字第4078号民事裁定。
② "公司法"第282条2001年修正理由，参见《公司法修订资料汇编》，五南图书出版公司2001年11月版，第215页。

更生可能之大哉问,涉及公司财力、伙伴、愿景、经营方针等实质资料之综合审断,诚如首开裁定所言,法院内一般法官对此类领域之专业素养多尚未足独立判断之程度,自有引入检查人为法院助手之必要。

然而,如何选任一位适合的检查人,却不似理论构成这般简单。依据"公司法"第285条第1项规定,法院选任检查人之标准应具备"对公司业务具有专门学识、经营经验而非利害关系人"之要件,但囿于学科整合人才觅得不易,本难合适地选任如首开裁定所称同时具备"财务"及"特定企业经营"专业智识之人。以现行实务最常被选任为检查人之角色——会计师为例,其专业乃在特定企业财务之查核,故对于该企业财务状况之检查、现有资产之估价,其操作之专业毋庸置疑;但对于该企业之生产技术(包含产业趋势)及产销业务部分,则因并非经常接触、研究领域,自难期待能够深入了解。③ 此外,对于检查人之选任,债务人公司、股东、债权人可能各有荐举或意见,如何选定一就彼此间真正无利害关系之人,也成为法院另一项艰巨考验。

从费用的撙节上,检查人更是耗费当事人实体利益的吸金巨怪。例如在民兴国际开发股份有限公司的重整案中,检查人陈世雄会计师之报酬为新台币(下同)150万元④;华隆股份有限公司的重整案中,检查人王志铭会计师之报酬为170万元⑤;久津实业股份有限公司的重整案中,检查人沈维扬会计师之报酬为225万元⑥;耀文电子工业股份有限公司的重整案中,检查人赵宗胤会计师之报酬更是高达为2 598 800元。⑦ 在申请重整公司多半已陷入财政困境之当下,这样一项高额支出,无疑只会为重整公司之财务雪上加霜,导致可供债权人获偿之资产更行耗损。

然若坚持首开裁定之见解,法院除审查形式要件外,均需通过检查人审视实质要件,则讲究迅速、经济之重整制度极有可能因此迟碍难进⑧,企图拖延债务之不肖公司也可能趁此混杂其中,打着"不妨一试"的如意算盘,仅需检查人或法院不慎作出对自己有利之认定,便得以在重整程序中肆无忌惮破坏债权人之债权、继续掏空公司资产。前已述及,法院通过选任检查人之机制获取公司有无重建可能之信息,乃系牺牲诸多司法资源与申请重整公司财力而成,如能建立一套快速筛选机制,使法院在进入选任检查人程序之前先过滤掉诸多不适合重整(无重整实益)之公司,将可以节省法院许多程序上成本与提高债权人潜在受偿之可能性。本文于是试图建构一快速筛选机制,供法院在为重整裁定准驳前,不必每每仰赖检查人之专业,亦可从实质层面上剔除无重整实益之公司,期求司法资源能做最有效之运用、债权人权益能获得最大保障。

### 三、类似机制之介绍

尽管公司重整制度一向为学界及实务不甚重视,部分专家却早已认识此等问题,并倡议建立各式消极排除要件。或许提出该等标准之初衷,非如本文目的在于建立一套快速筛选机制,但该等意见实仍非常宝贵,值得参考,兹分述如下⑨:

---

③ 参见王文宇:《新公司与企业法》,元照出版有限公司2003年版,第244页。
④ 参见台北地方法院2003年整字第2号裁定。
⑤ 参见苗栗地方法院2004年整字第1号裁定。
⑥ 参见板桥地方法院2003年整字第1号裁定。
⑦ 参见士林地方法院2003年整字第1号裁定。
⑧ 根据统计,重整案例自"申请重整"日起至"法院裁定准驳重整"之日止,平均约花费7.6个月。参见熊文玮:《美国破产重整之个案研究——以安隆企业为例》,台湾大学会计学研究所2004年硕士论文,第29页。
⑨ 易言之,本文不采取以下标准作为"快速筛选机制"的理由,并不是这些标准订立的理由错误,仅是这些标准并不适宜于该机制之下而已,本文并不排斥于其他重整要件中增列下列标准。

## (一)"诚信申请"要件之订立

有人认为,现代重整制度的目的当应舍弃"亲债务人"或"亲债权人"之二择一,而应求取"保护债权人"与"救助艰困公司"间之平衡,进而基于美、日法规之观察,主张应增列"诚信申请"要件,以申请人之申请系出自恶意为驳回重整申请之法定理由,使法院得就具体个案审酌债务人公司、员工、股东及债权人全体利益之均衡保护。[10]

此项倡议立意虽美,但以《美国联邦破产法》[11]第304条(c)、第305条(a)之规定为例,法院虽然可以在任何时间点以违反诚信为由裁定重整程序之撤销(suspend)或终止(dismiss),但在决策前必须践行的程序则是对当事人送达与召开公听会(after notice and a hearing),换言之,如果将此类诚信申请规范移植,法院至少需开立一次调查庭始得为上述裁定,在筛选作用上并无明显而立即之效果,不似其他形式审查要件干净明快;又,申请人有无违反诚信原则高度牵涉当事人之主观层面,其证明并非易事,势必迫使法院运用大量的调查资源支持法院关于违反诚信申请之判断理由,以避免遭受来自上级审之撤销裁定,则本制度之具体实效性、使用便利性为何,已有疑义。

另外,"公司法"在第285条之1第3项第1款即已将"申请书状所记载事项有虚伪不实者"作为法院裁定驳回重整申请之法定事由,故倘在本款规定之外另行规范诚信申请要件,其与本款如何区隔适用,亦将成为一问题。职是,与其仿效美国增列整套诚信申请要件,不如仅移植其中对于恶意申请者之处罚(penalty for persons who negligently or fraudulently prepare bankruptcy petitions[12])部分,作为恫吓恶意申请者之用,或亦可达相同成效。

## (二)增加"资产净值[13]为正值"之要件

另亦有人从财务角度切入,基于实务上重整公司多因资产净值为零或负值而财务结构极不健全,致使重整成效不彰及重整制度上有违反市场法则之缺失,而认为公司必须符合"资产净值为正值"之要件方得进行重整,以促使问题公司早日面对经营危机向法院申请重整,使公司重整制度能有效发挥者。[14]

盖实际上,决定公司有无重建更生可能之经营价值,本应综合有效之经营方法、合理之财务结构、健全之人事管理三项要素评断效益[15],换言之,问题公司必须具备前述三项要件始具有重建更生之可能,缺一不可。然而判断特定公司之经营方法、人事管理良窳牵涉个人高度主观评价,本难期能客观公正。是故,该说着眼公司财务结构之分析,根据财务报表内数值之观察,进而提出较为客观、容易掌握之消极排除标准,实值赞同。

惟本说选定以资产净值作为衡量系争公司有无重建更生可能之标准,本文则认为有未适。以知名,也是硕果仅存之东隆五金股份有限公司(下称东隆五金)重整成功案件为例,东隆五金在

---

⑩ 参见曾细慈:《从美、日立法例看之公司重整制度》,载《台中商专学报》1994年版,第26期,第235—236页;白梅芳:《从经济观点论公司重整法制》,东吴大学法律学研究所2000年硕士论文,第278—279页。

⑪ US Code title 11,bankruptcy.

⑫ USC 11 §110,类似现行"公司法"第285条第3项。至于处罚规范应如何制定,因非本文讨论范围,兹不赘述。

⑬ "资产净值"之计算,系以公司资产负债表中之"资产"减去"负债"得出,即会计学上"股东权益"(equity)之谓,惟本文统一以"资产净值"称之。

⑭ 参见罗建勋:《公司如何重整》,永然文化出版社1992年版,第309—313页。

⑮ 参见赖源河等:《新修正"公司法"解析》,元照出版有限公司2002年版,第412页。

1999年爆发财务危机向法院申请重整时,其负债高达59.39亿元、资产净值则为负31.99亿元⑯,如以"资产净值为正值"之标准检验,东隆五金绝对无法进入法院之重整程序,也绝无法创造重整成功之企业佳话。事实上,尽管公司资产净值为负数之程度,理论上确为影响公司重整成功机会因素之一⑰,但在实证研究上,如就各种影响公司重整成败因素区分为:"公司有较佳之营运能力""新资金之挹注""债权银行高度支持""组织重整及员工积极参与"等四大项目,而将公司资产净值为负数之程度归类至"债权银行高度支持"项下,其影响系争公司重整成败之关键性,犹在"被全体债权人接受且可行的重整计划""银行对债权之让步""银行为多数的债权人""关系人的共识"等因素之下。⑱ 此外,包括曾任东隆五金重整人之郑大荣先生、汽车公司重整人之王国庆先生、大颖公司重整人之杨万成先生,也皆曾在访谈中表示,公司资产净值负数之高低并非其重整成功之关键。⑲

承上可知,问题公司之资产净值即便为负数,但只要尚未达到显难存有清偿可能性之天文数字,且辅以其他支撑重整之关键要素,问题公司仍然有机会重建更生。从而,单纯以公司资产净值是否为正数作为法院准驳进入重整程序之依据,或许反易导致原有重建更生可能之公司却遭排除在重整程序外之"型二错误"⑳,尚不适作为有效筛选之机制。

### 学理研究

本文见解:毛利率观察法。

虽然前述两种提议皆不适合作为重整程序"快速筛选机制"之考虑,但从"资产净值为正"此一说中,我们可以轻易地感受到财务报表中数字的揭露,显示出强大的客观力量,换言之,既然本文对于"快速筛选机制"的要求是迅速达成有效判断的结果,量化的标准自然是不二选择。本节拟通过公司重整制度之目的与财务报表数字之特性,找出最符合"快速筛选机制"要求的财务指标,并提出妥适之标准,以供法院实际判断。

**一、公司重整之制度目的㉑**

从"公司法"第282条之规定观察,整个公司重整制度之目的,是在使濒临破产危机的企业"重建更生",故日本法制对公司重整之法律以《会社更生法》为名,实至名归。而称重建更生者,并非只消极地借由法院或"公司法"的强制力量使申请重整公司暂时免遭债权人穷追猛打,获得喘息之机会;更应积极地着眼于使申请重整公司能再振本业,俾能在重整程序后继续维持企业之经营与发展。

易言之,重整程序之制度目的乃在使体质良好,却可能因人谋不臧或天灾事变骤然陷入经营危机之企业,通过法院之介入减轻其财务负担,给予调整公司管理阶层人事或债务清偿计划的机

---

⑯ 参见东隆五金副董事长陈伯昌接受东森新闻之专访,http://www.ettoday.com/2004/06/18/185-1646313.htm(2005/2/18)。

⑰ 参见沈宗儒:《影响企业重整成败因素之研究》,台湾大学国际企业研究所2004年硕士论文,第15页。

⑱ 参见沈宗儒,注⑰文,第62页。

⑲ 参见沈宗儒,注⑰文,第82—90页。

⑳ 至于在重整公司进入重整程序后,如果发生净值递降为负数或其他情形,本文并不排斥增列此要件作为终结重整要件,亦即本文坚持前注⑨所述之立场不曾改变,并此叙明。

㉑ 本项讨论并不涉及公司重整制度存废问题,而系以公司重整制度之存续为前提,合先叙明;至有关公司重整制度应否存废之问题,可参见罗建勋,注⑭书,第340页以下。

会,让该公司持续稳定经营之获利供作偿还债务人之资源,达成重整公司与债权人双赢之目标。惟若申请重整之公司其本业已陷入萧条情景,始欲借由法院之介入争取研发新产品或改变重大经营方针之喘息时间,则显然与公司重整制度本旨不相符合,盖此时重整后之公司本质上与申请重整前之公司已大不相同(例如:从生产甲产品转型为生产乙产品、基础工业转型为食品加工业、转型为国际加盟企业等),如首揭立法意旨所陈明,公司重整制度并非救济措施,法院没有必要成为特定公司之经营辅导机构或财务规划之推手。

自此观之,决定申请公司是否适用重整程序之关键因素,无疑在于该公司之本业是否持续获利,而能为公司在重整程序中稳定地挹注财源,纾解公司偿还债务之巨大压力。这种特性且非单纯向银行或特定投资者再度获取高额融资可相比拟,因为虽然同样是拥有新资金投入,但获利之本业较之于崭新的投资而言,却多了一份展望性与稳定性,即企业本身营业项目具有之竞争力越高,越容易重整成功。㉒ 据此,所应采纳在重整程序中作为快速筛选机制之财务指标,自亦应寻求最能代表企业本身获利能力者始是。

### 二、毛利率之指标意义

依据前述说明,本文选择了财务报表中"毛利率"项目作为重整程序快速筛选机制之指针。称毛利率(gross profit margin,另有译为营业毛利率、边际利益率)者,系指营业毛利(营业收入减去营业成本)除以营业收入之比率,代表之意义为特定公司每一块钱之营业收入,能够为该公司带来多少之营业毛利;比率越高,表示公司获利能力越高。㉓ 虽然主供判断公司获利能力之指标尚有营业利益率(operating profit ratio㉔)一项,但毛利率在判断公司竞争力方面,较之营业利益率而言更有其独到之处,盖营业利益之计算尚须在"营业毛利"项目额外扣除研发成本、管销费用等所谓"营业费用"后才能得出,故特定公司毛利率的高低,可彰显该公司存有多少余裕资金可供投注在研究发展、营销活动或管理活动项上㉕,该公司之发展潜能与未来展望皆可见其一斑。

此外,由于营业费用之支出有其高度主观性与不确定性存在,其运用效能之高低,端视公司经营管理阶层之能力或机运而定(例如接受错误之广告提议,或在错误的时机提出某销售手法等),与特定公司本业产能之竞争力较无相关,故不将营业费用列入考虑之毛利率,显然更能忠实地表达特定公司之本业究竟能提供如何之获利方式,为该公司在重整程序中稳健地补给资源。

然或有谓倘以毛利率作为筛选机制,将排除公司营业外收入之计算(例如处分资产所获利益),如此是否有所未洽?本文认为,纵使公司多角化经营原则已成当代主要潮流,但公司营业外收入毕竟并非常态性收入,如果将之列入特定公司本业竞争力之评估,显然与前揭求"公司能在重整程序中稳定地提供多少可运用资金"之目的未尽相符,从而本文将之摒除。

### 三、门槛之提出

虽然毛利率是观察特定公司本业竞争力之重要指标,作为排除特定公司之快速筛选机制堪称贴切,但棘手的却是究竟毛利率应该多少以下,才能够在实质上达成有效筛选的作用?实务上,因各行业可能耗费之营业费用高低不同,导致所追求之目标毛利率亦有差异,例如,制造业之

---

㉒ 参见沈宗儒,注⑰文,第13页。

㉓ 参见 http://www.moneydj.com/z/glossary/glexp_1585.asp.htm,2004年10月3日访问)。

㉔ 计算公式为:营业收入减去营业成本减去营业费用,再除以营业收入之比率,代表之意义为特定公司每一块钱之营业收入,能够为该公司带来多少之(税前)营业利益。参见 http://www.moneydj.com/z/glossary/glexp_1586.asp.htm,2004年10月3日访问。

㉕ 参见郭敏华:《财务报表分析》,智胜文化事业有限公司2001年版,第144页。

标准毛利率为5%～6%、非制造业则为3%～4%㉖,如何选择一个适当的毛利率门槛,让高于其上者得予进一步审查有无重整可能之机会,让低于其下者果断排除在公司重整程序之外,确实费解。

对此,本文主张以毛利率零作为其间区隔标准。原因在于,首先,既然毛利率之高低只是用于筛选无必要进入法院重整程序之公司,并没有必要将标准制定得过分地严格,亦即对此一机制之设置目的,本文仅期望可快速而有效地排除完全没有重整可能之公司,而非法院准驳重整之唯一依据,故实无必要在此一阶段便将位处灰色地带之申请公司剔除。其次,由于毛利率之计算尚未纳入营业费用、租税支出作为考虑,公司事实上所能获得之真正利益——即税后净利(损),只可能出现比毛利低而不会有比毛利高的情形,换言之,毛利率已忠实地反映出特定公司本业之最高获利能力,如果连"零"之标准也无法通过,则该公司营运必然陷于亏损,自无期待存有在重整程序中创造稳定收入之可能,由此观之,毛利率零之门槛能够精准地将无重建更生希望之公司自重整程序中过滤。

以上的推论也能从实证研究上获得支撑。经过统计,危机公司在爆发前三年,每一季之营业利益率均小于零、平均则在负5%左右㉗,如回推该等公司之毛利率,尚可得出毛利率为零或为正数之结果㉘,显然毛利率为零之标准不至于过分严苛;另有统计资料显露,在17家经过法院裁定准予重整之公司中,其毛利率平均数值为13.56%、最高值为33.36%、最低值则为负0.81%(低于零者仅此一家)㉙,如果采取裁定法院决策正确之假设,则从结果论可逆向推知管辖法院在准驳公司重整时,事实上几乎是将毛利率低于零者全部排除在重整程序之外,而不认为其具有重建更生之可能。

以4家曾被该管法院裁定驳回重整之公司为例,安锋钢铁公司共花费195日、大业公司花费171日、钮新公司花费155日、瑞圆公司花费294日㉚;如果在承办此四案件之初,即可以该等公司毛利率未高于零为由驳回重整,该管法院所省之司法资源多么可观。㉛ 从而,本文认为以毛利率零作为重整程序快速筛选机制之门槛,并无不当;其所能达成之效能,亦有目共睹。

## 四、仍待解决之问题

虽然本文提出以上看法,但却仍有数项难以解决之问题存在。例如,虽然特定公司在申请重整时其毛利率低于零,但该公司确定将由某资本雄厚、经营良善之企业(例如台塑集团、统一集团)支撑辅导,甚至在未来予以并购时,是否仍应认为无重建更生之可能而驳回之?本文认为,既然零毛利率已足代表该公司缺乏重建更生之可能性,原则上自不应任意开启后门给予当事人投

---

㉖ 参见陈妙真:《"EDMS企业数据库管理系统"功能简介》,第16页。参见 http://lottery.hncb.com.tw/monthly/mon018/ 01803. pdf,2005年2月19日访问。

㉗ 参见杨浚泓:《考虑财务操作与合并报表后之财务危机预警模式》,"中央"大学财务管理研究所2000年硕士论文,第28页。

㉘ 事实上,特定公司毛利率与营业利益率之差距往往不只5%,至少都在6%以上,以台湾集成电路股份有限公司为例,其在2003年第1季之毛利率与营业利益率差额,约有11%,益见本文提出之标准并未过苛。参见《各公司2003年第1季财报及股利发放总览》,载《钱潮周刊》,2003年5月10日第2期,第52页以下。

㉙ 参见黄江煌:《影响法院裁定公司重整结果与裁定天数之因素探讨》,台湾大学财务金融所2002年硕士论文,第31—32页。

㉚ 参见黄江煌,注㉙文,第22页。

㉛ 囿于现行实务在重整裁定中未必揭露该公司之毛利率以及申请重整日期,致使本文无法作出第一手之详尽统计,实属可惜。

机取巧之机会,使本快速筛选机制遭受架空;但若认为开放此种例外,对于商业发展确有其重要性或可行性,仍不妨在本快速筛选机制加入但书以供弹性使用,惟应将例外情形以条文明确、具体、严格规范,以避免前述弊端。

此外,在关系企业盛行之今日,关于特定公司毛利率之判读,是否应采公司合并报表作为依据,也成为一道难题。本文认为,虽然合并财务报表对于信息之揭露有其高度正确性之价值,但既然重整之申请系以特定公司为单位,重整裁定之效力亦仅及于特定公司,在毛利率之计算上,自不应合并其母公司或子公司财务报表之信息,俾确定法院当下判断有无重建更生可能者,仅乃申请公司尔。

### 结论性观点

司法资源有限,法院必须以最高之效率完成正确之判断。重整程序中选任检查人之程序,虽然能协助法院获得宝贵之判断信息,却相当耗时耗钱耗人力。台湾高等法院首揭裁定意旨谓,由于法院并不具备相关财务会计等学能,故法院必须在每一申请重整案件选任检查人以供裁定之判断,本无可厚非,但若能预先从财务报表之角度建立一客观有效之快速筛选机制,即便管辖法院法官不具备相关财务会计学识,亦可借由该机制之使用准确地做成特定公司无重建更生可能性之判断,运用财务指针之功能为法院之裁定从会计专业的角度背书。本文提出以零毛利率作为机制门槛,使申请公司之毛利率在其下者径为法院裁定驳回,在其上者始得续行检查人之选任程序,不仅在理论上符合公司法重整程序之制度目的,在统计资料上亦与现行法院之判断相去无几,应堪采取。

惟本文见解并无其他立法例可供佐持,如何付诸实行,仍须待缜密研究并解决相关问题后,始称稳当。公司重整程序为实务各界忽视已久,盼本文能收抛砖引玉之效,共同正视此部分法规缺漏之急迫性。

# 申请本票裁定强制执行非讼程序上时效抗辩之审究

——"最高法院"2005年台抗字第308号裁定评释

许士宦*

### 基本案情

X(一审申请人、二审相对人、三审相对人)持有Y(一审相对人、二审抗告人、三审抗告人)所签发发票日为1988年9月12日或同年9月30日之本票5张,于2004年10月20日向台湾桃园地方法院申请裁定准许强制执行。一审法院裁定准许后,Y抗告于台湾高等法院,主张系争本票之请求权已罹于消灭时效。二审法院以该时效抗辩为实体法上之争执,应由Y另行起诉以资解决为由,裁定驳回其抗告。Y再诉至"最高法院"。

### 裁判要旨

"最高法院"废弃了原审裁定,其理由为:按执票人依"票据法"第123条规定向本票发票人行使追索权时,申请法院裁定对发票人之财产强制执行者,其性质与非讼事件无殊,法院应就本票形式上之要件是否具备予以审查。次按本票未载到期日者,视为见票即付。又见票即付之本票,自发票日起3年间不行使,因时效而消灭,同法第120条第2项、第22条第1项定有明文。本件相对人据以申请裁定准许强制执行之系争本票5张,均无到期日之记载,其发票日或为1988年9月12日或为同年9月30日,相对人于2004年10月20日始向桃园地方法院为本件之申请,其请求权之行使,显逾法定3年时效期间之规定。再抗告人于原法院既已为时效之抗辩,则原法院自应就此时效抗辩之有无理由为审查,以确定相对人据以申请本票裁定准予强制执行之"形式要件"是否具备,乃原法院竟以此为实体法之争执,应由再抗告人另行起诉以资解决为由,遽予驳回再抗告人之抗告,即有未合。再抗告意旨,指摘原裁定不当,声明废弃,非无理由。

### 学理研究

#### 一、本件裁定之意义及其引发之问题

"票据法"于1960年修正时,为促进本票之流通,增订执票人向本票发票人行使追索权时,得申请法院裁定后强制执行(同法第123条),使执票人可不必经判决程序,依裁定程序即能迅速取得本票强制执行之执行名义。关于此项本票强制执行申请事件,于非讼事件法(下称"非讼法")1969年修正而将之纳入列为非讼事件(同法第104条)之前,"最高法院"之判例早已认为"其性质与非讼事件无殊"或"系属非讼事件",因此,法院就本票形式上之要件是否具备予以审查为已足,此项申请之裁定,及抗告法院之裁定,仅依非讼程序,以审查强制执行许可与否,并无确定实体上法律关系存否之效力,如发票人就票据债务之存否有争执时,应依诉讼程序另谋解决,例如发票人主张本票债务已因清偿而消灭,应由其提起确认之诉,以资解决,殊不容于裁定程序中为

---

* 台湾大学法律学院副教授。

此争执(同院 1967 年台抗字第 714 号及 1968 年台抗字第 67 号判例);发票人纵对于签章之真正有所争执,法院仍应准许强制执行之裁定(同院 1963 年台抗字第 163 号判例)。

在上述所谓形式审查论见解下,向来审判实务认为,于本票执票人申请法院裁定许可对发票人强制执行之非讼程序中,即使发票人主张执票人之请求权已罹于消灭时效为由,就准许强制执行之裁定提起抗告,法院仍不得以审究。例如"最高法院"1994 年台抗字第 227 号裁定:"本件再抗告人为本票发票人,其以相对人请求权之时效已消灭为由,就……准许本票强制执行之裁定提起抗告。……抗告法院依前开判例①之旨,认系实体法上之争执,非讼事件过程所得审究。……驳回再抗告人之抗告,经核于法并无违误。再抗告意旨,以再抗告人提出时效抗辩,从票据外观而得解决,抗告法院之裁定,适用前揭判例不当,自属违背法令,且另以诉讼解决,劳民伤财云云,指摘原裁定不当,声明废弃,难谓有理由。"

本件"最高法院"2005 年台抗字第 308 号裁定,一方面沿袭传统形式审查论之见解,引用同院 1967 年台抗字第 714 号判例之内容,而认为执票人依"票据法"第 123 条规定向本票发票人行使追索权时,申请法院裁定对发票人之财产强制执行者,其性质与非讼事件无殊,法院应就本票形式上之要件是否具备予以审查;但另一方面,却改变了向来认为时效抗辩系实体法上争执之见解,认为从本票票载发票日迄执票人申请许可强制执行日观之,执票人请求权之行使,显已逾法定 3 年时效期间情形,发票人于抗告程序为该时效之抗辩者,法院应就此时效抗辩之有无理由为审查,以确定执票人据以申请本票裁定准予强制执行之"形式要件"是否具备。易言之,在此种情形,时效抗辩有无理由之审查,仍属形式审查之范围,非为实体法上争执之审究,法院不得要求发票人就此抗辩另行起诉以资解决。

本件裁定之上述新见解,当引发下述疑问:在申请本票准予强制执行之非讼程序上,法院形式审查之应有范围为何?如何区别所谓之"形式审查"与"实质(体)审查",其判断标准为何?甚至进一步追问上述形式审查论之法律依据或法理根据为何?是否应重新检讨其射程距离,以确定其适用范围?事实上,在本件裁定作成之后,已引起下级审法院再次省思时效抗辩应否属非讼程序审理之对象范围。例如台湾地区高等法院暨所属法院 2005 年法律座谈会,即就发票人于抗告程序提出时效抗辩,抗告法院应如何裁判一事作成法律问题提案讨论。其中维持传统见解者,认为时效抗辩属实体法上之争执,法院不得审究之理由为:"本票准许强制执行之裁定,属非讼事件裁定,为裁定之法院仅就本票为形式上审查,纵本票已罹于时效,为裁定之法院亦无从审酌属于实体上法律关系之时效消灭事由。况非讼事件之裁定,不经言词辩论,抗告人提出时效抗辩,相对人或许亦有时效中断事由而不及主张,有碍其防御之实施,故抗告法院不得审究其时效抗辩。"另改变向来见解者认为:"时效抗辩系形式上之要件,不属于实体法上之争执,法院应予审酌之理由为:本票准许强制执行裁定固属非讼事件,然时效抗辩本属抗告法院得实时审查之形式事项。况且抗告状缮本应送达于对造,对造如有中断时效之事由,仍可于抗告程序及时提出,并无碍其防御,抗告法院亦可自形式上审查其抗告有无理由。"②此二互相对立之见解,虽均以形式审查论为前提,但就时效抗辩是否为实体法上之争执却看法不同,惟两者似俱未就"形式"与"实体"如何区别提出具体之判断标准。不过,两者所持肯否之理由,并不限于前述形式审查论之内容,已进而检讨非讼程序是否行言词辩论、如何保障关系人之防御权等问题,可以说在某

---

① "最高法院"1968 年台抗字第 76 号判例。
② 《台湾高等法院暨所属法院 2005 年法律座谈会提案(民事类)》,台湾高等法院 2005 年版,第 305—306 页。

种程度上触及了形式审查论之依据。

## 二、形式审查论之生成及开展

### (一) 形式审查论之根据

法院在非讼程序仅得为形式审查之实务上理论,系形成于抵押物拍卖申请事件之"司法院解释"。因1940年制定之"强制执行法"(下称"强执法")明定,抵押权人依"民法"第873条之规定为拍卖抵押物之申请,须经法院为许可强制执行之裁定("强执法"第4条第1项第5款),乃滋生下列疑义:此项许可强制执行之裁定,究为非讼事件之裁定抑或为诉讼上之裁定? 若为非讼事件之裁定,是否对之得提起抗告? 如不许对之提起抗告,而债务人或抵押物所有人就抵押关系有所争执时,应依何种程序以为救济? 即如许其提起抗告,是否仍许依诉讼程序(如依普通诉讼程序提起消极确认之诉)而为救济?③ 对于此等争议,"司法院"1941年院字第2235号解释认为:"抵押权人依'民法'第873条之规定,申请法院拍卖抵押物,系属非讼事件。关于此申请之裁定,是否得为抗告,现在非讼事件过程法未经颁行,尚无明文可据。惟按法理应许准用民事诉讼法之规定提起抗告。此项裁定,仅依非讼事件过程之法理审查强制执行之许可与否,抗告法院之裁定,亦仅从程序上审查原裁定之当否,均无确定实体法上法律关系存否之性质。故此项裁定,于债权及抵押权之存否无既判力,当事人仍得起诉请求确认云云。"④此项解释作成于"非讼法"制定之前,其系依"法理"认为申请许可拍卖抵押物为非讼程序,法院仅依非讼(程序)法理审查强制执行之许可与否为足,抗告法院之裁定,亦仅从程序上审查原裁定之当否,均无确定实体法上法律关系存否之性质。关于此项形式审查之解释,应注意下列事项:

(1) 该解释并非依据非讼事件(程序)法之实定法上之规定,而系求诸"法理"。惟未示明其所根据之法理内容究为何。

(2) 该解释认为,非讼裁定无确定实体法上法律关系存否之性质,系因非讼程序仅依非讼法理审查强制执行之许可与否,并未述及:非讼程序可否适用诉讼法理? 倘依诉讼法理审究实体法上争执,于审判对象的实体关系之存否有无既判力?

虽然前述"司法院"有关形式审查之解释并未充分说明其法理根据,但其后"最高法院"依该解释之意旨作成下述之判例及决议,从而在非讼事件法制定前即已确立实务上之形式审查论。

(1) 抵押权人于债权已属清偿期而未受清偿,依"民法"第873条第1项规定,仅得申请拍卖抵押物,若债务人对于金钱债务之数额有争执,则应提起确认之诉以求解决,自非于申请拍卖抵押物程序中所得一并请求(同院1957年台抗字第80号判例)。

(2) 申请拍卖抵押物,原属非讼事件,只需其抵押权已经登记,且债权已届清偿期而未受清偿,法院即应为准许拍卖之裁定。至于拍卖程序基础之私法上权利有瑕疵时,应由争执其权利之人,提起诉讼以资救济,抵押权人并无于申请拍卖抵押物前,先行诉请确认其权利存在之义务(同院1960台抗字第244号判例)。

(3) 申请拍卖抵押物,原属非讼事件,准许与否之裁定,既无确定实体法上法律关系存否之性质,要于债权及抵押权之存否并无既判力,故只需其抵押权已依法登记,且债权已届清偿期而未受清偿,法院即应为准许拍卖之裁定,而对于此项法律关系有争执之人,为求保护其权利,不妨

---

③ 在"强执法"制定之前,申请法院拍卖抵押物应否先取得执行名义,系以判决或裁定作为执行名义等实务上见解之分歧,参见许士宦:《申请拍卖抵押物应否先依判决确认抵押权存在?》,载《植根杂志》1988年第4卷第7期,第265页以下。

④ 《"司法院"解释汇编》(第四册),"司法院"秘书处1989年版,第1930页。

提起诉讼,以求解决,不得仅依抗告程序声明其争执,并据为废弃拍卖裁定之理由[同院1962年10月8日民、刑庭总会会议决议(三)、1961年台抗字第55号及1962年台抗字第269号判例]。

此项形式审查之处理方式,于1964年"非讼法"制定施行后,不但继续为实务所实行(如"最高法院"1969年台抗字第524号判例),且扩大适用至最高限额抵押物拍卖事件。⑤ 例如,"最高法院"认为,最高限额抵押权成立时,可不必先有债权存在,纵经登记抵押权,因未登记已有被担保之债权存在,如债务人或抵押人否认先有债权存在,或于抵押权成立后,曾有债权发生,而从抵押权人提出之其他文件为形式上之审查,又不能明了是否有债权存在时,法院自无由准许拍卖抵押物(同院1982年台抗字第306号判例);惟抵押权人提出证据证明有抵押债权存在时,纵然债务人或抵押人否认各该证据为真,对抵押债权之是否存在有所争执,法院仍须就证据为形式上之审查,而为准驳。例如债权人提出形式上有债务人名义之借据,用以证明抵押债权存在,即使债务人否认借据为真正,法院仍应许可拍卖抵押物[同院1991年8月20日民事庭会议决议(二)]。

由上述可知,前述(一)本票执行申请系非讼事件,在其非讼程序法院仅为形式审查之实务见解,系沿用抵押物拍卖申请事件之处理方式。此项形式审查论之内容包括:① 在非讼程序,非讼法院仅能为形式审查,而不能依职权审查实质事项;② 即使于非讼裁定之过程,当事人就实质事项有所争执而提出主张、抗辩,非讼法院亦不得加以审究;③ 关于私法上权利之瑕疵等实质问题,应由有争执之当事人另于非讼程序外提起民事诉讼,循民事诉讼程序审理、判决;④ 非讼法院所下裁定,衡无确定实体法上法律关系存否之效力,即无既判力。不过,此种形式审查之模式原非建立在实定法规定之上,审判实务就其法理基础亦从未予明白论证。

其实,上述之形式审查论,可说立基于诉讼程序与非讼程序之程序功能二元分立及程序法理二元分离适用论。亦即认为,民事事件区分为诉讼事件与非讼事件,分别审理就实体私权之存否等实质事项有争执及无争执之事件,前者依诉讼程序适用诉讼法理予以审判,后者则依非讼程序适用非讼法理予以审判,各不相干。而且,在非讼程序并无适用诉讼法理之可能及必要,实质上确定力仅发生于循诉讼程序所下之判决,而不发生于循非讼程序所为之裁定。此项法理二元分离论似未充分意识及深入探讨下述问题:

(1)非讼法院是否绝无(不可能或不应该)依诉讼法理审理实质事项之必要及可能?亦即民事事件非讼化审理之目的及界限为何?

(2)此项问题又牵涉诉讼事件非讼化之原因或目的何在?经非讼化以后,就该事件是否一律全面适用依非讼法理审判,有无由非讼法院在非讼程序并采用诉讼法理为审理之必要及可能?其指标及限度如何?⑥

非讼法院将申请拍卖抵押物及本票强制执行事件划归非讼事件,其意义及法律上性质应系为迅速实现抵押债权及本票债权,借以强化抵押制度及本票流通之功能,因为使抵押权人及执票

---

⑤ 不过,在未经登记之法定抵押权实行而申请拍卖抵押物之情形,似未贯彻形式审查论,因"最高法院"1966年台抗字第616号判例认为:"承揽人就承揽关系所生之债权,对于其工作所附之定作人之不动产有抵押权,承揽人果有因承揽关系取得对定作人之债权,在未受偿前,自得申请法院拍卖定作人之财产。惟因承揽人有无因承揽关系取得对定作人之债权,非如设有抵押权登记之被担保债权,得径依政府机关作成之登记文件证明确有债权,则定作人有无债权自无从遽行断定。从而如定作人就债权之发生或存在有争执时,仍应由承揽人提起确认之诉,以保护定作人之利益,此与实行经登记之抵押权时,债务人就抵押关系有争执者,应由债务人提起确认之诉,不能作同一解释。"

⑥ 参见邱联恭:《诉讼法理与非讼法理之交错适用》,载民事诉讼法研究会编:《民事诉讼法之研讨》(二),1987年版,第432—433页。关于非讼化审理论,除本注及注⑦外,参见邱联恭:《程序保障之机能,程序制度机能论》,1996年版,第63页以下。

人能循简易、迅速之非讼程序取得裁定作为执行名义,据以拍卖抵押物及强制执行发票人之财产,始得促进抵押债权及本票债权之实现、满足。而依上述之形式审查论,非讼法院就该等事件不行实质审理,就抵押关系及本票债权之存否,未经赋予程序上保障使为辩论(攻击防御),且未予裁判,自得作成迅速、经济之裁定,帮助债权人依简易方式取得执行名义。此种处理方式,于当事人就抵押权及其被担保债权或本票债权之存否及数额等实质事项,均未争执之情形,固无问题,但于当事人就上开实质事项已有争执之情形,若仍贯彻形式审查论(上述2、3),则必然要求争执之当事人,就实质上问题另行提起民事诉讼,以确定实体私权。果然,不仅未能贯彻上述简易迅速实现权利之程序制度目的,并且徒增法院及当事人之劳力、时间、费用上负担。因为,在当事人间关于实质事项之争执已发生时,竟仍要求另行开始民事诉讼程序,此对法院及当事人系属额外负担。为审理此项争执,原可将执行名义之取得与权利之确定并于同一程序,以求便捷,可是形式审查论却将此两种程序予以不必要之分离,无端放弃发挥程序制度解决纷争之功能。如将有关实质事项之争执,排除于非讼裁定程序处理范围之外,致未能及时避免不应发之执行名义,则据此名义开始之执行过程,容易诱发争讼程序及停止执行等问题,此即增添执行上之困扰,逸失从实质上确定私权,以减轻法院及当事人负担之机会。而且,为了保护债权人早日实现其权利,固应使其迅速取得执行名义,但亦应在形成执行名义之裁定过程给予债务人有主张实体上瑕疵之机会,否则过分强调取得执行名义以赋予执行力之作用,即可能因不当执行致债务人之财产权遭受危害。再者,对债权人而言,如有关实质事项之争执于裁定程序已经债务人提出,不能断言债权人均希望先经由执行程序之开始,到最后才以民事诉讼解决纷争,因为债权人取得可能被否定之执行名义,留待另外之民事诉讼程序解决,不仅未必迅速实现其权利,并且可能因参与二道程序(非讼与诉讼程序),反而造成劳力、时间、费用上负担。要之,形式审查论忽略非讼程序亦应该且可能赋予当事人程序上保障之情形,并且,随着赋予当事人攻击防御机会,以防止突袭性裁判程度之提升,针对事件之性质扩大程序制度解决纷争功能之可能性亦将扩大。解决问题之关键实在于程序保障机会之赋予,而非审理程序在外观形式上名为诉讼程序或非讼程序。[7]

(二) 形式审查论之架构

由于依形式审查论处理,在循非讼程序作成裁定之执行名义形成过程,并不审酌实质事项之争执,势必衍生嗣后据该名义之执行过程,如何于此实质争执获终局解决前停止执行程序之问题,以及在其执行程序开始之前或后,如何就此实质争执提起诉讼以撤废该名义之执行力,防免执行程序之开始、继续或予以撤销之问题。关于前一问题,"最高法院"认为执行名义成立后,除法律另有特别规定外,不得阻却其执行力,债务人不得依一般假处分程序申请予以停止,故甲以法院许可拍卖抵押物之裁定为执行名义,对乙所有不动产申请执行,乙否认债权人对其有抵押权存在,已提起确认抵押权不存在之诉,仍不得申请因如不停止拍卖,日后无法恢复,有定暂时状态之假处分,以禁止甲行使其抵押权[同院1974年台抗字第59号判例、1976年年12月7日民庭庭推总会决议(三)]。"司法院大法官"会议1993年8月26日释字第182号解释,亦认为强制执行程序开始后,除法律另有规定外,不停止执行,乃使债权人之债权早日实现,以保障人民之权利,上开判例系防止执行程序遭受假处分所阻碍,抵押人对法院许可拍卖抵押物之裁定,主张有不得强制执行之事由而提起诉讼时,亦得依法申请停止执行,故该判例与"宪法"第16条所定诉讼权并无抵触。亦即,抵押权人申请拍卖抵押物,经法院为许可强制执行之裁定而据以申请强制执

---

[7] 参见邱联恭:《申请拍卖抵押物及本票执行事件之非讼化处理》,载《民事法律问题研究》(四),司法周刊杂志社1987年版,第39页、第61—62页。

行,抵押人对该裁定提起抗告或依"强执法"第 14 条提起异议之诉时,法院得依同法 18 条第 2 项为停止强制执行之裁定,抵押人如以该裁定成立前实体上之事由主张该裁定不得为执行名义而提起诉讼时,其情形较裁定程序为重,依"举轻以明重"之法理,参考"公证法"第 11 条第 3 项(现行法第 13 条Ⅲ)及非讼法第 101 条第 2 项(现行法第 195 条Ⅱ)规定,并兼顾抵押人之利益,则抵押人自得依"强执法"第 18 条第 2 项规定申请为停止强制执行之裁定。

不过,关于"强执法"第 18 条停止执行制度之运用,应顾虑其凭以开始执行的执行名义之取得(形成)程序是否严密及争执实体上瑕疵机会之有无、程度,其严密性及实质争执机会受保障之程度愈高,则愈不应轻易准许停止执行或应严其停止执行之要件,例如,凭据已确定而具既判力之给付判决开始执行之情形,即属之。因为在此类情形,执行债务人已有争执实质事项而受裁判之机会,如事后仍宽认其可申请停止执行,非所以迅速实现债权之道。反之,在执行名义取得程序之严密性低而争执实质事项之机会未受充分保障之情形(例如"公证法"第 13 条第 1 项所定公证书等不具有既判力的执行名义之取得),则应宽设停止执行之制度,以资配合。如此,对于执行债务人始属公平。准此,就拍卖抵押物之事件而言,应视其裁定程序有未赋予争执实质事项之机会而为实质审理裁判,以决定其停止执行准否等执行救济程序之应严或应宽,不可一概而论。易言之,在肯认此种事件之非讼化审理,而在讼争范围内为实质审判,并以此裁定为基础开始执行程序之情形,不许以定暂时状态处分方式宽认停止执行之申请,纵有相当理由,但此项理由并不当然可完全适用于不承认该事件非讼化审理,致未获实质审判机会之情形。上述"最高法院"判例及"大法官"解释对停止执行制度之理解,似未充分意识到上述非讼化审理之可能性及必要性,以及执行名义成立过程上程序要素之充实度及裁判实质内容如何,对其后之执行救济制度之构成,有其应然之影响。在理论上即使赞成该号解释,认为应防止执行程序受阻碍,以致债权不能早日实现,其根本解决之道亦应从裁定程序开始即承认非讼化审理着手,借以循上述方式阻止不必要之后程序。否则,执行债务人事前即无在执行名义取得之裁定程序争执实质事项,受实质审判之机会,是否绝不应许其依假处分程序申请停止执行,仍有待深思。⑧

关于后一问题,最大之争议在于,债务人得否于抵押物拍卖或本票执行之强制执行程序终结前,主张其所凭之执行名义即许可拍卖抵押物或本票执行裁定成立前,消灭或妨碍债权人请求之事由,提起"强执法"第 14 条第 1 项所定异议之诉?"最高法院"向来认为,债务人异议之诉,须以其主张消灭或妨碍债权人请求之事由,系发生于执行名义成立后者,始得为之,若其主张此项事由在执行名义成立之前即已存在,或该事由于执行名义成立前已发生而继续存在于执行名义成立后之情形,则为执行名义之裁判纵有不当,亦非异议之诉所能救济(同院 1955 年台上字第 1472 号、1977 年台上字第 2488 号、1977 年台上字第 3281 号及 1980 年台上字第 3989 号判例)。亦即,依非讼程序形成之准许拍卖抵押物及本票执行之裁定,虽就抵押权、抵押债权及本票债权之存在均无既判力,但抵押人或债务人对据该裁定为执行名义所为之强制执行,提起异议之诉,其异议原因事由仍受发生于执行名义成立后始得主张之限制。从而即使抵押人主张被担保债权实际上未届清偿期、自始不存在、因清偿而消灭、因赌债而设定抵押权或无权代理设定抵押权,发票人主张票款已清偿或执票人诈取本票等发生于裁定前之事由,均无从依异议之诉以资救济。⑨

---

⑧ 参见邱联恭,注⑦文,第 77—78 页;邱联恭,注⑥文,第 468—469 页。关于 2003 年"民事诉讼法"修正后定暂时状态处分之新规定内容及其如何运用,参见许士宦:《定暂时状态处分之基本构造》,载《证据搜集与纷争解决》,新学林 2005 年版,第 99 页。

⑨ 参见许士宦:《确认之诉在强制执行程序上之救济功能》,载《植根杂志》1987 年第 3 卷第 2 期,第 149 页以下。

然而,关于"强执法"第14条异议之诉制度之运用,亦应考虑其凭以开始执行的执行名义之取得程序是否严密及争执实体上瑕疵机会之有无、程度,其严密性及实质争执机会受保障之程度越高者,越不应轻易准许依发生于执行名义成立前的消灭或妨碍债权人请求之事由提起异议之诉。例如,凭据已确定而具既判力之给付判决开始执行之情形,因执行债务人已有争执实质事由而受裁判之机会,其为异议之原因事实倘发生在前诉言词辩论终结前者,均因既判力而被遮断,不许据以提起异议之诉,如此始能维护两造间公平,维持法之安定性,保护诉讼经济及程序利益。反之,在执行名义取得程序之严密性低而争执实质事项之机会未受充分保障之情形,则应宽容以上开事由提起异议之诉,以资配合,否则即未公平赋予执行债务人程序保障,不能正当化该项执行。准此,就抵押物拍卖及本票执行事件而言,理应视其裁定程序有未赋予争执实质事项之机会而进行实质审判,以决定执行债务人得否以执行名义成立前所发生之该项实质事项作为异议之诉之原因事实。因此,在非讼裁定程序,未曾就实质事项为审判,以致就该事项不生既判力或实质拘束力之情形,站在尽量使正当权利人有请求救济之机会而言,既然在前程序即裁定程序未曾审理之事项,应承认执行债务人视实际需要得主张该事项而提起异议之诉,就此,"强执法"第14条纵然未予明定,亦应类推适用该项规定,以资救济;惟在裁定程序曾就特定实质事项为实质审理之情形,倘因其已赋予当事人程序保障而不发生突袭性裁判之情形,亦应发生既判力或实质拘束力,执行债务人不得执该事项提起异议之诉而再事争执。在此范围内,因非讼化处理之结果,扩大程序制度解决纷争之功能,制止另于强制执行过程再争讼之可能性,帮助于执行程序之迅速、顺利进行。⑩"强执法"1996年修正时,增订执行名义无确定判决同一之效力者,于执行名义成立前,如有债权不成立或消灭或妨碍债权人请求之事由发生,债务人亦得提起异议之诉(同法第14条第2项),其立法理由言明,无实体上确定力之执行名义,未经实体上权利存否之审查,债务人亦无抗辩机会,故此项执行名义成立前,所存实体上权利义务存否之争执,宜许债务人提起异议之诉,以谋求救济云云,亦应从上述观点予以理解。

### 三、形式审查论之修正及调整

(一)本票执行事件之立法上变迁

1969年修正之非讼法,于将申请本票强制执行事件明定为非讼事件之同时,增订法院为许可强制执行裁定前,应讯问发票人,除非无法通知或经通知而不到场,且发票人就本票有伪造、变造之抗辩者,法院为许可执行之裁定时,应命执票人提供相当之担保(同法第105条第1、2项)。其立法理由为:"经法院为强制执行之裁定者,毋庸经过诉讼程序即取得执行名义,对于发票人之权益影响颇大,宜先讯问发票人,较为慎重。惟恐发票人借机迟延,故就无法通知或通知而不到场者,设例外规定。又依'票据法'申请裁定强制执行,仅凭执票人持有之本票,如发票人就本票之真正有所争执,原非非讼事件过程所得审究,若为无条件准许强制执行之裁定,则对于合法权益,有时难以保护。例如有诈欺之徒,欲利用此一程序取得不法利益,可伪造他人本票(最高金额并无限制)申请强制执行,实时查封拍卖他人财产,依'最高法院'1961年6月6日民刑庭总会决议:'纵令本票发票人就本票之签章有争执,应另由发票人以诉讼主张,法院仍应为准许强制执行之裁定'。又因起诉并不停止执行,待受害人以繁复之诉讼程序,取得胜诉确定判决,执行早已终结,加害人已将其受领之不法利益隐匿他处而无从恢复其损害,此际法院即成为他人诈欺之工具,危险殊甚,故得以非讼事件过程无条件准许强制执行者,以发票人对本票上之真正不争执者为限,如有争执,应由执票人提供担保,以资兼顾。"并附带说明,抵押权之设定曾经地政机关依印

---

⑩ 参见邱联恭,注⑦文,第75页。

鉴等文件审查登记,其准许执行之裁定与此情形不同。

从上述之增修规定及其理由可知,立法者对审判实务向来所采之形式审查论持谨慎之态度。理由是:

1. 立法者虽肯认"票据法"第123条所定执票人就本票申请法院裁定强制执行事件,依其性质系属非讼事件,但亦认知依非讼程序作成裁定比循诉讼程序作成判决较为简易迅速,非讼裁判并未如诉讼裁判般慎重而正确,故为避免执票人因利用非讼程序迅速取得执行名义,致发票人之财产遭不当执行而受重大损害,乃要求非讼法院于裁定前应使发票人有陈述之机会,以赋予事前之程序保障。此与前述之形式审查论显然不同,因该形式审查论并未构思在非讼程序如何保障债务人之程序权,过分强调债权人依简速方式取得执行名义,而未一并兼顾债务人之程序保障,疏忽在非讼程序亦宜谋求迅速、经济裁判与慎重、正确裁判之平衡。

2. 由于在形式审查论之下,发票人即使就本票之真正有所争执,非讼法院仍应裁定准许强制执行,发票人就其争执须另以诉讼主张,且该起诉并不停止执行程序,此将危及发票人之合法权益。为免致此,立法者在非讼程序发票人已就本票之真正为争执,而有其系伪造、变造之抗辩情形,要求法院为许可执行裁定时,不得无条件准许强制执行,而应命执票人为相当担保,以兼顾执票人迅速取得执行名义与发票人财产保护之双方权益。此项措施,比起前述之形式审查论,更重视执票人与发票人双方之公平,非单纯片面要求有实体上争执之发票人另诉谋求解决,借以抑制执票人滥用非讼程序取得执行名义,弥补形式审查论之缺陷。

不过,上述之增修仍系以形式审查论为前提,只是另设陈述机会及担保提供,以兼顾债务人之程序保障及实体保障而已。在上述规定下,残留就本票真伪之实体上争执,应如何终局解决,此亦涉及发票人所提供之担保得否及如何取回之问题。如继续实行形式审查论之见解,则为该项争执之审理,发票人须另行开启诉讼程序,非讼法院不得在其非讼程序中就此项争执为审理裁判,此犹不能免于徒增法院及当事人之劳力、时间、费用,未尽符程序经济及程序利益保护等原则,已如上述[二、(二)]对形式审查论所作之批评。

1972年"非讼法"修正时,将上述规定修改为:发票人主张本票伪造、变造者,应于接到许可执行裁定后20日之不变期间内,对执票人向裁定法院提起确认之诉。发票人证明其已提起诉讼时,执行法院应停止强制执行。但得依执票人申请,许其提供相当担保,继续强制执行,亦得依发票人申请,许其提供相当担保,停止强制执行(同法第101条第1、2项)。其立法理由为:第一审法院受理本案裁定强制执行案件,其中当事人以本票有伪造、变造之抗辩,经法院命执票人提供担保者甚少(自1970年4月1日起至1971年2月28日11个月共计为11677件,其中因抗辩而命供担保者为25件,仅占0.2%),纵令确实真正为保护一案之发票人,须五百案之当事人奔走法院,耗费时间与金钱,并受奔走法院之拖累,实非适宜。又本票裁定案件,法院受理申请后,须定期讯问,致执票人受偿时间拖延,不能迅获清偿,有违背"票据法"第123条增订之本旨,且发票人就本票有伪造、变造之抗辩时,不问真伪,法院均须命债权人提供担保,以增其负担,殊非保护债权之道。伪造变造他人本票,利用法院裁定强制执行程序诈取他人财物,虽非绝无可能,但显属少数,本条修正规定本票如系伪造或变造者,发票人得提起诉讼,法院原则上应停止强制执行,已能防止流弊。惟法院命执票人提供相当确保之担保者,对于发票人已无危险性,自得准许继续强制执行,亦得依发票人申请,许其提供相当确实,停止强制执行,借以兼顾均衡双方之权益。

上述之修正规定仍维持形式审查论之见解。首先,为贯彻"票据法"第123条所定执票人迅速对发票人取得执行名义之立法趣旨,删除裁定前应赋予发票人陈述机会之规定,以加速非讼程序之进行,使债权人迅速取得裁定作为执行名义,据以申请强制执行,而实现其权利,并且借以避免当事人参与程序，而增加其劳力、时间、费用。其次，如发票人就本票之真正有所争执，得在收受许可执行裁定后一定期间内提起确认之诉，于其证明提起该诉时，强制执行程序原则上应予停止，以保护其财产免受不当执行。此等修正相较修正前之规定，固可在非讼程序加速裁定形成以取得执行名义，但其却将本票真正与否之争议，延后在执行程序阶段处理，亦即只要证明于法定期间内就该争执提起确认之诉，执行程序即当然停止，且其明示该项争执之起诉责任由发票人负担⑪，比原规定更接近于前述之形式审查论。易言之，上述新规定对于形式审查论之修正，并非以陈述机会之赋予及担保之提供等方式为之，而系改用发票人另行起诉及起诉即停止执行之方法。

上开1972年之修正，亦根据短期间之实证、统计资料，非仅从法政策上考虑为促进本票流通而加速执行名义之形成过程。不过，即使就本票真正与否有争执之案件不多，亦不能忽略对于具有该项争执的正当权利人之救济。易言之，申请本票执行事件中多数发票人未曾抗辩本票系伪造或变造，不能正当化杜绝其他少数有争执发票人救济程序之继续充实。因此，该新修正之第101条第1项应理解为有关债务人（被指为发票人）主张权利保护方法之一，而非限制其为唯一保护权利方法之规定。该条规定，并非阻碍非讼化审理之规定，不能因该条项规定而否定债务人在裁定程序中主张实体瑕疵，请求救济之可能性。亦即，债务人亦可在非讼程序之裁定或其抗告程序中为本票伪造或变造之主张，以及时阻止不应发之执行名义，避免加重执行程序之负担，保护正当权利人。如债务人未在裁定程序中主张时，应可选择依该条项规定之方式为主张。如该项争执在裁定程序已主张并经实质审理被否定，而已发生既判力或实质拘束力，即不得再据以依该条项之规定提起诉讼。至于当事人竟然在非讼程序主张之同时，亦在民事诉讼程序请求确认，即依重复起诉禁止原则或合并审理等民事诉讼法理予以处理，则属另一问题。⑫

上述停止执行制度，仅就主张本票系伪造、变造而起诉之情形为规定，该项规定是否亦得类推适用于以本票伪造、变造外其他本票债权不成立或消灭原因而提起消极确认之诉情形？"最高法院"曾有裁定认为：准许本票强制执行之裁定、准许拍卖抵押物之裁定及有执行力之公证书，性质上均属非讼事件，初无确定实体法上法律关系之效力，故"非讼法"第101条第2项、"强执法"第18条第2项及"公证法"第11条第3项，为兼顾债务人之权益，乃分别情形设其停止执行之规定。释字第182号并就许可拍卖抵押物之裁定，参考"非讼法"第101条第2项及"公证法"第11条第3项之规定，进一步解释抵押人如主张有不得强制执行之事由而提起诉讼时，亦得依法申请停止执行。本票经法院裁定准许强制执行后，债务人如基于本票伪造、变造以外之原因，而提起确认本票债权不存在诉讼时，亦应许其提供担保，停止执行，以避免债务人发生不能恢复之损害，似与"非讼法"第101条第2项所定因伪造、变造而提起确认本票债权不存在诉讼之情形，并无不同。准此，则"非讼法"未就此与上开条项作同一规定，是否非立法上之疏漏，而有类推适用同一法则以填补法律漏洞之必要，即非无进一步研求之余地云云（同院1996年台抗字第137号裁定）。该裁判所谓类推适用"同一法则"究指释字第182号解释意旨（申请提供担保停止执行）或"非讼法"第101条第2项规定（证明起诉即停止执行），固未必清楚，但其仍系以非讼程序实行形式审查为前提，仅在防免债务人因未为实质审理之执行名义而蒙受不当执行之范围内，以供担保

---

⑪ 不过，本票真正之举证责任仍应由执票人负担。"最高法院"1976年7月6日民庭庭推总会决议（一）本票本身是否真实，即是否为发票人所作成，应由执票人负证明之责（参照"最高法院"1961年台上字第1659号判例），故发票人主张本票伪造，依"非讼法"第101条第1项规定，对执票人提起本票系伪造或本票债权不存在之诉者，应由执票人就本票为真正之事实，先负举证责任。

⑫ 参见邱联恭，注⑦文，第76页。

（或不供担保）而停止执行程序方式,保护债务人之正当权益。倘于非讼程序实行非讼化审理即就当事人之实体上争执为实质审理裁判,则该项实质事项之争执于非讼程序已予解决,即不致残留在执行程序阶段发生应否停止执行之问题,已如前述[二、(二)]。

如在申请本票强制执行之非讼程序不进行实质审理,有关本票债权存否之实体上争执,应另循诉讼程序解决,则于其诉讼结果本票债权之存在被否定之情形,前依非讼程序所作成裁定之执行力如何消灭？所据以强制执行之程序如何处理？"最高法院"认为,发票人证明已依"非讼法"第101条第1项规定提起诉讼时,依同条第2项规定,执行法院应即停止强制执行。此项立法目的,即在于可否强制执行应待实体上诉讼终结以确定其债权之存否。此项诉讼如经判决确定,确认其本票债权不存在,即可认定前准许强制执行之裁定,其执行力亦不存在。否则,前开诉讼虽已胜诉,执行程序仍须进行,关于诉讼中停止执行之规定,即属毫无意义,显非立法之本意。非讼事件之执行名义成立后,如经债务人提起确认该债权不存在之诉,而获得胜诉判决确定时,应认为原执行名义之执行力,已可确定其不存在。若尚在强制执行中,债务人可依"强执法"第12条规定声明异议,若已执行完毕,债务人得依不当得利规定请求返还因执行所得之利益。如债权人应负侵权责任时,并应赔偿债务人因执行所受之损害(同院1981年11月24日民事庭会议决定)。[13] 此项见解似认为非讼程序所形成之执行名义,其执行力之实体根据在于实体私权,倘该实体私权嗣经确定判决否认其存在,则原执行名义之执行力即不存在。该见解之所以将执行力因确认实体私权不存在之确定判决而消灭,修正为因而不存在者,似因确定之确认判决仅具有既判力,而无形成力,无从径据以解释"消灭"执行名义之执行力。不管非讼程序所形成执行名义之执行力如何消灭或不存在,其均在处理形式审查论之下,将非讼程序与诉讼程序无端分离,因前者不审究实质事项之争议,而将之留待后者实质审理裁判,当后者之确定判决否认前者准许执行裁定所形式审查实体私权之存在时,应如何排除该裁定之执行力,基于该裁定所行之强制执行程序以及如何恢复债务人因不当执行所失利益或所受损害？由此可知,倘在非讼程序不实行非讼化审理,可能导致多重不必要之执行、诉讼程序,不仅造成法院及当事人之劳力、时间、费用上额外支出、负担,而且引发法理论之解释上难题。

抑有进者,是否发票人之所有人的或物的抗辩,均得据以提起本票债权不存在之消极确认之诉？以本票请求权罹于消灭时效之抗辩为例,"最高法院"曾有裁判认为:消灭时效之效果,仅系债务人取得拒绝给付之抗辩权,原来之权利并未消灭。"票据法"第22条第1项之规定,就本票言,系本票发票人取得拒绝给付之抗辩权,并非本票权利本体当然不存在,执票人不得再行主张。本件上诉人之本票权利,纵如原审认定因上诉人未于3年间行使而消灭,本票发票人即被上诉人仅取得拒绝给付之抗辩权,于上诉人行使权利时予以抗辩而已,其据以请求确认上诉人之本票权利不存在,仍属于法无据。(同院1986年台上字第1625号裁定)。[14] 债务人行使本票消灭时效

---

[13] 此等决定系修正同院1979年7月17日及同年月31日之民事庭会议决议及决定而来。后二者均认为非讼事件之执行名义之执行力,因确定判决确认其债权不存在而消灭。参见"最高法院"编：《"最高法院"民、刑事庭会议决议暨全文汇编》,2003年版,第992—993页。

[14] 肯认本票请求权罹于消灭时效后,发票人提起消极确认之诉请求确认执票人对其之债权不存在,具有确认利益,而批判"最高法院"1986年台上字第1652号裁定者,参见邱联恭：《口述民事诉讼法讲义》,2004年版,第104页。

之抗辩权后，债权人之请求权虽然消灭⑮，但债权本身并未当然消灭，追为通说及实务所采。如肯认本票债权本身不因罹于时效而消灭，则债务人充其量仅能请求确认该债权之请求权已消灭而不存在。在此情形，倘债务人获得胜诉确定判决，依上述"最高法院"民事庭会议决定之见解，应认为前依非讼程序所准许本票强制执行裁定之执行力亦不存在？

### （二）本票执行非讼程序审查范围之扩大

本件"最高法院"裁定认为，非讼法院应就本票形式上要件是否具备予以审查，本件本票发票日为1981年9月间，而执票人于2004年10月间始为申请，其请求权之行使显逾3年之时效期间，债务人既为时效抗辩，法院即应就此时效抗辩之有无理由为审查，以确定执票人据以申请本票裁定准予强制执行之形式要件是否具备云云。⑯惟消灭时效之抗辩毕竟属于行使抗辩权而使请求权消灭之实体上争执，兹该裁判将之纳入形式审查之对象范围，系因其与本票本身之记载有关，从票据外观之形式及卷宗内申请状所载申请时点即可容易、迅速判断其有无理由，而不必再事搜集其他事证，抑或基于其他理由，并未予以示明。不过，此项裁判将向来有关时效抗辩之实体上争执，须留至诉讼程序始予实质审判之见解，修正而提前至非讼程序即予审理裁判，纵然此际仍称该审理为"形式审查"，其实质上已调整或改变前述向来形式审查论之内容，可说放宽严格之形式审查，扩大其审查对象范围。依此处理，因在非讼程序即适时审究时效抗辩有无理由，于其有理由时即驳回本票裁定强制执行之申请，可借以减少不应发之执行名义，避免引发后续之不必要的执行程序及诉讼程序，而节省法院及当事人之劳力、时间、费用，实有助于维护程序经济及保护程序利益。

然而，如前述[二、（一）]台湾地区高等法院暨所属法院法律座谈会中曾指出之问题，在非讼程序审理时效抗辩有无理由时，应否使债权人有提出时效中断、契约承认或提出担保等再抗辩之机会？⑰债权人为该项主张应提出文件以资证明，抑或可使用其他证据？如限于文书，该文件包括公文书及私文书？甚至进一步涉及法院之审理系书面审理抑或言词审理？如言词审理，可否及应否进行两造听审或言词辩论？非讼法院基于该时效抗辩所为裁判，有无既判力或实质的拘束力？例如，倘非讼法院认时效抗辩有理由而驳回本票裁定强制执行之申请，于其裁定确定后，执票人可否依该本票起诉请求给付票款？在此后诉，受诉法院及当事人应否及如何受前非讼裁定判断之拘束？此等当事人享受程序保障之程度及法院进行审理所实行之模式，甚至非讼法院所为裁定之效力范围，亦系形式审查论重新调整其内容时所不能忽略而宜顾虑之程序因素。

其实，形式审查论所谓"形式审查"之对象范围原即未必明确。例如申请拍卖抵押物事件，在一般（意定）抵押权实行之情形，债权人固须证明抵押权已经登记且登记之被担保债权已届清偿期而未受清偿；在最高限额抵押权实行之情形，即视债务人有无否认债权存在，如有，则须债权人提出之文件能明了抵押债权存在（"最高法院"1982年台抗字第306号判例）；而在法定抵押权实

---

⑮ "民法"第144条第1项之立法理由谓："按时效完成后，债务人得为拒绝给付，此属当然之事。至加于权利人之限制，则仅使丧失请求权耳，而其权利之自身，固依然存在也。""最高法院"裁判亦多以该条项系采抗辩权发生主义，时效期间经过后，债权人之请求权固非当然消灭，但债务人如于时效完成后提出时效之抗辩，其请求权即应归于消灭，而不得复以诉行使其权利。参见同院1940年上字第1195号判例、1998年台上字第2061号及2000年台上字第1453号判决。

⑯ 同旨之裁判，参见"最高法院"1999年台抗字第147号裁定。

⑰ "最高法院"裁判认为时效完成后，如债务人知其债务已罹于时效，而仍以契约承诺该债务时，则可认为有时效抗辩权之抛弃。债务人纵不知该请求权时效完成，然既以契约承诺其债务，即仍有无因之债务承认之意思，自亦不得以不知时效为由，拒绝履行该债务。参见同院1999年台上字第190号及2000年台上字第2638号判决。

行之情形,只要债务人否认债权之发生或存在,即不得准许拍卖抵押物("最高法院"1966年台抗字第616号判例)。如抵押物拍卖事件之审查对象包括登记机关之文件(公文书)及其他书面文件(私文书),则在法定抵押权实行情形,债权人是否可以提出公证书(包括法院及民间公证人作成者)或其他书面(如契约书)以资证明?如认为在一般抵押权实行之情形,债务人可提出公证书,抗辩该抵押债权已约定延后清偿或已经清偿,证明与登记簿上所载不同,则因该项抗辩亦属实体上争执,故所谓申请拍卖抵押物之形式要件,当不以形式上抵押权行使要件(权利存在或根据要件)为限,尚包括其限制、障碍或消灭要件(权利障碍或消灭要件)有关之文件?

### 三、结论性观点

由上述可知,形式审查论所谓之形式审查与实质审理两者界限未必分明。其究系以审查之对象抑或审理之方式为判准以区别两者,尚待厘清。如以前者为划分标准,其所审查之对象限于权利根据要件事实,或者包括权利障碍或消灭要件事实?如以后者为区别标准,其审理模式仅限于实行书面审理抑或可兼采言词审理、言词辩论?均须究明。形式审查论之所以标准未明、范围未定,可能缘因该理论自始即非建立在法律规定之上,且从来未认真赋予法理上根据。此从审判实务之见解一直变迁,非讼法之规定亦屡为修正,即可明了。因此,实有必要重新检讨形式审查论之妥当性及其射程距离,已如本文一再指摘者。[18]

---

[18] 关于"非讼法"2005年修正后,担保物拍卖及本票执行事件之非讼化审理与诉讼化审理,参见许士宦:《非讼事件法修正后程序保障之新课题》,载《月旦法学》,2005年第125期,第228页。

# 民事诉讼当事人诉讼权之保障

——兼评"最高法院"1940 年上字第 2003 号判例、1952 年台上字第 94 号判例、1969 年台上字第 3015 号判决、1992 年台上字第 90 号判决

张文郁*

## 学理研究

### 一、前言

"宪法"为贯彻基本权之保障,于第 16 条明文保障人民之诉讼权,以符有权利即有救济之意旨,因此诉讼权即被称为人民之程序基本权,为此,设置法院受理诉讼以实现人民之诉讼权,民事诉讼主要涉及人民私法性质之实体权利保护之请求,为达到该目的,并非形式上设置法院受理诉讼即为已足,法院必须提供人民实质有效之权利保护始可,依据此思想,从诉讼权保障之内涵可以导出许多诉讼法之共同基本原则,例如权利保护必要、公正法院、依法听审请求权,等等,以下谨针对此等与诉讼权保障有关之事项进行探讨,并对"最高法院"之相关见解略作评析。

### 二、权利保护必要(司法资源滥用之禁止)

保障诉讼权之目的在于实现、维护人民之实体权利,于实体权利遭受侵害之情形,人民为维护其权利,理应于确有进行诉讼之必要时,始得请求公权力之司法权介入,协助其实现、维护权利。若人民得以诉讼外之其他适当、便捷方法实现、维护其权益,竟舍之而提起诉讼,显有违设置诉讼制度之本旨,将造成社会资源无谓之浪费,乃属权利滥用,此时法院自得以其诉讼欠缺权利保护必要为由,不予受理而驳回。换言之,允许人民使用司法资源必限于进行诉讼乃是维护其权益、解决纷争之适当和有效方法。① 因此,法院应随时审查原告之诉是否具备权利保护必要之要件,必于判决时,原告之诉仍具有权利保护之必要,法院始为其作出实体判决。② 权利保护必要不但要求原告诉请裁判之权益应属法律保护之权益,更要求原告选择之诉讼程序应属维护其权益之正确、适当程序,以便借由法院之裁判迅速实现其权利。若原告选择之诉讼程序并非正确、适当之程序,审判长应阐明之,使原告能适时更正其选择,若未更正,应认为其诉欠缺权利保护必要而驳回之,以下试举三例分别说明之。

#### (一) 无益给付诉讼之禁止

给付诉讼之主要目的在于使原告(债权人)能取得(确定)胜诉判决作为执行名义,于债务人

---

\* 辅仁大学法律学系副教授。

① 参见王甲乙、杨建华、郑健才:《民事诉讼法新论》,1999 年版,第 233 页;陈荣宗、林庆苗:《民事诉讼法》(上),2004 年版,第 325 页;Rosenberg/Schwab/Gottwald,Zivilprozeßrecht,15. Aufl. ,1993,S. 516.

② 参见陈荣宗、林庆苗,注①书,第 326 页;Rosenberg/Schwab/Gottwald,a. a. O. ( Fn. 1 ) ,S. 517;Ule,Verwaltungs-sprozeßrecht,9. Aufl. 1987,S. 148;Thomas/Putzo, Zivilprozeßordnung, 25. Aufl. ,2003, Vorbem. § 253 Rn. 8,10,26. 亦有以实务见解为据("最高法院"1942 年 11 月 19 日民庭会议决议事项十四)认为应以诉无理由驳回者,例如王甲乙、杨建华、郑健才,注①书,第 239 页;杨建华、郑杰夫:《民事诉讼法要论》,2001 年版,第 208 页。

不自动履行债务时，得请求法院依强制执行程序实现原告之权利。若原告请求之给付已确定不能或无法强制执行之财产诉讼③，因不能借由法院之强制力实现原告之权利，该等给付诉讼即无权利保护之必要。④此外，依法律之规定，权利应依特定程序始能行使者，若权利人不依法定程序行使权利，却向法院提起给付诉讼，亦应认为该给付诉讼欠缺权利保护之必要，例如原告已有外国法院之确定判决，经法院以判决宣示许可其执行后，即得申请强制执行［参见"民诉法"第402条（以下省略法律名称，仅揭示条文）、"强制执行法"第4条之1］，若其不依规定申请法院判决许可强制执行，却另行提起给付诉讼，该诉即无进行诉讼之法律上利益；此外，债权人不依破产程序申报债权却对破产管理人提起给付诉讼之情形亦同。⑤

在司法资源适当使用之要求下，若债权人已有执行名义，但该执行名义并无确定判决之效力，得否再对债务人提起给付诉讼，有不同见解。有学者认为，债权人纵使已有执行名义，若该执行名义并无确定判决之效力，例如"公证法"第13条之公证书或依"票据法"第123条准许本票强制执行之裁定，仍应许债权人提起给付诉讼，俾能获得具确定判决效力之执行名义。⑥ 此见解虽有其论据，然而拙见认为，提起给付诉讼最终之目的在于使原告取得执行名义，借以请求司法权以强制力协助债权人实现其请求。执行名义是否具有确定判决之效力，对于债权人之请求强制执行并无影响，故除非债权人之执行名义已灭失，或取得具确定判决效力之执行名义对于债权人权利之行使有所帮助，例如请求权原来之消灭时效期间短于5年，因确定判决之结果得以延长为5年（"民法"第137条第3项），或债务人对该执行名义有所争执，或执行名义表彰之权利不正确等，否则其既可省略诉讼程序直接申请强制执行实现其权利，即不应再提起诉讼，徒然增加法院和被告之劳费，此种"画蛇添足"之给付诉讼，应认为系诉讼权之滥用，应于程序上以欠缺权利保护要件为由裁定驳回。⑦ 又依第80条之规定："被告对于原告关于诉讼标的之主张径行认诺，并能证明其毋庸被诉者，诉讼费用由原告负担。"被告既能证明原告无提起诉讼之必要，法院本应以原告之诉欠缺权利保护必要为由（诉讼要件不具备）裁定驳回，不得作出原告有理由之本案判决⑧，该条虽规定由原告负担诉讼费用，但被告在原本无必要进行诉讼之情况下仍须被迫应诉，特别是法院仍作出原告胜诉之实体判决，此显然增加被告和法院之负担，由于原告之起诉显有违诉讼权滥用禁止之原则，故拙见认为该条应有修正为直接裁定驳回之必要。

（二）一部给付诉讼之限制

若原告提起一部分给付之诉，例如原告主张被告向其借款500万元，但其目前仅欲诉请被告先偿还其中100万元，此种给付诉讼是否合法，有不同见解。⑨ 肯定说认为，依私法自治原则，应

---

③ 无法强制执行之人事诉讼仍可提起给付诉讼，例如夫妻履行同居之诉讼，参照"强制执行法"第128条第2项。
④ Vgl. Rosenberg/Schwab/Gottwald, a. a. O. （Fn. 1）, S. 516.
⑤ 参见王甲乙、杨建华、郑健才，注①书，第233页。
⑥ 参见陈荣宗、林庆苗，注①书，第239页。
⑦ Vgl. Rosenberg/Schwab/Gottwald, a. a. O. （Fn. 1）, S. 516；Musielak, Grundkurs ZPO,3. Aufl. ,1995, § 3 Rn. 116；Jauernig, Zivilprozeßrecht,25. Aufl. , 1998, S. 132；Thomas/Putzo, a. a. O. （Fn. 2）, Vorbem. § 253 Rn. 27.
⑧ 相同结论之见解，参见王甲乙、杨建华、郑健才，注①书，第231页："依具体诉权说，权利保护要件者，当事人对法院请求为有利于己之本案判决所必要之要件也。法院非认为某方当事人具备此项要件，不得为保护该当事人权利之本案判决。" Vgl. Rosenberg/Schwab/Gottwald, a. a. O. （Fn. 1）, S. 516.
⑨ 就此部分参见陈荣宗、林庆苗，注①书，第301页以下。

许原告将其请求权任意分割,且依第 400 条第 2 项之规定,当事人于诉讼上主张之抵消,其成立与否经裁判者,以主张抵消之数额为限,有既判力,足见"民诉法"承认请求权之内容可分割请求,故应准许一部给付之诉。于此情形,若原告将声明扩张或减缩即属于诉之追加或一部分撤回(参阅第 255 条第 1 项第 3 款)。反对说认为,纵使原告主张一部给付,法院仍须就原告所主张之请求权是否存在全部作判断,特别是法院驳回一部分给付诉讼时,其判决效力应及于原告主张之请求权之全部,为免原告重复起诉而浪费司法资源并造成他造应诉之烦累,因此,除非系不可归责于原告之事由致无法提起全部给付诉讼之情形[10],否则应不许当事人提起一部给付诉讼后就同一请求权之剩余部分重复起诉[11],更何况请求权之内容纵使可分,其一部分通常亦无法特定,此将导致原告起诉时其诉讼标的无法确定而使该诉不合法,至于第 400 条第 2 项乃是法院判决理由对攻击防御方法之判断(抵消主张)有既判力之特别规定,而同法第 255 条第 1 项第 3 款应系适用于原告起诉时已就请求权内容之全部起诉,而后于诉讼进行中再扩张或减缩其声明之情形,并非允许原告起诉请求权之一部分,然后借诉之追加(扩张诉之声明)起诉请求权之其他部分,盖依旧实体法说,诉讼标的系原告主张之实体法请求权,并非请求权内容之故。就上述正反二说,拙见以否定说为是,换言之,原则上应不许原告将其请求权内容分割成数部分而仅就其中一部分提起给付诉讼,并保留稍后就剩余部分再度起诉之权利。因此,若原告坚持提起一部给付诉讼时,应认为其抛弃就剩余部分再度起诉之权利,否则应以其诉不合法驳回,以避免原告利用同一请求权重复进行诉讼之弊。职是之故,拙见认为,"民诉法"第 436 条之 16 之规定,应可类推适用于所有之给付诉讼,亦即仅于原告向法院陈明就其余额不另起诉请求时,始准许其提起一部给付诉讼。

(三) 无益确认诉讼之禁止

"行政诉讼法"第 6 条第 3 项规定,原告得提起撤销诉讼时,不准其提起确认诉讼[12],此乃因确认诉讼相对于撤销诉讼系属补充性质,为求迅速有效解决纷争,达到原告维护权益之目的,乃设此规定以避免无益之确认诉讼。[13] 由此亦可推知,原告于行政诉讼程序应选择最迅速有效之诉讼种类解决纷争,以求行政法上之权利义务关系尽快确定并实现,若其选择之诉讼种类并非最迅速有效者,应认为不具权利保护必要之要件。在民事诉讼,给付诉讼和形成诉讼不论胜诉或败诉之判决皆有确认之作用,其败诉者确认原告并无其主张之请求权或形成权,其胜诉者则确认原告主张之请求权或形成权存在,并以此为据命被告给付或以判决创设、变更或消灭原告请求之法律关系,因此,确认诉讼相对于给付诉讼及形成诉讼实际上应属于补充性质。[14] 与行政诉讼不同

---

[10] 例如全部损害数额尚无法确定,因此被害人仅能先就已知之部分起诉请求,日后再对其他部分另行起诉。"民诉法"第 244 条第 4 项虽规定:"第一项第三款之声明,于请求金钱赔偿损害之诉,原告得在第一项第二款之原因事实范围内,仅表明其全部请求之最低金额,而于第一审言词辩论终结前补充其声明。其未补充者,审判长应告以得为补充。"拙见认为,该项规定并不能作为许可一部给付诉讼之依据。盖依该项规定,原告须于言词辩论终结前补充其声明,其作用应仅等于扩张原来诉之声明,并非许可原告在该诉判决确定后得就其他原未主张之部分损害另行起诉。

[11] Vgl. Marburger, FS Knobbe-keuk, 1997, S. 188 ff.

[12] 德国行政法院法(VwGO)第 43 条第 2 项规定,原告得提起形成诉讼或给付诉讼时,不得提起确认诉讼,拙见认为在台湾地区亦应采相同之解释。

[13] Vgl. Kopp/Schenke, Verwaltungsgerichtsordnung, 13. Aufl., 2003, § 43 Rn. 26.

[14] Vgl. Thomas/Putzo, a. a. O. (Fn. 2), Vorbem. § 253 Rn. 3, 4. 虽然德国学者 Musielak 反对确认诉讼相对于给付诉讼系处于补充之性质,但其亦认为,原告得提起给付诉讼时不许提起确认诉讼,因其欠缺确认之利益,s. Musielak, a. a. O. (Fn. 7), § 2 Rn. 58.

者乃是民事诉讼通常与公益无关,因此有学者⑮认为,为尊重原告之处分自由,且经过确认诉讼之程序或可对被告(义务人)发生间接之压迫,使其自动履行义务之可能性提高,仍允许原告于得提起给付诉讼时,舍给付诉讼而提起确认诉讼。⑯但拙见认为,此项见解似有商榷之余地,盖原告提起确认其给付请求权存在之场合,由于确认诉讼不能包含给付诉讼,原告胜诉之确认判决欠缺执行力,败诉之被告(债务人)若拒绝履行,胜诉之原告欲借由强制执行程序实现其权利,仍须再次提起给付诉讼,此时显然增加法院之负担,应有不当使用司法资源之情事,盖因给付诉讼包含确认诉讼,故原告纵使仅欲确认其请求权存在,仍应直接提起给付诉讼,于胜诉确定时法院已同时确认其主张之请求权存在,并宣示被告有给付之义务,至于是否以该判决作为执行名义申请强制执行,债权人(胜诉确定之原告)仍有自由决定权,此时,败诉之被告自动履行之可能性应该更高。于债务人(败诉之被告)拒绝自动履行之场合,债权人若欲借强制执行程序实现其权利,即可直接以已获得之胜诉确定给付判决为执行名义,而免除再次提起诉讼,因此,若原告于得提起给付诉讼时仍提起确认其给付请求权存在之诉,除非依具体案情提起确认诉讼属于更适当之纷争解决方式,否则法院应以原告之诉欠缺权利保护必要为由,裁定驳回之。⑰

此外,原告得提起形成诉讼时,若舍形成诉讼而提起确认其形成权存在之诉讼,该诉讼是否有保护之必要,不无疑问。若允许原告对于同一诉讼标的(实体法之权利义务关系)于可提给付诉讼时舍给付诉讼而提起确认诉讼,则理论上似亦应许可原告于得提起形成诉讼之场合,舍形成诉讼而提起确认诉讼。然而此种确认诉讼是否为实现权利保护之适当方法应有探讨之余地。原告提起形成诉讼之目的在于借法院之形成判决创设、变更或消灭实体法之法律关系,非经形成判决,原告(形成权人)不能以他法使实体法之法律关系创设、变更或消灭。纵使法院判决确认原告享有形成权,例如确认原告有撤销权或请求裁判离婚之权利,对被告而言亦不发生任何作用(或许有逼迫原、被告订立契约以创设、变更或消灭法律关系之间接效力,但被告若拒绝与原告订立契约,原告仍须行使形成权提起形成诉讼,始能达到其目的)。此外,法律对于形成权通常设有行使期间,逾期不行使将丧失该权利,提起确认形成权存在之诉不能认为系行使形成权,故不能认为已遵守行使权利之期间。从权利保护必要之观点,实应如同行政诉讼法之立法例,认为原告应提起形成诉讼却提起确认诉讼时,该诉讼因欠缺权利保护要件而应裁定驳回。⑱

在形成诉讼,若起诉前,原告所欲借形成判决创设、变更或消灭之法律关系已如原告所愿而发生、变更或消灭,其即无提起形成诉讼之必要,若其仍提起诉讼,法院即应以其诉不合法(欠缺权利保护必要)为由裁定驳回。若形成诉讼进行中,原告请求法院创设、变更或消灭之法律关系已如原告所愿而发生、变更或消灭,纵使起诉时原告有权利保护之需求,因原告之请求已实现,其权利保护之需求已消灭,该诉讼已无继续进行之必要,依德国法之规定,认为该诉讼本案已解决

---

⑮ 参见王甲乙、杨建华、郑健才,注①书,第237页。

⑯ 若依旧实体法说,诉讼标的乃是原告请求法院裁判之实体法权利义务关系,则给付诉讼之诉讼标的应是原告主张之请求权[vgl. Thomas/Putzo, a. a. O. (Fn. 2), Vorbem. §253 Rn. 4],而非发生请求权之法律关系,例如确认买卖关系存在与请求交付买卖价金(价金交付请求权)应属不同之诉讼标的,前者乃后者之先决问题,在交付价金之诉讼,若被告对于买卖关系之存在有争执,原告可对之提起中间确认诉讼(第255条第1项第6款)。所谓给付诉讼包含确认诉讼,系指诉讼标的相同之情形,例如原告不提起请求交付买卖价金之给付诉讼,而提起确认价金交付请求权存在之诉讼。

⑰ Vgl. Musielak, a. a. O. (Fn. 7), §2 Rn. 58; Jauernig, a. a. O. (Fn. 7), S. 134 f.

⑱ 同说,陈荣宗、林庆苗,注①书,第335页。纵使赞成原告于得提起给付诉讼时仍得提起确认诉讼之学者,亦认为于得提起形成诉讼时,提起确认形成权存在之诉讼系欠缺权利保护必要,参见王甲乙、杨建华、郑健才,注①书,第237页。

(in der Hauptsache erledigt),故法院除对诉讼费用仍须裁判外,已无必要再对该案件为实体裁判。⑲ 台湾地区虽无本案已解决之规定,于前述情形,仍应依欠缺权利保护必要为由,将原告之诉裁定驳回。

### 三、实质有效之权利保护

为实现维护实体权利之目的,诉讼权之保障应提供人民实质有效之权利保护,在此概念下,一方面要求公正独立而有效率之法院,不但担任审判之法官应公正、独立,避免外力影响以致裁判不公,更应于可期待之合理期间内审结案件⑳,另一方面要求确保人民皆有平等利用法院、充分提出攻击防御方法并借此影响判决之机会,以下谨就嘱托机关、团体鉴定和律师酬金是否应作为必要之诉讼费用两部分说明之。

#### (一) 嘱托机关、团体鉴定

法院之任务在于以公正裁判者之地位,认定事实、适用法律而作出公平、合法、正确之判决,若为判决基础之事实,须有专门知识始能认定,而法院欠缺此项专门知识时,即须借由鉴定人协助法院认定事实。㉑ 鉴定人是否应限于自然人,在德国文献上有正、反二说之争。㉒ 第 340 条第 1 项虽明文规定,法院认为必要时,得嘱托机关、团体或商请外国或地区机关、团体为鉴定或审查鉴定意见。其须说明者,由该机关或团体所指定之人为之,然而依据此项规定是否认为鉴定人不以自然人为限,似仍有深入探讨之余地。

按机关、团体系组织体,无法如自然人行为,故须由代表之自然人代为行为,若法院委托机关、团体为鉴定,实际进行鉴定者并非该组织体,而系组织内之自然人㉓,于此情形,为辨明责任、避免因不当之鉴定结果导致法院之判决错误而造成当事人之权利(实体权利和诉讼权)受损害,似应认为机关或团体原则上仅受法院嘱托代为指定(中介)其组织内之自然人为鉴定人,因而应以被指定实际进行鉴定工作之自然人为鉴定人,并由该自然人对于所为之鉴定报告负其责任㉔,若将机关、团体认为系鉴定人,则关于鉴定人具结、拒却、说明及其他相关规定将难以适用,因此,除法律有特别规定外,为免无人负鉴定责任,不应以机关、团体,而应以实际进行鉴定工作之自然人为鉴定人而适用具结、拒却等规定。是以当事人申请拒却鉴定人时,法院不应以所委托之鉴定人系机关或团体为由驳回之,否则即属侵害当事人之诉讼权。此外,鉴定报告需由鉴定人说明时,亦应由实际为鉴定之自然人到庭为之,若受委托之机关或团体指定,非实际进行鉴定工作之人至法院说明鉴定报告,原则上法院应拒绝之,当事人对此应亦得提出异议。若受嘱托鉴定之行政机关提出之报告并未记载实际为鉴定之人,法院不应将之作为鉴定报告,而应认为系行政机关提供之一般信息报告(behördliche Auskünfte)。

#### (二) 律师酬金应作为必要之诉讼费用——兼评"最高法院"1969 年台上字第 3015 号和 1992 年台上字第 90 号判决

"民诉法"除第三审外,并不采律师强制代理主义,因此,当事人选任律师为诉讼代理人时,其

---

⑲ 若当事人对本案是否已解决有争议,则由法院裁判,vgl. Ule, a. a. O. (Fn. 2), S. 254。
⑳ 对于此点,参见张文郁:《法官评鉴与法官独立》,第 4—15 页;另参见释字第 530 号解释。
㉑ Vgl. Thomas/Putzo, a. a. O. (Fn. 2), Vorbem. §402 Rn. 1.
㉒ Vgl. Kopp/Schenke, a. a. O. (Fn. 13), §98 Rn. 15, Fn. 27.
㉓ A. A. BGHZ 62, 93.
㉔ Vgl. OLG Karlsruhe, MDR 1975, 670; Thomas/Putzo, a. a. O. (Fn. 2), §404 Rn. 7, 8.

所应支付之律师报酬,除于第三审所选任者,依第466条之3之规定,属于诉讼费用外,若系于第一审或第二审所选任者,依"最高法院"之见解,并非属于诉讼费用,故纵然胜诉,因委任律师所支出之费用,亦难令由败诉之当事人负担,除非胜诉之当事人确有不能自为诉讼行为,须委任律师代理进行诉讼之情形,则其所支出之代理人费用,如可认为系伸张权利或防御上所必要者,方属诉讼费用之一种。职是,胜诉当事人支付之律师费用并非诉讼费用,必须属于必要之代理人费用之情形,始可认为系诉讼费用之一种。㉕

拙见认为,此项见解似乎尚有可议之处。由于人民并非皆为法律专家,于须进行诉讼时,为求迅速、有效提出最佳之攻击或防御方法,应有求助于专家,亦即委任律师为其进行诉讼之必要,俾能达到有效维护权利之目的,此亦应属诉讼权保障内涵之一;再者,人民处于今日繁忙之社会,于法院所定之期日,率皆有自己之事务或工作须处理,若亲身至法院进行诉讼,势必耽误原本之工作或生活计划,如诉讼系因他造当事人违法、不当或不履行义务之行为所引起,于委任诉讼代理人进行诉讼时,竟须于胜诉确定伸张权利后,自行负担律师之酬金,而无法令有责引起诉讼之败诉他造负担,若如此,委任诉讼代理人而胜诉之当事人必将遭受财产侵害,若不委任诉讼代理人而亲自进行诉讼,不但有未能完全有效进行攻击、防御,导致诉讼拖延而难以迅速终结之虞,且需牺牲其时间、精力,变更其生活计划,承受严重之精神负担,其有工作者,辄因不能于审判长指定之期日正常工作,财产权亦将受损害。以上种种将导致其人格发展于诉讼进行中遭受不当影响而产生损害,此将造成"有责者"无制裁,而"无责者"受损害,显然有违公平正义,且和宪法保障人民基本权之中心思想相抵触。虽然"最高法院"1992年台上字第90号判决认为,当事人确有不能自为诉讼行为,须委任律师代理进行诉讼之情形,则其所支出之代理人费用,如可认为系伸张权利或防御上所必要者,方属诉讼费用之一种。然而,此项见解系以"当事人确有不能自为诉讼行为"作为命败诉他造负担胜诉当事人为"伸张权利或防御上所必要"之诉讼费用为要件,若当事人可自为诉讼行为,则依"最高法院"之见解,"民事诉讼并未采用律师诉讼进行主义,当事人委任律师与否,原有自由选择之权,法院亦不因其未委托律师,在调查证据或自由心证上有何歧异,故因委任律师所支出之费用,尚难令由败诉人负担"。㉖ 由"最高法院"上述之见解可知,当事人委任律师为诉讼代理人所支付之酬金无论如何不得命败诉当事人负担,除非该项报酬可认为系伸张权利或防御上所必要者,方属诉讼费用之一种。此项见解不但不符保障基本权之要求,其论述亦有可议之处。盖民事诉讼原则上系采当事人提出主义(又称为辩论主义),当事人未主张之诉讼数据(攻击、防御方法),法院原则上不得采为判决基础,当事人未声明之证据,法院原则上不得依职权调查,欠缺法律专业知识之当事人若无律师代理,极可能无法提出正确之诉之声明或确定诉讼标的,而且由于无知或疏忽,常无法充分、适时提出其所应用之攻击、防御方法,此不但加重审判长之阐明义务,亦妨碍言词辩论前之准备,尤其争点之整理、协议简化,通常皆非法律门外汉之当事人所能胜任。因此,"最高法院"认为,"当事人委任律师与否,原有自由选择之权,法院亦不因其未委托律师,在调查证据或自由心证上有何歧异",由于民事诉讼并非采职权调查主义,其见解显然忽视当事人有律师代理之优势和无律师代理独自进行诉讼可能遭遇困境之区别。再者,第81条规定:"因下列行为所生之费用,法院得酌量情形,命胜诉之当事人负担其全部或一部:一、胜诉人之行为,非为伸张或防卫权利所必要者。二、败诉人之行为,按当时之诉讼程度,为伸张或防卫权利所必要者。"依此规定,胜诉当事人为伸张或防卫权利所必要之费用,原

---

㉕ 参见"最高法院"1992年台上字第90号判决。
㉖ "最高法院"1969年台上字第3015号判决。

本即应由败诉当事人负担,无法律专业知识或因工作或其他缘故,不便亲自进行诉讼之胜诉当事人委任律师为诉讼代理人所支付之报酬,应可认为系"为伸张或防卫权利所必要之费用","最高法院"认为,"当事人确有不能自为诉讼行为,须委任律师代理进行诉讼之情形,则其所支出之代理人费用,如可认为系伸张权利或防御上所必要者,方属诉讼费用之一种",此项见解显然对于"伸张权利或防御上所必要"设下不必要之限制,造成当事人委任律师进行诉讼之障碍。基于以上考虑,拙见认为,应将当事人委任律师为诉讼代理人之报酬列为诉讼费用而命败诉之当事人负担,此不但符合公平正义,且可促进诉讼程序进行,有利诉讼程序迅速终结,亦可减轻法院之负担。㉗

若更进一步从平等权观察,依"法律扶助法"第35条第1项之规定:"分会就扶助事件所支出之酬金及必要费用,视为诉讼费用之一部。"因此,同条第2项和第3项即规定:"因法律扶助而由分会支出之酬金及必要费用,得向负担诉讼费用之他造请求。分会得对于负担诉讼费用之他造,请求归还其支出之酬金及必要费用。"而依同法第2条之规定,法律扶助包括法律咨询、法律文件撰拟、诉讼之代理等,若申请法律扶助受准许,当事人(被救助人)委任律师代理诉讼之酬金及其他必要费用皆属于诉讼费用,得向负担诉讼费用之他造请求偿还,反之,若非被救助之他造当事人胜诉,依前揭"最高法院"之见解,原则上其支出之律师酬金却非诉讼费用,不得向他造请求偿还,此种单方偏颇被救助人之规定,显与宪法所要求之平等原则有违,其不足采,甚为显然。此外,无资力者有法律扶助法和诉讼救助制度可维护其权利之实现,纵使其败诉,亦无须自己承担败诉之诉讼费用,此项法律扶助之基金却是由有资力者纳税而来,若不能令败诉者负担他造之诉讼费用,有资力者既须出钱维持法律扶助制度,且不许享受法律扶助,而于具体诉讼案件,纵使获得胜诉判决确定,亦需自行负担其律师报酬,就此而言,对于有资力者诉讼权之保障,其歧视何其大哉。根本解决之道,应是将律师之酬金一律认为属于诉讼费用,而由败诉之当事人负担,始能符合平等原则。

(三) 攻击、防御方法之驳回㉘

依第196条第2项之规定,若当事人意图延滞诉讼,或因重大过失,逾时始行提出攻击或防御方法,有碍诉讼之终结者,法院得驳回之。同法第276条第1项则规定,当事人未于准备程序主张之事项,除非系法院应依职权调查之事项,或斟酌该事项不甚延滞诉讼,或因不可归责于当事人之事由不能于准备程序提出,或不予斟酌该事项依其他情形显失公平之情形,于准备程序后行言词辩论时,不得主张之。而第82条规定:"当事人不于适当时期提出攻击或防御方法,或迟误期日或期间,或因其他应归责于己之事由而致诉讼延滞者,虽该当事人胜诉,其因延滞而生之费用,法院得命其负担全部或一部。"对上述3条文规定之法律效果进行比较,除非于显然意图延滞诉讼进行之情形,否则,由于第447条之规定,当事人在第二审上诉程序原则上不得提出新攻击或防御方法,因此,当事人于第一审所提出之攻击或防御方法若被驳回,稍后即无提出之可能,将导致终局丧失使用该项攻击防御方法之权利。是以攻击、防御方法之驳回或禁止主张对于当事人之权益具有重大影响,而命胜诉之当事人负担迟延所生之诉讼费用对其权利之影响显然较轻微,因此,于当事人迟延提出攻击防御方法之情形,为避免当事人遭受重大损害,法院应尽可能

---

㉗ 或可修法,将通常和简易诉讼程序之案件规定为律师强制代理,则律师之酬金亦可成为诉讼费用而由败诉之当事人负担。

㉘ 详细文献参见姜世明:《新民事证据法论》,2004年版,第353页以下;许士宦:《程序保障与阐明义务》,学林2003年版,第297页以下。

允许当事人迟延提出之攻击、防御方法，并斟酌第82条之规定，决定是否命其负担延滞所生之费用，仅于比较允许迟延提出攻击、防御方法对当事人两造之利害和迟延造成法院之损害进行比较后，若允许迟延提出之攻击、防御方法显然将对他造当事人和法院造成较重大损害之情形，始将当事人提出之攻击防御方法驳回。

为充分保障当事人之诉讼权，避免其因无知或一时轻忽遭受攻击、防御方法被驳回之损害，审判长应负有事先告诫当事人关于失权规定之阐明义务，并应于作出驳回攻击、防御方法之裁定前，命当事人就此陈述意见，否则应认为其驳回裁定不合法。㉙ 此外，若斟酌迟延提出之攻击、防御方法将导致诉讼终结严重延滞者，法院始得裁定驳回，因此，虽当事人确实迟延提出攻击、防御方法，然而其斟酌与诉讼终结之延滞显然无关者，法院不得驳回之，否则即属侵害当事人之诉讼权。㉚

### (四) 依法听审请求权(der Anspruch auf rechtliches Gehör)——兼评"最高法院"1940年上字第2003号、1952年台上字第94号判例

第16条虽然保障诉讼权，然而诉讼权之内涵如何并不明确，参考德国立法例，应认为诉讼权保障之内容应包括诉讼当事人之依法听审请求权〔又称为依法听审原则(der Grundsatz des rechtlichen Gehörs)〕，所谓依法听审请求权，乃从《德国基本法》第103条第1项及《欧洲人权公约》第6条第1项(Art. 6 Abs. 1 Europäische Menschenrechts-Konvention)之规定导出，要求法院必须给予当事人(法人、自然人，依德国通说包括参加人及受裁判效力拘束之第三人㉛)就法律层面、事实层面充分陈述意见、提出主张、声明证据之机会㉜，此为保障人民之诉讼上基本权利，乃是人性尊严及法治国思想于法院程序展现之当然结果，原则上人民皆可主张其依法享有之权利被侵害而提起诉讼，虽诉讼程序因诉讼标的之金额或价额不同而有通常、简易及小额程序之分，惟诉讼标的之金额或价额纵使低微，其应适用之程序或有差异，然当事人所应享有之依法听审权仍不应因此受有差别待遇，法律之规定若有违反而侵害依法听审权者，应认为违宪。据此，第436条之14规定："有下列各款情形之一者，法院得不调查证据，而审酌一切情况，认定事实，为公平之裁判：一、经两造同意者。二、调查证据所需时间、费用与当事人之请求显不相当者。"依据第2款之规定，法院得以调查证据所需时间、费用与当事人之请求显不相当为由，拒绝调查证据而径行判决。拙见认为，此规定应有违反宪法保障人民诉讼基本权之本旨，盖对于当事人间有争执而须依调查证据程序证明之事实，若未经证据调查，通常不能正确认定事实，若事实认定有错，将使判决结果失误，所谓"公平之裁判"即为空谈，人民亦无法获得实质有效之权利保护。德国联邦宪法法院亦认为，法院因案件之诉讼标的价额仅425.08马克，而以不经济为由拒绝调查证据，其判决已违反依法听审原则。㉝ 盖诉讼之目的除保障当事人之权利外，兼在追求公平正义、维护法律秩序暨社会生活之和平，因而不应单以形式之诉讼标的价值为作为享有依法听审请求权之依据，纵

---

㉙ Vgl. Thomas/Putzo, a. a. O. (Fn. 2), §296 Rn. 42.

㉚ Vgl. BVerfG NJW 1995, 1417.

㉛ Vgl. Münchener Kommentar zur Zivilprozeßordnung, Einl. Rn. 116.

㉜ 《德国基本法》第103条第1项规定："在法院之前，任何人皆有权请求依法听审(Vor Gericht hat jedermann Anspruch auf rechtliches Gehör)。"依此规定显现于德国民诉法(ZPO)者例如 § §118, 136-139, 141, 278 Abs. 3, 337, 551 Nr. 5. Vgl. Münchener Kommentar zur Zivilprozeßordnung, Einl. Rn. 112, 120; Wieczorek/Schütze, Zivilprozeßordnung und Nebengesetze, Großkommentar, 3. Aufl., 1994, Einl. Rn. 103.

㉝ Vgl. BVerfGE 9, 89/95; BVerfG NJW 1979, 414; Wieczorek/Schütze, a. a. O. (Fn. 32), Einl. Rn. 102; Münchener Kommentar zur Zivilprozeßordnung, Einl. Rn. 113.

使采取功利主义（Utilitarismus）之思想,亦应将对于破坏法律和平之人进行诉讼所含有之维护公平正义和法秩序之价值列入而进行比较,否则,极端适用之结果,将导出一切诉讼标的价值低于诉讼成本之事件,皆不应许其提起诉讼之不当结论。

依法听审原则保障当事人得通过陈述意见之机会以影响诉讼之程序和结果,此乃获得正确判决之先决要件,故当事人并非诉讼之客体,而是诉讼之主体。㉞ 依法听审原则之重心在保障诉讼当事人对于诉讼之程序和实体皆有充分陈述意见之机会,其具体内容例如,诉讼程序之进行应通知当事人、准许恢复原状、当事人之陈述应通知他造、审判长对当事人之阐明、卷宗阅览权、就审期间之遵守、令当事人对证据调查结果辩论、于特定情形禁止一造辩论判决等(第156条,第164条以下,第199条,第242条第1项,第251条,第265条,第266条第4项,第267条,第297条第1项,第386条第1、2、4款等)。㉟ 当事人无机会表示意见之事实、证据,不得作为裁判基础,此原则不仅适用于当事人提出主义(辩论主义)之诉讼程序,亦适用于职权调查主义之诉讼程序(例如行政诉讼㊱),甚至在确定诉讼费用程序亦有此原则之适用。㊲ 为合乎依法听审原则之要求,第278条、第575条、第575条之1、第588条、第595条等明文规定,虽非当事人提出之事实,法院亦得斟酌,但裁判前应令当事人就该事实有辩论机会㊳,由此可知,依法听审原则之目的乃在保障当事人获得公正程序（das faire Verfahren）之权利。㊴

适用依法听审之结果,只有经当事人陈述意见或有陈述意见机会之诉讼数据,始能作为法院裁判之基础,例如,《德国行政法院法》（VwGO）第108条第2项规定:"判决仅得以当事人有机会陈述意见之事实及证据结果为基础。"㊵通说认为法律见解亦包括在内,借以避免突袭裁判(überraschungsentscheidung)发生㊶,特别是法院于该案件将采之法律见解与判决先例所表示之见解不同之情形。㊷ 当事人不仅应有陈述意见之机会,法院亦负有对当事人所为之陈述加以理解㊸,并于裁判中加以斟酌之义务,亦即法院对于当事人所提出之主张,原则上皆应于判决理由中说明其

---

㉞ Vgl. BVerfGE 9,89/95;Hesselberger,Das Grundgesetz,1991,Art. 103,Rn. 1;Münchener Kommentar zur Zivilprozeßordnung,Einl. Rn. 113,114;台湾学者亦有提出类似见解者,参见邱联恭:《民事诉讼法讲义》(三),2000年版,第84页。

㉟ Vgl. auch Wieczorek/Schütze,a. a. O. (Fn. 32),Einl. Rn. 103.

㊱ Vgl. Kleinknecht/Meyer,Strafprozeßordnung,36. Aufl.,1983,Einl. Rn. 23 ff.

㊲ Vgl. Thomas/Putzo,a. a. O. (Fn. 2),Einl. Rn. 10;Münchener Kommentar zur Zivilprozeßordnung,Einl. Rn. 118;BVerfGE 7,53;BVerfG NJW 90,1104.

㊳ 第601、621、631条等虽未规定裁判前应命当事人就职权调查所得之诉讼资料辩论,仍应作相同解释。Vgl. auch Münchener Kommentar zur Zivilprozeßordnung,Einl. Rn. 184.

㊴ Vgl. Münchener Kommentar zur Zivilprozeßordnung,Einl. Rn. 119.

㊵ 原文为:Das Urteil darf nur auf Tatsachen und Beweisergebnisse gestützt werden, zu denen die Beteiligten sich äußern konnten,而德国之行政诉讼系采用职权调查主义。Vgl. auch Münchener Kommentar zur Zivilprozeßordnung,Einl. Rn. 112;Eyermann/Geiger, Verwaltungsgerichtsordnung,11. Aufl.,2000,§108 Rn. 10。若将"民诉法"第221条(言词审理、直接审理)之规定扩张解释,亦可得到同样结论。

㊶ Vgl. Thomas/Putzo,a. a. O. (Fn. 2),Einl. Rn. 12;Hesselberger,a. a. O. (Fn. 34),Art. 103,Rn. 1. 所谓突袭性裁判系指,法院以未经当事人辩论之事实或法律观点作为裁判基础,并因此造成当事人依诉讼程序进行状况无法预见之转变之情形,vgl. Eyermann/Geiger,a. a. O. (Fn. 40),§108 Rn. 24。

㊷ Vgl. Münchener Kommentar zur Zivilprozeßordnung,Einl. Rn. 123.

㊸ 若(陪席)法官于审理时中途离开后再进入法庭或打瞌睡或看其他卷宗、文件,而未确实听取当事人之陈述并参与判决者,即有违依法听审之原则。

意见㊹,否则即侵害人民之诉讼权而属判决不备理由之违法。㊺ 当事人之主张纵使于言词辩论终结前始提出于法院(记载陈述之书状送至收发室),除非依法有驳回之理由并经驳回,否则若法院未及时予以斟酌,仍属违法。㊻ 法院给予当事人陈述意见之机会不拘形式,但在必要言词辩论程序,应给予当事人言词陈述意见之机会,若当事人有诉讼代理人,给予诉讼代理人陈述机会原则上即为已足。㊼ 须注意者乃是当事人亦须尽力为自己求得依法听审之机会,例如申请变更、延展期日、延长期间或再开辩论,促使法院注意遵循依法听审原则之要求。㊽ 法院无正当理由拒绝当事人或诉讼代理人变更、延展期日之申请,或有再开辩论之必要却未再开辩论,皆有违依法听审之要求。㊾

　　但依实务向来之见解,当事人并无变更期日申请权,"最高法院"认为:"变更期日,除别有规定外,属于审判长之职权,当事人无变更之申请权,其为此申请者,审判长如认为无重大理由,不予容纳,自毋庸为驳回之裁定。"㊿"审判长依职权所定之言词辩论期日,非有重大理由,法院不得变更或延展之,故当事人已受合法之传唤后,虽申请变更期日,然在法院未予裁定准许以前,仍应于原定期日到场,否则仍应认为迟误,法院自得许由到庭之当事人一造辩论而为判决。"㊺ 拙见认为,上述见解应有商榷之余地。若当事人认为有正当理由未能于审判长所定之期日出庭而申请变更期日,但法院却认为当事人之申请无理由,且认为当事人无申请权而可不作出驳回之裁定,则法院之认定是否正确将无从得知,且因其未作出裁定,当事人若对法院之认定不服,亦无救济之机会㊾,由于当事人若未按原定期日出庭,即丧失其参与诉讼程序、提出攻击防御方法、陈述意见之机会,此对当事人权益之影响极为重大,审酌依法听审请求权之保障应涵盖当事人参与诉讼程序、充分提出攻击防御方法和陈述意见之权利,应认为当事人享有变更期日之申请权为当,因此,若法院认为当事人之申请变更期日无理由,应裁定驳回其申请,并许其不服时得对此裁定提起抗告救济,如此始能贯彻保障诉讼权之意旨。虽然第 154 条规定期日之指定,除另有规定外,由审判长依职权定之,"最高法院"据此认为,当事人并无申请变更期日之权利,然而"宪法"之位阶高于其他法规范("民诉法"),其于第 16 条既保障人民之诉讼权,其他法律即应以此作为规范

---

㊹ Vgl. Münchener Kommentar zur Zivilprozeßordnung,Einl. Rn. 121,Kleinknecht/Meyer,a. a. O. (Fn. 36), Einl. Rn. 23;Eyermann/Geiger,a. a. O. (Fn. 40),§108 Rn. 10;BVerfGE 42,364/367 f.

㊺ Vgl Eyermann/Geiger,a. a. O. (Fn. 40),§108 Rn. 10.

㊻ Vgl. Eyermann/Geiger,a. a. O. (Fn. 40),§108 Rn. 11.

㊼ Vgl. Thomas/Putzo,a. a. O. (Fn. 2),Einl. Rn. 13,但在刑事诉讼程序,原则上应使被告和其辩护人皆有陈述意见之机会( vgl. Kleinknecht/Meyer,. a. a. O. (Fn. 36),Einl. Rn. 26. )。职是之故,拙见认为,检察官申请法院以简易判决之案件,若被告并未自白,法院必须于处刑前讯问被告,给予辩解之机会,否则显然侵害"宪法"保障被告之诉讼权("刑诉法"第 449 条第 1 项参照)。

㊽ Vgl. Münchener Kommentar zur Zivilprozeßordnung,Einl. Rn. 124;Eyermann/Geiger,a. a. O. (Fn. 40),§108 Rn. 14.

㊾ Vgl. BVerwG,NVwZ 1989,857;NJW 1984,882;1992,3185;Eyermann/Geiger,a. a. O. (Fn. 40),§108 Rn. 14,15.

㊿ "最高法院"1940 年上字第 2003 号判例。

㊺ "最高法院"1952 年台上字第 94 号判例。

㊾ 若法院认为当事人变更言词辩论期日之申请无理由而拒绝变更,且申请人于原定之期日亦未到场者,法院必将认为当事人之未到场系无正当理由,因而可依申请或依职权进行一造辩论程序而为判决,于此情形,若未到场之当事人对于一造辩论之判决提起上诉并指摘一造辩论程序违法者,上级审法院亦须审查原审之一造辩论判决是否违反"民诉法"第 386 条第 2 款之规定(当事人之不到场,可认为系因天灾或其他正当理由者)。

之基础，各机关更应以具体维护人民之诉讼权作为其重要任务，因此法院应朝保护当事人诉讼权之观点解释法规范，实不应以第 154 条之规定为据，认为当事人无申请变更期日之请求权，故拙见认为，此项见解已损及保障诉讼权，而有变更之必要。

此外，虽然"最高法院"认为"命再开已闭之言词辩论，属于法院之职权，当事人并无申请再开之权，故当事人申请再开时，不必就其申请予以裁判，即使予以裁判，亦属诉讼程序进行中所为之裁定，依本法第 480 条之规定，不得抗告"。㊼ 但法院违反依法听审原则时，特别是审判长应阐明而未阐明，或应给予当事人陈述之机会或应命当事人辩论却未给予或命辩论，即有再开辩论之必要。当事人认为言词辩论终结后有再开辩论之必要而提出申请，若确有再开辩论之必要却遭法院拒绝，或将导致判决基础资料调查不足或不明确，或将导致当事人须再提起新诉俾能主张言词辩论终结后所生之攻击、防御方法，此势必增加法院和当事人之讼累，因此，于当事人上诉时，若依卷内数据即可认定有再开辩论之必要，而下级审法院未依法再开辩论（以排除瑕疵）者，上级审（包括法律审）应可加以审查而将原判决废弃。㊾

若当事人因可归责于己之事由丧失法院所给予陈述意见之机会，或对于此规定之违反有提出异议之机会而放弃，或因可归责于己之事由不提出异议，不得主张判决违反依法听审原则（参阅第 197 条第 1 项）。㊿ 违反依法听审原则之结果，纵使法院对于程序违反无可归责，但因侵害诉讼权，应认为诉讼程序有重大瑕疵，当事人得以此理由提起上诉或抗告，上级审（第二或第三审）应废弃该裁判而发回原审，若当事人就该案件之依法听审权在第二审（事实审）已获得充分保障者，该法院得自为裁判。依德国通说，违反依法听审原则之裁判并非绝对上诉理由，故依此理由提起第三审上诉时，须原裁判以此违法程序所得之诉讼数据作为裁判基础时，始能废弃原裁判。㊺ 违法裁判确定后，德国通说认为不得以违反依法听审原则作为提起再审之诉或申请再审之理由，但得依此理由提起"宪法"诉愿（Verfassungs-beschwerde）㊻，在台湾，于违反"民诉法"相关规定时，拙见认为应得以适用法规显有错误为由提起再审之诉。

**（五）受命法官调查证据之限制**

第 270 条规定："行合议审判之诉讼事件，法院于必要时以庭员一人为受命法官，使行准备程序。准备程序，以阐明诉讼关系为止。但另经法院命于准备程序调查证据者，不在此限。命受命法官调查证据，以下列情形为限：一、有在证据所在地调查之必要者。二、依法应在法院以外之场所调查者。三、于言词辩论期日调查，有致证据毁损、灭失或碍难使用之虞，或显有其他困难者。四、两造合意由受命法官调查者。"依本条规定可知，受命法官之任务主要在于阐明诉讼关系，亦即查明当事人争讼之对象以及其争点之整理，此外并协助当事人提出裁判必要之诉讼资料，例如当事人将主张之攻击、防御方法与声明之证据等，俾使法院于言词辩论时，可立即调查所

---

㊼ "最高法院"1939 年抗字第 173 号判例；另参见 1940 年上字第 1273 号判例。

㊾ Vgl. Thomas/Putzo, a. a. O. (Fn. 2), § 156 Rn. 2 ff.

㊿ Vgl. Hesselberger, a. a. O. (Fn. 34), Art. 103, Rn. 1; BVerfG NJW 92, 678, 680（依法驳回逾期提出之主张，不违反依法听审原则）。但有其他见解认为依法听审原则不仅涉及当事人之利益，且因维护法治国原则，故不得预先抛弃此项权利，参见 Münchener Kommentar zur Zivilprozeßordnung, Einl. Rn. 130。若依此见解，则当事人虽抛弃其责问权，法院仍应依职权审查下级法院之裁判是否确实遵守此原则（参见"民诉法"第 179 条第 2 项之规定）。

㊺ Vgl. Münchener Kommentar zur Zivilprozeßordnung, Einl. Rn. 128, 129; 不同意见参照 Eyermann/Geiger, a. a. O. (Fn. 40), § 108 Rn. 25。

㊻ Vgl. Münchener Kommentar zur Zivilprozeßordnung, Einl. Rn. 131, 132; BVerfGE 61, 37/40; 61, 78/80.

有必要之证据,并使全案能顺利进行辩论。为符合直接审理原则,证据原则上应由受诉法院于言词辩论时亲自调查⑱,仅于受诉法院视具体案情认为适当时,得裁定命受命法官于准备程序调查证据,否则受命法官只能搜集当事人所声明及提出之证据资料,不得进行调查。由受命法官于准备程序调查证据,因不符直接审理原则,故属于例外情形,虽依第 275 条之规定,可于言词辩论期日朗读调查证据之笔录弥补,但当场见闻证据调查程序和聆听调查笔录所得之心证毕竟不同,是以使受命法官于准备程序调查证据应限于必要且预计非由法院亲自调查亦不影响心证之情形始得为之。⑲ 拙见认为,立法者既然强调直接审理主义,则允许受命法官调查证据之例外情形必须将心证影响之因素列为首要考虑,而非法院调查证据之便利与否。第 270 条第 3 项列出 4 款例外情形,允许法院命受命法官调查证据,但此系法院之裁量权,换言之,并非有此等情形法院即必须命受命法官调查证据,除第 4 款系因双方当事人同意,因尊重当事人之程序处分权而无疑虑外,其余 3 款情形⑳,条文文义似仅着眼于证据调查之便利性,而未将心证影响之因素列入考虑,为免与立法说明所强调之直接审理原则相违,纵使"有在证据所在地调查之必要""依法应在法院以外之场所调查"或"于言词辩论期日调查,有致证据毁损、灭失或碍难使用之虞,或显有其他困难"之情形,除非确有必要,且无碍法院心证之形成(此为裁量必须考虑之因素),不然法院仍应亲自调查证据,不得滥权裁量而命受命法官调查证据,否则不但违反直接审理主义,亦侵害人民之诉讼权。㉑

(六) 审判长之阐明义务——兼评"最高法院"2001 年 3 月 20 日第三次民事庭会议部分决议

第 199 条和第 199 条之 1 规定审判长之阐明义务。要求审判长应负阐明义务,一方面在照顾处于弱势之诉讼当事人,避免其因欠缺法律知识而蒙受诉讼上之不利,以致违背公平正义,另一方面则在于保障当事人依法听审之权利。㉒ 换言之,审判长阐明义务之主要目的乃在于使法院之判决能合法、正确且公平。㉓ 兹对于阐明义务之重要内涵分述如下:

1. 关于阐明提出新诉讼资料之问题

在民事诉讼程序,由于适用当事人提出主义(辩论主义),审判长就诉讼数据(攻击、防御方法)之阐明不得逾越当事人所主张之范围,换言之,审判长必待当事人有所主张或陈述后,始能本

---

⑱ 本条之修正理由三亦强调此点,参照其说明:"依直接审理之精神,证据调查原则上应由受诉法院直接为之,仅于例外情形得由受命法官行之,故增订第三项之规定。"

⑲ Vgl. Kopp/Schenke, a. a. O. (Fn. 13), §96 Rn. 14; Redeker/v. Oertzen, Verwaltungsgerichtsordnung, 13. Aufl., 2000, §96 Rn. 2; Eyermann/Geiger, a. a. O. (Fn. 40), §96 Rn. 13; BVerwG, NJW 1994, 1975.

⑳ 例如证物不能或难以运至法院所在地,或证人不能到场,或不能以元首为证人而讯问之,或其他必要情形。

㉑ 现行诉讼实务上仍多由受命法官于准备程序进行证据调查,故有人认为,虽增订第 270 条第 3 项之规定,但实际上并无实效。参见张剑男:《修正民事诉讼法若干问题》,载《法官协会杂志》2004 年第 6 卷第 1 期,第 13 页以下。

㉒ Vgl. Schmitt Glaeser/Horn, Verwaltungsprozeßrecht, 15. Aufl., 2000, Rn. 545; Kopp/Schenke, a. a. O. (Fn. 13), §86 Rn. 22; NVwZ 1985, 37; NJW 1984, 140。此项权利为"德国基本法"第 103 条第 1 项所保障,法律虽无明文保障此权利,然解释上,本条有关审判长阐明义务之规定应含有相同之作用。

㉓ BVerfGE 42, 73.

于该项主张或陈述行使阐明,其属于被动的、消极的性质。⑭ 因此"最高法院"1982 年台上字第 2808 号判例认为,审判长之阐明义务或阐明权之行使,亦应限于辩论主义之范畴,不得任加逾越,否则即属违背法令。故审判长尚无阐明令当事人提出新诉讼资料之义务。但 2000 年修正第 199 条并增订第 199 条之 1 后,审判长对当事人所负之阐明义务范围是否变更,特别是审判长阐明义务之范围是否包括新诉讼资料之提出,即有疑义。依"最高法院"2001 年 3 月 20 日第三次民事庭会议之决议,不再援用 1982 年台上字第 2808 号判例,此举似乎意味着,审判长之阐明义务因修正第 199 条或增订第 199 条之 1 而包括新诉讼资料之提出。但此项推论是否正确,似有探讨之余地。

(1) 依文义解释

若单从修正之第 199 条第 1 项及第 2 项文义理解,审判长阐明义务之范围有可能包括新诉讼数据之提出,盖"审判长应向当事人发问或晓谕,令其为事实上及法律上陈述、声明证据或为其他必要之申明及陈述",并未以当事人已提出之事实上或法律上陈述为限,当事人从未提及之事项,审判长亦可向当事人发问或晓谕其提出⑮,但如此解释显然违反通说和实务对于本规定之见解,因为旧条文规定审判长应向当事人发问或晓谕,令其陈述事实、声明证据或为其他必要之声明及陈述,字义上亦未以当事人已提出者为限,然而如前揭判例之见解,审判长对于诉讼数据之阐明,系以当事人已提出,而有不明了或不完足者为限,不包括当事人完全未主张之新诉讼数据,新修正之部分主要是要求审判长亦应针对法律上陈述进行阐明,新增加之"法律上陈述",其解释应和前面之"事实上陈述"一致,若审判长对事实上陈述之阐明仍须受当事人已有主张限制,则法律上陈述之阐明,似应采取向来之限缩方式,不包括当事人(事实)陈述完全未提及之新诉讼资料提出之阐明。

此外,依新增订之第 199 条之 1 之文义,审判长必先依原告之声明及事实上之陈述,可认定其得主张数项法律关系,而原告之"主张不明了或不完足",无法确定其是否欲主张该等法律关系,审判长始应晓谕其叙明或补充之;或被告已经主张有消灭或妨碍原告请求之事由,然其主张究为防御方法或欲提起反诉有疑义之情形,审判长始应向被告阐明,其主张是否单纯为防御方法或其欲提起反诉。若从原告之声明及事实陈述无法得出其可主张数项法律关系,或被告并未主张有消灭或妨碍原告请求之事由,审判长即无阐明义务。据上所述,单纯依据条文之文义,实无法得出审判长有令当事人提出新诉讼资料⑯之阐明义务。

再者,第 199 条之 1 第 1 项之用语,系原告得主张数项(实体法之)"法律关系",此之法律关

---

⑭ 此项义务与"行政诉讼法"第 125 条第 3、4 项所规定之阐明义务不同,盖于适用职权调查主义之行政诉讼程序,审判长所负之阐明义务,其范围大于适用当事人提出主义之民事诉讼程序。虽阐明义务之主要目的在于照顾处于弱势之诉讼当事人,而非在于贯彻职权调查主义,惟其亦含有辅助法院发现真实之性质,因此,为达成真实发现之目的,审判长应全面负起阐明义务,所有为裁判基础所必须之诉讼数据,不论当事人是否已经主张,审判长皆应积极地促使当事人提出。

⑮ 由于行政诉讼采职权调查主义,因此,虽然"行政诉讼法"第 125 条第 3 项之用语和"民诉法"第 199 条第 2 项之规定大致相同,但在行政诉讼,审判长却应对当事人进行阐明,命其提出新诉讼数据。

⑯ 笔者所谓新诉讼资料,系指从当事人全部之声明或陈述观察,其皆未提及,且无迹可循之事项。因此,若从当事人之声明或陈述可得出任何蛛丝马迹者,即非此处所指之新诉讼资料。有学者认为属于新诉讼数据者,例如"原告仅主张被告对之负有债务十万元,请求给付,审判长自应令其陈明该债务发生之原因事实。或被告以抗辩对原告有债权可以抵消,审判长自应令其陈述该债权所由生之原因事实。此种情形,虽系令当事人陈述新诉讼资料,但就当事人已为之声明陈述,本有线索可循,仍在阐明权范围之内",并非笔者所谓之新诉讼数据。参见杨建华、郑杰夫,注②书,第 165 页。

系似应指诉讼标的,而非诉讼数据(攻击、防御方法),故从诉之声明和原因事实得出原告可主张数项法律关系,系指审判长从原告之声明及事实上之陈述,得知其原可主张数项诉讼标的,而提起客观诉之合并,例如竞合合并之情形。此从"民诉法"部分条文修正总说明参五,"……依原告声明及事实上陈述,于实体法上得主张数项法律关系,而原告究系主张何项法律关系有不明了,或得主张之法律关系未主张时,审判长应晓谕原告叙明或补充",再参酌第 199 条之 1 之立法说明二更可得知,原告"是否为诉之变更或追加,应由原告……决定",由此可知,第 199 条之 1 第 1 项应系针对诉讼标的为阐明,而非晓谕原告提出攻击方法。若仅针对诉讼标的而非攻击方法进行阐明,应与新诉讼数据之提出无关。

(2)依立法理由

依据修正第 199 条之 1 立法说明一可知,立法者要求审判长于言词辩论时,应针对当事人已主张之事实进行阐明,要求其从该事实之法律面提出陈述,使法官知晓当事人主张该事实所期待适用之法规,并据而为裁判,借以避免裁判所适用之法规与当事人之预期不符,而侵害当事人之诉讼权(依法听审请求权)。若此理解无误,则审判长之阐明,仅系要求当事人就其已提出之事实,补充法律上之陈述,应非阐明要求当事人提出全新之诉讼资料。

此外,从第 199 条之 1 立法说明二和三中,可以作为阐明提出新诉讼数据之依据者,似乎为说明中之叙述:"……如原告主张之事实,于实体法上得主张数项法律关系而原告不知主张时,审判长理应晓谕原告得于该诉讼程序中并予主张,以便当事人得利用同一诉讼程序彻底解决纷争。……或得主张之法律关系未主张者,审判长应晓谕其叙明或补充之"。然而立法说明中所强调之重点应是要求审判长借由阐明,让原告利用诉之变更或追加或被告提起反诉之方式,使当事人得利用同一诉讼程序彻底解决纷争,阐明之对象应为诉讼标的之确定或(反)诉是否提起,而非攻击防御方法等诉讼数据,何况立法说明亦强调民诉法采当事人处分权主义及辩论主义,若审判长借由阐明,主动要求当事人提出新诉讼资料,应有违前述诉讼主义。因此,第 199 条之 1 之立法说明似亦无法为新诉讼资料提出之阐明提供依据。

(3)小结

综上所述,纵使"最高法院"前揭决议不再援用 1982 年台上字第 2808 号判例,应不能据此认定审判长负有新诉讼资料提出之阐明义务[67],例如被告完全未提到有关消灭时效之事实,审判长不应询问被告是否行使消灭时效之抗辩权[68],否则,依"最高法院"之见解,应阐明而未阐明时,法院之判决属于违背法令,则审判长若未阐明要当事人提出一切新诉讼资料时,法院之判决皆属违背法令,其不当甚为显然,盖审判长并非当事人之法律顾问,而系中立之裁判者,为避免当事人怀疑法院之公正性,故不应令审判长负此义务。[69] 此外,虽然因第 199 条之 1 之增订,"最高法院"前揭决议不再援用该院 1978 年台上字第 425 号判例[70],然依拙见,必须被告已经主张有消灭或妨碍原告请求之事由,而该主张究为单纯之防御方法或其欲提起反诉存有疑义,审判长始须第 199

---

[67] 学者许士宦尝试为"最高法院"之决议寻求理论基础,参见许士宦,注[28]书,第 434 页以下。

[68] 若审判长竟为新诉讼资料提出之阐明,例如告知被告得提出抗辩,将有害于原告之权利,纵使该判决因违法阐明而遭废弃,然而被告于上诉审亦必再度提出相同之抗辩,原告因此而败诉后,是否得因此获得国家赔偿,亦有疑义,对原告而言,显然将受到不公平之待遇。

[69] 相同见解参见陈荣宗、林庆苗:《民事诉讼法》(下),2004 年版,第 539 页;杨建华、郑杰夫,注②书,第 164 页。

[70] 参见 1978 年台上字第 425 号判例:"提起反诉,非属审判长行使阐明权之范围,上诉人主张原审未行使阐明权令其提起请求地役权登记之反诉,显属误会。"

条之1第2项之规定行使阐明,若被告之主张已明确无疑,审判长应无阐明义务。

2. 阐明之行使方式、范围及违反之法律效果

阐明义务之范围包括诉讼行为方式错误之排除,例如应以书面为之,而当事人以言词为之者;指示当事人以正确且最迅速有效之方式行使其权利亦属之,例如当事人误解行使权利之构成要件,因而未能提出必要之资料,于此情形,审判长若察觉当事人之错误,即应阐明,令其提出必要之资料。[71] 当事人因不知法律而未提出必要之申请或声明者,审判长亦应阐明,告知其得提出,例如审判长知悉原告无资力缴纳裁判费时,应告以得提出诉讼救助之申请。阐明义务之主要作用并非在于事实之调查,而系在于保护及辅助当事人,使其不因欠缺法律知识或经验而失权、败诉,且能完全、适当并有效地进行诉讼[72],此外,使诉讼程序能顺畅迅速进行、终结亦是审判长阐明义务之目的。[73] "最高法院"1975年台再字第156号判例认为,"在诉讼进行中情事变更,是否以他项声明以代最初之声明,应由原告依其自由意见决之,法院就此并无阐明之义务"。此见解显然有违阐明义务之本旨,因此前揭决议不再援用,实属正确。

发问、晓谕等仅是例示,审判长应采取各种方法使当事人所欲主张之诉讼资料皆能完全提出,并依第199条之1之规定,促使当事人为诉之追加或变更或确定其所提出者究竟作为诉讼标的或为攻击、防御方法。虽然当事人委任律师为诉讼代理人,审判长仍不能免除阐明义务,但其范围则相对缩小[74],原则上,于作为律师所应具备之一般性法律专业知识及陈述能力之范围内,审判长应可免除其阐明义务。第199条修正后,明文规定审判长阐明义务之范围亦包括法律问题在内,例如,令当事人更正其所提出之错误申请、法律上主张之补充或叙明等。[75] 虽然德国通说认为法院所采法律见解之说明不在阐明义务之范围内,惟为避免出现突袭性判决(überraschungsurteil),就当事人不能预见,且尚未经其辩论之法律或事实问题,若判决将以之作为基础者,审判长于言词辩论时,应指示当事人并命其辩论[76];若法院将改变其先前所表示,预备作为判决基础之重要法律见解时,亦应告知当事人,于言词辩论前,并应给予适当之反应期间。[77]

若当事人经合法通知而无正当理由不于言词辩论期日到场者,原则上审判长即可免其阐明义务,盖当事人依法到场陈述乃是审判长负阐明义务之前提要件。[78] 虽当事人经合法通知而无正当理由不到场,但法院若以当事人于前此之程序从未辩论过之诉讼资料作为其判决之唯一或主要依据,其判决仍应认为违反阐明义务之规定而违法。于此情形,法院应改期,并以书面通知该当事人若再缺席之法律效果,俾使该当事人有陈述意见之机会。[79] 审判长应阐明而未尽其阐明义务时,乃属重大之程序瑕疵,可作为上诉第三审之理由[80],因其直接违反民诉法之规定,且侵

---

[71] Vgl. Kopp/Schenke, a. a. O. (Fn. 13), § 86 Rn. 23; NVwZ 1985, 36.

[72] Vgl. BVerwG, NVwZ 1985, 36.

[73] Vgl. Schmitt Glaeser/Horn, a. a. O. (Fn. 62), Rn. 546.

[74] Vgl. BVerwG, Buchholz, 310 § 86 Abs. 3 VwGO Nr. 18, S. 2 ff.

[75] 有德国学者认为,法律问题之阐明原则上仅限于非决定性(决定诉讼胜负)之法律问题, vgl. NVwZ 1991, 575; Kopp/Schenke, a. a. O. (Fn. 13), § 86 Rn. 23; a. A. s. BVerwGE 31, 337/340; NJW 1976, 766.

[76] Vgl. NJW 1984, 140; BVerwG, Buchholz, 310 § 86 Abs. 3 VwGO Nr. 22, 28 und 29; Kopp/Schenke, a. a. O. (Fn. 13), § 86 Rn. 23, 24; Eyermann/Geiger, a. a. O. (Fn. 40), § 86 Rn. 50.

[77] BVerwG, Buchholz, 310 § 86 Abs. 3 VwGO Nr. 25.

[78] Kopp/Schenke, a. a. O. (Fn. 13), § 86 Rn. 28.

[79] BVerwG, Buchholz, 310 § 86 Abs. 3 VwGO Nr. 24, 30.

[80] 参见"最高法院"1954年台上字第12号判例。

害宪法保障人民之诉讼权和当事人平等原则之本旨。[81]

(七) 证据保全程序中特别代理人之指定

第 374 条第 1 项规定:"他造当事人不明或调查证据期日不及通知他造者,法院因保护该当事人关于调查证据之权利,得为选任特别代理人。"[82]本项规定之立意甚佳,盖为维护当事人之诉讼权,证据保全程序之进行,除有急迫或有碍证据保全之情形外,本应于期日前将申请书或笔录送达他造当事人,使其有机会到场并陈述意见(第 373 条),其有违反者,于他造当事人异议时,该项证据调查之结果即因违法而不得作为判决基础,若他造当事人所在不明或不及通知,为保全证据,于急迫需要进行证据调查程序之情形,为免侵害未到场当事人防卫自己权利之机会,除非法院于证据保全程序仅单纯保全证据数据,例如文书或证物之保全,而未进行证据调查,否则应有必要指定代理人保护未到场当事人诉讼上之权利,例如拒却鉴定人、对于证人发问或对鉴定人之说明提出询问或对于违背诉讼程序规定之行为提出异议等。由于第 374 条规定法院"得"选任特别代理人,因此文献上有认为选任与否属于法院之裁量权,故他造当事人日后不得以未经选任特别代理人为由,指摘保全证据程序违法者[83],但拙见认为,法院应无自由裁量权,而是须作出合义务之裁量,换言之,若法院于证据保全程序进行证据调查者,原则上应为未到场之当事人选任特别代理人以维护其权益,若应选任而未选任,应认为法院违反其义务,其经当事人异议者,不得将该项调查证据之结果作为判决基础,若以之为判决基础,未到场之当事人应可以之作为上诉理由,借以维护其权利。

### 结论性观点

诉讼权乃在保障人民,使其能利用诉讼获得实质有效之权利保护,若当事人有其他更迅速有效且适当之途径可实现其权利,即无进行诉讼之权利保护必要,于此情形,不应许其滥权提起诉讼。而法院于进行诉讼时,必须体认诉讼权乃是当事人之基本权,一切诉讼法之规定皆应以实现诉讼权为目的,而且作出正确、公平之判决乃是法院之天职,是以法院于适用、解释法律时,应以实现人民之诉讼权为最高指导方针。若能如此,当可落实主权在民之原则,否则,若以迅速简便结案为目的,即有违"宪法"保障人民诉讼权之旨意。

---

[81] 参见 BVerfGE 42,64。
[82] 《德国民事诉讼法》第 494 条规定:"调查证据申请人未指明他造当事人时,仅于申请人释明非因其过失而不能指明他造当事人之情形,始得准其申请。申请经准许者,法院为保护该不明他造当事人之权利,得于证据调查程序为其指定代理人。"
[83] 参见王甲乙、杨建华、郑健才,注①书,第 416 页。

# 当事人变更与追加

——评"最高法院"2010年台抗字第393号裁定与台湾高等法院2010年抗字第1332号裁定

刘明生*

## 基本案情

### 一、关于当事人追加之裁判——"最高法院"2010年台抗字第393号裁定事实摘要

本件原告甲主张被告乙有限公司承揽参加人己股份有限公司之输变电工程,于施作焊接不锈钢管工作时,烧毁原告承揽他人5条已完工等待验收之电缆,依"民法"第184条第1项前段之规定请求损害赔偿。于2006年4月18日原告提出"追加起诉状",主张子为被告乙有限公司之受雇人,担任系争工程之工地负责人,被告辛亦为其受雇人,担任系争工程之工安卫生管理员,被告庚为被告乙有限公司承揽施作系争工程之共同作业人,其三人于共同施作系争工程之不锈钢管焊接工作时,不慎发生火灾,烧毁受损电缆,因而追加依"民法"第184条第1项前段、第185条第1项及第184条第2项等规定,请求追加子、辛、庚为被告,请求连带赔偿其所受之损害。台湾新竹地方法院认为其符合请求基础事实同一性之要件,准许原告之追加。其后经第一审法院判命被告、子、辛三人连带给付新台币16 059 515元本息后,该三人提起上诉。原告因丁于第一审作证时曾证称其为乙公司之职工,并于系争工程负责焊接工作,乃依"民事诉讼法"第446条第1项但书第2款规定,于原法院追加其为共同侵权行为之被告。台湾地区高等法院裁定驳回原告所为之被告追加,就此原告提起抗告。"最高法院"认为抗告有理由,而将高等法院所为之裁定废弃,发回由台湾高等法院更为裁判。

### 二、关于当事人变更之裁判——台湾高等法院2010年抗字第1332号裁定事实摘要

原告丙依"民法"第767条之规定,诉请法院判命被告乙股份有限公司,将坐落于台北县瑞芳镇240之1、247、250等三笔地号之土地(下称"系争土地")之占有返还予原告,以及判命被告乙股份有限公司拆除于该土地上面积共计1351平方公尺之地上物(下称"系争地上物")。嗣于2010年5月25日,原告丙未得被告乙之同意,请求将被告变更为甲,并求为判决甲应将系争土地上之系争地上物拆除,并将上开占有之土地返还予原告丙。原告主张变更前、后之二诉,其请求之基础事实同一,即使未得被告之同意,法院亦应准许。被告反对原告为上开诉之变更,主张原告所为之被告变更,已非同一基础事实,且将妨碍被告之防御以及诉讼之终结。台湾基隆地方法院以裁定驳回原告关于被告变更之申请。原告不服此项裁定提起抗告。台湾高等法院认为抗告有理由,将原裁定废弃,发回台湾基隆地方法院。

---

* 辅仁大学法律系助理教授。

> **裁判要旨**

### 一、关于当事人追加之裁判——"最高法院"2010 年台抗字第 393 号裁定

（一）台湾高等法院 2009 年度重上字第 14 号裁定（原审裁定）

台湾高等法院认为在第二审追加原非当事人之人为他造当事人，除诉讼标的对于该人及他造当事人必须合一确定者外，非经他造及该人同意，不得为之，此观"民事诉讼法"第 446 条第 1 项之规定自明。本件追加原告于本院始追加原非当事人之丁为被告，且诉讼标的对于该人及他造当事人并无必须合一确定之情形，他造当事人对于此项追加，亦屡次明确表示不同意，揆诸前揭说明，此项追加于法尚有未合，不能准许，应予驳回。

（二）"最高法院"2010 年台抗字第 393 号裁定

"最高法院"与台湾高等法院采取不同之见解，"最高法院"认为，在第二审为诉之变更或追加，因涉及审级利益问题，非经他造同意，不得为之，固为"民事诉讼法"第 446 条第 1 项前段所明定，惟同条项但书并规定第 255 条第 1 项第 2 至 6 款情形者，不在此限。且该第 255 条第 1 项第 2 款所称之"请求之基础事实同一"者，系指变更或追加之诉与原诉之原因事实，有其社会事实上之共通性及关联性，而就原请求所主张之事实及证据数据，于变更或追加之诉得加以利用，且无害于他造当事人程序权之保障，俾符诉讼经济者，均属之。抗告人既于原法院依上开条项但书第 2 款"请求之基础事实同一"规定，追加相对人为被告，原法院就抗告人是否符合该款规定得为"诉之追加"之事由，疏未论述，径以与本件不相涉，而限以同法第 446 条第 1 项但书第 5 款情形始得为诉之追加等由，遽为抗告人不利之裁定，即有未合。本件抗告有理由。

### 二、关于当事人变更之裁判——台湾高等法院 2010 年抗字第 1332 号裁定

（一）台湾基隆地方法院 2008 年诉字第 529 号裁定（原审裁定）

台湾基隆地方法院认为，"民事诉讼法"第 255 条第 1 项第 2 款所谓"请求之基础事实同一"，系指变更或追加之诉与原诉之主要争点有其共同性，各请求利益之主张在社会生活上可认为同一或关联，而就原请求之诉讼及证据数据，于审理继续进行在相当程度范围内具有同一性或一体性，得期待于后请求之审理予以利用，俾先后两请求在同一程序得加以解决，避免重复审理，进而为统一解决纷争者，即属之。而判断是否合于"民事诉讼法"第 255 条第 1 项第 2 款之"请求之基础事实同一"，则应考虑被告之防御权是否受到不利益及在诉讼过程，准予为诉之变更、追加后，原来已经进行过之诉讼数据与证据数据，有无继续使用之可能性及价值。本件原诉之主要争点，在于被告乙是否为系争地上物之所有权人，及其所有之系争地上物有无占有原告上开 3 笔土地之正当权源。原告变更后之诉讼，争点则为被告甲是否为系争地上物之所有权人，及被告甲所有之系争地上物有无占有原告上开 3 笔土地之正当权源。二者并无共同性，盖系争地上物非被告乙所有，未必即为新被告甲所有，尚难单凭被告乙之抗辩，遽认新被告甲必为系争地上物之所有权人，且被告甲或仍抗辩其非系争地上物所有权人，或纵自认其系系争地上物所有权人，然其或有占用之合法权源之诸多抗辩，新被告甲之抗辩理由尚有未明，原请求之诉讼及证据数据于后诉未必有继续使用之可能与价值，且如许原告变更，对已长期应诉且耗费诸多时间之被告乙之诉讼权（可能有再随时遭起诉之危险），及新被告甲之防御权均属不利。基于上述之理由，自难认为变更前、后二诉之基础事实同一，且容许变更将有碍被告乙之防御及诉讼之终结，原告为本件诉之变更，即难准许。

（二）台湾高等法院 2010 年抗字第 1332 号裁定

台湾高等法院认为，本件抗告人（原告丙）请求变更被告为甲，原先之被告乙对此固未同意，

惟观抗告人原诉与变更后之新诉所为之请求,皆系因其所有之系争土地遭他人之地上物无权占有而生之争执,请求之基础事实并无不同,且卷内资料(如现场勘验笔录、照片、台北县瑞芳地政事务所经原法院嘱办系争土地使用面积测量土地复丈成果图等数据)尚可供新诉利用,不甚碍诉讼之终结。抗告人为本件诉之变更,虽未经被告乙之同意,然请求之基础事实同一,且不甚碍乙之防御及诉讼之终结,其所为之被告变更仍应予以准许。原法院以诉之变更未经被告乙同意,且变更前、后之基础事实非同一,并有碍乙之防御及诉讼之终结,因而驳回抗告人变更之诉,尚有违误。抗告有理由。

### 学理研究

#### 一、诉之变更、追加之意涵

于德国学说上将"诉之变化"(Klageänderung),区分为"客观的诉之变化"(die objektive Klageänderung)与"主观的诉之变化"(die subjektive Klageänderung)。主观的诉之变化,亦称为"当事人之变化"(Parteiänderung)。依其形式可分为"当事人之变更"(Parteiwechsel),以及"当事人之扩张"(Parteierweiterung)或"当事人之加入"(Parteibeitritt)。当事人之扩张或加入,可谓系嗣后的"主观诉之合并"(nachträgliche subjektive Klagehäufung)。① 然而《德国民事诉讼法》第263条之规定,乃使用"诉之变化"(Klageänderung)之用语。于德国学说上认为如此用语之使用,易使人误解其包含所谓主观的诉之变化,毋宁其真正所欲规范之对象乃客观的诉之变化,并不包含主观方面之变化。② 其所欲规范者,为客观请求方面之诉之变化,包含客观诉之变更与客观诉之追加。③ 然而于概念上宜认为当事人之变更与追加,仍为诉之变化之一种。诉之变化包含客观诉之变化与主观诉之变化。当事人、诉讼标的及应受判决事项之声明为诉之要素,三者之中,如有其一发生变动或增加,即生诉之变更或追加之问题。诉之变更、追加于概念上包含当事人之变更与追加,以及客观诉之变更与追加。从"民事诉讼法"第255条第1项本文之规定可知,立法者使用"诉状送达后,不得将原诉变更或追加他诉"之文句,且于2000年"民事诉讼法"修正时,将原先第256条第4款关于诉讼标的对于数人必须合一确定之当事人追加规定,移至第255条第1项但书第5款规定,从如此法条之文义与法条结构之体系观之,可见立法者认为当事人变更与追加,亦属于"民事诉讼法"第255条第1项规范之对象。④ 然而,认为当事人之变更与追加在概念上为诉之变更与追加之一种,并不代表当事人之变更与追加之允许要件与客观诉之变更追加之容许要件相同,因而导致认为在当事人变更与追加之情形,须适用"民事诉讼法"第255条第1项所规定之要件。"最高法院"2010年台抗字第393号裁定,与台湾高等法院2010年抗字第1332号裁定,就此似有所误认。因从当事人变更、追加与客观诉之变更、追加利益状况之不同,以及保

---

① Roth, Kommentar zur ZPO (Stein/Jonas), 3. Aufl., §263 Rn. 12.

② Rosenberg/Schwab/Gottwald, Zivilprozessrecht, 16. Aufl., §42 Rn. 17; Roth, Kommentar zur ZPO (Stein/Jonas), 3. Aufl., §263 Rn. 12. 依《德国民事诉讼法》第263条之规定,诉讼系属后,诉讼之变化,仅于被告同意或法院认其有助于事件之解决(sachdienlich)始可为之。《德国民事诉讼法》第263条规定之原文为:Nach dem Eintritt der Rechtshängigkeit ist eine Änderung der Klage zulässig, wenn der Beklagte einwilligt oder das Gericht sie für sachdienlich erachtet.

③ 于此并未将德文"Klageänderung"翻译为诉之变更或改变,乃因在德国学说上将 Klageänderung 理解为不仅包括诉之变更,尚包含诉之追加之情形。

④ 认为"民事诉讼法"第255条第1项之规定,不包含当事人之变更与追加之学者,参见王钦彦:《当事人之变更追加与诉之变更追加》,载《台湾法学杂志》2009年第142期,第39页以下。

障相关当事人之同意权与处分权之观点言之,"民事诉讼法"第255条第1项之规定,有其立法上之漏洞存在,其包含过多之适用类型,毋宁"最高法院"以及高等法院应从事"法之续造"(Rechtsfortbildung),将"民事诉讼法"第255条第1项之规定,从事目的性之限缩适用,除该条项第5款之规定外(该款规定应限缩于追加被告之情形,不包含原告追加之情形),其他各款规定之适用,应限缩在客观诉之变更与追加之情形。如此之解释,与德国学说上认为该"民事诉讼法"第263条之适用,亦仅限于客观诉之变化相契合。⑤

**二、客观诉之变更追加与当事人变更追加于容许要件方面之差异**

当事人之变更、追加虽可认为系属诉之变更、追加之一种。但在判断是否应容许当事人变更、追加时,是否须适用客观诉之变更、追加之容许要件作相同之处理,主要有下列三种不同之理论。

(一)诉之变化理论(Klageänderungstheorie)

德国联邦最高法院,将意定当事人之变更与追加当作与客观诉之变更与追加作相同之处理,适用与客观诉之变更、追加相同之允许要件。申言之,当被告同意或法院认为容许当事人变更或追加有助于"事件之解决"时,法院即应容许。例如于第一审变更被告之情形,必须原先被告同意或有助于事件之解决,但无须新被告之同意。于第一审变更原告之情形,倘若该变更有助于事件之解决,即使无被告之同意亦可为之。在第二审变更原告之情形,如有助于事件之解决,部分实务见解认为即可被容许。在第二审变更被告之情形,为保护新被告之审级利益,就诉之变化理论作若干限制,必须新被告同意始可为之。⑥

(二)诉之撤回理论(Klagerücknahmetheorie)

此说认为,当事人之变更,属于由脱离诉讼之当事人或对脱离诉讼之当事人所为之一种"诉之撤回"(Klagerücknahme)行为,以及由新的当事人或对新的当事人重新提起"新的诉讼"(neue Klageerhebung)行为。由于属于完全重新提起一诉讼,故过去之诉讼结果于新诉讼中不能继续使用,且如此重新之起诉仅得于第一审为之,不得于第二审为之。⑦

(三)具有独自性质之诉讼制度(prozessuales Institut eigener Art)

此理论认为,当事人之变更于立法上并未规范,其为"具有独自性质之诉讼制度"(prozessuales Institut eigener Art),于个别不同之状况将产生不同处理之结果。由于欠缺立法上之规范,故必须通过一般诉讼基本原则以及民事诉讼法上之其他评价以填补如此之漏洞,尤其《德国民事诉讼法》第263、265及269条已明白表达之原则及各当事人之利益状况。于此,尚须特别留意唯有使过去已产生之诉讼结果,于新诉讼中于尽可能广大之范围被认为可继续予以使用,始能达成容许当事人变更之目的。⑧

诉之变化理论,过度保护了欲变更或追加之当事人利益,而忽略他造当事人利益之保护。其并未充分顾虑在当事人变更、追加之情形与客观诉之变更、追加之情形利益状况不同。在客观诉之变更、追加,两造当事人皆同一且其先前已参与诉讼程序,仅涉及客观上诉讼请求有所变更或追加,其涉及原先之诉讼数据可否于新诉讼继续使用,以达到诉讼经济效果问题。但在当事人

---

⑤ Rosenberg/Schwab/Gottwald, Zivilprozessrecht, 16. Aufl., §42 Rn.17; Roth, Kommentar zur ZPO (Stein/Jonas), 3. Aufl., §263 Rn.12.

⑥ BGH NJW 1976, S.239; BGH NJW 1993, S.3072; BGHZ 65, S.267; BGH NJW 2007, S.770.

⑦ Kisch, Parteiänderung im Zivilprozessrecht, S.42.

⑧ de Boor, Zur Lehre vom Parteiwechsel und vom Parteibegriff, S.100 ff.

诉之变更与追加之情形,如认为不须相关当事人同意,仅须符合有助于事件解决或请求基础事实同一要件,该项变更与追加可达成诉讼经济效果,即应容许当事人之变更与追加,将造成原先当事人可期待取得本案判决利益之牺牲(例如于被告变更情形),或者新被告审级利益之牺牲(于第二审追加被告情形)。在判断"是否允许"当事人之变更与追加时,除应考虑容许该项当事人之变更与追加可否达到诉讼经济之效果(有助于事件之解决)外,尚须特别考虑对当事人同意权或处分权之保护。于当事人之变更或追加具备容许要件后,就原先诉讼结果之拘束而言,在相关当事人同意或其拒绝系属权利滥用情形,其应受原先诉讼结果之拘束。然于未经相关当事人同意而容许当事人变更与追加情形,就原先诉讼结果之拘束而言,则须同时考虑相关当事人权益之保护及诉讼经济效果之达成。至于诉之撤回理论,认为当事人变更应依诉之撤回处理,此项见解虽可保护被告可期待取得本案判决之利益,但其认为过去之诉讼结果于新诉讼中不能继续使用,且仅得于第一审为之,不得于第二审为之,将无法达到允许当事人变更与追加之诉讼经济效果。毋宁具有独自性质之诉讼制度理论较为可采,其一方面充分顾虑相关当事人利益之保护,且着重诉讼经济效果之达成。当事人变更与追加与客观诉之变更追加二者性质特征不同,于规范设计上应作不同规定。当事人之变更与追加,为具独自性质之诉讼制度,于未来修法时,宜将现行"民事诉讼法"第255条第1项但书第5款之规定抽离,并就当事人变更与追加之具体状况,区分第一审与第二审重新再作详细之规范。且将来宜于"民事诉讼法"第255条第1项本文规定:"原告于诉状送达后,不得为客观诉之变更或追加。"

### 三、当事人变更与追加之容许要件及原先诉讼结果之拘束性

(一) 两项不同层次之问题与两项应考虑因素之结合

于探讨当事人变更与追加问题时,须思考两项不同层次之问题。第一,是否应允许当事人之变更与追加,其容许之要件为何？第二,于法院允许当事人变更、追加后,原先诉讼结果对相关当事人是否发生拘束力？上述两项问题不容混淆。如此两层次之问题,与容许当事人变更与追加之目的,以及相关当事人权益之保护必须合并观察。允许当事人变更与追加之目的,在于保障当事人之权利,原先诉讼之当事人可能并非适当之当事人,则有变更原告或被告之必要,以避免受到被法院认其诉讼上请求无理由而被驳回之命运,或基于法律上之理由或实用性之理由,引进另一当事人至诉讼中。除此之外,容许当事人变更与追加之目的,尚在于达成诉讼经济之效果。诉讼制度必须避免多数不必要劳力、时间、费用之支出,以及对两造当事人与法院不必要双重之诉讼实施。为真正达到当事人变更与追加之诉讼经济效果,宜认为新变更或追加之当事人,原则上应受原诉讼结果之拘束,始能达到容许当事人变更与追加之目的。[9] 但如此诉讼经济效果之达成,乃建立在下列之基础上:(1) 相关当事人已同意为变更与追加;(2) 可认为当事人拒绝同意系属权利滥用。然而在无须经新当事人之同意,即可为当事人变更或追加之情形,探讨原先诉讼结果之拘束力时,须同时兼顾诉讼经济效果之达成,以及新当事人利益之保护两项重要因素。一方面为达成诉讼经济之效果,使原先之诉讼数据可于新诉讼中继续使用,另一方面为保护新当事人之利益,对其不利之行为对其仍不生拘束力,其可为矛盾行为之主张或提出新的防御方法。

(二) 于第二审追加被告

在第二审追加被告之情形,原告本即有意愿追加被告。此种情形不须得旧被告之同意,因原告与旧被告之诉讼仍存在不受影响。为保护新被告之审级利益,须经新被告同意,法院不得以有助于事件解决或请求基础事实同一性,而代替关于须经新被告同意要件。倘若新被告同意后,其

---

⑨ Roth, in: Kommentar zur ZPO (Stein/Jonas), 22. Aufl., §263 Rn.40.

即受原诉讼结果之拘束。为避免不明确性,其仅得就过去整体之诉讼实施同意,不得为有限制个别诉讼行为之同意。但为保护新被告利益,必须由法院事先阐明其同意之不利效果。⑩ 如新被告拒绝同意有权利滥用之情形,则无须经其同意。于考虑是否有权利滥用之情形必须考虑下列因素:(1) 新被告丧失一个事实审之不利益;(2) 是否被告之拒绝同意欠缺值得保护之利益,以及根据整体之事件状况可期待其加入该诉讼。⑪

"最高法院"2010 年台抗字第 393 号裁定认为,当事人追加容许要件须比照客观诉之追加容许要件判断。在普通共同诉讼情形下,依"民事诉讼法"第 446 条第 1 项之规定,如他造同意,原告即可追加新被告,如此之解释将使新被告丧失审级利益,毋宁应将现行"民事诉讼法"第 446 条第 1 项之规定,除第 255 条第 1 项但书第 5 款外,作目的性限缩之适用。于第 255 条第 1 项但书第 5 款之情形外,并不适用第二审当事人变更与追加情形,限于客观诉之变更与追加情形始有该条之适用。至"最高法院"2010 年台抗字第 393 号裁定,认为只要完全符合请求基础事实同一,无须他造同意,即可容许原告所为之被告追加,完全忽略新追加被告之审级利益。而台湾地区高等法院 2009 年重上字第 14 号裁定,虽有意识到新追加被告审级利益之保护,因而认为应得新被告同意,始得为如此追加,但其尚要求须经原先被告同意始得为如此追加。然实际上仅须新被告同意即可为之,因原告与旧被告之诉讼仍然继续存在,故无须旧被告同意。⑫ 就新被告同意而言,法院必须明确阐明告知新被告,如其同意将受原先诉讼结果拘束(尤其对其不利之诉讼行为),以及丧失审级利益之不利益。⑬

此外,于未来思考是否允许第二审追加被告问题,必须留意同意追加要件,尚包含原先诉讼必须已合法上诉(包括须具备上诉利益),但如被告于第一审败诉,提起第二审上诉,原告虽于第一审胜诉,但其可为追加被告而为附带上诉。⑭ 此外,于第二审追加被告情形,仍须具备起诉之"一般性要件"(die allgemeinen Prozessvoraussetzungen),且其构成"嗣后的共同诉讼"(nachträgliche Streitgenossenschaft),其必须同时具备"共同诉讼要件"(die Voraussetzungen der Streitgenossenschaft)("民事诉讼法"第 53 条之要件与《德国民事诉讼法》第 59、60 条之要件)。⑮ 如为固有必要共同诉讼,则须全体一同起诉或被诉,始具当事人适格。然于学说上有主张在普通共同诉讼情形,以共同诉讼要件作为判断是否容许当事人追加要件过于宽松,故宜依所谓有助于"事件之解决",作为其容许要件。⑯ 须原诉讼数据与新诉讼之数据有部分一致性情形,始得容许如此追加,尤其基于诉讼标的之权利或义务属于同种类(例如出租人对不同房屋之承租人请求支付租金)而生之共同诉讼("民事诉讼法"第 53 条第 3 款情形),欠缺部分一致性,如容许如此追加则有拖延原先诉讼终结之可能性,对原先被告造成不利结果。再者,为强调民事诉讼第二审之任务,主要在于审查第一审关于事实认定与法律适用错误,宜参酌《德国民事诉讼法》第 533 条第 2 款之规范意旨,必须第一审所认定之事实状况并未改变,始容许被告追加。如新被告同意或其

---

⑩ Roth, Gewillkürte Parteiwechsel und Bindung an Prozeßlage, NJW 1988, S. 2981.
⑪ Roth, NJW 1988, S. 2982; BGH NJW 1984, S. 2409.
⑫ 学说上持相同见解者,参见许士宦:《请求之基础事实同一与诉之变更、追加》,载《集中审理与审理原则》,第 237 页以下;沈冠伶:《当事人之追加》,载《月旦法学》2005 年第 126 期,第 203 页。
⑬ 学说上特别指出于同意前法院阐明重要性之学者,姜世明:《诉之变更、追加理论中之利益冲突》,载《民事程序法实例研习》(一),2009 年 5 月版,第 39 页。
⑭ Roth, in: Kommentar zur ZPO (Stein/Jonas), 22. Aufl., § 263 Rn. 72.
⑮ Rosenberg/Schwab/Gottwald, Zivilprozessrecht, § 42 Rn. 21, 22.
⑯ Roth, in: Kommentar zur ZPO (Stein/Jonas), 22. Aufl., § 263 Rn. 71.

拒绝同意,属于权利滥用,则新被告受原先诉讼结果之拘束。然而在必要共同诉讼由于须合一确定,则须视先前之诉讼行为是否利于全体,或不利于全体而定。"最高法院"2010年台抗字第393号裁定,乃涉及共同侵权行为之连带债务诉讼,非为必要共同诉讼,其诉讼标的乃本于同一事实上原因,符合"民事诉讼法"第53条第2款之要件,而原诉讼数据与新诉讼之数据具有部分一致性,且第一审所认定之事实状况亦未有所改变,惟于该第二审追加被告之事件,为保护新被告之审级利益,须新被告同意,法院始得容许。于其同意前,法院应阐明告知其同意之不利益效果。

(三)于第一审变更被告

"最高法院"1952年台上字第184号判例认为,当事人于诉讼进行中有变更,即生诉之变更,非经他造同意,不得为之,乃采诉之变化理论之见解。然而台湾高等法院2008年抗字第972号裁定认为,"民事诉讼法"第255条第1项第2款所谓"请求之基础事实同一",系指变更或追加之诉与原诉之主要争点有其共同性及关联性,各请求利益主张在社会生活上可认为同一或关联,而就原请求之诉讼及证据数据,于审理继续进行在相当程度范围内具有同一性或一体性,得期待于后请求审理时予以利用,俾先后两请求在同一程序得加以解决,避免重复审理,进而为统一解决纷争者,故其适用范围自应以诉之声明或诉讼标的之变更或追加为限,不得扩及当事人之变更或追加。如此见解,意味着客观诉之变更、追加,与当事人之变更、追加应作不同处理。法院不得单以原诉与新诉具请求基础事实同一性,即允许原告所为当事人变更与追加。

于第一审变更被告情形,基于处分权主义,须得原告之同意始得为之。如被告已为本案言词辩论后,则须被告同意始可为之,因此种情形同时构成诉之撤回,被告具有取得具本案判决而值得保护之利益。原诉讼被告之同意不得以有助于"诉讼事件之解决"(Sachdienlichkeit)而代替。⑰于"民事诉讼法"之下则不得以第255条第1项但书第2款所规定之请求基础事实同一性代替。然而如原先之被告拒绝同意属于权利滥用,则仍应容许该原告为被告变更。于考虑是否有权利滥用之情形必须考虑下列因素:(1)旧被告具有被原告再次提起诉讼以及丧失取得本案判决之不利益;(2)是否新被告先前已参与该诉讼程序并信赖该事实状况,且对诉讼之进行已产生"决定性影响"(maßgeblich beeinflusst),例如正确之当事人先前已以错误当事人之代表人实施诉讼,或先前错误之当事人现今须作为正确当事人之代表人实施诉讼。⑱"最高法院"1952年台上字第184号判例,与台湾高等法院2010年抗字第1332号裁定,认为当事人之变更,虽未经原先被告同意,然请求基础事实同一,且不甚碍新被告之防御及诉讼终结,其所为之被告变更仍应予以准许。如此之见解,可谓系完全受到诉之变化理论之影响,依客观诉之变更之容许要件,判断是否应容许当事人变更,认为即使未经被告同意,只要具备请求基础事实同一性,即应容许原告为如此被告之变更。然如此解释,将对旧被告造成重大不利益,旧被告有重新再被原告起诉之不利益,其已就该诉讼进行防御,亦有取得本案判决而值得保护之利益。于此,宜认为,除非经被告之同意或其拒绝同意,可认为有权利滥用,否则原告未经旧被告同意,不得为被告变更。

再者,于未来思考关于第一审被告变更之相关问题时,宜留意无须新被告之同意,原告即可为如此被告变更。因新被告本即可能于第一审被原告列为被告,故不须经其同意。⑲但当原诉讼数据与新诉讼数据,并无"部分一致性"(teilidentisch),则无法达到诉讼经济之效果,不应准许

---

⑰ Roth, in: Kommentar zur ZPO (Stein/Jonas),22. Aufl., §263 Rn.54;学说上持相同见解者,参见姜世明,注⑬文,第42页。

⑱ Roth, in: Kommentar zur ZPO (Stein/Jonas),22. Aufl., §263 Rn.54.

⑲ Roth, in: Kommentar zur ZPO (Stein/Jonas),22. Aufl., §263 Rn.54.

该被告变更。[20] 台湾高等法院 2010 年抗字第 1332 号裁定认为,原先之诉讼数据于新诉讼中仍可继续利用,可谓具有请求基础事实同一性,但于该事件中原先之被告并未同意被告变更,且其拒绝同意并不构成权利滥用,为保护原先被告之利益,宜认为仍不应容许原告所为之被告变更。

值得更进一步思考者,于有助于事件解决范围内,原告可不经新被告同意使其成为被告,此种情形新被告是否受原先诉讼结果拘束,于学说上存有甚大争论。第一种见解认为,于未经新被告同意之情形,完全不受过去诉讼结果之拘束。[21] 第二种见解认为,为了达到允许当事人变更所欲达成之诉讼经济效果,应承认原诉讼结果之拘束性,但为充分保障新被告之利益,原先诉讼结果之拘束效果应有所限制,就原先被告所为之自认行为,新被告不受拘束,可归责于原被告迟延提出之防御方法(包含事实主张与证据提出),新被告仍可提出。但新被告仍可为对自己不利之行为,立即为诉讼标的认诺或为自认。就过去诉讼之结果,新被告可提出反对见解,并要求补充过去已进行之证据调查或重新进行证据调查。[22]

于此,宜认为于下列情形,新被告须受原先诉讼结果之拘束,对其发生"拘束力"(Bindungswirkung),包含原先被告所为之不利行为(自认或迟延提出之情形):第一,新被告同意当事人之变更情形,可认为新被告愿意受到原诉讼结果拘束。为避免不明确性,其仅得就过去整体之诉讼实施同意,不得为有限制个别诉讼行为同意。但为保护新被告利益,必须由法院事先阐明其同意之不利益效果。第二,新被告先前已参与该诉讼程序并信赖该事实状况,且对诉讼之进行已产生"决定性影响"(maßgeblich beeinflusst),例如正确当事人先前已以错误当事人之代表人实施诉讼,或先前错误当事人现今须作为正确当事人之代表人实施诉讼(于合伙或一人公司之情形)。第三,于既判力扩张情形,诉讼标的法律关系或诉讼系争物之继受人自愿承当诉讼情形,或于意定诉讼担当情形,实质权利人承当诉讼情形,又或者辅助参加人自愿承当诉讼情形。[23] 于上述三种情况以外,为同时兼顾许当事人变更所能达到之诉讼经济效果,以及新被告利益之保护,宜认为如新被告未为反对表示或未为不同行为,应承认原先诉讼结果可继续于新诉讼中使用。为充分保障新被告利益,就原先被告所为之自认行为,新被告不受拘束。可归责于原被告迟延提出之防御方法(包含事实之主张与证据之提出),新被告仍可提出。新被告仍可为对自己不利之行为,立即为诉讼标的认诺或为自认行为。其亦可要求补充过去已进行之证据调查或重新进行证据调查。

(四)其他当事人变更与追加之情形

1. 当事人追加

(1)于第一审追加被告情形

与第二审追加被告情形不同,在第一审追加被告时,无须得新被告同意,因于第一审并无审级利益保护问题,新被告于第一审本即有可能被原告起诉。与第二审追加被告情形相同,无须旧被告同意,因原告对旧被告之诉讼仍继续维持,并未受到任何影响。[24] 毋宁仅须具备起诉之一般

---

[20] Roth, in: Kommentar zur ZPO (Stein/Jonas), 22. Aufl., § 263 Rn. 55.

[21] Schilken, Zivilprozessrecht, Rn. 763; Kohler, Die gewillkürte Parteiänderung, JuS 1993, S. 318.

[22] Becker-Eberhard, in: Münchener Kommentar zur ZPO, 3. Aufl., § 263 Rn. 97; Lüke, in: Münchener Kommentar zur ZPO, 2. Aufl., § 263 Rn. 97; Foerste, Kommentar zur ZPO (Musielak Hrsg.), § 263 Rn. 18.

[23] Roth, NJW 1988, S. 2980 ff.; oerste, Kommentar zur ZPO (Musielak Hrsg.), § 263 Rn. 18.

[24] Roth, in: Kommentar zur ZPO (Stein/Jonas), 22. Aufl., § 263 Rn. 71;台湾地区学说上持相同见解者,沈冠伶,同注⑫,第 204 页。

性要件与共同诉讼要件即可。然为达诉讼经济之效果,似宜认为该追加须有助于事件解决。㉕ 有问题者,乃原先诉讼结果是否拘束新被告。于新被告同意当事人之变更情形,可认为新被告仍受原诉讼结果拘束,或者新被告先前已参与该诉讼程序并信赖该事实状况,且对诉讼之进行已产生决定性之影响,其亦受原先诉讼结果拘束。其他情形,为达诉讼经济之效果,则原则上应承认原先诉讼结果可于新诉讼中继续使用,但为充分保障新被告利益,新被告可为不同或相反行为。

(2) 于第一审原告加入情形

第一审原告加入情形,仅须新原告同意即可。此种情形无须得到旧原告同意,因法院本即可为"合并辩论之裁定"(Verbindungsbeschluss)。㉖ 在有新原告加入情形,亦无须得旧被告同意,因每个人皆必须预见在第一审被他人起诉之可能性,且原先原告与被告之诉讼,不会因新原告之加入,而被认为原告撤回诉讼,该诉讼仍继续维持。此外,于第一审原告加入之情形,其必须具备共同诉讼要件且有助于事件解决。㉗ 在新原告加入情形,由于须新原告同意始得加入,故新原告应受原诉讼结果之拘束,于同意前,法院应阐明将受原先诉讼结果拘束之不利益效果。然而,在必要共同诉讼,由于须合一确定,则须视先前之诉讼行为是否利于全体或不利于全体而定之。有问题者,不须得被告同意新原告即可加入诉讼,此种情形被告是否受原先诉讼结果拘束,则成为疑问。于此宜认为,为达诉讼经济之目的,应认为原先诉讼结果可于新诉讼中继续使用,但为充分保障被告之利益,原先诉讼结果之拘束效果应有所限制,被告可为相反不同之主张,例如在普通共同诉讼情形,被告对原先原告自认之事实,可对新原告为否认主张。

(3) 于第二审原告加入情形

于第二审原告加入情形,必须原先之诉讼已合法上诉(包含具备上诉利益)。另参阅《德国民事诉讼法》第 533 条第 2 款之规范意旨,必须并未改变第一审已认定之事实状况,始允许原告加入。且其追加必须具备共同诉讼要件且有助于事件解决。基于处分权主义之要求,必须得新原告同意。于学说上有主张旧被告仍存于原先之诉讼中,故无须得到旧被告同意即可为之。㉘ 然而于此宜认为须旧被告同意,因其丧失一个事实审之审级利益。㉙

2. 当事人变更情形

(1) 于第一审原告变更情形

当事人变更方面,于第一审变更原告情形,因当事人变更之结果导致旧原告脱离诉讼,构成诉之撤回,为保障原来原告之"司法提供请求权"(Justizgewährungsanspruch),须得其同意。基于处分权主义,为尊重新原告之处分权,亦须新原告同意。如被告已为本案言词辩论后,除非被告拒绝同意有构成权利滥用情形外,须得原诉被告之同意始可为之,因此种情形同时构成诉之撤回,被告具有取得具本案判决而值得保护之利益。原诉讼被告之同意不得以有助于"诉讼事件解决"或请求基础事实同一性代替。为强调客观诉讼经济效果之达成,该项原告变更必须有助于事件解决或具备请求基础事实同一性。㉚ 倘若被告尚未为本案言词辩论,则无须经其同意。于新原告决定是否同意原告变更时,为充分保障其利益,宜认为法院应先告知其原先诉讼之状况(例如旧原告有自认、迟延提出攻击方法之情况,或者法院已调查证据之结果)。于此基础之下,如

---

㉕ Roth, in: Kommentar zur ZPO (Stein/Jonas), 22. Aufl., § 263 Rn. 71.
㉖ Roth, in: Kommentar zur ZPO (Stein/Jonas), 22. Aufl., § 263 Rn. 69.
㉗ Roth, in: Kommentar zur ZPO (Stein/Jonas), 22. Aufl., § 263 Rn. 69.
㉘ Schilken, Zivilprozessrecht, Rn. 766.
㉙ Kohler, JuS 1993, 316; Rosenberg/Schwab/Gottwald, Zivilprozessrecht, § 43 Rn. 22.
㉚ Roth, in: Kommentar zur ZPO (Stein/Jonas), 22. Aufl., § 263 Rn. 49.

新原告仍选择同意变更,其须受到原先诉讼结果之拘束,先前旧原告所为之事实自认,除非符合撤销自认要件,否则新被告不得任意撤销该自认。关于先前旧原告迟延提出之攻击方法,而被法院以裁定驳回,新原告亦同样受到拘束,不得再提出。基于"诉讼明确性"(Prozessklarheit)之考虑,新诉讼原告不得仅选择对其有利之部分,而为限制性或保留性之同意,其必须全面性承受原先诉讼之结果。

(2) 于第二审原告变更情形

于第二审原告变更情形,为保护新原告关于起诉方面之处分权以及审级利益,应得新原告同意。由于变更原告之结果,旧原告将脱离诉讼,为保护其利益应得其同意。且变更原告,构成诉之撤回,为保护被告已取得本案判决之利益,须得被告同意。总括言之,须得新、旧原告以及被告之同意始可为之。㉛ 原诉讼被告之同意不得以有助于"诉讼事件之解决"或请求基础事实同一性代替。如可认为被告拒绝同意系属权利滥用情形,则应准许原告变更。当所有当事人同意原告变更时,则其均受到先前诉讼结果之拘束。

(3) 于第二审被告变更情形

于第二审被告变更情形,原告本有意愿为被告变更。对新被告而言,因其丧失一个事实审之审级利益,为充分保障其审级利益,须经其同意。对旧被告而言,构成诉之撤回,为保护其可取得本案判决之值得保护利益,亦应经其同意。当新旧被告拒绝同意,而有权利滥用时,可无须得其同意准许变更。于新被告同意之前,法院应告知对其不利之诉讼状况以及审级利益之丧失。对于已同意之当事人或可认为其拒绝同意有权利滥用情形,相关当事人受原诉讼结果拘束。

---

㉛ Foerste, Kommentar zur ZPO (Musielak Hrsg.), § 263 Rn. 24; Kohler, JuS 1993, S. 317.

# 特别法对消灭时效期间无规定时应回归原则

——评台中地方法院 1999 年诉字第 561 号民事判决

黄　立[*]

### 基本案情

甲公司专营各种机动性农业机械之制造与买卖,被告乙为甲公司之负责人,亦负责上开机器之设计。于 1996 年 5 月,丙向甲公司买受其所制造之系争 CN2400 型、四轮转向之自走式喷雾车一台,讵于 1996 年 7 月 22 日丙装载农药后,操作该车拟往喷洒农药时,该车因重心不稳而翻车,丙因该车无防护罩,致当场翻落被该车压挤致死,系争喷雾车重心不稳、缺乏安全装置具有安全上危险,亦未为警告标示,被告等应依"消费者保护法"(简称"消保法")第 7 条负连带赔偿责任。被告乙及甲公司则分别以乙并非系争喷雾车之设计者,系争喷雾车翻覆角度纵药水箱满载时亦有 25.6°及 26.6°,而丙驾驶喷雾车翻覆之地点,依原告在本院刑事庭之指述,该路面之倾斜角度仅 10°,被告等认为仅 5°,故正常驾驶应不会翻覆,足见系争喷雾车之翻覆并非因设计或制造上有重心不稳之危险所致。又本件原告于 1996 年 7 月 29 日发函予被告,要求协商否则依法诉究,复于 1996 年 8 月 20 日向东势镇调解委员会申请调解,要求被告赔偿 700 万元,是至原告于 1999 年 2 月 11 日起诉时已逾 2 年时效等理由裁判要旨为抗辩。

### 裁判要旨

一、原告主张丙于 1996 年 5 月向被告甲公司买受其所生产制造、容量 400 公升之系争喷雾车,于操作使用系争喷雾车时,因车辆翻覆地面,而被该车压住,受有头部外伤、胸部挫伤、骨折,致外伤性休克死亡,又原告庚为丙之配偶,原告丁、戊、己为丙之子女等情,为两造所不争执,业据原告提出户籍誊本、本院检察署 1997 年侦字第 14310 号起诉书各一份在卷可稽,堪信为真实。

二、按当事人主张有利于己之事实者,就其事实有举证之责任,"民事诉讼法"第 277 条定有明文。又按从事设计、生产、制造商品或提供服务之企业经营者应确保其提供之商品或服务,无安全或卫生上之危险;商品或服务具有危害消费者生命、身体、健康、财产之可能者,应于明显处为警告标示及紧急处理危险之方法;企业经营者违反前两项规定,致生损害于消费者或第三人时,应负连带赔偿责任,但企业经营者能证明其无过失者,法院得减轻其赔偿责任,"消保法"第 7 条定有明文。又所谓"安全或卫生上之危险"依"施行细则"第 5 条,系指"商品于其流通进入市场,或服务于其提供时,未具通常可合理期待之安全性者"而言。原告主张被告等应依"消保法"第 7 条负损害赔偿责任,无非以系争喷雾车有重心不稳及缺乏防护罩之安全上危险,并未为警告标示等情为其依据,既经被告等所否认,原告应先就被告乙为系争喷雾车之设计者、系争喷雾车具有安全上之危险,且危险与损害有因果关系等构成要件负举证责任。经查:

(一)系争喷雾车系由被告甲公司开发部设计,交由生产部门生产,负责人乙并非负责设计之人等情,业据证人即被告甲公司员工 A 于本院检察署侦查乙业务过失致死一案中到庭证述明

---

[*] 政治大学法律学院院长。

确,与被告甲公司前经理 B 证述:原机型是十几年前申请农试所核准的,后来应客户要求,如果与原型没有变动太大,就直接生产,如果变动较大,就会同各部主管研讨等语互核相符(见本院检察署 1996 年度相字第 34 号卷宗第 118 页),故被告乙仅系甲公司之负责人,并非实际设计系争喷雾车之人,原告复未能举证证明被告乙为从事设计之人,则其主张被告乙应与被告甲公司负连带责任云云,尚难采凭,应予驳回。

(二)次查:原告主张被告甲公司生产、制造之系争喷雾车具重心不稳之安全上之危险一节,无非以"行政院"农委会 1993 年 1 月 20 日公告修正发布之该种车暂定标准翻覆角度需为 35°以上之要求,而原告于 1996 年 7 月 22 日系争喷雾车翻覆肇事后,将原车送请财团法人车辆研究测试中心检测结果,该车空载时右倾翻覆角度为 35.1°、左倾翻覆角度为 34.8°,不符前开农委会之要求为其依据。惟查:"行政院"农委会就农地搬运车及自走式喷雾车有关静态翻覆角度之测试系于空车不载重之情形下,以吊车单测高车体,使濒于翻覆状态,实测以决定其左翻覆之静态翻覆角,并定其标准为 35°以上,而原告送请财团法人车辆研究测试中心,并非以"行政院"农委会之上开测试方法实施测试,而系以汽车稳定度试验法(即平台式方式),以车辆底面积接触来测试倾斜度,且此测试方法并未规定合格之基准值等情,此为两造所不争执。由于使用不同方法及仪器测量所得之静态翻覆角度数据必有差异存在,故虽系争喷雾车经原告送测试结果,空载时左倾翻覆角度为 34.8°,与上开农委会之规定相差 0.2°,而有不足,惟两者测试方法既不相同,容有些许误差,尚难仅凭该份检测报告,即认被告设计生产之喷雾车有重心不稳之安全上危险。再纵认被告甲公司生产之系争喷雾车,因空车状态左倾翻覆角度仅有 34.8°,不足农委会规定之角度,而有安全上之危险,然系争喷雾车于满载状态之右倾、左倾角度亦分别为 26.6°、25.6°,与事故发生地面之倾斜角度,(原、被告分别认为系 10°或 5°),仍有相当差距,尚难认为系争喷雾车之翻覆,系因系争喷雾车翻覆角度不足、重心不稳所致,本院 1998 年诉字第 70 号刑事判决亦同此认定。此外,原告复未能举证证明系争喷雾车有何重心不稳之危险,及损害之发生与危险间有何因果关系存在,则纵被告甲公司生产制造之系争喷雾车未若依台东农改场要求改装之"CT2400"型加装"防护罩",惟本件系争喷雾车既无因重心不稳而翻覆之危险存在,已如前述,则亦难认为未加装防护罩与损害之发生有何因果关系存在,故原告请求被告甲公司依"消保法"第 7 条负商品制造人责任,即属无据。

(三)按商品或服务具有危害消费者生命、身体、健康、财产之可能者,应于明显处为警告标示及紧急处理危险之方法,"消保法"第 7 条第 2 项固定有明文,惟该项之规定,并非指商品本身具有缺陷之情形而言,而系指商品于送交销售市场之时,本于当时之科技或专业水平,业已知悉有无法排除之危险,或商品自身本于构造、自然条件有其不可排除之当然危险而言,故只能以警告或其他使用上之表示,使消费者知所回避或减轻损害之发生。其责任之构成,并非商品本身,而系表示行为。径查:系争喷雾车并不具有不可排除之当然危险,已如前述,故原告主张本件有"消保法"第 7 条第 2 项之适用,应属误解,尚难仅凭被告甲公司未为警告标示,即认本件有"消保法"第 7 条第 2 项之适用。

(四)末查:按有关消费者之保护,依本法之规定,本法未规定者,适用其他法律,"消者法"第 1 条第 2 项定有明文。"消保法"既未就商品制造人责任之消灭时效为明文规定,当应适用民法上消灭时效之规定。按"消保法"第 7 条第 1 项、第 2 项之规定,并不以契约之存在为前提,更何况同法第 7 条第 3 项规定,非消费者之第三人亦得据以请求损害赔偿,此与契约法上应着重当事人关系之本质上要求不同,而外国立法例上,就商品制造人损害赔偿请求权,多设有关于请求权消灭时效排除一般侵权行为之条文(如《德国商品制造责任法》第 12 及 13 条、《日本制造物责任法》第 5 条规定等），故"消保法"第 7 条关于商品制造人责任之规定，系属民法侵权行为之特别规定，而非契约法上之规范自明，原告主张"消保法"第 7 条系属契约责任之特别规定，不受侵权行为之 2 年时效之限制，即无可采。又商品制造人责任如系发生于企业经营者与消费者之间，就商品之买受而直接引起者，固得以契约法上不完全给付之规定为赔偿依据，并主张契约法上之消灭时效，然本件之诉讼标的为"消保法"第 7 条，并无与契约法上请求权竞合之情形存在，则依前开说明，本件消灭时效，自应适用"民法"第 197 条第 1 项之规定，为自请求权人知有损害及赔偿义务人时起 2 年间不行使而消灭，而无民法一般消灭时效之适用，合先叙明。又关于侵权行为损害赔偿请求权之消灭时效，应以请求权人实际知悉损害及赔偿义务人时起算，原告仅需认为自己系侵权行为损害赔偿请求权人，时效即应开始起算，至于被告是否有故意过失不法侵害原告之行为，又侵权行为是否与原告所受之损害有因果关系存在等侵权行为构成要件，乃属法院判断诉之有无理由问题，而非指原告必须先予调查，待确定被告构成侵权行为后，时效方得进行而言。查：本件原告于 1996 年 7 月 29 日发函予被告，要求协商解决否则依法诉究等语，复于 1996 年 8 月 20 日向东势镇调解委员会申请调解，于调解事件概要栏中亦明确指称：丙先生于操作甲牌自走式喷雾车时不幸遭该车压死，该机械于 1992 年送台湾省农业试验所测试时，其载药量为 250 公升，而销售之机械最大载药量却为 400 公升，遂造成翻车之意外等语，故至迟于 1996 年 8 月 20 日，原告已明知所称损害及赔偿义务人，原告主张其至财团法人车辆研究测试中心于 1997 年 3 月间为系争喷雾车翻覆角度完成鉴定后，方确知赔偿义务人、丙死亡结果与被告制造疏失有相当因果关系存在，时效应自 1997 年 3 月起算，故本件未逾 2 年时效云云，难认有据。而被告抗辩原告于 1999 年 2 月 19 日起诉时，已逾 2 年之消灭时效，应为可采。故本件原告请求权亦已罹于时效，原告之诉仍为无理由。

四、综上所述，原告依据"消保法"第 7 条请求被告等连带给付原告庚 1 875 276 元、原告丁 80 万元、原告戊 80 万元、原告辛 9.37 万元、原告己 80 万元，及各自本诉状缮本送达之翌日起算迄清偿日止按年息 5% 计算之利息，为无理由，应予驳回。原告之诉既经驳回，其假执行之申请即失所附丽，应并予驳回。

**学理研究**

一、甲公司专营各种机动性农业机械的制造与买卖，如果被告乙是甲公司的负责人，也负责甲公司农机的设计。甲、乙就都属于"消保法"第 2 条第 2 款"以设计、生产、制造、输入、经销商品或提供服务为营业"的企业经营者。

二、丙在 1996 年 5 月购买喷雾车，在 1996 年 7 月 22 日丙装载农药后，操作该车拟往喷洒农药时，该车因重心不稳而翻覆（有设计上的瑕疵）。因该车无防护罩（也是设计上的瑕疵），致丙当场翻落被该车压挤致死。此喷雾车重心不稳、缺乏安全装置具有安全上危险，也没有为警告标示（未尽到说明义务违反"消保法"第 7 条第 2 项规定），被告应依"消保法"第 7 条负连带赔偿责任。要说明的是，如果被告证明这个农机的设计人是甲公司的员工 B，并不是乙，因为 B 并不是企业经营者，应该负消保法责任的就只有甲公司。要对 B 追究责任只能依据"民法"的规定，特别是"民法"第 191 条之 1 的规定。

三、被告乙及甲公司则分别以乙并非系争喷雾车之设计者，并主张："该喷雾车在药水箱满载时，翻覆角度也在 25.6° 以上，而丙驾驶喷雾车翻覆的地点，路面的倾斜角度仅 10°，正常驾驶应不会翻覆，足见喷雾车的翻覆并非是因为设计或制造上有重心不稳的危险所致。"按商品的制造人就商品的设计、生产与制造，只要在安全或卫生上有欠缺，都有责任。被告主张该喷雾车在药水箱满载时,翻覆角度也在25.6°以上,这种主张若是静态测试时,必然翻覆的角度,就不见得是在行驶中可能翻覆的角度。因此被告主张"丙驾驶喷雾车翻覆的地点,路面的倾斜角度仅10°,正常驾驶应不会翻覆"就没有太大的意义。只要行驶时在10°斜坡有翻覆的可能性,就无法认定这部车子有通常可以合理期待的安全性。① 因为台湾地区的农田并不都是平地,喷雾车在稍有坡度的农田行驶,系属必然,如果竟然有翻覆的可能,当然不能被一般合理的消费者所接受,即未具通常可期待之安全性("消保法"施行细则第5条第2款规定:"商品或服务可期待之合理使用或接受。")。

四、本件被告主张:"丙的妻子跟子女于1996年7月29日发函予被告要求协商,否则依法诉究,复于1996年8月20日向调解委员会申请调解,要求被告赔偿700万元,所以丙的妻子跟子女在1999年2月11日起诉时已逾2年时效等语资为抗辩。"本案原审法官认为:"消保法"第7条第1项、第2项之规定,并不以契约之存在为前提,更何况同法第7条第3项规定,非消费者之第三人亦得据以请求损害赔偿,此与契约法上应着重当事人关系之本质上要求不同,而其他立法例上,就商品制造人损害赔偿请求权,多设有关于请求权消灭时效排除一般侵权行为之条文(如《德国商品制造责任法》第12条及13条、《日本制造物责任法》第5条定等),故"消保法"第7条关于商品制造人责任之规定,系属民法侵权行为之特别规定,而非契约法上之规范,原告主张《消保法》第7条系属契约责任之特别规定,不受侵权行为2年时效之限制,即无可采。这种观点,明显有问题:

(1) 判决既然明白指出:"'外国'立法例上,就商品制造人损害赔偿请求权,多设有关于请求权消灭时效排除一般侵权行为之条文(如《德国商品制造责任法》第12及13条②、《日本制造物责任法》第5条规定等),"而"消保法"在立法上并未采取此一短期时效之规定,就知道立法者并不愿意就"消保法"上的请求权采取短期消灭时效。如何可以在事后又推翻立法者当初的选择?

(2) 于类推适用时,有一原则,即所谓"举重明轻原则"(argumentum a maiori ad minus),就是在符合T1法律要件时,有F法律效果发生。在相类似之T2法律要件的情况,认定使其也有F法律效果发生,才属合理。假设义务人于有轻微过失时,即应负一定之责任,则于其有重大过失时,法律虽无规定,更应负此责任,盖这种未规律之情况,更切合法律规范之基本价值。③ 但如立法者只希望于法律所规定的法律要件被履行时,才能产生特定的法律效果时,换言之,就其他情形法律故意不予规定时,则就此法律要件,不得为类推适用,亦即"明示其一者视为排斥其他"之原则或称反推论(argumentum e contrario;Umkehrschluss)。因此反推论原则乃是与类推适用相反

---

① "消保法"施行细则第5条规定:"商品于其流通进入市场,或服务于其提供时,未具通常可合理期待之安全性者,为本法第7条第1项所称安全或卫生上之危险。但商品或服务已符合当时科技或专业水平者,不在此限。前项所称未具通常可合理期待之安全性者,应就下列事情认定之:一、商品或服务之标示说明。二、商品或服务可期待之合理使用或接受。三、商品或服务流通进入市场或提供之时期,商品或服务不得仅因其后有较佳之商品或服务,而被视为有安全或卫生上之危险。"

② 德国法之原名为Produkthaftungsgesetz [1989年12月15日(BGBll S.2198)],正确之译名为《产品责任法》,其第12条规定:(1) 依第1条所生请求权,自赔偿权利人知悉或可得而知损害、瑕疵及制造人身份之日起,满3年而消灭。(2) 如于赔偿权利人与赔偿义务人间,就应给付之损害赔偿在谈判中,于谈判之继续被拒绝前,其消灭时效不完成。(3) 本法未有规定者,适用《德国民法》有关消灭时效之规定。第13条规定:(1) 依第1条所生请求权,于制造人将该引起损害之产品销售之日起,满10年而消灭。但受害人于此期间中,已就此请求权提起诉讼或催告程序者,不在此限。(2) 经确定判决证实之请求权,或基于其他执行名义之请求权,不适用第1项第1句之规定。请求权之经庭外和解,或以法律行为之意思表示承认者,亦同。

③ 亦称为argumentum a fortiori,参见Palandt/Heinrichs,Kurzkommentar zum Buergerlichen Gesetzbuch,S.7.

之原则。④ 这种法条之排斥性,不能以推测认定,必须有明白的表示,但只要有这种反推论存在,就排除了类推适用的可能性,因为法律所明示的限制,已否定了漏洞的存在。于适用时原则上固然应使用举重明轻原则,如系但书或例外规定时,则只能适用反推论原则(或限制解释),否则有将例外变成原则之虞。

(3)"消保法"第 1 条第 2 项规定:"有关消费者之保护,依本法之规定,本法未规定者,适用其他法律。"当民法上有不同规定时,仍有一定的适用方式。"民法"第 197 条第 1 项的规定是第 125 条的例外规定。任何例外规定均不能为扩张解释或类推适用,既如前述。⑤ 对于特别法上的责任,在法律自身没有规定的时候,当然是回归原则,岂能扩张适用例外规定,认定消保法的责任是短期消灭时效的责任。

(4)"消保法"的责任的产生,是因为侵权行为责任或者契约责任,都不能满足现代一贯作业生产方式下,制造人并无过失,但危险由受害的终端消费者单独承担并不合理的问题。这种责任虽与侵权行为责任相近,却仍不能径自认定是一种侵权行为责任,而是自成一类的法定无过失责任。

---

④ 参见 Palandt/Heinrichs, a. a. O.
⑤ 参见黄立:《民法总则》,元照出版有限公司 2001 年版,第 42 页。

# 再论以仲裁判断强制执行之执行名义

——兼评台湾高等法院 2001 年重上字第 300 号民事判决

吴光陆*

**基本案情**

上诉人因承揽被上诉人工程,为请求增加工程款提付仲裁,经仲裁庭于 1993 年 10 月 6 日作成判断被上诉人应给付上诉人一定金额。被上诉人提起撤销仲裁判断之诉,上诉人亦申请法院准许强制执行,经裁定准许。被上诉人上开撤销之诉,第一审法院判决胜诉,被上诉人对上开准许强制执行之裁定提起抗告,第二审法院据此引用当时之"商务仲裁条例"第 25 条第 2 项,废弃了上开执行裁定,并驳回上诉人申请,此第二审裁定经第三审法院驳回,上诉人再抗告而确定。

被上诉人之撤销诉讼,经二、三审间数度判决,最后由第二审法院 1999 年 7 月 28 日判决被上诉人败诉,经第三审法院驳回上诉而确定。

上诉人在上开第二审法院判决驳回被上诉人撤销之诉时,即于 1999 年 8 月 11 日再向法院申请准予强制执行,法院于 1999 年 9 月 28 日以 1999 年仲执字第 3 号裁定准许,被上诉人抗告,经第二审法院驳回而确定。

上诉人于 2000 年 12 月 16 日以上开仲裁判断书及 1999 年仲执字第 3 号裁定申请强制执行。被上诉人则于 2001 年 1 月 5 日提起本件债务人异议之诉,其理由为上开仲裁判断所命给付金额之性质,属于承揽报酬,时效为两年,虽因提付仲裁而中断时效,依"民法"第 137 条第 3 项规定其时效自判断作成之日起延长为 5 年,即至 2000 年 10 月 6 日止,时效消灭,上诉人逾期申请强制执行,时效已完成,为此依"强制执行法"第 14 条第 1 项起诉。

以上经过之流程如下:

一、1993 年 10 月 6 日作成仲裁判断。

二、被上诉人于 1993 年 11 月 5 日提起撤销仲裁判断之诉。

三、第一审法院 1994 年 8 月 31 日作成 1994 年仲执字第 2 号准予强制执行裁定。

四、第一审法院 1994 年 9 月 12 日判决撤销仲裁判断。

五、第二审法院 1994 年 10 月 26 日作成 1994 年抗字第 1835 号裁定,废弃上开 1994 年执字第 2 号裁定,并驳回上诉人申请。

六、第三审法院 1994 年 12 月 30 日作成 1994 年台抗字第 559 号裁定,驳回上诉人之再抗告。

七、第二审法院 1996 年 4 月 2 日驳回上诉人对上开第一审判决上诉。

八、第三审法院 1997 年 4 月 25 日废弃第二审法院判决,发回更审。

九、第二审法院 1997 年 11 月 26 日驳回上诉人上诉(按:第一次发回后判决)。

十、第三审法院 1998 年 9 月 11 日废弃第二审判决,发回更审。

十一、第二审法院 1999 年 7 月 28 日判决废弃第一审判决,驳回被上诉人之诉(按:第二次发回后判决)。

---

\* 台北大学法律学系讲师。

十二、上诉人于1999年8月11日向第一审法院申请执行裁定。

十三、第一审法院1999年9月28日以1999年仲执字第3号裁定准许。

十四、第三审法院2000年11月24日判决被上诉人上诉驳回（按：撤销仲裁判断之诉，被上诉人败诉确定）。

十五、被上诉人于1999年10月4日对上开仲执字第3号裁定抗告。

十六、第二审法院1999年11月17日以1999年抗字第371号裁定驳回被上诉人抗告。

十七、上诉人于2000年12月16日以仲裁判断书及1999年仲执字第3号裁定申请强制执行。

### 裁判要旨

按"执行名义"成立后如有消灭或妨碍债权人请求之事由发生，债务人得于强制执行程序终结前，向执行法院对债权人提起异议之诉。"强制执行法"第14条第1项前段定有明文。在以仲裁判断申请强制执行时，究仲裁判断本身，抑或以仲裁判断连同准予强制执行之裁定，为执行名义，虽两造各执一词，然系争1993年商仲业麟字第1533号仲裁判断，系于1993年10月6日作成，而原法院1999年仲执字第3号准予执行之裁定，系于1999年9月28日所为，被上诉人于2001年1月5日向原法院起诉，主张时效抗辩，以消灭或妨碍债权人之请求。不论采何造见解，被上诉人所主张消灭或妨碍债权人请求之事由发生，均系于执行名义成立之后，应无疑义。

经查：时效中断者，所以自中断之事由终止时，重行起算，核其立法之理由，无非系时效因有中断之事由，而例外之不进行，然于该中断之事由终止时，即应恢复重行起算时效，是时效是否重行起算，应视原中断之事由是否终止而定。在提付仲裁之情形，其所谓之中断事由之终止时，从程序上言，应指仲裁程序之终结，当非指另一法院准予执行裁定之程序。上诉人主张自取得法院准予执行之裁定起，请求权方得行使云云，显无足取。且观诸"民法"第137条第3项规定当初之立法理由："按法律规定短期消灭时效，系以避免举证困难为主要目的，如请求权经法院判决确定，或和解、调解成立者，其实体权利义务关系，业已确定，不再发生举证问题……并为求其与'强制执行法'第4条第3项相呼应，爰增订本条第3项以延长时效期间为5年。"亦可知时效所以因中断事由终止时，重行起算，乃系因当事人间之实体权利义务关系业已确定，而仲裁人之判断，于当事人间，与法院确定判决有同一效力（旧"商务仲裁条例"第21条定有明文）。本件仲裁判断成立时，实体上之权利义务关系业已确定，时效可重行起算。在仲裁判断作成后，上诉人事实上已处于得随时申请执行裁定并得行使请求权之状态，而债权人于时效重行起算后，是否另为请求或申请强制执行，亦仅系另有无中断事由之问题而已。况如谓仲裁判断之成立不生重行起算经中断之时效之法律效果，而须待当事人向法院申请执行裁定且待法院作成执行裁定时，经中断之消灭时效始重行起算，则时效之重行起算与否，岂非全然操之于债权人？盖债权人如拖延向法院申请准予执行裁定，或法院若迟迟未能作成执行裁定，则其请求权之消灭时效岂非将持续处于中断之状态，是此显与法律规定中断时效须因一定情事重行起算之立法意旨有悖，且亦将使当事人间之权利义务关系长久处于不确定状态，自非妥当。

## 学理研究

### 一、前言

按"商务仲裁条例"自1961年1月2日制定公布,至1998年6月24日修正公布,将名称改为"仲裁法",二者关于仲裁判断之效力规定均同,即"商务仲裁条例"第21条第1、2项,第30条第2项均与"仲裁法"第37条第1、2项,第47条第2项相同,本件案例系在商务仲裁条例时作成判断,事后虽因修法,但不影响该判断效力,为便于说明,以下原则均依仲裁法规定。

依"仲裁法"第37条第1项规定"仲裁人之判断,于当事人间,与法院之确定判决,有同一效力"。第2项规定:"仲裁判断,须申请法院为执行裁定后,方得为强制执行。但合于下列规定之一,并经当事人双方以书面约定仲裁判断无须法院裁定即为强制执行者,得径为强制执行:(一)以给付金钱或其他代替物或有价证券之一定数量为标的者。(二)以给付特定之动产为标的者。"及第47条第1项规定在领域外作成之仲裁判断或在台湾依外国法律作成之仲裁判断,为外国仲裁判断。"第2项规定"外国仲裁判断,经申请法院裁定承认后,得为执行名义",是台湾地区之仲裁判断虽与确定判决有同一效力,但仍与其他与确定判决有同一效力之支付命令、依"民事诉讼法"成立之和解,甚至确定判决不同,即除有第37条第2项但书情形者外,另需法院为执行裁定后,该仲裁判断始可强制执行。从而仲裁判断作成后,原则上不可据此判断申请强制执行,尚需有法院之执行裁定,于取得执行裁定后始可申请强制执行仲裁判断所示之给付,是此时其执行名义究为仲裁判断或执行裁定? 即有争议,影响所及为:

(1)时效因提付仲裁而中断者,应自何时起算? 盖取得仲裁判断尚不可强制执行,立刻重新起算时效,是否符合时效规定之本旨? 尤其在本件上诉人已取得之执行裁定因法院依"商务仲裁条例"第25条第2项废弃,致上诉人无从申请强制执行而中断时效,无可归责事由。但如不立刻重行起算,需待裁定后重行起算,则判断后至申请裁定此一期间性质为何? 债权人可自行掌控时效之重行起算点? 是否符合时效制度之本旨。

(2)债务人提债务人异议之诉时,有无"强制执行法"第14条第2项适用? 盖如认执行名义为执行裁定,此一裁定无既判力,似可以第二项事由提起异议之诉,但仲裁判断本身既与确定判决有同一效力,适用第二项似非所宜。

(3)适用同条第一项时,其执行名义究何所指? 盖第一项之异议事由限于执行名义成立后,则执行名义究为仲裁判断或执行裁定,因时间点不同,债务人异议之诉发生之事由应于何时成立即有问题。

笔者于中律会讯2001年6月第4卷第1期曾撰文《谈仲裁判断强制执行之执行名义》,就仲裁判断强制执行之执行名义究系法院执行裁定抑或仲裁判断略抒己见,同年12月21日由台湾台中地方法院、台中律师公会、仲裁协会举办之仲裁理论与实务座谈会,笔者亦就此一问题提案讨论①,在讨论过程中巧遇本件案件上诉人诉讼代理人出席,不仅因其发言获益,且知悉有本件

---

① 笔者之提案为(1)依"民法"第129条第2项第2款,消灭时效因提付仲裁而中断者,在依"民法"第137条第1项"时效中断者,自中断之事由终止时,重行起算"。其重行起算应自仲裁判断时或法院裁定时? 如认为以仲裁判断时应重行起算时效,至法院裁定时,有无时效问题? 如债权人在仲裁判断后逾该请求权时效期间始申请裁定,法院可否因债务人拒绝给付为时效抗辩而驳回申请? (2)依"强制执行法"第14条第1项前段规定"执行名义成立后,如有消灭或妨碍债权人请求之事由发生,债务人得于强制执行程序终结前,向执行法院对债权人提起异议之诉。"其执行名义成立究指仲裁判断或裁定,即异议之事由限于仲裁判断后所生者抑或裁定后所生者,结果即有不同。如指仲裁判断,则在仲裁判断后发生之事由均可提起异议之诉,反之,如指裁定,则在裁定后之事由始可提起异议之诉,则仲裁判断后与裁定前之事由即不可提起异议之诉。

判决,恰巧即是债权人于仲裁判断后,取得执行裁定,再据以申请强制执行时,债务人以时效完成为由提债务人异议之诉者,两造攻防重点与笔者所欲研究有关,因讨论时与会人员提供意见,获益甚多,事后仲裁协会出版之《仲裁事件法院裁判选辑》(Ⅶ),亦有刊载第一、二审判决,资料详尽,特以此为题再为研讨。

又上诉人即债权人前后共取得两件执行裁定,第一件执行裁定嗣被废弃,其强制执行系以第二件裁定为据,而其第一件执行裁定之废弃理由经上网查明,系依当时之"商务仲裁条例"第25条第2项规定:"仲裁人之判断,经法院撤销者,如有执行裁定时,应并撤销其执行裁定。"此一规定现已修正为"仲裁法"第42条第2项规定"仲裁判断,经法院撤销者,如有执行裁定时,应依职权并撤销其执行裁定"。(按:二者规定大致相同),是否合理? 亦一并研讨。

## 二、何时重新起算时效

按消灭时效之制度,系避免债权人长时间不行使权利,使债务人陷于不确定所订之制度,基本上系为债务人之利益,故债权人逾时效期间不行使权利,依"民法"第144条第1项规定,债务人有抗辩权,得拒绝给付,反之,若未拒绝,债权人之债权及请求权仍存在,故债务人给付后,即不可再以任何理由请求返还,此观"民法"第144条第2项规定"请求权已经时效消灭,债务人仍为履行之给付者,不得以不知时效为理由,请求返还。其以契约承认该债务或提出担保者,亦同"可明。

债权人为免其请求权时效完成,必须为中断行为,"民法"第129条及其他法律分设中断之事由,例如"公司法"第297条第1项规定,重整债权人申报债权,时效中断。其中依第129条第2项第2款规定,提付仲裁,与起诉有同一效力,可中断时效(按:此提付仲裁规定,系1982年修正"民法总则"时增列,旧法则无),则债权人依"仲裁法"第18条第1项规定,向仲裁庭提付仲裁时,虽依该条第2项规定"争议事件之仲裁程序,除当事人另有约定外,自相对人收受提付仲裁之通知开始",仲裁程序自相对人收到提付仲裁之通知时开始,但时效已因提付仲裁,即权利人提出申请书状给仲裁机构时即生中断时效效力[2],与仲裁程序何时开始无关[3],则中断后之时效应于

---

[2] 按仲裁庭系由仲裁人组成,虽有"仲裁机构依仲裁法"第54条第1项规定办理仲裁事件,但一方面仲裁法未限制仲裁一定须由仲裁机构办理,仅规定仲裁人之选任程序,即仲裁有机构仲裁,亦有个别仲裁(即非机构仲裁),另一方面纵由仲裁机构办理,其仅系办理事务之机关,仲裁仍须由两造当事人依选任仲裁人程序选定,始可组成仲裁法庭,故提付仲裁究应指向仲裁机关提出即可,抑或向仲裁庭提出,实为另一争议。虽有认为提付仲裁系指向仲裁机构以书面申请仲裁(参见杨崇森等7人合著:《仲裁法新论》,"中华民国仲裁协会",1999年版,第170页),但此系有约定特定仲裁机构,则向其提出申请,固为提付仲裁,但如未约定特定仲裁机构办理,如向任一仲裁机构申请,固仍属提付仲裁,但因未限制,任一符合资格之仲裁人皆可组成仲裁庭受理时,则不仅因仲裁人选任以组成仲裁庭尚有一定程序、时间,且必须申请人先申请仲裁,始有选任仲裁人仲裁程序,即申请时尚无仲裁庭存在,如何提付? 何时为提付,是否以申请人向任一有资格为仲裁人提出,即属提付仲裁,亦非无争议。

[3] 因"仲裁法"第18条第2项规定,故提付仲裁何时中断时效即有不同意见,多数学者认为此项规定与中断无关,提付仲裁指向仲裁机关申请仲裁而言,但如前述,在非机构仲裁时,因无仲裁机构受理,即有问题,故有人认为应依第2项规定,于仲裁程序开始时中断时效(参见杨崇森等7人合著,注②书,第176页;仲裁实务问题座谈会记录议题:"民法"第129条规定消灭时效因提付仲裁而中断,惟依"仲裁法"第18条第2项规定争议事件之仲裁程序,除当事人另有约定外,自相对人收受提付仲裁之通知时开始。消灭时效中断之时点为当事人向仲裁协会申请时抑或相对人收受提付仲裁通知时? 参见《仲裁》第54期,第97页以下。)又学者黄正宗从"仲裁法"第18条之立法沿革及国家或地区间其他仲裁法规定,认为第18条第2项之开始为提付仲裁(参见黄正宗。《论提付仲裁"仲裁系属"中断时效之时点》,载《仲裁》,第56期,第1页以下)。另学者杨崇森指出,日本学说与判例对提付仲裁是否当然中断时效似采否定见解。参见杨崇森:《申请仲裁是否当然中断时效? ——日本法之规定》,载《仲裁》,第58期,第113页。

何时重行起算？"民法"就此并无特别规定，"仲裁法"亦无。仅"民法"第137条第1项规定："时效中断者，自中断之事由终止时，重行起算。"第2项规定："因起诉而中断时效，自受确定判决，或因其他方法诉讼终结时，重行起算。"可资适用。适用结果，学者间有不同意见，愚意以为参照"民法"第129条及第133条，提付仲裁与起诉有同一效力及仲裁之请求经撤回或不能达成视为不中断等文义，暨仲裁法已规定仲裁判断与确定判决有同一效力，应适用上开第2项规定，认提付仲裁而中断之时效，自受仲裁判断或其他方法终结仲裁时，例如和解④，始重行起算中断时效。⑤ 学者史尚宽参考日本判例，认自仲裁程序终了时，再开始进行⑥，李模及施启扬亦认自作成判断时重行起算。⑦ 然因仲裁判断本身不可强制执行，尚需执行裁定，故亦有学者林俊益反对上开意见，认为自执行裁定时重行起算，其理由为：

（1）适用或类推适用"民法"第137条第2项，盖"'民法'之所以规定'自受确定判决，重行起算'，此乃因法院之'确定判决'有确定力及执行力，随时均得申请法院强制执行，债权人处于随时得行使请求权之状态，故时效中断应自受确定判决之时起，重行起算。至于提付仲裁，仲裁人之判断依'仲裁法'第37条第1项之规定，虽'与法院之确定判决有同一效力'，惟仲裁人之判断，本身并无执行力，仲裁判断必须取得法院之执行裁定，始有执行力，此际债权人始得如同取得法院确定判决般地申请执行法院进行强制执行程序，此际债权人始处于随时得行使请求权之状态，故因提付仲裁而中断之时效，自仲裁判断取得执行裁定之日（即收受执行裁定之时）起，重行起算。"

（2）详析"民法"第137条第3项之用语："所谓'其他与确定判决有同一效力之执行名义所确定之请求权'，就提付仲裁而言，系指仲裁判断取得法院之执行裁定，得为执行名义时，该仲裁判断所确定之请求权而言，是以因提付仲裁而中断之时效，自仲裁判断取得执行裁定之时（即收

---

④ "仲裁法"第44条第1项规定："仲裁事件，于仲裁判断前，得为和解。和解成立者，由仲裁人作成和解书。"和解成立须作和解书，但此为台湾地区的仲裁，有外国仲裁法规定，和解成立仍须作成仲裁判断书，例如《联合国国际贸易委员会仲裁规则》第34条第1项规定："当事人如于仲裁判断作成前成立和解，仲裁庭应裁定仲裁程序终结，或依双方当事人之申请经仲裁庭同意，将和解条件作成仲裁判断书。仲裁庭就此种仲裁判断书，毋庸记载理由。"参见黄正宗：《仲裁协会及企业依联合国国际贸易法委员会仲裁规则进行仲裁之可行性研究》，载《仲裁》第59期，第51页。

⑤ 严格言之，仲裁判断日及仲裁和解成立日与仲裁判断书及仲裁和解书收受日仍有不同，盖依"仲裁法"第33条第1项规定："仲裁庭认为仲裁达于可为判断之程度者，应宣告询问终结，依当事人申明之事项，于10日内作成判断书。"固应于10日作成判断书，然因询问终结，尚须评议，而仲裁案件复杂者鲜有能于10日内作成判断书，故不仅多认为此10日为评议期间，即应于10日内评议，再通知当事人判断主文，实际判断书作成多在10日之后，类似法院依"民事诉讼法"第223条第3项规定，前项指定之宣示期日，自辩论终结时起，不得逾两星期之宣示判决日，并非为判决书作成之时，且该10日者亦为训示期间，纵有逾越仍不影响判断效力。故仲裁判断与法院判决同，均有在宣示判决或仲裁主文通知后，逾时甚久始收到判决及仲裁判断书，此一逾时就法院之判决言偶有逾半年、1年以上者，仲裁判断亦有。仲裁协会为恐因此影响当事人权益，制定办法，规定逾期1个月者，书面催告，逾期3个月，刊登于其出版之仲裁。惟因"民法"第137条第2项系规定判决确定时重新起算，而确定之前提系收受判决，故纵有逾时，就时效之重行起算点言，对当事人权利影响不大，然仲裁判断后重行起算究系指判断书作成日或收受判断书之日，影响当事人权益即大，盖当事人收到主文通知，如逾时甚久始收到仲裁判断书，在未收到仲裁判断书之前，无法申请执行裁定，遑论可申请强制执行以再中断时效？所幸无逾时效期间始作成仲裁判断书者。

⑥ 参见史尚宽：《民法总论》，1975年版，第595页。又"民法"第129条第2项在1982年修正前，系规定"因和解而传唤"，然史尚宽于上揭处上已认为包括仲裁，并叙明何时重行起算，甚有远见，殊值佩服。

⑦ 参见李模：《民法总则之理论与实用》，1989年版，第335页；施启扬：《民法总则》，1987年版，第363页。

受执行裁定之时)起,重行起算,而非自仲裁判断成立时重行起算,盖该仲裁判断成立时,尚无执行名义可言。"⑧另有学者张冀明(本件上诉人诉讼代理人)认为,确定判决之效力有羁束力、确定力及执行力,仲裁判断因尚需执行裁定后方具执行力,是仲裁判断仅有羁束力与确定力,自不可适用"民法"第137条第2项。又请求权因提付仲裁而中断,但仲裁判断作成时,该请求权并不当然成为"经仲裁判断所确定之请求权","民法"第137条第1项与第2项规范体系不同,仲裁判断所规定之请求权应自何时起算,民法应有疏漏。至于第3项规定,并未明定起算点,如仍适用第1、2项,则依"仲裁法"第37条第2项之规定,仲裁判断须取得执行裁定始可强制执行,一旦该请求权无法于仲裁判断作成之际取得执行裁定,该请求权时效于仲裁判断作成时立即重行起算,显不合理。盖此情形显使当事人双方间的一定法律效果取决于第三人或其他事件,殊与消灭时效制度系规范因权利人于一定期间内未行权利,而生一定法律效果之本旨大相径庭。反之,如果不予适用时,则当事人之同一请求权将因依民事诉讼程序取得确定判决,或循仲裁法规定取得仲裁判断,而有不同的法律效果,显然丧失法律规范公平性,且其亦取决于当事人所选择的纷争解决方式,殊不合理。参照1975年修正之"强制执行法"第4条第3项规定:"依第一项第一款或第三款之执行名义申请强制执行者,自执行名义成立之日起,其原有请求权之消灭时效期间不满五年者,延长为五年。如因时效中断,而重起算者亦同。"该第1项第1款及第3款之规定系指"确定之终局判决"及"依'民事诉讼法'成立之和解或调解"等情形。该条明定其请求权自执行名义成立之日重行起算时效。其立法理由谓:"……惟法律所定短期消灭时效,其主要在避免举证困难。如经法院判决确定或和解、调解成立者,……其实体上权利义务关系业已确定,已不生举证责任问题……至于其他执行名义,其实体上权利义务关系尚待确定,自不宜包括在内。"经仲裁判断所确定之请求权消灭时效重行起算时点,应自执行名义成立之日起算,而仲裁判断本身非公文书,违反执行名义为公文书之基本性质,不可为执行名义,应以执行裁定为执行名义或仲裁判断与执行裁定合并为执行名义,从而以执行裁定日重新起算。⑨

惟吾人以为:

(1)时效之重行起算与该中断事由之结果是否为确定判决或可否执行无关,例如第129条第2项之承认,即不可为执行名义,但仍自承认后重新起算时效。又第2项之起诉,学者均认为不限于给付之诉,包括确认之诉,甚至有人认为债务人所提消极确认之诉,债权人应诉结果,判决债权人胜诉,债权人之应诉仍可中断时效⑩,此种情形亦不可为执行名义,但时效仍于判决确定时重行起算,显与可否为执行名义无涉。

(2)"民法"第137条第2项规定自受确定判决重行起算,并未限制该判决需有执行力,故不能以仲裁判断无执行力否认自仲裁判断成立时重行起算。

(3)执行裁定是否为执行名义,尚非定论,愚意以为,执行名义仍为仲裁判断(详后述)。

(4)并非所有之仲裁判断均需有裁定,如无执行必要,甚或系确认性质者,即毋庸裁定,如需有执行裁定始重行起算时效,此等毋庸裁定者,是否永无重行起算时效,有损债务人之时效利益。林俊益于上揭文亦认为,仲裁判断有给付与确认两种,并举例说明某一判断主文为确认工程债权存在,无命给付,虽权利人申请执行裁定,台东地方法院1998年声字第67号裁定准许,然台湾高等法院花莲分院1999年抗字第220号裁定,以该仲裁判断为确认判断非给付判断,确认判断无

---

⑧ 林俊益:《论仲裁判断之确定力与执行力》,载《仲裁》,第60期,第56页。
⑨ 参见张冀明:《谈经仲裁判断确定之请求权消灭时效》,载《仲裁》,第64期,第57页以下。
⑩ 参见洪逊欣:《中国民法总论》,1976年版,第591页。

执行力为由,废弃原裁定,驳回了权利人之申请。

(5)如以执行裁定时重行起算,不仅判断作成后至申请裁定间之时间性质为何,学理上无法说明,且时效何时重行起算,操之于债权人何时申请,亦不公允。

(6)采上开见解固有利于债权人,但时效制度系为保障债务人,故应以债务人利益考虑以作成判断日重行起算,始符合时效利益。

(7)"民法"第137条第3项仅系将短期时效延长为5年,即该项规定"经确定判决或其他与确定判决有同一之效力之执行名义所确定之请求权,其原有消灭时效期间不满5年者,因中断而重行起算之时效期间为5年"。重点在于请求权时效不满5年者,因债权人已获胜诉判决或取得与确定判决有同一效力之执行名义者,如不延长为5年,债权人势必于短期内迭次申请强制执行,对债权人至为不利,始予延长。故不能以该项,甚至1975年修正之"强制执行法"第4条第3项为据,认为时效应自执行名义成立之日起,重行起算。事实上,不仅"民法"第137条第3项"因中断而重行起算",并非规定自取得执行名义之日起算,且上开"强制执行法"第4条第3项限于第1款及第3款之执行名义始有适用,不包括与确定判决有同一效力之执行名义,而仲裁判断非第1款及第3款者,故引用此等规定为论据实有不当。

(8)至于执行名义并无需为公文书之基本性质,此由"仲裁法"第37条第2项但书及"动产担保交易法"第17条第2项"前项之债务人或第三人拒绝交付抵押物,抵押权人得申请法院假扣押,如经登记之契约载明应径受强制执行者,得依该契约申请法院强制执行之"可明。

本件上诉人在第一审诉讼中即主张:"质言之,仲裁判断于当事人间虽与法院之确定判决有同一之效力,惟仲裁判断有利之一方当事人倘于仲裁判断作成后,他方当事人未主动清偿,则必待取得法院之准予执行裁定后,始得发动强制执行程序以求受偿,不若法院确定判决一经作成,即得直接持凭申请强制执行。准此,被告基于系争仲裁判断之债权,其请求权必待被告取得法院准予执行之裁定后,方得据以申请强制执行以求受偿,自不待言。""而揆诸前开规定,其中断之时效自提付仲裁之事由终止时,重行起算,殆属当然。至所谓'提起仲裁之事由终止',系指'仲裁判断取得执行裁定'而言。"然吾人以为如前所述,中断时效后重行起算,与可否强制执行无关,且如债权人不申请执行裁定或无执行裁定,时效即永远因提付仲裁而中断,不重行起算,亦有违时效制度之本旨,就时效规定之本旨言,避免债权人怠于行使权利,兹权利人取得仲裁判断,如债务人仍不履行债务,债权人本应循正常程序强制执行以行使权利,岂可拖迄至一相当期间始为强制执行之准备工作——申请执行裁定?仲裁判断与确定判决有同一效力,岂非无意义。

仲裁判断作成后,双方之权利义务虽已确定,如债务人据此履行其债务固无问题,如未履行,除有"仲裁法"第37条第2项但书规定者外,仲裁判断须经法院为执行裁定后,始可强制执行,是苟未能取得执行裁定,仲裁判断不可申请强制执行?如谓时效于判断作成后重行起算,则在申请法院裁定前之期间其性质即为时效期间。至于申请执行裁定本身是否中断时效,法律并未规定,如认为不中断时效,则须至取得裁定,再据以申请强制执行始中断时效。反之如认申请裁定与起诉同,则可中断时效。按申请裁定本身,因"民法"第129条第2项并未规定视为起诉,又此申请系向法院,并非向债务人为之,亦非第1项第1款之请求,自不能以此申请为中断事由。惟若申请状有缮本,缮本送达于债务人,参照"最高法院"1962年台上字第490号判例"民法"第129条第1项第1款所称之请求,并无须何种之方式,只要债权人对债务人发表请求履行债务之意思即为已足,债权人为实现债权,对债务人申请调解之申请状,如已送达于债务人,要难谓非发表请求之意思。及1962年台上字第3500号判例"民法"第129条第1项第1款所称之请求,并无须何种之方式,祗债权人对债务人发表请求履行债务之意思即为已足。又诉之撤回,只系原告于起诉后,表示不求法院判决之意思,故诉经撤回者,仍不妨认请求权人于提出诉状于法院,并经送达之时,对义务人已为履行之请求,使其得于法定期内另行起诉,而保持中断时效之效力。可视为请求。至若无此情形,则取得执行裁定后,申请强制执行,始符合"民法"第129条第2项第5款,可中断时效。

本件判决认为仲裁判断成立时,实体上权利义务关系已确定,时效可重行起算,上诉人于时效重行起算后,是否另为请求或申请强制执行,系另有无中断事由,结论应属正确。惟其理由与第一审判决同,均援用"民法"第137条第1项规定及第3项之立法理由,以仲裁判断作成时为中断事由停止时,未如本文适用第2项。愚意以为第1项规定应系一般性,第2项既有时效因起诉而中断重行起算之特别规定,即应适用此一特别规定。事实上,第一项所指自中断事由终止时,重新起算,纯系针对该事由本身,例如承认,一经承认完毕,即重新起算。但对起诉,如无第2项规定,则起诉完成后即应重新起算,然起诉后,不仅须至判决等诉讼终结,始完成整个诉讼程序,且诉讼程序之进行即为权利之行使,为避免适用第一项不利于债权人中断时效之本旨,始有该第2项,此参照立法理由"谨按中断之时效,应于中断事由之终止时,使为新时效之计算。其中断,前已经过之期间,并不算入,否则不足以保护权利人之利益。此第一项所由设也。因起诉而中断之时效,自受确定判决或因其他方法诉讼终结时,(例如和解)则应重行起算新时效。盖因起诉时效中断之存续期间,并其终结时期,亟应规定明晰,以免疑义。此第二项所由设也"。可明。兹提付仲裁既与起诉同,自应适用第2项,如适用第1项,即应自提付仲裁后重新起算,有违上开立法意旨。至于第3项之立法理由,仅系针对短期时效延长为5年时效者,应不可据以解释时效何时起算,盖权利义务是否确定与何时重行起算时效无关。虽有认为仲裁判断与确定判决有同一效力者,仅指确定力及羁束力,与确定判决尚有执行力不同,自不可适用第137条第2项,应系类推适用[11],但吾人以为确定判决无执行力者,在确认判决及形成判决皆有之,不能因此认为有不同,不可适用第2项规定。

### 三、有无"强制执行法"第14条第2项之适用?

"强制执行法"在1996年修正时,就债务人异议之诉增列第2项规定,其第1项"执行名义成立后,如有消灭或妨碍债权人请求之事由发生,债务人得于强制执行程序终结前,向执行法院对债权人提出异议之诉"。系适用所有之执行名义,第2项规定:"执行名义无确定判决同一之效力者,于执行名义成立前,如有债权不成立或消灭或妨碍债权人请求之事由发生,债务人亦得于强制执行程序终结前提起异议之诉。"仅适用于无确定判决同一效力之执行名义,则在执行名义为确定判决或与确定判决有同一效力者,仅限于执行名义成立后之消灭或妨碍事由,始可提起异议之诉,反之,如执行名义为无确定判决有同一效力者,则若主张之事由为执行名义成立之后者,仍适用第1项,反之,如主张之事由为执行名义成立之前者,应适用第2项。

以仲裁判断申请强制执行,有无第2项之适用,涉及执行名义为何,系仲裁判断本身,抑或执行裁定,如为前者,因"仲裁法"明文规定仲裁判断与确定判决有同一效力,应只有第1项适用,反之,如认执行裁定为执行名义,因此裁定无确定判决有同一效力,即有第2项适用,此一问题与后述之执行名义有关,兹不赘述,留待后述讨论。

---

⑪ 参见林俊益,注⑧文。

## 四、执行名义为何

如有"仲裁法"第 37 条第 2 项但书规定情形,该仲裁判断可径为强制执行者,类似"公证法"第 13 条第 1 项,该仲裁判断为执行名义固无问题,至若无此但书情形,尚须执行裁定,是仲裁判断虽与确定判决有同一效力,但不当然有执行力。学者林俊益认为仲裁判断是由非行使司法权(审判权)的私人仲裁庭,根据当事人间仲裁协议的授权,经由仲裁程序的进行,最后作成在当事人间"终局确定且有拘束力"的判断,是私人作成的判断,并不是行使司法权的法官所作成的裁定或判决,仲裁判断只是私法上仲裁协议的延伸而已,所以仲裁判断本身没有执行力,政府站在协助仲裁制度发展的立场,对仲裁判断赋予"执行力",将仲裁判断转换为法院的裁定或判决,充实"执行名义"的要件而可以申请法院强制执行,方便仲裁判断内容彻底实现,协助当事人完成仲裁协议所定依仲裁方式解决当事人争议的目的,所以各国仲裁法都规定"仲裁判断的执行力",由法院赋予"仲裁判断执行力",即仲裁判断须经法院为执行裁定后,方具有执行力。⑫ 此时之执行名义为何? 是仲裁判断,执行裁定,抑或系仲裁判断加执行裁定?

台湾地区强制执行学者对此似未深入说明,以致语意不明,例如陈计男先将执行裁定列与本票裁定同,认为此执行裁定为执行名义,但又称仲裁判断经法院为执行裁定者,得为执行名义,其以书面约定仲裁判断得径为强制执行者,亦得为执行名义⑬,则为执行名义者究为执行裁定抑或仲裁判断不明。陈世荣认为应以执行裁定与仲裁判断相结合,始可为执行名义。⑭ 陈荣宗则认为执行裁定为执行名义。⑮ 杨与龄则认为仲裁判断经法院为许可执行之裁定或当事人径为强制执行之约定者,为执行名义。⑯ 惟均未详述理由。

吾人以为就法文言,裁定后,仲裁判断方得强制执行,该裁定意旨为准许仲裁判断强制执行,实务上台北地方法院 1994 年仲裁字第 2 号民事裁定主文即为"两造于 1993 年 10 月 6 日在商务仲裁协会以 1993 年商仲业麟字第 152 号所成立之仲裁判断准予强制执行"。2001 年仲执字第 11 号裁定主文为"仲裁协会 2001 年 3 月 12 日 2000 年仲声孝字第 103 号仲裁判断书准予强制执行"。应有以仲裁判断之权利义务为强制执行之根据,法院为裁定时,需审酌有无同法第 38 条驳回情事,苟无驳回情事,即应准许,故此裁定应属确认性质,确认合法可予强制执行,并非赋予其执行力,故执行名义应仍为仲裁判断,裁定仅为条件。类似"乡镇市调解条例"第 24 条第 2 项规定"经法院核定之民事调解,与民事确定判决有同一之效力,经法院核定之刑事调解,以给付金钱或其他代替物或有价证券一定数量为标的者,其调解书具有执行名义"。之调解书,须经核定,始可为执行名义。学者就此均认执行名义者为调解书,并非法院之核定⑰,益见此裁定属核定、确认性质,此观"最高法院"1996 年台抗字第 449 号裁定:按仲裁判断,除有"商务仲裁条例"第 21 条第 2 项但书所列各款情形外,须申请法院为执行裁定后,方得为强制执行,但当事人提起撤销仲裁判断之诉者,得申请法院以裁定停止执行,"商务仲裁条例"第 21 条第 2 项、第 25 条第 1 项分别定有明文。可知仲裁判断须经法院为执行裁定后,方具执行力,而法院所裁定停止执行者,亦系该仲裁判断之执行力,并非强制执行程序。从而法院所为停止仲裁判断执行之裁定,自以该

---

⑫ 参见林俊益,注⑧文,第 223 页以下。
⑬ 参见陈计男:《强制执行法释论》,2002 年版,第 112 页、118 页。
⑭ 参见陈世荣:《强制执行法诠解》,1988 年版,第 70 页。
⑮ 参见陈荣宗:《强制执行法》,2000 年版,第 95 页。
⑯ 参见杨与龄:《强制执行法》,2001 年版,第 107 页。
⑰ 参见杨与龄,注⑯书,第 103 页;陈世荣,注⑭书,第 68 页;张冀明,注⑨文,第 51 页;陈荣宗,注⑮书,第 95 页;陈计男,注⑬书,第 111 页。

仲裁判断业经法院裁定准予执行时，始产生其停止之效力，仲裁判断是否应准予执行，即不应受停止执行裁定之影响。1997年台抗字第574号裁定：按"商务仲裁条例"第21条第2项前段规定"仲裁判断须申请法院为执行裁定后，方得为强制执行"，系指仲裁判断须经当事人申请，由法院为许可强制执行之裁定后，始取得执行名义而言。如仲裁判断附有履行期间者，依"强制执行法"第4条第2项规定，固须待期间届至，始得开始强制执行，但并不影响当事人申请法院为许可强制执行之裁定。可明。事实上，仲裁判断依第1项规定已与确定判决有同一效力，何以尚须执行裁定？仅因债权人须以仲裁判断请强制执行时，因仲裁判断为私人所为，正如乡镇市调解委员会之调解亦系私人为之，须借由法院审查，有无同法第38条情事，故应以仲裁判断为执行名义，始符合第1项规定。

惟如参照"票据法"第123条规定"执票人向本票发票人行使追索权时，得申请法院裁定后强制执行"。此一裁定亦系对本票准予强制执行，如将本条与前开条文相对照，有相似之处，此一本票即为仲裁判断，一般均认为本票裁定之执行名义为裁定非本票，同理，此时亦应以执行裁定为执行名义。学者林俊益即认为"仲裁判断须经法院为'执行裁定'后，方具执行力。由法院裁定赋予仲裁判断以执行力，此种'准予强制执行'的'执行裁定'，就是'强制执行法'第18条第2项所规定'许可强制执行之裁定'，也是'强制执行法'第4条第1项第6款规定'其他依法律之规定，得为强制执行名义者'"。[18] 尤其如依台湾高等法院暨所属法院1997年法律座谈会之结论[19]，法院为执行裁定须注明仲裁判断所命应给付金额，实务上亦有如此裁定，例如台中地方法院1997年仲执字第一号裁定主文"商务仲裁协会（1994年）商仲业麟字第850号仲裁判断书所载相对人应给付申请人新台币207 857元之判断，准予强制执行"。类似学者主张"强制执行法"第4条之1第1项"依外国法院确定判决申请强制行者，以该判决无'民事诉讼法'第402条各款情形之一，并经法院以判决宣示许可其执行者为限，得为强制执行"。之许可执行判决将外国判决主文援用者，此许可执行判决即为执行名义[20]，则此执行裁定即为执行名义。再参照仲裁法修正前，"行政院"所拟之修正立法理由："仲裁判断经法院为执行裁定后，该执行裁定即为'强制执行法'第4条第1项第6款规定'其他依法律之规定得为强制执行名义者'"，更系如此。

然笔者就上开否定见解，认为有值得商榷之处，盖：

（1）"仲裁法"第37条第2项前段与"票据法"第123条并不完全相同，"票据法"第123条之本票，并无确定判决同一效力，虽"仲裁法"第37条第1项规定"仲裁人之判断，于当事人间，与法院之确定判决，有同一效力"。学者多认为此确定力仅在于当事人间，不及于当事人以外之第三人。[21] 但确定判决依"民事诉讼法"第401条第1项："确定判决，除当事人外，对于诉讼系属后当事人之继受人者，及为当事人或其继受人占有请求之标的物者，亦有效力"。第2项规定："对于为他人而为原告或被告者之确定判决，对于该他人亦有效力。"原则上亦不及于第三人，仅合于上开规定者，始及于第三人，此观"最高法院"1934年上字第3618号判例："参加人对于其所辅助之当事人，虽不得主张本诉讼之裁判不当，但参加人非民事诉讼法第391条第1项所谓当事人，其与他造当事人间之关系，自非确定判决之既判力所能及。"可明，"仲裁法"于1998年6月修正时，已于第37条第3项就强制执行设有类似及于第三人规定，是不能将仲裁判断与确定判决有同一效力另为不同观察。

---

⑱ 杨崇森等7人合著，注②书，第226页；林俊益，注⑧文。
⑲ 台湾高等法院暨所属法院1997年法律座谈会全文参见元照法律网www.angle.com.tw 增补资料。
⑳ 参见陈世荣，注⑭书，第72页。
㉑ 参见林俊益，⑫文（注⑧）。

（2）如执行裁定始为执行名义，或如林俊益文所主张须由政府协助、审查，将私人仲裁人之仲裁判断转换为法院之裁定或判决，始认为仲裁判断因此充实，由法院赋予仲裁判断之执行力，何以第 37 条第 2 项设有但书规定？不论实务上有无如此约定者㉒，"仲裁法"即应删除该但书规定，而非如同商务仲裁条例均有此规定。

（3）须否此一执行裁定，各法域立法不同，依《中华人民共和国民事诉讼法》第 217 条第 1 款规定："对依法设立的仲裁机构的裁决，一方当事人不履行的，对方当事人可以向有管辖权的人民法院申请执行。受申请的人民法院应当执行。"认为仲裁判断不需取得执行裁定，故是否一定须有执行裁定，法律可为不同规定，并非一定需用。

（4）执行名义并非一定须为公文书，虽学者于阐释执行名义时多如此表示，但参照"动产担保交易法"第 17 条第 2 项之契约及"仲裁法"第 37 条第 2 项但书之仲裁判断，可见执行名义并非限于公文书。

（5）事实上，依林俊益文，仲裁判断经法院形式审查而裁定准许强制执行，系充实其要件，仲裁判断经法院为"执行裁定"后，始取得执行名义，方具执行力，则为执行名义者，仍为仲裁判断，仅须依执行裁定，是此裁定为一条件，即有此条件仲裁判断始可为执行名义，执行裁定本身并非系执行名义。

（6）"强制执行法"第 18 条第 2 项之"许可强制执行之裁定"与第 4 条第 1 项第 6 款"其他依法律之规定，得为强制执行名义者"，并不完全相同，第 18 条第 2 项之"许可强制执行之裁定"固包括"仲裁法"第 37 条第 2 项之执行裁定㉓，但不能因此即认此裁定为执行名义，执行裁定并非第 4 条第 1 项第 6 款之执行名义，就仲裁者，仲裁判断始为第 6 款其他法律规定之执行名义。

（7）如认为仲裁判断非执行名义，仅执行裁定属之，则"民法"第 137 条第 2 项所指"其他与确定判决有同一效力之执行名义"将不包括仲裁判断，与一般观念不同。

（8）依"强制执行"第 4 条之 1 第 1 项规定："依外国法院确定判决申请强制执行者，以该判决无'民事诉讼法'第 402 条各款情形之一，并经法院以判决宣示许可其执行者为限，得为强制执行。"之许可执行外国法院判决者，有人认为许可执行判决本身并非执行名义，仅系外国判决取得执行名义之要件，经许可执行之外国判决本身始为执行名义㉔，则此执行裁定亦非执行名义，仲裁判断始为执行名义。

在本件中，被上诉人主张仲裁判断即为执行名义，上诉人则认为执行名义为仲裁判断连同执行裁定，第二审法院即对执行名义为何，未予说明，仅以四两拨千斤说明不论采何一见解，被上诉人主张时效完成事由均发生在仲裁判断、仲裁判断连同执行裁定之后，无适用"强制执行法"第 14 条第 1 项之疑义，然吾人以为此一见解应待商榷，盖如仲裁判断本身为执行名义，固无问题，然若认为以执行裁定为执行名义，或仲裁判断连同执行裁定为执行名义，即有疑问，盖本件上诉人系依第二件执行裁定申请强制执行，如认为此执行裁定或执行裁定并仲裁判断为执行名义，该第二件执行裁定系 1999 年 9 月 28 日作成，自仲裁判断日之 1993 年 10 月 6 日次日算满 5 年为 1998 年 10 月 6 日，则在裁定前时效已完成，此一事由即为执行名义成立前者，无第 1 项适用，应适用第 2 项，反之，如认仲裁判断为执行名义，即应适用第 1 项，故本件第二审判决就此未详述，实有欠妥。至于第一审则认为：

---

㉒ 参见杨崇森等 7 人合著，注②书，第 227 页，林俊益指此一但书规定，实务上未发生，为一件与社会事实无法配合"叫好不叫座"的"立法"。

㉓ "强制执行法"第 18 条第 2 项之修正理由许可强制执行裁定，包括仲裁判断之裁定强制执行。

㉔ 参见陈荣宗，注⑮书，第 101 页。

1. 按执行名义系表示私法上一定之实体上请求权之存在及范围，得据以申请强制执行之公文书，盖债权人于请求强制执行机关开始实施强制执行程序以前，必须取得能对债务人为强制债务之权利文件方可，否则执行机关即无从据以开始执行，而所谓仲裁判断，系指仲裁人基于仲裁契约当事人于仲裁契约之授权，就其所提付仲裁之争议事项，经过仲裁程序之审理，作成于当事人间具有终局确定力与拘束力之决定，是确定债权人债权存在者乃为仲裁判断，而非法院之执行裁定，合先叙明。

……

三、惟参以1996年10月9日修正公布之"强制执行法"第4条之1规定，依外国法院确定判决申请强制执行者，以该判决无"民事诉讼法"第402条各款情形之一，并经法院以判决宣示许可其执行者为限，得为强制执行，此即"强制执行法"第6条第1项第6款所定之应提出得为强制执行名义之证明文件，此时债权人得据以申请法院对债务人开始强制执行，与法院确定判决为执行名义有同等之效力，又观诸"仲裁法"、第47条第1项规定，在领域外作成之仲裁判断或在领域内依外国法律作成之仲裁判断，为外国仲裁判断，同法第2项规定，外国仲裁判断，经申请法院裁定承认后，得为执行名义，因此无论系外国法院所为之确定判决或者外国仲裁判断，均须经过本国法院以判决宣示许可或申请法院裁定承认后，始得为强制执行，且如前所述，债权人于请求强制执行机关开始实施强制执行程序以前，必须取得能对债务人为强制债务之权利文件，固由申请人请求强制执行时并提出外国法院确定判决及本院宣示许可执行之判决或者外国仲裁判断及法院承认之裁定等权利文件，亦此等文件乃依"强制执行法"第6条第1项第6款其他依法律之规定，得为强制执行名义之证明文件。

4. 按"仲裁法"第37条之规定，仲裁判断仅具确定力并无"执行力"，而必须取得法院之"执行裁定"后始有执行力，已如上所述，但基于相同事物应为相同之处理方式原则，无论外国确定判决或外国仲裁判断，于申请强制执行时，均须经本国法院为宣示许可执行之判决或仲裁承认之裁定，此与"仲裁法"第37条第2项规定仲裁判断，须申请法院为执行裁定后，方得为强制执行之情形相类似，自应认为"仲裁法"第37条第1项、第2项之规定乃为"强制执行"第6条第1项第6款（依同法第4条第1项第6款申请者）应提出仲裁判断及准予执行之裁定为强制执行名义之证明文件。

5. 综上所述，仲裁判断在未经法院准予执行裁定，虽无执行力，但债权人即本件被告之请求权，自始为仲裁判断所确定，因此依前揭说明，故原告主张仲裁判断之准予执行之裁定，乃其执行之条件，执行名义仍为仲裁判断一节，要属可采。除认为执行名义为公文书一节有误外，其他殊值参考。

五、"仲裁法"第42条第2项规定："仲裁判断，经法院撤销者，如有执行裁定时，应依职权并撤销其执行裁定。"是否妥适？

本件由上开流程表可知，上诉人早先前于仲裁判断后5年内即取得第一次执行裁定，惟尚未申请强制执行，即因第一审法院判决准予撤销仲裁判断，第二审法院因被上诉人对此裁定抗告而依当时之"商务仲裁条例"第25条第2项规定将上开执行裁定废弃，以致其未能申请强制执行以中断时效。迨至撤销之诉于1999年7月28日第二审法院判决被上诉人败诉，遂即于8月11日再次申请第二次执行裁定，然自仲裁判断日之1993年10月6日起算，至1999年7月28日判决，早逾5年，此一时间，虽理论上在1994年8月31日第一次执行裁定时，上诉人可申请强制执行以中断时效，其未申请执行，似有过咎，但苟申请强制执行，嗣因该执行裁定被废弃，则强制执行必遭驳回，依"民法"第136条第2项规定："时效因申请强制执行而中断者，若撤回其申请，或其申请被驳回时，视为不中断。"时效仍视为不中断，故其因顾虑执行费而未申请强制执行，实不能苛责,此一问题关键即在于第 42 条第 2 项规定"仲裁判断,经法院撤销者,如有执行裁定时,应依职权并撤销其执行裁定。"是否妥适?

依此项规定,在撤销之诉尚未判决确定,即撤销执行裁定,固保障债务人。但受影响者为债权人,正如本件案例,上诉人无法以强制执行而中断时效,有趣的是,第一审法院在撤销之诉判决被上诉人胜诉时,并未参照"最高法院"1982 年台抗字第 331 号裁定"仲裁人之判断经法院撤销者,如有执行裁定时,固应依'商务仲裁条例'第 25 条第 2 项规定,并撤销其执行裁定,唯撤销执行裁定,应与撤销仲裁判断之判决一并为之,不得另以裁定为之,此观该条项规定自明,本件相对人未在两造间请求撤销仲裁判断事件中,请求一并撤销执行裁定,而于该事件判决后,另申请撤销执行裁定,依上开说明,要难谓合"。于判决时一并撤销执行裁定,反而系被上诉人对上开执行裁定认该仲裁判断系命被上诉人为法律上所不许之行为,依"商务仲裁条例"第 22 条规定,法院不得为准许强制执行裁定为由抗告时,抗告法院另依第 25 条第 2 项,废弃第一审法院执行裁定(非撤销),并经"最高法院"裁定确定。㉕ 第一审法院未撤销之理由不明,恐系为免影响债权人权益。故苟无此规定,债权人仍可申请强制执行,时效即可中断,不致发生本件问题。

笔者以为,"仲裁法"第 42 条第 1 项已规定:"当事人提起撤销仲裁判断之诉者,法院得依当事人之申请,定相当并确实之担保,裁定停止执行。"债务人本可借此停止执行,依上揭"最高法院"1996 年台抗字第 449 号裁定,认为此停止不影响执行裁定,甚至依"最高法院"1994 年台抗字第 527 号裁定:"商务仲裁条例"第 25 条第 1 项规定得以裁定停止执行之法院,应为受理撤销仲裁判断之诉之法院;而其裁定停止执行者,乃仲裁判断之执行力。此与"强制执行法"第 18 条第 2 项所定停止强制执行程序裁定,乃于强制执行程序开始后,以裁定停止已开始之强制执行程序者不同,并不以已申请强制执行为必要。在执行裁定或强制执行程序开始前即可申请停止执行,则第 42 条第 2 项似应限于撤销仲裁判断判决确定时始有适用,甚至毋庸规定。盖撤销仲裁判断之诉胜诉确定,执行名义已不存在,纵有执行裁定,债务人可依"强制执行法"第 12 条声明异议。目前因未能修改第 42 条第 2 项,故解释上适用该项规定时,以仲裁判断必须撤销判决确定,始符合立法本旨。

### 结论性观点

至于本案上诉人实属上开法律规定适用之受害者,恐难救济,至于可否认为在此种情形有时效不完成情事,检视"民法"第 139 条至第 143 条,似均无法适用,尤其非第 139 条"时效之期间终止时,因天灾或其他不可避之事变,致不能中断其时效者,自其妨碍事由消灭时起,1 个月内,其时效不完成"之事变,此或许可为错误裁判之救济所应讨论。㉖

---

㉕ "最高法院"1994 年台抗字第 559 号裁定:惟对于该判断,相对人认为有撤销之原因,依"商务仲裁条例"第 23 条规定,向台北地方法院提起撤销仲裁判断之诉,经该院于 1994 年 9 月 12 日以 1993 年仲诉字第 8 号民事判决,认为上开仲裁判断有"商务仲裁条例"第 22 条第 1 款、第 23 条第 1 款之事由而撤销上开仲裁判断,有该判决复印件附卷为凭。该仲裁判断既有"商务仲裁条例"第 22 条第 1 款所列之情形,则原法院将台北地方法院所为两造于 1993 年 10 月 6 日由商务仲裁协会所成立之 1993 年商仲业麟字第 1533 号仲裁判断准予执行之裁定废弃,变更裁定驳回再抗告人仲裁判断强制执行之申请,理由虽非完全相同,但结果并无二致,原裁定仍应予维持。再抗告意旨,声明废弃原裁定,不能认为有理由。

㉖ 依"国家赔偿法"第 13 条规定:"有审判或追诉职务之公务员,因执行职务侵害人民自由或权利,就其参与审判或追诉案件犯职务上之罪,经判决有罪确定者,适用本法规定。"必需法官犯职务上之罪,始有赔偿,误判则不包括在内。然本件苟第一审法院判决未予误判,即不致有此问题,故误判应否赋予赔偿之救济,实值得深思。

www.lawdata01.com.cn

## 学术精品的数位典藏平台

### 教育・人文・法学・社会・医卫

| 收录子库 | 资料特色 |
|---|---|
| 期刊库 | 900种学刊报：含TSSCI、CSSCI重要核心期刊，独家收录"台湾图书馆最具影响力学术资源"最佳人气学术期刊 |
| 论著库 | 独家收录元照、智胜、高等教育、台大、政大、"清华"、成大、高点培训丛书 |
| 教学案例库 | 提供高校重要学者上课教材、教学案例、争点评释 |
| 词典工具书库 | 收录《元照英美法词典》《英汉法律用语大词典》《英汉法律缩略语辞典》《英汉法律词典》 |
| 博硕论文库 | 收录1980年迄今台湾地区多领域博硕论文索引与部分全文 |
| 常用法规库 | 收录两岸常用重要法规，包括立法理由、新旧条文对照、实务见解等 |
| 判解精选库 | 收录台湾地区大法官解释、各级重要法院判例、决议等司法实务资料 |
| 题库讲座 | 收录两岸公职考、研究所、证照等相关评量试题与考试信息 |
| 月旦影音论坛 | 5000场在线影音讲座、500位重要学者精彩专题、500种主题研讨讲座 |

**[系统特色]**
繁简用语对译、权威词典中英文对照、多元检索跨库整合、多载体阅读、相关词查询。

**[适用对象]**
公共图书馆、高校科研单位，包括政法类、综合类、师范类、财经类等相关学科。

**[使用需求]**
科研/教学应用：最新研究议题、两岸研究趋势、教学补充资料、论文资源；
实务/进修应用：最新实务动态、学术数据佐证、个案研究与分析；
收录/更新：最早回溯到1952年5月发表之文章，每日更新。

---

**用户服务**
北京元照教育科技有限公司
电话：010-62117788
QQ：1045798934
邮箱：1045798934@qq.com

**试用开通**
中国教育图书进出口有限公司
QQ：476588387
邮箱：liu_yao@cepiec.com.cn

更多前沿信息请关注
"月旦知识库"公众号